U0137887

■ "十三五" 国家重点图书出版规划项目

■ 国家社会科学基金一般项目 "政策工具视角下的古代政府治理思想
　及其当代价值研究" （批准号：17BGL223）阶段性成果之一

■ 国家社会科学基金重大项目 "中国古代管理思想通史"
　（批准号：13&ZD081）阶段性成果之一

■ 莆田学院出版基金资助项目

■ 福建省优秀出版项目

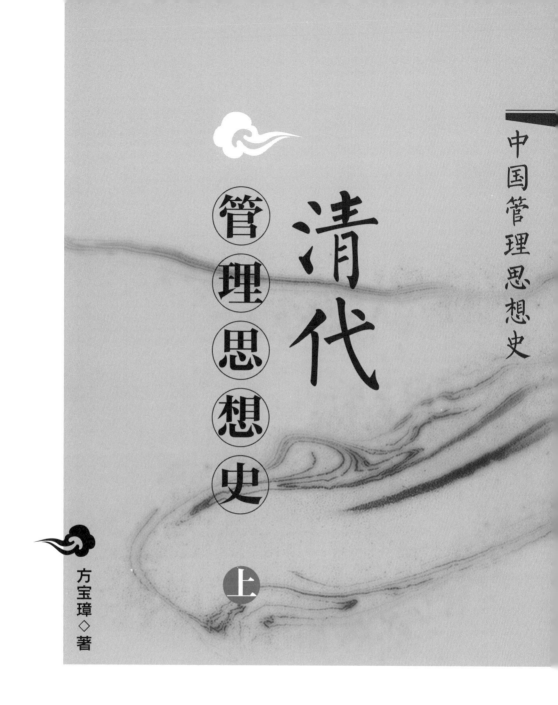

中国管理思想史

清代
管理思想史

上

方宝璋 ◇ 著

海峡出版发行集团 THE STRAITS PUBLISHING & DISTRIBUTING GROUP | 鹭江出版社

2021年 · 厦门

总　论

第一节　理论价值和现实意义

"中国管理思想史"系列专著包括《先秦管理思想史》《秦汉魏晋南北朝管理思想史》《隋唐五代管理思想史》《宋代管理思想史》《元代管理思想史》《明代管理思想史》《清代管理思想史》，共 7 卷，为国家社会科学基金重大项目"中国古代管理思想通史"（批准号：13&ZD081）阶段性成果。该系列专著以中国古代传统儒家修身齐家治国平天下为主线，分别阐述了先秦、秦汉魏晋南北朝、隋唐五代、宋、元、明、清历朝自我管理思想、家族管理思想、经营管理思想、国家管理思想、军事管理思想等五大方面的内容，比较全面系统地勾画了该时期管理思想的历史面貌。该系列专著侧重发掘对当代有借鉴意义的古代管理思想，为构建中国特色社会主义的管理思想和制度提供历史借鉴。

该系列专著按自我管理思想、家族管理思想、经营管理思想、国家管理思想、军事管理思想分类论述的依据来自先秦儒家的修身齐家治国平天下思想。修身齐家治国平天下思想是中国古代的主流管理思想，具有普遍性，比较客观全面地反映了中国古代管理思想的历史面貌和本质特征。

该系列专著中的自我管理思想是中国传统管理思想与西方管理思想的重要区别。西方管理思想强调管理本质是通过其他人来完成工作，如福莱特（Follett）曾给管理下的经典定义是"通过其他人来完成工作的艺术"。罗宾斯（Robbins）和库尔塔（Coultar）也认为，"管理这一术语是指和其他人一起并且通过其他人来有效地完成工作的过程"①。似乎管理是针对其他人，而不是针对本人。与此相反，中国传统管理思想则强调修身、自律，即自我管理，而且将此作为管理的根本和逻辑起点，即首先要管好自己，然后才能管好家庭、国家乃至全天下。中国民间至今流行一句俗话：先管好自己才能管好别人。这里强调的就是自我管理。

该系列专著以先秦儒家的修身齐家治国平天下思想为基础，再派生出经营管理思想、军事管理思想。所谓经营管理思想，因私人经营农、工、商，或多或少带有市场经济的性质，从本质上有别于国家垄断经营的农、工、商，因此另立一类论述。军事管理思想，广义上属于国家管理思想范畴，但由于其具有特殊性，而且古代文献中这方面的资料较多，故也另立一类论述。

当前，世界管理学界十分重视对东方管理思想的研究，我国学界对管理思想史的研究方兴未艾。但从总体上看，有关管理思想史的研究主要侧重于经济管理思想史，而少有涉及政治、军事、文化、社会等管理思想；多侧重于国家管理思想，而少有涉及自我管理思想、家族管理思想、经营管理思想、军事管理思想。以往的研究绝大多数以某些代表人物为中心，采取传统的通史写作方法。该系列专著从自我管理、家族管理、经营管理、国家管理、军事管理的视角，以现代管理理论为指导，在尽可能多地收集资料的基础上，对古代管理思想进行比较全面、系统、深入的分专题研究。这将丰富中国古代管理思想史的研究，填补古代自我管理思想、家族管理思想、经营管理思想、国家管理思想、军事管理思想等方面研究的某些空白，如社会治理思想、古代公共事业思想、古

---

① 周三多、陈传明：《管理学》，高等教育出版社，2014 年，第 3 页。

代买扑思想、入中（开中）思想、经商思想等。从新的视角用新的方法深化对某些专题的探讨，提出一些新的观点，为今后的进一步研究提供更多的参考资料。

党的十八届三中全会《中共中央关于全面深化改革若干重大问题的决定》提出了"国家治理""政府治理""社会治理"等新概念（全文 23 次出现"治理"一词），在全面深化改革的总目标中提出"推进国家治理体系和治理能力现代化"，还有专门章节论述"创新社会治理体制"。党的十九大报告中将"推进国家治理体系和治理能力现代化"明确为全面深化改革的总目标之一。党的十九届四中全会审议通过了《中共中央关于坚持和完善中国特色社会主义制度、推进国家治理体系和治理能力现代化若干重大问题的决定》。

从广义上说，管理可涵盖治理；从狭义上说，治理是管理的更高一个层次。从狭义上的管理到治理，虽一字之差，却体现了治国理念的新变化、新要求、新跨越。狭义上的管理，简而言之，就是依赖传统公共管理的垄断和强制性质，把属下地区和人民管住、管好，全能政府色彩浓重，较少采取协作、互动的方式。而治理有整治、调理、改造的意思，更强调指导性、协调性、沟通性、互动性，彰显了社会建设的公平、正义、和谐、有序。狭义上的管理，其主体是一元的，而治理，其主体则是多元的。狭义上的管理是垂直的，治理则是扁平化的。目前，我国必须充分发挥政策工具的效用，从较单一的以管制为主的政府逐渐过渡到协调、服务、管制三者兼有的政府，从无限管理型政府逐步转变为有限服务型政府。我国现行的管理体制，是新中国成立后根据我国的政治体制、经济社会发展状况和历史文化传统等基本国情确定的。我们研究古代管理思想，就是要达到古为今用的目的，为建设中国特色社会主义管理理论和管理制度提供历史借鉴。如研究古代的民本思想，政策工具中协调、服务、管制思想就能为当前我国社会主义民主、政策工具的最有效使用提供重要的启迪。同时，研究古代管理思想，能更好地让中国传统管理思想走向世界，增强我国在国际竞争中的软实力。

第二节　国内外研究现状及发展动态分析

有关从自我管理思想、家族管理思想、经营管理思想、国家管理思想、军事管理思想五位一体的视角研究古代管理思想的专门论著，笔者至今尚未见到。但是，一些已出版或发表的论著，却不同程度地涉及这方面的问题。就整体上来说，大致可分为两种类型。

一是一些管理思想史、经济思想史或政治思想史的论著。其中，国内有关管理思想史的著作主要有：苏东水《东方管理学》，何奇《中国古代管理思想》，潘承烈《中国古代管理思想之今用》，姜杰《中国管理思想史》，吴照云《中国管理思想史》，刘云柏《中国管理思想通史》，王忠伟等《中国远古管理思想史》《中国中古管理思想史》《中国近古管理思想史》，刘筱红《管理思想史》，方宝璋《宋代管理思想》《先秦管理思想》。有关经济管理思想史的著作主要有：赵靖《中国经济管理思想史教程》、何炼成《中国经济管理思想史》、叶世昌《中国古代经济管理思想》、滕显间《中国历代经济管理反思》、方宝璋《宋代经济管理思想与当代经济管理》。有关经济思想史的著作主要有：唐庆增《中国经济思想史》、胡寄窗《中国经济思想史》、赵靖《中国经济思想通史》、侯家驹《中国经济思想史》、叶坦《富国富民论——立足于宋代的考察》。有关政治思想史的著作主要有：萧公权《中国政治思想史》、刘泽华《中国政治思想史集》、曹德本《中国政治思想史》、纪宝成《中国古代治国要论》以及数种论文集和资料选辑等。国外的主要有桑田幸三《中国经济思想史论》、上野直明《中国经济思想史》等。这些论著在某些章节或以管理理念的视角，或以管理主体、管理权力、管理组织、管理文化和管理心理的视角，或以古代儒家、法家、道家、墨家、兵家等思想流派的视角，或以政治、经济、军事、文化、社会的视角，对古代管理思想做出精辟、

独到的概括和总结，并上升到管理理论的高度加以阐述。如苏东水在《东方管理学·导论篇》中开创性地提出了概括东方管理文化本质特征的"以人为本、以德为先、人为为人"的"三为"原理，在中国管理、西方管理和华商管理的基础上形成了治国、治生、治家和治身的"四治"体系，以人本论、人德论、人为论为核心，包括人道、人心、人缘、人谋、人才"五行"管理的东方管理理论体系，并提出东方管理学的管理目标是构建和谐社会的和贵、和合、和谐。苏东水东方管理理论体系的创建，主要就是从中国古代管理思想中汲取精华。又如赵靖的《中国古代经济管理思想概论》，以"富国之学"和"治生之学"的发展为线索，为中国古代经济管理思想史这门学科建立了一种理论模式。何炼成总结的中国传统经济管理思想的基本特点是：以宏观目标的"富国之学"为基本线索，宏观经济管理的基本指导思想主要表现为义利之争、本末之争、俭奢之争。宏观经济管理方针主要有两条，一是"无为而治"，即自由放任的方针，二是"通轻重之权"，即实行国家控制的方针。潘承烈等主编的《中国古代管理思想之今用》，以先秦老子、孔子、墨子、商鞅、孟子、孙子、鬼谷子、管子、荀子和韩非子为研究对象，从他们的学说与留给后人的著作中去研究这些先人的思想，包括涉及管理方面的可资借鉴和有启迪作用的思路、哲理、观点、规律与理论等等。刘云柏在《中国管理思想通史》中将中国管理思想分为儒家、道家、法家、佛家、兵家、墨家、农家、阴阳家、杂家、名家、基督教、伊斯兰教、少数民族、纵横家、医家等派别，并分别加以历史性考察。姜以读等编著的《中国古代政府管理思想精粹》，从民为邦本、治国之道、君臣之道、行政方略、因时而立政令、礼义法度应时而变、法令者为治之本，事在四方要在中央、统华夏为一家、兵为国家大事、食货为生民之本、财赋为邦国之大本、四民之业钱货为本、教化治天下、建国教学为先、礼贤举士、用人行政并重、严吏治及交邻有道等方面，总结了古代国家管理思想精粹。

二是一些经济史、政治史、法制史等专题性的论著。其中比较有代表性的有：九卷本各卷分设主编的《中国经济通史》、白钢《中国政治制

度通史》、张晋藩《中国法制通史》、方宝璋《中国审计史稿》，以及大量专题性的断代研究专著，如张亚初、刘雨《西周金文官制研究》，安作璋、熊铁基《秦汉官制史稿》，杨鸿年《汉魏制度丛考》，王永兴《唐勾检制研究》，汪圣铎《两宋财政史》，李晓《宋代工商业经济与政府干预研究》，张文《宋代社会救济研究》，边俊杰《明代的财政制度变迁》，张显清《明代政治史》，田培栋《明代社会经济史研究》等。这些论著在宏观考察中国古代各种制度时，提出了一些对管理思想史有重要参考价值的精辟论断。如白钢在《中国政治制度通史·总论》中提出，中国从战国至清朝封建地主阶级专政的国家是以中央集权和官僚政治的形式出现，实行专制君主制，其政体运行机制，以皇帝"独制于天下而无所制"为转移，其特点主要有 3 个方面，即行政、军事、监察三大系统鼎立，近侍逐步政务官化，中央派出机构逐步地方政权化。

以上两类论著在其研究的主要领域，均做了全面、系统、深入的研究，做出了令人瞩目的贡献，处于领先水平。这些论著在不同程度上涉及古代管理思想，如对社会犯罪的禁戒与镇压、政府财政税收管理、盐铁茶酒专卖、对户口土地的管制、垄断货币发行、对社会的救助等思想的论述，对进一步研究管理思想有参考启示作用。但是，这些论著均只是在从事本领域研究需要时论及管理思想的某一方面，因此难免有所不足。总的说来，其不足大致有以下 5 个方面。

其一，以往的研究成果虽然涉及古代管理思想各方面，但都未能有意识地从自我管理思想、家族管理思想、经营管理思想、国家管理思想、军事管理思想五位一体的视角进行探讨论述。其二，绝大多数研究成果仍停留于采用传统的、以某些代表人物为中心的通史叙述方法，而鲜有以现代先进的管理理论为指导。其三，鉴于以往研究中视角与方法的局限，对古代一些管理思想的分析与看法，有待于重新认识与评价。其四，古代史料浩繁分散，尤其是一些低层次人物有价值的管理思想非常零散，以往的研究对此关注不够、收集较少。除此之外，古代管理行为、政策、制度中所反映的管理思想也发掘不够。有关古代管理思想的史料发掘整

理之不足，是限制研究工作深入的另一个重要原因。

第三节　特色和创新

（一）　学术视角较新

以自我管理思想、家族管理思想、经营管理思想、国家管理思想、军事管理思想五位一体的视角，能比较深层次、客观、系统、全面地勾画先秦、秦汉魏晋南北朝、隋唐五代、宋、元、明、清时期管理思想的历史面貌，动态综合地考察历代政府管理思想得失与王朝兴衰的必然联系。

（二）　史料的完整性

该系列专著在史料收集上的明显特点是：不仅收集高层人物的主流管理思想，而且重视收集一些虽是低层人物但有价值的管理思想，并注意从管理行为、政策、制度中发掘其体现的管理思想。该系列专著所引用的材料有 50％以上是该研究领域首次使用的。

（三）　研究领域创新

该系列专著所涉及的一些专题，如古代经营管理思想、古代社会管理思想、古代公共事业思想等是以往很少有人研究的，该系列专著弥补了管理思想史研究的一些空白。

（四）　学术观点创新

对于古代的一些管理思想，学术界历来看法不一。该系列专著从自我管理思想、家族管理思想、经营管理思想、国家管理思想、军事管理思想五位一体的视角，对其进行重新评价，提出独立见解。例如：提出修齐治平是中国古代主流的管理思想，反映了东西方的不同管理逻辑起点；提出中国古代管理思想史大致可分为三个阶段：第一阶段夏商、西周、春秋、战国是古代管理思想的产生及其初成体系时期，第二阶段秦

汉、魏晋南北朝、隋唐前期是古代管理思想缓慢发展时期，第三阶段唐中叶五代、宋、元、明、清是古代管理思想成熟及变革时期；提出古代较先进的政府管理思想是在适度的管制下充分发挥协调、服务政策性工具的作用，这对当代处理好政府与市场的关系、创新行政管理方式、建设服务型政府，具有借鉴意义。这些都是以往研究者所未提到的。

（五） 对当代的启示

该系列专著着重发掘对当代有启示意义的古代管理思想，为党的十八届三中全会和十九届四中全会提出的完善和发展中国特色社会主义制度，推进国家治理体系和治理能力现代化提供历史的借鉴。例如：提出民本思想是古代政府管理的指导思想，在历代具有很强的路径依赖，至今对我国目前"全面深化改革，以增进人民福祉为出发点和落脚点"的改革目标有深刻的影响；提出军事力量是国家管理的基石等管理思想，对现代国家管理都具有积极的借鉴作用。

第四节　修齐治平：历史与逻辑的分析框架

（一） 自我管理思想

汉代《大学》中提出的修身、齐家、治国、平天下，是先秦儒家管理思想的总结。儒家所说的修身，内容相当丰富，其中主要有孔子提出的仁、义、礼、智、信，孟子提出的仁、义、诚等。孟子还将以孔子为代表的儒家修身思想概括为"四端"，即仁、义、礼、智。后人在此基础上又增加了"信"，成为所谓的"五常"。尔后，历代儒家学者在对前代儒家著述和思想的注释和阐发中不断发展完善丰富儒家思想，如汉代的《大学》《中庸》的作者在孔孟"诚"的基础上提出了慎独、正心、明德、格物、致知等，唐代的韩愈提出了性三品论，并将《礼记》中的《大学》篇挑选出来，列为《四书》之首。韩愈因此成为宋代理学的先驱者。宋

明理学大大发展了先秦儒家思想，成为儒学发展史上的第二个高峰，其中南宋的朱熹为集大成者，被称为儒学发展史上"蠹立中道"的继往开来的人物。宋明理学援佛入儒，提出了理气、性命等新命题。

就儒家修身学说来说，经过历代发展和丰富，内容可谓洋洋大观，在此，短短的篇幅难以列举。如果要说其中最为核心的思想是什么，据笔者理解，那就是"五常"，而且"五常"之中，又以"仁"为首。孔子首先提出的"仁"，有多种含义，其中最核心的就是"仁者爱人"。按照孔子的逻辑，一个人如有"推己及人"之心，即"己所不欲，勿施于人"，即自己不想做的事，也不要强加别人做。如能做到这一点，就是起码的仁爱，其余的义、礼、智、信也就容易做到了。因此，古今中外都不例外。要建立一个美好的人类社会，其逻辑起点应是每一个人必须具有爱心，其他好的品质就容易培养了。正由于古代先哲认识到了这一点，所以都重视爱，如基督教主张博爱，佛教主张慈悲为怀、众生平等。

（二）家族管理思想

儒家所谓的齐家，总的说来，是要使家庭、家族和睦，父慈子孝，兄友弟悌，夫主妇从，上下尊卑有序。儒家齐家重视同宗同族之人通过建宗祠、编族谱、建祖坟、定期祭祀会食等以达到追根溯源，尊祖敬宗，慎终追远，从而使同宗同族之人团结在一起，互相扶持，守望相助。所以，俗话所说的"家和万事兴"是中国人齐家的共同追求。儒家也强调通过勤劳节俭而发家致富，使子孙衣食无忧，通过兴办私塾，督促鼓励子弟努力读书学习，科举致仕，进而光宗耀祖，提高本宗族的社会地位和影响力。古人在齐家中认为身教重于言教，一家人朝夕相处，父母家长应重视自己的修身，各方面做出表率，才能教育好子孙。

中国自古以来家国一体，家是小的国，国是大的家。自先秦以来，古人就主张孝治天下。古人认为：在家孝顺父母的人，在外做事当官就会忠于君主和上级领导；在家敬爱兄长爱护弟弟的人，在外处世就会和同事朋友之间相处和谐。这就是古人常说的孝子忠臣、移孝作忠。孔子以"推己及人"的逻辑思维推导，要建立起理想的大同社会，首先必须

从"老吾老以及人之老，幼吾幼以及人之幼"做起。这就是从修身、齐家而扩充至治国的实现平天下的路径。古人基于这种认识，在选拔治国人才时，非常重视将孝道作为一条重要的标准。如汉朝有"举孝廉"的制度，就是选拔有孝道、清廉品德的人担任各级官吏。

（三） 经营管理思想

先秦时期，在经营管理上出现了"计然之策"和"治生之道"、君主利民、轻徭薄赋等思想。汉代，司马迁的善因论思想则提倡国家要善于利用人求利的本性引导工商业的发展。唐代，刘晏兼任盐铁使后，改革榷盐为民产、官收（官督）、商运、商销，改革漕运为官督雇佣制等，都注意通过发挥私商经营的积极性来克服官营的高成本、低效率，促进社会经济的发展，同时提高政府的财政收入。

宋代政府尝试在不同制度关系中运用协调（约定、协商、引导、劝勉、调解）的方式去控制和规范组织与个人的活动，如入中、买扑承包、雇募制思想等，出现管理思想的重心从统治到治理的转化。所谓入中（明称"开中"），就是宋、明朝廷利用茶盐等榷货换取民间商人运送军用粮草到沿边，以保障军队后勤供给。所谓买扑，就是宋代私人通过向官府交纳课利，承包经营官府的酒坊、河渡、盐井、田地等。宋代，有识之士已认识到：只有工商业私营，才能提高生产者的积极性和生产效率，促进社会经济的恢复和发展；私营工商业自由竞争能使吏治廉洁、稳定社会，能在某些方面发挥政府不可替代的作用；对私营工商业应因势利导，能达到官民共利。私商经营和买扑思想是古代经营管理思想的一个重要发展，标志着我国中古管理思想开始向近古管理思想的转变。

（四） 国家管理思想

中国古代在国家管理中的指导思想是以民为本，即民本思想。最高统治者在意识到"治天下者，以人为本"的前提下，在管理国家、制定政策中必须考虑保民、养民、教民、抚民、利民、爱民、得民等。民本思想渊源甚早，并对后世产生深远的影响。中国古代从先秦开始，就出现了《尚书》中的重民、"民惟邦本"，周公的保民，孔子的爱民，孟子

的民贵君轻论，荀子的君舟民水论等民本思想。春秋时期一些当政者对民十分重视，把对民政策作为管理国家成败的关键。虢国的史嚚说："国将兴，听于民；将亡，听于神。"① 战国时期，重民思想又有明显的发展，其中较为突出的是孟子的"民为贵，社稷次之，君为轻"②。据荀子称，君舟民水是孔子提出来的。"君者，舟也；庶人者，水也。水则载舟，水则覆舟，此之谓也。"③ 汉代贾谊进一步提出"以民为命""以民为力""以民为功"等相关理念，继承了先秦儒家爱民仁政的思想，把此作为管理国家的核心思想。到了唐朝时期，唐太宗的国以民为本，明清时期黄宗羲、顾炎武、唐甄等人的民本论，特别是王夫之"不以一人私天下"的民本思想，从公与私的视角对君与民的关系做了分析。

说到底，古代民本思想都是从管理者（最高统治者和各级官吏）的角度，重视、肯定被管理者（民众）在管理国家中的最终决定作用。在政治清明的盛世，民本思想成为政府管理的指导思想。民本思想并不等于民主思想，其本质是统治者重民思想，即意识到在"民惟邦本，本固邦宁""治天下者，以人为本"的前提下，在管理国家、制定政策中首先必须考虑保民、养民、教民、抚民、利民、爱民、得民等。中国古代民本思想在管理国家实践中的具体政策体现是：其一，管理者认识到民心向背关系国家兴衰存亡，故治国必须顺民心，尊重民情、民意；其二，实施利民、惠民政策，而勿扰民、伤民，轻徭薄赋，使民致富，这样就可以得民心、得天下；其三，政府通过实施对民有利之事来引导民众，使民按照政府的政策、命令行事。总之，古代的民本思想与当代的执政为民、为人民谋福祉，其思想是一脉相承的。

德法并用是古代政府管理思想的总原则。其管理国家的基本原则是历代政府要发挥好政策工具（管制、协调、服务）的作用，必须德法并用、德主刑辅，先以仁义教化"劝善"，后以法制刑杀"诛恶"，二者相

---

① 《左传》庄公三十二年，《十三经注疏》本，中华书局，1980 年。
② 《孟子·尽心下》，《新编诸子集成》本，中华书局，2018 年。
③ 《荀子·王制》，《新编诸子集成》本，中华书局，2018 年。

济为用。

古代德法并用思想的理论依据是人性论。主张以严刑酷法为主治国的人通常认为人性是恶的，因此主张应当以刑法惩恶，才能维护国家的统治。相反，主张以德为主或为先治国的人则一般认为人性是善的，所以主张通过教化，宣传仁义礼智信、忠孝廉耻等，引导民众从善，自觉遵守道德规范，从而达到天下太平。当然，刑法也不可或缺。如没有刑法，则不能威慑企图违法犯罪者。只有以德为主、以刑为辅，或先德后刑，才是治国之正道。

在政府管理中，各种政策工具必须通过各级官吏加以执行。因此，历代最高统治者为维护自己的统治，高度重视治吏。正如《韩非子·外储说右下》所指出的："吏者，民之本、纲者也，故圣人治吏不治民。"治吏的主要手段就是加强对官吏的选任与监察、考核。

古代对官吏的选拔、任用、监察、考核从时间序列上看体现了一种控制思想。其中，选任是核心。选拔侧重于事前控制，属于积极控制；如选拔出的官吏均是德才兼备的优秀人才，那就大大减小了任用官吏环节失控的概率，防患于未然。监察侧重于事中同步控制，可属于积极控制，即在官吏任职期间，如随时发现问题随时提出纠弹，及时制止任用官吏环节出现的失控，将问题防患于萌芽阶段；考核侧重于事后控制，属于消极控制，即在官吏某一阶段任职期结束时进行检查评估，这对官吏虽然有激励作用，但如发现任用官吏有失控问题，则很难弥补其造成的危害损失，同时也毁掉了一批官吏，只能起惩弊于后的作用。

（五） 军事管理思想

国家必须拥有一支强大的军队，以保卫国土安全并随时对被管理者的反抗实行镇压，以此确保政府的管理意志能够得到贯彻执行。古代，国君拥有统率、指挥军队和任命将帅的最高权力。

古代的军事管理最根本、最重要的是，最高统治者，即国王或皇帝要亲自掌握全国军队的领导权、指挥权和调遣权。任何国家管理者的统治权力的基础是拥有一支强大的武装力量作为其后盾。如果一旦失去对

军队的控制，那么管理者将变成被管理者，甚至沦为阶下囚或连身家性命都不保。《管子·重令》说："凡国之重也，必待兵之胜也，而国乃重。"军事管理的主要措施，如将领选任、军队建制、领导体系、兵种建置、兵役制度、武器装备、后勤供给保障、军队纪律等，都是为了加强作为后盾的武装实力，以维护国家的长治久安，保证各项国家管理措施和政策得到贯彻和执行。

但是，最高统治者又要十分慎重使用军事力量。兵者，凶险无比也，它会带来大量人员的伤亡和财产的损失，使千里沃野成为焦土废墟。《老子》第31章云："兵者不祥之器，非君子之器，不得已而用之，恬淡为上。胜而不美，而美之者，是乐杀人。夫乐杀人者，则不可以得志于天下矣。"可见，老子认为武力战争是带来灾难的不祥东西，不是君子所使用的。如万不得已而使用它，最好要淡然处之。胜利了也不要得意扬扬，如果得意扬扬，就是喜欢杀人。喜欢杀人的，就不能在天下得到成功。当时，不仅主张清静无为的老子如此认为，即使作为杰出的军事家孙子也主张不要轻易发动战争。他在《孙子兵法》开篇就指出："兵者，国之大事，死生之地，存亡之道，不可不察也。"不言而喻，孙子认为战争关系到人民的生死、国家的存亡，因此必须予以十分谨慎的对待，切不可轻举妄动。基于这种思想，他在《谋攻》篇深刻指出："百战百胜，非善之善者也；不战而屈人之兵，善之善者也。"这就是即使发动战争百战百胜，胜利一方也要付出沉重的代价，因此不是最佳的选择。只有不发动战争而使对方屈服，这才是最佳的选项。

（六） 古代政府管理政策工具的三个层面

从古代政策工具的视角看，管理国家主要有三个层面。第一层面是以政府管制为主的管理，通过命令、禁戒等手段，如通过户口和土地、租税和货币管理、盐铁酒专卖等，强制民间组织及个人遵守、服从。管制较容易实施和管理，效果具有直接性，更适应于作为处理危机的工具。但管制会限制自愿性和私人活动，可能导致经济上的无效率性、高成本、低质量，并可能产生社会与政府的对立，甚至恶化为冲突等。古代政府

管理思想认为，过分强调管制，会使整个国家和社会处于高度紧张状态，内部缺乏调节和弹性。故貌似强大巩固，其实充满危机。第二层面是以政府协调为主的管理，如通过财政性政策工具、市场性政策工具（买扑、入中、减免赋税等）调控经济活动，通过契约、劝勉、调解等途径使政府与民间组织、个人自愿平等合作，动员全社会力量共同参与，最大限度增进共同利益。政府协调为主的管理能降低政府管制的成本，提高积极性和产品质量，有效配置资源，促进经济发展，避免社会与政府、社会各阶层之间的对立引起的内耗。从短期效益看，虽然协调管理会弱化政府对经济和社会的直接控制，有时短期之内还会减少财政收入，削弱政府的权力，但从长远的眼光来看，协调富有调节机制，能缓和化解各种矛盾，使内部富有修复机制和弹性，整个国家和社会易于趋向安定和谐。第三层面是政府通过对社会的服务，即通过救助进行赈灾、救济，采取公办、公办民助、民办公助等形式，兴办公共事业等。其政策着眼点是保障弱势群体的最起码生存条件，为全体民众提供必要的公共产品，从而使社会和谐稳定。

从管理控制论的角度看，管理国家无论从主体还是从客体来说，都是人（管理者）进行的控制和对人（被管理者）进行的控制。说到底，人是核心要素，所有的管理活动都是通过人的行为来完成的。总的说来，古代的管理者依据被管理者的 3 种不同性质的行为分别采取 3 种不同的管理政策工具：对严重威胁封建统治和社会稳定的行为，政府采取镇压、禁戒等严厉管制政策，主要为达到有序地控制目标；对日常民众的经济、文化活动，政府通过价格机制进行反馈和调节，采取鼓励和引导等协调政策，从而提高全社会自愿参与的积极性，主要为达到高效的控制目标；对于灾民及老弱病残、孤独无助者，政府采取救助和兴办公共事业等服务政策，为弱势群体提供公共产品或准公共产品，保证他们的基本生存条件，主要为达到和谐的控制目标。总之，古代政策工具暗含着这样的思想理念：管理者对被管理者对抗性、非对抗性和求助性的 3 种行为分别采取刚性（管制）、柔性（协调）和人道（服务）的 3 种性质的政策工

具进行控制，从而达到长治久安的控制目标。

古代政策工具的较好发挥是，在尊重民众基本权利的适度管制下，坚持公平协调，调节化解各种社会矛盾，引导民众向善，着眼于利民、爱民的服务，兴办公共事业和社会救助，保障民众的基本生存条件，从而达到长治久安的管理目标，使国家安定和谐、经济发展、民富国强。

第五节　中国古代管理思想阶段性特征

（一）　古代管理思想形成三个阶段的主要因素

综观中国古代管理思想史，大致可分为三个阶段：第一阶段夏商、西周、春秋、战国是古代管理思想的产生及其初成体系时期，第二阶段秦汉、魏晋南北朝、隋唐前期是古代管理思想缓慢发展时期，第三阶段唐中叶五代、宋、元、明、清是古代管理思想成熟及变革时期。其形成原因是错综复杂的，需要进一步研究，但目前有两点主要因素是比较明显的。

其一，动荡忧患时代更能激发人们对管理思想的思考和创新。如前所述，中国古代之所以在春秋战国时期、唐中叶五代两宋、明末清初与晚清出现管理思想的繁荣局面，其中一条重要原因是这三个时期都是动荡忧患的历史时代。春秋战国诸侯国之间割据混战，生灵涂炭，人民生活处于朝不保夕的境地，促使一些有识之士对国家管理展开思考，并对此发表自己的见解，形成百家争鸣的景象。中国古代管理思想初步形成体系，对其后两千多年的古代管理思想产生了极其深远的影响。中国古代绝大多数的管理思想均可从春秋战国诸子百家中找到其渊源。唐安史之乱后藩镇割据，兵连祸结，最后形成五代十国的局面，社会仍然动荡不安。北宋虽然结束了五代十国的割据局面，但终两宋三百多年，先有北宋、辽、西夏对峙，后有南宋、金、西夏鼎立，仍然是战火连绵，天灾

人祸不断。在这种历史背景下，又激发了一些有忧患意识的人思考如何安邦治国，从而开创了古代管理思想一个新的发展时期。明末清初的改朝换代，使社会长期动荡不安，促使一些明朝遗民思考明亡的教训。晚清西方列强的侵略，使中华民族面临着生死存亡的严峻挑战，一些爱国志士师夷长技以制夷，努力学习西方的先进科学技术与政治制度、管理思想，奋力挽救民族危亡，梦想建立一个富强的中国。明末清初和晚清出现的管理变革思想，标志着中国古代管理思想向近代管理思想转变。与此相反，汉唐虽然是中国古代富庶强盛的朝代，但哲学思想和管理思想都相对缺少明显的创新，处于缓慢发展、比较沉闷的时期。究其原因，汉唐相对安定富饶的生活使人们创新管理思想的动力不足。这里必须说明的是，魏晋南北朝虽然也是一个战乱的时期，但是由于进入中原的游牧民族文化层次太低，其政权更迭频繁，因此也不可能产生管理思想的创新。

其二，相对宽松自由的文化和言论环境有利于管理思想的创新。如春秋战国时期各诸侯国为在割据混战中胜出，一般都给予士人较宽松优裕的待遇，以招揽人才，为己所用。那些士人为了能受到国君的重用，也积极发表自己的安邦治国见解。这就促使当时管理思想新见迭出，异彩纷呈。赵匡胤建立宋朝后，右儒重学，优待知识分子，不杀言官，以后宋代历朝皇帝都遵循这一祖训。这使宋代大臣士人都敢于言事，评论朝政，或著书立说，授徒讲学，创立学派，从而使管理思想呈现出繁荣的景象。明末清初，时局动荡不安，明朝遗民或隐居不仕，或埋名隐姓、浪迹天涯，思考明亡的教训，从而产生了黄宗羲、顾炎武、王夫之反封建君主专制的思想。晚清时期，清廷处于内外交困的境地，无奈之下只好放宽言论限制，允许朝廷大臣以至民间士人，上书奏闻，提出抗御外侮、富国强兵的良方妙策，以挽救岌岌可危的清王朝统治，从而使一些爱国志士纷纷建言献策，引发古代管理思想向近代管理思想的转变。

（二）　古代三次管理思想发展高潮

从上文可知，在中国古代管理思想史上，曾出现三次管理思想发展高潮，一次在第一阶段，即春秋战国时期，两次在第三阶段，即唐中叶

五代宋与明末清初、晚清时期。

其一，春秋战国时期，中国古代管理思想初步形成体系。春秋战国是社会大变革的时代，各种社会矛盾错综复杂。激烈的政治斗争层出不穷，从春秋时期的大国争霸到战国时期的兼并战争，从礼乐征伐自天子出到自诸侯出再到自卿大夫出，从三桓与鲁公室的斗争、田氏代齐到三家分晋，从齐威王改革、魏国李悝变法、赵烈侯改革、韩昭侯内修政教、楚国吴起变法、秦商鞅变法，再到燕昭王的改革。兼并战争与政治、经济上的剧变，对社会上的各个阶级、阶层和集团都产生了深刻的影响。人们对于当时社会大变革中的许多问题，都有自己的态度、主张、愿望和要求等。

每个诸侯国面临割据纷争的局面，都想在生死存亡的竞争中采取合乎时宜的谋略与政策，求富图强，求得生存与发展，最后消灭竞争对手。各国的国君和大贵族，都大力招揽知识分子为自己出谋划策，礼贤下士成为社会风尚。这就是所谓"诸侯并争，厚招游学"①。当时各国统治者对人才的重视，使作为知识分子阶层的士可以各持一说，在诸侯间奔走游说，"合则留，不合则去"，有相对的自由。一些略为有名的士，还收门徒讲学，"率其群徒，辩其谈说"②。这使每个学派都有发展的空间和机会。如当时的孔子就带着弟子周游列国，宣扬自己的治国主张。其后的墨子和他的弟子结成一个严密的团体，经常到各国游学。

当时的国君为了招纳智囊，谋求方略，使士为己效力，都比较礼贤下士，对知识分子比较宽容尊重。这使知识分子有比较强的独立性，敢于独立思考，敢于发表自己的见解。在这大变革的时代，各阶级、阶层和集团也纷纷在士阶层中寻找自己的代言人。这使士这一阶层大都企图用己说改造君主，使君主采纳自己的治国主张，从而得到高官厚禄。有不少思想家虽追逐荣华富贵，但更看重自己的治国抱负。

---

① 司马迁：《史记》卷 6《秦始皇本纪》，中华书局，2011 年。
② 《荀子·儒效篇》。

春秋战国时期，"官学"日趋没落，"私学"在各地产生和发展起来。在当时私学中，孔子创设的私学最为著名，影响最大。齐国的威王和宣王大兴"稷下"之学，使"稷下"成为各派学者讲学和讨论学术的中心，稷门下所设的学校称"稷下之学"。当时儒家、阴阳家、道家和其他流派的学者都聚集在此，从事议论、探讨学术。

在这时代大变革的背景下，许多杰出的人物代表不同的阶级、阶层或集团，提出了对社会变革的看法和治国的主张，初步形成了各种管理思想。例如：在自我管理上，出现了儒家的修身、明德、格物致知等思想；在家族管理上，继承发展了西周的宗法管理思想；在经营管理上，出现了范蠡（陶朱公）的"计然之策"和白圭的"治生之道"；在国家管理上，出现了儒家的仁政、民本、君舟民水、礼治、德主刑辅、选贤任能，法家的法、术、势，道家的无为而治，墨家的兼爱、非攻等思想；在军事管理上，出现了国君必须掌握军队的最高统帅权、将在外君命有所不受、严明军纪、绝对服从上级指挥、知己知彼百战不殆、国力必须以军事实力为后盾、先德后兵，应慎重使用军事力量、不战而屈人之兵等思想。总之，把中国古代的管理思想推向了一个高峰，并对以后两千多年的古代管理思想产生了极其深远的影响。中国古代绝大多数的管理思想均可从春秋战国管理思想中找到其渊源。

其二，唐中叶五代宋，开创古代管理思想一个新的发展时期。经营管理思想、国家管理思想上的新发展主要表现在：古代政府管理思想从统治到治理的转化是从唐末五代至宋中期开始和完成的，其重要标志就是政府协调为主的管理思想的出现。从先秦至隋代，政府对财政性和市场性政策工具的使用仅限于：通过赋役政策引导民众从事农业生产，限制工商业，调整社会财富的分配；通过价格杠杆，买跌卖涨，实行平准，平衡市场物价。唐宋封建商品经济发达，为顺应这一历史潮流，政府管理开始逐渐把市场激励机制、自由竞争机制和民营部门的管理方法与手段引入政府的管理，以最大限度提高财政收入，进而解决因频繁战争、军费开支巨大而引起的财政危机，从而稳定其统治地位。唐宋政府管理

思想开始逐渐发生划时代的变化，从单纯的管制性工具向市场性、财政性工具转变（当然这一转变还是相当微弱的）。在特许经营与契约管理方面，对一些传统的政府经营领域，有意识地引进市场机制。例如：对盐茶酒的专卖，从唐末刘晏发其端，至宋代朝廷全面有意识地引进市场机制，逐步探索从直接全面专卖到间接部分专卖的实践；宋代政府创造性地以高商业利润诱使商人入中，把解决沿边军需供应难题纳入市场化的体系中；明代的开中法沿袭了宋代的这一做法；五代、宋朝廷在酒坊、官田、盐井、河渡、商税场务等推行买扑承包制，通过投标竞争，激活经营机制，压缩政府管理成本，保证国家财政收入最大化，并促进市场的公平竞争和资源的合理配置。唐宋在手工业和漕运方面，完成了从官府垄断经营到承买制、从劳役制到雇募制、从定额制到抽分制的转化，激活了生产者的主动性和积极性，克服了官营垄断的僵化体制和低效率，降低管理成本，从而提高矿冶业的经营效益。在政府救助方面，顺应商人逐利的本性，利用价格杠杆，引导他们参与赈灾，从而部分解决了救灾经费和物资不足问题，节省了财政支出。

宋代以后，由于封建商品经济的发达，人们的交往日益频繁，社会关系纷繁错综，民事诉讼大量增加。朝廷对民事诉讼尽可能采取自愿平等协商的调解方式，而不采取强制性的判决方式。这在缓和社会各种矛盾，防止其激化，以封建纲常伦理教化民众，稳定社会秩序方面发挥了应有的作用。这也从侧面体现了政府管理思想从统治到治理的转化。

总之，以上各种新的管理思想在唐末五代至宋中期的出现，充分表明该时期政府管理思想从统治到治理的转化，是中国古代管理思想史新的发展时期，其结论与史学界的唐宋变革论不谋而合。

唐末五代至宋时期，自我管理思想的新发展主要表现在：韩愈的道统说和性三品论是继承传统的孔孟儒家思想而发展来的，为宋明理学开了先河。他在《原道》中指出："斯吾所谓道也，非向所谓老与佛之道也。尧以是传之舜，舜以是传之禹，禹以是传之汤，汤以是传之文武周公，文武周公传之孔子，孔子传之孟轲。轲之死不得其传焉，荀与扬也，择

焉而不精，语焉而不详。"① 在此，韩愈为了对抗佛道两教，提出儒家思想在历史上的一个传授的系统——道统。韩愈的道统之说，孟子本已略言之，经韩愈提倡，宋明道学家将其进一步发扬光大，成为宋元明清思想界的主流，而道学亦成为宋明新儒学的新名字。韩愈在此极力推崇《大学》的主张，即修身与治国是紧密联系为一体的，修身的目的是齐家治国，要管理好国家首先必须修身齐家。他在自我管理思想方面提出了性三品的人性论。他的性三品论继承了董仲舒的性三品说，既不赞成孟子的性善论和荀子的性恶论，也不赞成扬雄的善恶相混的二元论。

唐代韩愈的性三品论对宋代的人性论产生了直接的影响，其中比较突出的是李觏提出的性三品、人五类论，周敦颐提出的性五品论，王安石提出的上智下愚中人说以及二程、朱熹提出的天命之性、气质之性等。在人性论的基础上，宋代理学家提出了各种自我管理思想。如张载认为，一个人如经历了"穷理""尽性""以至于命"3个层次后，其精神世界便上升到一个所谓至诚至善、无思无虑、无私无欲的境界。程颐、程颢提出，"致知格物"是起点、开端、基础，而"治国平天下"则是终点、目标，通过它进行修身养性，最终才能达到治国平天下的目标。周敦颐则要求人们必须孜孜不倦追求诚，因为诚是道德的极致。他还继承了古代儒家"中庸"、道家"清静"、佛家"寂静"的思想，提出以"主静"作为修养的方法。朱熹发扬光大了二程主敬的思想，反复强调把持敬看作是涵养的根本，即"立脚去处""圣人第一义""圣门之纲领"。张九成提出的"慎独"道德境界有两层含义：一是所谓"性""天命""中"，都是指喜怒哀乐未发时"寂然不动"的心理状态；二是所谓"敬以直内"与二程、朱熹的持敬说的道德境界是相似的，而张九成的慎独说更强调一个人独居时的持敬。

唐末五代至宋时期，家族管理思想的新发展主要表现在：朱熹是继张载、程颐之后大力提倡建立新的家族制度的著名理学家。他为宋代家

---

① 韩愈：《昌黎先生文集》卷 11《原性》，上海古籍出版社，1987 年。

族制度设计了一个相当完整而十分具体的方案。除了当时已形成的家谱他没有谈到以外，大凡族长、祠堂、族田、祭祀、家法、家礼等体现宋代家族制度形态结构的主要内容，他都详细且具体地在其《朱子家礼》卷1《通礼》中提出来了。后世的家族制度，大体上就是按照朱熹设计的模式建立起来的。因此，朱熹通过族长、祠堂、族田、祭祀、家法、家礼等达到敬宗收族的思想，对后世影响极其深远。

关于族谱的体例，以欧阳修的《欧阳氏谱图》为例，其包括4项内容，为谱序、谱图、传记、谱例。谱序，概述欧阳氏先世历史、得姓缘由和修谱的原因。谱图，绘制欧阳氏世系图。最后是谱例，阐述该谱的编纂原则。从谱序中我们知道，欧阳修编纂族谱采用详近亲、略远疏的著录对象原则。欧阳修主张各房支修谱，便于明确和查考，然后将修好的各房支谱合并起来，就是欧阳宗族的总族谱了。

苏洵的《苏氏族谱》则包含6项内容，为谱例、族谱、族谱后录、大宗谱法、附录、苏氏族谱亭记。其中谱例，阐述谱的意义；族谱，先说明修谱的目的和叙述法则，然后是世系图；族谱后录分上、下篇，上篇为苏氏的先世考辨和叙述法则，下篇记录了苏洵"所闻先人之行"，类似人物传记；大宗谱法介绍了纂修族谱的方法，以备修大宗族谱者采用；苏氏族谱亭记记载了族谱亭的建立过程。这里值得注意的是，苏洵纂修《苏氏族谱》采用的是小宗法，全谱仅著录六代人。苏洵还提出藏谱与续修的原则是：已成谱，高祖子孙家藏一部，续增的后人至五世，续修家谱。如此往复兴修，总观起来，世系延绵，修谱不绝，宗绪不会混乱。苏洵对于族谱的世系记载表述，则采用表的方式，六代一线贯穿下来，不像欧谱五世一图。

我们如对欧、苏两谱进行比较，发现其共同点：一是编纂族谱的目的相同，即通过追本溯源、明晰世系以敬宗收族，通过记述祖先的功绩德行来教忠教孝，传承祖先遗德，光宗耀祖；二是在编纂体例上，欧、苏两谱均有谱序、谱例、世系、传记，都采用小宗谱法，详亲略疏，传记所包含的内容，一般都有名讳、字号、仕宦、为人、生卒、享年、葬

地、配偶、子数等。不同点主要是：在记述世系时，欧谱用图，苏谱用表，表述方法不同。欧谱以图表述，不论宗族传了多少世代，人丁多么兴旺，都可以便利地记录下来，但世代、人口一多，查检起来不太方便；苏谱以表表达，族人的世系、血缘关系令人一目了然，但若世远人众，表就不好做了。谱图、谱表，各有优劣，需要互相取长补短，故后世修谱者往往综合欧、苏两家，图表并用。

欧谱和苏谱的创修，不仅出自本族的需要，而且意在为天下提供样本，起表率作用。欧、苏编纂家谱的指导思想和体例不仅影响南宋的家谱修撰，而且为元、明人修谱提供了范本，士大夫修谱纷纷遵奉欧、苏思想，仿照其体例。元代徽州教授程复心于延祐元年（1314）为武进姚氏族谱作序，就主张学习欧苏谱："苏氏、欧阳氏相继迭起，各创谱式，其间辨昭穆，别亲疏，无不既详且密，实可为后世修谱者法。"① 历史上家谱修撰的趋势是：唐以前官修谱牒，宋以后私家自修，首自庐陵欧阳氏和眉山苏氏二家，明士大夫家亦往往仿而为之。

北宋著名的政治家、军事家、思想家和文学家范仲淹以俸禄之余购买良田，捐为范氏宗族公产，称为"义田"，又设立管理机构，称为"义庄"。义庄的功能，涉及诸多方面，但对宗族成员进行经济生活上的赈济，是其最为重要的功能之一。一是义庄的"赡族"措施，其对象并不限于贫困族人，而是惠及宗族的所有成员，如对所有族人"逐房计口给米"，"冬衣每口一匹"，"嫁女""娶妇"支钱，"丧葬"支钱等。二是义庄建立了初步的管理、监督制度。范仲淹去世后，他的几个儿子都能遵从父训，承继父亲志愿，光大父亲事业。在义庄慈善事业方面，他们不断投入钱财和精力，不断完善义庄规矩。义庄对明清家族管理思想影响深远。

唐末五代至宋时期，军事管理思想的新发展主要表现在：中国古代自西魏文帝大统十六年（550）宇文泰开创了府兵制，这一兵制一直沿用

① 民国《辋川里姚氏宗谱》卷1，程复心《序》。

了两百年左右，直至唐中叶府兵制被募兵制所取代。府兵一般不入民籍，而是另立军籍。当府兵者，自备弓、刀、甲、鞬、戈、弩由官府供给，有的自备资装，但不负担其他课役。当府兵的农民平时务农，农隙时讲武教战，有战事时朝廷临时点将率领从各地征发的府兵出征。战事完结，兵散于府，将归于朝。这样，兵不识将，将难专兵，避免了将帅长期拥兵作乱之弊，有利于巩固中央集权和国家统一。府兵制是兵农合一的一种制度。

唐中叶，随着土地兼并的发展，均田制日趋破坏，建立在均田制基础上的府兵制难以继续实行。为了解决宿卫缺兵问题，玄宗开元十年（722），宰相张说奏请募士。翌年，取京兆、蒲、同、岐、华府兵及白丁，加上潞州长从兵，共有 12 万人，号"长从宿卫"。开元十二年（724）"长从宿卫"更名"彍骑"。彍骑的产生实际上使唐朝兵制由府兵制转入募兵制，已具有雇佣兵性质。

北宋先后设立武举和武学，其中武学之设尚是中国古代史上的首创。宋仁宗景祐元年（1034），绛州通判富弼上书仁宗，建议"于太公庙建置武学，许文武官与白身岁得入补。聚自古兵书置于学中，纵其讨习，勿复禁止。朝观夕览，无一日离乎兵战之业，虽曰不果，臣不信也"。① 庆历三年（1043）五月丁亥，在对西夏战争的触动下，宋仁宗始设武学。宋代的武举和武学对军队的人才建设发挥了一定的作用，使一些训练有素的军事人才源源不断地补充到各级军队中，在对敌战争中发挥骨干的作用。

唐中叶五代宋，之所以是开创古代管理思想一个新的发展时期，与社会的动荡忧患、相对宽松自由的文化和言论环境密切相关。唐安史之乱后藩镇割据，兵连祸结，最后形成五代十国局面，社会仍然动荡不安。北宋虽然结束了五代十国割据的局面，但终两宋三百多年间，社会矛盾始终比较尖锐。据粗略估计，大致十年就发生一次较大规模的农民或士

---

① 赵汝愚：《宋朝诸臣奏议》卷 82《上仁宗论武举武学》，上海古籍出版社，1999 年。

兵起义，每一年就发生一次小规模的农民或士兵起义，加上先后对辽、西夏、金和元的战争，给人民生命和财产带来很大的破坏，并严重威胁宋政权的统治。唐中叶五代宋，由于战乱不已，军费开支庞大，财政上入不敷出的危机时有发生。历代朝廷解决危机的一个重要方法就是增加苛捐杂税，横征暴敛。当这种征敛超过了一定的限度，就会对小农经济造成巨大的破坏，严重影响小农的简单再生产正常进行。面对这种局面，许多有识之士纷纷提出改革朝政措施，从而在这一时期涌现出刘晏、杨炎、周世宗、范仲淹、欧阳修、李觏、王安石、司马光、苏轼、苏辙、叶适等著名的管理思想家，提出改革朝政的各种管理思想。一些朝中大臣在治理朝政、解决财政危机中提出买扑、入中，主张私营工商业等富有创造性的理财思想。

宋朝从太祖开始，就尊儒重文，兴文教，抑武事。太宗时还特别注意从孤寒之家选拔人才，这成为宋代科举改革的一个重要原则，为国家选拔才德兼备的人才发挥了积极的作用，如北宋著名的政治家、文学家、思想家范仲淹、李觏、欧阳修、王安石、苏轼、苏辙等都是出身孤寒之家的知识分子。正如明人徐有贞在《重建文正书院记》中所指出的："宋有天下三百载，视汉唐疆域广之不及，而人才之盛过之。"宋仁宗庆历四年（1044），太学从国子学三馆中分出，单独建校。太学在宋代成为混杂士庶子弟的普通学校，是宋代学校制度的一个重大变化，扩大了接受高等教育的范围。到神宗时期，那些"远方孤寒人士"和"四方士人"没有资格进入国子学的，自然就进入太学学习。与此同时，宋廷又给太学生以优厚的经济和政治待遇。朝廷全面实行"舍选"，即"天下取士悉由学校升贡"，于是，太学成为全国士庶子弟获得参加殿试资格的主要途径。南宋初年，国子学已不复独立存在，与太学合二为一。

宋代的右文重儒政策，一方面带来了两宋文化的繁荣，在理学、文学、史学等方面都达到了一个新的高峰，另一方面也造就了一大批士大夫阶层。这些士大夫广泛参与赵宋各级政权，有的终身从政，有的在一生中某一时期从政，其中的绝大部分人不管是在朝还是在野，都以天下

为己任，通经术，明史事，晓法律，重现实，疑经论政，批判现实，著书撰文立说，总结自己的从政经验，阐发管理思想和方略，如李觏、范仲淹、欧阳修、司马光、王安石、苏轼、苏辙、朱熹、叶适、吕祖谦等均是其中杰出的代表。

宋代自宋太祖开始就立下祖宗之法：不诛杀士大夫和言事人。宋代历朝皇帝的确比较优待知识分子，除非罪大恶极，一般不予诛杀；对上书言事、犯颜直谏之人，一般都较宽容，更不会加罪处以极刑。由于相对宽松自由的文化和言论环境，这一时期出现了一批富有管理思想和方略的名臣。如熙宁变法的论战，各种不同观点不同思想的撞击，产生了许多有价值的管理思想和理论火花。南宋孝宗对各种学派也采取宽容的态度。他喜欢苏轼的学说，却没有因此而排斥程颐的学说。吕祖谦、叶适、陆九渊、朱熹等学派的同时并存，说明了当时言论环境的宽松。

宽松的言论环境使当时的知识分子敢于关心现实问题，批判现实问题。宋代无论是程朱理学，还是陈亮、叶适的重商学派，都关心当时的现实问题，朝政的议论也呈现出前所未有的活跃局面。由此虽然形成了无休止的政党之争，但也带来政治、思想上较为自由的风气。这种风气为学术上的探讨和新管理学说的产生提供了有利的政治条件。如在较为宽松的文化政策环境中，一向为传统儒家思想所鄙视的重商思想在宋代却较为活跃。重商思想对宋代商品经济的发展和空前繁荣影响深刻，在古代经济史中占有显著的地位。

其三，明末清初和晚清，中国古代管理思想向近代管理思想转变。明末清初，在资本主义萌芽缓慢发展，封建君主专制主义愈益腐朽，王朝更迭、社会动荡的历史背景下，黄宗羲、顾炎武、王夫之等人的反专制政治思想，显露出资产阶级民主思想的端倪。黄宗羲提出：专制君主以天下为私产，实为天下大害；在专制君主社会里，只有一家之私法，天下就永远难免于乱；天下治乱的标准不是王朝的兴亡，而是民众的忧乐；应变法以救世，臣下出仕应以万民为重，置相权以分君权，设学校以监视朝政。顾炎武提出专制君主无法使天下致治，应分权众治的政治

主张。王夫之则以"不以天下私一人"的民本思想来反对封建君主专制主义。

清代末年，中国古代管理思想开始发生深刻的变化。19世纪40年代至70年代，随着鸦片战争和第二次鸦片战争以及《南京条约》《北京条约》的签订，中国开始沦为半殖民地半封建社会。与此同时，西方思想也如潮水一般涌入中国。林则徐、魏源、冯桂芬、张之洞、李鸿章等提出抵御外侮、学习西方思想。林则徐主张严禁鸦片，抵御外国侵略，了解和学习西方。魏源也主张抗击英国侵略者，"师夷长技以制夷"。冯桂芬提出向西方学习，进行改革的主张，即创办军事工业、民用工业和新式学堂的洋务思想。张之洞提出实业与军事救国、中学为体西学为用思想。

19世纪末，甲午战争的失败和《马关条约》签订后，面对民族危机日益严重，康有为提出维新变法思想：主张开民权，设议院、制度局，实现三权分立，从而改君主专制为君主立宪制；主张发展民族资本主义工商业，富国养民；主张发展新式教育，培养人才，以智富国。总之，实行自上而下的资产阶级民主改革，使中国走向富国强兵的发展资本主义的道路。梁启超提出维新变法思想：其一，改变官制，变专制制度为议院制度，这是变法的本原。其二，全面促进经济发展，兴交通，清除阻碍经济发展的不利因素。其三，废科举，兴学堂。其四，建立法制，借鉴西方各国法律以完善中国法制。其五，兴民智，实行君民共主。其六，设报馆，译西书，宣传维新变法。严复也提出维新变法，挽救民族危亡的思想。其维新思想中最突出的一个特点是借助自然科学的理论，将弱肉强食、优胜劣汰、物竞天择、适者生存理论用于论证当时中国变法的必要性和紧迫性，认为中国只有变法才能由弱变强，才能"自强保种"，否则，将亡国灭种。严复还主张思想自由，提倡科学，"黜伪崇真"。

20世纪初，八国联军侵入北京，强迫清政府签订了《辛丑条约》，自此中国完全沦为半殖民地半封建社会。以孙中山先生为首的资产阶级革命党人，提出了民主革命思想。其中最具代表性的是：邹容在《革命军》

一文中，主张通过民主革命，推翻清朝封建专制统治，建立资产阶级民主共和国。章太炎主张，在中国推翻清王朝统治之后，应当建立资产阶级的民主共和国，并主张先"排满"，后对付帝国主义。孙中山民主革命思想的核心内容是包括民族主义、民权主义、民生主义在内的三民主义。民族主义的主要内容是推翻清王朝统治和争取民族独立，民权主义的核心内容是"推翻帝制，建立民国"，民生主义的主要内容是"一曰平均地权，二曰节制资本"。所有这些思想，标志着中国古代管理思想逐步迈向近代管理思想。

第六节　五个方面的说明

该系列专著在撰述中主要注意了五个方面的处理方式。其一，在撰述历代管理思想时，既注意其继承性，又强调其创新性。这就是说，古代的许多管理思想具有历史传承性，也就是历史依赖路径。为了反映这些管理思想的传承性，我们在阐述每一朝代相类似的管理思想时，都以适当的篇幅予以涉及。另一方面，对于每一朝代有特色有创新的管理思想，笔者都尽可能以较多的篇幅予以重点阐述。其二，中国古代历朝管理思想都十分丰富，即使鸿篇巨制也很难一一囊括，更何况拙著区区三百多万字，要阐述三千多年的管理思想更是难上加难。笔者只能以当代人的视角，选择其中对现实较有启示意义的管理思想加以阐述。其三，研究历史上的管理思想，应该如何应用当代的一些管理理论进行阐发，似乎在实际操作中不大容易掌握。尤其是古代的大多数管理思想，以今人的眼光来看，显得较为简单、粗糙，如用现代管理理论做太多的阐述引申，显得有悖于历史的客观情况，如不用现代管理理论阐述引申，又有就事论事之嫌，理论分析不够。笔者尽可能根据当时的历史现实做客观的评述，点到为止，不做太多的引申。其四，在内容框架上尽可能做

到先秦、秦汉魏晋南北朝、隋唐五代、宋、元、明、清卷统一。但是，由于各卷侧重点略有不同，因此，有些相同性质的内容在各卷的安排并不相同。如商税管理思想一般安排在商业管理思想方面论述，但如果本卷没有专节论述商业管理思想，那就将商税管理思想安排在赋税管理思想方面论述。其五，该系列专著各卷所引用的史料，笔者尽可能依据学术界公认比较权威的版本，如中华书局点校的二十四史，中华书局、天津古籍出版社出版的陈高华等点校的《元典章》。主要参考文献中所列的古籍版本只是该系列专著中较多引文依据的版本，并不意味着所有史料引文字句、标点均采用该版本。笔者往往还比较数家不同的点校、注疏和诠释，然后根据自己的理解和判断，择善而从之。由于篇幅和体例所限，以及该系列专著不属于考据学、训诂学的范围，其取舍理由就不一一予以说明了。

第一章
清代管理思想历史背景

第一节　中央和地方统治机构的强化

　　清代的国家行政机构基本上沿袭明制，但在新的历史条件下，做了一些相应的调整。清朝是以满族贵族为主的政权，但为了拉拢汉族官僚地主，巩固其统治基础，采取满汉兼用的方针，对中央各部门满汉官员的名额都做了具体的规定。为了进一步强化封建君主专制统治，增设军机处、内务府。清代是一个幅员辽阔的多民族国家，为了加强对边疆少数民族的管理，在中央创设理藩院，专门管理边疆少数民族事务。

　　顺治十五年（1658），清改内三院（内国史院、内秘书院、内宏文院）为内阁，作为中央最高行政机关。内阁设大学士满、汉各2人，协办大学士满、汉各1人，学士满6人、汉4人。清内阁职掌与明代基本相同，但权力比明代小，而且权力多集中于满员手中，汉员多为陪衬。

　　清朝承明废丞相制，设吏、户、礼、兵、刑、工六部为中央政府的执行机关。六部皆设尚书为长官，左、右侍郎为副长官，俱满、汉各1人。所属各司长官为郎中、副长官为员外郎。属员有堂主事、司务、主事、笔帖式等。

　　清代中央的议政王大臣会议和军机处，是富有特色的权力机构。清

朝内阁名义上是最高行政机关，但实际上最高权力机构先后是议政王大臣会议和军机处。清初，凡国军大政，皆交由议政王大臣会议决定。议政王大臣会议亦称"国议"，权力很大，"诸王大臣金议既定，虽至尊无如之何"①。其成员概由满族贵族组成，汉人不得参预。但是，由于议政王大臣会议与皇帝独揽大权相抵触，而且也不利于清朝进一步争取各族特别是汉族官僚地主的支持，加之后来的议政王大臣"半皆贵胄世爵，不谙世务"②。所以到了康熙时又在宫内设南书房，简择词臣才品兼优者充任，皇帝谕旨多命南书房翰林撰拟，从而削弱了内阁票拟和议政王大臣会议的权力。

雍正即位后，收回了诸王的军权，对诸王的权力做了进一步限制。雍正七年（1729）正式改称军机处，承旨办理机务，取代议政王大臣会议，剥夺了诸王预政的权力。参加军机处的军机大臣，由皇帝在满、汉大学士及各部尚书、侍郎中选定。其名称有"军机大臣""军机大臣上行走"等。为首者称为"领班"，亦称"首枢"。凡被选入军机处者，都是皇帝的亲信，完全听命于皇帝。皇帝通过军机处将机密谕旨直接寄给地方督抚，称为"廷寄"；各地督抚也将重大问题径寄军机处呈交皇帝审批，称为"奏折"。除一些"明发上谕"通过内阁下达外，其余机密谕旨不再经过内阁这道手续，而对邦国大政的处理更无须议政王大臣会议的决议。

军机大臣之下设章京等官，从六部员司和内阁中书里选用。章京的日常事务是缮写谕旨、记载档案、查核奏议，作为军机大臣的辅助人员。章京也是满、汉人员各两班，每班8人，各设一领班。章京参与机要，草拟圣旨，俗称"小军机"。

清代的军机处机构精简，行政效率高。大臣"直庐初仅板屋数间"，军机属员值舍"仅屋一间半"③。人少精干，遇事不互相推诿，能迅速处

---

①　谈迁：《北游录》《纪闻下·国议》，中华书局，1960年。
②　昭梿：《啸亭杂录》卷2《军机大臣》，中华书局，1980年。
③　赵翼：《檐曝杂记》卷1《军机处·军机直舍》，中华书局，1997年。

理军国大事。

军机处的设立，进一步强化了君主专制制度。皇帝通过军机处，集大权于一身。不仅内阁和议政王大臣会议无权预决军国大政，即使军机大臣也是"仅供传述缮撰，而不能稍有赞画于其间"①。

清朝特设专管宫廷事务的机构内务府，长官称总管大臣，由满贵族王公大臣担任。内务府掌管宫廷的宴飨、典礼、库藏、服饰、赏赐、营造、牧厂、刑律等事项。明代掌管宫廷事务的二十四衙门由太监专管，至清则太监隶于内务府之敬事房，不许考试为官，只是供洒扫、应对而已。内务府大大限制了宦官的职权，一扫秦汉以来历代宦官窃权之弊政。

清代在中央创设理藩院专门管理边疆少数民族地区事务。举凡蒙古、新疆、青海、西藏等少数民族地区的铨选、封爵、会盟、诉讼、土田、游牧、射猎、征发、贡纳、邮驿、翻译等事项，均由其管理。理藩院还兼管对俄交涉等外交事务。其编制与六部基本相同，但官员全由满族、蒙古族人担任，汉人不得参与。理藩院的设置，说明清廷十分注意对蒙、维、藏等少数民族的政策，在加强和巩固我国统一的多民族国家中发挥了积极的作用。

清代因袭明代，都察院仍是监察机关。天聪十年（1636），设左都御史，满、汉各1人，从一品；左副都御史，满、汉各2人，正三品。其右都御史、右副都御史，则作为总督、巡抚等之兼衔，于都察院组织中，径省略之。据《清史稿·职官二》载："左都御史掌察核官常，参维纲纪。率科道官矢言职，率京畿道纠失检奸，并豫参朝廷大议。凡重辟，会刑部、大理寺定谳。祭祀、朝会、经筵、临雍，执法纠不如仪者。"

清代地方按省区划分设十五道，每道都有掌印监察御史满、汉各1人，一般的监察御史，各道人数不同，在2至6人之间。监察御史隶属于都察院，"纠察内外百司之官邪"②。

---

① 《檐曝杂记》卷1《军机处》。
② 《清朝文献通考》卷82，商务印书馆万有文库十通本。

清初沿明制，六科仍为独立机关。后惩明"廷论纷嚣，恣情自肆"，遂于雍正元年（1723）始隶都察院。清代六科职官，各有掌印给事中满、汉各1人。此外，还有笔帖式、经承等属官。六科主要任务是掌发"科抄"，其次是稽察六部百司之事。

清代除上述中央机构外，还有大理寺、通政司、翰林院、詹事府、国子监等许多府、院、寺、监机构。它们大都承袭明制，只是根据清朝具体情况，略加损益而已。

清代地方行政机构分为省、道、府（与其平行的有直隶州、厅）、县（与其平行的有散州、散厅）四级。此外，还有与省大体平行的边疆特别行政区。

清朝省级最高官员是总督和巡抚，每一省或二、三省设总督，各省均设巡抚（有的总督兼），掌握一省或数省的军政大权。他们都是皇帝的心腹，一切秉承皇帝的旨意行事。此外，每省还设有提督学政1人，会同督抚主管一省的教育、科举考试等事务，不论本人官阶高低，在充任学政期间其地位与督抚平行，素有学台之称。督抚之下，各省均设承宣布政使司和提刑按察使司，设布政使、按察使各1人。布政使又称藩台，主管一省的民政、财政和人事大权。按察使又称臬台，主管一省的司法、刑狱、纠察，兼领驿传。

道设道员，为省藩、臬二司与府、厅中间一级的地方长官。各省无定员。道有分守道与分巡道，分守道专掌钱谷，分巡道专掌刑名。此外，还有专职道，是主管一省某一方面事务的，如粮储道、盐法道、兵备道、河工道等。

府设知府1人（又称太守、太尊），上隶于省，下督率所属州县官。州分散州（又称属州）、直隶州两种。设知州1人（又称刺史、州牧）。散州隶于府，辖区较县为大，但级别同县。直隶州与府同级，但无属县，直属于省。厅，一般设在边远地区，分属（散）厅、直隶厅两种，设同知或通判1人。属厅隶于府，直隶厅与府同级，隶于省。县，设知县（又称县令、县尹）1人，是为临民官，主管一县政事。县隶于府。

清代基层行政组织为保甲。清廷规定，不论州县城乡，每十户立一牌长，十牌立一甲长，十甲立一保长。每户门上挂一印牌，上写户主姓名和丁口数，并登入官册，以便稽查。户口迁移，需注明来往处所。同时，又责成地主、窑主、厂主对所属佃户、雇工严加管束，或附于牌甲之末，或附于本户之下，如有不法事件发生，一并连坐治罪。对寺观亦发印牌，以稽僧道出入，并令各客店皆立册簿，登记住客姓名、行李等，以便检查。清政府通过这种办法，对各族人民的思想、言论和行动进行严厉的控制。

第二节　怀柔与迫害相结合的思想统治政策

清朝满族作为少数民族统治全国，为了扩大自己的统治基础，巩固其统治，十分注重收买和笼络各族中的上层人物。

清朝统治者对汉族地主官僚，在入关前后都执行笼络政策。清军进入北京后，对原来明朝贵族官僚"一仍故封，不加改削"①；各衙门的原来官员都照旧录用。同时规定在内阁、六部等中央机构中实行满汉并设的复职制度，虽然大部分汉族官员权力很小，但由于给了官职、俸禄，还是起了收买人心的作用。此外，清廷还采取许多其他措施，把汉族知识分子吸收到政权中来。除不断扩充科举录取名额外，康熙十二年（1673），又诏举"山林隐遗"，一些士绅不经考试就可以直接做官。第二年，清廷又颁布了捐纳制度，使地主子弟可以通过捐银得官。康熙十七年（1678），清廷开设特科——博学鸿儒科，给知识分子中的"名士"以更大的优遇，一经录取，俱授以翰林院的官职。同时，清政府还组织大量人力编纂各类大部头的图书，对知识分子进行笼络和控制。

---

① 《清世祖实录》卷6，中华书局，1986年。

　　清廷不仅笼络汉族上层人物和知识分子，而且对各少数民族的上层人物，也给他们以种种封爵和特权。如对维吾尔族的各种"伯克"，起初都准其世袭。乾隆中虽废除世爵，但通过参赞大臣的奏请或直接补用，仍可保护教权，统治人民。在西藏，清廷加封达赖、班禅为最高宗教首领。达赖、班禅以下的大小喇嘛和四噶布伦以下的僧俗官员，即藏族僧俗农奴主，在清中央政府派出的驻藏大臣统一领导下，都享有种种特权。清王室和蒙古贵族的关系密切，他们之间保持着世代的婚姻关系，利用联姻以巩固政治上的盟好。清廷对蒙古封建主分别加封亲王、郡王、贝勒、贝子、镇国公、辅国公六等爵位，其下还有一至四等台吉、塔布囊。凡受封为六等爵的和执政的台吉、塔布囊都有俸禄。不论执政与不执政，其领主身份和爵位都是世袭的，都享有特权。康熙、乾隆时期还在承德建造避暑山庄和外八庙，每年皇帝到木兰行围射猎，举行秋狝典礼，召集蒙、藏、维各族王公大臣等上层人物轮流前来参加聚会。他们在这里举行联欢"塞宴"，颁行赏赐。皇帝围猎，他们陪侍左右，"听指挥唯谨"。此外还通过赛马、摔跤、演大戏等各种娱乐活动，来达到"上下情相浃"，从而使各族上层人物对朝廷"畏威怀德，弭首帖伏"[1]，不生异心。乾隆皇帝曾明确表示这样做的目的是为了"合内外之心，成巩固之业"[2]。

　　清廷还重视加强文化思想上的统治。一方面大力提倡程朱理学，将其作为统治的主导思想，还收罗了一批理学家，如李光地、魏裔介、熊赐履、魏象枢、汤斌、陆陇其等所谓"理学名臣"，命他们纂修《性理精义》等书，颁行天下，将理学中的"忠""孝"思想加以推广。另一方面对不利清廷统治的思想言行，则进行严厉钳制和残酷镇压。在康、雍、乾三朝，尤其是在康、乾时期，曾连续大兴文字狱。对一切文字著述只要清统治者认为触犯了君权，或有碍于自己的统治，便被目为"狂吠"

　　①　《檐曝杂记》卷1《蒙古诈马戏》。
　　②　乾隆帝《避暑山庄百韵诗》。碑藏承德避暑山庄。

"异端""悖逆"，必兴起大狱，置之重典，往往一案株连数百人。如康熙二年（1663）发生庄氏明史案，清廷认为庄廷钺请人增编的《明书》有意反清，庄氏全族和为此书写序、校对以及卖书、买书、刻字、印刷的人共 70 余人被斩杀，还有几百人充军边疆。庄廷钺已死，也被剖棺戮尸①。又如雍正四年（1726），查嗣庭为江西考官，出题"维民所止"。清廷认为"维止二字，意在去雍正二字之首"，"谓为大不敬"，遂下查于狱。后查死于狱中，仍戮其尸。家属有的被杀，有的流放②。乾隆时期的文网更加严酷，即使那些曾经受过皇帝嘉许的人，只要被认为稍有"不安分"的表现，就会横遭杀头之祸。

清代的文字狱是封建专制主义空前强化的产物，其根本目的是要在思想文化领域内树立君主专制和满族贵族统治的绝对权威。这种文字狱造成了极其严重的社会后果，影响了中国社会的进步和发展。③

第三节　社会经济的发展和资本主义萌芽的缓慢增长

清朝统治者在取得全国政权后，采取了一些有利于生产的措施，对社会经济的恢复和发展起了一定的促进作用。在各族人民的辛勤劳动下，社会经济逐步得到了恢复和发展。

水利是农业的命脉，水利的兴修，对农业的发展至关重要。康熙帝就曾把"三藩"、河务和漕运这三件列为自己亲政以来的头等大事，特地写下来挂在宫柱上，以备日夜观看思考。明末清初，由于黄河下游淤塞，多处决口，黄、淮合流，给两岸的农田造成严重灾害。康熙时大力修治

①　吴趼人：《痛史·庄氏史案》，福建人民出版社，1981 年。
②　徐珂：《清稗类钞·狱讼上·查嗣庭以文字被诛》，中华书局，2010 年。
③　朱绍侯：《中国古代史》下册，福建人民出版社，1982 年，第 268 页。

黄河，康熙认真挑选靳辅治理黄河，又信用帮助靳辅治黄河的水利专家陈潢等，每年用在治河上的经费达 300 万之巨。经过十几年的不懈治理，终将"淮黄故道，次第修复"①，暂时缓和了黄河中下游和沿淮各地多年水患的威胁。康熙时，劳动人民还完成了永定河的修浚工程，开挖了一条 100 多公里长的新河道，使"向年永定河冲决之处"，"斥卤变为膏腴，不下数十百顷"②。雍正时，又扩大修筑江、浙的海塘，使沿海地区的肥沃农田免受海潮的侵袭，并将部分海滩辟为良田。除此之外，全国其他各地也兴修了不少水利工程。

清代农业发展的重要表现是荒地的大量开垦，耕地面积扩大。据《清实录》所载：全国耕地面积顺治十八年（1661）为五百二十六万顷，到康熙二十四年（1685）为五百八十九万顷。康熙六十一年（1722）就突破了明代最高耕地统计数字，达到八百五十一万顷。雍正三年（1725），竟又增加到八百九十万顷③。

清代一些地区，"人多地少""食众田寡"④ 的现象比较突出，解决人口对土地的压力的一个途径就是进行精耕细作，提高农田的单位面积产量。如稻米生产，在江浙、湖广、四川、福建等省的膏腴之地，一般都亩产两三石，多者可达五六石，甚至六七石。康熙时在江南大力推广双季稻，使单位面积产量进一步提高。如苏州织造李煦于康熙十四年（1675）在苏州试种双季稻，次年推广"李英贵种稻之法"，此法只要掌握好"节气早晚，自然两次成熟"⑤。他试种的结果，每年平均亩产量一

① 《清史列传》卷 8《靳辅传》，中华书局，1987 年。
② 《清圣祖实录》卷 256，中华书局，1986 年。
③ 《大清会典》《清朝文献通考》《户部则例》等所载皆低于此数字。从乾隆时起，《清实录》上没有全国耕地数字的记载。
④ 《清圣祖实录》卷 256、卷 259。
⑤ 李煦：《李煦奏折》卷 185，中华书局，1976 年。

般都在六石以上①。由于"苏民精于农事",达到了"五年耕而余二年之食"②。台湾稻米的总产量也很高,一年所产足够四年之用。北方京、津等地试种、推广水稻,也取得了较好的收成。此外,自明代由海外传入的高产作物番薯,在清代由福建等南方沿海地区很快推广到河南、山东、河北、陕西、贵州等省。在浙江的部分地区,番薯已占民食之半。

清代,经济作物的种植也有一定的发展。如棉花,在明末基本普及的基础上,种植范围更加广泛,数量更多。当时,不仅江苏、浙江、湖北、河南、山东、河北等地是著名的棉产区,而且东北也成为重要的棉花产地。在元明著名的棉纺织业中心松江府属诸州县,"务本种稻者,不过十分之二三;图利种棉者,则有十分之七八"③。河南的农民也大量种植棉花,并且销往江南棉纺织业发达地区。乾隆时就有人指出:"棉花产自豫省,而商贾贩于江南。"④ 当时,传统的种桑养蚕仍然兴盛,如浙江、江苏、广东的一些地区,农民都大量种植桑树。特别是浙江省,"蚕桑之利甲天下"⑤。其中有些地区,"尺寸之堤,必树之桑"⑥。人们之所以争相植桑养蚕,是因为其所获之利,比种稻往往多出四五倍,甚至十余倍。

清代,甘蔗的种植在广东、福建、台湾等地十分普遍。广东一些地区种植的"白紫二蔗,动连千顷","连冈接阜,一望丛若芦苇"⑦。台湾更是"蔗田万顷碧萋萋","一望茏葱路欲迷"⑧。当时,烟叶的种植也已

---

① 根据《李煦奏折》第198—277页的有关材料。

② 包世臣:《安吴四种》卷26,《齐民四术》《庚辰杂著》二,见沈云龙:《近代中国史料丛刊》,文海出版社,1966年。

③ 贺长龄编:《清经世文编》卷37,高晋《请海疆禾棉兼种疏》,中华书局,1992年。

④ 《清经世文编》卷36,尹会一《敬陈农桑四务疏》。

⑤ 《清高宗实录》卷51,中华书局,1986年。

⑥ 同治《湖州府志》卷29《风俗》,光绪九年印本。

⑦ 屈大均:《广东新语》卷2,卷27,中华书局,1985年。

⑧ 黄叔璥:《台海使槎录》卷4《杂著》,郁永河《台湾竹枝词》,《丛书集成初编》本。

推广至全国各地。福建"烟草之植，耗地十之六七"①。在"江南、山东、直隶，上腴之地，无不种烟。而耳闻于他省者，亦如之"②。当时有所谓"大商贾一年之计，夏丝秋烟"③ 的说法，可见，清代烟叶的生产在商品经济中已占有重要的地位。

清代农业的恢复和发展，尤其是粮食作物与棉花产量的增加，为广大民众的生存提供了温饱之源，也为清代人口的迅速增长提供了条件。据《清实录》统计，顺治十八年（1661），全国人丁数是1913万，到康熙五十年（1711），增为2462万。乾隆以后，扩大了统计对象，包括大小男妇均在统计之内。乾隆六年（1741），全国人口总数为1.43多亿，乾隆五十五年（1790），增加到3.01多亿，到道光二十年（1840），更增长到4.12多亿。

在清代的手工业中，丝织业占有重要的地位。当时的江宁、苏州、杭州、佛山、广州等地的丝织业都很发达。江宁的织机在乾、嘉时达到3万余张，其性能比过去有所改进，"织缎之机，名目百余"，"其精密细致，为海内所取资"④。所产丝织品畅销全国，成为当时最重要的丝织品产地。苏州"在东城比户皆织，不啻万家"⑤。广州的丝织业发展也很快，所产纱缎，号称"甲于天下"，"金陵、苏、杭皆不及"⑥。在偏远的贵州，丝织业也得到很大发展。道光时，贵州遵义绸"竟与吴绫、蜀锦争价于中州"，吸引了秦、晋、闽、粤各省客商竞来购买贩运⑦。

清代棉纺织业的发展，首先表现在棉纺织工具有显著的改进。如上

---

① 《清经世文编》卷36，郭起元《论闽省务本节用疏》。

② 方苞：《望溪先生文集》《集外文》卷1《奏札·请定经制札子》，《丛书集成三编》本。

③ 《清经世文编》卷36，岳震川《安康府志食货论》。

④ 陈作霖：《凤麓小志》卷3《志事》，光绪二十六年版。

⑤ 乾隆《元和县志》卷16，乾隆二十六年刻本。

⑥ 《广州府志》卷48《物产》，学识斋，1868年。

⑦ 郑珍：《道光遵义府志》卷16，道光二十一年刊本。

海的纺纱脚车，可"一手三纱，以足运轮（名脚车），人劳而工敏"①。其次表现在当时的棉布生产，无论数量或质量都比以前有很大的提高。上海的"梭布"，"衣被天下，良贾多以此起家"②。苏州的"益美字号"，因大家誉其"布美，用者竞市"，"一年消布，约以百万匹"，结果"十年富甲诸商，而布更遍行天下"，"二百年间，滇南漠北，无地不以益美为美也"③。苏布追求高质量"名称四方"，誉满全国。无锡也盛产棉布。乾隆时，"坐贾收之，捆载而贸于淮、扬、高、宝等处，一岁所交易，不下数十百万"，有"布码头"之称。其布质的轻细虽比不上松江，但"坚致耐久则过之"④。

清代，江西景德镇仍是全国制瓷业的最大中心。到乾、嘉时，"镇广袤数十里，业陶数千户"⑤。当时官窑生产的彩瓷、珐琅瓷、镂空瓷等技艺高超，精美绝伦。而"民窑二三百区，终岁烟火相望，工匠人夫不下数十余万"⑥。除景德镇外，其他各地的制瓷业也相继发展起来。据统计，旱季时全国陶瓷品产地比较著名的有 40 余处，遍布于直隶、山西、陕西、河南、山东、江苏、安徽、福建、江西、湖南、四川、广东等省。如直隶武清、山东临清、江苏宜兴、福建德化、广东潮州等地的窑场，都有很大的规模，所产瓷器色彩鲜艳，精美异常。

矿冶业在清代也有进一步的发展。云南的铜矿，贵州的铝矿，广东、山西、河南、山东的铁矿，开采的规模都较大。如云南的铜矿，至乾、嘉极盛时，全省开办的铜厂有 300 多处。其中有官督商办的大厂，也有私营的小厂。"从前大厂砂丁率七八万人，小厂亦万余人，合计通省厂

① 乾隆《上海县志》卷 1，凤凰出版社，2014 年。
② 许仲元：《三异笔谈》卷 3《布利》，重庆出版社，2005 年。
③ 《三异笔谈》卷 3《布利》。
④ 黄卬：《锡金识小录》卷 1《备参上·力作之制》，凤凰出版社，2012 年。
⑤ 蓝浦：《景德镇陶录》序，山东画报出版社，2005 年。
⑥ 唐英：《陶冶图说》卷 20。

丁，无虑数百十万，皆各省穷民来厂谋食"①。乾隆五年（1740）至嘉庆十六年（1811）间，云南铜矿的最高年产量达到 1467 万余斤。乾隆时，贵州铅矿年产黑铅也达到 1400 多万斤。②广东的冶铁"铁炉不下五六十座，煤山木山，开挖亦多，佣工者不下数万人"③。

当时广东佛山镇的铁器制造业也很昌盛发达。那里有铸锅业、制铁线业、制钉业和制针业等，而以铸锅业最为有名。其所铸铁锅质量好，深受用户欢迎，不仅行销国内各地，其至还大量销往国外。如"雍正七、八、九年，夷船出口，每船所买铁锅，少者自一百连、二三百连不等，多者至五百连，并有至一千连者"④。

在农业、手工业发展的基础上，清代的商业也走向繁荣。当时销售范围最广、销售量最大的当数同广大民众日常生活密切关系的商品，如粮食、布匹、棉花、食盐和铁器等。"福建之米，取给于台湾、浙江；广东之米，取给于广西、江西、湖广；而江浙之米，皆取给于江西、湖广"⑤。苏州虽然产米很多，但由于"糟坊酤于市，土庶酿于家，本地所产，耗于酒者大半"，所以"无论丰歉，江广安徽之客米来售者，岁不下数百万石"⑥。河南、东北的棉花供销各地，而棉布却又仰给于外省。广东佛山镇的各种铁器，行销全国，当时有"佛山之冶遍天下"⑦的说法，但其粮食、棉布则依靠外地供给。清代，在全国比较有名的各地商品有苏州的丝、棉织品，南京的绸缎，景德镇的瓷器，广东、台湾的蔗糖，安徽、福建、湖南的茶叶等。

---

①　盛康编：《清经世文续编》卷 26，唐炯《筹议矿务拟招集商股延聘东洋矿师疏》，广陵书社，2011 年。

②　《中国古代史》下册，第 309 页。

③　《清经世文编》卷 52，鄂弥达《请开矿采铸疏》。

④　《清世宗实录》卷 113。

⑤　鄂尔泰编：《雍正朱批谕旨》第 8 册，何天培奏，雍正四年七月二十日，北京图书馆出版社，2008 年。

⑥　《安吴四种》卷 26，《齐民四术》《庚辰杂著》二。

⑦　《广东新语》卷 16。

　　随着商品经济的发展，许多城市也更加繁荣起来。北京、南京、苏州、杭州、扬州等商业贸易都很兴盛。如苏州，"五方杂处，人烟稠密，贸易之盛，甲于天下"①，"洋货、皮货、绸缎、衣饰、金玉、珠宝、参药诸铺，戏园、游船、酒肆、茶店，如山如林，不知几千万人"②。杭州也是"百货所聚"的省城。"杭之茶、藕粉、纺绸、纸扇、剪刀、湖之笔、绉纱，嘉之铜炉，金之火腿，台之金橘、鲞鱼，亦皆擅土宜之胜，而为四方之所珍者"③。其他如天津、济南、开封、太原、广东、福州等地，也都是商业繁荣的都市。甚至比较偏僻的北方宣化府，也是"市中贾店鳞比，各有名称……各行交易铺沿长四五里许，贾皆争居之"④。

　　清代，不仅全国著名的大城市商业贸易兴盛，一批中小市镇随着农产品的商品化和手工业、商业的发展而繁荣起来，成为远近闻名的工商业大市镇。如湖北的汉口镇，"户口二十余万，五方杂处，百艺俱全"，"地当孔道，云贵、川陕、粤西、湖南处处相通，本省湖河，帆樯相属，粮食之行，不舍昼夜"，商业往来，以"盐、当、米、木、花市、药材六行最大，而各省会馆亦多"⑤。广东的佛山镇，乾、嘉间已发展成为有622条大小街巷和数十万人口的工商业非常繁盛的大市镇，"实岭南一大都会"⑥。

　　清代，商业的繁荣还表现在商品经济深入到农村市场。这种农村市场，在农产品商品化程度高的江浙地区十分活跃，尤以苏、松、嘉、湖、杭等地特别突出。如苏州府的震泽镇，在明代只有数百家，由于工商业的发展，到清代乾隆年间，"居民且二三千家"，"栋宇鳞次，百货俱集，

　　① 顾禄：《清嘉录》卷5，江苏古籍出版社，1999年。
　　② 顾公燮：《消夏闲记摘抄》上，上海商务印书馆，1924年。
　　③ 陆以湉：《冷庐杂识》卷8《土物》，中华书局，2007年。
　　④ 陈梦雷编：《古今图书集成·职方典》卷155《宣化府部汇考七》，中华书局、巴蜀书社，1984—1988年。
　　⑤ 《清经世文编》卷40，晏斯盛《请设商社疏》。
　　⑥ 乾隆《佛山忠义乡志》卷1《佛山镇论》；道光《佛山忠义乡志》卷1《疆域志》。

以贸易为事者，往来无虚日"①。广东、广西的农村墟市，也很繁荣。如广州府南海县（今南海区）的九江大墟，工商业相当发达，"货以鱼花土丝为最，甲于邑内"；谷布蚕畜、五蔬百果、药材器皿和各种日用杂货，"俱同日贸易"②。

随着商品经济的发展，清代资本主义萌芽有了缓慢的增长。

首先是具有资本主义性质的手工作坊和手工工场的发展，在丝织业方面，手工业工场主所拥有的织机数量有较大的增加。康熙前期，清政府对丝织业采取抑制政策，规定"机户不得逾百张，张纳税当五十金。织造批准注册，给文凭然后敢织"③。但是随着丝织业和商品经济的发展，这种对私人手工业自由发展的限制，越来越遭到工场主的强烈反对。后经江宁织造曹寅奏免，"自此有力者畅所欲为，至道光间，遂有开五六百张机者"④。每张机按2人计，一个手工工场就拥有工匠千人左右。当然，这种规模巨大的手工工场还是少数，但当时拥有数十张织机的作坊非常普遍。当时，苏州的织机有三四千张，织工总数不下万人左右⑤。当时机户（工场主、作坊主）与机户（织工）存在着雇佣关系。如"苏州机户，类多雇人工织，机户出（资）经营，机匠计工受值"，工匠所得工资多少，是根据每人生产的产品件数、质量和本人技术熟练程度等条件而定的⑥，而机户则通过剥削机匠（机户）的剩余劳动而致富。

其次，清代资本主义萌芽的缓慢滋长表现在体现资本主义萌芽的行业增多。如明代的资本主义萌芽主要出现在纺织业，而清代则扩展到制瓷业、矿冶业等。如当时景德镇从事陶瓷业生产的手工作坊或工场主有数千户，而"靡不借瓷资生"的雇佣"工匠人夫不下数十余万"。平均每

① 乾隆《震泽县志》卷4《镇市村》。
② 道光《南海县志》卷13《建置略》，同治十一年刊本。
③ 汪士铎等：《光绪续纂江宁府志》卷15《拾补》，南京出版社，2011年。
④ 同治《上元江宁两县志》卷7《食货》，同治十三年刻本。
⑤ 《申报》，光绪九年十二月初三。
⑥ 《奉各宪永禁机匠叫歇碑记》，江苏省博物馆编：《江苏省明清以来碑刻资料选集》第6页，生活·读书·新知三联书店，1959年。

个手工工场主雇佣百十个工人。作坊主或工场主靠剥削手工业工人来发财致富，"平时曾资其力"，对工人的待遇"锱铢计较"，遇到工人老病不能劳动时，就要一脚踢出门外。当时的生产分工已是相当细密，一件瓷器从陶炼泥土到制作陶坯，再送进窑内烧成，这一系列操作过程，根据各个环节和不同工种，工人们都有专门分工。例如画者只画不染，染者只染不画。为的是"一其手而不分其心"，"以成其画一之功"①，从而通过分工提高工作效率。从规模和分工情况来看，景德镇的制瓷业在清代已达到手工工场阶段。

清代的矿冶业中也出现了使用雇佣劳动的巨大矿场。"富者出资本以图利，贫者赖佣工以度日"②，是矿冶业中的普遍现象。因为矿冶的开采和冶炼，需要大量的资金和劳动力，因此其资本主义雇佣劳动性质比较典型。如广东的冶铁业，"凡一炉场，环而居者三百家。司炉者二百余人，掘铁矿者三百余，汲者、烧炭者二百有余，驮者牛二百头，载者舟五十艘。计一铁场之费，不止万金"③。矿场主为了取得高额利润，必须精心经营，"日得二十余版则利盈，八九版则倾本矣"④。

再次，清代资本主义萌芽的缓慢增长表现在资本主义萌芽不仅出现在东南经济发达地区，也出现在西北、西南等较为偏远的地区，其资本主义萌芽出现的地区明显比明代的要广。如陕西汉中一带的铁冶工场规模较大，"铁炉高一丈七八尺"，"旁用风箱，十数人轮流曳之，日夜不断"。铁厂内部有许多生产环节，如开石挖矿、装窑烧炭、冶铁、制作器物，以及各项运输等。每一环节中又分不同工种，如冶铁时有"辨火候，别铁色成分"的匠人，还有曳风箱和从事其他劳动的佣工等。"供给一炉所用人夫，须百数十人"。一个大铁厂往往有二三千人，小厂也有千人或

① 《陶冶图说》卷11。
② 《清经世文编》卷52，田畯《陈粤西矿厂疏》。
③ 《广东新语》卷15。
④ 范端昂：《粤中见闻》卷21，广东高教出版社，1986年。

数百人。"利之所在，小民趋之如鹜。"① 显然，这已是规模相当大的铁冶手工工场了。

云南铜矿的生产规模更大，分工更细。"大厂动辄十数万人，小厂亦不下数万，非独本省穷民，凡川、湖、两粤力作功苦之人，皆来此以求生活。"② 投资经营者，也都是来自川、湖、江、广的巨商大贾，"每开一厂，率费银十万、二十万两不等"③。采矿劳动者和投资经营者的经济关系有三种：其一，采矿劳动者，有的开始"不受月钱"，至得矿时按一定比例分取产品，称为"亲身兄弟"；其二，有的劳动者"按月支给工价，去留随其自便"，"名为招募砂丁"；其三，还有"临时招募添补"的雇工。而有的铜厂则"向无亲身兄弟，均系招募砂丁"。这三种劳动者中，第一种"亲身兄弟""其初出力攻采"，"常时并无身工"④，还不是真正的雇佣工人，而第二、三种由招募而来的长期和临时雇工，人身较自由，带有资本主义雇佣劳动的性质。

最后，清代资本主义萌芽的缓慢滋长，还表现在包买商直接或间接控制手工业生产的现象，比过去有明显发展。这些包买商通过贷给小生产者工本，供给原料和生产工具等方式，把小生产者变为其雇佣的工人，从而使商业资本转化为产业资本。

从康熙至道光年间，在江宁、苏州等地出现了许多由大商人开设的"账房"，拥有大量的资本、原料和织机。如江宁的"大账房李扁担、陈草包、季东阳、焦洪兴者，咸各四五百张"织机⑤。苏州的石恒茂、英记、李启泰等织绸厂，也都是由大账房直接开设的。"各账房除自行设机督织外，大都以经纬交与织工，各就织工居处雇匠织造，谓之机户"⑥。

① 严如熤：《三省边防备览》卷9，道光二年刻本。
② 《清经世文续编》卷49，岑毓英《奏陈整顿滇省铜政事宜疏》。
③ 《清经世文续编》卷26，唐炯《筹议矿务拟招集商股延聘东洋矿师疏》。
④ 吴其濬：《滇南矿厂图略》附《铜政全书咨询各厂对》，西南交通大学出版社，2018年。
⑤ 《申报》，光绪十二年二月十六日（1886年3月20日）。
⑥ 民国《吴县志》卷51《物产二》，广陵书社，2016年。

账房"散放丝经，给予机户，按绸匹计工资"①。各机户领到原料后，"复将丝发往染房染色，然后收回"，再交与络工络丝，最后织成绸缎，送归"账房"批售，工资由"账房"发给。"小机户无甚资本，往往恃账房为生"②。这就是"账房"拥有大量资本，把原料（经纬、丝经），甚至工具（织机）分给许多小机户，让他们各自在家里（居处）自行生产（织造），然后账房以计件工资的形式（按绸匹计工资）付给机户报酬。有的生产程序更为复杂，即机户领到原料，还要将丝交染房染色，再交由络工络丝，最后由机户织成绸缎，交回"账房"批售并领到账房发给的工资。以上无论是简单的生产程序还是复杂的生产程序，这种"账房"就是一种大包买商，他们不仅支配着自己的作坊或工场中的工人劳动，还控制着一部分相对分散独立的机户、染房和络工等小生产者。

清代，包买商的活动与作用，在棉纺织业中也表现得较为明显。他们通过供应原料和收买产品的方式，把那些分散的小生产者控制在自己手中，为自己提供剩余价值。如乌程南浔地方，包买商人"俟新棉出，以钱贸于东之人，委积肆中，高下若霜雪。即有抱布者踵门，较其中幅以时估之，棉与布交易而退"；"村民入市买棉归诸妇，妇女日业于此，且篝灯相从夜作，亦一月得四十五日工，计日成匹，旋以易棉，蚩蚩续来不已"③。棉纺织业的包买商与丝纺织业的包买商相比，他们更多地控制传统男耕女织家庭中的贫苦妇女，使这些妇女成为他们的雇佣工人。那些贫苦妇女各在自己的家中，日夜纺纱织布，用包买商的原料，为包买商加工纺织品，然后以计件工资的形式领取报酬。如乾隆时，吴江县（今吴江市）有一妇女张氏，"每日纺纱十二两，得工资五十文，除一姑两孩四人食用外，尚能积蓄以还清所负之债"④。

---

① 《清稗类钞》第5册《农商类·镇江江绸业》。

② 陈作霖：《凤麓小志》卷3《记机业》，光绪二十六年《金陵琐志五种》。

③ 彭泽益编：《中国近代手工业史资料（1840—1949）》第一卷，生活·读书·新知三联书店，1957年，第244页。

④ 曾纪芬：《崇德老人八十自订年谱》附录，北平京城印书局，1933年铅印本。

总之，清代资本主义萌芽有了进一步的发展，但是这种发展又是十分缓慢和不平衡的，其发展主要体现在手工工场规模上的扩大、资本主义萌芽在行业上增多和地区的扩大，以及包买商的活动与作用表现更加明显。这主要是在量上的一些增长，而未出现质上的一些突破。究其原因，主要有3个方面：其一，清代的农民和手工业者都极端贫困和落后，根本无力扩大再生产，无法形成迅速突破旧的生产关系的社会生产力，而地主阶级和富商大贾则把大量的财富用于生活中的消费或购置土地上，很少转化为资本。其二，高度中央集权的君主专制政权历来执行"重本抑商"政策，特别是在明清时期，这种传统政策的执行又进一步强化。封建政权对工商业控制、掠夺、摧残和对海外贸易的禁止、限制和垄断，严重阻碍了商业资本的正常发展及其向手工制造业资本的转化。其三，明清时期工商业中封建行会的盛行，也对工商业的自由发展起了阻碍的作用。因此，直到鸦片战争之前，自给自足的自然经济仍然在中国占着主要地位，资本主义在封建主义的参天大树下，仍然只是一棵弱小的幼芽。

第四节　封建家族制度的成熟

清代，聚族而居的封建家族组织的基本特征是已经分裂成个体小家庭的同一个男性祖先的子孙，世代相聚在一起。这在广大农村地区尤为普遍。若干个同姓小家庭聚居在一个村落，或者分居于邻近的几个村落。他们建立祠堂一所，岁时节庆祭祀共同的祖先，小家庭围绕着祠堂居住。他们修撰家谱一部，详细记载各个小家庭的成员以及他们之间的血缘辈分亲疏关系。他们共同购买或由富裕的族众捐赠而设置数量不等的族田族产，以其收入赈济贫困族众和开支全族的公共支出。他们推选一至几位族长，负责处理族中的公共事物。如清代安徽宁国地区，城乡都聚族

而居，族之大者，人丁至 1 万余，其次亦不下数千，最少者也有三二百人①。池州各县，每逾一岭，过一溪，都可以见到烟火万家聚族而居的村落，有的大家族甚至毗连蝉接，聚居于附近的几个、几十个村落，占地数里或数十里。②江苏苏州地区，兄弟分家，都围绕祖宗的庐墓居住，从不搬迁到外地去，所以一村中，同宗同族者至数十家或数百家③。浙江临安地区，农民安土重迁，一个家族至几十代都聚居在一起，从不远徙他乡④。对于这种村落聚族而居的普遍性，清人反复指出过。如乾隆年间的陈宏谋就说到，闽中、江西、湖南，乡间多是聚族而居⑤。他曾经在这几处做过官，这是他耳闻目睹的事实。道光年间的张海珊说，山东、山西、江左、江右、福建、广东等地，普遍存在强宗大族聚居的村落⑥。

清代，家族与家族之间是不平等的。人口众多的富裕家族，特别是那些曾经出过官宦的有权势的家族，在政治上往往居于统治地位，而人口较少或贫穷的家族，则往往处于被统治的地位，成为大家族欺压、凌辱和兼并的对象。如湖南桂阳，"居皆聚族，有事则相助，亲睦笃至。然颇恃族大凌弱姓"⑦。

清代对于各种身份者的祭礼规定，反映在礼制的"家祭"中，分亲王世子郡王家祭、贝勒贝子宗室家祭、品官家祭、庶士家祭、庶人家祭 5 类。清廷规定，不论官民，皆祭祀高、曾、祖、父四世祖先，官民祭祀的主要区别是官可于居室之东"立庙"，民则在家之正寝之北"为龛"。可见，清代礼制是不允许民间建家庙并祭祀远祖的。但是，事实上，清代民间家族建祠堂（即家庙）祀始祖在明代的基础上继续发展，在全国相当普遍，是家族制兴旺的表现之一，有关清廷祠庙及祭祖礼制基本上

①　嘉庆《宁国府志》卷 9 引《旌县志》，广陵书社，2006 年。
②　光绪《石埭桂氏宗谱》卷 1 载康熙间潘宗洛序。
③　同治《重修苏州府志》卷 3 引《县区志》，光绪九年刻本。
④　雍正《浙江通志》卷 99 引《临安县志》，中华书局，2001 年。
⑤　《清经世文编》卷 58，陈宏谋《寄杨朴园景素书》。
⑥　《清经世文编》卷 58，张海珊《聚民论》。
⑦　《桂阳直隶州志》卷 13，岳麓书社，2011 年。

只是一种文字摆设。如道光年间，湖南巡抚吴荣光说，朱熹《家礼》规定四时祭祀外，"别有冬至祭始祖，立春祭先祖（原注：高祖以上之祖）等仪。今人别立宗祠，族长率族人春秋在宗族祭祀，也是敬宗收族之道"。"通礼虽无其仪，也可准家庙之礼行于宗祠，宗祠自始祖以下，高祖以上，非分尊而有功于族众者，不得以私情滥入"①。可见，宗祠祭祖，是祭始祖和先祖，皆是高祖以上之祖，作为巡抚的吴荣光认为符合《家礼》的精神，宗祠祭祀仪式仿照《家礼》进行即可。

吴氏所说的宗祠，亦即祖祠，民间多泛称为祠堂。清代民间修宗祠祭始祖，是非常普遍存在的现象，所以清人有"今民间宗祠祭自始祖"②的说法。如康熙年间浙江永康县"祭礼：士大夫家用四时，民间多用俗节，第如家人常馔者，盖犹古之荐也。近又多会其族人，立始祖祠，同以岁首会拜祠下，谓之合族会。始祖之祭，于古礼若近僭，然论礼于后世，虞其简不虞其过。则亦义起之，可听者也"。这种始祖祠，当时称为"宗祠"，有13座③。

清代的族田在数量和地区分布上超过了以往任何时期，每年"以田、义产敬宗收族上闻者，岁不下十百家"④。族田成了家族制度的重要特征，完全没有族田族产的家族组织是很难存在的。据史籍记载，清代很多地区是"每姓必建立祠堂，以安先祖；每祠必公置产业，以供祭祀"⑤。"祠内大族，多置义田以备荒歉"⑥。当时，族田分布南方多于北方，尤以苏、皖、浙、闽、粤、赣为最。

清代族田又称公田，包括祭田、义田、学田等几类，族田的收入，主要用于以下4个方面的开支：

---

① 吴荣光：《吾学录初编》卷14《祭礼·品官家祭》，道光二十九年重刻本。

② 《清经世文续编》卷60，张履《礼政·答陈仲虎杂论祭礼书》。

③ 康熙《永康县志》卷6《风俗》、卷14《祠堂》，成文出版社，1968年。

④ 陈康祺：《郎潜纪闻二笔三笔》卷6《新城陈氏之义田》，中华书局，1984年。

⑤ 乾隆《瑞金县志》卷2，乾隆十八年刻本。

⑥ 道光《广东通志》卷9引《增城县志》，同治三年刻本。

其一，用于祭祀祖先。一般说来，清代家族组织中各种祭祀祖先时用的牺牲、祭品、用具，祭祀时的宴席会饮、招优演戏，祠堂的修葺，家谱的续修，祖茔的培缮，墓庐的管理，节令时家族的花鼓、花灯、龙灯、龙舟竞渡以及赛会等开支，都出自祭田。

其二，用于赈济贫困族人，文献中亦称作"赡族"。"祠内大族，多置义田以备荒歉"①，"祭田所入，蒸尝之外，子孙应试者给其资斧，余则赈凶饥，恤孤寡"②。救助贫困、孤寡和遭遇饥荒及不测事件的族人，避免他们流离失所而造成家族离散，达到收族的目的，是设置族田的主要用意。家族中的义田用于这一项开支，祭祀有余时，祭田收入也可用来赈济族众。

其三，用于家族办学及族中儿童士子的束脩、考试。族田收入，"四时祭祀外，有赢余则惠及族之鳏寡孤独，量给赡养。子姓有登科甲入乡校者，给与花红赴试，助以资斧"③。具体而言，族田中主要是学田用于家族办学及束脩、考试之用，除此之外，也有祭田、义田用于此项开支者。此项开支主要用于4个方面：一是用学田收入兴办义学，供族中儿童上学，如建造学舍，聘请塾师等。二是补贴族中学子的学习，如学费、灯油费、文具费等，极贫的族中子弟成绩优秀者还可补助部分衣帽费。三是对应举赴考的族中子弟助以斧资，包括衣服、用品、路费等。四是奖励夺得功名的子弟。如有的家族在族规中规定，族中子弟凡进学者（考取秀才）赏若干元、若干石，中举者（考中举人）赏若干元、若干石等。

其四，用于兴建族中公益事业，如修村塘小型水利，修道路，修村溪小桥，设渡，设茶亭、凉亭及路灯等。有的水利、桥梁、渡口涉及几村几族，则由众多家族联合兴建，资费出自各族的族田、族产收入。有的家族还专门拨出少量族田作为某一渡口的渡田，或某一陂塘的陂田，

---

① 嘉庆《宁国府志》卷9引《太平县志》。
② 道光《广东通志》卷9引《增城县志》。
③ 乾隆《瑞金县志》卷2。

供某一项公益事业专款专用①。

祠堂是家族的象征。每个聚族而居的家族，必有一个或几个祠堂，作为家族的象征和中心。"族必有祠"，在明清时期的农村是极为普遍的现象。"俗重宗支，凡大小族莫不有祠。一村之中聚族而居，必有家庙，亦祠也。州城则有大宗祠，则并一州数县之族而合建者。"②

当时祠堂的规制，视家族的人口众寡和族产多少而定。那些富裕家族，特别是出过达官显宦的家族祠堂，往往建筑得富丽堂皇，规模宏大。如广东顺德县，"俗以祠堂为重，大族祠至二三十区，其宏丽者所费数百金，而莫盛于望江龙津。古楼大族亦有二三十座，一楼费数千金，以铁为门，下有基，高一丈，中有板阁。"③ 合肥邢氏在"家规"中对祠堂规制作出规定："家庙者，祖宗之宫室也，制度即隘，亦少不得三阵两庑，前门户，中厅事，后寝室。寝室之内，正面装大龛三座，正中上层奉始祖神主，以功德神主配之；两侧则左昭右穆，依世次而咸列焉。"④ 至于弱小的家族的祠堂，往往就简陋得多，一般盖两进三间的砖瓦房，以寄托祖宗的神灵。

祠堂的最重要功能是祭祀祖先，因此祠堂里供设着全部或部分家族祖先的神主牌位。每逢春秋祭祀，全族聚会，沐浴斋戒，齐集祠堂，由族长或宗子主持，作礼设祭。清明扫墓，一般也要先到祠堂，先祭神主，然后分别至各房各家的墓地祭扫。有些家族，祠堂祭祀十分频繁，每逢朔望，都开祠致祭。通过祠堂祀祖，可以加强族众的血亲观念，使他们团结在死去的祖先及其代表——族长的周围。

祠堂的另一重要功能是向族众宣讲封建礼法的课堂。在祭祀仪式开始之前，往往由族长本人或指派专人向族众进行"读谱"，讲述祖宗艰难创业的历史，宣读家法族规，宣讲劝勉训诫之辞和先贤语录。有的家族

---

① 徐扬杰：《中国家族制度史》，武汉大学出版社，2012年，第304—305页。

② 光绪《嘉应州志》卷8引黄钊《石窟一征》，光绪二十四年刊本。

③ 同治《重修广州府志》卷15引《顺德县志》。

④ 光绪《合肥邢氏宗谱》卷1《家规》。

还规定每月朔日一次，或朔望两次，将族人集中于祠堂，举行专门的读谱仪式。祠堂读谱，宣讲封建礼法时要求族人衣冠端正，在祠堂大殿正立或端坐，静默听讲，不许咳嗽打喷嚏，不许呵欠瞌睡，不许交头接耳，不许跷腿，不许中途退席①。

祠堂的第三个功能是族众讨论族中事务的会场。族中遇有重大兴革家事，关系全族之利害者，如推选族长、兴建祠堂，续修家谱、购置大片族产坟山等，都由族长召集全体成年族人在祠堂会议讨论，族众可以各述所见，但最后决定权操在族长手中。

祠堂的第四个功能是家族的法庭。族长在祠堂审判族人，处理族人纠纷，一般都由族中士绅陪审，允许族人旁听，借以教育族人。判决的实施也在祠堂，如杖责、罚金、罚苦役，都在祠堂里宣布和实行。有的家族还擅自对族人实施死刑，往往也是在祠堂里当场打死、缢死，或加以捆绑投入河塘（沉潭）。

如前所述，明中后期特别是后期的族谱体例已经成熟，到清代族谱体例变化不大，基本上是明代族谱体例的延续。清代族谱与明代族谱相比，有较明显变化的主要有3个方面：

一是清代编撰大型通谱较少见。按照人口繁衍的趋势，清代宗族人口越来越多，房派宗支愈益繁杂，因此编撰统宗谱的数量应大大超过明代。但事实并非如此，清代编撰统宗谱受到政府的限制。清廷作为少数民族建立的全国政权，严密防范汉族的反抗。跨地区的通谱是一种广泛的社会群体联系，在清代秘密宗教与结社活动频繁、民变屡兴的情况下，跨地区家族间联宗合谱的广泛联络，显然是清统治者不愿看到的。清政府在乾隆二十九年（1764）曾因江西联宗通谱之风甚炽，下令铲削族谱中荒诞不经之始祖，断以始迁该地及世系分明者为始祖，并下令全国稽

---

① 王演畴：《讲宗约会规》，载陈宏谋《五种遗规·训俗遗规》，宣统二年学部图书局本。

查①。此后，清政府还干预孔府的通谱。当时因孔府派人携带"空白奉祀礼生札付"去江浙清查族谱，结果衍圣公孔昭焕被交部议处。乾隆帝认为："承修族谱一事，虽相沿已久，越数年修正一次，亦只应就籍隶山东确有支派可考者，随时查辑，若其同宗散处各省，系次既属遥远，势难逐一清厘，徒使差委之人借端滋弊。"② 修谱本属民间自发行为，但乾隆帝由于害怕民众广泛联系威胁其统治，以"铲削族谱中荒诞不经之始祖""徒使差委之人借端滋弊"为借口，来限制、干预民间编纂大型通谱的活动。

二是清代总结出编撰家谱的最基本义例，即指导思想是"隐恶扬善"和"为亲者讳"。所谓"扬善"，就是在家谱中只写先人好的甚至编造好的，"谱以正宗派，笃恩义，故独以书善也"③。"隐恶"就是不写先人坏的，即使祖先做了坏事，也不准写进家谱，这就是"为亲者讳"。"凡有干谱例，当削不书，违者许房长（即族长）鸣祠处治。"④ 这种指导思想使当时在编撰家谱中伪造事实成为十分普遍的现象。有的家族为了抬高自身的地位，硬在家谱中攀附与自己家族毫不相干的历史上的名臣贤相，甚至根据戏曲、话本、小说和民间传说来编造家族的世系，以致漏洞百出，违背基本历史常识。清代著名史学家钱大昕就曾一针见血地批评说："宋元之后，私家之谱不登于朝，于是支离傅会，纷纭蹐驳，私造官阶，倒置年代，遥遥华胄，徒为有识者喷饭之助矣。"⑤ 因此，清代在这种思想指导下修的家谱，特别是其中那光宗耀祖的家族历史、祖宗功德、先人宦绩等内容，其可靠性值得大大怀疑。

三是清代家谱的政治化倾向加强。清朝入主中原之初，借鉴明朝治

---

① 《宫中档乾隆朝奏折》21 辑，乾隆二十九年三月二十八日；23 辑，乾隆二十九年十一月二十七日。台北故宫博物院，1982 年。

② 《清高宗圣训》卷 231 《正制度》，北京燕山出版社，1998 年。

③ 嘉庆《桐城黄氏宗谱》卷 1 《凡例》。

④ 道光《无为查林徐氏家谱》卷首载乾隆间订《规条》。

⑤ 钱大昕：《潜研堂集》文集卷 26 《钜野姚氏族谱序》，上海古籍出版社，1989 年。

国经验，于顺治九年（1652）颁行《圣谕六言》于八旗及各省，清代的一些家谱也载此六言。清帝还制定了本朝的教民谕旨，康熙九年（1670）向全国颁布《上谕十六条》，内容是：

敦孝悌以重人伦　　笃宗族以昭雍睦

和乡党以息争讼　　重农桑以足衣食

尚节俭以惜财用　　隆学校以端士习

黜异端以崇正学　　讲法律以儆愚顽

明礼让以厚风俗　　务本业以定民志

训子弟以禁非为　　息诬告以全善良

诚匿逃以免株连　　完钱粮以省催科

联保甲以弭盗贼　　解仇忿以重身命

《上谕十六条》的颁布，表明清廷重视以儒家经典作为治国的重要方略。雍正帝很重视《上谕十六条》，对其逐条解释，成为洋洋万言的《圣谕广训》，于雍正二年（1724）颁行天下。由于清廷的广为宣传，《上谕十六条》和《圣谕广训》深入民间，达到了家喻户晓的地步。这对清代家谱的编纂予以深刻的影响，民间家谱族规收录《上谕十六条》或据此制定族规家训者不胜枚举，有的族谱将《上谕十六条》刊于谱首。更有甚者，更是不惜工本，将万言《圣谕广训》收入家谱。如道光时修的湖南江永《义氏族谱》、道光时修的四川仪陇《胡氏宗谱》均刊刻《圣谕广训》于谱首。以当朝皇帝教民圣谕约束族人的事实表明，明清时代的不少士大夫把修谱作为佐治的手段，修谱的政治化倾向日益加强。这也从一个侧面说明家族组织在清代发挥着最基层管理民众的职能。

第五节　理学的继续与转化

明末清初，有些学者企图对理学的产生与发展历史进行总结。首先

是孙奇逢著的《理学宗传》，论述了宋明时期有较大影响的理学派别。由于该书是较早出现的有关总结理学的专著，故只是理学家传记的汇编，并未对理学的发展过程做出清晰的说明。孙奇逢在撰述该书时，也提出自己的一些理学观点，如注重心性修养，其学以慎独为宗，以体认天理为要旨，以日用伦常为实践。

明末清初，对理学的产生与发展历史进行较系统探讨与总结的是黄宗羲著的《宋元学案》和《明儒学案》。其中《宋元学案》非出自黄宗羲一人之手，也非成于一时，而是历经其子黄百家、私淑全祖望续修，又经同郡王梓材、冯云濠校定，才最后整理成百卷定本。尽管如此，黄宗羲的草创之功不可没。他为该书发凡起例，确定以分学案的体例来揭示宋元理学的源流派别，而且全书2/3的篇幅为其所撰，全书共100卷，立案91个，其中为黄宗羲撰写的共67卷，59个学案。《明儒学案》则是黄宗羲独立撰述的第一部内容宏富、体例严谨、观点鲜明的明代学术史专著。全书凡62卷，内立17个学案，详细记载了明代儒学各家的行状和思想学说，论述了明代理学各派的源流演变和特点，充分反映了作者的理学观点，迄今仍然是研究明代理学史的重要参考著作。

宋明人所讲的理学与心学，在清代都有继续传述者。如被康熙誉为"关中大儒"的李颙，致力于学问，经传、史志、百家之书，靡不观览。其学以王守仁的"致良知"为本体，以朱熹的"主敬穷理"为功夫，在关中学者中有较大的影响。他的前期思想侧重于经世致用之学，后期则侧重于心性义理，反身悔过之学。

康熙时的理学家陆陇其继续了朱熹的"理之流行"说，驳斥了罗钦顺的理气观点。他将《中庸》等同于所谓"义理之性"，要求人们去"人欲"以存所谓"天理"。他的尊朱黜王论，反映了清初代表朱学的势力同王学争夺正宗地位的情况。

清代统治者力图用程朱理学作为其管理的指导思想。顺治三年(1646)，清廷就颁布《科场条例》，规定科举考试内容采用程朱理学作为对儒家经典的诠释的依据。康熙帝更是"夙好程朱，深谈性理"。他重用

的李光地就是所谓的"理学名臣"。李光地在理学上主张朱、陆合流，认为两家各有长短，并非冰炭水火，显然是折中两派，为现实的政治服务。这与他所宣扬的儒者之学与帝王之学的一致性，道统与治统的一致性是一脉相承的。

清代，还有一些学者对理学予以重新认识，提出了不同于传统的观点，在不同程度上对理学有所批评。如明末清初大学者顾炎武的《与友人论学书》指出一部分理学家"置四海困穷弗言，而终日讲危微精一"。颜元的《四存编》不承认"天命之性"与"气质之性"的划分，并全面批评了数百年来程朱、陆王各派理学家在概念上争辩而脱离社会实际，在现实问题面前无能为力的空虚迂阔的学风，从而形成了以其为代表的事功之学。陈确则在知行论和人性论上大胆提出与程朱、王学不同的观点。如他针对程朱在"致知""知止"问题上的认识，批评这"竟是空寂之学"①。他在对朱熹"知先行后"观点的批评中，企图通过知行统一的论述，过渡到行重于知的主旨。陈确也批评王学的主旨"致良知"说，认为程朱与陆王两派在知行上的共通之处是言知不知行。

清代对理学的重新认识，至戴震开始进入一个新的阶段。戴震云："宋已前，孔孟自孔孟，老释自老释。谈老释者，高妙其言，不依附孔孟。宋已来，孔孟之书，尽失其解，儒者杂袭老释之言以解之。"②戴氏之言，意味着清代理学转向汉学。所谓汉学，以为宋明道学家所讲之经学，乃混有佛老见解者，故欲知孔孟圣贤之道的真谛，必须求之于汉人之经说。正如阮元所云："两汉经学，所以当遵行者，为其去圣贤最近，而二氏之说，尚未起也。"③讲汉人之经学者，以宋明人所讲之理学为宋学，以别于其自己而讲之汉学。清代汉学家所讨论的有关理、气、性、命等义理之学，仍是宋明理学家所提出的问题。其所依据之经典，如

---

① 陈确：《陈确集·大学辨》中华书局，2009年。

② 《戴震文集》卷8《答彭进士允初书》，中华书局，1980年。

③ 江藩：《汉学师承记（外二种）》，阮元《序》，生活·读书·新知三联书店，1998年。

《论语》《孟子》《大学》《中庸》等，也是宋明理学家所提出的四书。如就此方面言，所谓汉学家，若讲及所谓义理之学，仍是宋明理学的继续。清代汉学家的贡献，在于对宋明理学之问题，能做出不同的解答；对于宋明理学家所依之经典，能予以较不同的解释。

戴震是乾嘉时期新义理观的中心人物。他批评宋儒之染于老、庄、释氏，不是所谓的圣人之学：宋儒"由杂乎老庄、释氏之言，终昧于六经、孔、孟之言故也"①。他也不赞同程朱的理欲之辨，认为饮食男女乃天地之所以生生，人能遂己之欲亦思遂人之欲则仁，快己之欲而忘人之欲，则私而不仁。所以圣贤之道在以无私通天下之情，遂天下之欲，是无私而非无欲。

清初，学术思想界批评宋明理学的空谈心性已形成一股潮流，儒者多倾向于将儒家的道德从形而上层面转入强调社会规范的践履实行的层面，因而对礼的重视成为普遍的思潮。在此背景下，凌廷堪提出"以礼代理"的思想，主张识礼习礼的"慎独""格物"论。他也批评程朱的理、欲之辨，以味声色之好恶言性，以为朱熹用"天理胜私欲"解《论语》之"克己"，处处扞格，"举不可通"②。

阮元是清代新义理学中较有代表性的一位学者。他在治学中既不满意当时只专注于考据的纯考据学，也不满意没有扎实功夫的只知道"以攻驳程朱为事"的倾向。他在序《曾子注释》时说："近人考证经史小学之书则愈精，发明圣贤言行之书甚少，否则专以攻驳程朱为事，于颜、曾纯笃之学未之深究。兹注释五卷，不敢存昔人门户之见，而实以济近时流派之偏也。"③ 基于这种治学立场，阮元推崇汉学，对宋明理学也间有批评。如他为孙星衍《问字堂集》作《赠言》时说："汉人言性与五

① 《戴震全书》第六册，黄山书社，1995年，第216页。

② 凌廷堪：《校礼堂文集》卷25《与阮中丞论"克己"书》，中华书局，1998年，第235页。

③ 阮元：《揅经室集》一集卷2《曾子注释序》，台湾商务印书馆，1967年缩印《四部丛刊》本，第27页。

常，皆分合五藏，极确，似宜加阐明之"；而"宋儒最鄙气质之性，若无气质血气，则是鬼非人矣，此性何所附丽"①。

清人所讲之义理之学，其大与道学不同者，当始自清代之今文经学家。西汉今文经学家之经学，自为古文经学家之经学所压倒后，历唐宋明各代，均未能再引起人之注意。清代之学者，本以整理古书，为其主要工作。唐宋明各代所注意之古书，至清之中叶，已为一般学者所整理。此后学者，遂有一部转移注意力于西汉盛行而唐宋明学者所未注意之书。于是以《春秋公羊传》为中心之今文经学家之经学，在清代中叶以后，遂又逐渐复兴。此派经学家，若讲及义理之学，其所讨论之问题，与道学家所讨论者亦不同②。在今文经学家中，比较著名者有康有为、谭嗣同、廖平等。

康有为作为戊戌变法的领袖，其经学理论是为其政治服务的。他提出：古文经学家之经典，皆刘歆作伪。主张孔子改制之说，以为今文经学家之经典，皆孔子所作。康有为著的《新学伪经考》和《孔子改制考》，发挥孔子的三统三世说，为其变法维新寻找根据。

谭嗣同为著名的戊戌六君子之一，其思想"盖杂取诸方面而糅合之。其中虽不免有不能融贯之处，然要不失为其时思想界之一最高代表也"③。谭嗣同发挥程颢、王守仁"仁者以天地万物为一体"之说，并以所闻西洋科学中格致之学中之新说附之，提出"以太"说，认为以太"其显于用，孔谓之仁，谓之元，谓之性。墨谓之兼爱。佛谓之性海，谓之慈悲。耶谓之灵魂，谓之爱人如己，视敌如友。格致家谓之爱力，吸力。咸是物也。法界由是生，虚空由是立，众生由是出"④。而且以太不生不灭，原质不增不损，故宇宙间但有变易，而无存亡。谭嗣同作为戊戌变法的

---

① 《孙渊如先生全集》，影印《国学基本丛书》本，台湾商务印书馆，1968年，第8页。

② 冯友兰：《中国哲学史》，商务印书馆，1976年，第413页。

③ 《中国哲学史》，第418页。

④ 谭嗣同：《仁学》，中华书局铅印本，第3页。

中坚分子，故在政治思想上赞同康有为的"大同之教"，尊孔子为孔教教主。

廖平，为晚清经学人物，他的经学思想共经六变，故晚年自号六译。他的经学第一变为"今古"，以为今古学之分，先秦已有，而皆出于孔子。"孔子初年之言，古学之祖也……孔子晚年所言，今学之所祖也。"①他的经学第二变为"尊今抑古"，认为今文经为孔子所作，古文经皆刘歆及以后人所伪造。此说与康有为《孔子改制考》《新学伪经考》中的观点相同。他的经学第三变为"小大"之学，认为今古学之分，实孔子治中国之制与治世界之制之分，《春秋》《王制》为孔子治中国之制，《尚书》《周礼》为孔子治世界之制。尔后，廖平的经学之变愈趋牵强比附，甚至于可笑，兹不赘言。廖平的经学，标志着中国古代经学时代的结束。

---

① 廖平：《今古学考》卷下，成都存古书局本，第 5 页。

第二章
清代自我管理思想

第一节　李颙的反身悔过、慎独真刚思想

　　李颙（1627—1705），字中孚，学者称其为二曲先生。李颙幼时丧父，随母在家乡过着极为贫苦的生活。李颙肆力于学问，经传、史志、百家之书，靡不观览。以反之躬行，见之日用者为贵。以王守仁"致良知"为本体，以朱熹"主敬穷理"为功夫。清朝建立后，李颙屡次固拒清政府征召，奉母以居，教授自给。他曾主讲于关中书院，四方从学不远千里而来者日众，康熙帝亲自书"关中大儒"四字以赐，可见当时影响之大。李颙的著作前期有《帝学宏纲》《经筵僭拟》《经世蠡测》《时务急著》等书，后期有《十三经注疏纠缪》《二十一史纠缪》《易说》《象数蠡测》等，但这些著作都未曾流传下来。现在我们能看到的李颙著作，有《关中李二曲先生全集》46卷，收他的讲学记录、性理论说、书信、杂著等，也有他的家乘及本人传记。李颙还有一部《四书反身录》8卷，该书由他本人口述，门人王心敬笔录。

　　李颙心性修养论的核心是"悔过自新"说，他把历史上理学家的心性修养思想都纳入"悔过自新"的理论范畴中。他说："古今名儒，倡道救世者非一。或以主敬穷理标宗，或以先立乎其大标宗，或以心之精神

为圣标宗，或以自然标宗，或以复性标宗，或以致良知标宗，或以随处体认标宗……虽各家宗旨不同，要之总不出悔过自新四字，总是开人以悔过自新的门路。但不曾揭出此四字，所以当时讲学，费许多辞说。愚谓不若直提悔过自新四字为说，庶当下便有依据，所谓心不妄用，功不杂施，丹府一粒，点铁成金也。"①

李颙认为人性是善的，只是由于后天受到情欲、环境等因素的影响，才使人变恶。他说：人性来源于"天地之理"，"至善无恶，至粹无瑕"，但是，为"气质所蔽，情欲所牵，习俗所囿，时势所移"，以致成为"卑鄙乖谬"的小人。但是即使成为小人，而其本性仍然廓然朗然。李颙把人性比喻为明镜、宝珠：明镜蔽于尘垢，而光体永在；宝珠坠于粪坑，而宝气长存。只要刮磨洗剔，垢尽秽去，依然光明莹润，没有些微损失。显然，他的性善论和明镜、宝珠去垢秽譬喻旨在说明人们如能悔过自新，就能恢复人的善的本性。所以悔过自新是心性修养的关键，是历代理学家各种心性修养的共同理论基础。

李颙之所以把历史上理学家的心性修养思想都纳入"悔过自新"的理论范畴中，其另一依据是这些理学家的思想渊源于六经、四书，而六经、四书的中心思想讲的就是"悔过自新"。他说，《易经》著风雷之象，《书经》传下了不吝改过的文字，《诗经》歌咏天命维新的篇章，《春秋》显微阐幽，《礼经》陶范规矩，《乐经》变化性情，《论语》讲"过则勿惮改"，《大学》寄寓着严格的要求，《中庸》讲寡过的道理，《孟子》讲集义的教训，这六经、四书，无非都是希望人们"复其无过之体而归于日新之路"，这也就是悔过自新的道理。李颙进一步指出，六经、四书垂训，讲修身、齐家、治国、平天下的大道理，也是"专为一身一心悔过自新而已"。这是因为如果天子能悔过自新，则君极建而天下以之平；诸侯能悔过自新，则侯度贞而国以之治；大夫能悔过自新，则臣道立而家

① 李颙：《关中李二曲先生全集》卷1《悔过自新说》，华文书局股份有限公司，1970年。本目引文未注出处者，均见于此。

以之齐；士庶人能悔过自新，则德业日隆而身以之修。各级各类人都做到悔过自新，就能达到修身、齐家、治国、平天下的目标。所以，悔过自新涵盖了修身、齐家、治国、平天下的大道理。李颙的这段议论，指出了"悔过自新"说的经义根据，指出了"悔过自新"的重大政治道德意义，其用意是要在读书人中宣扬"悔过自新"在心性修养上的重要性，是心性修养上的核心命题。

在此认识的基础上，李颙指出了"悔过自新"的具体方法。他要求，在读书人"同志者"之中，于"起心动念处潜体密验，苟有一念未纯于理，即是过，即当悔而去之。苟有一息稍涉于懈，即非新，即当振而起之"。这就是要求读书人在各种念头思虑上自己暗暗体察，一旦有某个念头不符合道德规范，便是一种过，就要立即悔改，使自己念头符合道德规范。如果有片刻放松心性修养，就没做到自新，那就应该马上振作起来，时刻做到自新。显然，这样的悔过自新，是一种内心的省察和修养。

李颙不仅对读书人，而且对没有读书的人，也提出了"悔过自新"的具体方法。他说，在"未尝学问之人"，也要悔过自新，其要求是"先检身过，次检心过，悔其前非，断其后续，亦期至于无一念之不纯，无一息之稍懈而后已"。可见，李颙对没有读书人的"悔过自新"方法比读书人的"悔过自新"更为复杂一些。非读书人的悔过自新首先必须检查"身过"，还要检查"心过"。不仅要对以前的过错进行悔改，还要使以后不再重犯。最后达到"无一念之不纯，无一息之稍懈"，才算做到没读书人的悔过自新。

李颙认为如做到"悔过自新"，人的心性修养就会达到极处，则"悔而又悔，以至于无过之可悔；新而又新，以至于日新之不已。庶几仰不愧天，俯不怍人，昼不愧影，夜不愧衾。在乾坤为肖子，在宇宙为完人。今日在名教为贤圣，将来在冥漠为神明，岂不快哉！"由此可见，无论是读书人的悔过自新，还是非读书人的悔过自新，如果达到了没有过可悔，而每天自新不已，那就是一个问心无愧、十分完美的人，今日在世上就是贤人圣人，将来在天上就成了神明，那时将是多么快乐啊！

李颙主张，悔过自新之学，功夫在于静坐。"静坐一著，乃古人下功夫之始基"，"过与善，界在几微，非至精不能剖析"。只有静坐，屏除"旁骛纷营"，才能"超悟"。关于具体如何静坐，李颙在《学髓》中把它作为"下手工夫"的功夫论。

李颙认为，功夫起点是斋戒，这是"神明其德"的要务。斋者齐也，所以齐其不齐，使念虑齐一。戒者，防非止恶，肃然警惕，保持精神状态的严正。

功夫的基本是静坐。"水澄则珠自观，心澄则性自明。故必以静坐为基"。进步之要，"其静乎！""学固该动静，而动则必本于静。动之无妄，由于静之能纯"①。李颙的这种主静观点，源于周敦颐的"主静"，即"主静"是心性修养的根本，"静"能使心虚明寂定，"静"决定"动"，"静"能纯粹，"动"则无妄。

李颙的静坐功夫是一日三次，每次都坐一炷香的时间。

第一次在昧爽天将明未明之时，先坐一炷香，使心体预为凝定，然后应事不致散乱。第二次在中午，再坐一炷香，使上午半天应事纷杂的心至此得到安静，以接续清明的夜气。第三次在将近午夜戌亥时，又坐一炷香，以省察白天的语默动静，是否有清有浊，清浊相乘。如果一天来内外莹彻，洒脱不扰，那这一天就做到虚明寂定。静而虚明寂定，就是未发之中；动而虚明寂定，就是中节之和。而"致中和"是《中庸》对道德修养的最高要求："致中和，天地位焉，万物育焉。"可见，《中庸》认为天地万物的位育，系于"致中和"，达到"中和"，天地万物就能和谐兴盛，生生不息。自宋以来的理学家也以"致中和"作为道德修养的极致，十分重视未发之中和已发而中节之和。李颙则把"静而虚明寂定"与"动而虚明寂定"同《中庸》的未发之中和已发之和联结起来，表明他的功夫之学是对理学传统道德修养功夫的继承与发展。

李颙静坐功夫的一个特点是以静坐一炷香的时间为标准。对此，他

---

① 《关中李二曲先生全集》卷2《学髓》。

解释说："鄙怀俗度，对香便别。限之一炷，以维坐性。"① 其原因是对着一炷香，能使鄙俗的胸怀得到澄明。限以一炷香，是使静坐有了时间的保证，能维持坐性。在这一炷香的时间内就能拴住狂牛的栓子，使它不至于乱闯乱跑，使心得到安静。

李颙根据自己静坐的亲身体验，描绘了静坐功夫到家后，达到虚明寂定境界的感受：

> 屏缘涤虑，独觑本真。毋出入，毋动摇，毋昏昧，毋倚落。湛湛澄澄，内外无物。往复无际，动静一原。含众妙而有余，超言思而迥出。此一念万年之真面目也！至此，则无圣凡可言，无生死可了。先觉之觉后觉，觉此也；六经之经后世，经此也。《大学》之致知，致此也；《中庸》之慎独，慎此也；《论语》之时学习，学习乎此也；《孟子》之必有事，有事乎此也。以至濂溪之立极，程门之识仁，朱之主敬穷理，陆之先立乎其大，阳明良知，甘泉体（之）认，无非恢复乎此也。外此而言学，即博尽羲皇以来所有之籍，是名"玩物"，著述积案充栋，是名"丧志"。总之为天刑之民。噫！弊也久矣！②

李颙在这段文字里描述了静坐功夫到家的境界，这就是：第一，本体澄明清湛，无有任何翳障，即"内外无物"。含蕴一切真理，非言语思虑所能论说。在有限之中显示无限。这就是所谓"一念万年"的真面目，具有"一粒沙尘是一个世界"的意义。第二，达到这个境界，就出离生死，超脱凡圣，非一般标准所能衡量，而是永恒、绝对的。第三，六经、四书，讲的是这个境界，周敦颐、二程、朱熹、陆九渊、王守仁、湛若水，讲的也是这个境界。这就是学，就是学髓。第四，除此之外，即使博尽古今典籍，著作积案充栋，都不能算是学，只可说是"玩物丧志"③。

---

① 《关中李二曲先生全集》卷 2《学髓》。

② 《关中李二曲先生全集》卷 2《学髓》。

③ 侯外庐：《宋明理学史》下册，人民出版社，1997 年，第 835—836 页。

李颙指出，悔过自新，自古有无，古代历史上的圣帝明王，如尧、舜、禹、汤、周文、周武，以至圣人如周公、孔子，都自称为有过，"未尝自以为无过"。即使如天地，亦有旱干水溢，"不见以为无过也"。他说："昔人云，尧、舜而知其圣，非圣也，是则尧、舜未尝自以为无过也。禹见囚下车而泣，是则禹未尝自以为无过也。汤改过不吝，以放桀为惭德，是则汤未尝自以为无过也。文王望道未见，武王做几铭牖，周公破斧缺斨，孔子五十学《易》，是则文、武、周、孔并未尝自以为无过也。等而上之，阳愆阴伏，旱干水溢，即天地亦必且不见以为无过也……两仪无心，即置勿论。至于诸圣，固各有其悔过自新之旨焉"。"夫卑之虽愚夫妇有可循，深之至于神圣不能外。此悔过自新之学，所为括精粗，兼大小，该本末，彻终始，而一以贯之者欤！"总之，即使是千古圣人，也都难免有过，因此，都必须悔过自新，都应各自寻找悔过自新的路径。悔过自新之学，即使卑如愚夫愚妇也都可以遵循，深如神圣也都不能自外。李颙在《悔过自新说》中举了古今许多人的悔过自新事例以作劝勉，其中有张载、谢良佐、朱熹、吴澄、薛瑄、王守仁、罗汝芳、南大吉、董沄等理学家，以及仇览、徐庶、周处等有名人物，颜浊邹、索卢参等"刑戮死辱"之人，只要能悔过自新，终究都有成就。所以，人不能"以一眚自弃"。

在李颙道德修养的思想中，其"慎独"学说与传统理学家的观点不同，有他自己独特的见解。他在《四书反身录》卷2中云：

> 问《中庸》以何为要？曰慎独为要。因请示慎之之功。曰，子且勿求知"慎"，先要知"独"。"独"明，而后"慎"可得而言矣。曰，注言，"独"者，人所不知而已所独知之地也。曰，不要引训诂，须反己实实体认。凡有对，便非独，独则无对，即各人一念之灵明是也……此为仁义之根，万善之源，彻始彻终，彻内彻外。更无他作主，唯此作主。慎之云者，朝乾夕惕，时时畏敬，不使一毫牵于感情，滞于名义，以至人事之得失，境遇之顺逆。造次颠沛，生死患难，咸湛湛澄澄，内外罔间，而不为所转。夫是之谓"慎"。

由此可见，李颙不以朱熹所注的"慎独"作为依据，认为那是文字上的训诂，不是"慎独"真正实质上的含义。李颙所谓"慎独"，在于提倡"反己实实体认"，时时保持"一念之灵明"的湛湛澄澄，不为感情和外物所转移。李颙还举例说明他的这种慎独功夫。

> 昔倪润从薛中离讲学。夜深，中离令润去睡，五更试静坐后再讲。次日，中离问：坐时何如？曰：初坐颇觉清明。既而舟子来报，风顺，请登舟。遂移向听话上去。从此便乱。

薛中离让倪润五更静坐，就是想让他实践"实实体认"的慎独功夫，但倪润没有静坐成功，是因为舟子"风顺请登舟"的报告扰乱了他的意念，使自己不能保持此心的安静。可见，这种"实实体认"的慎独功夫，必须"屏缘息虑，一意静养。静而能纯，方保动而不失，方得动静如一"①。

李颙认为，治学的最重要内容就是进行道德修养。他说："学之所以为学，只是修德。德若不修，则学非其学。讲学，正讲明修德之方也。不讲，则入德无由。"李颙主张讲学，认为讲学能使自己和别人学术明白，人心向善，社会和国家得到管理。

> 自己不知学，不可不寻人讲，讲则自心赖以维持。自己知学，不可不与人共讲，讲则人心赖以维持。所在讲学，学术愈明，则世道赖以维持。

> 今日急务，莫先于讲明学术，以提醒天下之人心。严义利，振纲常，戒空谈，敦实行，一人如是，则身心平康。人人如是，则世可虞唐。此拨乱反治，匡时定世之大根本大肯綮也。②

李颙之所以认为治学的最重要内容就是进行道德修养，这是因为"学问之要，只在不自欺"。"自欺与不自欺，君子、小人之所由分，即人鬼之所由分也。不自欺，便是君子，便是出鬼关入人关。自欺，便是小

---

① 李颙：《四书反身录》卷 2，《续修四库全书》，上海古籍出版社，2002 年。
② 《四书反身录》卷 4。

人，便是出人关入鬼关。吾人试默自检点，居恒心事，果俯仰无怍，出鬼关入人关乎？抑俯仰有怍，出人关入鬼关，终日在鬼窟里作活计耶？人鬼之分，不在死后，生前日用可知。"① 所谓"不自欺"，李颙解释说，就在"无为其所不为，无欲其所不欲"②。李颙认为，理学家的学问之要，就在心性修养上是否符合这种道德规范，并以此来判分君子与小人的界限，做人与做鬼的界限。通过对"日用""心事"的自我检点，来严格分析心性修养是否达到君子的标准，是否达到做人的要求③。

李颙还讨论作为一个学人应该具有刚强的性格。他说，所谓"真刚"，就是"古人不以三公易其介"，这就是说，古代具有"真刚"的人，即使是用"三公"这样的高官厚禄为利诱，也改变不了其耿介的性格。李颙进一步指出，"有欲则不刚"，如果一个人有欲望，就做不到"真刚"，换言之，无欲则刚，故"圣贤之学以无欲为主，以寡欲为功"，刚是通过做无欲、寡欲的功夫而修炼出来的。一个人如能做到真刚，"刚英毅振迅，入道有其资"，变得英勇坚毅，振作敏捷，就具备了入道的资质。能刚则有条件取得各种成就，一能进德，二能克己，三能树人品，四能全名节，五能担当世道，六能做成顶天立地事业④。

李颙还提出，与"刚"相联系的"强"。"强"是从"矫"中得来的。《中庸》说"强哉矫"。要成为"铁骨金筋"的"矫强君子"。他说："吾人身处末俗，须是铁骨金筋，痛自矫强，才得不流、不倚、不变，立身方有本末。前辈谓宁为矫强君子，勿为自然小人，有味乎其言之也。"平时须默自检点自己的偏颇，"随偏随矫"。例如，躁，则矫之以静；浮，则矫之以定；妄，则矫之以诚；贪，则矫之以廉；傲，则矫之以谦；如此等等。始则矫强，久而自然⑤。总之，学者的刚强性格，可以从无欲、寡欲和

① 《四书反身录》卷1。
② 《四书反身录》卷1。
③ 《宋明理学史》下册，第843页。
④ 《四书反身录》卷3。
⑤ 《四书反身录》卷2。

矫偏的修养功夫中培养出来。"君子之所以为君子，只是自强不息"。

第二节　人性思想

一、陈确的人性思想

陈确（1604—1677），字乾初，祖、父皆秀才出身，以教书为生，家境贫寒。他于崇祯六年（1633）院试第三，补为庠生；崇祯十三年（1640），又获"廪生"资格，但没有进入仕途。明亡后，他受其师刘宗周和同乡祝渊的影响，上书学府，请求"永削儒籍"，并更名改字，取《易传·文言》中释"乾卦""初九"爻："确乎其不可拔，潜龙也"一句中的"确"字为名，"乾初"为字，以示以潜龙自励，不为清朝效力的决心。此后，他潜心著述，写下了《葬书》《大学辨》《瞽言》《性解》等著作，对社会习俗及程朱理学提出大胆的批评。尤其是他公开怀疑《四书》中的《大学》《中庸》两书的正确性和权威性，这对于理学无疑是一个巨大的冲击。陈确的著作长期湮没，其全部著作在新中国成立后才得以整理出版，《陈确集》中有文集 18 卷、别集 17 卷、诗集 12 卷。

陈确在治学上坚持事事求实的学风，反对一些理学家脱离实际、崇尚空谈的学风。在人性论问题上，他虽然也主张人性善，但主张从现实的人出发来考察性善，而反对用"性善之本体"的存在来说明人性的善。他针对理学家探寻性善之体的观点，提出自己的质疑。

> 性即是体，善即是性体。既云"道性善"，又云"不言性善之体"，岂非骑驴觅驴乎？[①]

---

① 陈确：《陈确集·别集》卷 5《与刘伯绳书》，中华书局，2009 年。

可见，陈确认为，"体"就在性之中，性本身也就是体，两者不可分离："不知离却气质，复何本体之可言耶？"① 陈确基于性一元论的观点，对宋理学家的性二元论观点予以批判：

> 宋儒"强分个天地之性、气质之性，谓气、情、才皆非本性，皆有不善，另有性善之本体，在'人生而静'以上，奚啻西来幻指！一唱百和，学者靡然宗之，如通国皆醉，共说醉话，使醒人何处置喙其间？噫，可痛也！"②

陈确认为，性即是一元的，善也不是抽象的，它要借助人的气、情、才表现出来，这就是"性之善不可见，分见于气、情、才"③。具体而言，"今夫心之有思、耳目之有视听者，气也。思之能睿，视听之能聪明者，才也"；"由性之流露而言谓之情，由性之运用而言谓之才，由性之充周而言谓之气，一而已矣"④。由此可见，所谓气，就是心能思考，耳目能看能听；所谓才，就是思考、看听能使人睿智、聪明；所谓情，就是人的本性的自然流露。总之，陈确用人的自然本性来解释"性"，而"善"也就蕴含于人的自然本性之中，通过气、情、才表现出来。他认为，宋儒把气、情、才说成是"恶"，夸赞尽善尽美的"本性"，结果走上了佛、老的空、无一途：

> 气、情、才而云非善，则所谓性，竟是何物？非老之所谓无，即佛之所谓空矣。故张子谓"性通极于无"，程子谓"才说性便不是"，其供状也。彼自以为识得本然之性，而已流于佛、老而不自知，斯贼性之大者。⑤

"本体"二字，不见经传，此宋儒从佛氏脱胎来者。⑥

---

① 《陈确集·别集》卷4《气情才辨》。
② 《陈确集·别集》卷4《性解》下
③ 《陈确集·别集》卷4《气情才辨》。
④ 《陈确集·别集》卷4《气情才辨》。
⑤ 《陈确集·别集》卷4《气情才辨》。
⑥ 《陈确集·别集》卷5《与刘伯绳书》。

陈确除批判宋儒人性二元论外，还批评程朱理学中的"气禀"说。朱熹就认为，人的善恶、贤愚以及富贵、贫贱都是由于先天所禀之气所决定的，"有生下来善底，有生下来恶底"①。对此，陈确提出了不同的看法：

> 气禀清浊，诚有不同，则何乖性善之义乎？气清者无不善，气浊者亦无不善。有不善，乃是习耳。若以清浊分善恶，不通甚矣。斯固宋人之蔽也。气清者，非聪明才智之谓乎？气浊者，非迟钝拙讷之谓乎？夷考其归：聪明才辨者，或多轻险之流；迟钝拙讷者，反多厚重之器。何善何恶，而可以此诬性哉！观于圣门，参鲁柴愚，当由气浊；游、夏多文，端木屡中，当由气清；可谓游、夏性善，参、柴性恶耶？②

在这里，陈确认为程朱的气禀清浊决定人的善恶是说不通的，人的本性是善的，之所以有不善，是后天习惯造成的。"善恶之分，习使然也，于性何有哉！故无论气清气浊，习于善则善，习于恶则恶矣。"③ 气禀清者虽然聪明有才辨，但或许多是轻浮阴险之辈；气禀浊者虽然迟钝、笨拙、木讷，但或许多是忠厚稳重之才。陈确在此虽然没有否定"气禀"的存在，但不同意朱熹利用气禀说所宣扬的先天道德论。他认为人在清浊等自然属性方面虽有不同，但不能因此决定一个人道德的善恶。

陈确基于人的不善是由后天造成的观点，故在人性论上自然重视人的后天行为。他发挥孟子的"尽心"说，提出"'尽其心者知其性也'之一言，是孟子道性善本旨。"又说：

> 盖人性无不善，于扩充尽才后见之也。如五谷之性，不艺植，不耘耔，何以知其种之美耶？故尝谆谆教人存心，求放心，充无欲害人之心，无穿窬之心，有所不忍，达之于其所忍，有所不为，达之于其所为，老老幼幼，以及人之老幼，诵尧之言，行尧之行，忧

---

① 黎靖德：《朱子语类》卷4，中华书局，1986年。
② 《陈确集·别集》卷4《气禀清浊说》。
③ 《陈确集·别集》卷4《气禀清浊说》。

之为何？如舜而已之类，不一言而足。学者果若以尽其心，则性善复何疑哉！而尧舜之可为，又何待辨哉！①

这里，陈确所使用的"尽心""扩充""尽才"等概念，虽然都出自《孟子》，但其表达的观点思想，却与孟子不同。孟子讲"尽心"，着眼点在发掘本心之善，故有"求其放心""存其夜气""养浩然之气""扩充四端"等说法，但归结起来，关键在一个"思"字，即："仁义礼智，非由外铄我也，我固有之也，弗思耳矣"，"思则得之，不思则不得也"②。陈确的着眼点与此不同，着力发掘外在的"行"。他摒弃了"存其夜气""养浩然之气"的说法，用"孳孳为善"来解释"求其放心"的概念。如他认为"孳孳为善，虽不言性，而性在其中矣"③，"'尽心'二字，是合知行，彻始终工夫"④。显然，同样强调后天的"尽心"，孟子强调的是向内用力的"思"，而陈确则侧重于向外用力的"行"⑤。

对于《孟子》的"尽心""扩充"说，陈确还加以理论发挥：

《易》"继善成性"，皆体道之全功，正对下仁知之偏而言，而解者深求之，几同梦说也。一阴一阳之道，天道也，《易》道也，即圣人之道也。道不离阴阳，故知不（能）离仁，仁不能离知，中庸焉而已……继之者，继此一阴一阳之道也，则刚柔不偏而粹然至善矣。如曰："恻隐之心，仁之端也。"虽然，未可以为善也。从而继之，有恻隐，随有羞恶有辞让有是非之心焉，且无念非恻隐，无念非羞恶、辞让、是非之心，而时出靡穷焉，斯善矣。成之者，成此继之之功，即《中庸》"成己仁也，成物知也，性之德也"之谓。向非成之，则无以见天赋之全，而所性或几乎灭矣。故曰：成之谓性……而从来解者俱昧此，至所谓"继善成性"，则几求之父母未生之前。

---

① 《陈确集·别集》卷4《性解》上。
② 《孟子·告子》上。
③ 《陈确集·别集》卷3《知性》。
④ 《陈确集·别集》卷13《尽心章》。
⑤ 《宋明理学史》下册，第869页。

呜呼！几何不胥天下而禅乎！①

在陈确看来，继善，是指继"一阴一阳之道"后，而努力达到最纯粹的道德之善——"刚柔不偏而粹然至善"，即"有恻隐，随有羞恶有辞让有是非之心焉"。他认为，历史上解释"继善成性"的学者对此都没弄清楚，以致于错误地认为继善成性为先天就存在着的纯粹道德之善，因此，追求继善成性于"父母未生之前"，即继善成性在人出生前就已存在。

二、颜元的性、形思想

颜元（1635—1704），字浑然，号习斋。颜元幼年时，父亲弃家出走关东，母亲因丈夫一去杳无音讯，改嫁他村，颜元便同养祖父母一起生活。19岁时，养祖父因讼遁匿，家业顿落，他亲身耕田灌园，又学医为人治病，一家生活完全由他承担。颜元19岁中秀才，20岁以后发奋攻读经世之学，遂弃举业。24岁开馆授徒，开始尊信理学。34岁遭养祖母之丧，遵朱子《家礼》服丧，哀毁过甚，几致病死。因此，对理学产生怀疑。后来，他深入社会现实，耳闻目睹许多地方"人人禅子，家家虚文"，遂下定决心，批判理学，匡时救弊。62岁时，颜元应聘主持漳南书院，规模甚宏，从游者数十人。不久，书院堂舍被洪水淹没，不得已罢教归里。颜元著述主要者有《四存编》（《存人编》《存治编》《存性编》《存学编》）《朱子语类评》《四书正误》《习斋记余》，以及后人所辑《颜习斋先生言行录》等。

颜元认为，生成万物的材料是气，万物所以然的规律是理，理表现在人身上是人的性。这个性也就是气质之性，性不能脱离气质而独立。他说："不知若无气质，理将安附！且去此气质，则性反为两间无作用之

---

① 《陈确集·别集》卷 4《性解》上。

虚理矣。"① 这就是说，性脱离气质，就不能起任何作用，也就不是真正的性了。在性与气质的关系上，颜元进一步指出气质起主导作用，"非气质无以为性，非气质无以见性也"，即没有气质，性也就不存在了，那就更谈不上看见性了。

性与气质的关系，颜元有时又称作性与形的关系，所以性、形也是完全统一的。他说："舍形而无性矣，舍性则无形矣。"可见，性、形两者是不可分离的，各自都以对方作为自己存在的条件。他的这一观点是以"理气融为一片"作为理论基础。理与气是统一而不能分离的，因为"气即理之气，理即气之理"。而且在二者之中，气起主导作用："知理气融为一片，则阴阳二气，天道之良能也。元亨利贞四德，阴阳二气之良能也。"气是阴阳二气，阴阳二气具有元亨利贞四德，其变化流行就形成春夏秋冬，然后产生万物。可见，就存在的形态说，气是主体，理是二气的良能。

由于颜元肯定，理与气是统一的，性与形也是统一的，"理气俱是天道，性形俱是天命"，因此，他不赞成程朱理学把理、气和性、形割裂开来、对立起来的观点，批评他们把理和性说成是至善的，而把气和形说成是至恶的人性二元论的观点。他认为，理气与性形都是至善的，不能说理善气恶、性善形恶。人的性命气质虽然有差别，但这种差别是程度的差别，不是性质的差别。这些程度的差别不是先天固有的，而是后天"引蔽习染"造成的："其恶者，引蔽习染也"。反之，如能做到"当视即视，当听即听，不当即否。使气质皆如其天则之正，一切邪色淫声，自不得引蔽。又何习于恶，染于恶之足患乎?"

颜元在对程朱人性二元论的批判时，还特别指出其观点源于佛老思想，是在借儒家之名宣扬佛老。他认为，性命是善的，气质形体是恶的，这是佛老的思想。有些人受到佛老这种思想的影响，"于是始以性命为

---

① 颜元：《存性编》卷1，载《习斋四存编》，上海古籍出版社，2000年。本目引文未注出处者，均见于此。

精，形体为累，乃敢以有恶加之气质，相衍而莫觉其非矣"。这些人提倡所谓"变化气质"，把人人本来固有的形体看作是可厌可弃的，"使人憎其所本有"，结果使人人不愿习事，而且以"山河易改，本性难移"为托词，不愿进行后天的道德修养。

颜元认为，性与形既是统一的，又都是至善的，因此，进行道德修养，并不需要"变化气质之恶以复性"，而只需要知性、尽性。他明确提出："吾愿求道者，尽性而已矣。"尽性就是通过自己的形体发掘本性原来就有的善，而不必离开形体。所以说"失性者，据形求之；尽性者，于形尽之；贼其形则贼其性矣"。一个人如由于后天"引蔽习染"而失去了固有的善，就可以通过形体的修养使其恢复，这就是"尽性"；残害其形体也就是残害其自身善的本性。换言之，人的形体，就是人性作用的具体表现；反之，人性的作用必须依存于人的形体。外界事物，就是人性作用的具体对象。所以说："吾身之百体，吾性之作用也。一体不灵，则一用不具；天下之万物，吾性之措施。一物不称其情，则措施有累。"这也就是说，据形尽性，既发挥了吾性的作用，也使外界的事物各称其情，各得其所①。

颜元所提倡的"见理于事"的事，具体说来，就是指《周礼》的六德、六行、六艺等三物，《尚书》的六府、三事。《周礼》的六德是智、仁、圣、义、忠、和，六行是孝、友、睦、姻、任、恤，六艺是礼、乐、射、御、书、数。《尚书》的六府是金、木、水、火、土、谷，三事是正德、利用、厚生。他认为，据形尽性也要以这些"见理于事"的事作为具体实践对象，才能真正做到尽性，因此尽性与习事的实践对象是一致的，只是尽性是道德修养，习事是事功。他说："六行乃吾性设施，六艺乃吾性才具。"只有在这些具体实践的对象上下功夫，"身实学之，身实习之"，才是尧舜周孔的正道，离开这些具体实践对象，囿于静坐读书而不加以实践，都是异端外道。他说："唐虞之世，学治具在六府、三事，

---

① 北京大学哲学史《中国哲学史》，商务印书馆，2004年，第484页。

外六府、三事而别有学术，便是异端。周孔之时，学治只有个三物，外三物而别有学术，便是外道。"①

颜元的思想最具有批判精神的是在于运用这些观点，对宋明以来的理学家进行激烈的抨击。他认为，理学不论是程朱还是陆王，都自命为继承孔孟的真传，实际上与周孔所提倡的三事三物之学背道而驰。程朱一派"以主敬致知为宗旨，以静坐读书为功夫，以讲论性命天人为授受，以释经注传纂集书史为事业"，脱离具体事物，空谈性理，完全像"打浑猜拳""捉风听梦"一样。他们自以为是妙道，洞照万象，其实是镜花水月，毫无实用价值。他说："洞照万象，昔人形容其妙，曰镜花水月，宋明儒者所谓悟道，亦大率类此。吾非谓佛学中无此意也，亦非谓学佛者不能致此也，正谓其洞照者无用之水镜，其万象皆无用之花月也。"颜元认为这种空泛不切实际的学说越研究越偏离现实，自以为超越尘世之上，达到了空静的最高境界，其实是"空静之理，愈谈愈惑；空静之功，愈妙愈妄"。

三、陆世仪对程朱人性论的异议

陆世仪（1611—1672），字道威，号刚斋，晚号桴亭。明末诸生。幼年因家贫，曾寄养于他姓。青年时从赵自新学习经学，从石敬岩学习武艺。他同陈瑚、盛敬、汪士韶一同研讨学问。清军入北京后，过着隐居的生活，后讲学于锡山东林书院与毗陵等处。著作主要有《思辨录辑要》（前集 22 卷，后集 13 卷）、《陆子遗书》（又名《陆桴亭先生遗书》）。

陆世仪早年治学，在人性论问题上承袭程朱人性有"义理之性、气质之性"的观点。他说："仪于性学工夫不啻数转。起初未学时，只是随时师说有义理之性，有气质之性。"② 后来，他的观点逐渐发生了变化，

---

① 钟錂：《颜习斋先生言行录·世情》，学识斋，1868 年。
② 陆世仪：《思辨录辑要·后集》卷 5，台湾商务印书馆影印文渊阁四库全书本。

反对程朱理学的人性二元论，而主张人性一元论：

> 禅和方外固非，分性为二者亦非。①

> 宋儒又言性有义理之性、有气质之性。性岂有二乎？曰：不然。②

> 许舜光问：性有义理之性、气质之性……如何？曰：只是一个性。③

由此可见，陆世仪在其著作中是屡次明确主张人性一元论。基于这个理论，他对程朱的人性论提出了3点不同看法。

其一，他反对程朱理学所谓性即"天理"，无有不善的观点。

> 程子曰："性即理也。"此"理"字不可作"善"字看，只是作常理看。若作"善"字看，则人性上便说得去，物性上便说不去。岂可谓人有性、物无性乎？性作常理看，故火之理热，水之理寒……人之理善，此"理"字方一贯无碍。④

在程朱理学中，性被视为所谓宇宙的本原的"理"，即天理的体现，因此，是纯粹至善的。然而，陆世仪则指出：如果把"性即理"之"理"视为"天理"，即"善"，这在人性上还说得通，但在物性上便说不通，因为物性无所谓善恶，如火、水的物性只是热、寒。据此，他提出，只有把"性即理"之"理"视为"常理"，即不具有宇宙本体意义的理，才能在人性与物性上都讲得通。

朱熹所谓"性即天理，未有不善"的"性"，也即是"义理之性"，其理论依据就是人性是宇宙本体的"理"或"天理"的体现。因此，陆世仪对程朱"性即天理，未有不善"的观点的否定，也就是否定了其二元论人性中的"义理之性"，从而也推翻了程朱关于人性是宇宙本体之"理"或"天理"的体现这一基本理论。

---

① 《思辨录辑要·后集》卷5。
② 《思辨录辑要·后集》卷4。
③ 《思辨录辑要·后集》卷6。
④ 《思辨录辑要·后集》卷5。

其二，在人性问题上，陆世仪反对离气质而言性，人只是一个性，即气质之性。关于性与气质的关系，朱熹认为"本原之性，无有不善……只被气质有混浊，则隔了"①，"人之性皆善，然而有生下来善底，有生下来恶底，此是气禀不同"②。这就是说，天理体现的人性，是先于人的形体与气质的，"未有此气，已有此性"③。而且，人性亦即"本原之性"或"义理之性"皆善，但在人出生以后，因为人各自所禀的气质不同，故人的"气质之性，则有善有不善"。

对于朱熹的这种观点，陆世仪提出不同的看法：

周子《太极图说》曰："惟人也得其秀而最灵。形既生矣，神发知矣。"形生质也，神发气也，有形生神发而五性具，是有气质而后有性也。不落气质，不可谓之性，一言性便属气质。④

性成于形生神发之后，则必有气质而后有性。⑤

论性断离不得气质。一离气质，便要离天地。盖天地亦气质也。⑥

性离不得气质。⑦

气质之外无性。⑧

从上引可知，陆世仪认为，对于人来说，是先有气质而后才有性，性是在人出生以后才有的；性离不开气质，天地之间没有离开气质的性。换言之，气质是第一性的，性是第二性的，性以气质为载体。

陆世仪针对朱熹所谓由于所禀气质的不同，人的"气质之性"不能尽善的观点，提出：

---

① 《朱子语类》卷4。
② 《朱子语类》卷4。
③ 朱熹：《朱文公文集》卷46《答刘淑文》，《四部丛刊》本。
④ 《思辨录辑要·后集》卷4。
⑤ 陆世仪：《性善图说》，《桴亭先生遗书二十二种》，光绪二十六年刻本。
⑥ 《思辨录辑要·后集》卷4。
⑦ 《思辨录辑要·后集》卷4。
⑧ 《思辨录辑要·后集》卷4。

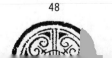

　　　　人性之善不必在天命上看，正要在气质上看，何以言之？性字
　　是公共的。人有性，物亦有性，禽兽有性，草木有性。若在天命上
　　看，未著于人，未著于物，人之性即物之性，物之性即人之性，无
　　所分别也。无所分别而谓之至善，则人至善，物亦至善，何以见得
　　至善必当归于人？惟就气质之性上看，则人之性不同于物之性，禽
　　兽之性不同于草木之性。人得其全，物得其偏；人得其灵，物得其
　　蠢；人得其通，物得其塞。其为至善，必断断属于人无疑。故人之
　　性善，正如火之性热，水之性寒……全在气质上见。①

　　陆世仪认为，从所谓"天命"的角度来看，那么，人与物都应具有
朱熹所说的那种专指"天理"而言的至善之性。从这种意义上说，人之
性与物之性是没有区别的。只有从"气质"的角度来看，才能看出人性
与物性的不同，从而才能得出"至善"之性为人所独有的结论。基于此
点，因此，陆世仪反复强调"人性之善正在气质"②，"性善只在气质"③，
"人之气质之性亦至善也"④，即气质决定人性之善，所以人的气质之性是
至善，并非朱熹所说的只是义理之性是至善的，而所谓气质之性由于受
所禀气质的影响，是不尽善的。

　　陆世仪还进一步指出：

　　　　性者，气质之理也。⑤

　　　　气质中间所具之理则谓之性。⑥

　　　　非于气质之外别有所谓义理，物不能得而人独能得之也。然则
　　何以谓之义也？曰：是即气质中之合宜而有条理者指而名之也。
　　何者为合宜而有条理？则恻隐、羞恶、辞让、是非之四端是矣……

---

①　陆世仪：《桴亭先生文集》卷1《高顾两公语录大旨》，上海书店《丛书集成
三编》。
②　《性善图说》。
③　《思辨录辑要·后集》卷4。
④　《桴亭先生文集》卷1《高顾两公语录大旨》。
⑤　《思辨录辑要·后集》卷5。
⑥　《思辨录辑要·后集》卷5。

而非于阴阳形气之外，别有一物焉，谓之义理，而人可得之以为性也。①

这就是在气质之理外，没有作为宇宙本原之"理"所体现的"性"，即"义理之性"。"理"就存在于"气质"之中，而"气质"中存在的"理"，就是"性"。这种"气质"中存在的"理"就是所谓的"义理"，即恻隐、羞恶、辞让、是非等人所独有的合宜而有条理者。由此可见，陆世仪的所谓"气质之性"与朱熹所谓"气质之性"，其含义是不同的。朱熹的"气质之性"是"以理与气杂而言之"②，其所谓的"理"，是指宇宙本原的"理"，即"天理"；而陆世仪的所谓"气质之性"是指"气质之理"，即"气质中之合宜而有条理者"，并非指宇宙本原的"理"。

其三，陆世仪反对程朱理学关于孟子性善说系指"义理之性"的观点。程朱理学为了给自己的"义理之性"与"气质之性"观点寻找历史根据，认为"孟子说性善，但说得本原处，下面却不曾说得气质之性"③。"天所命于人以是理，本只善而无恶。故人所受以为性，亦本善而无恶。孟子道性善，是专就大本上说来……只是不曾发出气禀一段。"④ 在此，朱熹与其门人陈淳均认为孟子的性善说只是说到人性的"本原""大本"，即所谓的"义理之性"，而未涉及受"气禀"影响的"气质之性"。陆世仪则认为这种观点是不对的：

> 诸儒谓孟子道性善，只是就天命上说，未落气质。予向亦主此论。今看来亦未是。若未落气质，只可谓之命，不可谓之性。于此说善，只是命善，不是性善。且若就命上说善，则人与万物同此天命，人性善则物性亦善，何从分别？孟子所云性善，全是从天命以后说，反复七篇中可见。⑤

---

① 《性善图说》。
② 《朱文公文集》卷56《答郑子上》。
③ 《朱子语类》卷4。
④ 陈淳：《北溪字义》卷上《性》，中华书局，2009年。
⑤ 《思辨录辑要·后集》卷4。

陆世仪在此明确指出，宋理学家认为，孟子的性善说只是就天命上说善，未落实到气质。他过去也是这个观点，现在看来不是这样了。孟子的性善说应"全是从天命以后说"，谈的不是什么体现所谓"天所命于人以是理"的"义理之性"，而是就气质上谈论性善的。因为若是从作为宇宙本原的"义理之性"上说善，那人与万物的性善就无从分别了。这就否定了程朱理学所谓孟子性善说系指"义理之性"的观点，从而也就否定了程朱理学区分"义理之性"与"气质之性"的历史根据。

最后必须提出的是，陆世仪与程朱理学虽然在人性一元论还是二元论上存在着分歧，但是在道德修养的具体对象上是一样的。无论是"义理之性"，还是"气质之性"，其具体修养内容不外是"恻隐、羞恶、辞让、是非"，即"仁、义、礼、智"的四种"善端"，即"四端"。而且，无论是人性一元论还是二元论，都是主张性善说。

陆世仪的思想，特别是在人性论上旗帜鲜明地提出与程朱理学不同的观点，这在清初程朱理学在思想界占主导地位的背景下，更显得振聋发聩，被一些学者视为"殊新奇骇人"①，自然遭到以"卫道"而自我标榜的程朱派正统理学家的批评。如陆陇其就说："陆桴亭《性善图说》大旨谓人性之善正要在气质上看……此图甚不必作。"② 与此相反，他的与程朱理学相异的思想也开启了清代反理学的思潮，在中国古代思想史上有一定的影响。如与陆世仪同时代的颜元也主张人性一元论，认为"非气质无以为性，非气质无以见性"。他在得知陆世仪《性善图说》中关于"人性之善正在气质""气质之外无性"的观点后，在致陆世仪的信中给予高度的评价，赞扬说"先生……悟孔、孟性旨，已先得我心矣！"③

① 颜元：《存学编》卷1《上太仓陆桴亭先生书》所引"南方诸儒手书"，《习斋四存编》，上海古籍出版社，2000年。

② 陆陇其：《三鱼堂剩言》卷7，台湾商务印书馆影印四库全书本。

③ 《存学编》卷1《上太仓陆桴亭先生书》。

四、阮元的性命思想

阮元（1764—1849），字伯元，号芸台。乾隆年间进士，授翰林院编修。历浙江、江西、河南巡抚，湖广、两广、云贵总督等职，道光时官至体仁阁大学士。平生提倡学术，重视经学教育，古籍整理。曾于杭州创立诂经精舍，于广州创立学海堂，聚徒讲学；又罗致学者编书刊印，主编《经籍纂诂》，校刻《十三经注疏》，汇刻《皇清经解》等。治经专治汉学，好经籍训诂，求证于古代吉金、石刻，于天文、历算、地理、文学，无所不通。著有《畴人传》《积古斋钟鼎彝器款识》，为研究中国古代文学家、数学家生平及古文字学之重要资料。另著有《性命古训》《考工记车制图解》等，皆收入《揅经室集》。

阮元的性命论述，主要是探讨人的感性欲望与理义的关系问题。他从本于阴阳五行而为血气心知处肯定情、欲在性之内，肯定味臭声色安佚为性，食色为性。他虽然也说"性中虽有秉彝""从心则包仁义礼智等在内"[1] 等，似乎认为性中有仁义礼智，但是视性、命同一，事实上是要表明人出生后即限于君臣父子长幼夫妇朋友等关系中，这种关系是人无法逃脱的，即所谓"命定"。因此，所谓的仁义礼智之性，只是说人能通过社会行为成就仁义礼智而已，并非是先天本来就有的。阮元反对推之于身心最先之天来言性，主张应就经验的观察来论性，强调论性、命应该"质实可据，不必索奥妙于不可诘之乡"[2]。他一再说："孔子之言似未尝推德行言语性命于虚静不易思索之地"，"商周人言性命多在事，在事，故实而易于率循。晋唐人言性命多在心，在心，故虚而易于傅会"[3]。

阮元认为性即受天地阴阳之气而为血气心知。"言性本天道阴阳五

① 阮元：《揅经室再续集》卷3《节性斋主人小像跋》，道光二十三年刊本。
② 阮元：《揅研室集》一集卷10《性命古训》，《四部丛刊》本。
③ 《揅研室集》一集卷10《性命古训》。

行，此实周汉以来之确论"，但这里的阴阳五行"非《太极图》之阴阳五行"①，而是说人本阴阳五行以为形质气禀，以为血气心知。人本阴阳五行成行质后，即有欲、有情，而人的智愚、才能、吉凶、祸福以及君臣父子长幼夫妇朋友等社会关系即被限定，这就是性命自天。所以古人言性则命在内，言命则性在内，性即命，命即性，而性命关乎天道。在解释《左传》"民受天地之中以生所以谓命也"时，阮元说："此'中'乃阴阳刚柔之中，即性也，即所谓命也。性字从心，即血气心知也，有血气无心知，非性也；有心知无血气，非性也。血气心知皆天所命人所受也。"

阮元进一步指出，天既生人以血气心知，则不能无欲。他释《乐记》"人生而静，天之性也；感于物而动，性之欲也"，谓："欲生于情，在性之内，不能言性内无欲。欲不是善恶之恶，天既生人以血气心知，则不能无欲。惟佛教始言绝欲，若天下人皆如佛绝欲，则举世无生人，禽兽繁矣。此孟子所以说味臭声色安佚为性也。欲在有节，不可纵，不可穷。若惟以静明属之于性，必使说性中本无欲而后快，则此经文明示：'性之欲也'，欲固不能离性自成为欲也。《乐记》又曰：'六者非性也，感于物而后动。'此亦言哀乐喜怒爱敬乃乐音之哀乐喜怒爱敬，非人性之哀乐喜怒爱敬，先王以乐之哀乐喜怒爱敬感人性情之哀乐喜怒爱敬也。窃释氏之言者必愿拒六者于性之外，尊性为至静至觉无情无欲，其如与《礼记》、孟子之言不合何？"阮元在此表明的 4 个观点值得注意：一是人不能无欲，有欲是正当的，不能说有欲就是恶，欲即存在于人性之内，所以说人性内无欲是不符合事实的。二是佛教宣扬人要绝欲，如天下之人都像佛教所要求那样绝欲，那世上就没有人类了。三是对待欲的正确态度是节欲，不可纵，不可穷，而不是绝欲。四是欲存在于性内，欲不能离开性而独立存在。人的欲、情发于性，味臭声色喜怒哀乐爱敬皆本于性。

---

① 《揅研室集》一集卷 2《曾子注释序》。本目以下引文未注出处者，均见于此。

阮元在释《孟子》的"告子曰食色性也，仁内也非外也，义外也非内也"中再次强调人性有欲是正当的，并从先秦儒家经典中寻找依据，孟子甚至以"味色声臭安佚为性者，乃圣贤之常道，人世之恒情。圣贤之甘淡泊者，乃是知命"。

阮元反对韩愈的性三品说，认为人的智愚、吉凶、寿夭等是生而限定的，不可就此等论性之善恶。他释《论语》"性相近"说："才性必须有智愚之别。然愚也，非恶也，智者善，愚者亦善也。古人每言才性，即孟子所谓'非才之罪'也。韩文公《原性》因此孔子之言为三品之说，虽不似李习之之悖于诸经，然以下愚为恶，误矣。或者更以性为至静至明，几疑孔子下愚之言为有碍，则更误矣。"在此，他明确指出，韩愈的以下愚为恶是错误的，智愚是"才"，善恶是"性"，两者性质不同，没有必然的关联，因此，他认为智者善，愚者也是善的，而不是韩愈所说的下愚为恶。对此，阮元还引用《尚书·召诰》来证实自己的观点："《尚书·召诰》曰'今天其命哲'，此言甚显，哲与愚相对，哲即智也。有吉必有凶，有智必有愚。周公曰'既命哲'者，言所命非愚，然则愚亦命之所有，下愚亦命之所有，但'今若生子在厥初生自贻哲命'耳。"他认为人性最初都是善的，既然智愚皆命于生初之故，即人一出生就是限定的，所以不可以智愚言善恶。

阮元把他对于性、命的见解归结到《孟子》"性也有命焉""命也有性焉"一章的解释上。阮元认为《孟子》"此章乃孔子言性与天道之大义，必得此性命两节相通相互而言之，则'五经'性命之古训无不合矣"。他认为孟子以味臭声色安佚为性，且曰"君子不谓性"，与《召诰》之"节性"，《卷阿》之"弥性"，《西伯戡黎》之"虞天性"，《周易》之"尽性"，《礼记·中庸》之率性，皆范围曲成，无有不合。他针对"命也有性焉"引申赵岐（约108—201）所注说：

> 赵岐谓"仁施父子义施君臣"者，如武王周公为子、周公召公为臣，此命之得以仁义施者也，命也，亦性也。若以舜为瞽叟之子、比干为纣之臣，此处变不得以仁义施者也，亦命也，然有性焉，仁

义存乎性，舜必以底豫而修仁，比干必以谏死而行义，舜与比干不诬父顽君虐于命也。"礼敬施于宾主"，如孔、孟适各国终无所遇，"圣人得天道王天下"，如武王灭商有天下，孔子不得为东周，衰不梦周公，此各正其道以尽性也。"穷理尽性以至于命"，正者正命、即变者亦正命也，皆所以事天也。

阮元认为历史上舜修仁、比干谏死、武王灭商、孔子为东周都是属于仁施父子义施君臣的事，是人一生下来就命中注定他们有这样的机遇"得以仁义施者也"，他们又各自以不同的方式"正其道以尽性也"，因此，所谓"命也，亦性也"，反之，性也，亦命也。

阮元的性命思想在《节性斋主人小像跋》和《节性斋铭》中有言简意赅的论述，兹节录如下：

> "性"字之造，于周、召之前，从"心"则包仁义礼智等在内，从"生"则包味臭声色等在内。是故周、召之时解"性"字者朴实不乱，何也？字如此实造，事亦如此实讲。周、召知性中有欲，必须节之。节者，如有所节制，使不逾尺寸也。以节制天下后世之性，此圣人万世可行，得中庸之道也。《中庸》之"率性"犹《召诰》之"节性"也。故《中庸》曰："天命之谓性。"性即命也。又曰："君子居易以俟命。"《易》曰："穷理尽性以至于命。"《论语》曰："不知命，无以为君子也。"皆此道也。[1]

> 周初《召诰》，肇言节性。周末孟子，互言性命。性善之说，秉彝可证。命哲命吉，初生既定。终命弥性，求至各正。迈勉其德，品节其行。复性说兴，流为主静。由庄而释，见性如镜。考之姬、孟，实相径庭。若合古训，尚曰居敬。[2]

综上所述，阮元的性命思想，主要观点是：本于阴阳五行而为血气心知，人性有欲是正当的，乃圣贤之常道，人世之恒情。对于欲，正确

---

① 《揅研室再续集》卷3《节性斋主人小像跋》。
② 《揅研室再续集》卷3《节性斋铭》。

的态度是节欲，而不能像佛教那样绝欲。性和命是相通相互而言的，性即命，命即性。人的情、欲在性之内，通过哀乐喜怒爱敬等表现出来。性和命是生而就限定的，是善的，"性"从"心"包含仁义礼智等，从"生"则包含味臭声色等。历史上的舜、比干、武王、孔子都以不同方式，各正其道以尽性也。

第三节　知行思想

一、陈确的知行思想

《大学》本是《礼记》中的一篇，从它的主要内容（三纲领、八条目）来看，是讲君子的修己治人之道。自从唐代韩愈推崇《大学》，宋代理学家的发扬光大，《大学》成为儒家经典四书之一。在清初《大学》被钦定为国家统治思想的背景下，陈确敢于对《大学》提出批评，这是需要相当的胆识和勇气的。

陈确对《大学》的批评，主要就是集中在对知行的认识问题上。他在给友人的信中提到，讨论知行问题是《大学辨》的纲。他说："《大学》言知不知行，必为禅学无疑。"① 陈确对《大学》的批评，主要是针对程朱学派，但在一些问题上也针砭了陆王一派。

陈确对程朱知行观的批评，主要集中在"致知""知止"问题上。朱熹以天理为致知的内容，认为这是比"行"更重要的。陈确却认为这是"空寂之学"，指出：《大学》"虽曰亲民、曰齐、治、平，若且内外交修者，并是装排不根之言。其精思所注，只在'致知''知止'等字，竟是

---

① 《陈确集·别集》卷 14《大学辨》。

空寂之学"①。他针对朱熹"如人行路，不见便如何行"的观点，反驳说："能见屋内步，更能见屋外步乎？能见山后步，更能见山前步乎？""欲见屋外步，则必须行出屋外，始能见屋外步；欲见山前步，则更须行过山前，始能见山前步。所谓行到然后知到者，正以此也"②。他还通过举例，把两种认识方法再加以比较，说明知比行重要是不对的，应当是行比知重要。他说：

> 譬如乱后而至京师，风波荆棘，不容不访，但走在路上，虽至愚极蠢之人，必能问讯，必能到京。若终日坐在家里，虽聪明强记之人，将两京十三省路程稿子倒本烂熟，终亦何益？后儒格致之学，大率类此。③

在陈确看来，只有通过"行"，才能得到"知"，如即使是至愚极蠢之人，只要在行程中不断问路，最后一定是会到达京都的。相反再聪明强记的人，即使把去京都的路程地图倒背如流，如没有行，那又有什么用呢？而且，陈确进一步指出，行不仅是取得认识的前提条件，而且还是检验学问认识的手段。他说："学问之事，先论真假……真假之辨，只在日用常行间验之，最易分晓。"④

陈确在对朱熹"知先行后"观点的批评中，采用了"知行合一"的命题，企图通过对知行统一的论述，进一步证明行重于知的观点：

> 虽是事从心生，然心亦从事生。如人有善念，始有善事，此何待言，假如吾人日行善事，又安得复有恶念乎？昼之所为，即夜之所梦，不可不察也。⑤

> 不知必不可为行，而不行必不可为知。⑥

---

① 《陈确集·别集》卷 14《大学辨》。
② 《陈确集·别集》卷 16《答张考夫书》。
③ 《陈确集·别集》卷 5《答朱康流书》。
④ 《陈确集·文集》卷 2《寄刘伯绳书》。
⑤ 《陈确集·文集》卷 4《与吴仲木书》。
⑥ 《陈确集·别集》卷 16《答张考夫书》。

> 人但知舜之知在行前，而不知舜之行又在知前。盖惟其行之笃，
> 故求知也益详；亦惟其知之详，故力行也弥笃。①

从上引这三条陈确论知行的言论可知，他似乎是倾向于知行并重，但如仔细琢磨他的字里行间，如"日行善事，又安得复有恶念乎？"和"不知舜之行又在知前"，再结合上引他"行到然后知到"的论述，陈确的知行观仍然是行重于知。

陈确对《大学》的批评，并不是仅针对程朱一派。他对友人张履祥说过，"弟辨《大学》，既异程朱，亦倍陆王"②。就知行问题上来说，他对王学的主旨"致良知"说提出了批评：

> 阳明子虽欲合知行，然谆谆言致良知，犹未离格致之说。传入之后学，益复荒唐。③

在这里，陈确认为王守仁的"致良知"与程朱的"格致之说"，在实质上，其共同的缺陷就是言知不言行。理学中程朱、陆王两派在致知上的分歧，只是在用力的方向上有所不同：程朱是向外，用主体去冥合外在的本体；陆王是向内，直接认识安置在主体之中的本体④。陈确认为，"穷理"必须知行俱到。这种行，应当是实实在在的行。他指出："盖必知行俱到，而后可谓之穷理耳。弟窃语同学：学固不可不讲，然毋徒以口讲，而以心讲，亦毋徒以心讲，而以身讲，乃得也。"⑤这里所讲的"口、心、身"，同王夫之所主张的"身心尝试"是一致的。

《大学》中的"知止"，指的是"三纲领"中"知于至善"的命题。朱熹一派理学家以天理为至善，借此命题强调以体认天理为最终归宿，由此一通百通，穷尽万物之理。对此，陈确提出不同的观点：

> 天下之理无穷，而一人之心有限，而傲然自信，以为吾无遗知

---

① 《陈确集·别集》卷13《舜明于庶物一节》。
② 《陈确集·别集》卷16《答张考夫书》。
③ 《陈确集·文集》卷11《揣摩说》。
④ 《宋明理学史》下册，第865页。
⑤ 《陈确集·别集》卷16《答张考夫书》。

焉者，则必天下之大妄人矣，又安所得一旦贯通而释然于天下之事之理之日也哉？①

在他看来，天下并不存在着固定不变的"理"，在"天理"之外，"天下之理无穷"，因此，陈确提出"道虽一贯，而理有万殊"② 之说，用"理万"来反对程朱理学的"理一"。他指出：

> 教学相长，未有穷尽。学者用功，知行并进。故知无穷，行亦无穷，行无穷，知愈无穷。先后之间，如环无端，故足贵也。③

陈确从教与学无穷尽的经验事实出发，提出知与行两者循环反复，相互促进，不可穷尽。从这一观点出发，他进一步批评了"知止"之说：

> 吾不知其所谓知止者，谓一知无复知者耶？抑一事有一事之知止，事事有事事之知止；一时有一时之知止，时时有时时之知止者耶？如其然也，则今日而知止，则自今日而后，而定、静、安、虑、得之无不能，不待言也。脱他日又有所为知止焉，则他日之知，非即今日之所未知乎？④

陈确从"事"与"时"两个方面论证知无止，天下万事万物，每时每刻，都有待认识的东西，人们不可能像"知止者"所说的，一旦认识了天理，就没有什么事物还需要认识的，"天下之理无穷"，其意就是天下理之多，理之变，是无穷无尽的，有待于人们不断对它们进行探寻、认识。

还有在认识的能力上，程朱理学家把"心"的作用夸大得神妙非凡，以便证明它可以认识至善尽美的"天理"，达到主体与本体的冥合。如朱熹在《补大学格物致知传》中提出的"豁然贯通"说，认为在致知的过程中，只要达到"豁然贯通"，"则众物之表里精粗无不到，而吾心之全体大用无不明"。对此，陈确认为"一人之心有限"，一个人的认识不可

---

① 《陈确集·别集》卷14《大学辨》。
② 《陈确集·别集》卷14《答格致诚正问》。
③ 《陈确集·别集》卷14《答格致诚正问》。
④ 《陈确集·别集》卷14《大学辨》。

能穷尽一切知。他直接批评朱熹的"豁然贯通"说：

> 朱子"一旦豁然贯通"之说，是诱天下而禅也，亦不仁之甚者矣。①

> 今日"于众物之表里精粗无不到，而吾心之全体大用无不明"，是何等语？非禅门之所谓了悟，即《中庸》之所谓予知耳，病孰甚焉？②

> 君子之于学也，终身焉而已。则其于知也，亦终身焉而已。故今日有今日之至善，明日又有明日之至善，非吾能素知之也，又非可一概而知也，又非吾之聪明知识可以臆而尽之也。③

陈确认为朱熹的"豁然贯通"说，是源于佛教禅门的"了悟"（顿悟），对学者的危害不小。君子对于学习，对于认知，都是终身必须坚持的事。由于世界在不断发展变化，所以今日有今日之至善，明日又有明日之至善，是我们不可能"素知""一概而知""臆而尽之"的。

二、王夫之的行可兼知、而知不可兼行思想

王夫之（1619—1692），字而农，号姜斋，学者称船山先生。14岁中秀才，24岁中湖广乡试举人。清兵南下，他曾于湖南衡山举兵抵抗，失败后走桂林，投奔南明永历政权，任桂王行人司行人。后遭奸党王化澄等人谗害，遂归湖南，伏处瑶人之中，过着流亡生活。晚年归衡阳，于石船山筑土室，备尝艰辛，致力于学术思想的总结。他一生著述宏富，有《周易外传》《尚书引义》《诗广传》《读四书大全说》《张子正蒙注》《思问录》《老子衍》《庄子通》《读通鉴论》《宋论》以及《姜斋诗文集》等，后人辑有《船山遗书》。

王夫之在知行问题上有自己独到的见解，认为朱学和王学在知行观

---

① 《陈确集·别集》卷14《翠薄山房帖》。
② 《陈确集·别集》卷14《答唯问》。
③ 《陈确集·别集》卷14《大学辨》。

上各走极端，朱学是在知、行之间"立一划然之次序"，以为"知常为先"；王学则混淆知、行二者的界限，取消先后次序。但是两者殊途而同归，前者是"离行以为知"，后者是"销行以归知"，结果一样，都忽视了行的重要性。

程朱理学认为社会道德规范是人的天赋理性的外化，儒家的责任就在于体认并发用这种天赋理性，因此主张治学必须先"明体"，然后才能"达用"。基于这种理论，程朱在认识论上提出"知先行后"的观点。

王夫之批评程、朱的"知先行后"说，认为程、朱是以"明体达用"作为"知先行后"说的口实，实际上程、朱对体用诠释、应用并未超越佛、老体用说的范围：

> 佛、老之初，皆立体而废用。用既废，则体亦无实。故其既也，体不立而一因乎用，庄生所谓"寓诸庸"，释氏所谓"行起解灭"是也。君子不废用以立体，则致曲有诚。诚立而用自行。逮其用也，左右逢源而皆其真体。故"知先行后"之说，非所敢信也。[1]

既然王夫之认为程、朱的"明体达用""知先行后"的观点未超越佛、老体用学说的范围，因此，他通过分析佛、老有关学说的错误进而批判程、朱的有关观点。王夫之指出，佛、老创说之初，都主张确立本体而废诎作用，殊不知作用已经废诎，那本体也等于名存实亡了。以后，佛、老学说进一步发展，出现了另一种极端，即不立本体而单独依靠作用。如庄子讲"不用而寓诸用"[2]，禅僧讲"运水搬柴无非妙道"，表面上他们好像都在强调作用，实际上是应感无心，用而忘用，把力行作为灭除知解的手段，因而王夫之称其"销行以归知，终始于知"。他认为程朱学者不明其故，提出"知先行后"说，以反对庄子、禅僧有用无体之论，结果正堕入其"先知以废行"的套数之中[3]。

---

① 王夫之：《船山思问录·内篇》，上海古籍出版社，2000年。
② 《庄子·齐物论》。
③ 《宋明理学史》下册，第924页。

王夫之指出，"知先行后"说的要害在于知行之间"立一划然之次序"①，割裂二者的有机联系。笼统地说，知和行的区别是，知是"讲求义理"的认识过程，行是"应事接物"的实践过程。前者一般不与外间事物直接接触，是主体的单纯行为；后者与外间事物直接接触，体现人与外物相互作用的关系。两者的共同之处是都属于主体的活动。自其心计审虑而言属于知，自其身体力行而言则属于行。王夫之认为："知行之分，有从大段分界限者，则如讲求义理为知，应事接物为行是也。乃讲求之中，力其讲求之事，则亦有行矣。应接之际，不废审虑之功，则亦有知矣。是则知行始终不相离，存心亦有知行，致知亦有知行，而更不可分一事以为知而非行，行而非知。"② 可见，王夫之指出，知行自始至终不可分离，无论认识过程和实践过程都需要人的身心并用，知中有行，行中有知。

王夫之也明确反对"知行合一"说：

> 若夫陆子静、杨慈湖、王伯安之为言也，吾知之矣。彼非谓知之可后也，其所谓知者非知，而行者非行也。知者非知，然而犹有其知也，亦惝然若有所见也。行者非行，则确乎其非行，而以其所知为行也。以知为行，则以不行为行，而人之伦、物之理，若或见之，不以身心尝试焉。③

王夫之认为，知行合一说混淆了知、行，使知不是知，行不是行，但是事实上，知和行还是客观存在的。"知行合一"论者其实是以知为行，即以不行为行，忽视了身心并用的实践过程。王守仁提倡"知行合一"，其所谓的知即先验的"良知"，"良知之外，别无知矣"④。"行"也不是通常所说的习行，是一种克服杂念的意识活动。王夫之一针见血地指出，这种知行合一观是"以知为行""销行归知"。

---

① 王夫之：《尚书引义》卷 3，中华书局，1976 年。

② 王夫之：《读四书大全说》卷 3，中华书局，1975 年。

③ 《尚书引义》卷 3。

④ 王守仁：《王文成公全书》卷 2《答欧阳崇一》，中华书局《四部备要》本。

王夫之在批判"知先行后"和"知行合一"的同时，提出了自己"行可兼知，而知不可兼行"的知行观：

> 知也者，固以行为功者也；行也者，不以知为功者也。行焉可以得知之效也，知焉未可以得行之效也。将为格物穷理之学，抑必勉勉孜孜，而后择之精、语之详，是知必以行为功也。行于君民、亲友、喜怒、哀乐之间，得而信，失而疑，道乃益明，是行可有知之效也。其力行也，得不以为歆，失不以为恤，志壹动气，惟无审虑却顾，而后德可据，是行不以知为功也。冥心而思，观物而辨，时未至，理未协，情未感，力未赡，俟之他日而行乃为功，是知不得有行之效也。行可兼知，而知不可兼行。下学而上达，岂达焉而始学乎？君子之学，未尝离行以为知也必矣。①

王夫之得出"行可兼知，而知不可兼行"的结论，其理由是：其一，"知"是在"行"中产生的。"知"的形成过程就是"格物穷理"的过程，如果没有"勉勉孜孜"的"行"的功夫，就不可能有"知"的获得，即"知必以行为功"。其二，"行"可以检验"知"。人们在行于君民、亲友、喜怒、哀乐之间，有经验和教训，这些经验和教训可以检验"知"的正确与错误，收到"知"的效果，即"行可有知之效"。其三，"知"并不一定会对"行"发生作用。从"知"的负面影响来说，如其"知"是患得患失，瞻前顾后，忧虑重重，那这样的"知"不但不会对"行"产生积极的作用，甚至还会对"行"起到妨碍作用，即"行不以知为功"。其四，"知"必须在一定条件中才能对"行"起积极作用。从"知"的正面影响来说，即使是正确的"知"，也要在明机、道理、情感、力量等主客观条件具备时，才能付诸实行，对"行"起到积极的作用，即"知不得有行之效"。总之，王夫之认为"知"是在"行"中产生，"行"可以检验"知"，"知"并不一定会对"行"发生作用，"知"必须在一定条件下才能对"行"起积极作用。不言而喻，"行"重于"知"，"知"以"行"

---

① 《尚书引义》卷3。

为基础，"行"对"知"起决定作用，"行"可代替"知"，而"知"不可代替"行"。

最后必须指出的是王夫之在强调"行"重于"知"，"知"以"行"为基础的同时，也承认"知"有预见、指导"行"的作用。他吸收了"知先行后"说的合理内核，提出"察事物所以然之理，察之精而尽其变，此在事变未起之先，见几而决，故行焉无不利"①。他认为知、行可以互为先后，"由知而知所行，由行而行则知之，亦可云并进而有功"②。知、行可以互相推动促进，相互为功，使认识与实践共同发挥其应有的作用。

三、颜元的习行格物思想

颜元的习行格物思想，主张行先知后，行中生知，反对有先天的良知，提倡习行为主的认识论，在古代认识论的发展历史上有独特的地位。

颜元认为，人的认识活动首先必须有客观的认识对象，即世界上存在的万事万物，即"知无体，以物为体"③，而不存在于认识的主体之中。人作为认识主体在进行认识活动中，只有通过与认识对象发生联系，才能获得认识。所以他说："人心虽灵，非玩东玩西，灵无由施也。"④ 这正如人的眼睛具有视觉功能一样，必须以外界有形色的物体作为看的对象，否则，眼睛的视觉没有对象，也就不可能发挥视觉的作用。

他指出，佛教的认识论就违背了这一基本道理。佛教认为，人的认识根本不需要以客观事物作为对象，"惟阖眼内顾，存养一点性灵"⑤，就可以"洞彻万物"。颜元批评说，这就如同瞎子坐在暗室中，"耳目不接

---

① 王夫之：《张子正蒙注》卷 2，中华书局，2009 年。
② 《读四书大全说》卷 4。
③ 颜元：《四书正误》卷 1，载《颜元集》，中华书局，1987 年。
④ 《四书正误》卷 1。
⑤ 颜元：《存人编》卷 1，载《习斋四存编》，上海古籍出版社，2000 年。

天下之声色，身心不接天下之人事"①，却吹嘘可以得到"妙悟"。其实，这是根本无法做到的。

颜元在肯定认识对象对认识活动起主导作用的同时，也强调认识主体在获得认识时，必须发挥能动的作用。这就是认识主体在认识活动中，必须动手实做这些实事实物，即格物：

> 格物之格，王门训正，朱门训至，汉儒训来，似皆未稳……元谓当如史书"手格猛兽"之格，"手格杀之"之格，乃犯手捶打搓弄之义，即孔门六艺之教是也。②

按颜元的理解，"格物"的"格"就是格斗、格杀的意思，引申为"捶打搓弄"，也就是说认识主体人的能动作用，就是对认识对象物，进行"捶打搓弄"，才能获得对这一事物的认识，这就是格物。过去王守仁对格物的解释是正心，朱熹对格物的解释是即物穷理，郑玄对格物的解释是知于善深则来善物等。这些人的解释似乎都不恰当，都脱离了认识主体对认识对象的"捶打搓弄"，错误地理解了格物的真正含义，因此不能真正获得有关客观事物的认识。

颜元训格物为"犯手捶打搓弄"，其实也就是他所说的"犯手实做其事"。这样的格物才具有实际的效果，经得起实践的检验。凡属没有实际效果的认识不能算作格物。颜元长期行医，他以行医来比喻他所谓的格物：行医如"止务览医书千百卷，熟读详说，以为予国手矣"，而不学"诊脉""针灸"等医疗的实际技术，虽然"书日博，识日精"，但也不能把病治好，解决不了实际的问题，获得实际的效果，"而天下之人病相枕、死相接，可谓明医乎？"③ 颜元所谓格物的对象，主要是指礼乐射御书数"孔门六艺之教"，所以他也用如何学礼、学乐来论证他的所谓的格物。如人要知乐时，"任读乐谱几百遍，讲问思辨几十层，总不能知"④。

① 《存人编》卷 1。
② 颜元：《习斋记余》卷 6，商务印书馆，1936 年。
③ 颜元：《存学编》卷 1，载《习斋四存编》，上海古籍出版社，2000 年。
④ 《四书正误》卷 2。

一定要实实在在地去实践，"博拊击吹，口歌身舞"，亲身学习一番，才能真正知道乐是什么。按照颜元的观点，心中想过，口中说过，纸上写过，一切只停留在言语文字上的知，都不能算作真知识。只有"犯手实做其事"，这样才是格物，才是获得真正知识的致知。

颜元还把"犯手实做其事"和具有实际效果的格物称为"习行"。他认为习行才是孔子思想的主旨。他指出："孔子开章第一句道尽学宗，思过读过，总不如学过。一学便住也终殆，不如习过；习三两次，终不与我为一，总不如时习方能有得。习与性成，方是乾乾不息。"① 可见，颜元不仅要求人们要踏踏实实地学习，而且要反反复复地学习，这样才能真正掌握所学的知识或技巧，达到"与我为一""习与性成"的极其熟练的程度。例如：学琴，"歌得其调，手娴其指"，即达到音调、指法正确，只能算得上"学琴"；"手随心，音随手"，即达到指法、音调能随心所欲掌控，才能算"习琴"；"心与手忘，手与弦忘"，即达到完全沉浸在所表现的意境之中，忘掉了心、手和琴弦，这才能算得上"能琴"②。他认为，认识就是要求"只向习行上做功夫"③，就像学琴一样反复练习实践，就能精通具体的事物，达到"能琴"的水平。

颜元认为，每个人通过习行，若能达到上下精粗无所不通的水平，固然是最高的成就，但要达到这么高的目标，并不是每个人都能做到的，甚至是大多数人都做不到的。因此，如六艺中能切切实实精通一艺，总比大而无当地要求所谓全体大用要实在得多：

> 上下精粗皆尽力求全，是谓圣学之极至矣！不及此者，宁为一端一节之实，无为全体大用之虚。如六艺不能兼，终身只精一艺可也。④

颜元反对当时一些学者空泛无实地追求内圣外王、无所不通，其结

---

① 《颜习斋先生言行录·学习》。
② 《存学编》卷3。
③ 《颜习斋先生言行录·王次亭》。
④ 《存学编》卷1。

果是"最易自欺欺世，莫道一无能，其实一无知也"①。他甚至认为，精通一艺的人也就是为圣为贤，对人民造福不浅。他指出：

> 人于六艺，但能究心一二端，深之以讨论，重之以体验，使可见之施行，则如禹终身司空，弃终身专稼，皋终身专刑，契终身专教，而已皆成其圣矣！如仲之专治赋，冉之专足民，公西之专礼乐，而已各成其贤矣！不必更读一书，著一说，斯为儒者之真而泽及苍生矣。②

颜元列举了古代历史上一些著名的圣贤，如禹、弃、皋、契等，都是精通一艺之人，而不是无所不通，也没有留下什么著作于后世，但他们真正为天下百姓作出了贡献。颜元如此强调精通一艺人的巨大功绩及崇高地位，正是他以习行为主的认识论中比较独到之处。

颜元的以习行作为他的认识论也走到另一个极端，即反对以读书作为认识的目的，反对以读书为获得真理：

> 以读经史订群书为穷理处事以求道之功，则相隔千里；以读经史订群书为即穷理处事而日道在是焉，则相隔万里矣。③

他比喻说，通过读书"讨来识见议论"，正如望梅止渴、画饼充饥一样，没有真正的作用。他甚至更极端地认为，读书就如吞砒霜一类毒药一样，只能损人神智气力。他还认为，不想去习行，而只知读书的人，书读得愈多，思想就愈混乱，审理事情就愈无见识，处置实际工作就愈无能力："读书愈多愈惑，审事愈无识，办经济愈无力。"④ 他曾大胆武断地批判：朱熹提倡读尽天下书，提倡每篇经典著作要读三万遍，因此，"千余年来，率天下入故纸中，耗尽身心气力，做弱人、病人、无用人者，皆晦庵为之也"⑤。

---

① 《颜习斋先生言行录·习过之》。
② 《习斋记余》卷3。
③ 《存学编》卷2。
④ 颜元：《朱子语类评》，《颜李丛书》，1923年。
⑤ 《朱子语类评》。

在颜元之前，王守仁提倡知行合一，已将"行"作为认识论的中心思想，因此，《四库提要》评《存性编》就指出：颜元"其学大概源出姚江而加以刻苦"。实际上，颜元的根本观点与王守仁差别甚大。王守仁的所谓行，并不是指实际去做的行。他重视行，是认为必须有行，才能完成良知的知。良知的知是先天的，行只是致良知的最后阶段而已。颜元的习行说却认为真知必须依赖行，行中生知，行先知后，同时，知还必须受行的检验①。

第四节　居敬穷理思想

一、陆世仪的居敬穷理思想

陆世仪继承、发挥了程颐、朱熹的"主敬""居敬"或"持敬"的个人修养功夫，在《思辨录辑要·前集》卷2《居敬类》中对居敬思想做了如下论述：

只提一敬字，便觉此身举止动作如在明镜中。

人心多邪思妄想，只是忘却一敬字。敬字一到，正如太阳当头，群妖百怪迸散无迹。

持敬须是头容直。若头容一直，则四体自入规矩。

敬字是从前千圣千贤道过语，举示学者，正如看积年旧物，尘垢满面，谁肯当真理会。须要看得此字簇新，方有进步。然不是实实用工，实有一番见地，此个字又安得簇新也？

归纳陆世仪《居敬类》中有关"敬"的论述，他的观点有以下3个

---

① 北京大学哲学系：《中国哲学史》，第490页。

方面值得注意：其一，古人有关个人修养功夫，"博言之，则貌、言、视、听、思五者；约言之，只是一个敬"①。在众多修养功夫中，"敬"是最关键、最重要的，"敬字是从前千圣千贤道过语"，"只提一敬字"。其二，持敬的方法是不要有"邪思妄想"，"须是头容直"，使"此身举止动作如在明镜中"。其三，持敬的效果是"如太阳当头，群妖百怪迸散无迹"。

陆世仪居敬思想的一个较明显特点是特别强调敬天：

能敬天，方能与天合德。②

敬天二字，为圣门心法。③

关于如何具体做到敬天，陆世仪提出两点要求：其一，要认识"理"就是"天"。他说："天地间无一事一物非理，即无一事一物非天。"④"理即天也。识得此意，敬字工夫方透。"⑤ 显然，他认为天地万物都包含着理，也就是天地万物都包含着天，只有认识到"理"就是"天"这个道理，从而敬天，才能把敬字功夫做得透彻，真正做到"居敬"。这里，陆世仪把敬天视作居敬的关键所在。其二，要做到敬天，就必须敬畏上帝，敬畏天命。他指出："人须是时时把此心对越上帝"；"能读《西铭》，方识得敬天分量；能践《西铭》，方尽得敬天分量。人能有所谓，便是敬天根脚。小人只是不畏天命。不畏天命，便无忌惮，便终身无入道之望"⑥。这里，陆世仪所说的有意志的人格神——"上帝"与"理即天"的天基本上是同一种意思，所以他所说的"敬天"，即是指人必须时时刻刻对"上帝"或"天"怀着一种敬畏，不敢有丝毫放纵、怠慢的精神状态。陆世仪的这种"敬天"思想，是对朱熹所谓"敬……只是有所畏谨，不敢

---

① 《思辨录辑要·前集》卷8。
② 《思辨录辑要·前集》卷2。
③ 《桴亭先生文集》卷6《书淮云问答后》。
④ 《思辨录辑要·前集》卷2。
⑤ 《思辨录辑要·前集》卷2。
⑥ 《思辨录辑要·前集》卷2。

放纵"① 以及《敬斋箴》中所谓"潜心以居，对越上帝"观点的继承。

陆世仪之所以如此强调"敬天"，主要是针对历史上和当时一些学者不了解甚至对"敬天"提出异议的现象。他引经据典，努力来说明"敬天"的重要性：

> 读《四书》《五经》，古人无时无事不言天。孔子言"知我""其天"，"天生德于予"，"获罪于天"。孟子言"知天"，"事天"，"顺天者存，逆天者亡"。《春秋》言"天命"、"天讨"。《礼》称"天则"。至于《易》《诗》《书》三经，则言天甚多，又有不可枚举者，皆说得郑重严密，使人有震动恪恭之意。故古人之学不期敬而自敬。今人多不识"天"字，只说"敬"字，学者许多昏愦偷惰之心，如何得震醒?②

> 古人言敬，多兼天说，如"敬天之怒"，"敬天之威"……之类。临之以天，故人不期敬而自敬，工夫直是警策。今人不然，天自天，敬自敬……子瞻所以欲打破敬字也。若如古人说敬天，子瞻能打破天字否?③

陆世仪认为，先秦孔子、孟子、《春秋》、《礼》、《易》、《诗》、《书》等之所以屡屡说到"天"，其目的是使人不由自主对天产生敬畏，有震动恪恭之意，从而达到自我警策，这就是居敬的修养功夫。

陆世仪还论述了"居敬"同"穷理"即"格物致知"的关系：

> 夫穷理之学，格致是也。理在吾心而乃求之天下之物，何也？曰：此儒者之道，所谓体用合一，而孟子之所以称万物皆备于我也。一物不备，不足以践我之形；一理未穷，不足以尽性之量……学者有志于穷理，则必事事而察之，日日而精之，时时而习之，渐造渐进，以至于极，为神为圣，莫非是也。然而又非驰骛于穷大之谓也。

---

① 《朱子语类》卷 12。
② 《思辨录辑要·前集》卷 2。
③ 《思辨录辑要·前集》卷 2。

驰骛于穷大而莫之为之主，则事至而纠纷，事去而放逸，虽有所得，旋亦放失，是故君子又有居敬之学。夫居敬之学，则诚意是也。诚意之始，由于不欺……至功夫再进，则真心发矣……至功夫又进，则谨慎至矣……至功夫更进，则戒惧生矣。无善可凭而常惺惺，无恶可绝而常业业，诚之至也，敬之至也。故《中庸》以至诚为圣人，朱子以"敬"字为圣门第一个字，盖真见千圣相传止此一法。有是法，然后有以穷天下之理，而为尽性，为至命，可以即此而造极。①

陆世仪认为，"穷理""格物致知"的基本立场是应使天理在吾心而后探寻天下万物。这就是宋儒所说的"体用合一"，孟子所说的"万物皆备于我也"。当今学者有志穷理，就必须于"身心性命、三纲五常、日用饮食"等方面的事情，无论大小，事事必须省察之，日日必须精研之，时时必须学习之。这样就能日积月累，不断进步，最后达到极致，就能为神为圣。而不能"驰骛于穷大"，即不能只知一味"求穷其至大之域"②。因此如"驰骛于穷大"，就会让人经常因有事而发生纠纷，没事则又放纵安逸，或患失患得。正因为如此，君子在"穷理""格物致知"时，必须进行居敬的修养功夫。而"居敬"的功夫，在他看来，总的来说，即是"诚意"，具体地说，则是意味着使认识主体依次通过"不欺""真心发""谨慎至""戒惧生"的修养阶段，从而进入"常惺惺""常业业"那种常怀敬畏、无善可凭、无恶可绝的所谓"诚之至"的精神状态。而这种"诚之至"的精神状态，也就是"敬之至"。陆世仪认为，有了这种"居敬"的修养方法，才能"穷天下之理"，即体认"天理"。可见，他是把"居敬"作为"穷理"，即"格物致知"的根本来看待的。因此，他一再强调"居敬是根本，穷理是进步处"③；"居敬，格致之本原也"④。

---

① 陆世仪：《论学酬答》卷 2《答王周臣天命心性志气情才问》，同治刻小石山房丛书本。
② 《庄子·秋水》。
③ 《论学酬答》卷 2《答宋子犹论时事书》。
④ 《思辨录辑要·前集》卷 2。

陆世仪不仅把"居敬"作为"穷理"的根本来看待，还进一步指出"居敬"和"穷理"是不能截然划分的：

> 居敬穷理四字十分分析不得，居敬时固要敬，穷理时亦要敬。[①]

他认为，不能把"居敬穷理"理解为居敬时需要"敬"，而穷理时就不需要"敬"了，正确的理解应是无论"居敬"还是"穷理"，都应以"敬"字贯串其间。根据这一理解，他还直截了当地把"居敬穷理"概括为"敬"，说："四个字是居敬穷理，一个字是敬"[②]。

宋元以来的理学家，在提倡"居敬""持敬"的同时，往往主张"主静"，强调"主敬"与"主静"在道德修养上的相辅相成。陆世仪与此相反，在提倡"居敬"的同时，反对"主静"。他明确提出："静不如敬，后儒误认，或流为禅寂之言。"[③]"静字中间容易藏躲禅家面目，不如敬字劈实，始终颠扑不破。"[④] 由此可见，他认为"主静"容易流为佛教禅家，主静不如主敬。

二、陆陇其的居敬穷理思想

陆陇其（1630—1692），原名龙其，字稼书，人称当湖先生。康熙九年（1670）进士，历官江苏嘉定知县、直隶灵寿知县、四川道监察御史，为政清简。后因与众议不合，辞官归。平生服膺程朱理学，世宗称为"醇儒"。著有《三鱼堂文集》《松阳讲义》《问学录》《三鱼堂剩言》《三鱼堂日记》等。

陆陇其继承、发扬了朱熹"居敬穷理"思想，其"居敬穷理"思想比较有特点的是对"敬"字的含义做了一些新的探讨。陆陇其指出："今日学者要做君子，须先理会这敬字。先儒谓整齐严肃是敬之入手处，主

---

① 《思辨录辑要·前集》卷 2。
② 《思辨录辑要·前集》卷 2。
③ 《论学酬答》卷 2《答宋子犹论时事书》。
④ 《论学酬答》卷 2《答宋子犹论时事书》。

一无适是敬之无间断处，惺惺不昧是敬之现成处，提撕唤醒是敬之接续处，大约不出此数端。"① 他认为，学者要做道德高尚的君子，首先必须知道"敬"字的含义。他把敬的功夫分为 4 个部分，并揭示每一部分不同的修养方法，即在入手处应整齐严肃，无间断处应主一无适，现成处应惺惺不昧，接续处应提撕唤醒。

在敬的 4 个部分功夫中，陆陇其对"主一无适"特别强调：

> 从古讲敬字，莫如程子"主一无适"四字说得切当；而"主一无适"四字之解，又莫如薛文清公瑄说得明白。文清论敬曰：行第一步，心在第一步上；行第二步，心在第二步上。三步、四步无不如此，所谓敬也。如行第一步而心在二三步之外，行第二步而心在四五步之外，即非敬也。至若写字处事，无不皆然。合程子、文清之言观之，敬字之义了然矣。诚能于此实下工夫，由浅而深，学术、政事皆可一以贯之。②

陆陇其认为"居敬"功夫的核心是"主一无适"，这一表述源于程颐的"所谓敬者，主一之谓敬；所谓一者，无适之谓一"③。由此可见，所谓"主一"，所谓"无适"，其实是一个意思，就是居敬的修养功夫是使精神达到高度的集中，专心致志，心无旁骛，即程颐的"收敛身心"④ 的功夫。陆陇其引用薛文清对"敬"含义的浅显比喻，所谓"主一无适"就是如人走路，走第一步时心里就想着第一步，走第二步时心里就想着第二步，而不要走第一步时心里却想到第二、第三步，走第二步时心里却想到第三、第四步。

关于"居敬"与"穷理"的关系，陆陇其认为二者不可偏重于任何一方，如偏废一方，都会出现错误的倾向，或流于支离，或堕于佛、老：

> 穷理、居敬必无偏废之理。⑤

① 陆陇其：《松阳讲义》卷 9《论语·子路问君子章》，华夏出版社，2013 年。
② 《松阳讲义》卷 4《论语·子曰道千乘之国章》。
③ 程颢、程颐：《河南程氏遗书》卷 15，载《二程集》，中华书局，1981 年。
④ 《河南程氏遗书》卷 12。
⑤ 陆陇其：《问学录》卷 2，凤凰出版社，2004 年。

穷理而不居敬，则玩物丧志而失于支离；居敬而不穷理，则将扫见闻，空善恶，其不堕于佛、老以至于师心自用而为猖狂恣睢者鲜矣！①

基于这种观点，陆陇其批评了王守仁后继者"尽废穷理"的偏向：

窥先生之意，却似以居敬为重，而看穷理一边稍轻，虽不若阳明之徒尽废穷理，而不免抑此伸彼……夫居敬穷理如太极之有两仪，不可偏有轻重，故曰：涵养莫如敬，进学则在致知。未有致知而可不居敬者，亦未有居敬而可不致知者。故朱子平日虽说敬不离口，而于《大学补传》则又谆谆教人穷理，又于《或问》中反复推明，真无丝毫病痛。朱子所以有功万世者在此，所以异于姚江者在此。②

陆陇其在此批评王学反对朱熹的"即物穷理"，而提出"致良知"说，认为王学"尽废穷理"，把认识径直说成对于"良知"，即所谓人心固有的"天理"的自我认识，这是不对的。因为居敬穷理如同太极之有两仪，不可偏有轻重。他认为朱熹之所以有功于万世，之所以与王守仁学派不同，就是因为朱熹提出"居敬""穷理"二者不可偏废。

尽管如此，但是另一方面我们也必须看到，尽管陆陇其一再说"居敬"与"穷理"不可偏废，但实际上他对"居敬"的强调胜过对"穷理"的强调：

敬为万事之主宰。③

参天地，赞化育，皆是这敬做成的；天地位，万物育，皆是这敬做成的。④

敬字若浅看，只是一身上工夫。就一身上看，亦只是一件工夫。若深看，则这敬字只怕充积未盛耳，充积到盛时，则敬字外别无学

① 柯崇朴：《清故文林郎四川道监察御史陆先生行状》，载《三鱼堂外集》附录，台湾商务印书馆影印四库全书本。
② 陆陇其：《三鱼堂文集》，台湾商务印书馆影印四库全书本。
③ 《松阳讲义》卷6《论语·子曰雍也可使南面章》。
④ 《松阳讲义》卷9《论语·子路问君子章》。

问，亦别无经济，内圣外王之事无不在其中矣。①

在此，陆陇其把"敬"推崇到至高无上的地位，"敬"不仅仅是认识主体的修养功夫，而且能主宰宇宙万事万物，使天地万事万物各就其位，生生不息。不言而喻，"敬"是独一无二、崇高至极，"穷理"焉能与之相提并论。

陆陇其之所以十分重视"居敬穷理"，是因为他把"居敬穷理"不仅视为进行道德修养之本，而且视为管理国家之本：

> 必平日有居敬穷理之功，方能辨得天下之善恶。不然，在我者皆私意偏见，如何能察？……学者欲求知人之法，且先去做居敬穷理工夫。②

> 知人者，万世治道之纲；居敬穷理者，万世治道之本也。学者读这章书，须先将居敬穷理四字细细体认。人君非此无以治天下，儒者非此无以成德业。③

> 惟有居敬穷理是本原工夫。④

> 圣贤居敬穷理之学，虽欲顷刻离之而可得耶？⑤

这里，陆陇其的思维理络是治国者有居敬穷理之功，才能辨得善恶，有了知人之法，就能治理天下，成就德业，因此居敬穷理是本原工夫。

第五节　李光地知本诚身、明善知性思想

李光地（1642—1718），字晋卿，号厚庵，因曾于家乡筑榕村书舍，故又号榕村。由于受家学影响，他从 18 岁起，究心性理之学。康熙九年

---

① 《松阳讲义》卷 9《论语·子路问君子章》。
② 《松阳讲义》卷 8《论语·乡人皆好文章》。
③ 《松阳讲义》卷 5。
④ 《松阳讲义》卷 8《论语·子张问明章》。
⑤ 《三鱼堂文集》卷 10《困学斋记》。

（1670）中进士，授编修，从此进入仕宦之路。康熙十二年（1673），回籍省亲，值耿精忠之乱起，乃修书置蜡丸中，与清廷通消息。三藩平定后，赞助康熙统一台湾，深得信任。后历官翰林院掌院学士、顺天学政、直隶巡抚、文渊阁大学士，为康熙朝理学名臣之一。李光地著作宏富，有30余种，数百万言，主要著有《榕村语录》《四书解义》《周易通论》《周易观象大旨》《周易观象》等，后人辑有《榕村全书》。

李光地十分尊崇朱熹，但对朱熹的《大学章句》有异议。他说："地读朱子之书垂五十年，凡如《易》之卜筮，《诗》之雅、郑，周子无极之旨，邵氏先天之传，呶呶粉拿，至今未熄，皆能烛以不惑，老而愈坚。独于此书（《大学章句》）亦牵勉应和焉，而非所谓心通而默契者。"[1] 李光地认为，"知本诚身"为《大学》的枢要，这是他不能与《大学章句》"心通默契"根本分歧。他在解"明明德"时说："明德，指性不指心；明明德，合知性养性而言。""《大学》明白得在明明德"，"全部便可豁然"[2]。这自然与《大学章句》不尽一致。李光地还认为，"格物致知"是为"知本诚身""知性养性"服务的，如果突出其在《大学》中的地位，把"穷理"置于"明性"之上，那是舍本而求其末。不言而喻，李光地把"明性"作为治学修身之根本。他与程、朱在《大学》《中庸》上的"迥异"，其主要集中在"明性"上的分歧。在他看来，程、朱虽有"明性"之长，但还有不明的缺陷，即还不完全明晰人性问题在儒家经典和理学中的重要性：

> 《易》曰：有天地万物，而后有男女夫妇，有男女夫妇，而后有父子，有父子然后有上下君臣，而礼义有所措也。三代之学，皆所以明人伦也。[3]

> 道者，人伦也，君臣者，道之极也。非立身无以行道，非事君

---

① 李光地：《大学古本私记旧序》。

② 李光地：《榕村语录》卷1《大学》，中华书局，1995年。

③ 《榕村语录》卷10《序一·礼记纂编序》。

行道，亦无以立吾身而事吾亲也。①

这里，李光地引用了《易·序卦》上的一段话，将其解释为"三代之学"即"明人伦"之学。他指出，人伦关系，就其先后来说，是先有夫妇、父子，而后有君臣上下；就其轻重而言，君臣关系是人伦之极，其他一切关系要服从君臣关系。人伦与人性的关系是：

> 父子、兄弟、君臣、朋友、夫妇，伦也；仁、义、礼、智、信，性也。语其本之合，则仁贯五伦焉；义、礼、智、信，亦贯五伦焉。语其用之分，则父子之亲，主仁者也；君臣之义，主义者也；长幼之序，主礼者也；夫妇之别，主智者也；朋友之信，主信者也。②

在此，李光地把人伦父子、兄弟、君臣、夫妇、朋友与人性仁、义、礼、智、信分别做了对应，以此说明人性是处理人伦关系的依据和准则。如父子关系应以仁为依据和准则进行协调，君臣关系应以义为依据和准则进行效忠。可见，李光地所说的"明性"，就是为"明人伦"服务的，首先是为封建君主专制服务的，也是为维系自然经济的家庭服务的。

李光地继承了元、明以来朱陆合流的余绪，以程朱之学为主，兼采陆王之学。他十分赞赏陆、王对《大学》《中庸》旨趣的阐发，认为其中反映了重视人性问题的特点：

> 以知本为格物，象山之说也，与程、朱之说相助，则大学之教明矣。③

> 姚江之言曰："《大学》只是诚意，诚意之至，便是至善；《中庸》只是诚身，诚身之至，便是至诚。"愚谓王氏此言，虽曾、思复出，必有取焉。④

李光地认为，陆、王强调"知本""诚身"，在"明性"方面弥补了程、朱的不足，使《大学》《中庸》知本诚身的主旨更加明确，这是陆王

---

① 李光地：《孝经全注》，清嘉庆六年刻本。

② 李光地：《四书解义·中庸余论》，康熙五十九年居业堂刻本。

③ 《榕村语录》卷1《观澜录·学》。

④ 《榕村语录》卷6《初夏录·大学篇》。

之学的巨大贡献。

李光地也十分认可王守仁的"良知"说，明确表示："阳明子曰：'人之良知，即草木之瓦石之良知也，盖天地万物与人本于一体也。'愚以为阳明之言似矣。"① 因为确认人、物俱有"良知"，也就是肯定了人性皆善。在他看来，这既符合程、朱论性的内容，又符合理学万物一体之说，因而是可取的②。

李光地据《大学》经文"壹是皆以修身为本"，认为"致知"就是要彻底明白修、齐、治、平的本末先后，其中"修身"是"齐家、治国、平天下"的根本。有关这一思想，李光地反复进行阐述，兹节引其中比较有代表性的言论：

> 心身家国天下是物也，修身、齐家、治国、平天下是事也，本即修身，故曰："壹是皆以修身为本，其本乱而末治者否矣。"③

> 物事即物也，本末终始即物中之理也，格之则知所先后。④

> 事物皆格，皆本末始终俱透，方为格物之全功。《大学》恐人疑惑知至"至"字，为当穷尽天下之物，始谓之"至"，故又曰：以修身为本，本乱末未有治者；厚者薄，未有薄者厚者，此谓知本，此谓知之至。⑤

> 何谓知至，知本之谓也。盖国家天下末也，身者，本也。⑥

> 性者，善而已矣。物之性，犹人之性，人之性，犹我之性，知其性善之同而尽之本在我，此所以为知性明善也，此所以为知本也。⑦

---

① 《榕村语录》卷2《经书笔记》。
② 《宋明理学史》，第998页。
③ 《榕村语录》卷1《大学》。
④ 《榕村语录》卷1《大学》。
⑤ 《榕村语录》卷1《大学》。
⑥ 《榕村语录》卷6《初夏录·大学篇》。
⑦ 《榕村语录》卷6《初夏录·大学篇》。

知天下国家以身为本，则知身心之不可以放纵、苟且、自私。①

综合上述言论，其思维理络是：知本就是要知性明善，让自己身心不可放纵、苟且、自私，这就是修身。修身则是治国、平天下之本，古今中外没有未把身修好而能使国家得到管理、天下太平的，即所谓"本乱末未有治者"。这个道理是从格物致知中得出的。因此，他又说："仁、义、礼、智，便是格物致知，便是明善知性。"②

李光地以能否"知本"，能否"知性明善"作为评论历史上理学家"格物致知"说的依据与标准，从而认定各学派关于"格物致知"说的优劣：

自宋以来，格物之说纷然。扦御外物而后知至道，温公司马氏之言也；必穷万物之理同出于一为格物，知万物同出乎一理为知至，蓝田吕氏之言也。以求是为穷理，上蔡谢氏之言也。天下之物不可胜穷也，然皆备于我而非从外得，反身而诚，则天地万物之理在我，龟山杨氏之言也。物物致察，宛转归己，又曰即事即物，不厌不弃，而身亲格之，武夷胡氏父子之言也。格，正也；物，事也，去其不正以归于正，则又近年姚江王氏之说也。古注之说不明，而诸家又纷纭若此，此古人入德之方，所以愈枝也。程、朱之说至矣。司马氏、王氏，不同道而姑舍是，是余诸子皆学程门者，宜乎各有所至矣。然朱子之意，犹谓程子之言，内外无间，而本末有序，非如诸儒者，见本则有薄末之心，专内则有遗外之失，又或以外合内，而不胜其委曲之烦，皆未能得乎程氏明彼晓此、合内外之意，及积累既多豁然贯通之指也。虽然程子之说，则真圣门穷理之要矣，而施之《大学》则文意犹隔。盖《大学》所谓格物者，知本而已。物有本末，而贵乎格之而知其本。末者，天下国家也；本者，身也。知天下国家不外乎吾身之谓知本，知本则能务本矣。此古人言学之要，

---

① 李光地：《大学古本说》。
② 《榕村语录》卷1《大学》。

《大学》之首章，《学记》之卒章，其致一也。象山陆氏之言曰：为学有讲明，有践履。《大学》格物致知，讲明也，修身正心，践履也。物有本末，事有终始，知所先后，则近道矣……愚谓陆子之意，盖以物有本末，知所先后，连格物致知以成文，其于古人之旨既合，而警学之理尤极深切，视之诸家，似乎最优，未可以平日议论异于朱子而忽之也。就诸家中，则龟山之说，独为浑全，盖虽稍失《大学》浅近示人之意，而实圣门一贯之传也。①

在此，李光地把历史上的理学诸家分成三个流派：

其一，如吕大临、谢良佐，胡安国、胡宏父子。李光地借朱熹之意，批评这一派"见本则有薄末之心，专内则有遗外之失，又或以外合内，而不胜其委曲之烦"，即不能正确处理修身与齐家、治国、平天下这一本末、内外关系。他们或重修身而轻齐家、治国、平天下，或以齐家、治国、平天下合并于修身，注重考证枝节，失于支离烦琐。至于司马光和王守仁，则因其属于旁门支流，姑且不论。

其二，二程、朱熹。他认为"程、朱之说至矣"，即程朱学说已达到圣门穷理之要。但是程朱以格物为穷理，未直接阐明格物是知本之旨，故又与《大学》"文意犹隔"，所以程朱学说还有未完善的地方。

其三，陆九渊、杨时。李光地认为有关"格物致知"学说，以陆九渊为诸家中"最优"。因为陆九渊点明了《大学》格物致知的主旨是把"知本"与格物致知融为一体，因此"其于古人之意既合，而警学之理尤极深切"。还有他认为杨说在诸家中"独为浑全"，主张天下之物"皆备于我而非从外得"，从而也把"知本"与"知性明善"相统一，"反身而诚"。从李光地对历史上的理学诸家评论不难看出，其明善知性的格物致知说，当是对陆、杨之说的继承与发展。

必须指出的是，李光地的格物致知，主要是向内省察，进行道德修养，而不是认识外界客观事物。他说：

---

① 《榕村语录》卷7《初夏录二·通书篇》。

人者，具天体之体而微，凡天地间所有，皆吾性之所有也。其大者为三纲五典，其自然之心，当然之则，我固有之也；其显者为礼乐政教，其所以然之理，亦吾固有之也。从此而推之，则阴阳变化，鬼神屈伸，昆虫草木之荣枯生息，远近幽明，高下巨细，亦无有不相为贯通者也。①

在李光地看来，人性已包含天地间所有万事万物之理，因此，只要通过格物致知掌握了人性固有的"三纲五典""礼乐政教"的"当然之则""所以然之理"，就可以一以贯之，贯通自然界万物的一切道理。他称道张载的"大其心"之说，宣称："万物皆备于我矣，何则？其性与我同出于天也。是故尽其性则能尽人物之性，是能大其心以体天下之物也。人之不能体物者，由其不能知物之皆我也，不能知物之皆我，由梏于见闻，而不能知其性也。能尽心以知性，则能尽性而大心以体物矣。"② 张载的看法与李光地是一致的，即万物与我同出于天，万物之性即我之性，如能尽心知己之性，就能知天地万物之性。人之所以不能体万物之性，是因为"梏于见闻"，不能知己之性。

当然，李光地在注重向内省察的同时，也并不绝对排斥通过"见闻"认识外部的客观世界。他指出：

出门之功甚大，闭户用功何尝不好，到底出门闻见广，使某不见顾宁人（顾炎武）、梅定九（梅文鼎），如何得知音韵、历算之详。③

心虽见得是了，然尚虚在那里，得古人以为证佐，所见方实，心中虽有所得，然安知不更有一层道理足以夺之，得古人以为帮衬，所得方安。④

可见，他认为出门拜访一些学者，进行学术交流，或通过读书来印

① 《四书解义·孟子札记一》。
② 李光地：《正蒙注》，复性书院，民国二十九年。
③ 《榕村语录》卷 24《学二》。
④ 《榕村语录》卷 4《下论》。

证古人，对开拓知识视野都是不可缺少的。

最后还必须指出的是李光地的知行观也是建立在"明善知性"的基础上："学有知行，本于性之有智、仁。"① 具体而言，他认为"知"发于"智"，表现为"博学审问谨思明辨"；"行"发于"仁"，表现为"惩忿窒欲迁善改过"②。可见，他所说的知和行都是侧重于伦理道德的修养。

李光地还综合朱熹以"敬"贯"知行"，胡宏、陈淳以"立志""虚心"为"知行先"等说，提出"立志""居敬"（亦称"持敬"）为"知行"之本："圣人之学，唯知与行，知行之本在立志与持敬。"③ 他还进一步诠释说，所谓"志"，"志其趋向"④。"立志"，即指得"仁"、行"仁"的一种"念念不舍""拳拳服膺而弗失"，无顷刻之间违反的"趋向"⑤。"敬"即"心虚而无邪"⑥。"心虚"以存志，"无邪"以正志。所以，"居敬"即"持志"，"立志而居敬以持之，则存之又存而成于性矣"⑦。只有这样，习惯成自然，就能将知行纳入"成于性"的轨道。

李光地认为，在道德修养中，行、知、敬、志缺一不可。"行"不以"知"，则迷茫不知所措；"知"不以"敬"，则昏然无所归依；"敬"不以"志"，则难收进取之效⑧。他还就"知行之序"，"为学者立法"。就其先后、难易、浅深而言，则"立志"为先，"居敬"次之，"知行"又次之。他还推出孔子自述，以作为自己观点的经典根据：

> 故欲行而不知，则怅怅然其何之；求知而不敬，则心昏然不能须臾；敬而非志，则又安得所谓日强之效也。且志而非敬，则此志何以常存；敬而非知，则措其心于空虚之地；知而非行，则理皆非

---

① 《榕村语录》卷8《要旨续记》。
② 《榕村语录》卷2《经书笔记》。
③ 《榕村语录》卷6《初夏录·仁智篇》。
④ 《榕村语录》卷6《初夏录·诚明篇》。
⑤ 《四书解义·读论语札记》。
⑥ 《榕村语录》卷6《初夏录·诚明篇》。
⑦ 《榕村语录》卷6《初夏录·诚明篇》。
⑧ 《宋明理学史》，第1017页。

在我而无实矣。然四者虽相须并进，而其序既有先后，则得效亦有难易浅深，故夫子曰："吾十有五而志于学"，志已立矣；"三十而立"，盖敬始成也；自"不惑"，"知命""耳顺"，而知始精；又至"从心不逾矩"，而行始熟。①

第六节　戴震的血气心知、理存于欲思想

戴震（1724—1777），字东原，因家计贫寒，年轻时曾做过商贩，后又以教书为业。他曾就学于江永，深受其影响，奠定了日后的学术基础。乾隆二十七年（1762），为避仇家陷害至京师，结识当时名流王鸣盛、钱大昕、卢文弨、纪昀、朱筠等，声重京师。尝会晤惠栋，并入朱筠、朱珪幕，修志编书。乾隆三十八年（1773），以举人充四库馆纂修官。四十年（1775）赐同进士出身，授翰林院庶吉士，于四库馆内，积劳成疾，卒于任。戴震学问渊博，识断精审，为乾嘉考据学之集大成者。其治学不纯囿于考据，对宋明理学亦提出独到见解。他著述宏富，主要者有《孟子字义疏证》《原善》《绪言》《水经注》《考工记图》《毛郑诗考》《尚书义考》《仪经考证》《原象》《六书论》等，后人辑有《戴东原集》《戴氏遗书》等。

戴震在提出自己的人性论之前，曾仔细研究了历史上种种关于人性的看法，并对其进行评论，认为"凡违乎《易》《论语》《孟子》之书者，性之说大致有三"②。一是如荀子、告子，以性为耳目百体之欲，需用理义治之，使不为不善；二是如以心之有觉为说，其神冲虚自然，理欲皆后，此指老庄、释氏；三是以理为说，专以性属之理，而谓坏于形气，

①　《榕村语录》卷6《初夏录·诚明篇》。
②　《戴震全书》第六册，黄山书社，1997年，第18—19页。

而以有欲有觉为人之私，实际上是荀子性恶之说，此指宋人"性即理也"之说。而戴震将自己的人性论折衷于《易》《论》《孟》之书，把"言性与天道"理解为"言性惟本于天道"；而"言性惟本于天道"之意即是说"分于阴阳五行以有人物，而人物各限于所分以成其性。阴阳五行，道之实体；血气心知，性之实体也。有实体，故可分，惟分也，故不齐"。所以，他认为性即"人之血气心知本乎阴阳五行者"①。人既有血气心知，即有欲、有情、有知：

> 人生而后有欲、有情、有知，三者，血气心知之自然也。给于欲者，声色臭味也，而因有爱畏；发乎情者，喜怒哀乐也，而因有惨舒；辨于知者，美丑是非也，而因有好恶。声色臭味之欲，资以养其生；喜怒哀乐之情，感而接于物；美丑是非之知，极而通于天地鬼神。声色臭味之爱畏以分，五行生克为之也；喜怒哀乐之惨舒以分，时遇顺逆为之也；美丑是非之好恶以分，志虑从违为之也；是皆成性然也。有是身，故有声色臭味之欲；有是身，而君臣、父子、夫妇、昆弟、朋友之伦具，故有喜怒哀乐之情。惟有欲有情而又有知，然后欲得遂也，情得达也。天下之事，使欲之得遂，情之得达，斯已矣。②

戴震以情、欲、知皆本于天道的血气心知之性之自然，因此人只要有身之存在，就有情（喜怒哀乐）、欲（声色臭味）、知（美丑是非）。基于这种人性观，他主张"天下之事，使欲之得遂，情之得达，斯已矣"。

戴震认为承认人有欲有为，并使人的欲望得到实现，是古代圣贤管理国家天下的正道，是合乎儒家经典思想的，而那些主张人应无欲无为的思想，是老庄、释氏之说，与儒家经典思想是背道而驰的。他指出"圣人治天下，体民之情，遂民之欲，而王道备"③，而老庄、释氏主无欲之说，异于圣人；"老庄、释氏主于无欲无为，故不言理；圣人务在有欲

---

① 《戴震全书》第六册，第159页。
② 《戴震全书》第六册，第197页。
③ 《戴震全书》第六册，第161页。

有为之咸得理。是故君子亦无私而已矣，不贵无欲"①。宋儒又创为理、欲之分，杂乎老、释之言以为言，人反而以为同于圣人。事实上，"六经、孔、孟之书，岂尝以理为如有物焉，外乎人之性之发为情欲者，而强制之也哉"②。他认为"古贤圣所谓仁义礼智，不求于所谓欲之外，不离乎血气心知，而后儒以为别如有物凑泊附着以为性，由杂乎老庄、释氏之言，终昧于六经、孔孟之言故也"③，而求理于欲之外所造成的祸害有甚于申、韩。他说："故今之治人者，视古贤圣体民之情，遂民之欲，多出于鄙细隐曲，不措诸意，不足为怪；而及其责以理也，不难举旷世之高节，着于义而罪之。尊者以理责卑，长者以理责幼，贵者以理责贱，虽失，谓之顺；卑者、幼者、贱者以理争之，虽得，谓之逆。于是，下之人不能以天下之同情、天下所同欲达之于上；上以理责其下，而在下之罪，人人不胜指数。人死于法，犹有怜之者；死于理，其谁怜之！"④

戴震在痛切批判所谓理欲之辨对于人民严重危害的同时，还强调理欲的统一。他指出，欲是自然，理是必然，必然是出于自然，是自然的完成，因而理是出于欲的，是欲的适当调整。他说："实体实事，罔非自然而归于必然。""欲者，血气之自然……由血气之自然而审察之，以知其必然，是之谓理义……如是而后无憾，如是而后安，是乃自然之极则。若任其自然而流于失，转丧其自然，而非自然也；故归于必然，适完其自然。夫人之生也，血气心知而已矣。"⑤ 这里说明了自然与必然的联系，必然是自然的恰到好处，乃是自然所应达到的标准。他所强调的是，不能离开人的自然的感情欲望而谈论道德理义。另一方面，人的感情欲望必须有道德理义予以约束，这样才能从自然达到必然。所以他进一步指出，离开欲望就无所谓的理。他说："凡事为皆有于欲，无欲则无为矣。

① 《戴震全书》第六册，第216页。
② 《戴震全书》第六册，第216页。
③ 《戴震全书》第六册，第216页。
④ 《戴震全书》第六册，第216页。
⑤ 《戴震全书》第六册，第171页。

有欲而后有为，有为而归于至当不可易之谓理，无欲无为，又焉有理？"①
这是说，人们的一切作为都是由于有了欲望，这是人们作为的动因。如
果没有了欲望，那也就无所谓作为了。有了欲望，有了作为，然后才有
判定行为恰当不恰当的理。因此，没有欲望、作为，又哪来什么理呢？

戴震在肯定人的欲望正当性的基础上，进一步指出应正确对待人的
欲望。他认为，饮食男女乃天地之所以生生，人能遂己之欲亦思遂人之
欲则仁，快己之欲而忘人之欲，则私而不仁。所以圣贤之道在以无私通
天下之情，遂天下之欲，是无私而非无欲。

戴震在探讨理欲之辨时，还分别了"私"与"蔽"。程朱陆王都讲心
中本来就含有理，但"为私欲所蔽"，所以心中固有的理不能显露。戴震
批评了这种观点，指出："凡出于欲，无非以生以养之事。欲之失为私，
不为蔽。自以为得理，而所执之实谬，乃蔽而不明。天下古今之人，其
大患，私与蔽二端而已。私生于欲之火，蔽生于知之失。"② 由此可见，
戴震认为所谓私，就是不正当的欲，即"快己之欲而忘人之欲"；所谓
蔽，就是无知，即自己错了还以为正确。所以他认为老庄、释氏无欲之
说是无知，而不是无私。老庄、释氏则以无欲成其自私，是无欲而非无
私。所以异于圣人之说者皆主于无欲，不求无蔽；重行，不先重知；而
其所谓行乃舍人伦日用，以无欲为能笃行。圣贤之学，由博学、审问、
慎思、明辨而后笃行，其所谓行乃行其人伦日用之不蔽者；而要行其人
伦日用之不蔽者，则必须先务于知以求其至当③。故谓："圣人之言，无
非使人求其至当以见之行；求其至当，即先务于知也。凡去私不求去蔽，
重行不先重知，非圣学也。"④

戴震批判了宋明道学的所谓"理欲之辨"，提出"理存于欲"的学
说。他认为，所谓理（即道德原则）是不能脱离感情欲望的，"理也者，

---

① 戴震：《孟子字义疏证》卷下，中华书局，1982 年。
② 《孟子字义疏证》卷上。
③ 吴通福：《清代新义理观之研究》，江西人民出版社，2007 年，第 105 页。
④ 《戴震全书》第六册，第 215 页。

情之不爽失也。未有情不得而理得者"。"今以情之不爽失为理，是理者存乎欲也"。① 这就是说，感情欲望的适当满足就是理，理即在欲中，不是与欲对立的。没有感情欲望，也就没有理。他又说："天下之事，使欲之得遂、情之得达，斯已矣……遂己之欲者，广之能遂人之欲；达己之情者，广之能达人之情。道德之盛，使人之欲无不遂，人之情无不达，斯已矣。"② 道德就在于使自己欲望情感都得到适当满足的同时，推而广之，使人人的欲望情感也都得到适当的满足，这就是道德的理想境界。

戴震在"理存于欲"的基础上，还将欲与忠、恕、仁、义、礼、智具体联系起来：

> 圣人顺其血气之欲，则为相生养之道，于是视人犹己，则忠；以己推之，则恕；忧乐于人，则仁；出于正，不出于邪，则义；恭敬不侮慢，则礼；无差谬之失，则智；曰忠恕，曰仁义礼智，岂有他哉？常人之欲，纵之至于邪僻，至于争夺作乱；圣人之欲，无非懿德。③

可见，使自己欲望情感的满足符合忠恕仁义礼智的要求，就是圣人之欲，就是道德高尚的。如自己欲望情感的满足不符合忠恕仁义礼智的要求，这就是常人之欲，就会走向邪僻，甚至发生争夺动乱。

---

① 《孟子字义疏证》卷上。
② 《孟子字义疏证》卷下。
③ 《戴震全书》第六册，第171页。

第三章
清代家族管理思想

第一节　宗族组织佐治思想

　　清代，各地宗族都有了长足的发展，宗族组织建设也日益完善。封建统治者意识到宗族作为地方最基层的民间组织，有"约束化导之功"和"以补王政所穷"的功能，因此，允许宗族部分地代行国家基层行政组织的某些职能，如组织族众，实行教化和赈济，处理户婚田土、殴骂窃赌等民事纠纷和轻微刑事案件，催办钱粮，维持治安等。

　　明清之际李世雄指出："天下由治而乱，毒虽酝于士大夫，难多发于闾左"，"夫闾左之变非一朝也，微见于人情锲薄，瘤视其族，咸轻弃乡井，不知有骨肉宗党之可爱，而后贼戾叛弑，延至鼎迁社移而后已"。他大声疾呼："孟子曰：亲亲长长而天下平，人伦明则小民亲，岂非千载治世之要道哉！"[1] 冯桂芬也认为："宗法者，佐国家养民教民之原本也。"[2]

　　在此认识的基础上，一些人主张治国应充分发挥宗族组织的佐治作用，国家应赋予宗族组织一定的行政、司法等权力，部分代替政府管理

---

　　① 李世雄：《寒枝初集》卷5《笔山伍氏族谱序》。
　　② 《清经世文编》卷55，冯桂芬《复宗法议》。

基层民众。冯桂芬就提倡仿效上古宗法制度，在聚族而居的宗族中实行宗子制度，给予他们相应的权力管理族众。他认为，宗子管理族众比通过官府管理更好。比如对于百姓，"则牧令所不能治者，宗子能治之，牧令远而宗子近也；父兄不能教者，宗子能教之，父兄多从宽而宗子可从严也"①。张海珊则更具体地主张把政权的部分职能交给族长，用以"管摄天下之人心"，"凡族必有长，而又择其齿德之优者以为副，凡劝道风化，以及户婚田土争竞之争，其长与副先听之，而事之大者，方许之官，国家赋税力役之征，亦先下之族长，族必有田，以赡孤寡，有塾以训子弟，有器械以巡徼盗贼，惟族长之意经营，而官止为之申饬"②。清代，宗族组织的佐治功能主要有以下 7 个方面：

其一，通过融洽宗盟，收拢人心，增强宗族的凝聚力来管理族众。如清代许多宗族认为，祠堂具有很强的管摄人心的功能，通过建祠堂以及在祠堂举行祭祖活动等能很好地达到收拢人心、增强宗族凝聚力的功效。如休宁古林黄氏认为："管摄天下之人心莫善于立祠堂。盖祠堂立，则报本反始上以敦一本，即下以亲九族，而宗法亦隐寓于其中。"③ 因此，清代民间宗族之所以大兴土木普遍修建祠堂，就是为了达到妥祖睦族的目的："祠之所以修建者，无非妥祖睦族也。"④

清代宗族每年都通过较多的祠堂祭祀活动和会食宴享等，来实现宗族所谓的"合族之道"："绩风俗岁时伏腊，生忌荐新，皆在香火堂。冬至、春分鸠宗合祭于宗祠，是则时祭之定至、分，遵朱子之用孟仪也。而至、分之用冬春，绩俗宗祠之大祭也。冬至为一阳之始，春分正萌芽之时，祭始祖以及高曾祖考，夫固感时象类之祭也。而所以合族之道，亦即在是。凡其子姓在序拜奔走之列者，其祖考皆在焉。不分远近亲疏，皆合享于一堂，合祀死者，所以萃聚生者也。今祠祭规定冬至、春分二

① 《清经世文编》卷 55，冯桂芬《复宗法议》。
② 《清经世文编》卷 58，张海珊《聚民论》。
③ 乾隆《休宁古林黄氏重修族谱》卷首下《宗祠图引》。
④ 咸丰《绩溪黄氏家庙遗据录》卷 4《祠制》。

祭为大祭。其祭不烦，其期有定。尽斯礼者，其各体敬宗睦族之悠久云。"① 清代各大宗族往往正是通过频繁的、定期的和制度化的祭祀活动，达到"合祀死者，所以萃聚生者"这一合族收族、控制族人的目的。族中的生者在共同已故祖先的神灵感召下，重新凝聚、团结起来，从而使宗族能较为顺利地实现对族人的管理。

其二，通过对族人的教化和普法宣传活动，实现宗族内部的控制功能。宗族管理者通过对族规家法的宣传，借以巩固宗族统治和宗族制度。宣传族规家法有两种方式：一是定期在祠堂宣讲族规家法。绩溪《华阳邵氏宗谱·新增祠规》记载说："祠规者，所以整齐一族之法也。然徒法不能以自行，宜仿王孟箕《宗约仪节》，每季定期由斯文、族长督率子弟赴祠，择读书少年善讲解者一人，将祠规宣讲一遍，并讲解训俗遗规一二条。"黟山《环山余氏宗谱》卷1《余氏家规》规定："每岁正旦，拜谒祖考。团拜已毕，男左女右分班，站立已定，击鼓九声，令善言子弟面上正言，朗诵训戒。"二是将族规家法缮列粉牌，悬挂祠堂。绩溪《华阳邵氏宗谱·新增祠规》云："会议重订祠规，以期通族亲睦，勉为盛世良

---

① 咸丰《绩溪黄氏家庙遗据录》卷2《祠祭·冬至、春分二祭引》。
② 康熙《歙县汪氏崇本祠条规》。

民，作祖宗之令子。顾立规难，行规尤难，一或有不肖者任意阻挠，以行其私，则祠规破坏，百弊丛生，通族之人莫不并受其害。爰集族众，将祠规公同核定，缮列粉牌，悬挂祠内，俾有遵守，用垂久远。"

清代宗族正是通过广泛深入地在族内普及宣传族规家法的活动，实现引导或控制族人按照宗族法的要求行事，从而在宗族内形成风尚，达到管理宗族的目的。正如鹤山李氏宗族所说："先教后用，圣人所重，此次所订家典三十八条，皆修身齐家、事亲敦族之要。使不因时宣讲，则族众妇孺从何得知。昔茗洲朔望有塾讲，四时有族讲，故风移俗易，成自易易。我族旧例：凡正月初四、七月十五以及冬至，族人咸集宗祠祭祖。嗣后每年当于此三日高声对众宣讲，令人人钦闻其训。归家则父诫其子，兄勉其弟，夫励其妻，庶几家喻户晓，敦让成风。"①

其三，对宗族内部赌博、偷盗、斗殴、诈骗等危害社会秩序行为的处罚。清代宗族法对于危害宗族秩序最直接、发生频率最高的所谓"乡里双恶"，即赌博与偷盗行为给予最详细的规定。魏氏《宗式》"禁赌博"条规定：族内子弟参与赌博者，责三十板；引诱教唆者同罚；"父兄参与赌博者，每赌一夜罚银二两，入祠修理；再犯呈官"②。《休宁宣仁王氏族谱·宗规》守望当严规定："若约中有义男不遵防范踪迹可疑者，即时察之。若果有实迹可据，即鸣诸宗祠，会呈送官。"又如宗族法对男女淫秽行为也予以严格禁止，违反者必须受到处罚。南海廖氏《家规》禁淫秽条分列三款惩罚规定：一是服属内乖戾失伦，送官按例治罪，当事人永远革籍；二是言语调戏妇女而生出事端，小则停胙三年，大则送官惩治；三是夜入人家，妄思无礼，或隐匿窥探，或恃酒胡闹，本人停胙十年。

总之，族规家法对族人日常轻微的违规违法案件，一般先经宗族内部处断，如不服宗族处罚，或发现有更为严重的性质，或处罚后再犯，那由宗族报送官府按国家有关法规条例处罚。由此可见，宗族拥有有限

---

① 民国《黟县鹤山李氏宗谱》卷末《家典》。
② 豫章《黄城魏氏宗谱》卷11《宗式》。

度的处理轻微刑事案件的司法权。清代，一些地方族权膨胀，肆意对族人进行处罚，直至处死。如江西宗族私立禁约、规条、碑记，贫人有犯，并不鸣官，或用竹篓沉置水中，或掘土坑活埋致死，还勒逼亲属写立服状，不许声张。种种残恶，骇人听闻。对此，乾隆帝上台伊始，就要求江西省"严加禁止"①，如有不法之徒，应当呈送官府，治以应得之罪，不能草菅人命。乾隆二年（1737），两广总督鄂必达奏称：宗族贤愚不一，如果恃有减等免抵之例，相习成风，族人难免有冤屈者，请求删改雍正五年（1727）所定恶人为尊长族人致死免抵之例。刑部同意鄂必达的奏请，并指出："况生杀乃朝廷之大权，如有不法，自应明正刑章，不宜假手族人，以开其隙。"② 于是，雍正五年旧例被删除。自此，乾隆帝时禁止宗族处死族人的规定基本上为各朝皇帝所执行。总之，清政府希望宗族法规按照国家法律办事，在政府的支持和监督下，有限度地管理族人。

其四，宗族对族内和族际间纠纷予以调处。清代，各地宗族法一般要求本族成员在发生纠纷时，必须先报告本族，由宗族出面处理。如宗族处理不了时，再报送官府解决。如安徽桐城《刘氏家规》专设"禁刁讼"条，规定："同室燕秦、比邻楚越者，皆因刁唆之徒恃其口舌机诈，藐视三尺，罔恤身家……事有不平，先投鸣族长，集祠核论情实，从公劝释，毋许图害善良，欺侮寡弱。如有强梁不服、刁唆构衅，宗长即将情实送官惩治。"③ 这种调处方法也适用于族际之间纠纷的解决。如光绪十四年（1888），西林岑氏宗族确立与外姓争执的解决途径，"若与他姓有争，除事情重大始禀官公断，倘止户婚田土、闲气小忿，无论屈在本族、屈在他姓，亦以延请族党委曲调停于和息"④。

在封建社会中，财产继承极易引起社会个体之间的纠纷。如兄弟分

---

① 《清高宗实录》卷 8。
② 《清文献通考》卷 198《刑四》，商务印书馆万有文库十通本。
③ 桐城《刘氏宗谱》卷 1《家规》。
④ 西林《岑氏族谱》卷 3《祖训》。

家析产，虽然已经形成了按照"诸子均分""长孙承重"的原则，以及粘阄等严格的析产程序，但仍然避免不了诸多矛盾纠纷的发生。一旦在分家析产中产生分歧，一般交由本族调处。如蒋湾桥周氏宗族规定："族内昆仲叔侄或因财产争论，应听族长及公正者调处，不得偏执己见。"① 光绪年间，江苏句容县民余人俊为其三个儿子（分别为二妻一妾所生）分割遗产。余人俊之妻弟主张将全部遗产分为九份，两嫡子各取三份，一庶子取两份，余人俊本人留一份作"养赡之资"。房长余人龙出面干涉，主张三子均分。最后经县衙审理，同意房长余人龙的处理意见②。

清代宗族在调处纠纷中，宗族首领（宗长、宗正、房长）等起着关键的作用。如康熙二十六年（1687），山阴州山吴氏宗族规定："各支卑幼因事争辩者，本支之长即为处分。如有不明，词禀祠中，贴付宗使唤知。至朔望，行香坐定，二人立阶于下各言其情，公议曲直，白于宗长，质之宗正。"③ 道光五年（1825），全城章氏宗族也规定："有事诉祠，用全柬一个，上书'禀启'二字，内诉原因。启到三日，值年即传唤族众到祠，户长上坐，户评旁列。其伸理不平者各陈实情，或是或非，悉听处分。务必从公起见，断不偏护徇情。倘不经祠处断竟自讦讼者，公具一呈，鸣鼓攻之，虽有理亦不予之分剖也。"④

清代宗族调处在很大程度上是依据民间自发形成的一种内在公平与公正的逻辑对民间大量纠纷做出比较恰当的处理。在调处过程中，判断是非是调处的前提，从公处分是核心。馆田李氏《家法》规定："倘族人有家务相争，投明族长。族长议论是非，从公处分，必合于天理，当于人心。轻则晓谕，重则责罚，财产为之分析，伦理为之整顿。"⑤ 如果当事人对宗族的调处结果不能接受而到官府提起诉讼，宗族首领就会代表

---

① 晋陵《蒋湾桥周氏续修宗谱》卷 1《家规》。

② 许文浚：《塔景亭案牍》卷 5 余人俊条，北京大学出版社，2007 年。

③ 山阴州山《吴氏宗谱·家法》。

④ 润城全城堂《章氏宗谱》卷 1《祠规》。

⑤ 安徽太平《馆田李氏宗谱·家法》。

宗族共同体，直接参与诉讼。一方面，可以证人身份，向官府提供不利于诉讼提起人的证据，以争取官府对宗族原判的支持。另一方面，对于某些既违族规又犯国法的性质严重的犯罪，或者当事人不服族内判决，则处于"鸣官"之罚。宗族首领运用自己的势力影响官府，要求官府给予严罚。鸣官治罪作为宗族处罚的最终手段，通过寻求官府的支持，来保证宗族法的严肃性、正当性和权威性。如光绪年间江苏句容县朱氏族人发生继嗣纠纷，族人朱宣蕴做出处理意见，但族人朱延松不服，咒骂朱宣蕴，并投诉官府。句容县令许文浚判决，维持朱宣蕴原处理意见；朱延松咒骂族长，拘役六十日①。

乾隆朝虽然限制宗族法，削弱族长权，尤其是禁止宗族首领处死族人的权力，但仍于一般性社会生活中肯定族长的各项权力，宗族的调解权在法律的实践中延续下来。如江西按察使凌铸实行"族约制"，由地方官授予宗族牌照，排难解纷："凡有世家大族，丁口繁多者……地方官给以牌照，专司化导约束，使之劝善规过，排难解纷。子弟不法，轻则治以家法，重则禀官究处。至口角争忿、买卖田坟，或有未清事涉两姓者，两造族约会同公处，不得偏袒。"② 清代统治者特别重视宗族法对民事关系的调整作用，在一定范围内授权宗族组织，利用其自身所具有的特殊力量，承担了大量民事关系的法律调整任务，即维护宗族秩序，又协助政权机关巩固地方统治。

其五，赈济穷人，缓和贫富矛盾。清代宗族大都设有祠堂，备有祠产，其收入相当一部分用作赈济族内穷人。有的富家大族还设有义庄、义田、族田等，凡鳏寡孤独皆能得到定期的赡济。这样，多少使贫穷之人不至于流离失所，对稳定社会秩序，帮助甚大。有关这一方面，本节下文有专目论述，兹不赘述。

其六，宗族担负一部分地方公益建设。清代，官府对地方公益之事

① 安徽《泾川万氏宗谱》卷8。

② 凌铸：《西江视臬纪事》，《清史资料第三辑》，中华书局，1982年，第217页。

往往不能顾及或根本无心顾及，所以道路失修、陂塘毁坏等情况较普遍。因此，修建道路、桥梁、陂塘等中小型的公共设施往往必须由宗族筹集财力、组织人力进行修建。如清代福建龙岩一带，每个宗族都有自己的组织，各族又联合成坊社，其组合以"股"为单位："大姓为一股或两股，各小姓合为一股或半股。股出乡长一个，按股敛谷，储为公用，遇官府征发，或造桥修路等事，由乡地保具事传齐乡长会议。"① 清代龙岩正是因为有这样完备的宗族组织负责地方公益建设，所以据说龙岩县城乡公有设施始终是维护良好的②。

其七，在战乱时宗族用武力保家卫国。如清代台湾就有强大的族姓武装，当蔡牵攻陷凤山县时，临近的嘉义县仓促之间召集当地乡族武装，"各分地而守"。蔡牵攻城不下，只得退走③。族姓武装在朝代更迭、社会动荡之时，其保卫乡族的作用更为重要。如山东明清之际，"大姓多拥兵自卫"，南明将领"以虚札委之，使彼从军，不一日得兵三千余"，迅速扩张了军队④。南明王朝能坚持几十年抗清斗争，其原因之一是得到了南方强宗大姓武装的支持。如王兴"团结丁壮，保乡井，约束训练久之，皆成劲旅。"他们聚保广东顺德县文村，凭险据守，清军屡攻不下，一直坚持到桂王入缅时期的最后才失败⑤。

第二节　族人伦理道德和行为规范思想

清朝建立之初，借鉴明朝的治国经验，将教化作为治国的重点之一，

① 郑丰稔：《民国龙岩县志》卷 6《风俗一》，民国三十四年。
② 徐晓望：《试论明清时期官府和宗族的相互关系》，《厦门大学学报》1986 年第 3 期。
③ 陈庚焕：《惕园初稿》卷 6《谢退谷先生宦绩叙》，学识斋，1868 年。
④ 丁耀亢：《出劫志略·从军录事》，清抄本。
⑤ 《惕园初稿》卷 1《王兴传》。

加强对民众的思想控制。顺治九年（1652）颁行《圣谕六言》于八旗及各省。康熙九年（1670），康熙帝制订了《上谕十六条》，向全国颁布，其内容是：

敦孝悌以重人伦　笃宗族以昭雍睦

和乡党以息争讼　重农桑以足衣食

尚节俭以惜财用　隆学校以端士习

黜异端以崇正学　讲法律以儆愚顽

明礼让以厚风俗　务本业以定民志

训子弟以禁非为　息诬告以全善良

诫匿逃以免株连　完钱粮以省催科

联保甲以弭盗贼　解仇忿以重身命

尔后，其继任者雍正帝很重视《上谕十六条》，对其逐条解释，成为洋洋万言的《圣谕广训》，于雍正二年（1724）颁行天下。上谕十六条及广训在清代通过不同渠道向全国广为宣传，达到了家喻户晓的地步，成为人民思想和行动必须奉行的准则。清代士人比明代士人更重视把族谱作为改造社会的工具，以儒家"修身齐家治国平天下"为己任，把修谱作为佐治的手段，在族谱家规中收录《上谕十六条》，将此刊于谱首，或据此制定族规家训者不胜枚举。更有甚者，有些家族不惜工本，将万言《圣谕广训》收入族谱。如道光时修的湖南江永《义氏族谱》、四川仪陇《胡氏宗谱》均刊刻《圣谕广训》于谱首。

清代伦理法制化是族谱政治化的重要表现，许多世家大族把族规家训刊入族谱，大力提倡伦理说教，这是政治社会化的结果，也是士大夫的佐治行为。如广西平乐《邓氏宗谱》载同治三年（1864）谱序云："谱之修也，内纲维人伦之大本，外以辅翼朝廷之政治，此岂小补云尔哉。"绩溪《明经胡氏龙井派祠规》开宗明义就是训忠、训孝、表节、重义。婺源《武口王氏统宗世谱·庭训八则》提倡孝、悌、忠、信、礼、义、廉、耻。以下就清代族规家训中较有代表性的伦理道德思想做一简要分析。

　　君为臣纲，对封建皇帝和封建国家要忠，这是封建纲常第一条。清代族规家法大都从不同角度对此做了相应的规定。如歙县《仙源吴氏族谱》开卷就是《圣谕广训》，认为遵守"圣谕"，按"圣谕"行事，就是忠的重要表现。绝大多数家族均把"圣谕"作为制定族规家法的纲领，把族规家法视为"圣谕的注脚"。他们将"圣谕"视作金科玉律，有的宗族在祭祖时，还在祠堂"特别宣诵，各宜体行，共成美俗"①。

　　绩溪《明经胡氏龙井派祠规》训忠条要求入仕的宗族子弟，"在位而恪供乃职，始不负于朝廷，乃有光于宗祖"②。婺源武口王氏宗族《庭训八则》忠字条要求入仕的宗族子弟要"公尔忘私，国尔忘家"③。这个宗族的《西皋祠训》要求入仕的宗族子弟"事君，则以忠，当无二无他以乃心王室，当有为有守而忘我家身；为大臣，当思舟楫霖雨之才；为小臣，当思奔走后先之用；为文武，当展华国之谟；为武臣，当副干城之望"④。休宁《茗洲吴氏家典·家规》规定："子孙有发达登仕籍者，须体祖宗培植之意，效力朝廷，为良臣，为忠臣，身后配享先祖之祭，有以贪墨闻者，于谱上削除其名。"至于普通平民百姓，族规家法认为只要老老实实输赋服役，就是忠于皇帝和封建国家的最重要表现。绩溪华阳邵氏宗族《家规》忠上条要求宗族成员，"忠上之义，担爵食禄者，固所当尽；若庶人不传质为臣，亦当随分报国，趋事输赋，罔敢或后，区区蝼蚁之忧，是即忠君之义"⑤。休宁《茗洲吴氏家典·家规》也认为："朝廷国课，小民输纳，分所当然。凡众户己户每年正供杂项，当予为筹画，及时上官，毋作顽民，致取追呼。亦不得故意拖延，希冀朝廷蠲免意外之恩。"

　　父为子纲，对父母要孝顺，这是封建纲常第二条。清代宗族对孝都

---

①《休宁宣仁王氏族谱·宗规》。

②绩溪《明经胡氏龙井派宗谱》卷首。

③婺源《武口王氏统宗世谱·庭训八则》。

④婺源《武口王氏统宗世谱》卷首。

⑤绩溪《华阳邵氏宗谱》卷18《家规》。

极为重视，关于孝的规定在族规家法中占有极其重要的地位。绩溪《华阳邵氏宗谱》卷18《家规》孝亲条就说："孝为百行之原，人子所当自尽者，大而扬名显亲，小而承颜顺志，皆孝也。"祁门善和程氏宗族在《养蒙要训》中记载说："善事父母为孝，《小学》中说得详。如一出一入一事一物都要说与父母知道。凡父母之所欲者，必须而承之，竭力营办，务遂其欲。饮食衣服之类，必先奉父母，不可只私妻子。父母所爱之人，亦当爱之，所敬之人，亦当敬之，至于犬马亦然。父母有过，必直言告语，语若不听，则下气怡色婉曲开导，以回其心，不使其终陷于有过之地。凡此皆是孝道。"[1]

清代族规家法中对不孝顺父母的宗族子弟，都订有严厉的惩罚规定。如绩溪上川明经胡氏宗族《新定祠规二十四条》规定："凡派下子孙，有不孝于其父母、祖父母者革出，毋许入祠。"[2]《明经胡氏龙井派祠规》也规定："父母之恩，欲报罔极，乃有博弈，纵饮好货，私妻夙夜，既忝所生，朝夕不顾亲养；甚且妇姑不悦，反唇相稽，此等逆子悍妇，一经投纸入祠，即行黜革。"[3] 反之，宗族对于孝子则给予奖励、旌表，如"殁给配享"，"族谱列传"，或"公呈请旌"，总之，使其名传后世，光宗耀祖，成为后人崇敬、效仿的榜样。

夫为妻纲，妇女要守贞节，这是封建纲常第三条。清代宗族对妇女贞节非常重视，许多族规家法对此都做了详细、严格的规定。其一，要别男女、肃闺门。如黟县《环山余氏宗谱》卷1"辨内外第六"规定：

　　一、闺门内外之防，最宜严谨。古者，妇人昼不游庭，见兄弟不逾阈，皆所以避嫌而远别也。凡族中妇女，见灯毋许出门，及仿效世俗往外观会、看戏、游山、谒庙等项，违者议罚。

　　一、男不言内，女不言外，礼也。凡男子言辩有议及闺内，妇人有出堂媟言及闻外之事，议罚。

① 《祁门善和程氏仁山门支修宗谱》卷4。
② 绩溪《上川明经胡氏宗谱》下卷之中。
③ 绩溪《明经胡氏龙井派宗谱》卷首《明经胡氏龙井派祠规》。

一、本族男妇接见，自有常礼。但居室密迩及道路往来仓卒相遇，务照旧规，各相回避，毋许通问玩狎，违者重罚。

一、女子年及十三以上，随母到外家，当日即回。余虽至亲，亦不许往，违者重罚其母。

一、妇人亲族有为僧道者，不许往来。

清代宗族之所以特别重视别男女、肃闺门，其理论依据是"《易》之家人卦曰：'男正位乎外，女正位乎内，男女正，天地之大义也。'至哉，圣人之言。盖天地之风化始于闺门，若不先正以男女，则家风何以厚哉？"[1]

其二，妇女要三从四德，做贤妻良母。如歙县潭渡黄氏宗族《潭渡孝里黄氏族谱》卷4《潭渡孝里黄氏家训》规定："风化肇自闺门，各堂子姓当以四德三从之道训其妇，使之安详恭敬，俭约操持。奉舅姑以孝，事丈夫以礼，待娣姒以和，抚子女以慈。内职宜勤，女红勿怠，服饰勿事华靡，饮食莫思饕餮，毋搬斗是非，毋凌厉婢妾，并不得出村游戏，如观剧玩灯，朝山看花之类。倘不率教，罚及其夫。"

其三，妇女要从一而始，苦志贞守。如绩溪《明经胡氏龙井派宗谱》卷首《明经胡氏龙井派祠规》云："妇人之道，从一而终，一与之齐，终身不改。泛柏舟而作誓，矢志何贞？歌黄鹄以明情操，心何烈？倘有节孝贤妇，不幸良人早夭，苦志贞守，孝养舅姑，满三十年而没者，祠内酌办祭仪，请阖族斯文迎祭以荣之；其慷慨捐躯殉烈者亦同，仍为公呈请旌，以表节也。"

清代宗族对于触犯族规家法、不遵妇道的妇女作了严厉的惩治规定。如《休宁宣仁王氏族谱·宗规》规定，对"冥顽化诲不改、夫亦无如之何"的妇女，"轻则公堂不齿，重则告祠除名，或屏之外氏之家"。

义是封建纲常的一个组成部分。清代宗族对"义"也很重视，在族规家法中对此也有规定。如婺源《武口王氏统宗世谱·庭训八则》云：

---

① 婺源《武口王氏统宗世谱》。

"尚义之与任侠，大是不同。任侠者，近于慷慨，然亦不无过举；尚义者，审事几揆轻重，非穷理尽性不能。"这里，《庭训八则》对"尚义"与"任侠"做了区分，尚义是符合理性的义举，任侠往往是不合理性的义举。绩溪《明经胡氏龙井派祠规》重义条则具体指出以下行为可属于"义"："仁义正谊不谋利，儒者重礼而轻财。然仁爱先以亲亲，孝友终于任恤。辟家塾而教秀，刘先哲具有成规；置义田以赈贫，范夫子行兹盛举。"①

清代宗族对于宗族子弟的各种"义行"，往往也予以多种形式的表彰，以树立宗族乡里的良风善俗。如《新安程氏阖族条规·祠规条目》规定："凡有孝子顺孙、义夫烈士、恤孤怜寡、敦谊睦族、救灾恤患一切有善可风者，小则众共声举，登簿表扬，散胙之时，另席中堂，以斯文陪之；大则鸣众徽棹，挈以旌其闾。"绩溪《华阳邵氏宗谱》卷18《新增祠规》规定："三代以还，全人罕觏，苟有一行一节之美，如孝子顺孙，义夫节妇，或务学而荣宗，或分财而惠众，是皆祖宗之肖子，乡党之望人，族之人宜加敬礼，贫乏则周恤之，患难则扶持之，异日修谱则立传以表扬之。"

在古代封建社会，礼是社会行为的法则、规范、仪式的总称，因此，它是封建纲常的重要组成部分，清代宗族对此都非常重视。在族规家法中，往往用很大的篇幅对此做出详细、具体的规定。

"礼别尊卑"，清代宗族对族人礼的要求首先必须遵守上下、尊卑、长幼的规定。如歙县东门许氏宗族《重修古歙东门许氏宗谱》卷8《许氏家规》规定："古者宗法立而事统于宗，今宗法不行，而事不可无统也。一族之人有长者焉，分莫逾而年莫加，年弥高则德弥邵，合族尊敬而推崇之，有事必禀命焉。此宗法之遗意也。有司父母斯民，势分相临，而情或不通。族长总率一族，恩义相维，无不可通之情。凡我族人知所敬信，庶令推行而人莫之敢犯也。"这是说宗族中的族长是一族中年高德邵

---

① 绩溪《明经胡氏龙井派宗谱》卷首《明经胡氏龙井派祠规》。

之人，族人必须尊敬他，听从他的命令，不能冒犯他的权威。《歙县岩镇百忍程氏本宗信谱》卷11《族约》规定："凡族人相遇于道，尊长少立，卑幼进揖，仍于路旁，以俟其过，毋得傲忽疾行先长，以蹈不恭。"歙县《潭渡孝里黄氏族谱》卷4《潭渡孝里黄氏家训》规定"子侄虽年至耄耋，凡侍伯父，俱当隅坐，随行不得背礼贻讥"，"子孙受长上呵责，不论是非，但当俯首默受，毋得分理"。可见，在宗族日常生活中，卑敬尊，幼敬长，下敬上，是天经地义的。卑幼遇尊长于路上，必须站立路旁让尊长先走过；如卑幼与尊长坐在一起，卑幼应当坐在角落；尊长呵责卑幼，不管是否有道理，卑幼都要低头默默接受，不得与尊长讲道理。

清代族规家法规定，凡是不遵守上下、尊卑、长幼关系的宗族成员，都要受到处罚。如上引《许氏家规》规定，族人对族长"有抗违故犯者，执而笞之"。《潭渡孝里黄氏家训》也规定："卑幼不得抵抗尊长，其有出言不逊制行悖戾者，会众诲之，诲之不悛，则惩之。"绩溪上川明经胡氏宗族对以下犯上、以卑凌尊、以幼抗长的处罚最为严厉，在族规中规定："凡派下子孙，有恃强逞暴无礼于其亲长者，革出，毋许入祠。"[①]

在清代宗族管理中，如是奴仆不遵守上下、尊卑、长幼规定的，那将受到比一般族人更严厉的惩罚。如《明经胡氏龙井派宗谱》卷首《明经胡氏龙井派祠规》规定："下不干上，贱不替贵，古之例也。然间有主弱仆强、主懦仆悍者，呈其忿戾，不顾统尊，或至骂詈相加，甚且拳掌殴辱，虽非犯其本主，然以祖宗一体之例揆之，是则凌其本主也。族下如有此婢仆，投明祠首；祠首即唤入祠内，重责示惩，仍令其叩首谢罪。倘本主不达大义，护短姑息，阖族鸣鼓攻之，正名分也。"意思是奴仆如冒犯了族中的任何一个人，就等于冒犯了其主人，要被祠首带到祠堂内受重责、磕头谢罪处罚。如奴仆主人护短姑息奴仆，那就全族人鸣鼓集中于祠堂，对主人和他的奴仆进行惩罚。

清代族规家法中有关礼的内容，除了规定上下、尊卑、长幼关系外，

---

① 绩溪《上川明经胡氏宗谱》下卷之中《新定祠规二十四条》。

其另一重要方面就是有关冠、婚、丧、祭四礼的规定。在清代，程朱理学得到朝廷的最高推崇，成为治国的指导思想。民间族规家法中有关四礼的规定，都是遵循朱熹的《家礼》。如歙县《泽富王氏宗谱》卷1《宗规》规定："子弟当冠，虽延有德之宾，庶可责成人之道，其仪式并遵文公《家礼》。"黟县《环山余氏宗谱》卷1《余氏家规》规定："婚姻人道之本，亲迎、醮醕、奠雁、授绥之礼，人多违之，今一祛时俗之习，恪遵《家礼》以行。"歙县《金山洪氏宗谱》卷1《家训》认为："丧祭之仪，文公《家礼》具在，遵而行之足矣。"

在清代族规家法中，冠、婚、丧、祭四礼所占的篇幅都较大，其多数内容也都体现出上下、尊卑、长幼的等级关系。如《休宁宣仁王氏族谱·宗规》四礼当行条云："先王制冠、婚、丧、祭四礼，以范后人，载在《性礼大全》及《家礼仪节》者，皆奉国朝颁降者也。民生日用常行，此为最切。惟礼则成，父道成，子道成。夫妇之道，无礼则禽兽耳。"

清代的族规家法中均把彰善瘅恶作为管理宗族的重要指导思想。所谓善就是："恤寡怜贫而周急，救灾拯难而资扶，居家孝悌而温和，处事仁慈而宽恕，凡济人利物之事皆是也。"所谓恶就是："欺孤虐寡，恃富吞贫，阴毒善良，巧施奸伪，侮弄是非，恃己势以自强，剥人赀以自富，反道败德之事皆是也。"[1] 彰善瘅恶就是对以上善行予以表彰，对以上恶行予以指斥。《重修古歙东门许氏宗谱》卷8《许氏家规》彰善瘅恶条规定："立彰善、瘅恶二匾于祠，善可书也，从而书诸彰善之匾；恶可书也，从而书诸瘅恶之匾。屡善则屡书，而善者知所劝；屡恶则屡书，而恶者知所惩。使其惩恶而为善，则亦同归于善，是亦与人为善之意也。树德务滋，与众旌之；积恶不悛，与众弃之，人何不改恶趋善哉！"[2] 由此可见，清代宗族彰善瘅恶的目的是使族人都能改恶趋善。

清代宗族之所以在治家中如此重视善，显然受到先秦儒家思想的深

① 歙县《泽富王氏宗谱》卷1《宗规》。
② 《重修古歙东门许氏宗谱》卷8《许氏家规》。

刻影响，他们把行善仁爱作为家族兴旺不衰的根基。歙县呈坎先贤罗荣祖在《重修家谱叙》中说："《易》曰：'积善之家，必有余庆。'吾族子孙蕃衍，历年滋远，无（非）祖宗积善余庆也。后之人，谨勿亏孝敬之行，以伤蠹此善根；谨勿贼骨肉之恩，以湮塞此善源；谨勿怀奸饰诈犯义侵礼，以斫丧此善根基，则仁积而弥厚，泽流而益深，此祖宗之望也。子子孙孙，尚冀识之。"①

清代绝大多数的族规家法，都对族人的日常生活行为进行规范，使族人能自食其力，丰衣足食，生活和谐有序。以下简要介绍其中比较重要的一些日常生活行为规范：

其一，四业当勤。清代宗族要求子弟，士农工商，各治其生："士而读，斯于有成；农而耕，期于有秋；工执艺，期于必售；商通货物，期于多获。此四民之业，各宜治之，以生者也。上而赋于公，退而恤其私，夫是之为良民。出于四民之外而荡以嬉者，非良民也，宜加戒谕。其或为梁上君子，族长正、副访而治之，不悛者，鸣官而抵于法。"② 族中子弟，无论为四业中何业，都必须勤奋努力，自强不息，才能有所成就。《休宁宣仁王氏族谱·宗规》职业当勤条云："士农工商，所业虽别，是皆本职，惰则职隳，勤则职修。父母妻子仰给于内，姻里九族观望于外，系非轻也。"婺源《武口王氏统宗世谱·王氏家范十条》勤生业条认为："天下之事，莫不以勤而兴，以怠而废……子弟辈志在国家者，固当奋志向上，自强而不息。其不能者，或于四民之事，各治一艺，鸡鸣而起，孜孜为善，励陶侃运甓之志，作祖逖起舞之勇，必求其事之成，艺之精，然后可。"

其二，崇尚节俭。清代宗族认为，子弟若要守住家业，则必须养成节俭的美德。《华阳邵氏宗谱》卷18《家规》节俭条教导子弟说："财者难聚而易散也，故一朝而可以散数世之储。苟服饰而工丽都，燕会而极

① 歙县《罗氏历代祖宗谱·重修家谱叙》。
② 《重修古歙城东许氏宗谱》卷8。

鲜浓，物力无由取给，乃倾囊倒廪，以希观美，而不知有穷之积，难应无穷之费也。若赌博宿娼，其倾家尤为易焉。吾宗子弟当崇俭。"

清代宗族一般都注重理财之道，主张节流重于开源，量入为出，是守富之道："理财之道，入之无数，不如出之有节。苟能节用，则所入虽少，亦自不至空乏。尝见世之好华靡而不质实者，鲜有不坏事。故光武以帝王之家，而犹戒公主勿用翠羽。子弟辈须知渐不可长，凡土木之事，不得已而后作；服饰之类，只宜以布为美；妇人首饰，不必华丽。能如此，则是守富之道。"①

其三，和睦邻里。清代宗族继承先秦儒家以和为贵的传统，坚持邻里乡党，崇尚和睦。许多族规家法都告诫族人与姻亲邻里应该和睦相处："姻者族之亲，里者族之邻，远则情义相关，近则出户相见。宇宙茫茫，幸而聚集，亦是良缘，况童蒙时，或同里塾，或共嬉游，比之路人迥别。凡事皆当从厚，通有无，恤患难，一切皆以诚心和气遇之，即人负我，我必不可负人，久之人且感而化矣。若恃强凌弱，倚众暴寡，靠富欺贫，捏故占人田地、风水，侵山林疆界，放债行利，违例过三分息，滚骗敛怨，皆薄恶凶习，天道好还，尤急戒之。"②

清代，宗族之间争斗在社会上颇为常见，尤其是在南方的一些地区，械斗给社会带来严重的后果。对此，一些有识之士在族规家法中教导族人，遇到与邻里乡党意见不同的情况，应当以理服人，若对方不讲道理，能容忍则尽量容忍，实在无法容忍，就通过官府判决。如黟县《环山余氏宗谱》卷1《余氏家规》规定："邻里乡党，贵尚和睦，不可恃挟尚气，以启衅端。如或事尚辨疑，务宜揆之以理，曲果在己，即便谢过；如果彼曲，亦当以理谕之。彼或强肆不服，事在得已，亦当容忍；其不得已，听判于官，毋得辄逞血气，怒詈斗殴，以伤和气。违者议罚。"《余氏家规》对于宗族械斗，更是严厉予以禁止，如有族人胆敢参与械斗或煽动

---

① 婺源《武口王氏统宗世谱·王氏家范十条》。
② 《休宁宣仁王氏族谱·宗规》。

械斗，将受到重罚："迩来盛族大姓，恃强相尚，少因睚眦之忿，遂各集众斗打，兴讼求胜，风俗恶薄，莫此为甚，而殒命灭门，多由此也。族众务宜痛惩，毋相仿效，以保身家。其有子弟三五成群、讥此赛彼、甘靡荡、造端生事者，族众不许干预外，仍各重罚，以警其余。其有轻听肤诉望风鼓众者，一例重罚。"

其四，禁止闲游。清代宗族一方面鼓励子弟四业当勤，另一方面则对子弟游手好闲的行为予以禁止。因为子弟如游手好闲，不但不能养活自己，更为严重的是，会生事构祸，不仅败坏家族名声，甚至会给整个宗族招来祸端。《环山余氏宗谱》卷1《余氏家规》禁游侠条记载说："祖宗家法，于本家子弟，非课以读书，即责之务农……至于商贾技艺，随材治业，则资生不患无策。近世闲游子弟，假称豪侠，或于衙门内外，街头巷口，遇事生风，以讥笑拳勇为酒食之谋……构祸滋衅，损坏家声，莫此为甚。我族子弟，如有前项行为，家长、家督即宜呼来面斥，痛惩其非。如刚狠不驯，众共鸣公重处，以防效尤。"歙县虹梁《程氏阖族条规》也载："今之游荡戏侮者，殆又甚焉。职业不修，放辟邪侈，使酒骂座，生事里间，聚党构徒，摊场赌博，诱人子弟，荡人身家。若此之流沉溺，既必至渐随于卑污，甘冒辱人贱行而不辞矣，宜痛惩之，使其迁善。"

清代一些宗族为防止子弟游手好闲、惹是生非，要求子弟行为要庄重，以免被人视作游闲子弟，并且禁止从事棋类、歌唱、词曲、观听肄习戏曲、饲养虫鸟等。如《潭渡孝里黄氏族谱》卷4《潭渡孝里黄氏家训》规定：宗族子弟"不得谑浪败度，背手跷足，勾肩搭背，以陷入轻儇；不得信口歌唱，率意胡行，以致流为游手游食之人……其棋枰、双陆、词曲、虫鸟之类，皆足以蛊心惑志，废事败家，一切皆当弃绝，不得收蓄；至于俗乐戏术，诲淫长奢，不可令子弟观听肄习。有此类者，神而明之，均应痛戒也"。

其五，禁止迷信。清代，朝廷大力提倡理学，将其作为统治思想，民间宗族也尊崇程朱理学，反对迷信，在族规家法禁止一切巫术淫祀，

甚至连僧道建坛祈禳、超荐诵经等也予以禁止。如休宁《茗洲吴氏家典·家规》规定：第一，"子孙不得修造异端祠宇，装塑土木形象"；第二，"不得惑于邪说，溺于淫祀，以徼福于鬼神"；第三，"三姑六婆，概不许入门，其有妇女妄听邪说引入室内者，罪其家长"；第四，"遇疼病当请良医医治，不得令僧道设建坛场，祈禳秘祝，其有不遵约束者，众叱之，仍削本年祭胙一次。"《休宁宣仁王氏族谱·宗规》将邪巫当禁条："禁止师巫邪术，律有明条。盖鬼道盛人道衰，理之一定者。故□国将兴听于人，将亡听于神，况百姓之家乎？今后族中一□僧道诸辈，勿令至门；凡超荐、诵经、披剃等俗，并皆禁绝，违者祠中行罚。惟禳火祈年一事，关系大众，姑徇人情行之。至于妇女识见庸下，更喜媚神徼福，其惑于邪巫也，尤甚于男子；且风俗日偷，僧道之外，又有斋婆、卖婆、尼姑、跳神、卜妇、女相、女戏等项，穿门入户，人不知禁，以致哄诱费财，甚有犯奸盗者，为害不小。各家家督，须皆预防，如严守望，家数察其动静，杜其往来，庶免后患，此亦是齐家吃紧一事。"

其六，禁止赌博。赌博恶习，不仅坏人心术，使人好逸恶劳、投机取巧，还会使人倾家荡产，作奸犯科。因此，清代族规家法中都禁止族人参与赌博，并对违犯者予以重惩。如《金山洪氏宗谱》卷1《家训》禁赌博条认为："赌博一事，更关风化。素封子弟，忘其祖、父创业之艰，挥金如土，狼籍者饵诱，呼红喝绿，一掷千金，迷不知悟，及至倾家荡产，无聊底止，方知怨恨。殊不思不能谨于始，事后悔前非，其能济乎？犯此者，众共击之。"《重修古歙城东许氏世谱》卷7《许氏家规》游戏赌博条也指出："构徒聚党，登场赌博，坏人子弟，而亦有坏其心术，破毁家产，荡析门户；若此之流，沉溺既久，迷而弗悟，宜痛戒治，使其改行从善，不亦可乎？"

由于赌博危害大，因此清代族规家法对参与赌博者的处罚都较严厉，有的宗族还通过奖励捉赌者、严惩赌博者来禁止赌博的发生。如休宁《茗洲吴氏家典·家规》规定："子孙赌博无赖及一应违于礼法之事，其家长训诲之；诲之不悛，则痛棰之；又不悛，则陈于官而放绝之；仍告

于祠堂，于祭祀除其胙，于宗谱削其名；能改者复之。"黟县《南屏叶氏族谱》卷1《祖训家风》禁邪僻条规定："族中邪僻之禁至详，而所尤严者赌博。赌博之禁，业经百余年，间有犯者，宗祠内板责三十，士庶老弱，概不少贷。许有志子弟访获，祠内给奖励银二十两。恐年久禁弛，于乾隆十四年（1749）加禁，乾隆四十三年（1778）加禁，嘉庆十四年（1809）又加禁。历今恪守无违，后嗣各宜自凛。"

其七，尊敬耆老。尊老敬老是中国自古以来的好传统，清代宗族虽然重视以昭穆世次排辈分，但对年迈者加以尊敬优待。如《明经胡氏龙井派宗谱》卷首《明经胡氏龙井派祠规》敬耆老条规定："年之贵乎，天下久矣。朝廷尚有敬老之礼，乡里可无尚齿之风？今酌立定制，年登七十者，春冬二季，颁其寿胙；八十以上，渐次加倍，其式详载规例谱。且筋力就衰，举动艰苦，入祠拜祖，初祭时四拜，跪毕退坐西塾，值事仆奉茶水以安之，敬耆老也。"清代许多宗族敬老方式均是在逢年过节给族内老人发糕饼。如新年元旦，宗族普遍在祠堂举行谒祖、团拜礼。拜毕，有的宗族给每个老人散发米粉制作的"和合饼"一双，或"寿桃"一双、"元宝"一双等。有的宗族根据老人的年龄不同发不同数量的礼品，如年届60岁的发2双，年届70岁的发3双，年届80岁的发4双，依此递增。

徽州宗族还普遍对老人事"高年之礼"，有些老人"分属虽卑，而齿迈众，老也。则扶持保护，事以高年之礼"[1]。有的名门右族祖墓较远的，族规家法大都规定：清明标记，年过60岁以上子弟，乘轿前往，经费由祠堂支付。

其八，禁止偷盗。在社会生活中，偷盗行为很难避免。清代宗族为追求先秦儒家所设想的"路不拾遗，夜不闭户"的理想社会，对族人的偷盗行为予以禁止和惩罚。如《明经胡氏龙井派宗谱》卷首《明经胡氏龙井派祠规》规定："天地之间，物各有主。乃有不轨之徒，临财起意；

---

① 《休宁宣仁王氏族谱·宗规》。

纳履瓜田，见利生心；整冠李下，鼠窃狗偷。此等匪人，宜加惩戒。如盗瓜菜、稻草、麦杆之属，罚银五钱；五谷、薪木、塘鱼之属，罚银三钱，入公堂演戏示禁。其穿窬夜窃者，捉获有据，即行黜革。"《休宁宣仁王氏族谱·宗规》守望当严条则主张除对偷盗者进行惩罚外，应更重视平时对偷盗行为的防范："上司设立保甲，只为地方。而百姓辈乃复欺瞒官府，虚应做事，究致防盗无术，束手待寇，小则窃，大则强；乃至告官，得不偿失，即能获盗，牵累无时，抛废本业，是百姓之自为计疏也。吾族虽散居，然多者千烟，少者百室，又少者数十户；兼有乡邻同井，相友相助，须依奉上司条约，严谨施行。平居互讯出入，有事递为应援，或合或分，随便邀截。若约中有义男不遵防范踪迹可疑者，即时察之。若果有实迹可据，即鸣诸宗祠，会呈送官。若其人自知所犯难掩畏罪自尽者，本主具备实情，一纸投祠，约各房长证明，即为画知存照。倘有内外棍徒诈索，即以此照经官究治。盖思患预防，不可不虑，奢靡之乡，尤所当虑也。"

其九，保护林木。清代许多宗族都注意保护宗族拥有的山林木材，一是山林木材是他们重要的生活资源之一，二是乱砍滥伐山林木材会破坏宗族的风水。因此，许多宗族都规定：不经宗祠同意和批准，任何人不准砍伐宗族山林的一树一木；无论何人，乱砍滥伐一棵树木，就将受到处罚。如祁门县环砂村养山碑告示中就规定，族人"入山烧炭采薪，如有带取松杉二木，并挖柴桩及纵火烧山者，准目观之人□名鸣众，违禁者罚戏一台。如目观存情不报者，查出，与违禁人同例。倘有硬顽不遵，定行鸣官惩治，仍要遵文罚戏议之"①。

清代一些地区由于人口增长迅速，乱砍滥伐现象严重，山林遭到很大的破坏，有些宗族重视植树造林。如绩溪县龙川胡氏宗族不成文的族规家法规定：宗族子弟生个男孩，必须担土上山栽一棵树（因山上泥土稀少），让孩子与树木同时成长。因此，造成宗族子弟繁衍与宗族山林增

---

① 赵华富：《徽州宗族研究》，安徽大学出版社，2004年，第398页。

长同步①。

第三节　族产管理经营思想

清代，宗族的族产主要有族田、祠堂、房产、山林、店铺、现金、各种类型的会产以及水塘、作坊、水车、桥梁、渡口等。一般说来，宗族对不同类型的族产，其管理经营方式亦各不相同，下面就其中比较有代表性的族产管理经营思想做一简要介绍。

一、族田、山林管理经营思想

清代的宗族一般都占有一定数量的田地，其名目繁多，较常见的有族田、祭田、祀田、墓田、学田、义田等，此外还有蒸尝田、祠田、会田、公田、众存田、助役田、谱田等众多名目。从族田的众多名目以及用途可知，族田管理经营的一个重要特征是专田专款专用。如祭田（包括墓田、祀田、众存田、部分祠田、会田等），顾名思义，其收入主要用于祭祀祖先。从广义上说，祭田包括祠祭田和墓祭田。狭义上说，祭田则专指祠祭田。而墓田通常指提供墓祭费用的田，故也称墓祭田。两者实际上均为祭祀祖先之用，区别仅在于祭祀时间和地点的不同。祭田和墓田的收入由宗子掌管，专供祭祀之用。清代，"岁以清明、冬至合祭大宗，次及小宗，皆有祭田，羊豕粢盛，馂余颁胙，即散处者必集。故仁孝敦睦，虽野夫田妇，亦知筐筥蘋藻之义"②。祠祭和墓祭都需要置办祭器，购买各色祭品，举行一定的仪式，许多宗族祭祀之后还要举行宴会，

---

① 《徽州宗族研究》，第 401 页。

② 同治《龙泉县志·风俗志》，《中国地方志集成》，江苏古籍出版社，1996 年。

或者向族人颁发胙肉和胙饼，使宗族成员"共享馂余""均沾神惠"。这些仪式必然要耗费一定的财力、人力，为了保障祭祀活动能够按时顺利进行，因此宗族普遍从族田中划拨部分田地，设置为专门的祭田和墓田。这就是清代"诸族各有祭田，其祖宗遗下以备祭祀者，为血食"①，"大姓、中姓多合力创饰宗祠，积资广醮，产以供祠祭、墓祭"②。

又如学田，又称膏火田、塾田、助学田等。中国古代宗族都重视培养族人读书成才，取得功名。这不但能够光宗耀祖，而且对于提高本宗族社会地位，维护族人合法权益都具有十分重要的作用。清代，具有一定经济实力的宗族都纷纷设立族学、义学、义塾或书院，延聘名师教育族内子弟。为了满足教学的需要，除建立校舍之外，还从族田中专门划分出一部分作为学田，以学田的地租作为师生的束脩、膏火和奖金。如宜春卢氏家族，虽然族产微薄，但有识者认为"教化兴而后人文盛。我族人文寥落，由于贫而无教耳。夫既困于贫乏，其略有可造之子，固弃而不学。即有聪颖子弟，又有贤父兄竭力教之，而应试或苦于资费，不甚可惜哉！今将大鼎、信鼎二公子孙现置民田一亩拨为学田。其田内利益酌为文武童场帮赠。凡二公子孙应试者，每名给卷钱五百文，除给有余，不得别支用，仍归学田起息，增买学田。至于入学以及乡会两试，另系族中酌议给赠。庶几哉后之子励志诗书，踊跃观光，人文蔚起，盖于此有厚望焉。族之诸人尚其同心同德，均体此意也云尔"③。

除此之外，清代族田中专款专用的田还有义田和助役田。所谓义田就是专为赡养和救济贫困族人而设立的田产。本节下文有专目介绍，兹不赘述。助役田是宗族为帮助族人能及时完粮纳税，免受贪官污吏的更多盘剥，专门购置、设立的助役田产，以田租收入作为助役基金。清代许多宗族的族规家法都郑重告诫族人"勤输将"或"国课早完"，如袁郡《古氏族谱·家训》中告诫族人"早输将。以下奉上，先公后私，民之职

---

① 同治《会昌县志·风俗志》，《中国地方志集成》，江苏古籍出版社，1996年。
② 乾隆《新城县志·风俗志》，乾隆十六年刻本。
③ 道光《卢氏族谱》卷2《学田说》。

也。吾族管有钱粮者，当早完国课，不可拖欠。谚云：若要安，先了官。斯外无追呼之扰，内无挂欠之忧，即啜粥饮水，亦悠然自得矣。倘有意抗违，以致胥役剥啄叩门，多方需索无名之费，或反浮于应纳之数。试思供胥役之侵渔，曷若输朝廷之正供。为抗粮之顽户，曷若为守法之良民。愿吾子侄交相劝勉"。

清代族田管理方式主要有族人自管、义庄专管、大祠统管、族人轮管和拼领包管5种。其中族人自管的方式易流于私田，较少为宗族所采用，而义庄专管、大祠统管、族人轮管的方式较为普遍。下列分别对5种管理方式，作一简要介绍。

其一，族人自管又可分为族人以房或户为单位受田分管和建置族田的地主自管。前者一般是贫族按亲疏远近决定受田数量，所受之田，产权归宗族所有，受田贫族"弗相与典鬻"，家境好转后，"听公议再给孤贫"。其田所出除纳税外，还要输米若干，贮祠堂以供祭祀。又如瑞金县胡氏先祖胡尚华为鼓励后代子孙求学上进，设立学田，号称"自耕学田"。若后代子孙能考入县学，此田则交由其自行耕作或出租。若同时入学者有多人，则按人均分，每人各获得一部分。待这些子弟学业完成后，其田亩归还公堂掌管，"以俟后人文庠者"[①]。后者是建置族田的地主并未将所建族田正式过割给宗祠户下，而是继续自营该项田地，不过每年将该田租息"手自摽拨"，分别用于宗族事务而已。如苏州赵氏"自有义庄以来，不能悉数矣。有立而即开者，有立而不即开者……族即赡矣，庄之开与不开何异焉？"[②] 这种管理方式是公私混淆，即使有"族田"的名目，也不过是私田的专产专用，建庄地主可随意支派地租，甚至将其重新变为私田。

其二，义庄专管。一般说来，义庄专管由两套管理班子组成。一为领导班子，内又分总理庄务和监临庄务两部分。总理庄务的多称庄正、

---

① 《瑞金县孔胡氏族谱·尚华太奉训太学田纪》。

② 《赵氏家乘·义庄后记》。

宗子、总理、董事等，负责收存族田田契、户口簿；审核族人的受恤资格；稽查义庄钱粮收支；批准预算决算并处理义庄重大事件，如与他姓的田产纠纷等。监临庄务的多为建置义庄的地主或族长、宗长，他们有权审核批准庄正、庄副的任职；有权审核批准义庄出入并保存收支细册、交接细册的正本；有权参与义庄重大决策并起最后决定和监察作用。二为具体的办事班子，主要为会计和催租。会计常设两人，一人管支出，一人管收入，有会计、典籍、司仓、司庄等各种称呼。催租常设一至四人，多称催租、司直、司事等。义庄对具体办事人员要求十分严格，每年议定去留一次，并立有惩罚规定。如山阴朱氏义庄规定：经手公堂钱产之人如有亏空侵蚀等情，除责令其将所收之钱加倍缴至宗祠、将家产备抵外，还要在祖堂前重责一百到二百下，罚皇忏三天，不许入祠①。

无论是义庄族田领导成员还是具体办事人员，都从义庄领取薪俸，或支钱，或支米，或钱米并支。

其三，大祠统管。大祠统管即由宗祠统一管理宗族内部的全部族田。宗祠统管与义庄专管的区别在于：义庄为专，专门管理族田；宗祠为统，以宗祠管理机构中的宗职统管族田。宗祠管理机构也可以分领导班子与具体办事班子两部分。一般来讲，宗子、支长、分长等组成领导班子；宗相、宗直、宗礼等则构成具体的办事班子②。如浙江州山吴氏设 8 名宗理掌管族田，置公费出入簿、收租簿各九扇，每名宗理各两扇，本宗祠存两扇以备查对③。平江盛氏宗祠规定：宗长、支长以及德位俱尊的宗领组成领导核心，其"收租、积储、筹塾等事，选举宗副中较殷实的两人每年轮管，所有出入账目祭祠日对众核算，并缮写年总四本，分送宗领、宗副存留核算"④。

其四，族人轮管。轮管就是族田由各房支或个人轮流管理，轮管之

① 《白洋朱氏宗谱》卷 5《家法》。

② 张研：《清代族田经营初探》，《中国经济史研究》1987 年第 3 期。

③ 《吴氏家谱》第 3 部《元字集·家礼》。

④ 《平江盛氏家乘》卷 22《祠堂考》。

房或人称为值年、管年，有招佃、换佃、自种等相对独立的经营权力，同时，当年宗族的祭祀义务，也得由其承办。轮管按其管理者又可分为族长、族尊轮管，殷户房轮管，族中绅衿轮管，捐产各房轮管，在里族众轮管等。清代不少宗族为保障族田收入不被侵吞、挥霍，对轮管订有一些规定。如规定："值祭虽系挨次轮流，亦必择殷实忠厚者。"① 有的宗族要求值年族人要把自己的田产写给宗族作抵押，因此，要择"明白而充裕者轮年司之"②。虽然值年、管年具有相对独立的经营权，号称轮管一切事务，但"祠基及田单收款支付"要"推族中声望较高，家道殷实者管理"③。很多宗族都把族人轮管置于族长的严密监督之下。如山阴朱氏在咸丰年间决定："嗣后不论何代何房值年收租，告明本房董事，派人同往，先提国课之资外，余给值祭家办理。"④

其五，拼领包管。所谓拼领包管是一些宗族将族产由本祠子孙当众喊价，价高者获得管理权。这种方式类似于现代的竞标承包制。获得管理权者不设定管理期限，族产"由其包管包收，所有纳粮祭费概由其担任。经理年限并无一定，有至十余年者。每年于清明节前后清理一次。然拼领人每多积欠拼价，因以纠葛成讼。惟祠产数目概载于谱牒簿册，以存凭证也"⑤。

清代的族田，基本上都采取封建租佃的方式经营，各地又依据具体情况，分别采用佃仆制和一般的租佃制，或者两制并举。

佃仆又名世仆，即世世代代为仆。所谓"主仆之严，虽数十世不改"。佃仆耕种族田所受到的地租剥削，与一般租佃制的地租剥削相差不多。由于佃仆隶属于某姓某族，则成了某姓某族的公共之仆，因此，与

① 《海昌鹏歧陆氏宗谱》卷11。
② 《龚氏支谱》中《祠堂条例》。
③ 《伍氏宗谱》卷首《凡例》。
④ 《白洋朱氏宗谱》卷5《告示》。
⑤ 《民事习惯调查报告录》第三编《债权习惯》第十章《江西省关于债权习惯之报告》第十七节《乐安县习惯》"祠产由本祠子孙拼领包管"条，中国政法大学出版社，1998年。

一般租佃制不同的是，佃仆在向宗族缴纳地租、进贡外，还要向宗族提供几乎是无偿的劳役。如安徽桐城祝氏佃仆除了"每年纳租二十担，二季地租（银）三两"外，还要负责催收外姓地租银7两，交与轮年之主；再领水牛4头牧养，"如孳生听从爷主公卖"；每年二祭又要供猪一头；倘"伊子孙能立"，则"须听当差一股"；至于守山看坟，挑担抬轿，打更巡夜，守宅护院以及冠婚丧葬，赛会演戏，一应杂役都由佃仆承当。"稍有违犯，许本宗以家法治之"①。

如采用一般的租佃制，农民租种宗族的土地时，需要订立租约、佃约，约中详细注明所租田地的土名四至、亩数、租额、额外租；交租期限、地点、欠租处罚办法以及佃耕年限等，而后依约耕种纳租。农民租种宗族的田地比租种一般地主的私田，其限制更多：一是宗族在选择佃户时，一般原则上禁止族人租种。其原因是："田地毋许本族耕种，钱稻毋许本族借贷，俱只许外姓，非薄本族而厚外姓也，盖田地、钱稻一落本族耕种、借贷，欠扯拖赖，终为乌有"②，"勿使族人租田……恐有顽欠者以致呈追，反伤族谊也"③。二是宗族在招佃耕种时，往往采取"投标招佃"的方式，将所要出租的族田事先标贴于祠，佃户于指定日期赴祠投标。谁出的租多，谁就得佃。这种"投标招佃"往往能使族田地租收益最大化。三是在佃户佃田订立租约（或批约）之时，增加引荐人。佃户要由人引见作保，才能批耕族田。而且许多宗族规定，族人不得做引荐人。

清代较大的宗族一般还拥有一定数量的山林，其通常可分为两种：一是祖坟山和所谓"风水"攸关的山林，对此，宗族都严格加以保护，禁止开发。另一种是普通山林，有的宗族采取与族田经营相似的方式，租佃给外姓耕种开发。如江西萍乡刘氏宗族拥有多处山场，即将其中一些租佃给外姓人开发，而由宗族每年收取一定数量的租金。在其族谱

---

① 《祝氏宗谱》卷6《鲍冲义庄碑记》。

② 《西江彭城刘氏宗谱》卷首。

③ 《安昌徐氏宗谱·义仓条规》。

《祖山界至》中载有："其山归继述堂大四六房及谢、卜、余三姓分别承顶，祠内每年收纳骨租……其业出顶与外姓管理，我祠每年收纳骨租有批字……批与卜（姓）人耕，山皮山骨均我祠管理，租规多少有批字载明。"[1]

二、放贷、工商业管理经营思想

清代绝大多数宗族为使族产迅速增长，一般都将祠中盈余钱粮放贷生息。其放贷方式有存典生息、发放殷实商贾妥存生息、交与族中殷实之家或值年营运生息、借贷生息等多种。年息一般为三分，与官方规定的相同。但实际上利息往往会超出这个限制。清人张英说："余见放债收息以及典质人之田产者，三年五年得其息如其所出之数。"[2] 宗族经营的高利贷，其获利之速之大，往往还超出张英所云。

清代宗族为保证放贷资金的安全，一般规定只向家产殷实者放贷，甚至要求借款者提供抵押物。如《燮庵公享堂册章程》规定祠中无论钱粮，在留足公用费之后，"余放借，须择殷实之家，写田抵押，不得借口还账，将业贵卖。其业不合式者，无论贵贱，不能承受"[3]。江西万载张氏宗族也规定："尝内钱谷即本公子孙，必要有田产，写立契据，过耕发佃，方准典借。若无田产，断不得借口有分向众强借，致败蒸尝。尝内租谷银钱，除每年公项祭祀用费外，余存发放，以待生息饶裕，建立宗祠，以隆孝享，创造家塾，以课子孙，不得借为有余，强为分消耗散。"[4]

有的宗族为防止出现族人还贷艰难时，宗祠催款则损害族人情感，不催则族产受损的两难局面，明文规定不允许向族人放贷："凡本祠子

---

① 萍乡《芭蕉堂刘氏族谱》卷末《祖山界至》。
② 张英：《笃素堂文集》卷3《恒产琐言》，学识斋，1868年。
③ 《燮庵公享堂册·章程》。
④ 光绪《万载张氏支谱》卷1《生公众规条》。

孙，无论家计殷实，人品公正，银钱概不准借，田产均不许佃"①，"公议各会内钱谷，只许别姓借贷，族中人即系殷实之家，亦不准挪扯。如有发借与族中者，照所借之数处罚会首，决不宽贷"②。

与此相反，有的宗族则规定只能向族人放贷，其原因可能是所谓肥水不流外田，即宗族的剩余资金只能由本族人借去经营赢利。如奉新甘氏设有"润斋公支下醮祭会"，每年的会银"择支下子孙殷实公正者领去生息"③。万载唐氏宗族则不仅规定只有族中富裕者方可领借，还规定了贷款的利息和违规发借的处罚："除用有余银钱，毋许隐存，择族中富而可领者领之，周年加一五利息，不得负欠，非其人不得领借。若经管出入人违例发借，其钱即令经营人赔补，且革退永不复充。"④

清代宗族除将宗祠剩余资金发放给殷实商贾生息外，还将庄房租给商人作店铺、货栈，从而间接分取商业利润。然而，这不能算宗族经营工商业。从整体上看，宗族经营工商业的为数不多，时间上集中于清后期，地点上集中在一些专业化的市镇⑤。如苏州范氏义庄乾隆以后"有市廛百余所，岁可息万金"⑥，佛山"二三巨族为愚民率，其货利唯铸铁而已"⑦，伍庭芳一族的伍于炳"少壮营商业，积资巨万"，并用经营商业得来的巨款重修始祖祠、创建端斋公祠⑧。

三、钱物收支管理思想

设簿册，严收支。在宗族钱物管理中，会计簿册的设置是一个关键

---

① 民国三年《辛氏幼房谱》卷尾《条规》。
② 光绪《萍乡南源梁氏族谱·合约》。
③ 光绪《奉新甘氏族谱》卷3《润斋公支下醮祭会引》。
④ 道光《唐氏族谱》卷首《事宜》。
⑤ 张研：《清代族田经营初探》，《中国经济史研究》1987年第3期。
⑥ 钱泳：《履园丛话》六，上海古籍出版社，2012年。
⑦ 道光《南海县志》卷8，道光十五年刻本。
⑧ 《岭南伍氏合族总谱》卷4《人物·货殖门》。

的问题，是钱物收支、计算、核查中的重要依据。清代宗族为防止族产被管理人员侵蚀、贪污，一般设立多个簿册，由不同管理人员掌管，从而达到互相监督制约的效果。如兴国袁氏宗族规定："立誊清流水簿各一本，燕畈两庄分领，钱谷出入记载分明。如有不敷，查出重罚。"① 有的宗族不仅规定设立多本簿账由不同管理人员掌管，还规定要定期在族众面前查对、核算日常收支凭证，公开收支情况，以便让全体族人进行监督。如万载辛氏幼房规定："祠事公择三人，立簿三本，以杜弊端。一切收执契据，亦须当众立领字一纸，交长老辈收存，以便日后查阅。经理三人，一人司总，二人帮理节年。除来往轿钱外，各具代茶酒钱四千文酬其勤劳。每届清明祭墓后一日，即宜交出簿账，当众公算，不得故意迟延，私行誊写了事。倘有账项不清，契据遗失，及收资徇情，粜谷弄弊等项，一经查觉，除补垫黜退后，公同议罚。"② 绩溪盘川王氏宗族内部设有"经理四人，由族中公举之。管钱一人，由经理四人中择一身家殷实者充之。司账一人，由经理四人中择一公直勤慎者充之"，"银钱账目不准一人独揽，以杜弊端。每年与经理、头首结账时，务须将公项存数、两季租数以及各项出纳逐细开列，以示共知……如或经理、头首知情容隐，一体示罚"③。由此可见，该族由经理两人管理宗族银钱账目，其中一人管钱，即为出纳，一人司账，即为会计，并明确规定"银钱账目不准一人独揽"，即出纳、会计不能由一个人兼任。每年钱粮账目结账时，必须将所有收支情况开列公示，让全体族人监督。

清代宗族在钱物管理上，最容易出问题的是钱粮收支环节，对此，清代宗族大多数都做了严格规定。如绩西城西周氏宗族规定："祠首收租，议定在祠公处，不得私收入家。谷麦贮存祠内，其租谷每百斤折干谷八十，麦每斗折甓麦十升半，豆每十升折干豆八升，俱于办祭时照时价出支，不得多收报少，少支报多，着令司值随时查核……司值或徇情

① 同治兴国《袁氏宗谱·祠规》。
② 民国《万载辛氏幼房谱》卷尾《条规》。
③ 民国《绩溪盘川王氏宗谱》卷5《管祠规则》。

庇护，查出罚胙三年。每于四月初一日，司值、头首邀同族长、斯文诣祠开报新年四十岁头首，并派新班司值，公同核算，除办祭上粮，仍剩若干，司值即时登记，将项银封贮公匣置产，毋许派丁挪借。"① 周氏宗族在此主要抓住以下4个管理环节：一是祠首所收族田之租必须贮存宗祠内，不得私收存放在自己家里；二是司值随时查核祠首是否有多收报少、少支报多等舞弊贪污行为，不得徇情庇护；三是每年必须做好祠首、司值的核算、交接工作；四是每年宗族盈余银钱必须即时登记，妥善封贮公匣保管，不许挪借。

康熙年间歙县潭渡孝里黄氏所订《德庵府君祠规》对宗族钱物收支的管理也是主要抓住4个环节：一是不得将田租私收家中："向来租粒俱收归司年之家，以致强有力者并非司年，擅自收去……应照大宗祠例，本年与下轮司年眼同公收公贮，司年者不许私收颗粒，违者斥罚。"二是必须对钱物收支进行结算、查核："每岁于花朝日算账，腊月初二日刷账，每次开支日费二钱，俱尽日之力秉公查刷。"三是每年必须做好钱物管理人员上下任的交接工作："每岁于二月初一日议谷价之日，齐集文会、门长、上下轮司年，将上年出入钱谷账目秉公查算。"四是宗族管理人员必须对钱粮妥善贮藏保管："本祠粜卖租粒及一应银两，俱应凭众公同入匣封锁，寄贮殷实之家。如用应用之项，凭众酌量多寡，同门长、文会开匣称给司年之手支用。"对于"进主银两"等相关族产的进项，"司年者会同斯文及各堂堂长公封入匣"。

清代宗族不仅重视银钱、粮食等实物的保管，而且也重视那些记录钱粮收支簿册、凭证单据的保管。如《歙县虹梁村程氏德卿公匣规条》规定："租谷粜出之日……请四分正副长八人齐集于司银钱者家，查核租簿，照数结算。将所有卖得谷银公同并兑，每封五十两，零头银另包，一并谨封，标注年月号头。分长书押，交司银钱者收""存银存钱于算账日呈出公验，四分长核算总账现在存有钱若干，存零银若干，应凑足

---

① 光绪《绩溪城西周氏宗谱》卷首《祠规》。

本年下半年及次年上半年完粮米、办祭祀，及一切津贴支用之数。当公兑出交与四司匣，即将余存银两无论多寡，四分长重复加封书押，交司银钱者收入银匣"。可见，宗族银钱的收贮保存之际，必须由四分正副长八人与具体负责保管的司银钱者共同当场结算、验明，然后放入银匣，再由四分长贴上封条画押，交司银钱者保管。清代宗族对钱物簿册的保管程序与钱物保管基本一样，即钱物簿册收藏之际，必须由相关人员数方共同在场封条画押上锁，如要开锁拆封取出簿册登记、核算时，也要有相关人员数方共同在场监督，以防止簿册、凭证单据等遗失或被篡改。如《绩溪黄氏家庙遗据录》卷1《祠制》"斯文管匣"条云："祠旧公匣涣无纲纪，流传既久，遗失难稽。今设三匣，编名致、中、和，立簿挂号，有纲有纪。斯文轮管，易于查检。其契据、老簿藏于致字号公匣。斯文、族长、能干、司值各一封条，书押封锁，遇有重大公事，集众拆封。检阅毕，仍即归匣封锁。"《歙县虹梁村程氏德卿公匣规条》也规定："遇有要事，须开纸笔匣，议定四分长、四司匣及另举四人监督同开，不准多人混杂。"

　　清代宗族之所以要求钱物管理人员必须公开钱物簿册，其目的就是让全体族众监督管理人员。因此，一些宗族鼓励族人发现、揭露管理人员侵吞宗族钱物的行为，侵吞者有罚，而发现者受赏："祠堂一应动支钱谷，并准支付粮差事例，如修理祠堂，增置器皿，并买田产祭品等项，但于支付事务，俱除祀首经手，家相监临登记收支簿考查外，族下子孙但有贤能公正，用心缉访，假如……即系家相祀首通同侵分入己矣，俱许指实禀众，以凭施行。轻则众处，重则闻公。除于作弊人名下追回诈侵之数还公，及于旌别册内纪过类治外，仍轻则黜会更贤，重则一体黜族，决不轻贷。其访举得实之人，亦于旌别册内备书类赏。"[①]

---

　　① 宣统《程氏祠堂规约》。

第四节　家族义田赈济思想

　　清代，一些有识之士清楚地认识到宗族义田对赈济贫困孤寡、救助受灾族人的作用，从而达到稳定社会、长治久安的治国目标。清人张永铨指出："祠堂者，敬宗者也；义田者，收族者也。祖宗之神依于主，主则依于祠堂，无祠堂则无以安亡者；子侄之生依于食，食则给于田，无义田则无以保生者。故祠堂与义田并重而不可偏废者也。"① 可见，他认为义田是宗祠存在的经济基础，能解决子孙后代衣食问题。只有衣食问题得到解决，才能使宗族子孙后代得到繁衍生息，宗族生存才能得到基本保障。而后的章学诚、魏源则对义田、宗族的赈济功能阐述得更具体、到位。章学诚说：义田"先廪其谷若干，以周族之贫者，老废疾者，幼不能生者，寡不嫁者；粜其余谷，为钱若干缗，以佐族之女长不能嫁者，鳏不能娶妻者，学无养者，丧不能葬者，而又凶殣浸札于斯，延师养弟子于斯，旌节劝孝宾兴于斯，察奸罚不肖寓焉，合食亲亲厚族寓焉。"② 魏源也说："天下直省郡国，各得数百族，落落参错县邑间。朝廷复以大宗法联之，俾自教养守卫，则鳏寡孤独废疾者，皆有所养，水旱凶患有所恃，淫俗有所稽查。余小姓附之，人心维系，盘固而不动，盗贼之患不作矣。"③ 在此，章学诚、魏源都认为宗族通过义田能够赡养族中老幼鳏寡孤独疾病之人；在水旱凶患等自然灾害发生时，能够救济受灾的族众；宗族还能教化子弟，保护族人的安全和生活的和谐有序。不言而喻，宗族发挥着社会最基层管理组织的功能。

　　正由于如此，清代最高统治者对宗族义田大加提倡、鼓励和保护。

---

　　① 《清经世文编》卷 66，张永铨《先祠记》。

　　② 《清经世文编》卷 58，章学诚《庐江章氏义庄记》。

　　③ 魏源：《魏源集》（下册）《庐江章江义田记》，中华书局，1976 年，第 502 页。

清康熙在《圣训十六条》中，把家庭和义田的发展，放到了一个重要的位置上，着重强调"敦孝悌以重人伦，笃宗族以昭雍睦"①。乾隆十六年（1751），乾隆帝南巡至苏州，特给义庄创始人范仲淹的祠堂赐名"高义"，又赏赐其后裔范宏、范圣宗、范成章每人缎一匹、貂皮二张②。同时，清政府还制订了保护义田的规定，凡卖义庄田"十五亩以上者，悉依投献拐卖祖坟山地原则，问发充军，田产收回，卖价入官。不及前数者，即以盗卖官田律治罪"③。清代，在同类犯罪中，盗卖义田是量刑最重的。据光绪《大清会典事例》卷55《户律田宅条》记载，子孙盗卖祖遗祀田五十亩才定上述之罪。也就是盗卖义田十五亩与盗卖祀田五十亩量刑是一样的。同时，义田与寻常家产不同，一旦家族成员中有人犯下大罪，遇籍没财产时，族产不在充公之列④。清政府之所以对义田特别加以保护，这是因为若没有官府的支持与保护，宗族义田是很难长久维持下去的，宗族义田"必须申达官府，严加禁约，庶可行之久远"。

清代宗族义庄、义田所赈济的对象一般只限于族内的贫困鳏寡孤独疾病之人和遇婚丧嫁娶者，同时还遵从有关亲疏远近的标准。如临海屈氏将要养济的族人分为三等：上等是节孝及有功于义庄者，"日食米一升三合"；中等是建庄者景州公有服近属，及远族之鳏寡孤独者，"日食米一升"；下等是远族老少男女，"日食米六合"⑤。安阳马氏义庄申明："庄裔五世以内，按服制为差等，各有加米，五世以下服尽，子孙方与族人相等。"⑥泽及族人，而又区分亲疏远近，这是宗族义庄赈济思想的一个基本特征，也是其局限性之所在。之所以会出现这种思想，一方面固然是继承了先秦儒家"君子之泽，五世而斩"的学说，"夫生天地之间有血

---

① 王先谦：《十朝东华录》卷32，光绪二十五年石印本。

② 《清高宗实录》卷385。

③ 《大清会典事例》卷755《刑部·户律田宅》，新文丰出版公司，1976年。

④ 《履园丛话》卷4《公督私藏》。

⑤ 《临海屈氏世谱》不分卷《义庄规条》。

⑥ 《安阳马氏义庄条规》，转引自张研《清代族田与基层社会结构》，中国人民大学出版社，1991年，第171页。

气之属者，皆知爱其类，然而莫知于人，故不亲其亲悖也，亲亲而无杀乱也"①。另一方面，财力有限也是一个重要因素，不能遍及同姓之疏远，只能先其亲之近者。

清代宗族义田赈济族人主要有 3 个方面，即平时赈济贫困老弱孤寡之人、助学，灾年荒歉时救济受灾族众。以下按这三方面略作介绍。

其一，赈济族中贫困老弱孤寡之人。这是义田、义庄最重要的功能，也是宗族设立义田、义庄的初衷。如清代许多富足族人受北宋范仲淹创设义庄以赡族人思想的影响，念及族人无力生存而捐献田房创建义庄："每念同族生齿日加，多贫乏不自存，恐族贤遗泽，渐致湮替为惧，乃置负郭田三百亩，慨然思建义庄，以垂久远。"② 在中国古代尊老敬老思想的影响下，义庄一般首先赡养无依无靠的老人，每月给予 51 岁或 60 岁以上的老人月米，有的还提供棉衣棉裤，三年一换："族中无力男女，年过六十者，于本分应支月米外，冬季给棉衣一件，棉裤一件，三年更给。"③ 有的宗族还以 10 岁为一档，随着老人年龄的增长而相应增加月米："间有贫老无依、不能自养者，无论男女，自五十一岁为始……每日给米五合，年至六十一岁，本拟间岁酌给棉衣，今特加给月米，听其自行办置。六十一岁，日给七合。七十一岁，日给一升。八十一岁，日给一升五合。九十一岁，日给二升。百岁建坊，贺仪从厚，以伸敬老之意。"④ 义庄给予老人的月米，一般规定只能用于自家食用，不可移作他用。但有的义庄则考虑得更加周全和人性化，因为老人大多行动不便，几乎无经济来源，但日常生活还有盐等的消费不可缺少，因此，规定 60 岁以上老人月米可以自由支配，即可将月米的少部分换回盐等日常必需品，有的义庄

---

① 崔铣：《洹词》卷 2《湛氏小宗义田记》台湾商务印书馆影印文渊阁四库全书本。

② 王国平、唐力行：《明清以来苏州社会史碑刻集》，苏州大学出版社，1998年，第 230 页。

③ 《明清以来苏州社会史碑刻集》，第 276—277 页。

④ 《明清以来苏州社会史碑刻集》，第 259 页。

还将发给棉衣改作多加月米，首先解决贫困老人日常的吃饭问题。

宋明理学提倡鼓励寡妇守节，这对清代宗族也产生很大的影响，绝大多数宗族都在物质上、精神上支持、帮助寡妇守节，提供资助："族之贫乏无依，三十岁以内苦志守节者……日给米七合。三十岁以外守节者，日给米五合"，"妇人三十岁以内孀居者，亦给棉衣裤各一件，三年更给"①。对于守节到一定岁数者还给予"薪水银"，以示表彰鼓励："寡妇不论年岁，其守节至五十岁，除应给米者外，每日加给薪水银一分。"②妇女 50 岁后，再改嫁的可能性很小，将会终身守节，因此，宗族另给薪水银以示褒奖。

清代宗族一般规定孤儿从 3 岁至 17 岁可以从义庄领取月米，有的还发给衣裤："孤子自六岁起至十六岁以内，不必照未成丁之列，亦日给米一升。"而对于贫困的"十一岁至十六岁"未成年，"每日给米五合"③。孤儿的月米按年龄段分 3 档，随着孤儿的成长而增加。一般的义庄在孤儿、贫困子弟 16 岁或 17 岁就停发月米，将他们视作已成年，必须开始自食其力，但有的宗族比较优惠，男孤在 20 岁前结婚也会发到 20 岁，而女孤只要嫁人就不给月米了。从此可以看出，义庄赈济孤儿、贫困子弟的考虑还是较通情达理的。孤儿由于无人抚养，故义庄必须全部予以承担，并随着孤儿长大饭量的增加而相应增加月米。贫困的未成年人由于毕竟还有父母抚养，故只给孤儿的一半。宗族将孤儿 16 岁或 17 岁视为成年而停发月米，基本上也符合人体生长的客观情况，而 20 岁停放则是相当优惠的了。

清代宗族义庄对族人无力嫁娶者，一般都给予补贴，而且娶媳妇的补贴要高于嫁女，因为娶来的媳妇将是本族人，而嫁出去的女子将成为外族人。"族中力不能嫁娶者，娶妇给银十两，嫁女给银五两"④，可见，

---

①　《明清以来苏州社会史碑刻集》，第 259、277 页。

②　《明清以来苏州社会史碑刻集》，第 232 页。

③　《明清以来苏州社会史碑刻集》，第 277、276 页。

④　《明清以来苏州社会史碑刻集》，第 232 页。

差别还是挺大的，嫁女的补贴只是娶妇补贴的一半。这种思想深受中国古代重男轻女观念的影响，在男权社会里，只有男子娶妻生子才能继承宗族的香火。还有与此密切相关的是，古代还盛行"不孝有三，无后为大"的观念，宗族特别支持"无后"的族人娶妾或续弦，以续香火。尤其是年过40岁的族人因无后而娶妾或续弦，就给予补贴："如单传年逾四十无后娶妾，给银十两。"① 可见，无后娶妾的补贴与娶妻相同，足见宗族对"有后"的重视。正由于宗族对无后娶妾续弦的目的是为了让其"有后"，因此，对有子或无子有孙者娶妾续弦就不予补贴了。

中国自古以来就有"入土为安""死者为大"的观念，助丧葬被视为功德无量的善行。尤其在宗族社会中，义庄通过助丧葬，来体现族人的血脉亲情，加强宗族的凝聚力。清代，义庄助丧葬一般分为两种："族中力不能丧葬者，无论男女，十六岁以上……给予棺木一具，风化矿灰五斗，丧葬费银二两……十六岁以下，棺木、矿灰随时递减量给。十岁以下不给。"② 可见，助丧葬者有严格的年龄限制。首先是必须十岁以上去世，低于十岁不享受助丧葬的待遇；其次十岁以上去世又分十六以上和十六岁以下，即成年与未成年者，成年人的资助高于未成年人。还有，对于无地埋葬的族人，义庄往往还设有族墓、义冢，或另给钱购买墓地，以安葬他们。如一些宗族"设立族墓一所。如族中无坟墓可葬者"，可葬于此；"其有无力而不愿以父母葬于族墓者，准给买地七十制钱四两，而非为父母埋葬者，不给"③。

清代，也有少数宗族会给予贫困产妇补助。如道光二十一年（1841）的《济阳义庄规条》规定："族中生育，极贫苦之家，俟生育后，凭该房长报庄正查明后，给产母钱一千四百文。"④ 给产妇补助是民间保婴会等组织后期救助婴儿的一种重要方式，济阳义庄可能是受此影响才开始实

① 《明清以来苏州社会史碑刻集》，第 232 页。

② 《明清以来苏州社会史碑刻集》，第 232—233 页。

③ 《明清以来苏州社会史碑刻集》，第 277 页。

④ 《明清以来苏州社会史碑刻集》，第 261 页。

行的。

　　除以上主要赈济对象之外，族人家庭若遇到困难和特殊情况，义庄往往也会提供临时性的救助："其或稍有微业，力不能赡养全家诉请酌给者……量给几人月米，其余各项费银，概不给与。至前无力而后能自养者，应将月米量除。"①

　　其二，助学是义田、义庄的重要功能。宋以降社会的上升流动主要是通过科举实现的，宗族要强盛不衰，就必须让子弟勤奋读书，通过科举进入仕途。进入仕途的子弟越多，意味着该宗族的势力越强大，并具有越高的社会地位，在该地方具有越大的影响力。正由于如此，自宋以降，历代宗族都十分重视置义塾、家塾、族学、书院等，聘请德才兼备名师，以教育族中子弟，甚至泽及邻族和姻亲之族。清代也不例外，绝大多数宗族在义庄设义田、学田、膏火田、书灯田等以作为办学经费来源，大力支持子弟教育。如浙江嘉兴姚氏言简意赅指出："义塾之设，所以培植子弟，能得人材成就，即为宗族之光。"② 乾隆时江苏《嘉定王鸣盛王氏宗祠碑记》说得更直截了当："今合族子弟而教之，他日有发名成业成为乡大夫者，得族有所庇庥。"③ 嘉道时李兆洛也有类似的看法："夫子孙虽愚，经书不可不读，古训也。人知务本则守身保家，保其宗庙，皆在是矣。"④ 总之，子弟读书入仕关系到宗族的荣誉、社会地位和长盛不衰。

　　在这种思想指导下，清代通过义田、学田助学有所发展。如江苏昭文俞氏义庄"附置书田二百亩有余，设义塾以课本族子弟"⑤。江西新城世家巨族"俱设有学田，随其土之多寡而分之，至已仕而止，励读书而

---

①　《明清以来苏州社会史碑刻集》，第 277 页。

②　光绪《姚氏家乘》第五本《义庄赡族规条》。

③　转引自冯尔康等《中国宗族史》，上海人民出版社，2009 年，第 257 页。

④　李兆洛：《养一斋文集》卷 9《昭文归氏书田记》，光绪四年刻本。

⑤　光绪《常昭合志稿》卷 17《善举》，江苏古籍出版社，1991 年。

养廉隅"①。福建建阳则有"书灯田，祖父分产之始，留田若干亩，为子孙读书之需，后有入学者收其租"②。具体而言，宗族义庄主要通过 4 个方面进行助学：一是以义田收入开设私塾，聘请先生，购置书籍，让族人子弟免费入学接受教育；二是补贴族中学子的灯油费、文具费等，极贫的族中子弟成绩优秀者还可以补助部分衣帽费等；三是对于有志考取功名者，宗族以义田收入助其从师费，参加科举考试的路费、考试费；四是奖励获得功名的子弟，如考取秀才、中举人均赏不同钱粮。有关义田助学，本节下一目还要专题阐述，兹不赘述。

其三，灾年荒歉救济受灾族众。中国古代的小农经济十分脆弱，在频繁的自然灾害中很容易遭到毁灭性的破坏。为了保护小农经济的长期存在，古代宗族很重视在自然灾害中对族众的赈济，并提倡族人之间互相帮助、互相扶持。《重修古歙城东许氏世谱》卷 7《许氏家规》救灾恤患条规定："人固以安静为福，而灾危患难亦时有之，如水火、盗贼、疾病、死丧。凡意外不测之事，此人情所不忍，而推恩效力，固有不容于己者。其在乡党邻里，有相周之义焉，有相助相扶持之义焉，况于族人，本同一气者乎？今后，凡遇灾患，或所遭之不偶也，固宜不恤财、不恤力以图之，怜悯、救援、扶持、培植以示敦睦之义。此非有所强而迫也，行之存乎人耳。"由此可见，清代宗族认为，当族人遇到灾祸患难之时，同族人必须不惜出钱出力对其进行救济、援助，而且这应该成为一种自发自觉的行为，而不是要什么组织或人强迫你该这样做。

在这种认识基础上，清代宗族鼓励富裕的族人多出钱出力救济遭遇饥荒及不测事件的贫困族人，避免他们流离失所、逃亡道路而造成家族的离散，达到收族的目的；避免贫困族人鬻妻质子，让祖宗受到耻辱。正如《华阳邵氏宗谱》卷 18《家规》恤族条所云："族由一本而分，彼贫即吾贫，苟托祖宗之荫而富贵，正宜推祖宗之心以覆庇之，使无所失，

---

① 同治《新城县志》卷 1《风俗》，同治十年刻本。
② 陈盛韶：《问俗录》卷 2《建阳县》，书目文献出版社，1983 年。

此仁人君子之用心也。若自矜富贵，坐视族人贫困，所其鬻妻质子而为人仆妾，以耻先人，是奚翅贫贱羞哉？即富贵亦与有责也。"同时，宗族所置义田，其一个重要职能就是赈济受灾族人："祠内大族，多置义田以备荒歉。"① 甚至用于其他开支的田地，有盈余也用于赈灾。如道光《广东通志》卷9引《增城县志》载："祭田所入，蒸尝之外，子孙应试者给其资斧，余则赈凶饥，恤孤寡。"

清代宗族受传统儒家"三年耕，必有一年之食，九年耕，必有三年之食"② 思想的影响，日常应对荒年等不时之需的措施是重视积储。义庄一般会把其收入的一部分留存起来，留存的通常在三成以上，一为防灾，二为积累："每年收入田租，应提出百分之十五，以备荒年不足之需。倘积至十年，并未动用分文者，则以十成之七添置田产，其余仍陆续积存，备置田产，不得移作他用，其添置者积至百亩，即行呈官立案，以垂永久。"③

清代义庄对受灾族人的赈济程序是，首先派人查看族人受灾程度，然后根据受灾程度鼓励族中富裕且有仁义之心的人捐助。如果还有缺口不足，再动用义庄积贮赈济。"设遇歉岁，司正副须公同踏看，分别实在分数，毋任催细捏报，并须筹核一年经费，不敷若干，劝请族中尚义者量力各助，俾支放不拙，是诚族中之幸。如其不能，惟积贮可以弭灾。"④ 义庄在荒年赈灾时，其原则是尽量节约开支，节省一些可多可少的开支用于赈灾，如首先减省助嫁娶的费用，其次减省丧葬费用，最后还是不够时，再酌减月米或搭配杂粮。有的义庄会将存储的银钱折成补助费。总之，赈灾支出只能限定在义庄可支付的范围之内，必须量入为出，不得借贷。这就是"设遇岁歉，庄正会同敦仁堂核计筹办。倘经费内约不敷一年月米，先停给婚嫁费，以酌减丧葬费。设再不敷，量减月米，或

① 嘉庆《宁国府志》卷9引《太平县志》，广陵书局，2006年。
② 《礼记·王制》，中华书局《十三经注疏》本。
③ 《明清以来苏州社会史碑刻集》，第273页。
④ 《明清以来苏州社会史碑刻集》，第231页。

搭发杂粮，俟丰收后照规给发。务须量入为出，不得借垫，有利债负即有急需，亦不得暂为挪用。如有盈余，必须存积三年之蓄，吾方可增置田房绝产，勒石呈明立案"，"如遇歉岁，或给发银钱，须照市价折算"①。

第五节　宗族教育思想

中国古代从唐宋以来，科举取士的制度使民间社会的人通过读书进入仕途，从而光宗耀祖的观念深入人心。清代也不例外，几乎所有宗族都尽力倡导族人读书，然后通过科举入仕，使自家宗族多出官宦之人，从而成为当地望族，并长盛不衰。但是，明清时期随着商品经济的发展和资本主义的萌芽，士农工商四业皆为治生之途的观念越来越广泛地在民间传播，从而也影响着宗族教育的理念。毕竟科举取士人数十分有限，只有一些学业优异且很幸运者才能入仕为官。因此，宗族教育的目标渐渐趋于更加理性、现实。一般宗族会根据子弟资质和家庭经济状况等具体条件，将教育目标细分为3个层面：首先是通过科举入仕，光宗耀祖；二是科举不成，学得治生本领，争取致富出头；三是致富不成，亦可断文识字，勤于耕读，或学得一技之长，养家糊口。如安徽池州仙源杜氏家训"定衡业"谓，人无一定之业则无以为生，而士农工商皆为恒业，准确根据自己材质选择一种即可："凡为父兄者，须量子弟材质之高下，身体之强弱，各治一业，不可听其游惰陷入下流。如天资明敏专志读书足以显亲荣祖者，一族不可多得"②。歙县胡氏族规也认为："四民职业，立身成家之本。天姿秀美者，读书得名，邦家之光，宗族之荣；次则力田，丰年亦农夫之庆；又次执艺营生，挟赀贸易……为父兄者，各因其

---

① 《明清以来苏州社会史碑刻集》，第276页。
② 光绪《仙源杜氏宗谱》卷首《家训十条》。

材，慎择师友，毋从匪彝；为弟子者，务宜专精其业，重望成名。"① 清代甚至有人更功利地颠覆传统"四民士为首"和"唯有读书高"的观念，认为读书人不能务农做工，个人生活靠父兄，更不能养家，所以"世言读书误人，不如安农服贾可资日用。此弟以为养生之谋耳，养生以衣食为重"②。

与此相反，清代有些宗族仍然秉承传统的"唯有读书高"的理念，认为子弟读书，宗族自然希望他们获得功名，科举出仕，光宗耀祖，但是要达到这个目标的确不容易，即使如此，子弟能够读书明理，就是人才，就很难得。有的宗族对子弟读书就表达了 4 种愿望：上者获得功名和出仕；次则为衿士；能成为雅士贤人，望重乡里，也很好；即使仅仅识字，知理也不错。宗族里如有这 4 种人，在乡里的声望就会提升，成为望族，就不会遭受他人、他族的欺凌。安徽《绩溪县南关许余氏惇叙堂宗谱》卷 8《文会序》就指出："学文以明道，则将敦品诣，饬纲常，美风俗，出则致君泽民而有功于国，处则型仁讲让而有功于家，谓非宗族之光哉！"出仕致君泽民有功于国家，处室为贤士有益于乡里，均为宗族增光。江西浮梁郑氏宗训也认为："各瞳子姓要先读书，或以缙绅，或以青衿，皆可以增光俎豆，荣施宗族。"③ 品官、生员的祭礼、丧礼规格高于庶人，宗族有了官绅，自然丧葬礼的规格就提高了，所以郑氏才说只有宗族的子弟读了书，才有可能出现品官、生员，就能增光俎豆，光宗耀祖。乾隆年间进士出身的江苏青浦人王昶独立兴办祠塾，谓能培养出异才固然好，做不到，也是令子弟知书达礼，成为正人君子，而不致入于下流小人："即或仅为博士弟子或并博士弟子不能，而八岁入塾，二十三岁出塾，十五年中日闻先生之教，日诵诗书礼乐之训，其于仁义道德孝悌中心之旨，必稍有所解且习以规言矩步，即有嚣凌亢暴放恣佻达

① 民国歙县《蔚川胡氏家谱》卷 2《（道光二年录）规条》。
② 光绪《山阴柯桥杨氏宗谱》卷 1《家训》。
③ 咸丰浮梁祁门《郑氏宗谱·祖庙训》。

之徒，磨砻渐革，变气质，移性情，上之可几君子，下亦不至小人之归，则有益于人才者甚大。"①

宗族办学，最基本的条件就是要有经济实力的支撑。宗族创办义学、家塾，必须建学舍、购买图书、延聘老师，或者还要提供学生的膏火费等。宗族子弟从蒙学开始到参加科举，用度相当可观。休宁《茗州吴氏家典》卷 2《学田议》中就提到培养宗族子弟的费用，诸如脩金、膳食、笔墨、图书、交通、住宿、交际等开支。清代宗族子弟入学有脩脯执贽之仪，有礼传膳供之费；稍长能作文，有笔札之资、图籍之用、膏火之需；平时从师访友，有旦夕薪水之给，朋友庆吊酬酢之情；出而应试，有行李往来之供；如若参加乡试、会试，费用更是巨大；有幸金榜题名，宗族还要奖赏，甚至还要立旗杆、制匾旌表。这么大的财力支出，唯有财力雄厚的宗族，或财力有限而特别热心于子弟教育的宗族，才能实现办学的愿望。

清代宗族由于认识到在办学中经济实力的重要性，因此，有财力的宗族，往往专门备置学田、书灯田、膏火田等，将其收入作为子弟向学的长期专项经费。这类田业，成为宗族办学最基本的经费保障。有清一代，宗族置田办学的记载屡见不鲜，遍及各朝皇帝和全国各个地区，兹举数例以窥一斑：如早在清朝初期，福建漳浦黄氏族中的黄性震，置立义塾，令阖族读书其中，置书田，收租四百石，为膳脩膏火之费②。乾隆以前，浙江会稽章应奎捐田产二十亩创办义塾，教授近族子弟中家境贫乏者③。乾隆十八年（1753），建宁县在籍知州徐时作捐学四十亩④。四川横县傅氏，光绪初创办族学，由进士傅润生倡议，族人醵赀积谷，得

① 王昶：《春融堂集》卷 37《祠塾规条自序》，上海文化出版社，2013 年。

② 蓝鼎元：《鹿洲初集》卷 7《黄太常传》，台湾商务印书馆影印四库全书本。

③ 道光《会稽县志稿》卷 18《人物》引《乾隆府志》，上海书店出版社，2011年。

④ 《清高宗实录》卷 437。

钱千余缗，置田数十亩，建学舍，延师课读，岁以租入之数助学生束脩膏火①。元和曹氏设书田一百亩，"饩本支子孙读书者"；设义塾田九十亩，饩同祖以下子孙读书者②。江苏苏州丁氏济阳义庄，内建义塾房屋十二楹，集书三万卷，读书田三百亩，给子弟修缮考费③。

清代宗族除置学田、书灯田、膏火田等办学外，有的还多方筹措各种经费，想方设法克服种种困难，创办族学、义塾、家塾等。如雍正十一年（1733），任职总兵官的颜审源交给族弟松如银二百两，命立家塾，课训子弟以及乡邻。遂由族正华如操持，置本街房一区，整修为学舍，共费一百四十两，其余仅供二三年束脩，难以持久。遂与众公计，择族内有力者暂代银以成厥事。每岁以族内公项垫还，共银九十两。另外出典束龙口水磨，收租为先生束脩费。仍因经费不足，将塾舍移置东关虚皇楼，卖出旧塾得价银一百五十两。乾隆四十九年（1784），颜凤宁任族长，因子弟课读未便，集众公议，出其接收旧族长凤泗存积制钱一百串，遂将学塾移建于祠堂路北，改东关学塾为店铺，每年取租以供馆师脩金之需。五十年（1785），颜秉琼续建廊房六间，规模宏敞，春读夏弦，业已宽绰有余④。甘肃武威段枢，经商致富，纳粟为监生，捐资办家塾。他于光绪十一年（1885）延聘李对庵教授诸侄；十四年（1888）利用油房为学舍，聘请赵一堂教授诸侄及亲属子弟读书⑤。

在宗族办学中，人们之所以青睐于置学田、书灯田、膏火田等作为办学经费的来源和支柱，其主要原因是田租收入比较稳定，故能长期坚持办学，而其他捐款、店铺等如经营不善，很容易造成办学经费的来源

① 傅为霖辑：横县《简州傅氏谱》卷6《族学序》，光绪二十六年凤山书院刊本。

② 李兆洛：《养一斋集·文集》卷9《曹氏祠田碑记》，《续修四库全书》，上海古籍出版社，2002年。

③ 《民国吴县志校补》卷31《公署四·义庄附》，国家图书馆出版社，2014年。

④ 《金城颜氏家谱》，乾隆《颜氏设立家塾记》《重修家塾记》《献助廉俸营息供奉祭祀家塾恤贫诸需记》。

⑤ 宣统《武威段氏族谱》，《太学生段公斗垣年谱》。

不稳定，难以持久。

清代宗族认识到要办好学塾，财力是基础，选聘塾师则是关键。因为塾师既要言教，更需身教，直接影响生徒思想品德和行为。宗族择师的标准，简言之就是震泽任氏《规则》中所提出的"有学有品"，也就是要知识渊博、品德高尚。而且在这两条标准中，宗族择师更注重德行，即德才兼备，首先要品德高尚，其次才是知识渊博、才能杰出。因为如能聘请到品德高尚的名师，让他以身作则，在品德方面成为学生的楷模；其次如老师知识渊博、明于学理，就会使学生学问上能有长进。婺源《武口王氏统宗世谱·宗规》重家学条就指出，择师首先要注重品德："天下之本在国，国之本在家，家之本在身。格物致知，诚意正心，皆所以修身也。《易》曰：'蒙以养正，圣功也。'家学之师，必择严毅方正可为师法者。教苟非其人，则童蒙何以养正哉？"休宁茗州吴氏家规聘致明师的条件是："延迎礼法之士，庶几有所观感，有所兴起，其于学问资益非小，若咙词幻学之流，当稍款之，复逊辞以谢绝之。"① 吴氏认为老师应当为礼法之士，如只是懂得辞藻，即应当辞退。可见，他们强调的也是老师的品德。南海九江朱氏家塾"敦迎甲乙科中学行兼备者为师，其有素孚士论、蓄道德而能文章，则不以科第论"②。朱氏主张礼聘进士、举人为老师，但如果是德才兼优享有很高威望的人，功名稍次一些也可礼聘。

中国自古以来就有尊师重道的好传统，这就是所谓"天地君亲师"。清代宗族继承了这一优良传统，坚持隆师重道的原则。平乐邓氏《家训》隆师道指出："语云'师道立则善人多'，此自古以来治国治家者所以必隆师重道也。倘轻忽骄傲，不但功名难就，风俗亦不雅观矣。故弟子当一心听从，以求明理之实；即父兄亦宜加意崇重，以尽育才之心。"③ 邓

---

① 吴青羽：《茗州吴氏家典》卷1《家规》，雍正十三年刊本。
② 朱次琦：《朱九江先生集》，《朱氏捐产赡族斟酌范氏义庄章程损益变通规条》，沈云龙主编《近代中国史料丛刊第十三辑》，文海出版社印行。
③ 平乐《邓氏宗谱》卷2《家训小引》，民国十三年印本。

氏在此把隆师重道上升到治国治家的高度，认为必须隆师重道才能把国家管理好，这是对尊师重道思想的一大发展。池州仙源杜氏《家训》敬师友条则认为，宗族尊师重道，才能聘到德才兼备的好老师，老师才会尽心教学，否则只会聘到庸师。这就是所谓"师不严则道不立，品端学邃之师当终身敬之，不可怠慢，否则严师不屑教诲，而苟就者皆庸师矣"①。

清代宗族尊师重道在物质上的体现是给予老师很优厚的待遇，民间普遍认为脩金的多寡，直接反映尊师重道的态度，没有像样的脩金，师道尊严就不能体现出来，老师就很难自觉地、有高度责任感地从事教学，难以耐心教导、严格要求学生。如兰州颜氏义学，起始付给塾师束脩十二千文，后因义塾经费来源不稳定，不能按时付给，自家感到"不免礼数不周"，后来脩金减少至八千文②，自然就难以请到理想的塾师了。相反，一些财力雄厚的家庭，则争相开出优厚的待遇，以礼聘塾师。如南海朱氏每年给师傅脩金二百两，膳金银四十两，另送贽仪、节仪、迎送夫马银二十两③。宜兴筱里任氏的开蒙义塾，岁给塾师脩金十六两，另外负责先生膳食，酌量给予银米④。

清代的宗族教育方针是首德行、次文艺。他们把唐初礼部尚书裴行俭的"士之致远，先器识，后文艺"⑤ 奉为座右铭，列入祖训，强调在宗族教育上，德育品行第一，智育学业第二，培养品学兼优学子。乾隆五十九年（1794），宝安鳌台王氏拟定的家训即以此作为要求族人的依据："裴行俭云：'士先器识，后文艺。'惟士宜上体朝廷重士之意，祖宗劝学之心，躬行实践，砥砺廉隅，乃无愧一乡领袖也。"⑥ 常州《辋川里姚氏

---

① 池州《仙源杜氏宗谱》卷首《家训十条》，光绪刻本。

② 《金城颜氏家谱》，乾隆《颜氏设立家塾记》，光绪十二年刻本。

③ 《朱九江先生集》，《朱氏捐产赡族斟酌范氏义庄章程损益变通规条》，沈云龙主编《近代中国史料丛刊第十三辑》。

④ 《宜兴筱里任氏族谱·义塾记》，民国十六年刻本。

⑤ 《新唐书》卷108《裴行俭传》，中华书局，1975年。

⑥ 乾隆宝安《鳌台王氏族谱·家规》。

宗谱·宗规》云："所谓勤者，非徒尽力，实要尽道。如士者，则先德行，次文艺。"同治庚午（1870）科解元傅光弼讲到义学，也是倡导主要先学做人，才能移孝作忠，敬事长上："学亦学为人而已矣，贤父兄明夫养正之道，必使人为孝子，为悌弟；出则忠可移于君，敬可移于长。"①歙县《潭渡孝里黄氏族谱》卷4《潭渡孝里黄氏家训》曰："子孙为学，须以孝悌礼义为本，毋偏习词章，此实守家第一要事，不可不慎。"总之，清代宗族普遍认为宗族教育以德育为先、智育为后，这不仅是治国的需要，也是治家的需要。

清代宗族在此教育方针的指导下，在教材的选定上，即令生徒按照朝廷的要求，学习指定的德育书籍、文告。清廷一再强调，《圣谕六条》《圣谕十六条》《圣谕广训》不仅在官学必讲，也必须深入到民间义学祠塾，广为宣传，使之家喻户晓。嘉庆年间臣下议奏设立义学，清仁宗谕内阁：义学"使童子粗识之无，即能诵习《圣谕广训》，并通晓经书大义，庶几变化气质，熏德善良。"②道光年间，清文宗更是下令："性理诸书，均为导民正轨，著各直省督抚会同各该学政，转饬地方官及各学教官，于书院家塾教授生徒，均令以《御纂性理精义》《圣谕广训》为课读讲习之要，使之家喻户晓，礼义廉耻油然自生，斯邪教不禁自化，经正民兴，庶收实效。"③

清代族学的基本教材和主要学习内容，各宗族基本上是大同小异，兹举较具代表性两例，以窥一斑：一是兰州颜氏十一世族长颜穆如参照朱熹"白鹿洞规"的原则制定的族学教材及学习次序。他在《家训》中规定，族中子弟最先读的是《小学》，次为《四书》，复次《五经》，"以立主敬存诚之基"，即懂得三纲五常之理；《通鉴》《性理》，及长读之。"一以广见闻，知本原；一以考典故，知事理。知行并进，久久自当贯通，乃是有体有用之学"。颜穆如同时指出："今国家取士，亦于《小学》

---

① 横县《简州傅氏谱》卷6《族学序》。
② 《清仁宗实录》卷329，中华书局1986年影印本。
③ 《清文宗实录》卷23，中华书局1986年影印本。

《四书》《五经》《性理》《通鉴》中求人才。今之学者……徒事咕哗、工帖括，以钓声名，取利禄，其于古昔圣贤教人为学之意不合矣。吾宗子孙，其知所尚也。"① 他认为，族学所读之书，与朝廷科举取士的要求完全一致，但是不能沽名钓誉，只为科举而读书，而应从立品出发，以学到这些书籍的精髓。二是紫江朱氏《家规》教子孙条述及家学的教材和学习次序是：子孙当童蒙时，先课以《孝经》《小学》，随授以《四书》《六经》，为之讲明大义。深造者，即令其留心学问，凡《周礼》《礼仪》《国语》《国策》，先秦两汉之书，诸子百家之传，唐宋八大家，明代隆、万、启、祯之文，及程朱语录，靡不朝夕研究，"以求身心性命之学，并出其余力以为制科决胜之文，俾得发名成业"②。朱氏所开的教材比颜氏的要多，但他把学习的书目分为童蒙与深造两个阶段，童蒙阶段就基本上与颜氏相同。朱氏对学子的要求比颜氏还高，既重经义，又重制艺，要达到做人、科举兼得。

清代宗族有的还在《祖训》《家规》中，教导子弟应该读有益学业的书籍，而不该读迷人心性、荒废学业的书籍。如绩溪《东关冯氏家谱》卷首上《冯氏祖训十条》告诫子弟："稍积字义，即宜以《小学》、吕坤《呻吟语》、陈宏谋《五种遗规》及先哲格言等书，常常与之观看；弹词、小说最坏心术，切勿令其入目，见即立刻焚毁，勿留祸根。"休宁《茗洲吴氏家典》卷1《家规》也要求：举业者多读圣贤经书，"不得分心诗词，及务杂技，令本业荒芜"。冯氏认为弹词、小说迷人心性，会使人误入迷途；吴氏则认为诗词分散子弟学习精力，可能荒废学业，所以都列入禁读之列。

清代宗族非常重视童蒙教育，在一个人的成长道路上，儿童时所接受的知识、举止、习惯等是最基础的，将影响其一生。《重修古歙城东许氏世谱》卷7《许氏家规》就指出：

① 《金城颜氏家谱·家训十条》，光绪十二年印本。
② 开阳《紫江朱氏家乘》卷4《旧谱家规十二则》，民国二十四年刻本。

蒙以养正，圣功也。夫养于童蒙之时，而作圣之功基焉，是岂细故也哉？始养之道，莫要于塾师。今之塾师又难焉哉！工以役之，而非以师道尊之也。其扑作教刑，师道之所不免也。而父母之姑息者，岂惟尤之，又从而詈之。夫是则法废，而教有所不行矣。以此养蒙，而冀蒙之得其养哉？蒙之失养，本实先拨，又可望他日之有成哉？吾宗童蒙颇多，而设馆非一，随地有馆，以迎塾师，幸毋陷前之弊。隆师傅之礼，惩姑息之爱，教导之预，则蒙得其养，虽无作圣之望，庶几其为成人，毋忝厥祖，不亦幸哉！

正由于童蒙教育对一个人一生成长的至关重要，清代不少宗族在族规、家规中专门订有童蒙教育的规定，如徽州江氏《蒙规》就专门对启蒙教育中的养心、尊师、诵读、咏歌、习字等方面提出明确的要求：

蒙规一：家之兴，由子弟多贤。子弟贤，由于蒙养。蒙以养正，岂曰保家，亦以作圣也。童蒙以养心为本，心正则聪明。故能正其心，虽愚必明，虽塞必聪。不能正其心，虽明必愚，虽聪必塞。正心之极，聪明天出。士而贤，贤而圣，虽愚，亦可为善士。曰养心有要乎？曰有。其目在下，头容直，毋倾听，毋侧视。

蒙规二：尊师。童子始能言能行，遇有大宾盛服至者，教之出揖暂立左右，语之曰："此先生也，能教人守礼，可敬也。"由幼稚即启发其严畏之心，适入小学，先礼服揖为师者，然后诸生肃揖。言动视听、容貌气色，为师者敦切晓诲，使之勉勉循循，动由矩度，此严恭谨畏之所由起，而动容周旋中礼之基也。

蒙规三：诵读。凡训蒙童，始教之口诵，次教之认字，次教之意识。口诵则教之遍数，使勤勉精熟。认字则教之先其易者，如先认一字、人字，次认二字、天字之类。意识则就其所知者启之，如孝以事亲、悌以事长之类。行步拱揖，皆有至理，起居会息，天命流行，孔子之申申夭夭，周旋中礼，只在日用常行之间而已。初学便须告之曰：即此便是圣贤工夫。使之心思意识日长月化，强其所未识，优游渐渍，虽愚必明。

咏歌。凡童子十岁以上，每日寅卯时诵书，辰巳时习字歌诗，未酉时诵书歌诗。五人一班，歌诗三章，具歌正雅、正风，余具端坐肃听。

字画。凡童子习字，不论工拙，须正容端坐，直笔楷书。一竖可以觇人之立身，勿偏勿倚；一画可以觇人之处事，勿弯勿斜；一撇捺如人之举，一踢挑如人之举足，均须庄重一点。如乌获之置万钧疏密，毫发不可易一，绕缴如常山蛇势，宽缓整肃而有壮气。以此习字，便是存心。工夫字画劲弱，由人手熟神会，不可勉强取效。明道云：非欲字好，即此是学。[①]

从江氏《蒙规》可以看出，清代童蒙教育的理念主要注重3个方面对儿童的训练培养：一是对日常行为的规范。如"童蒙以养心为本"，"养心"是一个很抽象的概念，《蒙规》则通过对儿童行为的规范，即"目在下，头容直，毋倾听，毋侧视"，让他们体会养心就是"正其心"。又如通过要求儿童在师长面前"出揖暂立左右"，使之懂得尊师的道理。二是通过要求儿童诵读、咏歌，使他们背诵、记住一些基本的知识。儿童记忆力强，许多知识可让他们先背诵记住，以后随着年龄的增大和阅历的丰富，逐渐体会其中所蕴含的道理。三是认字、习字。《蒙规》尤其重视培养儿童"正容端坐、直笔楷书"的写字习惯。俗话说见其字如见其人，从小培养儿童写字中正、认真写好每一笔一画，对其以后为人处世、认真做事、一丝不苟是有帮助的。

清代宗族教育要求子弟到了青年阶段，应全面实行教学内容与实践的结合。紫江朱氏家规"教子孙"述及家学方法时，就着重在言行合一的培养，"使子孙知孝悌忠信礼义廉耻为生人须臾不可或离之事，非徒诵习传说而已，尤当身体力行，奉以终生，俾得发名成业"[②]。在具体治学、写作方面，即墨杨文敬全面阐述读书、质疑、深思、坚持、理解以及作

---

① 民国《济阳江氏统谱》卷1《蒙规》。
② 开阳《紫江朱氏家乘》卷4《旧谱家规十二则》。

文、写诗的方法。如他提倡读书要善于提出疑问，才会有自己的理解：读书有疑义，正须质问，不可忽略，不可强解，一有此病，便终身不能了彻；读书须要逐句逐字寻思，昔人尝说"三到"，谓口到眼到心到，若但取顺口读下，与瞎子唱曲何异；读书每篇要彻首彻尾，细寻思其脉络所在，机构所在，自可得其精神。他还说到作文，需要文与题通融一体，再是要多写，讲求写作技巧：凡作文字，要沉心静气，将题情题理融会贯通，了无疑障，下笔自然中窾；作文最忌俗字，街谈俚语一入篇幅，便觉生厌；文章之妙，全在波澜顿挫，但不得别生枝节；文章须是由道理，道理真，不求好而自佳；文字最忌抄袭雷同，不惟观者生厌，且低却自己品格①。兰州颜穆如《家训》主张学习方法要遵循朱熹的"博学之，审问之，慎思之，明辨之，笃行之"的格言，博览群书，勤于善于思考，明辨是非，坚持同实践相结合，尤不可只为科举，与古昔圣贤教人为学之意不合②。

清代宗族在办学中，普遍对贫困学子予以资助，特别是资助聪明俊伟、有培养前途的学子。他们认为对宗族学子的资助，既是帮助、鼓励学子成才，也是整个宗族相当荣耀的事情，并能维持宗族的长盛不衰。《重修古歙城东许氏世谱》卷7《许氏家规》振作士类条规定：

> 士之肆举业者，有志于科第者也。业之弗精，而能以应举及第者乎？饥寒困穷乱其心，吾未见业之能精也。营营内顾之私，衣食之累，悠悠岁月，浪过一生，而终于无成，甚可惜也。今后凡遇族人子弟肆习举业，其聪明俊伟而迫于贫者，厚加作兴；始于五服之亲，以至于人之殷富者。每月给以灯油、笔札之类，量力而助之，委曲以处之，族人斯文又从而诱掖奖劝之，庶其人之有成，亦且有光于祖也，况投我木桃，报以琼瑶，又何惮而不为乎？

许氏宗族认为，如学子饥寒困穷，是很难能把学业学好，更不要说

① 《即墨杨氏家乘》，道光刻本。
② 《金城颜氏家谱·家训十条》，光绪十二年印本。

能够参加科举中第。宗族应尽其所能资助聪明俊伟而迫于贫困的学子，使他们无衣食之忧，专心致志于学业，将来科举中第，光宗耀祖，并回报宗族。

据冯尔康研究，清代宗族利用公产助学有 4 种方式，即帮助族人求学，给予学费、膳费；会课法，物质奖励优胜者；资助与试者；奖励进学者。此外，为鼓励族人进学出仕，祠堂活动中特殊优遇有功者①。

清代宗族帮助族人求学，对于有望学成的贫困学子尤为关照。祠塾、族学等对就学的子弟，通常不收学费，甚至由学塾提供膳食或伙食费。如江西建昌魏定国捐献的九十亩学田，收租一半供师生膏火，一半供诸生文课饭食之费②。安徽歙县潭渡黄氏宗族规定："子姓十五岁以上资质颖敏苦心读书者，众加奖励，量佐其笔札膏火之费。另设义学，以教宗党贫乏子弟。"③ 休宁吴国锦从商致富后，对贫寒的族裔，"择其俊秀者，助以束脩膏火之费，使竟其学"④。

为了激励子弟勤奋学习，宗族实行会课，奖励成绩优秀者。所谓会课，即月考或者季考，清代宗族通常给予优胜者以银钱的奖励。南海朱氏规定，蒙童背书会课，每年举行四次。学童以背诵如流、默写不误者为合式。中式者，大经赏银七钱，中经三钱五分，小经一钱八分。能通背五经，每经给赏外，另加奖银一两四钱，通背七经加银二两一钱，通背十三经加银三两五钱⑤。宜兴筱里任氏义塾，定于每年清明、冬至后一日，本族生童俱于祠堂会课，送请高明评次，以第给赏，鼓舞后进⑥。直隶宁晋张氏族规定：子弟能够作文者，无论已未游庠，定期举行考试，

① 冯尔康：《清代宗族的兴学助学及其历史意义》，《清史研究》2009 年第 5 期。

② 同治《建昌府志》卷 9《记》，魏定国《伯庸公祠设立义田义学记》，江苏古籍出版社，1996 年。

③ 《歙县潭渡孝里黄氏族谱》卷 4《潭渡孝里黄氏家训·亲睦》，雍正刊本。

④ 嘉庆《休宁县志》卷 14《人物志·孝友》，嘉庆二十年刻本。

⑤ 《朱九江先生集》，《朱氏捐产赡族斟酌范氏义庄章程损益变通规条》，沈云龙主编《近代中国史料丛刊》第十三辑。

⑥ 《宜兴筱里任氏族谱·义塾议》，民国十六年刻本。

由族人中有功名者主持，分别优劣等第，进行赏罚，以示激劝①。

清代宗族还特别重视对童生应试、生员常年考试和参加乡试、举人参加会试的子弟给予经费上的支持，如试卷费、车船费、住店费，都在宗族赞助之列。对于各级中式者、生员出贡者皆予祝贺，发给奖金。如直隶东光马氏规定：乡、会试贫不能下场者，公项中每名助钱四吊。文童县试贴钱四百文，复试一场贴钱二百文；府试贴钱六百文，复试一场贴钱二百文；院试贴钱六百文。生员考优拔贡贴银四两，生员下科贴银四两，举人会试贴银十两，进士殿试贴银十两②。宜兴筱里任氏给赴试者的补贴是：童试给卷资一千八百文，科岁试给卷资七百文，乡试给盘费三千文，会试给盘费十六千文③。清代宗族对于参加各级考试中第者，也给予不同等级的奖励。如宜兴筱里任氏赏给有功名者的花红是：进学十千文，明经十二千文，举人十六千文，解元加倍，折戏钱同，进士二十四千文，折戏钱同，钦点庶常二十四千文，会元加倍，鼎甲再加倍，殿撰再加倍④。绩溪胡氏规定参加科举学子，"登科贺银五十两，仍为建竖旗匾，甲第以上加倍"⑤。

与奖励相反，清代宗族也在族规家法中对学子的一些不端行为进行惩罚。如南海朱氏对于家塾中受业子弟有不修士行、贻玷门风者，摈弃出塾；在会课中，其佻达顽劣者，虽经熟，记过不赏⑥。休宁茗州吴氏令青少年就读，若因循怠惰，已经行过冠礼的，也要"去其帽如未冠时"，等到折节改行，再为恢复⑦。

清代，也存在着一些读书人好自尊大，包揽词讼，出入公门等种种

① 宁晋《百忍堂张氏增修族谱》，同治十二年刻本。
② 高富浩纂：东光《马氏家乘》，《马氏宗祠条规》，光绪三年活字本。
③ 《宜兴筱里任氏族谱·礼》。
④ 《宜兴筱里任氏族谱·礼》。
⑤ 绩溪《明经胡氏龙井派宗谱》卷首《明经胡氏龙井派祠规》。
⑥ 《朱九江先生集》，《朱氏捐产赡族斟酌范氏义庄章程损益变通规条》，沈云龙主编《近代中国史料丛刊》第十三辑。
⑦ 吴青羽：《茗州吴氏家典》卷1《家规》，黄山书社，2006年。

不端行为，一些家族在族规家法中告诫生员守法，勿得非为。如离石于氏在《家训》中告诫子弟小心敬畏，虽进学，与平人无异，埋头读书。切勿呼朋引类，做出非为的事来，那时悔之晚矣①。湖南零陵龙氏告诫子弟：切勿因读书识字，舞弄文法，颠倒是非，造歌谣，匿名帖。举监生员不得出入公门，有玷行为②。湖南桂阳邓氏在族谱的首卷刊刻《盛朝卧碑》，即顺治九年（1652）颁布的《训示卧碑文》，要求族中学子要严格遵守朝廷制定的学规，讲求孝道、忠道，尤其是禁止交结势要，干涉词讼，妄言军民事务，结党把持官府，武断乡曲③。

---

① 离石《于氏宗谱》卷子《家训》，康熙刻本。
② 零陵《龙氏六续家谱》卷首下《家规》，民国十年活字本。
③ 桂阳《邓氏族谱》卷首上，光绪三十三年活字本。

第四章
清代经营管理思想

第一节　张英保田产为核心的治生思想

张英（1637—1708），字敦复，号乐圃，又号梦敦。康熙进士。康熙十六年（1677）任侍讲学士，入值南书房，备顾问，掌机要，深为康熙帝所信任和重用。二十九年（1690），晋礼部尚书，兼翰林院掌院学士。三十八年（1699）晋文华殿大学士，旋致归仕。著有《笃素堂文集》。

张英一生仕途顺利，高官厚禄，富贵荣华，原根本无须亲自经理家计，关注家庭经济经营管理的治生之学。与此相反，他对家庭经济经营管理颇为关心兴趣，还专门写了研究地主治生之学的专著——《恒产琐言》①，对保田产为核心的治生思想做了较多的阐述。张英利用"亚圣"孟子的权威，把孟子的恒产论作为阐述自己治生思想的理论依据。他强调说：《孟子》一书，"言病虽多端，用药只一味，曰：'有恒产者有恒心'而已，曰：'五亩之宅，百亩之田'而已"。为了充分表明对恒产问题的重视，张英把自己关于治生之学的著作命名为《恒产琐言》，并在书

---

① 张英《恒产琐言》收入《笃素堂文集》，本目引文未注出处者，均见于《恒产琐言》。

中反复强调，占有和保持恒产是地主家庭经营管理的基础和前提，讲求治生之道必须把解决恒产问题作为关键的、决定性的内容。

孟子的"恒产论"指的是治国者必须使百姓获得足以维持个人和家庭生活的"恒产"，百姓才会因留恋自己的恒产而服从统治，才肯为统治者出力、交纳赋税。否则，百姓没有恒产就会产生离叛之心，而破坏统治秩序。孟子的所谓"恒产"就是指维持一个八口之家（一个男丁和他的父、母、妻子以及四个子女）日常生活所必需的百亩（约合今 31.2 亩）之田和五亩之宅。国家如授予农户这样的"恒产"，使其男耕女织、自给自足，他们就能成为"养君子"及可供国家驱使的有"恒心"之民。显然，孟子的"恒产论"是通过"制民之产"来解决农民土地问题，大力扶植和广泛发展自耕农经济。

其实，张英的"保田产"思想与孟子的"恒产论"有根本的不同，他自己也意识到这点。他认为，夏商周三代田在官而不在民，所以需要由国家"制民之产"以做到使百姓有恒产；三代之后田不在官而在民，"有田者必思保之"，所以必须由地主私人"保己之产"。显然，孟子的"恒产论"是从封建国家如何"制民之产"的角度考虑问题的，是一种以国家为本位的宏观经济管理思想。而张英提出的恒产问题，则是着眼于地主家庭如何"保田产"，是为建立地主私人的居家治生之学服务的，是一种以个人为本位的微观经济管理思想①。此外，孟子的恒产论虽然着重解决的是农民的田产问题，但他却没有否定工商业财产的用意，对工商业和商品经济也不持反对态度，甚至还提出"市廛而不征""关讥而不征""泽梁无禁""天下之商皆悦而愿藏于其市"② 等利商思想。张英则把恒产等同于田产，以此为基础，进一步把治生之道即经营对象或途径问题单纯归结为取得和保持封建田产及地租问题，而对工商业的发展抱有明显的敌意，工商业财产及其经营收入被完全排斥了。

---

① 赵靖：《中国经济思想通史》第 4 卷，北京大学出版社，1997 年，第 478 页。

② 《孟子·公孙丑上》，中华书局《十三经注疏》本。

在中国古代农业社会里，耕地是主要的生产资料，田产是财产的主要部分。张英则从另一个角度，论证了封建地产的重要性：其一，地产持久、常新。他指出："天下之物有新则必有故，屋久而颓，衣久而敝，臧获（奴仆）牛马服役久而老且死。"他认为地主的其他财产，如房屋住久了就会倒塌，衣服穿久了就会破烂，奴仆、牛马干活久了就会衰老死亡，只有田产最持久、最不容易损坏，并且具有"常新"的活力。如果田地耕种太久了造成肥力减退，或者农事不勤导致荒芜，"一经垦辟"，"一经粪溉"，就又更新恢复活力。因此在一切财产中，只有田产才是最可宝贵的，"独有田之为物，虽百年千年而常新"。

其二，地产不畏天灾人祸，不会丧失。田地与其他财产相比，既不怕为水火所破坏，又不惧为盗贼所劫夺，"可以值万金之产，不劳一人守护"。如果土地所有者因战乱、天灾而逃亡外乡，即使其他财产都荡然无存，土地所有权也不会丧失，返乡后仍然可以凭契据认产收回，"张姓者仍属张，李姓者仍属李"。

其三，地租收入持久稳妥、正当安全和舒适。在古代社会里，土地的所有权是通过收取地租这种经济形式来实现的。张英认为地租收入比起经营其他行业收入具有它的优越性。他分析说，经营商业、开当铺"生息速而饶"，但风险大，容易发生亏损破产，"断无久而不弊之理"，"虽乍获厚利，终必化为子虚"。相比之下，惟田产、房屋二者可持以久远。"地租收入比起经商赚钱来，虽然"生息微而缓"，但月计不足，岁计有余；岁计不足，世计有余，是最少风险、最持久稳妥的收入。在地租与房租两者之间，前者又比后者更为持久稳妥。如前所述，田产持久常新，而房屋住久了就会倒塌。还有房产多在城市，房客又不像佃农那样愚懦老实，房东索讨房租往往会引起争吵纠纷，甚至"别生祸殃"。如果房东较为懦弱，甚至连房租也收不回来。而乡村佃农"皆愿民，与市廛商贾之狡健者不同"，向他们收租就容易顺利得多，即使派遣仆人上门，佃户也不会拖欠不交，"不敢藐视之"。

张英还宣扬说，靠经营典当、贸易取得的利息和商业利润是"取财

于人"，会使人"怨于心"，容易招灾惹祸，"无论愚弱者不能行，即聪明强干者，亦行之而必败"。地租收入是"取财于天地"，因而更正当、安全，不会招致人们怨恨，引起不满和反抗，"受之者无愧怍，享之者无他虞"，"虽多方以取，而无罔利之咎"。

张英还认为从事家庭经营管理活动以收取地租是人间最"可乐"之事。他引《诗经·七月》宣扬田园之乐，如士人"有祖父遗产，正可循陇观稼，策蹇课耕"，是"流风余韵，有为善之乐"，"雅颂之景，如在目前"。他对一些士人"不事家人生产"提出批评，认为"人家子弟最不当以经理田产为俗事、鄙事"。

正由于张英把田产看作一切财产中最持久、常新、可靠的财产，把地租收入视为一切收入中最持久稳妥、正当安全和舒适的收入，因此，把保田产作为唯一的治生正道。他对如何有效、长久地"保田产"，提出了3条重要的建议。

其一，"防鬻产"。张英认为，保田产的最大威胁是来自因负债而被迫卖田还债，"其根源则必在乎债负"。而"债负之来，由于用度不经，不知量入为出"，因此"欲除鬻产之根，则断自经费始"。他主张，平时家庭生活方面要"简要"，并从"小处节俭"做起。只有这样，才能防止因入不敷出而负债卖田，"凡有费用，尽从吝啬，千辛万苦，以保先业"。他还建议，除了财力特别充裕的大地主外，一般地主都应尽量在乡村居住以节省开支。"若千金以下之业，则断不宜城而居矣"，"有二三千金之户，方能城居"。地主乡居可获得地租之外的收入，"在城不过取其额租，其山林湖泊之利，所遗甚多。此亦势不能兼，若贫而乡居，尚有遗利可收，不止田租而已"。还有富家子弟如果城居，受城市奢靡之风的影响，"鲜花怒马，恒舞酣歌，一裘之费动至数十金"，如果让富家子弟在乡村居住，就会防止这种挥霍浪费行为的发生。他还特别强调，在大灾之年，地租收入减少了，尤其要防止负债卖田。这时候"当大有忍力，咬定牙根"，以千方百计保护田产。如果万不得已而非卖产不可，宁可卖衣服、首饰、存粮等财产，决不可将田产出售。总之，张英看到田产是农业经营最基础的条件，因此再三强调"鬻产有害"，有针对性地把"防鬻产"作为农业治生之理的最重要的一条建议和措施。

其二，"择庄佃"。张英认为："欲无鬻产，当思保产，欲保产，当使尽地利"。"尽地利"包括两个方面："一在择庄佃，一在兴水利"。对"兴水利"，张英谈得很笼统，只是泛泛提到，主要是谈了"择庄佃"。这反映了张英敏锐的经济学眼光。因为在古代农业生产中，耕地是最主要的生产资料，关系到农业收入的分配，其次就是生产者，关系到农业产量的大小。他认为，良佃易于役使，"用力如此，一亩可得两亩之入，地不加广，亩不加增，佃有余而主人亦利矣"；劣佃难以驾驭，"主人之田畴美恶，彼皆不顾，且又甚乐于水旱，则租不能足额，而可以任其高下"。基于这种情况，张英引用了一句谚语加以总结："良田不如良佃。"他指出，良佃与劣佃在农业生产上的区别是：良佃"一在耕种及时，一在培壅有力，一在畜泄有方"，而"劣农之病有三，一在耕稼失时，一在培壅无力，一在畜泄无方"。这就造成在同一块田地上，由良佃或劣佃耕作，其产量差别是很大的。张英提出选择良佃的标准是："家必殷实"、性必"梗直朴野""饮食必节俭"等等。

其三，"善经理"。张英很重视地主亲自从事家庭经济管理活动以保田产。他说："守之有道，不可不讲，不善经理，付之僮仆……田瘠而亩不减，入少而赋不轻……田本为养生之物，变而为累身之物。"在这里，张英指出了"不善经理"而只依靠管家、僮仆等人来管理田务的危害性，强调了加强改善地主的经营管理对于保田产的重要性。张英主张，对于平常的例行管理活动，如管佃、收租等，地主要亲自了解和过问。由于这类活动每年都要重复进行，故可以建立一定的程序，实行规范化、制度化管理。如果只让管家、僮仆来管佃、收租，就会使自己"目不见田畴，足不履阡陌"，以至受手下人"恫吓"，"为其所窘"。地主要亲自经理家计："第一当知田界"，"第二当察农夫用力之勤惰"，"第三当细看塘堰之坚窳浅深"，"第四察山林树木之耗长"，"第五访稻谷时值之高下"等。

张英认为，地主对于非例行管理活动要有心计。这类活动不是经常发生的，就不能用平时例行的办法来处理。如在灾荒之年，不仅要防止负债卖田，还应做"有心计之人"，采取特别的家庭经营管理手段，兼并、扩充土地，趁灾年地价低贱时购买田产，是最容易发财致富的，"其益宏多"。同时，不要与人争购良田，而要去购买人们不愿意买的劣田。因为良田之价数倍于劣田，水旱之年，良田也要减产，丰收之年，劣田也能增产。另外，良田如不善经营，"不数年变而为中田，又数年变而为下田"，而劣田只要善于经营，"则下田可使之为中田，中田可使之为上田，虽不能大变，能高一筹"。所谓善于经营劣田，其实就是在役使、利用佃农为其改良田地："荒瘠之地，其一二土著老农之家，则田畴开辟，陂池修治，禾稼茂郁，庐舍完好，竹木周布，居然一佳产。"

张英不仅主张地主要亲自参加家庭经营管理，而且教育子弟也要积极参与。如在地主收租、粜谷时，要让自己的子弟在旁"持筹握算"，进行实践锻炼。这可防止子弟因不善于经理家计和任意挥霍而卖田败家。

综上所述，张英的以"保田产"为核心的治生思想，首先是必须拥有古代农业社会最基本的生产资料——田产，然后通过善于经营管理，充分发挥劳动者的生产能力，来保持和扩大田产，即通过"尽人力"而达到"尽地利"。这说明其治生思想中对产权和经营管理的重视。

第二节　重商思想

一、黄宗羲的工商皆本思想

黄宗羲（1610—1695），字太冲，号南雷，人称黎洲先生。明末清初

杰出的启蒙主义思想家。他自幼好学，苦读经史，"于书无所不窥"①。黄宗羲年轻时代，就参加了东南士人反对明代阉党的斗争，亲身经历了明末农民大起义和清朝统治者武装征服等空前剧烈的社会大动荡。清军南下，明朝覆灭，他毁家纾难，集合志士，起兵抵抗。后入四明山，组织"世忠营"，结寨自固。复追随南明鲁王于海上，任左副都御史，辗转流徙，坚持抗清达8年之久。事败后，隐居不仕清廷，毕力著述。他一生著述宏富，达数十种之多，主要者有《明夷待访录》《明儒学案》《易学象数论》《授书随笔》《律吕新义》《孟子师说》《南雷文案》《南雷文定》《南雷文约》《宋元学案》等。

黄宗羲的工商皆本论，有其独到之处。他通过对本、末概念的界定，来表明他的工商皆本思想。他指出：

> 今夫通都之市肆，十室而九，有为佛而货者，有为巫而货者，有为倡优而货者，有为奇技淫巧而货者，皆不切于民用，一概痛绝之，亦庶乎救弊之一端也。此古圣王崇本抑末之道。世儒不察，以工商为末，妄议抑之。夫工固圣王之所欲来，商又使其愿出于途者，盖皆本也。②

在此，黄宗羲重新界定了本末概念，指出那些为社会生产和人们日常生活服务的一般工商业同农业一样是国家和人们所需要的，是圣王所要鼓励和招徕的，而不是什么末业。黄宗羲认为，工商业同农业一样，都是有利于社会财富增长的生产和流通的行业，都是"本业"。反之，浪费和耗损社会财富的行业都是"末业"。具体地说，在他看来，当时浪费、耗损社会财富的活动和行业主要如下：一是"习俗"，即婚丧礼仪方面的陋习所引起的财富靡费，如送礼、宴会、祭祀、"含殓"（往死人口中填珠宝）、"刍灵"（纸人纸马）、佛事等等，"富者以之相高，贫者以之

---

① 全祖望：《鲒埼亭集》卷11《黎洲先生神道碑文》，商务印书馆《四部丛刊》本。

② 黄宗羲：《明夷待访录·财计三》，中华书局，1981年。以下阐述黄宗羲工商皆本思想的引文，均见于此。

相勉",凡围绕这些活动而为之服务和进行生产及流通的行业,应视为"末业"。二是"蛊惑",指由于迷信、愚昧所引起的各种财富耗损,如庙宇、祭品、香烛、纸钱、陈设等。三是"奢侈",指贵族、富人所挥霍、浪费的财富,如"倡优""酒肆""机房"(织造高档衣料的作坊)等。这些奢侈的享受,"一夕而中人之产","一顿而终年之食","一衣而十夫之暖"。自然,提供这些服务、生产和流通的行业,也应视为"末业"。黄宗羲认为,如果不解决民间之"习俗未去""蛊惑不除""奢侈不革"这三个问题,则"民仍不可使富也"。他指出,当时社会上的"末业"盛行,"今夫通都之市肆,十室而九"都是生产和流通耗费社会财富的"作业"或"行业"。这些"作业"或"行业",大都是生产和流通非人民生活所必需的奢侈品和有害物品,"皆不切于民用",它们才是真正的"末业",应"一概痛绝之",否则,就无法使人们富足起来。

黄宗羲以自己对本末的重新界定,认为"古圣王崇本抑末之道"抑的末业就是指的那些奢侈品和有害物品,并批评"世儒不察,以工商为末,妄议抑之"。他的这一看法虽然不符合历史事实,却表明他坚决反对把"末"等同于工商的观点,认为这不是"古圣王"的思想,而是"世儒"对古圣王"崇本抑末之道"的歪曲。

总之,黄宗羲在重新界定"本""末"的基础上,进而提出了与"重本抑末"论相对抗的"工商皆本"论。他的这一思想的出现,反映了明代中后期以来商品经济和私人工商业有了较大发展,资本主义生产已萌芽的历史现象。工商皆本论的提出,是这种历史现象在意识形态领域中的反映,它表明:体现商品经济和工商业发展要求的社会力量,即工商业者、市民阶层已在为保障自己的利益,提高自己的社会地位制造舆论了。

二、唐甄的重视末富思想

唐甄(1630—1704),原名大陶,后改名为甄,字铸万,别名圃亭。

他于顺治十四年（1657）中举人，后经过吏部考试，分发山西，当过 10
个月的长子县知县，因与上司意见不合而被革职，从此离开官场，后经
商失败，最后靠设馆授徒来维持清苦的生活。唐甄一生著述颇多，《潜
书》是他的主要著作。

　　唐甄继承了中国古代"仓廪实而知礼节"，"民富而后国治"的思想，
认为"治国之道无他，惟在于富，自古未有国贫而可以为国者"①。他的
经济管理思想的出发点和主要内容是"富民"。

　　在唐甄看来，求富避贫是第一位，因为人只有拥有一定的财富，才
能安立于世，正所谓"有恒产者恒其心"。至于采用什么手段，通过什么
行业来求富，则是第二位的。他当然也希望有田产"以遗子孙"，才是
"立身垂后之要道"。但是，如无法做到时，通过为商贾为牙人致富，也
是无可厚非的。他认为：自己"以贾为生"，"人以为辱其身，而不知所
以不辱其身也……溺而附木，孰如无溺?"②　他针对当时社会上"士为贵，
农次之，惟贾而下……夫贾为下，牙为尤下"③　的舆论风气，批评说：
"吕尚卖饭于孟津，唐甄为牙于吴市，其义一也"，"善贾之徒，善优之
徒，善使命之徒，善关通之徒……多因之以富贵矣。此其技，士能之乎?
即能之，其可为乎? 子若有可得之途，吾不及缨冠而从之矣"④。可见，
他认为士人如没有致富的一技之长，或不屑从事能致富的一技之长，那
实际上还不如握有一技之长致富的商贾、牙人、倡优等人。

　　唐甄的富民论带有明显的市民阶级的特点。他所重视的富，主要已不是
"本富"，而恰是传统富民思想所反对或不重视的"末富"。他更关心的致富途径
是"末富"，即同商品交换、同市场相联系的致富行业。他所同情、关心并希望
其致富的人，更多的是从事商品生产和流通的"末民"。他在谈到可以致富的行
业时，广泛列举了"陇右牧羊、河北育豕、淮南饲鹜、湖滨缲丝、吴乡之民编

　　①　唐甄：《潜书·存言》，中华书局，1984 年。
　　②　《潜书·养重》。
　　③　《潜书·食难》。
　　④　《潜书·食难》。

襄织席"① 等所谓的"至微之业"。值得注意的是，他所讲的牧羊、养猪、养鸭、缫丝、编襄衣织席子已不是农村自然经济组成部分的副业，而是"操一金之资，可致百金之利"的商品生产专业户。他们所生产的产品不是为了自给自足，而是通过市场销售给消费者而获取一本百利的利润。唐甄看到了这些过去不为人关注的"至微之业"的广阔市场和很高的利润："里有千金之家，嫁女娶妇，死丧生庆，疾病医祷，燕饮赍馈，鱼肉果蔬椒桂之物，与之为市者众矣。缗钱镪银，市贩货之，石麦斛米，佃农货之；匹布尺帛，邻里党戚货之，所赖者众矣。此赖一室之富可为百室养也。"② 唐甄还注意到了当时已出现的资本主义生产方式，其中兖（今山东兖州）东门外的一个"鬻羊餐者"雇用了十余个工人，潞（今山西长治县）西山中的铁冶户贾氏雇用了百余个工人。

唐甄还进一步指出，市场只是致富的条件，如要致富，还必须勤快能干，才能充分利用市场提供的致富条件。他看到当时吴地有一些有技艺者反而贫于无艺者，其原因就是懒惰。他为此写了《惰贫》一文，以警戒那些懒惰者。他在文中举震泽严氏一家为例，指出在一般情况下，一个手艺人只要勤快工作，一定会有好的收入。严氏夫妇空有技艺，却"桑不尽土，不剪不壅，机废不理，不畜不蔬"，因而"其贫甚于无艺者"③。他认为要使吴地地尽其利，必须使民勤劳，去除懒惰。

唐甄的勤劳致富、懒惰贫困，是从工商业生产者的主观原因来分析的，他认为当时影响生产者致富的客观原因是官府的重赋和虐取。唐甄把官府的重赋和虐取看作是实现富民的最大障碍，认为它比盗贼的害民还要严重得多，因为"盗不尽人，寇不尽世，而民之毒于贪吏者，无所逃于天地之间"④。他把从皇帝到各级官吏对百姓的虐取，比作树之蠹，体之痈，"蠹多则树枯，痈肥则体敝"⑤。这种虐取，施之于生产者，不仅

---

① 《潜书·富民》。
② 《潜书·富民》。
③ 《潜书·惰贫》。
④ 《潜书·富民》。
⑤ 《潜书·富民》。

使生产者本人受害，还势必连带害及靠这种生产维持就业和生活的更多的人。他举潞之西山以冶铁成业的苗氏为例：由于官吏垂涎其富有，诬其窝藏匪徒而加以攘夺，"上猎其一，下攘其十"，结果，这家经营已数世的冶铁手工工场迅速陷于破产，"流亡于漳河之上"。唐甄通过苗氏冶铁业的兴亡，说明官府对生产者的虐取之害乃是"取之一室，丧其百室""取之一金丧其百金"①。唐甄还借一祭墓而哭的妇女的话，指出当时吴地手工业者普遍遭受重赋之害的惨境："昔也，吾舅织席，终身有余帛；今也，吾夫织帛，终身无完席，业过其父，命则不如！"②

唐甄大胆指出，清廷的重赋和贪官的虐取，已经造成了四海困穷的局面："清兴五十余年矣，四海之内，日益困穷，农空、工空、市空、仕空。"③ 按照儒家"四海困穷，天禄永终"④ 的说法，清廷既已造成了四海困穷，那就也该步明朝后尘，天禄永终了。对此，他提出了"君俭官清民富"的拯救危机的建议："人君能俭，则官化，庶民化之，于是官不扰民，民不伤财。人君能俭，则因生以制取，因取以制用，生十取一，取三余一……可使菽粟如水火，金钱如土壤，而天下大治。"⑤

从上述可以看出，唐甄十分重视末富，即通过经营工商业致富，尤其可贵的是他特别关注到那些过去为人所不屑的"至微之业"的致富途径。他认为工商业的致富路径，从主观方面来说就是生产者必须勤快能干，从客观方面来说，就是要"君俭官清"。

三、王源的重商思想

王源（1648—1710），字昆绳，号或庵。康熙年间举人，但中举后始

---

① 《潜书·富民》。
② 《潜书·大命》。
③ 《潜书·存言》。
④ 《论语·尧曰》。
⑤ 《潜书·富民》。

终不求仕进，一直以书写、代笔维持着清苦的生活。王源少有经世之志，与李塨、刘献廷相友善，51 岁始拜颜元为师，成为颜李学派重要成员。王源曾参与修《明史》，著作有《居业堂文集》《平书》《兵法要略》《舆图指掌》等。所著之书除《居业堂文集》流传后世外，其余原著均未保存下来。其所著《平书》写成后曾交与李塨为其删改修订。李塨据此作《〈平书〉订》十四卷。该书不仅基本上保留了王源政治、经济思想的原貌，而且在每卷后辑录了李塨及同门恽皋闻等人的评论、商榷意见。该书留传至今，为我们研究王源及颜李学派的政治、经济主张提供了宝贵的资料。

中国自古在传统上将民划分为士农工商四民。唐中叶府兵制逐渐瓦解，募兵制出现，兵农合一也转变为兵农分离，当兵成为一种专门职业，自是开始有"五民"的说法。唐元稹对吏、农、工、商、军的划分，是"五民"说的滥觞。王源沿袭了元稹的划分方法，把"吏"改为"士"（因为官吏非民），并调整了五民的顺序为士、农、军、商、工。王源把商置于工之上，表明了他重商倾向，另一方面也说明当时商的社会、经济地位有所提高，而且在资本主义萌芽中出现的包买商，就是一种支配手工业者的商人。

王源不仅将商置于工之前，而且将商与农相提并论。他认为："嗟夫，重本抑末之论固然，然本宜重，末亦不可轻。假令天下有农而无商，尚可以为国乎？"[①] 他将商与农同视为立国之本，缺一不可，充分说明了王源对商业的重视程度。

他不但反对轻商，而且主张商人须侪于士大夫之列："夫商贾之不齿于士大夫，所以来远矣。使其可附于缙绅也，入资为郎且求之不得，又肯故漏其税而不得出身以为荣哉。"

王源还要求统治者充分重视商业的重要性，加强对商业的管理和保

---

① 王源：《〈平书〉订》卷 11《财用》，学识斋，1868 年。本目（三）王源的重商思想部分引文，未注出处者均见于此。

护。为此，他主张对政府机构进行改革，将六部中的吏部去掉，代之以专管商业的"大司均"。他说："吾欲于建官之法去吏部……置大司均以备六卿。货财者，与食并重者也，乌可置之六卿之外乎！"

王源重商思想中最系统具体的是要求国家改革现行商税制度，减轻商人商税负担，以促进其发展。王源认为，当时商税最大的弊端是侧重于就货物征收过往关税，且关税税负极重，已使商人不堪承受，故应尽行革除。他说："今之所恃以征商者，榷关耳。税日增而无所底，百数十倍于旧而犹不足。官吏如狼虎，搜及丝忽之物而无所遗。商旅之困惫已极。其为暴不几杀越人于货哉！宜尽撤之，以苏天下而通其往来。"

王源为清廷设计了一套全新的商税制度，用以取代税负极重且不合理的旧商税制度，其内容主要有以下3个方面：

1. 对坐商按以资本额估算的盈利额征收商税，对行商则直接按资本额大小征税。王源首先将商人分为坐商、行商两大类，分别制定不同的商税征收办法。"其征之也，分行商、坐商"。王源主张对坐商按资本及相应的"息"来征收商税。所谓"息"，李塨对其诠释为扣除本钱及各种杂费之后的余额："凡票税路费，俱作本除之，余才方为息。"由此可见，李塨所言之"息"，类似现代经济学中的"企业利润"。王源所设计的对坐商征税程序：先由县政府发给坐商类似于现代的营业执照"印票"，印票上载明该商人的姓名、籍贯、年龄、相貌及其业务内容，并在票上注明其所拥有的资本额，由官府将其盈利率核定为10%，据此算出其年利润额，按利润额的10%征收商税。时间是按年征收，于年底一次性缴清。所缴税额由官府记载在发给商人的印票上。这就是"坐商也，县同给以印票，书其姓名里籍，年貌与所业。注其本若干，但计其一分之息而取其一……即注于票中，钤以印而还之"。若坐商的资本发生增减变化，或业务有所调整时，则随时报请调换印票："如本增减则另给，改业亦另给。"对于行商，王源主张简化征收程序，不考虑其盈利状况，直接按资本额大小征10%商税："行商也，亦给以票如坐商，但不计其息，惟本十贯即纳百钱。任所之，验其票于彼县，同，注日月而退。鬻所贩，司市

评之，鬻已，乃计息而纳其什之一。亦注之票，钤以印以还之。"这里，"鬻已，乃计息而纳其什之一"，已经是征收坐商税了。

王源为了让政府扶持商业，使其不至于因亏本破产，主张对没有盈利者免纳税："仅足本者则免其税"。甚至主张对那些经营亏损的商人，政府不仅应免征其商税，还应建立类似于常平仓的制度体系，对其加以保护扶持，使其在经营时如市价下跌超过商品本钱，则政府以本钱之价购买，使商人不至于连本钱都亏掉而破产，而政府待商品价格上涨后再以低于市价的价格出售，这既能稳定市价，对消费者有利，又能使官府有一定赢利。即"预计其不足本者，则官如其本买之，使商无所亏其本者，便商也。贵则减价以卖，又便民也，而官又收其利也"。

2. 鼓励商人如实申报资本进行纳税。实施按资本额或资本盈利数征收商税的制度，其最关键的难题是如何使商人能如实、足额地申报资本。商人唯利是图，为了减轻税负，必然要尽可能地少报资本，以偷税漏税。对此，王源也提出了应对措施。他主张，对本小利薄的行商，如瞒报、少报资本，就没收其隐漏额作为惩罚。"其有欺隐，固可按其数，没其隐而惩也。"而对于本大利厚的坐商，政府可通过按其资本大小分为九等，不同等级享受的待遇不同、所授官阶大小不同，来鼓励商人如实申报自己的资本，以争取更高等级的待遇和更大的官阶，从而有更高的社会地位。其具体做法是："至于坐商有匿其本，不以实者，奈何？曰：有道焉。使之自不肯隐，不待立法以防之也。分商为九等。"分商的具体内容是，将商人按申报资本额的大小划分为九个等级，分出尊卑贵贱。申报资本额越大者，地位越高，可以享受的待遇越优厚，官阶也越大。王源将商人分为九等的资本额最低不少于一百贯，"分商为九等，本不足百贯者为散商"，超过一百贯资本的商人才有资格参与评定等级，享受待遇，而最高的上上等商人资本额必须在八万贯以上。其各等享受的不同待遇包括商人所穿衣服的面料质地、出行乘坐的坐骑、蓄养奴仆的数额等。其具体标准是："衣则下商以布，中商可绸，以绵丝，上商以绤线；乘则下商以骡，中商以骡，上商以马；奴仆则下商不得蓄，中商可一二，上

商可三四。违者治以法。"而"散商不得与九等为伍",即不入这九等商人之列,所以不能享受上述待遇。除九等商人分别享受以上不同待遇外,王源还提出对实纳税收超过一定数额的商人授予官阶,以示表彰:"勿问其商之大小,但税满二千四百贯者,即授以登仕郎九品冠带,以荣其身,以报其功。"王源强调,该项待遇必须按商人实际应纳税额计算,够标准者方准授予,不许靠捐纳充任。"必按票计税方许,若欲捐纳者不听"。所授官阶最高可至五品,还可将祖孙三代交纳的税额累计相加,据以授官。王源认为,求胜好强是人的天性,这种制度恰好利用了商人的这种心理,使其不甘示弱而如实申报资产、多缴纳商税。"夫欲胜者,人之同情也。分之等杀而限之制,孰肯自匿其实而甘为人下哉!"在王源看来,他的这项措施对国家和对商人都有好处:国家给予商人待遇,所授商人官衔皆为虚衔,不发俸禄,因此,可以说国家毫无破费,却可以使偷税漏税现象得到有效遏制,财政收入增加。而商人通过如实申报资本,交纳税收,甚至多纳税收,使自己能享受到国家允许的相应待遇,得到官阶,社会地位大大提高。这正如王源所指出的:"噫!此虚衔也,又无禄,名器不滥,国帑不糜,去卖官鬻爵者不万万哉!""夫商贾不得齿于士大夫,所以来远矣。使其可附于搢绅也,入资为郎,且求之不得,又肯故瞒其税,而不得出身以为荣哉!所谓不待立法以防其弊者此也。"

3. 对少数商品实行按物征税的制度,以抑制这些商品的消费。从上文可知,王源主张商税应针对商人的收益征收,但对少数商品则可例外,仍可计物征收,而不论其实际收益高低,其目的是寓禁于征,通过较重的税收负担来限制诸如烟、酒之类的生产和消费。他认为,适用计物征收的商品包括盐、茶、烟、酒等:"且夫商税,从来论物为轻重,吾不欲其然也。然亦有论物者,盐茶酒烟而已。"不过,在设计税率时,王源对盐、茶、酒等商品所采用的仍是按资本收益征税的办法,只不过茶、酒的税率较其他商品高。只有对烟类商品真正实行计物征收,不考虑其实际盈利情况。

> 盐者,官卖之商,故与他物异。及其贩也,无不同。茶者,旧

所重，则许其一分之息而取其二。酒者，前代所禁，宋且官卖之，今通行于天下矣，禁之或官卖之，恐滋扰，则计其二分之息而取其十之二。至于烟，当在所禁，然遍天下人皆用之，禁之难，惟士大夫可禁耳。而其税也，不计其本，不计其息，但用今法。其贩也，每斤纳钱五文；其卖也，每斤纳钱十文。其非不可田之地，不许种烟，而又重其税，则鬻者少，鬻者少则贵，贵则人不能买，久之庶可绝矣。

盐茶酒在古代大部分时期是由封建政府专卖，政府通过垄断经营获取高额利润。王源主张对盐、茶、酒的征收税率为 20%，比一般商品的 10% 税率高出一倍，其用意也有对盐、茶、酒不赞成政府专卖，主张私商自由竞争的倾向，即"禁之或官卖之，恐滋扰"。

在中国古代史上，提出重商思想的人也有少数，如司马迁、范仲淹、苏轼、黄宗羲等，但是他们的重商思想往往比较笼统。王源的重商思想与他们相比显然是明确具体多了，他为商业的发展提出了系统而又具体的实施措施。在王源的各种重商措施中，最具有历史意义的是他为发展商业而制定的那套商税制度。其所设计的以计"息"征税为主、以计物征税为辅的税制体系，与现代经济发达国家普遍实行的收益课税为主、商品课额为辅的税制结构已十分接近。从王源所言计物征税的具体征收办法"不计其本，不计其息……其贩也，每斤纳钱五文，其卖也，每斤纳钱十文"来看，这种税制与现代各国普遍开征的以商品总额为课税对象的消费税征收制度正好相吻合。而且王源设计此税的目的，亦与现代各国开征此税的目的相一致，即限制某种商品的生产和消费。

以资本利润、个人纯收入为课税对象的所得税制度于 1799 年才在当时最发达的资本主义国家英国诞生，其后经历了百余年的坎坷历程，直至 20 世纪 20 年代以后，所得税才在发达国家逐渐取得了主体税种的地位。而王源的这套以"计息"征税为主、计物征税为辅的，具有现代直接税税制结构特征的税收制度，则是在十七八世纪之交就已经设计出来

了的。由此可见，王源的商税思想具有很强的超前性①。

四、蓝鼎元的开放对外贸易思想

蓝鼎元（1680—1733），字玉霖，别字任庵，号鹿洲。他自幼丧父，家贫，力学负才，尤"喜经济之学"②。康熙四十年（1701），入邑庠读书，拔童子试第一。康熙四十五年（1706），受聘于福州鳌峰书院，参加纂订前辈儒家著作，受到时任福建巡抚的张伯行赞赏，被誉为"经世良材"。康熙六十年（1721），台湾朱一贵起事，南澳总兵蓝廷珍受诏率师平台，蓝鼎元应邀随行。雍正三年（1725），受命校书内廷，分修《大清一统志》。雍正间为大学士朱轼所器重，先后任晋宁知县、署广州知府。在学术方面，蓝鼎元服膺理学而又重视实学。其著作有《鹿洲初集》《东征集》《修史试笔》《鹿洲公案》《女学》《棉阳学准》《平台纪略》等，后合辑为《鹿洲全集》。

清初，出于军事上的原因，曾实行严厉的迁海、禁海措施达 20 余年之久。至清康熙二十二年（1683），清廷统一台湾，迫于舆论，于次年宣布"令开海贸易"。但这并不是完全开放海外贸易，而是附加严格限制条件的海外贸易。比如，对中国商船，限 500 石以下；对外国商人，限于广州等口岸贸易。更为甚者，康熙五十六年（1717），康熙帝下旨，禁止中国商人前往南洋吕宋、噶啰吧等地贸易；对于外国商人亦令地方文武官员严加防范，并且严申了对中外商人的种种限制，如船只报官等。虽然到雍正五年（1727），南洋开禁，但各种管制并没有放松，清廷动辄实行"禁运"或关闭口岸。蓝鼎元正是在这种背景下大胆提出开放对外贸易的思想和主张，因此具有很强的现实针对性。

蓝鼎元的开放对外贸易思想，集中体现在雍正二年（1724）写的

---

① 《中国经济思想通史》第 4 卷，第 331—332 页。

② 蓝鼎元：《鹿洲全集·行述》，厦门大学出版社，1995 年。

《论南洋事宜书》①　一文中。他依据确凿的事实，以精辟的见解，阐述了自己的观点。

1. 反对闭关自守论。

清王朝禁止海外贸易的一条重要理由是防范国内人民同外部串通，危及清廷统治。康熙五十六年（1717）禁南洋的理由就有"汉人难治"及"西洋等国千百年后，中国恐受其累"的说法，因此禁南洋贸易是为"加意防范"。对此，蓝鼎元认为，为患中国的是西洋诸国和日本，而不是吕宋、噶啰吧等。南洋这些国家在历史上从未进攻中国，而只是同中国"货财贸易，互通有无"，"南洋诸番不能为害，宜大开禁网"。所以，以招致外患为理由，不禁日本而禁南洋，难以自圆其说。

康熙时，南洋的吕宋、噶啰吧已被西洋的荷兰、西班牙占据，对此，蓝鼎元是了解的。康熙帝禁南洋的目的之一是在禁西洋诸国，即禁止中国商人到西洋诸国的占据地贸易，给西洋诸国提供危害清王朝安全的机会。蓝鼎元在《论南洋事宜书》中回避了这一点，可能是认为当时西洋诸国在东南亚的势力尚不足为中国患，也可能认为封关禁海并不是有效的防范办法，所以他以历史上吕宋、噶啰吧从未进攻中国为理由，要求对南洋贸易"宜大开禁网"。

康熙对禁止海外贸易的第二条理由是中国商人卖船给外国，致使中国独有的珍贵木材——铁梨木外流。蓝鼎元指出，所谓商人借出海贸易卖船给外国，更是"从来无此事"。他的理由有 3 条：其一是中国船造价高，在东南亚没有市场。东南亚盛产木材，加顶麻桅一条，在东南亚不过值银一二百两，而在中国值银千两。所以，"内地造一洋船，大者七八千金，小者二三千金，能卖价值几何？"其二是东南亚木材比中国木材质地坚硬，"番人造船，比中国更固"，因此，"即以我船赠彼，尚非所乐，况令出重价以买耶？"其三是"商家一船造起，便为致富之业，欲世世传

---

①　《鹿洲初集》卷 2《论南洋事宜书》。本目（四）蓝鼎元的开放对外贸易思想部分引文未注出处者，均见于此。

之子孙，即他年厌倦不自出，尚岁收无穷之租赁，谁肯卖人？"

康熙时对禁止海外贸易的第三条理由是中国商人输出粮米，影响国内民食。蓝鼎元认为，这条理由也是难以成立的。其一是"闽广产米无多，福建不敷尤甚。每岁民食，半藉台湾，或佐之以江浙"，所以不可能有米粮剩余以供出口。其二是运米费用高，"一石之位，收船租银五两"，而"一石位之米，所值几何"，所以，商人从求利本性出发，不会干这种蠢事。蓝鼎元还指出，事实恰恰与米粮出口说相反，中国不但没有出口米粮到南洋，相反，"南洋未禁之先，吕宋米时常至厦，番地出米最饶，原不待仰食中国"。

康熙时对禁止海外贸易的第四条理由是汉人难治。南洋吕宋、噶啰吧等地汉人移民多，是"海贼渊薮"；台湾人民"时与吕宋地方人互相往来"，须"加意防范"。蓝鼎元认为，海盗船小，只能近海出没，不能到大洋中行劫，"远出无益"。而且，由于商船高大，人数也多于海盗许多倍，因而"何行劫之足虑！"蓝鼎元甚至主张，清廷应"弛商船军器之禁"①，以使商船具有自卫防御能力。

2. 开放对外贸易的益处。

蓝鼎元在批判清廷禁止海外贸易理由难以成立的同时，也从正面阐述开放对外贸易的益处。蓝鼎元指出，第一，开放对外贸易可以遂民生。他看到南洋"既禁之后，百货不通，民生日蹙"。因为"闽广人稠地狭，田园不足于耕，望海谋生十居五六"，所以，清廷封关禁海政策给沿海人民的生活带来严重的后果，"沿海居民，萧索岑寂，穷困无聊"，"富者贫，贫者困"。鉴于这种情况，他主张，沿海居民特别是闽广沿海居民，在单靠农业已不能维持生计的"穷困无聊"之下，必须恢复和发展对外贸易来遂民生。这就是福建"山多田少，农圃不足于供"，所以有从事海上贸易的必要性。而且事实上也是如此，"所赖舟航及远"，海上贸易已为民生之重要依赖。

---

① 《鹿洲初集》卷1《论海洋捕盗贼书》。

在此基础上，蓝鼎元还进一步指出，开放海外贸易不仅可以解决民生问题，使"百万生灵仰事俯畜之有资"，而且对稳定社会秩序，巩固清廷统治也是有益的。他认为禁南洋不仅导致"民生日蹙"，还可引起一系列不良反应。原来从事海上贸易的人，由于长期职业习惯，"不能肩挑背负以博一朝之食"，海禁会造成结构性失业。这些人无法一时改行从事农业生产，为生存所迫，有人就进行走私活动，或"游手为盗贼"，更为严重的是"群趋台湾，或为犯乱"。这都会给社会安定和民生带来很大的危害，甚者给清朝统治带来威胁。而开禁南洋贸易便可"外通财货，内消奸宄"，从根本上解决上述问题。

蓝鼎元经济思想的一个重要内容就是"遂民生"论，他在主张开放南洋贸易时，就是以因其地利而遂民生来解决闽广沿海居民的生活问题。如他在《福建全省图说》中，对福建从事海外贸易的有利地理条件做了分析："大海汪洋，万里无际，江浙、登莱、关东天津，视若庭户；琉球、吕宋、苏禄、噶啰吧、暹罗、安南诸番，若儿孙绕膝下，气象雄壮，非他省所可比伦。"① 也就是说，福建省拥有天然丰富的海洋资源，具有从事海上内外贸易的天然有利条件。

第二，开放对外贸易可以为中国手工业品开辟市场，解决国内银铜钱币不足问题。蓝鼎元认识到，当时中国手工业比南洋诸国发达得多，在技术上比南洋先进，进而造成劳动生产率高和生产成本低，使得在同南洋进行贸易时具有绝对的优势。这就形成"内地贱菲无足轻重之物，载至番境，皆同珍贝"。不言而喻，清廷如开放南洋贸易就会为中国手工业品开辟广阔的市场，从而促进中国手工业的发展："是以沿海居民，造作小巧技艺，以及女红针黹，皆于洋船行销。"相反，实行海禁则破坏了手工业、商业的生存和发展，造成劳动力和生产资料的闲置与浪费。"居者苦艺能之罔用，行者叹致远之无方，故有四五千金所造之洋艘，系维朽蠹于断港荒岸之间"。

---

① 《鹿洲初集》卷12《福建全省图说》。

蓝鼎元还指出，开放对外贸易不仅有利于国内手工业、商业的发展，还能解决国内银铜钱币不足问题："闽地不生银矿，皆需番钱，日久禁密，无以为继，必将取给于楮币皮钞，以为泉府权宜之用，此其害匪甚微也"。如果开放对外贸易，中国大量手工业品输出海外，就会借贸易顺差从外国输入银币，使中国"岁收诸岛银钱货物百十万……所关为不细"。同时，通过对外贸易进口洋铜在闽省铸钱，以解决闽省无铜铸钱的问题。

第三，开放对外贸易可以增加国库收入。蓝鼎元认为，开放对外贸易，"各处钞关，且多征税课，以足民者裕国，其利甚为不少"。开展对外贸易，可以增加国库收入，这点已为前人所论及和实践，但蓝鼎元把对外贸易能"足民"与"裕国"联系在一起，这比以往单纯从增加财政收入角度来说，还是一个进步。

蓝鼎元的对外贸易思想是中国古代最值得重视的对外贸易思想，它具有以下 3 个特点：

其一，蓝鼎元从遂民生的角度，把对外贸易作为发展国民经济的一个重要手段，并主张民间自由经营。在蓝鼎元之前，谈论对外贸易多从政治角度，贵族、官僚消费角度，以及增加财政收入角度来分析、主张对外贸易，在具体管理上也多主张采用政府干预甚至严厉垄断的手段，如朝贡贸易、市舶贸易等。而蓝鼎元从发展国民经济、有利民生角度来看待对外贸易，并主张民间自由经营思想是极为罕见和可贵的。正如他所指出的"国家东南沿海，万里汪洋，舟楫利涉，为民生大利"，因此朝廷应该"顺民欲而除其害"①，即应顺应民众愿望让其自由经营，并打击"岁岁为商民之患"的海盗，"弛商船军器之禁"②，以使商船具有防御能力抗击海盗。

其二，蓝鼎元从因其地利而遂其民生的观点出发，初步提出在闽广

---

① 《鹿洲初集》卷 1 《读西门豹传》。

② 《鹿洲初集》卷 1 《论海洋捕盗贼书》。

沿海地区建立依存于对外贸易的手工业、商业经济区的设想。他指出：福建、广东等地，人多地少，不能单靠农耕维持生活，"望海谋生，十将五六"，只有进行对外贸易，尤其是同南洋的互通有无，才能维持这一带手工业者、商人、水手、船民的就业和生活，维持这一带的经济繁荣。所以地理条件决定了这一带不可能成为自给自足的农业区，而只能根据其地理条件的特点和优势，尽可能发挥对外贸易在经济生活中的作用。

其三，蓝鼎元在主张开放对外贸易的同时，还对西方殖民势力的入侵保持警惕。他认识到："英圭黎、千丝腊、佛兰西、荷兰、大西洋、小西洋诸国，皆凶悍异常。其舟坚固不畏飓风，炮火军械精于中土，性情阴险叵测，到处窥觎，图谋人国。"因此，一再强调要"防微杜渐""曲突徙薪"，以免重蹈吕宋、噶啰吧被西洋荷兰、西班牙占据的覆辙。他不赞成闭关自守的消极防范做法，主张收回澳门，消除西方国家未来利用澳门作为侵略基地的可能，并对国内天主教堂中以宗教外衣为掩护进行不法活动的传教士保持警惕，加以防范①。

五、民间重商和贾儒相通思想

清代思想家的重商思想并不是无源之水、无木之本，他们的思想源于民间重商观念和风尚之中，是民间重商思潮的集中体现。

清代，徽州商人在全国居重要地位。这一地区"地狭人稠，耕获三不赡一"②，民众为生计所迫，外出经商谋求生路，故"俗重贸易，男子成童，即服贾四方，视农工为贱业，劳力而不可谋蓄积"③。这就是所谓"天下之民，寄命于农，徽民寄命于商"④。在当时人们心目中，"农事之获利倍而劳最，愚懦之民为之；工之获利二而劳多，雕巧之民为之；商

---

① 《中国经济思想通史》第 4 卷，第 347—349 页。
② 康熙《休宁县志》卷 7《汪伟奏疏》，康熙三十二年刻本。
③ 民国《黟县乡土地理·风俗》，新华印务局，民国十四年。
④ 康熙《休宁县志》卷 7。

贾之利三而劳轻，心计之民为之；贩盐之利五而无劳，豪猾之民为之"①。经商获利大，这为人们指出了一条摆脱贫困的道路，所以人们并不以经商为耻。如徽商倪慕麟习儒不得志，废书叹曰："男子生桑弧蓬矢以射天地四方，不贵则富，安事毛锥子终老乡井乎？寻仿鸱夷猗顿术，遨游江湖……不数载，辄拥素封。"② 歙商许秩也说："男子生而桑弧蓬矢以射四方，明远志也，吾虽贾人，岂无端木所至国君分庭抗礼志哉？且吾安能效农家者流，守镃基，辨菽麦耶？"③ 祁门商人倪仰文，"少食贫，入塾读书，月余辄止，徒劳劳于山樵野牧，以为糊口之谋。已而怃然曰：人生贵自立耳，不能习举业以扬，亦当效陶朱以致富，奚甘郁郁处此乎！于是跪请堂上，远游淮泗，服贾牵车用孝养厥父母"④。可见，当时社会的职业选择首选是读书求取功名，其次是经商致富，而都不愿效农家者流，山樵野牧以糊口。清代甚至还有士不如商的说法，归庄为太湖洞庭山严舜工所做的《传砚斋记》中就说："士之子恒为士，商之子恒为商。严氏之先，则士商相杂，舜工又一人而兼之者也。然吾为舜工计，宜专力于商，而戒子孙勿为士！盖今之世，士之贱也，甚矣。"雍正二年（1724）五月，山西巡抚刘于义在给皇帝的奏折中也提到："山西积习重利之念，甚于重名。子弟俊秀者，多入贸易一途，其次宁为胥吏，至中材以下，方使之读书应试，以故士风卑靡。"⑤

自唐宋商人社会地位提高，开始出现士商合流的趋势后，至清代，这一趋势进一步加强，出身于商人家庭的士已是比比皆是。商品经济的发展造成了簪缨望族与商贾世家的合流，以致士商的界限已经不能划分得很清楚。这种变化在那些商业发达的地区表现得尤为明显。清末翰林

---

① 顾炎武：《天下郡国利病书》卷 5，上海古籍出版社，2012 年。

② 《祁门倪氏族谱》卷下《慕麟公纪略》。

③ 歙县《许氏世谱》（五），《平山许公行状》。

④ 光绪《祁门倪氏族谱》卷下《燮堂公传》。

⑤ 《雍正朱批谕旨》第四十七册，雍正二年五月十二日朱批，北京图书馆出版社，2008 年。

许承尧在《歙风俗礼教考》中就提到："商居四民之末，徽俗殊不然。歙之业鹾于淮南北者，多缙绅巨族。其以急公议叙入仕者固多，而读书登第，入词垣跻贴仕者，更未易卜数。且多名贤才士，往往出于其间，则固商而兼士矣。"[1] 当时，山西和陕西出身的高级官僚中亦多有商人子弟，虽然他们本人不是商人，但如果从一家乃至一族去观察，士与商也是一体化了的。郭正域的《大司马总督陕西三边魏确庵学曾墓志铭》中说："盖秦俗以商贩为业，即士类不讳持筹"[2]。官至都察院左都御史陕西三原人温纯亦说："吾三原士半商贾。"[3]

清代士商合流趋势的加强，使贾儒相通的观念更加普及。徽州休宁商人汪尚宁说："古者四民不分，故傅岩鱼盐中，良弼师保寓焉。贾何后于士哉！世远则殊，不特士贾分也，然士而贾，其行士哉，而修好其行，安知贾之不为士也。故业儒服贾各随其矩，而事道亦相为通，人之自律其身亦何艰于业哉？"[4] 汪尚宁认为，古代士农工商四民不分，傅岩经营鱼盐生意，也仍然能官至宰相三公。商人是不会比士人差的。儒士读书为官或授徒，商人经营商业只是职业上的不同，其在遵守各自的职业道德上，道理是相通的。人们只要能在道德上自律，商人能以义取利，就可以与重义的士人在人格上的地位平等，又何必因职业上的不同而有高低之分。所以他们又说："士商异术而同志，以雍行之艺，而崇士君子之行，又奚必缝章而后为士也。"[5]

清代贾儒相通的新观念，在实践上有利于业儒和服贾相得益彰，相辅相成。在徽州、山陕、洞庭商人家族中，这种业儒与服贾迭相为用的情况是很普通的。他们或先儒后贾，或亦贾亦儒，或先贾后儒。业儒能提高商人的道德修养和文化水平，服贾能为业儒提供雄厚的经济基础。

---

① 许承尧：《歙县闲谈》第 18 册《歙风俗礼教考》，黄山书社，2002 年。
② 焦竑：《国朝献征录》卷 57，广陵书社，2013 年。
③ 光绪《三原新志》卷 8，温纯《温恭毅公雅约序》，光绪六年刻本。
④ 《汪氏统宗谱》卷 168。
⑤ 《汪氏统宗谱》卷 115。

如徽州休宁商人吴天衢，"初业制举，屡试郡邑弗售，乃弃儒而商。周游湖海，数岁未克展志。遂远游百粤，寓于昭璋，以信义交易，运筹数载，贾业大振，遂称素封"①。休宁商人汪镎，"性颖悟，过目终身不忘……以父卒，家中落，弃儒服贾走四方，供母甘旨者十余年。复习举子业，读书江汉书院，癸卯、庚戌登两榜，甲寅考授中翰"②。上引两例就各是一种典型：吴天衢先儒后商，以儒家讲信义经营商业，数年后发家致富。汪镎则是因父亲亡故家贫而无法读书，弃儒经商十余年，即供奉母亲又积累了家产，遂重新攻读终于取得功名。

虽然重商思想、贾儒相通观念在清代已逐渐普及，但也有不少商人在经商取得巨大成功后，仍然以不能业儒引为终身憾事。如黟县商人胡际瑶，"晚年虽授例捐职，生平实以不习儒为憾，因以二子就儒业，属望甚殷"③。休宁商人汪镗，临终弥留之际，仍谆谆教育子孙："吾家世着田父冠，吾为儒不卒，然篋书未尽蠹，欲大吾门，是在若等。"④ 只有业儒入仕才能荣宗显祖，光耀门楣，所以富商巨贾中的一些人，对科举还怀有如此眷恋之情，就不难理解了。在中国古代，商人的政治、社会地位低下，即使在明清，重商观念有所发展，但传统的贵儒贱商社会风气，相沿数千年，仍然根深蒂固。因此，许多商人在经商成功后，仍不忘怀科举功名。虽然弃儒经商后重又习儒科举得到功名的人是极个别的，但更多的人则寄希望于自己的子弟能够弃商返儒，取得功名，即使做不到，也要凭自己财力捐官，附庸风雅，以便结交官绅，为自己经商取得更有利的政治、社会条件。

① 新安《休宁名族志》卷3，黄山书社，2007年。
② 康熙《休宁县志》卷6。
③ 同治《黟县三志》卷15《艺文·人物·胡君春帆传》，同治九年刊本。
④ 《休宁西门汪氏宗谱》卷6。

第三节　经商思想

一、继承和发展先秦范蠡、白圭等经商思想

清代商人在经商中仍然继承和发展先秦陶朱公范蠡和白圭的经商术。许多商人遵循"不惟任时，且惟择地"的原则，从而获得商业上的成功。如休宁商人汪狮认识到"古之为市者，必于通衢大都"，于是"客淮扬，历诸各郡，业日以饶"①。

清代商人还继承和发展了范蠡、白圭"与时逐""乐观时变"的经营原则，看准商品贵贱的时机，遵循"人弃我取，人取我予"的营销谋略，迅速采取商业行动。如洞庭商人席本桢"修备知物，乐观时变。措用计然、白圭之计，而以仁智取予"②。时人评价他"其于治生也，任时而知物，笼万货之情，权轻重而取予之"③，"喜观万货之情，所谓亡者使有，利者使阜，害者使无，靡者使微，罔不协其权衡，举金穰、水毁、木饥、火旱，能变以因时"④。从时人评价可知，席本桢经商的成功之处在于能准确预测市场行情，从而对于商品的取予恰到好处。

清代江西商人吴中孚对先秦的"乐观时变""善察低昂"的经商术进行发展，提出"囤贩贵审时宜"：

　　　　囤贱脱贵，收新出陈，此囤户之常谋也。还当察其贱而又贱，

---

　　①　《休宁西门汪氏宗谱》卷6《乡墨狮公墓志铭》。

　　②　康熙《席氏家谱》载记卷5《太仆寺少卿宁侯席君家传》。

　　③　吴伟业：《梅村家藏稿》卷47《太仆寺少卿宁侯墓志铭》，上海商务印书馆《四部丛刊》初编本。

　　④　康熙《席氏家谱》载记卷10。

贵而又贵，不贱而可买，不贵而应卖之时也。何谓贱而又贱，无非大熟涌出，邻近皆然，货无行路，自然滞跌异常。何谓贵而又贵，必是出处无来，销路转大，所以贵而无底。何谓不贱而可买，无如各路出处不熟，而销处所必需，故虽不贱，犹可买。何谓不贵而应卖，盖以所出各路源源而来，而流路阻滞，故虽不贵，亦当卖。此皆要在留心访问，审察机变时宜，合乎情理而已。若格外奇谋，则惟高明智巧者能之，非我庸碌之所能也。①

吴中孚认为，囤积货物进行贩卖的商人，贵在审时观变，把握好市场的机遇。"囤贩"的特点是囤积价格低贱的货物，等待价格高涨时出手，收进新出产的货物，等待货物陈旧、价格高扬时抛出。经营"囤贩"获利，必须善于观察、把握货物"贱而又贱、贵而又贵、不贱而可买，不贵而应卖"4个时机。所谓"贱而又贱"就是指某种货物丰收之时，货源充足，远近都是如此，供大于求，没有销路，自然滞销，价格暴跌。所谓"贵而无贵"就是指货源断绝，销路却更大，所以价格腾贵，无有底止。所谓"不贱而可买"就是各地的货源还不到供货之期，而销售之地则有需求，所以尽管价格不贱，但仍可购买囤积。所谓"不贵而应卖"就是各产地货物供应源源而来，可是销路阻滞不畅，所以尽管价格不贵，也应当出手发卖。所有这些，关键都在于留心观察探访，审其机变时宜，合乎人情物理而已。

范蠡经商的一条原则是"无敢居贵"。清代商人很懂得这一经商理论，不贪图过高的利润率，而是薄利多销，积少而成多。如陕西三原商人申文彩"既抵扬州，业盐策，得廉贾五利之术，家以大昌"②。洞庭商人徐三函"得微息辄出，速输转无留货，是以获利恒倍"③。洞庭另一商人金汝鼎也是"辄平价出之，转输废居，务无留货而已，以故他贾每致

① 吴中孚：《商贾便览》，载贾嘉麟等《商家智谋全书》，中州古籍出版社，2002年，第360页。
② 魏禧：《魏叔子文集》卷184《三原申翁墓表》，中华书局，2003年。
③ 乾隆《消夏湾石氏家谱》卷4《徐府君子开传》。

折阅，而翁恒擅其利"①。

范蠡经商还追求"务完物，无息币""财币欲其行如流水"。"务完物"就是指商品买卖中注意货物的质量，务使经营的货物保持完好。"无息币"是指商人不要让货币滞压在手中，而要使其"行如流水"一样不停地流通。清代商人也注意讲究商品的质量，更喜欢贩卖质量很好的名优产品，既不容易败坏造成损失，又能很快脱手获得厚利。如洞庭商人金汝鼎在经商中，"他贾所市物争取贱直，其货多苦窳，翁（金汝鼎）独求其贵良者，人以是悉趋翁。诸所居物既易售，而其利又数倍"②。江西商人吴中孚在《商贾便览》一书中还用较多的篇幅指导商人在经营粮食买卖中如何辨别各种农作物的质量，兹举二例以窥一斑：

> 辨货要知大概，识物务须小心。天下货物，各有土产不同，任是老商，遍游大省名镇，慎涉江湖洋海，岂能各种皆识高低？然货之大概，高者总有自然宝色，光亮鲜明，活润生神，细嫩结实，滋味美厚，干净均匀；而低者色相死而不活，黯晦黕黛，枯呆柔硬，粗糙稀松，形质恶浊，杂掺伪牵。至于新生熟，方圆大小，轻重长短，整碎热湿，或土产，或工作，可否取舍，总要合宜，然后可售。惯家内行，一见了然；外行初认，黑白难分，虚心求教，神而明之，存乎其人。此又不在概论者也。③

> 稻谷粳、糯二种，具有早晚。早者粒颗矩，晚者颗粒长，皆要干燥、结实，鲜光重的为高，则碾出多米，每谷一石，可有净米五斗几升。其湿霉、刺芒、秕多者为低，则少米且碎，每石谷只碾得四斗几升米。再将谷研出米来，看其色漂亮的极高，如陈霉谷米，则色不鲜明。或川、楚及南昌近湖等处谷米，有种淡黄色，名为麦子米，则卖相为次。糯谷研看米色，尤忌其红白，阴间多者为低，

---

① 汪琬：《尧峰文抄》卷16《观涛翁墓志铭》，国家图书馆出版社，2014年。
② 《洞庭东山东园徐氏宗谱》卷8《厚德君墓志铭》。
③ 《商贾便览》，载《商家智谋全书》，第361页。

俱以此论其价值。①

吴中孚认为，作为商家，辨别商品要了解其大概常识，鉴别货物务必要小心谨慎。即使是经验老到的商人，遍游各省名镇，足涉江河湖海，也不可能对各种货物都能识别其优劣。商品的质量很重要，不论是土产商品，还是工匠制作之物，质量高低，可否取舍，总要合乎时宜，然后才可以销售出去。如经营稻谷买卖，粳、糯二种皆要干燥、结实，鲜光重的为高，则碾出多米。其湿霉、刺芒、秕多者为低，则少米且碎。买卖稻谷，都要以质量、卖相来论其价格。

司马迁在《史记·货殖列传》中把范蠡的经营之道归结为"择人而任时"，择人比任时对商业成功更具有重要意义。清代歙县商人吴彦先，"能权货之轻重，揣四方之缓急，察天时之消长，而又知人善任，故受指出贾者利必倍"②。吴中孚在《商贾便览》中指出："请用店官经营之人，须择老成忠厚、才德兼备者，虽去重俸，实益于店。"③ 山西商人也是择人委任，唯才是举，被选中者皆为精通本行业务的佼佼者。财东用人不疑，一旦选中，即将全部资本、人事全权委托负责，财东充分信任经理，经理亦十分努力经营。

吴中孚在《商贾便览》中还讲到经商中与人合作经营的问题，颇有参考价值：

> 以己恕人能处人，以人犹己可合长。古云：财从伴理生。即论商贾亦有伙伴同为，而彼此须先识其性情……故谚有之曰：识性可同居。惟各揣己之性以度人之性，若己之性善，不妨容众之不善，则不善者因此而知改过自新，岂但有益生理，而益友之功德且归于我矣。其一，宜先洁己以公。进出账簿，清白无讹，无分尔我，同心协力，发奋经营，获利盈不必邀功，见亏本亦莫生怨，不可纤毫

---

① 《商贾便览》，载《商家智谋全书》第 362 页。
② 《丰南志》第五册《处士彦先吴公行状》，黄山书社，2018 年。
③ 《商贾便览》，载《商家智谋全书》第 366 页。

苟且。万一有损人利己之私，当时虽不觉，久后必有败露，因小失大，有妨公务，往往而然。诚以营私得志，只知惟利是图，则于公事不觉，忽略而失之矣。及至败露，伙伴嫌疑启讼，观其色赧赧然，甚至天理报复，将平日所得之私财，皆消诸乌有，则何益矣？迩来，有等本多之伙，除均本之外，仍有余银，带做己分小伙，又有帮伙己下有银，亦带做己下小伙。如此所为，即属公正之人，日久不无嫌疑，况其不公者，似难免是非争论矣。莫若将银统归众做，或补公息，或照本分利，以免一身两心，岂不尽善！至有大本钱，付众难以概理，或抽身自为，或另伙别图，庶不致一身兼二，以取嫌疑之渐耳。①

在经商中，合伙做买卖往往容易引起矛盾和纠纷，很难持久。吴中孚认为，合伙人之间应该互相宽容，己所不欲，勿施于人。彼此之间，应该互相了解合伙人的性情，这样，就好相处。而且，首先自己要善待合伙人，这样，即使合伙人原来对你不友善，也会因你的善意而改过自新。这不仅对合伙的生意有好处，而且对交友也有帮助。合伙人首先必须洁己以公，在钱财账目方面清白诚实，不分你我，同心协力经营。如经营买卖盈利，不要归功于自己；亏本了，也不要互相埋怨。千万不要在合伙中做损人利己的事，当时虽然不被人觉察到，但日子久了一定会败露。到时合伙人之间起纠纷，甚至打官司。在合伙中，除每个合伙人平均出的本钱外，如自己还有余钱，均忌在合伙之中自己随便另外带做"小伙"。这样做法，即使做得很公正，但时间久了难免也有嫌疑，何况如做得不公正，更会引起是非争论。不如将自己剩余银钱归入合伙资本中，然后拿取公息钱，或按资本分得利润。如果你的余钱数额大，归入合伙资本中难以管理，你可退出合伙自己独立经营，也可与其他人再合伙。这样既可避免一身兼营两处，也可免招合伙人嫌疑。

---

① 《商贾便览》，载《商家智谋全书》第364—365页。

二、店铺日常经营思想

吴中孚在《商贾便览》中，对店铺的日常经营管理提出了一些看法，主要有以下 5 个方面：

其一，店铺立规模以壮观，行铺屋宇要坚牢。"凡开行铺，无论大小，要有规模章程，人物整齐，屋虽甲小，但要打扫灰尘，局厨桌凳不华，务在洗抹洁净。家具或可简省，必须坚固得用，规模纵小，摆设合宜，则取便手，放物不移。"① "凡开行铺，屋宇必要土库高楼，不但火烛无虞，且盗贼亦难侵害。即在小本开店，门壁尤要坚固；店高柱大，规模恢宏，人加神气，生意必兴；旧店柱小，日怕风雨，夜怕贼撬，倘一疏失，悔之不及。"② 吴中孚认为，凡开行铺，无论大小，要有一定规模，人和物整齐不乱，房屋虽然狭小，但要打扫灰尘，保持良好的环境，柜台货厨桌凳不要求豪华，但务必要洗抹清洁干净。家具也可以简便少量，但必须坚固实用。店铺规模纵然很小，但内部摆设一定要适宜，取用要方便，物件放在什么位置不可随意变动。商行店铺的房屋一定要坚牢，要建土库、高楼，不仅不担心灯火、蜡烛引发火灾，而且因坚固异常，盗贼也难以侵害。即使小本生意，开设店铺，门窗墙壁尤其应当坚固。若是资本雄厚，店高柱大，规模恢宏，人力加上神气，生意必然会兴旺发达。若是店铺破旧，梁柱弱小，白天害怕风雨侵袭，夜晚又担忧盗贼撬门，一旦有所疏失，后悔也来不及了。

其二，店铺要订立经营章程并不要轻易改变。凡开行铺，要定章程而不易，"掌总掌局，管钱管银，重设副正，繁有帮人收进发出，内查外寻，访探行情，辨货贵真，走水采买，脱陈留新，经手赊账，责成取身，司厨司杂，粗工学生，熟识接客，主人待宾，敬公罚私，强去和留，奖

---

① 《商贾便览》，载《商家智谋全书》第 356 页。
② 《商贾便览》，载《商家智谋全书》第 358 页。

勤责怠，褒智教愚，始终如一，行店可兴"①。由此可见，当时店铺的章程包括：一是人事的安排。一般店铺设掌管全店、掌管柜台、掌管钱钞、掌管银两等职务，并且每个职务设置正、副两个人，可以互相帮助、互相监督。二是收发货物、商品，追讨赊账。店铺日常事务就是收进货物，发出商品，内查外寻，探访了解行情，辨别货物的贵贱真假，走水路采购商品，出脱旧货，留下新货，经手赊账，责成其人讨取。三是接待顾客。负责炊厨饮食及杂务的人，粗工学徒，都要熟识接待顾客的礼节以及主人款待宾客的方式。四是奖惩制度。店铺尊敬为公者，惩罚徇私者，斥去强横者，挽留和气者，褒奖勤劳者，责罚懒惰者，褒扬机智者，教育愚钝者。商行店铺如能坚持这样的标准，始终如一，那么商行店铺也就可以兴旺发达。

其三，店铺要因人授事，量能论俸。由于开店经营买卖，知人善任是关键，因此，吴中孚特别设专条论及用人。"行铺事繁，用人必多。授执合宜，诸凡妥贴；贤愚倒置，事必乖张。第一在管总、统事、库房；次则内外店官，买卖水客，访巾（市）辨货，接对客友，查收各账；又次则寻船起货，下货管栈，出入收拾货物；又次则杂务粗工、炊疑爨等事。授事论俸，无不各适其宜，至于忠公勇往，尽义竭力，此又在褒奖敬酬之列也。"② 吴中孚认为，商行店铺的事务繁杂，需用的人必然会很多。店铺应根据各人的情况，衡量各人才能高低、业绩大小，以此决定其薪俸的多少。如果任用适当，各种事情就会办得妥帖顺心；如果任用不当，贤明、愚钝的人任用颠倒，那么事情必然办不好，从而出现差错。在店铺所需要任用的人中，最为重要的是管总、统事和库房；其次则是内外店官、买卖水客，他们负责访察行情，分辨货物，采买商品，接待客友，查收各处账目；再次则是寻找船只起运货物，卸货并管理货栈，出入收拾货物；最次的则是杂务、粗工、炊厨等事。以上种种职事，因

① 《商贾便览》，载《商家智谋全书》第 356 页。
② 《商贾便览》，载《商家智谋全书》第 357 页。

人而授，按职给俸，就没有不各适其宜、各司其事的。至于那些忠心为公、勇往任事、尽义竭力的人，更是在褒奖、敬重、优待之列了。

其四，赊账要择诚信。在经商贸易中，赊账是一种较有风险的贸易形式，因此，自宋代开始，无论是官府还是有经验的私商，一般都主张要慎重采用赊账形式，如要采用这一形式，必须选择诚实可靠的顾客。"赊账要择诚信。买卖肯赊，其故有三：一为揽生意，一为图多价，一为脱丑货。三者之利少，而告却无穷也。其所利者少，尚属侥幸，设若揽生意而乱放多与，图多价并不择人，脱丑货只主受主，如此，望其全收，岂可得乎？况今时之人，险诈多端，甚有专以赊借营生，稍得遂意，以他人之本，趁他人之钱，若一亏折，必假装门面，百计巧骗，东诓西套，自百而千，自千而万，私藏银钱，或逃或倒，不一而足。负累若干，皆为三者之利。肯赊者，宜慎之。做客者即货丑价贱，终有淘澄折数，开行者果有良心，待客公平，平易谅情劝成，则买卖不揽自来，何用赊为？俗言：三分一两易趁，九钱七分难赔。人负我，我负人，前车之失，后车覆辙，可不畏耶？惟开铺者各乡市镇，主顾必多，难免挂欠，择人而授，宁少莫多，货要卖真，价作公平，以义取和，主顾信服，非贫难偿，必不负也。"① 吴中孚认为，买卖交易，若卖主愿意赊账经营，其原因有以下三个方面：一是为了招揽生意，二是为了图谋高价，三是为了出脱质量较差的货物。这三种情况，获利者少，而后患却无穷。其获利较少，尚属侥幸，假如为了招揽生意，于是乱放赊账，为了图谋高价而不选择可靠的顾客，为了出脱质量低的货物而只求有人来买，如此赊账，还希望全部收回，怎么可能呢？况且如今的世人，阴险狡诈多端，甚至还有专靠赊借来做生意的人，如果生意顺利，就用他人的本钱，趁别人的银来获得个人的利润；如果一旦亏损折本，必然会假装门面，千方百计地欺骗，东诓西套，进行诈骗，自百而千，自千而万，私自隐藏银钱，或者潜逃，或者倒卖，不一而足。赊账的人为此负累不已，都是因为要图

① 《商贾便览》，载《商家智谋全书》第359页。

这三个方面的利益而肯于赊给，应当慎之又慎。作为客商，即使自己的货物质量较低，价格便宜，但终究会有一定的收益，保住本钱。开设店铺的人，只要有道德良心，待客公平无欺，交易谅情劝成，买卖肯定会不揽而自来，何必运用赊账的办法呢？俗话说："三分一两易趁，九钱七分难赔。"别人有负于我，我则有负于人，前车之失，后车重蹈覆辙，怎不令人可怕呢？当然开设店铺的人，在各乡市镇之间，必定有很多主顾，生意上难免有拖欠的现象，但一定要选择诚实可靠的人才可以赊给，而且宁少而勿多，只要你卖的货物纯正，作价公平，以义取利，主顾们必然会信服，除非贫穷而无法偿还，肯定不会有负于你的。

其五，行铺马头择闹热。古今中外，经营贸易买卖的店铺，应尽量开设在交通发达、人口稠密的地方。对此，吴中孚认为："凡开行铺，须择当市码头聚集之所，取舍自有机风。来往人繁，贵贱可得权通；买卖既大，高低亦能合售。果是公平交易，客顾必是源源；若或吝惜租金，愿居冷市，即肯十买九卖，难得舍近求远，不顾闹中现成之处，而草（"草"字疑衍）冷街静巷之家，恐未必也。惟有独行专卖，或作囤货栈所，庶几可矣。"① 可见，吴中孚也主张店铺的位置要选择市镇码头、人多热闹的地方，但他的理由有其独到的见解：一是选择这些地方开设店铺，生意取舍自有信息和机遇，他从信息和机遇的角度来考虑店铺的选址，这在中国古代还是相当独特的。二是选人来人往的地方开设店铺，生意贵贱都可以灵活变通。买卖做大以后，价格高低也都能合算售出。如果店铺确实是公平交易，那么名声一经传开，顾客自会源源不断。因此，热闹繁华的地方虽然租金贵，但由于顾客多、交易额大，比起把店铺开在冷静偏僻的地方（顾客少、交易额小、房租便宜）来说，前者还是赢利大。只有是独家专卖的生意，或者作为囤积商品的货栈，还可以考虑开设在冷静偏僻的地方。

吴中孚在《商贾便览》中还提出店铺日常经营管理必须"囤贩贵审

---

① 《商贾便览》，载《商家智谋全书》第 358 页。

时宜""辨货要知大概，识物务须小心"思想，此在上文已经介绍，兹不赘述。

三、培养学徒学习经商思想

（一）学徒要守规矩

清代洞庭商人王秉元指出："学小官，第一要守规矩、受拘束。不以规矩，不能成方圆；不受拘束，则不能收敛深藏。譬如美玉，必须琢磨成器，况顽石乎！""学小官，不论有人无人在面前，都要兢兢业业，谨守店规，莫说无大人在面前，就可顽皮，此系你不守拘束，则放荡不成文矣。在大人说你之时，（觅）得有规矩样子，及至转变，仍然憨脸，将吩咐的话，只当耳边过风。如此等人，亦是学不出来的样子。"① 王秉元认为，作为学徒，首先要遵守店铺的规矩，接受店规的约束。没有规矩，就不能成方圆；不受到约束，就不能收敛自己的行为，抑制自己的欲望。就像一块美玉，必须经过雕琢，才能成为精美的玉器，何况是一块顽石呢？而且作为学徒，无论是有人或没有人在面前，都要兢兢业业，谨守店规，不能说没有大人在面前，就可顽皮，不遵守约束，那发展下去就会放荡成性，不成样子了。如果大人在教训你时，你装出规规矩矩的样子，而等到大人转身离去，仍然急惰贪玩，把大人吩咐的话都当成耳边风，这样的学徒是学不出什么样子来的。尔后的《贸易须知辑要》卷上则强调："学小官，先要立品行。行有行品，立有立品，坐有坐品，吃有吃品，睡有睡品。以上五品，务要端正，方成体统。行者务须平身垂手，望前看足而行，如遇尊者，必须逊让。你獐头鼠望（脑），东张西望，摇膊乱跑，卖呆望□，如犯此样，急宜改之。立者，必须挺身稳立，沉重、端严，不可倚墙、靠壁、托腮、咬指。□□□坐者，务必平平正正，只

---

① 王秉元：《生意世事初阶》，载贾嘉麟等《商家智谋全书》，中州古籍出版社，2002年，第252、255页。

坐半椅，鼻须对心，切勿抑坐、偏斜（倚）、仰腿、赤足。如犯此形，规矩何在。食者，必□容缓食，箸碗无□菜，须省俭，大可厌者贪吞抢噎，筋不停留满碗乱，又还嘴觚鼻，（筋不停留，满碗乱叉，嘴喷鼻嗅，狼藉桌上），这样丑态，速速屏去。睡者，贵乎屈膝侧卧，闭目吻口，先睡心，后睡目，最忌者瞌睡岔脚，露膊弓膝，多言多语，□□呼气，一有些坏样，趁早除之。"① 在此，《贸易须知辑要》则具体地要求学徒学习经商首先要在行、立、坐、吃、睡行为举止方面必须养成好习惯，符合最基本的规矩。

（二）学徒要手脚勤快

"进店学小官，全在流通活泼。先学眼前一切杂事，谙练熟滑，伶俐精灵。更要目瞧耳听，手勤脚快。"② 吴中孚在《商贾便览》中比较全面具体地规定了学徒在学艺期间必须积极主动地去做的日常事务：

> 学徒任事切要。初入门数日，当侍立众店官之侧，或立久方许坐。从低末之处，看前班伙、徒每日所执一切之事，谨记在心。此数日，递茶装烟谅可。过了十数日，行主老师及店官渐有遂事吩咐，授执跟学。大约清早起来，相帮下小店门板，开光窗门，打扫各处灰尘，抹洗各局上及桌凳物件污迹，捡齐各处要用小物件，及样货照原铺摆目，洗面燃神位香灯，拜揖。耳听店主及师长卧起，即侍候梳洗茶烟，到库房门外问登各草簿物件，捧入局内，放置原处。早餐，摆定桌凳，安放碗筷，请有客，侍候上酒饭茶烟之事。若师长吩咐吃饭，虽一面自己吃饭，眼仍要顾客酒饭茶烟之事。餐毕，捡拾碗筷等物，抹净桌。上午，听店长吩咐，或入局侍立侧末，跟众伙执习轻便之事，莫乱说话，或命走动有事，听明记心，即开步就去，小心慎重，做来回复。中饭及下午各事照前，或有余闲，不

① 《贸易须知辑要》卷上，载贾嘉麟等《商家智谋全书》，中州古籍出版社，2002年，第284—285页。

② 《生意世事初阶》，载《商家智谋全书》第253页。

得闭眼偷睡，恐客忽至，要奉茶烟，即无客至，亦须寻问些轻便之事去做。傍晚，各处灯台油烛上好，安放妥当原处。相帮捡拾外局上各物件，上小铺门板，关闩光窗户，点神位香烛，拜揖。夜餐后，各事毕，候过师长，不得即进房安睡，须到闲静处，或自一人，或邀伙徒同习算盘，或学字信，必要做过半个时久，方许就寝。总须晏眠起早，莫懒惰好吃。遇有雨之日，众伙闲坐时，方可请教师长看银水、学算盘、讲书信，及生意各事，其由生而熟，自拙而精，皆在留心观听，思慕之勤，神到自明矣。①

由此可见，商店学徒每天必须起早摸黑，手脚勤快，打扫店铺卫生，摆放货物、桌凳、物件等；侍候店主及师傅起居、洗漱、酒饭茶烟之事，并招待客人的酒饭茶烟，随时听从店主、师傅、客人的使唤；晚上，必须点好放妥灯台油烛，上小铺门板，关好门窗；晚餐后，侍候店主、师傅安寝后，学徒还要学习打算盘、写书信，然后才许就寝。遇到下雨天气顾客少时，众人闲坐无事，学徒才可以向师傅、长辈请教如何鉴别银子成色、写书信及做生意的知识。总之，学徒要勤快到比店里其他人都起得早睡得晚，做好开店和关店的各项事务、侍候店主及师傅起居、洗漱、酒饭茶烟之事；中午、下午或下雨天客人少时，其他人可闲坐无事休息，学徒也不得休息，随时准备招待忽然而至的客人，或学习打算盘、写书信等；即使在用餐时，学徒自己一面吃着，一面还要用心观察，照顾好客人的酒饭茶烟等事。

（三）学徒要学习经商技能

吴中孚要求学徒要"用心习学戥子银水，算盘笔头。次之听人言语，学人礼貌。种种法门，都要学到"。"称戥子，将（秤）毫理清。拿足提起，勿使一高一低，总要在手里活便。称小戥，务必平口；称大戥，务必平眉。不可恍惚，称准方可报数"。"看银水呈色，整锭者，看其底脸，审其路数，是哪一处出的银子。但银水一样，销手百般，细察要紧。如

① 《商贾便览》，载《商家智谋全书》第354—355页。

整锭无重边者，趱铅无疑。语云：银无重边即是假。倘疑惑不真，剪开便知明白。块头者，看其宝色、墙光、底脸、查口，纹银是纹银查口；九五是九五底脸。如底脸不相顾者，必要存神。又道：银无二色。如墙光打闪，滑头滑脑者，即剪开，则见银铜矣"①。开店铺经营买卖，最基本的经商技能就是要掌握使用戥秤、辨别银钱成色以及打算盘、识字记账等技能，尤其是前二者，因为后两项往往由专职的账房先生承担。学习用戥秤称物，一定要将秤上的点滴分毫都学习得熟练清晰。拿足劲提起戥秤来称物，不要让秤一高一低，而要两端持平，一定要学到称物时手中活便。称小戥（即用秤上划分细微的部分称量较轻的货物），一定要使戥杆平口；称大戥（即用秤上划分较粗的部分称量重物），一定要使称杆平眉。切不可恍惚不清，称量准确无误后方可报出重量。观察银子成色，凡是整锭的银子，要察看其底面是否平坦均匀，审察其纹路是否顺畅，并判断是哪一处所出的银子。但即使成色一样，其销铸方法也是千变万化的，一定要仔细观察分辨。如果整锭银子无重边，那么无疑是其中掺杂有铅。倘若心存疑惑认不准，剪开整锭银子检验即可鉴别明白。凡是块头银子，要观察其宝色、墙光、底脸、查口，如银块底脸颜色不同，一定要小心谨慎。因为常言说道：整块银不会有两种颜色。如果银子的墙光打闪，色泽不均，当即剪开检验，就可以发现是银还是铜了。

当学徒学到一定的经商技能，对买卖交易的整个业务过程比较了解熟悉之后，就应该大胆与前来店铺的顾客打交道，进行交易的实践锻炼，从而得到提高，真正掌握经商技能，才能够独立经营买卖。王秉元建议："学到周年两载，生意有点眉眼，有点墨线，就要硬着头，恋在柜上，勉力做生意，不可退后。如你做不下来者，自有旁人接应。你一两回，把胆放大了，就好向前做了。如只管退缩不前，终是胆小，不能展放，待到甚时候才能做生意？又道：要到会，人前累。一回生，二回熟。经一遭，长一志。凡百事，都是学而知之。如到店两三个月，就要撑上柜，

---

① 《商贾便览》，载《商家智谋全书》第 353、356—357 页。

乃是你没规矩，真属可笑！盖你连话也说不来，货源全不懂，何能做生意？如旁人把你做者，彼亦无讲究矣。"① 王秉元认为，学徒进行做生意的实践，应选择好时机，既不能太迟，也不要太早。学徒学到周年两载，对生意业务有些眉目，有点基础，就要硬着头皮，恋在柜台之上，努力做好生意，不可松劲和退步。如果在这个时候还退缩不前，终究仍是胆小怕事，不能放开手脚，施展本领，那要等到什么时候才能做好生意呢？但是，如果刚到店铺做了两三个月的学徒，就要勉强上柜做生意，那是你没有规矩，确实令人可笑！因为你连做生意的行话都说不出来，货源信息完全不懂，怎么能做成生意呢？如果选择好了时机，你做不下来某项生意，自然会有别人来接应和帮助。这样经过一回两回，把胆子放大了，就可以积累经验，向前进步了。俗话说：要到会，人前累。一回生，二回熟。经一遭，长一智。无论什么事情，都要经过学习和锻炼，才能明了事理，掌握技能。

（四）学徒要学习待人接物

经商做买卖的一个特点就是必须与人打交道，因此，学徒学习经商的一个重要内容就是学习待人接物。王秉元认为，"言谈，做生意之人不可缺也"②。因此在与人打交道中，语言是最重要的交流工具。王秉元主张："学生意，先要学官话，纵然一时不像，切不可怕丑。若满口乡谈，彼此不懂，如何能出门学生意，读书居官亦然。"而且"说话第一要谦恭逊让，和颜悦色。出口要沉重，有斤两，方成正人君子。大凡言语之中，不可浇漓刻薄，诡谲奸诈，兼之有碍他人短处，最要留心"③。这就是说，学习做生意，首先要学会说官话（类似今普通话），即使是一时学得不像，千万不要怕丑。如果满口土话乡谈，彼此听不明白，怎么能够出门做生意。而且说话首先要谦逊、恭敬、礼让，和颜悦色。话语出口要沉稳有分量，这才是正人君子所为。大凡言语之中，不可过于刻薄无情，

---

① 《生意世事初阶》，载《商家智谋全书》第 258 页。
② 《生意世事初阶》，载《商家智谋全书》第 288 页。
③ 《生意世事初阶》，载《商家智谋全书》第 253、262 页。

诡计多端，奸诈无行，如话语中有妨碍他人的短处，最需要留心。但是，另一方面王秉元又认为，学徒不可嘴快，言语过多，不是你说话的时候，就不要多嘴。"小官不可嘴快。多言好辩，最令人嫌。如众人在一起叙谈，你可耳听，勿使眼望。你若将眼望着人说话，痴眉钝眼，就不照管别处了；亦不可向前多嘴插话，不轮到你说话之时，且学乖透了，再向前未迟。"①

学徒在做生意待人接物中，还要注意自己的仪态礼貌："小官上柜，必须挺身站立，礼貌端庄，言谈响亮，眼观上下，察人诚伪，辨其贤愚，买物之人，自不轻视你了"，"柜内无你坐之理。有生意，固须站起。见店里伙计，亦须站起。盖店内俱系比你长的人，不是东家，就是伙计，都为你师，你焉敢坐也。到你坐的时候，自然让你坐也"②。王秉元认为，学徒上柜台做生意，必须挺身站立，礼貌周全，端庄持重，言谈响亮清楚。学徒在柜台后面没有坐着的道理。有生意上门，固然必须站起来相迎；没有顾客上门，即使见到店中的伙计，也必须站起来。因为店中都是比你年长的人，不是掌柜，就是伙计，都是你的师傅，有师傅在，你怎么敢坐着呢？等到该你坐的时候，自然会让你坐着了。王秉元还特别强调："柜上做生意，不论贫富奴隶，要一样应酬，不可藐视于人。只要有钱向我买货，就是乞丐花子，都可交接。哪里是应酬人，不过以生意为重，应酬钱而已。"③ 这就是说，在柜台上营业做生意，无论顾客是富是贫，甚至贫贱为奴隶，也要一视同仁，一样应酬，不可藐视客人。只要是带有银钱向我购买货物，即使是乞丐，都可以交接应酬。这么做哪里是什么与人往来应酬，不过是以生意为重，而应酬银钱罢了。

王秉元还主张，学徒在做生意学习待人接物中，必须因人而异。如果顾客公道正直、说话合情合理，那学徒就必须待以公道热诚；如果顾客粗俗浮躁、言语强硬，那学徒也不可示弱，应当拿出一点威严来对付

① 《生意世事初阶》，载《商家智谋全书》第 254 页。
② 《生意世事初阶》，载《商家智谋全书》第 259、255 页。
③ 《生意世事初阶》，载《商家智谋全书》第 268 页。

他。顾客如见你畏惧他，只管强硬无礼，越来越强硬，难道不就成了依靠威势强行购买的吗？如果是这样，那意味着生意做不下了，在外地便站不住脚了。但当你发怒之时，要想着如何收场，所以还需要知晓柔能克刚的方法。"柜上做生意，全要眼睛亮。第一要识认得人。如彼公道正直，出言有理，必须公道待他；你若虚浮扯诳，彼便不取信于你。如那人本来粗躁，话语强硬，亦不可弱与他，要放些威严应对他。如今世界，时时变，局局新，他见你惧他，他只管强硬，越打越进，岂不是倚势强买？则生意败坏，客地站不住了。有道：遇文王而施礼乐，遇桀纣而动干戈。但发怒要想收头，又须知柔能制刚之法。"①

学徒在做生意碰到熟人携带银两钱钞前来购物时，必须仔细过数，多则退，少则补，清楚明白。你若因为彼此熟悉，碍于情面，不再清点就收下来，那么对方只有短少，不会多给，你岂不是吃了暗亏？所以，在做生意时，不论生人熟人，都要当面点清银两钱钞，才可以避免上当，事后后悔不及。"熟人来买物之银钱，必须过数，多则退，少则补。你若因熟人情面，就拿过去，他只有少的，不得多的，岂不受了暗亏？况人面兽心者多，他既试验你不过数，他下次就安心少你的了，还要拿铜来同你猛充一场。故不论生人熟人，总要当面过数，方免后悔。昔时贤文有曰：莫信直中直，须防人不仁。山中无直树，世上无直人。"②

（五）学徒做生意须谨慎小心

王秉元认为学徒初学做生意须处处谨慎小心，因为做生意难免经常与钱物打交道，瓜田李下，千万不要引起别人的误会，认为你手脚不干净。如"学小官……扫地倘遇失落银钱，须拾取放在账桌上，不可怀藏。初进店来，恐东家故意丢下，试你心腹。若爱小便宜，识破不值半文钱矣"，"人借戥子称银子，不可伏在他面前，望着他的银包，恐有遗失。你可站开些，俟他称过银后，将戥子收来可也"，"入人柜内，不可靠银

---

① 《生意世事初阶》，载《商家智谋全书》第269页。
② 《生意世事初阶》，载《商家智谋全书》第267页。

钱之所，犹恐彼有失误舛错，就疑你三分。又道：失物厌来人。再者，亦不可翻人账目看，惹人讨厌"①。这就是学徒如扫地拾到掉在地上的银钱，必须放在账房的桌子上，切不可私自收藏起来。有人来借戥子称银子，你可以站开一些，以防人家遗失银子，你说不清。进入别人的柜台，切不可靠近存放银钱的地方，因为人家如少了银钱，就会怀疑你三分，也不可翻看人家的经营账目，以免惹人讨厌。

学徒初学做生意须谨慎小心，不仅是避免自己被别人误会，而更重要的是防范自己被别人欺骗。如"面生人进柜，须要请教尊姓台甫，尊府何在，再问到此有何贵干，细细盘诘一番。叙起来竟是远亲，或是仰名的朋友，亦要看其人之举止。实在不是假冒亲友，方可留歇。再他有同伴之人进来，必须问明是同来与否，恐防有歹人冒同进店，你疑他同伴，他疑你同店之人，互相不问，误事有之。昔日有一人同客进店，其店只当是随客之人，客只当是店内之人，两下倚靠，后此人盗去银两，岂不是吝言误了事"②。这就是学徒要养成有生疏的人进入店铺，必须有礼貌地仔细盘问的习惯，并要观察其人的言行举止，确实不是假冒的亲友，才可留其在店歇息，进行招待。另外，如果他还有一同结伴前来的人，也必须问清楚是不是结伴而来，要提防有奸诈之人冒充是同伴一起进店，你把他当作是客人的同伴，客人则怀疑是你同店的人，互相之间都不加盘问，有可能会因此而误事。

清代商人在经营买卖贸易中都有很强的安全意识，不仅要求学徒要注意防范被不法之徒欺骗、偷盗，而且时刻提醒自己注意资金、财物等的安全。如王秉元主张，在买卖中尽可能现金交易，对赊账交易一定要了解对方诚信度和偿债能力。"现买现，俱要银全发货，免得他徘徊摆布，末后拔围。如若赊账，须看其为人若何，访其家底若何。为人信实，交接爽利，而家道又殷实，则不妨放手。但时下有一种奸人，他花言巧

① 《生意世事初阶》，载《商家智谋全书》第263—264页。

② 《生意世事初阶》，载《商家智谋全书》第264页。

语，屡次想骗，先把便宜与你讨。你遇此等人，说他来的洒脱大方，认作好主顾，就放手赊欠。谁知先是点饵，你一上了他的钩，则一时难脱，千万存神。有道：赊三千，不如现八百。又道：略占些便卖，纵对合不赊。"① 如是经营贩运买卖，雇用夫役挑运货物，必须提防奸邪歹人盗窃而去："客途雇夫运货、挑行李，而夫马往来之地，因有夫行歇店，保雇夫运，间亦有挑夫窃走，虽经官追问，行店守候无期，矢去，实追转虚。莫若预将货物捆装包却、封整，指明给挑。如银两重物，切要言明，与行店知之，另雇至妥当之夫，嘱其中途不得换夫转挑，或行店着伙押送，或客伙自押，均须小心慎重……船夫及近埠头店家代雇，脚钱虽贵，而有经手，可保无失。且客途雇车，亦当虑此。"② 吴中孚认为，客商在旅途中要雇用人力运货物、挑行李。在人马往来的繁华之地，固然有夫行、歇店担保雇人运送，但间或还是有挑运之夫窃物逃走的，即使经过官府的追问，夫行、歇店守候追寻，也可能遥遥无期，最终还是损失了货物。不如将货物捆装包封完好，立据说明，然后交给挑夫运送。如果是银两以及其他贵重物品，一定要与夫行、歇店说明，另外雇用至为妥切的夫役，嘱咐中途不能换人转挑，或者由夫行、歇店派伙计押送，或者由客商伙计自己押送，都必须小心慎重。托付船夫以及码头附近的店家代为雇人，脚钱虽然贵些，但因有经手人，可以保证货物不致失去。客商在旅行途中雇用车辆运送货物，也应当考虑到这一点。

（六）学徒学习做生意必须学会掌握顾客的心理和商品价格

学习做生意最重要、最难掌握的是必须恰如其分地掌握顾客心理和商品价格，对此，王秉元提出了一些最基本的原则，供商人在具体买卖中体会和实践。他说："买主进店，要看你货色好歹，可先将丑的与他一看。彼嫌不好，再把次一宗与他看。彼中意就罢，若还不中意，你须先垫一句：尊驾果要买顶高的货，其价不贱。买者既合式，自然会高价买

① 《生意世事初阶》，载《商家智谋全书》第 276 页。
② 《商贾便览》，载《商家智谋全书》第 346—347 页。

去。你若起初便把高货看，他必不信。宁可费点手，省却许多话。"① 这就是说，顾客进入店内，要观看货物成色好坏如何，可以先将次品给他看一看，对方如嫌质量不够好，再把稍好一等的拿给他看。对方如果满意也就是了，如还不满意，这时你就再说：先生果真要买质量最好的货物，那价格可不便宜。顾客既然觉得合适，自然会以高价买去。你如果一开始就把质量最好的货物给顾客看，对方必然不会相信其质量和价格。因此，宁可费点功夫，却省去了许多口舌。

在经商做买卖中，讨价还价是很普遍的，几乎发生在每一次的交易中。因此，学徒在学习做生意中更要根据顾客的心理来开出价格："开口价钱，须留些退步。时下生意老实不得，要放三分虚头。到后奉让，彼是信服的。你若突然说实在价，买者未能全信，决不肯增，只有减的。可不是留点推板为妙！瞒天说价，就地还钱。"② 这就是做生意卖商品，所开价钱可略高一些，让顾客还价。然后略微减价让利，顾客就会相信这个价格。你若一开始就报了实价，顾客倒不相信，肯定还要砍价。所以，卖商品开价留点顾客砍价余地为好。但是，如果是滞销或脱销的货物，那么开价可以例外："冷货讨价者，须要水马不离桥，不可过于离经。彼闻你讨价没影子，则伸舌而去。即或过路生意，亦只比大市略高昂些。若想一倍两倍，彼不买奈何？如遇缺货，则不拘定价，虽一倍卖十倍无妨。此乃物自能贵者也。总在见景生情，随机应变。"③ 这就是对滞销的货物，报价必须实事求是，不可过于离谱。一旦你报价过于离谱，对方听后觉得讨价还价没有影子，就会咋舌而去，交易自然做不成。如果是遇到奇缺的俏货，就可不拘泥于固定的价格，即使一倍的价卖到十倍，也没有关系。这是货物稀有，自能使其价格昂贵。总之，货物价格涨落要见景生情，随机应变。

---

① 《生意世事初阶》，载《商家智谋全书》第271页。
② 《生意世事初阶》，载《商家智谋全书》第271页。
③ 《生意世事初阶》，载《商家智谋全书》第272页。

在做生意买卖时，如遇到涨价行情，开价必须慎重，一般的原则是涨价必须涨在别的店家后面，如遇突然价格上涨，还要向买主分析说明原因；如遇跌价，应该跌在别人前面，略微松动，减些售价，以示公道待客。这样，你的顾客就会越来越多，生意越做越兴旺。

> 门口各货，价钱卖定。倘或些微价高，必听听大市，方可长价。你若蓦然就长，买者一时未能信服，恐走出往别店买。往常是你主顾，别店见新主顾来买，除不高他的，反更让些。买者信以为然，便说你欺他，下次永不来矣。故曰：跌价须跌在人前，长价须长在人后，亦是拉生意之道。①

> 货价陡长，门市乡户，自不相信，必须将货物从地头因何而贵，或是不出，或遭干（旱），或遇水荒，以致缺长，如此分剖明白，买者自然信服，添价买去。若遇贱，亦要略略松动，公道待人，则见你童叟无欺，下次自多投奔。有道：宁做一去百来之生意，不做一去不来之生意也。②

王秉元还指出，学做生意对顾客的还价，要针对不同的情况分别采取不同的策略：

> 生意还价不到本，是不卖的。还价过了头，是不卖的。或还价在路上，疑而不决，恍惚不定者，是不卖的。价不到本不卖，是真不卖；他还价过了头不卖，是假不卖，何也？犹恐他反悔犯疑，我故意不卖，是拿他一着，令他不能反悔。还价是路上，而游移不决则不卖，亦是假不卖，何也？你若就卖与他，他只管嫌货丑，吹毛求疵。有一点不中他意，就不卖了。必须缓言相待，将话足了他，使他不能反悔改口，须三收三放，让他站在柜前，有不得不买之势，必须软中泛硬，硬中泛软，总而言之，皆不放他出门之意。③

> 还价不到本，或嫌钞无多者，不可轻于放他出门。亦要迁就软

---

① 《生意世事初阶》，载《商家智谋全书》第 275 页。
② 《生意世事初阶》，载《商家智谋全书》第 275 页。
③ 《生意世事初阶》，载《商家智谋全书》第 272—273 页。

跌，必须笑容相待，推之以理，详之以情，那人自然多寡也添些。此回不赚钞，恐下次又有所图。你若潦草大意，回他去了，则不成生意讲究矣。①

做生意，如果顾客还价不到本钱，是不能发卖的；反之，还价过了头，也是不能发卖的；还价还算正道，没有离谱，却犹豫不决，也是不能卖的。还价不到本钱而不卖，这是真不卖；还价过了头而不卖，则是假不卖，是担心对方反悔犯疑，因而故意先表示不卖，然后再卖给他，让对方不能有所反悔。顾客还价并不离谱，但游移不决，这种情况下不卖也是假不卖。因为如果你马上就卖给他，他就会一味嫌货物不好，吹毛求疵，若有一点点地方让他不满意，就不买了。因此必须从容应对，以好话说服对方，让他不再反悔不买。必须三放三收，使他站在柜台前面，不得不买。对于顾客还价不到本，或赚钱不多，也不可轻易放顾客出门。而应当有所迁就，软磨硬缠，笑脸相待，晓之情理，那对方多少也会添一点价。即使这次不赚多少钱，但还有下次回头生意可赚到钱。如果你马虎大意，一句话就回绝了，就不成做生意的规矩了。总而言之，遇到顾客还价，必须软中带硬，使顾客不成交就出不了店门。

（七）处理好师徒关系

古代没有设立专门的商业学校、商业专业等来培养经商人才，而是通过师傅带徒弟的方式来传授这方面的知识和技能。处理好师徒关系是决定这种教学方式成败的一个关键因素。对此，王秉元对师傅和徒弟双方都提出了要求：

> 教训小官，先要论其资质若何。聪明作聪明教法，鲁钝作鲁钝教法。聪明者，不可过于严谨他，须缓缓指引，分剖明白。甚的事怎样做，甚得活怎样说。口传心授，造就自是容易。愚钝者，教法何以不同？一时不必替他说细话，待他学了年余，有一线之通，再逐件教他。如教他一次二次不听，只管顽皮，不得不加责罚。再若

---

① 《生意世事初阶》，载《商家智谋全书》第 273 页。

仍然不听，此等小官终久半瓶醋耳，倒不如趁早打发回家，免蔽自己之名。药石成仇，反为不美。总之，教小官，无论贤愚，不可粗言笨语，非打即骂，如狼如虎，装出这宗形象，骇得那小官犹如呆子一般，越教越拙，使他再不能向前。所以，店东并伙计为师者，亦要有些涵养，有些护恤。那小官本来聪敏活泼，有家教者，必须细心教他的生意，他后来成人，决不忘你善教之恩也。

东君固须体恤伙计，量材给俸。水深才养得鱼住。为伙计者，亦当尽力竭力。有道：食人之禄，必当忠人之事。至小官初学生意，更须谨慎和睦，不可傲慢怠惰。①

王秉元认为，店主、师傅教育培养学徒，首先要根据各自的资质如何，而采取不同的方式。对聪明的学徒，不可过于要求严谨，需要慢慢地加以指点和引导，把道理分析明白，什么事情该怎么做，什么话语该怎样说，这样口传心授，造就成才自然比较容易。对愚钝的学徒，在刚开始的短时间内不必对他们说太多的道理，应首先让他们实践，等他们学习了一年有余，内心有一线灵犀可通，然后再逐件事情进行教导。如果是教导一次、两次还不听从，只管顽皮抵赖，不得不加以责罚。如果再不听话，那么这种学徒终究也学不好，倒不如趁早打发他回家去，以免有损于自己的名声。药石良言相劝，却反目成仇，反而不美。总而言之，教育培养学徒，无论其资质如何，是贤良还是愚蠢，都不可对他们粗言笨语，随意斥责，不是打，就是骂，如狼似虎，装出这种凶神恶煞的样子，吓得那些小学徒如同呆子一般，结果是越教越笨拙，使他们再也不能进步。所以说，东家掌柜以及伙计作为师傅培养学徒，也要有点涵养，有点呵护和怜恤之心。学徒之中那些本来聪明机敏、活泼可爱、家教良好的，必须耐心细致地教导培养他们做生意，而他们将来造就成才，也绝不会忘记老师善于教诲的恩德。

店铺的老板固然要体恤伙计，根据其才能给予薪酬。只有水深才能

---

① 《生意世事初阶》，载《商家智谋全书》第277—278页。

养得住鱼。而作为伙计，也应该尽心竭力，做好生意。有道是：食人之禄，必当忠人之事。至于说学徒初学做生意，就更应该谨慎小心，为人和顺，勤恳努力，切不可傲慢无礼，有所怠惰。

第四节　改官营工商业为私营思想

一、李雯的盐政改革思想

李雯（1608—1647），字舒章。他虽出身世家，生活条件优越，但少年时摒弃养尊处优的生活，担囊负笈寄馆苦读，遂得才学过人，学涉古今，为明崇祯十五年（1642）举人。清初荐授内阁中书舍人，顺治初年的诏诰书檄多出自他手。

李雯在学术思想上，重视治国经邦之实学，反对死读诗文，咬文嚼字。在他的政治性文章中，对经济问题的探讨占很大篇幅，侧重于盐政、赋役、奢俭等方面的讨论，较明显地反映了资本主义萌芽进一步发展的客观要求。李雯的著作辑为《蓼斋集》。

李雯认为，在古代社会经济生活中，盐同粮食一样，是关乎国计民生的最重要的两种资源："尝闻力田者本谋而盐铁为奇利。菽粟者资粮而山海为宝藏，舍是二者而欲讲于足国之术，愚未之见也。"[①] 可见，他认为粮食和盐铁都是国家财富的重要来源，离开这两者就谈不到什么足国之术。而且，从国家财政收入上看，盐利收入超过粮食收入。如果国家财政收入倚重于丰厚的盐利，远胜于从农民口中夺取粮食："夫天下之用

---

① 李雯：《蓼斋集》卷 45《盐策》，顺治十四年石维崑刻本。本目引文未注出处者，皆见于此。

莫博于盐，利莫多于盐。人主广仁义之风，贱刀铢之算，能尽捐之于民则捐之于民，不能，则以法笼之而佐国家之经费，其术犹贤于浚刻农民，扼其吭而夺之食也。"

但是，李雯认为，当时的盐政存在着弊端，盐利既不在官，又不在商，而被豪强权贵垄断了。"自钞法坏……权豪擅煮海之利，官盐也利夺之，割没为奸商之地"，"今盐法利商贾，商贾有愁叹矣；利朝廷，朝廷无羡入矣。然则数百万之金钱，古之所以当租赋大半者皆将安归乎？故愚认为，利有所蠹而法有所敝也"。盐利原可以代替"租赋大半"以"佐国家之经费"，现在被豪强权贵垄断，成为"末利欺于下则为豪强之资"，因此，李雯借鉴《管子》的轻重理论与桑弘羊的盐铁国营政策，主张政府掌握盐业的轻重之权，使盐利尽归于国家控制，"利出于一孔而有以操其轻重之权也"，使"末利笼于上则代百姓之赋"。

李雯的政府掌握盐业的轻重之权、"利出于一孔"同古代的轻重论者有本质的不同，《管子》、桑弘羊的做法是通过国家垄断盐的生产、销售来获取巨额盐利，而李雯则是主张政府从豪强权贵手中夺回盐利，将盐业生产经营权交给商人，由商人自主经营，政府对盐商经营进行宏观调控并为盐商提供各种服务，然后对盐商征税，作为财政收入。李雯认为唐代刘晏之所以能够使盐业为国家提供多达1/2的财政收入，其原因就在于放手让商人进行食盐的生产和经营。"晏之治盐不过广盆牢以招商贾，置巡院以搜奸盗，非有奇谋异术也"。"夫盐之为利一也，与其权于官，不如通于商"，"朝廷为之设官，以平其价值，理其讼狱，辨其行盐之地分，然后度其岁之所出者重为之额而一税之"。

李雯认为当时国家盐利流失的另一个重要原因是官吏的腐败。从表面上看，盐政大权掌握在国家手中，实际上却操纵在少数官吏手中，盐专卖已成为他们中饱私囊的渊薮。国家财政从盐政中收入甚少，而商人却感到负担沉重，严重影响了从事盐业生产经营的积极性。"今吾朝举天下之盐不及二百万，此太祖高皇帝之所藏于民也。至于法久蠹生，上至部院之大吏，而下至场所之末隶，内至委验之职，外而禁捕之司，无人

不得以渔猎其间。每一左右，金钱万数……故今之为盐商，虽大而无不闲者。今之为盐官，虽小而无不乐者。然则国家之课止有此数，而商人之所费固十倍于兹矣。"商人为逃避过重的、纷杂的负担，往往走上贿赂官吏、营私舞弊的违法犯罪之路。因此，李觏主张，国家向商人征收盐税后，让商人自由经营盐的生产销售，不仅使以前中饱于权贵、吏胥的盐利，都以税收的形式归入国库，增加财政收入，而且对商人也有利，即使国家采用增收盐税的方式对商人进行征收，商人也绝不会有反对意见，因为商人摆脱了各级官吏的层层加派，其实际负担反倒有所减轻。"夫使商人为无名之费而入于多门，不若使为有羡之课而入于朝廷。诚能省官吏，一法制，一税之后，从其所之，不为苛细，则虽多倍其额……要不夺之商贾，而夺之于官吏又何伤哉！"

在此认识的基础上，李觏设计了一套中国盐政史上前所未有的自由经营理想蓝图①。其具体内容是：

> 盖其法莫若使天下商贾得自煮盐，分海滨之场，或为万亩，或为数顷，划其疆里而尽给之，使得自养其灶丁。向者豪强侵利之家亦不必为之禁绝，皆使之列于商贾而得置牢盆以自便。彼得辞私盐之名，必有所甚乐。朝廷为之设官以平其价值，理其讼狱，辩其行盐之地分，然后度其岁之所出者重为之额而一税之……一税之后，从其所之。

这就是政府将盐滩按面积全部分给商人，由商人自行购置生产资料，自主雇佣灶丁，自由经营生产。以往侵占盐利的豪强权贵视同一般商人，同样分给一定数量的盐滩，让他们与普通商人一样从事经营活动。政府除了设置机构、官吏调控盐的价格、解决纠纷、指导盐的行销地区之外，最关键的就是掌握向商人征收盐税的权力，按盐商的每年产盐数量征收一定额度的税收。征收盐税之后，任由盐商自由销售。

李觏认为，实行盐政改革能带来 3 个方面的好处。一是使"私煮盗

---

① 《中国经济思想通史》第 4 卷，第 268 页。

犯皆坦然于民间”，即没有私产私贩盐的罪名，一切私煮私贩只要按国家规定交纳了盐税，就合法化了。这就是李雯提出的在中国盐政史上十分著名的论点，“天下皆私盐则天下皆官盐也。”不言而喻，私盐的合法化有助于社会秩序的稳定。二是使盐商摆脱了私盐的罪名，有利于调动盐商、灶丁的生产经营积极性。“彼得辞私盐之名，必有所甚乐”。三是“此法行而强家豪族皆可使为商贾”，即使豪强权贵之家不能再凭借权势侵吞国家盐利，而只能与一般商贾一样依靠自身的经营能力赢利。

李雯盐政改革的核心思想是盐商交纳盐税之后自由经营，但在实际操作中如何保证制止盐商偷税、漏税行为，确是一个必须认真对待的问题。李雯对此也做了较详尽的论述。他指出，盐田与农田一样，分给了谁、分了多少都有案可稽，因此，纳盐税可参照纳田赋的办法，盐税的征纳工作也就并非难事了。另外，他还提出，政府可以用授予官职的手段鼓励引导盐商及时足额交纳盐税。

李雯在《盐策》一文中还指出，他的盐政改革方案比较适宜于在东南各产盐区实行。至于西北各地盐业生产则应该仍由政府经营。因为当时西北边疆屯戍的大量军队的粮食供给必须依赖政府用其所生产的盐来换取。“虽然，此特论东南之盐耳。若西北之盐，或近京师，或近塞下，则仍使官办之，而官积之以与商为市，市必以菽粟”。

李雯还建议，东南地区实行盐业私营后，政府盐利收入将大大增加，可将东南所获盐利用于支援西北水利及农业发展。“而东南之盐利既盛，待以其余财与西北之水利”。如此一来，可收到“末利举而本富兴”的双重效果。

李雯的盐政私商经营改革思想，在当时具有较重要的历史意义。中国古代至迟从西汉开始，除个别时期外，盐业生产经营均由政府严格控制。其中，有些朝代还实行官府全面垄断盐业的榷盐制度。少数朝代虽允许商人经营，但也只是将其中的运输、销售环节通过特许经营权的方式转让给商人经营，政府则牢牢控制盐业的生产。盐业生产的主要生产资料——牢盆，由政府投资建造；盐业的生产者——灶户，由政府直接

招募管理，甚至灶户对封建国家有很强的人身依附关系，官给生产资料，产品归官，类似于封建农奴式的生产者。许多朝代为垄断巨额盐利，有意识地将灶户与盐商隔离开，防止盐商插手盐业生产。而李雯的盐政改革则将整个盐业，从生产到运输、销售全部交给商人经营，商人控制了盐业的生产资料和生产者。商人通过自行购置生产资料，自主雇佣灶户，自由生产经营。如果商人与灶户之间是一种自由雇佣的劳动关系，那就是类似于包买商同雇佣工人的资本主义生产方式萌芽。在中国古代，盐业是封建经济中市场最广大、赢利率很高的行业之一。这一行业如能全面实施李雯的盐政私商经营的改革方案，就可能使盐业普遍实行资本主义生产方式，这对加速明清之际资本主义萌芽及其发展壮大，其历史意义是相当重大的。李雯的盐政改革思想，对后世有较大的影响。顾炎武在《日知录》中就对其"一税之后，从其所之"的主张大加赞赏。后来，清中叶以后的包世臣、魏源也赞同李雯的盐政改革思想，并在实践中借鉴他让商人自由运销的观点。

二、包世臣的漕运、票盐改革思想

包世臣（1775—1855），字慎伯，号倦翁。年少时因父病家贫，曾租种蔬菜瓜果，出售养家。嘉庆十三年（1808）中举人，曾长期担任官员的幕僚，在社会上颇有名气。60 岁谋得江西新喻知县，但不久即被劾去官，寓居金陵、扬州等地。

包世臣平生注意经世致用之学，"潜心研究兵、农、名、法治人之术"，"游学四方"，"体察人情之所极，风土之所宜"[①]。因此，他不仅熟悉社会，了解民情，而且对当时的水利、赋税、漕运、盐务、法律、军事等方面的实际情况和历史沿革十分熟悉，常能提出切中时弊的改革主张。包世臣具有爱国进步思想，痛陈鸦片输入之害，主张"厉禁烟土"，

---

① 包世臣：《小倦游阁集》卷 9 正集九《答钱学士书》，清小倦游阁抄本。

抵抗侵略。包世臣著有《中衢一勺》《艺舟双楫》《管情三义》《齐民四术》，合辑为《安吴四种》，其中论述河、漕、盐等的《中衢一勺》和论述《农》《礼》《刑》《兵》的《齐民四术》，都有相当篇幅论述经济管理思想。

清代，漕运、盐政是积弊很多的"老、大、难"问题。由于清朝官僚机构的腐败与行政效率的低下，漕运的运费和耗损很大，加之征收与运送过程中官吏、兵丁等从中勒索、贪污，致使运一石粮食要花几倍的代价。这一切的负担最终都落在农民身上，使农民受官漕的盘剥不堪重负。对此，长期深为地方官员幕僚的包世臣深有体察："今年又收十分租，摘银折漕骨髓枯，石米块八价在市，官漕石折六块四……折色倍蓰何能胜……田租粜尽税未清"①。对此，包世臣提出改革漕运的主张，其要点是改河运为海运，以船商代替官府。

包世臣为了说明自己改革漕运主张的正确性，反复强调雇佣商船、海运南漕的好处。他在《安吴四种·海运南漕议》中说："海运大便"，"官费之省，仓米之增者无数。又使州县不得以兑费、津贴旗柁名目，藉词浮勒，一举而众善备焉"。他在《安吴四种·海运十宜》中指出："黄河情形既至此极，舍海更无他道"，"商户殷实"，"为人信服已久"；"大户之船""必精善"，并配有"著名好手"；雇佣商船"防科敛染指之弊"等等。他在《安吴四种·中衢一勺目录序》中也指出："海运则公费大省"，"将以纾民困也"。由此可见，包世臣认为雇佣商船、海运南漕的好处主要有四：一是节省官府运费支出；二是由于所雇佣的商户富裕老实，商户船只质量精良，并配备航海技术高超的水手、船工，运输粮食安全性大；三是正是由于海运粮食安全性大，所以能保证京师的漕粮供给有增无减；四是雇佣商船海运能避免官运机构的一些弊端，如"借词浮勒""科敛染指"，即官运机构寻找借口勒索或增加苛捐杂税等；五是可以减轻江南一带的民众负担，"以纾民困"。

---

① 《小倦游阁集》卷21别集二《己卯岁朝松江即事》。

　　清代的"纲盐"制度，是沿袭明朝的盐政，由封建国家给予特定的商人收购和运销食盐的垄断权利，把一定产区生产的食盐分成若干"纲"。这些具有购销特权的特许盐商称为"纲商"。这种"纲盐"制度的弊端主要有两个方面：其一，各产盐区的"纲商"与政府委派的征收盐税和管理盐政的盐官相互勾结，形成许多势力很大的官商勾结的盐业垄断势力。一方面，"纲商"按规定交纳盐税之外，还要对封建朝廷、地方官吏以及盐官，承担各种名目的捐派"报效"；另一方面，封建国家和各级官吏作为回报，保护"纲商"在一定范围内的垄断权利，禁止私盐，允许"纲商"屡加盐价和额外加带无税盐斤，以增加"纲商"的额外盐利。这种官商勾结，无疑增加了食盐运营成本，使盐价昂贵，养肥了不法官吏和"纲商"，侵夺了百姓的钱财。

　　其二，昂贵的盐价，使走私盐能获取高额的利润，走私盐的活动日益严重。不仅普通的私盐贩者——"盐枭"，而且"纲商"、盐船水手，甚至连缉私盐的官兵以及漕运回空的粮船，都夹带私盐。私盐成为人们发财致富的抢手货，无孔不入，充斥着人们的日常生活。还有当时由于交通工具的限制，盐价各地区不一致，地域性差价较大。盐价低的"官盐"，违反划分销区的规定，向盐价高的地区倾销，形成所谓"邻私"。这样就造成了严重的"私畅官滞"的局面，不仅直接影响百姓的日常生活，还直接使封建国家财政收入减少。包世臣曾长期在两江总督辖区（今江苏、安徽、江西三省）游幕，耳闻目睹私盐活动的猖獗以及对社会生活的严重危害。他在《安吴四种》卷3《庚辰杂著五》一文中揭露："枭徒之首名大仗头，其副名副仗头"，"争夺马头，打仗过于战阵，又有乘夜率众贼杀者，名曰放黑刀"，"巨枭必防黑刀，是以常聚集数百人，筑土开濠，四面设炮位，鸟枪、长矛、大刀、鞭、锤之器毕具"，"拒捕则官兵必伤"。

　　面对这种武装走私盐的严重局面，当时，多数人主张全力禁缉私盐。包世臣则提出与众不同的见解，认为"说者皆谓私枭充斥，阻坏官引，遂以缉私枭为治盐之要，此下策也"。他主张："若夫上策，则裁撤大小

管盐官役，唯留运司主钱粮，场大使管灶户，不立商垣，不分畛域，通核现行盐课，每斤定数若干，各处虽难划一，断不可致悬殊"，"听商贩领本地州县印照赴场官挂号缴课买盐，州县发照后，即可运售"①。包世臣改革盐政的思路是，盐走私猖獗的根本原因是"纲盐"制中官商勾结使盐价昂贵，走私盐可获高额利润，故促使走私盐活动猖獗。因此治本的上策是以"票盐"制取代"纲盐"制，取消"纲商"的垄断特权，大大裁撤大小盐官、盐吏，禁绝或尽量减少盐政中的各种额外勒索和中饱现象。这样就可大大减少食盐运营成本，使盐价降低，食盐的销量增加，走私食盐没有暴利可图，还可减少非法夹带，促使"枭徒化为小贩"，使国家盐税收入增加。包世臣对自己的盐政改革方案颇为自信，"是一举而公私皆得，众美毕具，千年府海之陋，一朝尽革"②。他的盐政改革思想，在更大程度上表现了他对私营商业的重视与支持。

三、魏源的工商业私营思想

魏源（1794—1857），原名远达，字默深。他 29 岁中举后做了十余年的幕僚。道光二十四年（1844），50 岁时中进士，后在江苏任知县。咸丰三年（1853）任江苏高邮知州，不久感愤"世乱多故"而弃官事佛，"不与人事"。

魏源曾师从刘逢禄学《公羊春秋》，究心于经世致用之学，属今文经学派。道光六年（1826）应江苏布政使贺长龄聘，襄辑《皇朝经世文编》。继为江苏巡抚陶澍筹议漕运、水利、票盐诸事，撰《筹漕篇》《筹鹾篇》《筹海篇》等。第一次鸦片战争后，感愤而著《圣武记》，以推求盛衰之理，筹划海防之策。曾受林则徐嘱托，以《四洲志》为基础，编成《海国图志》，主张"师夷之长技以制夷"。其著述还有《古微堂集》

---

① 包世臣：《安吴四种》卷3《庚辰杂著五》，沈云龙编：《近代中国史料丛刊》，文海出版社，1966 年。

② 《安吴四种》卷3《庚辰杂著五》。

《元史新编》《老子本义》《诗古微》《春秋繁露注》等 10 余种。今人辑有《魏源集》。

魏源在工商业的生产经营方式上，极力主张私营而反对官营。自两宋以来，主张工商业私营者代不乏人，但多数是针对盐、茶等政府专卖行业而言。魏源主张私营的范围相当广泛，凡如采矿、盐业、造船、器械制造、漕运乃至于屯垦，无不鼓励或委托私人经营。

他认为，矿业"禁民采而兴官采"会"利不胜弊"，"民开而官税之，则有利无弊"，总之，"许民开采，二十分取一为税，此开采最善之法"①。他主张，对盐业应改变具有垄断性的"纲商"而为具有自由竞争性质的"票商"②，盐商只需照章纳税后即可自由领票运销食盐，进一步消除官府对经营盐业商人的封建盘剥。他与包世臣的看法类似，主张对复杂的盐务改革应主要解决降低食盐生产经营的成本问题。他指出淮盐的根本问题是"邻私"（即邻省官盐向淮盐专卖区的私销）与滞销，只有降低淮盐价格才能抵制"邻私"和使食盐畅销，而要降低价格必先减低淮盐运销的成本。纲商经营食盐成本居高不下的主要原因是由于浮费和各级贪官污吏勒索太多，如废除纲商专卖制度以散商凭票自由运销方式取代，就能减少成本以降低食盐价格。因为散商"本轻费轻"，从而能大大降低盐价，这就可以抵制"邻私"和食盐的走私，可以使食盐畅销而不致停滞，可以增加国家的盐税收入。总之，降低食盐运销成本就能解决当时淮盐所存在的各种问题。由此可见，魏源与包世臣一样，认为降低食盐运销成本是解决当时纲盐诸多弊端的根本性问题。

在清代，所谓器械除军用器械外，还包括许多可能制造的民用器械在内，实质上是指机器制造业而言。而当时清廷官营造船厂或火药局仅在广东各设一处。对此，魏源提出："沿海商民，有自愿仿设厂局以造船

---

① 魏源：《圣武记》卷 14《军储篇二》，中华书局，1984 年。

② 魏源：《古微堂外集》卷 7《筹鹾篇》、《淮北票盐志叙》，淮南书局光绪四年刊本。

械，或自用或出售者，听之"①。魏源的这一主张意味着军用民用器械均许可私人广泛经营制造。这和那些怕"聚众为乱"而且坚持矿禁的顽固思想比较，魏源鼓励军用民用器械私营的建议，确实是一个极其大胆而又彻底摆脱了传统局限的新观点。而他主张除广东设官营造船厂或火药局之外，福建、上海、宁波、天津等地则让私商自由经营，此法如果实行，则私厂之数必大大超过官厂。他之所以提出制造器械、造船私营，是因为他把器械、船只商品化，即使是军用目的的造船造炮也要了解"工料之值，工食之值"，然后才能确定船与炮的价格②。

关于漕运，魏源的主张更体现了他认为私营工商业比官营工商业具有优越性的思想。如前所述，比魏源稍早的包世臣就力主雇用海商船只运送漕粮，但包氏解决漕运的私营主张还只是初步的建议。而魏源除在解决漕运问题上精密筹划外，更表达了他认为私商经营方式的优越性是解决当时漕运弊端的最佳途径。如改革漕运采用雇船海运方式，可以节省官府河运时所必不可少的数百万公私靡费，以极低的运送成本即可完成每年的漕运任务。他指出"官告竭，非商不为功也"③，"以商运决海运，则风飓不足疑，盗贼不足虞，霉湿侵耗不足患也。以商运代官运，则舟不待造，丁不待募，价不更筹也"④。也就是说除依靠私商承运外，"别无事半功倍之术"，并应定为"一劳永逸"⑤ 的长远制度。从这些主张看来，在他的心目中，生产经营的私有形式已是无可置疑的完美形式⑥。

魏源还提到"公司"的私营经营组织形式。他的公司概念与当时在西方已盛行了约3个世纪的公司制度并不相同，主要是指合伙经营方式，认为"公司者，数十商辏资营运，出则通力合作，归则计本均分，其局

---

① 魏源：《海国图志》卷2，岳麓书社，2011年。
② 《海国图志》卷2。
③ 《古微堂外集》卷7《海运全案序》。
④ 《古微堂外集》卷7《道光丙戌海运记》。
⑤ 《古微堂外集》卷7《复蒋中堂论南漕书》。
⑥ 胡寄窗：《中国经济思想史》（下），上海人民出版社，1981年，第669页。

大而联"，并将广州十三行也比作公司与英国东印度公司等同起来①。

由于魏源在生产经营方式上力主私营而反对官营，因此，在使用劳动力方面也提倡采取雇佣的劳动形式。如他主张无论是官营还是私营，船厂及火药局都必须采取雇佣劳动的形式，海运商人所用纤夫"令自雇以免勒索"②。甚至他还主张屯垦的基本原则"按名给地，永为世业"，以避免屯垦者把土地"视为官产，久而生懈"③ 之弊，并允许屯垦旗民"兼雇汉农以为之助"④，即在农业生产上也采取雇佣劳动形式。

① 《海国图志》卷 2。

② 《古微堂外集》卷 7《道光丙戌海运记》。

③ 《圣武记》卷 14《军储篇四》。

④ 《圣武记》卷 14《军储篇四》。

第五章
清代国家管理思想

第一节　户口与土地管理思想

一、编审人丁思想

中国古代历朝都十分重视对户口的管理，因为对户口的管理直接关系到国家对民户徭役的征发和人头税的征收。清代也不例外，正如陆世仪所指出的："此（户口丁田册籍）作邑致治之根本。根本一立，以行政教，以比追胥，以诘讼狱，以简师徒，万事皆原于此。治邑者，不可不知。"①

满洲贵族入主中原伊始，就十分重视编审人丁。"顺治五年（1648）题准：三年一次编审天下户口，责成州县印官，照旧例攒造黄册。以百有十户为里，推丁多者十人为长，余百户为十甲。城中曰坊，近城曰厢，在乡曰里，各设以长。每遇造册时，令人户自将本户人丁，依式开写，付该管甲长；该管甲长将本户并十户，造册送坊厢里各长；坊厢里各长，

---

① 《清经世文编》卷29，陆世仪《论赋役》。

将甲长所造文册，攒造送本州县；该州县官将册比照先次原册，攒造类册，用印解送本府；该府依定式别造总册一本，书名画字，用印申解本省布政使司。造册时，民年六十以上者开除，十六岁以上者增注。十一年（1654）复准，每三年编审之期，逐甲逐甲查审均平，详载原额、新增、开除、实在四柱。每名征银若干，造册报部。如有隐匿捏报，依律治罪。十三年（1656）复准，五年编审一次。十四年（1657）定，州县官编审户口，增丁至二千名以上，各予纪录。十五年（1658）议准，各省编审人丁，五年一次，造册具题，于编审次年八月内到部。如不照限题报者，经管官照违限例议处。府州县编审年分，借名造册科派者，从重治罪；督抚不行参究，一并议处"①。从以上记载我们可以了解，顺治五年（1648），满洲贵族入主中原伊始，就开始依照明朝旧例，由州县掌印官负责，每3年一次审核天下户口，编造户籍黄册。清代编造户籍黄册以基层组织甲和里、坊、厢为基础，每11户推举人丁多的1户为甲长。每110户（即10甲），在城中称为"坊"，在近城周围称"厢"，在乡村称为"里"，并各设坊长、厢长或里长。每次审核户口、编造户籍黄册时，先由各家各户将本户人丁，依照朝廷规定的格式开写，然后上交给所管辖的甲长，该甲长再将本户与所管辖10户的人丁情况，造册上报所属坊长、厢长或里长。坊长、厢长或里长则将下辖甲长上报的簿册汇总，再上报所属州县。州县官员则将坊长、厢长或里长上报的簿册与先前的簿册进行对比，汇总后分门别类再编造成册，然后盖上印章上报所属府。府再按照朝廷规定另外编造总册一本，写上名字画押，盖印后上报所属省布政司。

清代顺治年间政府编制黄册，其目的主要是用于国家向民户征收丁银和科派徭役。顺治五年（1648）开始时是规定每3年审核、编制黄册1次，顺治十三年（1656）改为每5年审核、编制黄册1次。清政府对"丁"的界定是，男性60岁以下、16岁以上为丁，就必须编入黄册，承

---

① 《大清会典事例》卷157《户部·户口》。

担丁银和徭役。每 3 年、5 年审核、编制黄册时，必须逐里逐甲仔细审核，防止民户隐瞒，而且以原额、新增、开除、实在四柱记账法详细记载各甲人丁在 3 年或 5 年中原来人数、新增人数、减少人数、当时实际人数的动态变化。由于审核、编制户籍黄册关系到国家财政收入和徭役的征派，因此朝廷高度重视，明确规定，如在审核、编制黄册时有隐瞒捏报的，必须依照法律予以惩处。州县官在审核、编制黄册时，如所辖地区增加人丁 2000 名以上的，予以记功。如各省官员不在规定的期限内审核、编制、上报黄册的，经管官必须按规定受到处罚。督抚不行参究的，也一并受到处罚。总之，对于各级地方官员来说，审核、编制户籍黄册不仅是一项十分重要的工作，而且也十分烦琐艰巨。正如陆世仪所说的："凡户口丁田册籍，最为难定，非县官坐于堂上，耆正吏胥奔走于堂下，便可支吾办事也。必须简求一县人才，县官亲临讲究，既得其道，则授之以法，俾之逐乡逐里，一一踏勘报明，无分毫渗漏，方为得法。"①

康熙年间，随着社会经济的恢复与发展，地方豪强地主大肆兼并土地，并倚仗特权或勾结官府，逃避赋役而转嫁给广大农民，加上州县胥吏在赋役征收上也巧取豪夺，致使农民丧失土地，被迫逃亡者日益增多。另一方面，商品经济的发展促使土地买卖更为频繁，人口流动已成为不可抑止之势。这些情况，无不造成土地关系复杂、混乱，户丁编审愈益困难。而且严格规划土地、编审人丁，本是里甲制度的职责，是它存在并正常运转的先决条件。总之，康熙年间丁银征收的混乱与弊端，成为人丁编审制度进行重大改革的开端与前奏，也是里甲制度行将终结的先兆。

康熙五十一年（1712）二月，朝廷宣布滋生人丁永不加赋的重大决定。这一决定不仅以法律的形式宣告滋生人丁永不加赋，在中国古代赋役制度史中具有重要意义，而且随着雍正二年（1724）的开始实行摊丁入地，使人丁编审大大失去原来赋役上的意义。正如乾隆三十七年

---

① 《清经世文编》卷 29，陆世仪《论赋役》。

（1772）上谕所言："旧例原恐漏户避差，是以五年编造。今丁既摊入地粮，滋生人丁又不加赋，则编审不过虚文。"① 人丁编审制度原为里甲组织执行其征收赋役的职能所必需，同时也是通过定期规划人户，以整顿、维护里甲组织结构的重要方式，既然里甲的重要职责编审人丁已成为"虚文"，也就标志着里甲制度的消亡。

必须指出的是，自康熙五十一年（1712）之后，虽然滋生人丁永不加赋，但是并不意味着编审人丁、编制黄册工作完全终止。康熙五十五年（1716）复准："新增人丁，钦奉恩旨，永不加赋。今以新增人丁，补足旧缺额数，除向系照地派丁外，其按人派丁者，如一户之内，开除一丁，新增一丁，即以所增抵补所除。傥开除二三丁，本户抵补不足，即以亲族之丁多者抵补，又不足，即以同甲同图之粮多者顶补。其余人丁，归入滋生册内造报。"② "乾隆元年（1736）议准，滋生户口，每逢五年，务须据实造报，实力奉行，不得视为具文，脱户漏口。五年（1740）议定，直省督抚于每岁十一月，将各府州县户口增减，缮写黄册具奏，仍将奏明数目，报部察核汇奏。又题准，造报民数，每岁举行，为时既近，而自通都大邑，以及穷乡僻壤，户口殷繁，若每年皆照编审造报，诚恐纷烦滋扰，直省各州县，设立保甲门牌，土著流寓，一切胪列，原有册籍可稽。"③ 可见，康熙时编审人丁、编制黄册工作还继续进行，其目的之一就是对户口的管理控制。各家各户人丁随着时间的推移会增加或减少，虽然自康熙五十一年（1712）之后滋生人丁永不加赋，但为了保持康熙五十年（1711）人丁的总数，朝廷仍然必须对人丁总数进行动态管理，如各家各户、各里甲有出现减少不足现象，必须以新增人丁补足。乾隆年间，虽然已实行丁银摊入地粮，但为了达到对户口的管理控制，仍然要求地方官员"编审造报"黄册，以便对各府州县户口增减，"有册籍可稽"。

① 王庆云：《石渠余记》卷 3《纪停编审》，北京古籍出版社，1985 年。
② 《大清会典事例》卷 157《户部·户口》。
③ 《大清会典事例》卷 157《户部·户口》。

康乾时期，朝廷编制黄册，周悉户口人丁之数，其另一个目的是能够统筹全国的粮食供给，尤其在灾荒之年，这一点显得尤其重要。乾隆五年（1740）谕："朕朝夕披览，心知其数，则小民平日所以生养，及水旱凶饥，可以通计熟筹，而预为之备。各省具奏户口数目，著于编审后举行，其如何定议，令各省画一遵行。著该部议奏，钦旨议定，嗣后除五年编审人丁，每年奏销仓谷，仍照旧例办理外，应令各省督抚，即于辛酉年编审后，将各府州县人丁，按户清查，及户内大小各口，一并造报，毋漏毋隐，其各项仓谷，详核存用实数，俱于每岁十一月，将民数谷数，缮写黄册一本，具折奏闻，著为定例。倘各该省奉行不善，致有官吏胥役，藉端滋扰，科派累民者，立即严参究治。"① 乾隆年间，朝廷对各省上报的户口数的准确性要求甚高。乾隆四十年（1775）谕："前曾降旨，令各督抚将实在民数通核上陈，但恐督抚等泥于岁底奏报之期，尚不免草率从事，仍属有名无实。所有本年各省应进民册，均著展至明年年底缮进，使得从容确核，以期得实。嗣后每年奏报民数，各该督抚务率属实力奉行，毋再如前约略开造。倘仍因循疏漏，察出定当予以处分。"②

二、洪亮吉、恽敬、吴铤的人口思想

清代乾嘉年间，人口增长迅速。至乾隆五十五年（1790），全国人口数在历史上首次突破 3 亿。与此同时，土地兼并现象也日益严重。乾隆十三年（1748），湖南巡抚杨锡绂就指出："近日田之归于富户者，大约十之五六；旧时有田之人，今俱为佃耕之户。"③ 人口在短时期内急剧膨胀，带来了许多社会问题，尤其是对土地产生了很大的压力，而土地兼并则雪上加霜，使人地矛盾愈加严重。这引起了当时朝野人士的普遍关

---

① 《大清会典事例》卷 99《吏部·处分例》。
② 《大清会典事例》卷 99《吏部·处分例》。
③ 《清经世文编》卷 39，杨锡绂《陈明米贵之由疏》。

注，纷纷提出自己的见解，其中较为突出的是洪亮吉、恽敬和吴铤。

（一）洪亮吉的人口思想

洪亮吉（1746—1809），字君直，又字雅存，号北江，晚年号更生。出身于没落的官僚士大夫家庭，自幼好学，才华出众。他早年屡试不中，长期以教读、卖文和当幕僚为生。至44岁，才考中一甲第二名进士（榜眼），授职翰林院编修，充国史馆纂修官。尔后又出任贵州学政、咸安宫官学总裁，不久奉旨在上书房行走，侍教皇曾孙奕纯读书。最后在充实录馆纂修官任内因上书批评弊政而激起民变，触怒了嘉庆皇帝，被革职拟斩，经赦免改为发配伊犁。未及一年，又被释放回籍，以授徒著书终了一生。洪亮吉的主要著作有《春秋左传诂》《三国疆域志》《东晋疆域志》《洪北江诗文集》等，后人辑有《洪北江遗集》。

洪亮吉在《意言》一书的《治平篇》和《生计篇》中阐述了他的绝对人口过剩论思想，对当时的人口迅速增长做了分析，并提出了自己的看法。其一，他指出当时"治平"之世人口增长的迅速："人未有不乐为治平之民者也，人未有不乐为治平既久之民者也。治平至百余年，可谓久矣。然言其户口，则视三十年以前增五倍焉，视六十年以前增十倍焉，视百年、百数十年以前不啻增二十倍焉。"[①] 洪亮吉在此对当时人口增长速度的估算虽然有明显的夸大其词成分，但增长速度之迅速则是可以肯定的。这里有两方面的因素：一是"治平"之世社会安定、经济发展，人口自然增长是迅速的。二是清代在乾隆六年（1741）之前的人口统计是人丁数，即只统计16岁至60岁需交纳丁银的男子数，而在这之后人口统计数字则是总人口数，当然，其所统计的人口增长就异乎寻常了。

其二，洪亮吉指出，当时的生产资料、生活资料的增长速度远慢于人口的增长速度，因此，前者越来越满足不了后者的需要。洪亮吉分析说："或者曰：高、曾之时，隙地未尽辟，闲廛未尽居也。然亦不过增一

---

① 洪亮吉：《洪北江遗集·意言·治平篇》，华文书局，1969年。本目引文未注出处者，均见于此。

倍而止矣，或增三倍、五倍而止矣，而户口则增至十倍、二十倍。是田与屋之数常处其不足，而户与口之数，常处其有余也。"这就是说当时自高祖、曾祖以来五代人的时间里人口增长了 10 倍、20 倍，而生产资料土地的开垦只增加了 1—5 倍，显然造成了生产、生活资料满足不了人口增长的需求，从而导致人口过剩。他以当时一个家庭的普遍情况来剖析当时人口过剩的现象："试以一家计之，高、曾之时有屋十间，有田一顷，身一人，娶妇后不过二人。以二人居屋十间，食田一顷，宽然有余矣。以一人生三计之，至子之世而父子四人各娶妇，即有八人。八人即不能无佣作之助，是不下十人矣。以十人而居屋十间，食田一顷，吾知其居仅仅足，食亦仅仅足也。子又生孙，孙又娶妇，其间衰老者或有代谢，然已不下二十余人。以二十余人而居屋十间，食田一顷，即量腹而食，度足而居，吾以知其必不敷矣。又自此而曾焉，自此而元焉，视高、曾时口已不下五六十倍。是高、曾时为一户者，至曾、元时不分至十户不止。其间有户口消落之家，即有丁男繁衍之族，势亦足以相敌。"他在此以当时一般的家庭从高祖、曾祖、祖、父、孙五代的人口增长情况计算，起初高祖时"二人居屋十间，食田一顷"，当然是衣食住都很宽裕，但到了孙辈，一家人繁衍"已不下二十余人"，这时"二十余人而居屋十间，食田一顷"，那当然衣食住都满足不了需求了。

其三，洪亮吉分析了人口迅速增长而造成人口过剩的原因。他认为，当时人口迅速增长而造成人口过剩的主要原因应是自然原因，即人类的自然繁殖使人口"增至十倍、二十倍"。除此之外，土地兼并和贫富分化加剧等社会原因加剧了人口过剩的社会问题。他指出："又况有兼并之家，一人据百人之屋，一户占百户之田。何怪乎遭风雨、霜露、饥寒、颠踣而死者之比比乎！"

其四，洪亮吉指出当时人口过剩给社会带来的一系列问题。一是人口过剩引起物价大幅度上涨，民生困苦。洪亮吉认为，数十年来人口在急剧增长，而耕地面积没有相应扩大，市场商品也没有相应增多，士人谋生的"佣书、授徒之馆"也没增加，这必然因供不应求而引起价格上涨。"为农者十倍于前而田不加增，为商贾者十倍于前而货不加增，为士者十倍于前，而佣书、授徒之馆不加增。且昔之以升计者，钱又须三四十矣；昔之以丈计者，钱又须一二百矣"。在此基础上他进一步指出，人口过剩引起物价腾贵，"布帛粟米，又各昂其价以出市"，从而又导致人们的生活开支大大增加，"所出者益广"。同时，人口过剩又引起士、农、工、商在失业的威胁之下，被迫降低自己的劳动报酬以谋求生计，即"各减其值以求售"，从而使"所入者愈微"。总之，在物价上涨和收入减少的双重作用下，不言而喻，一般民众的生活日益贫困艰苦，虽然"终岁勤动"，也不免"毕生皇皇"，甚至"有沟壑之忧"。与此相反，在洪亮吉祖父和父亲在世时的 50 年之前，当时物价低而人们的收入高，一个人外出谋生养活一家 10 口人而绰绰有余。"米之以升计者，钱不过六七；布之以丈计者，钱不过三四十。"每人年年消费布五丈，值钱二百，消费米四石，值钱二千八百。而一般人的收入，"除农本计不议外"，从事士、工、商者，每人"一岁之所入，不下四十千"。因此，"一人食力，即可以养十人。即不耕不织之家，有一人营力于外，而衣食固已宽然矣"。二是人口过剩带来社会不稳定。洪亮吉指出，人口过剩造成大量的人找不到生计，成为无业游民，成为社会不稳定的潜在威胁。他说："户口既十倍于前，则游手好闲者，更数十倍于前。此数十倍之游手好闲者，遇有水旱、疾疫，其不能束手以待毙也明矣。是又甚可虑者也。"三是人口过剩导致非生产性的吏和僧、道等数量增多，加重了社会负担。他指出："今州县之大者吏胥至千人，次至七八百人，至少亦一二百人，此千人至一二百人者，男不耕、女不织，其仰食于民也。"尤其是江南地区的寺庙众多，大量的僧、道是依赖"小民用典衣损食之钱以养之"。本来江南"地狭而人众，民之无业者已多"，而这些僧、道"使耕夫织妇奉之如父母，敬之如尊长，罄其家之所有而不惜，俗安得不贫，民安得不困"①。

在洪亮吉的人口思想中，主要是探讨人口过剩的数量问题，不过也

---

① 《洪北江遗集·卷施阁文甲集补遗·寺院论》。

对人口质量问题略有涉及。他认为，当时人类物质生活的丰富，科学技术的进步，反倒对人类的身心两方面都造成不良的影响，从而使人口质量下降。他指出，当时许多商品"不特古人所不及见，亦古人所不及闻矣"。在科技方面，"今之时，天文地理之学，以迄百工技艺之巧，皆远甚于昔时"[1]，但是，人的素质不但没有提高，反而"形质日脆"，"性情益漓"[2]，即体质越来越脆弱，性情也越来越怪异。

对于当时人口过剩的问题，洪亮吉主张通过两种"调剂之法"可以缓解人口过剩所带来的社会问题。一是所谓"天地调剂之法"，即依靠水旱、疾疫等各种自然灾害造成的人口死亡，使人口减少，但这种自然的调剂方法，使所减少的人口很有限，"不过十之一二"。二是"君相调剂之法"，即国家通过人为的干预，鼓励督促百姓努力劳动生产，移民开垦荒地，减轻百姓赋税负担，禁止奢侈浪费，抑制土地兼并以及赈济灾民等各种措施，来开源节流，缓和人口过剩与生产、生活资料不足之间的矛盾，改善民众生活。但是，另一方面，洪亮吉也清醒地意识到，他的两种"调剂之法"的作用是很有限的，由于找不到解决人口问题的根本办法，人口只会越来越多，生产资料和生活资料只会越来越满足不了人口快速增长的需要，那么整个社会也必然不可能长治久安了。他指出："要之，治平之久，天地不能不生人；而天地之所以养人者，原不过此数也。治平之久，君相亦不能使人不生，而君相之所以为民计者，亦不过前此数法也。然一家之中，有子弟十人，其不率教者常有一二。又况天下之广，其游惰不事者何能一一遵上之约束乎！一人之居，以供十人已不足，何况供百人乎！一人之食，以供十人已不足，何况供百人乎！此吾所以为治平之民虑也。"

（二）恽敬的十四民论思想

恽敬（1757—1817），字子君，号简堂，清代古文家。乾隆四十八年

---

① 《洪北江遗集·意言·形质篇》。
② 《洪北江遗集·意言·形质篇》。

（1783）中举人，曾任浙江富阳、山东平阴、江西新喻等县知县。著有《大云山房文稿》《子居决事》等。

恽敬在人口思想方面提出"十四民"论，即先秦有士、农、工、商"四民"的说法，而至唐代韩愈则在"四民"基础上增加僧、道"二民"，成为"六民"论，他则提出"十四民"论。所谓"十四民"就是在韩愈"六民"之外，又增加"八民"，即"一人为贵而数十人衣食之，是七民也。一人为富而数十人衣食之，是八民也。操兵者一县数百人，是九民也。践役者一县复数百人，是十民也。其数百人之子弟姻娅，又数十人皆不耕而食，不织而衣，是十一民也。牙者互之，侩者会之，是十二民也。仆非仆，台非台，是十三民也。妇人揄长袂、蹑利屣，男子傅粉白、习歌舞，是十四民也"①。他认为，在"十四民"中，只有农、工、商三民才是生产财富的生产者，即"为之"者，其余贵族的依附者、富人的依附者（门客、帮闲之类）、士兵、隶役、商业贸易的中介人牙和侩、娼妓和优伶等与士、僧、道共十一民，都是不从事生产的财富消费者，即"享之"者。显而易见，在当时社会，"农工商三民为之，十四民享之"，即少数人生产物质财富，而供全社会的人共同消费享用，势必造成"天能养，地不能长，百物不能产，至于不可以为生"的人口过剩而生产、生活资料愈益满足不了需求，人们无法生存的局面。

在此认识的基础上，恽敬进一步分析说："三代之时十四民者皆有之，非起于后世也。"那么，为什么在古代社会"农工商三民之力能给十一民而天下治？"他认为关键问题在于古代与清代对待农工商三民生产者与其余十民（士除外）消费享受者的态度不同。古代"不病农工商"，使"四民（加上士）日增其数，十民日减其数"。也就是说在古代，国家采取有利于农工商发展的政策，使从事生产的农工商和士的"四民"人数日益增多，而不从事生产的"十民"人数日益减少，因此人口过剩的问

---

① 恽敬：《大云山房文稿·三代因革论五》，上海商务印书馆《四部丛刊》影印本。本目引文均见于此。

题并不严重。而清代则恰恰相反，国家的政策不利于农工商的发展，使当时"农病""工病""商病"，造成了"四民之数日减，十民之数日增"，即农工商三民生产者日益减少，而其余十民消费享用者日益增多，其结果当然是越来越少的生产者养不活日益增多的消费享受者，最终只能恶化到全社会民不聊生的境地，这就是"农工商三民之力不能给十一民，而天下极矣"，"夫以十四民之众资农工商之民以生，而几乎不得生，而三民又病。若此，虽有上圣其若之何？"

对于清朝政府"病农工商"政策的偏差，恽敬提出"不病农工商而重督士"的对策措施。他说："不病四民之道奈何？曰：不病农工商而重督士而已。夫不病农工商则农工商有余；重督士则士不滥。士且不滥，彼十民者安得而滥之？不能滥，故常处不足。十民不足，而农工商有余，争归于农工商矣。是故十民不日减不能。"这就是说政府如不采取不利于农工商发展的政策，监督士这一阶层人数的增加，那么其余不从事生产的"十民"就会争先恐后回到农工商行业中来，农工商人数自然就增加而有余了。而且政府如能监督士这一阶层的人数，使之不增加过多而太滥，那其余不从事生产的"十民"的数量肯定也不会因增加过多而太滥，而只会日益减少。不言而喻，从事生产的农工商日益增多，而不从事生产的"十民"日益减少，那么因人口过剩而导致的"不可以为生"的严重社会问题将得到缓解。

（三）吴铤的十四民与定田制思想

吴铤（1800—1833），字耶溪。科举应试未中，33 岁就英年早逝。他著有《因时论》，对当时的一些政治、经济问题发表自己的见解。

吴铤在继承恽敬"十四民"论的基础上提出了自己独到的见解。他认为，在十四民中，先王以工商为逐末，惟农为衣食之源。换言之，十四之众，皆仰给于农，农以其所入与共享之，而农病。农病则十三民俱病。如十四民均有了"病"，除百姓陷入民不聊生的境况外，社会上还出现了大量流离失所的浮民（流民）。大量浮民是社会动荡不安、引起农民起义的潜在危险因素，是直接威胁清王朝统治的最严重的社会危机。

吴铤认为"农病而十三民俱病"① 的原因是多方面的,他从"生之、制之、分之、取之、为之、用之者,未得其道"等方面对其进行探讨。

他的所谓"生之者未得其道",是指国家用财,饶于东南,但是东南民溢地寡,而田不足给。西北荒地多不给,民皆游手坐视,无以为生。吴铤认识到,东南人多地少,而西北地广人稀,但后果是一样的,即劳动力与土地配置不当,影响农业生产,导致农产品供给严重不足。

他的所谓"制之者未得其道",是指"山泽之错,园廛漆林之饶,其利与田相表里,先王听其出入而无征。今也设为关市,夺其利而归之上,民所赢得无几,所藉仅在于田,而田又不足给"。这就是古代以山泽、园廛、漆林等物产作为田地所生产的农产品的补充,而且国家不对这些物产征税,所以百姓生活就能自给自足。而清代则不同,各地设关市对山泽、园廛、漆林等物产征税,老百姓所剩无几,所以其生活主要来源只能靠田地所产,但田地所产农作物又严重供给不足,遂使民不聊生。

他的所谓"分之者未得其道",是指"田制听民自卖,不为限制,故豪强兼并。一人而兼十数人之产,一家而兼十数家之产,田无定数,以其所入与民为市,益附其富,而无田者半天下。"这就是说国家对土地的占有不加限制,使豪强地主大肆兼并土地,贫富分化日益严重,全国有一半的农民失去田地,故势必出现大量的流民。

他的所谓"取之者未得其道",是指"西北田无可耕,税入无几。三江税最重,苏、松率五取一。轻重异程,厚薄殊轨,无以定其衡"。吴铤认为全国税制不统一,尤其是江南苏州、松江一带税率过重,大大影响了当地的农业生产。

他的所谓"为之者未得其道",是指"田多者,募民为佣,率亩入三取一,以其二为佣,又分所取一半以供税;田主不知耕,耕者多无田"。由于土地兼并严重,大部分农民自己没有耕地,只能租种地主的土地。

---

① 《清经世文续编》卷 35,吴铤《因时论十·田制》。以下引文未注出处者,均见于此。

但是当时一般将田地收成的 1/3 作为地租，然后地主还要将这 1/3 的地租的一半作为赋税缴纳给国家。

他的"用之者未得其道"是指"吏民商贾，次于士无等，故得与封君大僚争胜，仿效淫靡，用无常轨，上至僭拟于君长"。吴铤认为，当时社会上"吏民商贾"破坏封建等级制度，与"封君大僚"攀比，互相比拼淫侈、奢靡，挥霍财富。这种挥霍、浪费，无疑加剧了全社会"农病而十三民俱病"的严重社会危机。

吴铤在分析了造成"农病而十三民俱病"的具体原因后，指出：正是上述这些原因，造成了当时"欲天之生，地之养，百物之产，虽至贤有所不能"的困境。他认为，要摆脱这种困境，其最关键的措施在于定田制。因为土地制度是最根本、最核心的问题：田不足给，田无定数，无田者半天下，农以其所入越益减少，与共享之者日益增多。因此，他提出："为政之道，莫先于定田制。田制定则为农者多，为农者多而十三民乃得日减其数，斯民皆知务本而不逐农末。田制不定，而欲求其财用之足，不可得也。"吴铤主张，管理国家首先必须制定土地制度。如国家制定的土地制度有利于农民，那么从事农业生产的人就会多起来，而其他十三民的人数就会日益减少，百姓就会知道必须致力于农业根本而不会想去追逐工商等末业。因此，如果不制定有利于农民的土地制度，而要让国家财用充足，是不可能达到的。

吴铤田制思想的核心是主张均田。当时，人口的迅速增长和土地的高度集中，必然迫使更多的农民脱离土地而成为流民。吴铤认为国家如能实行均田制，让农民有田可耕，就能解决流民问题，使农业生产得到发展，人民富庶，国家长治久安。他主张，在井田制无法恢复的情况下，只能实行均田制："近世田既不可井，而欲定田制，莫如行均田法而去其弊。"他相信，如能实行均田制，"则民安得而不富，国安得而不治？"[①]

吴铤认为实行唐朝均田法最好，但也有不足之处，故"行之未久而

---

① 《清经世文续编》卷 35，吴铤《因时论十·均田、限田》。

废"。他指出唐均田制有 5 个方面不足：一是唐朝规定官受田多至百顷，少亦不下数十顷，且为世业田。田有尽而官无穷，使官受田难以为继。二是庶人可以任听其徙，可以卖掉世业田，这使豪强地主可以兼并庶人之田。三是唐朝名曰均田，但由于狭乡、宽乡人均占地情况不一，故很难实施真正意义上的均田。四是人口增加致使户口众而财用乏。五是西北水利失修，大量地力无法利用，只能"坐失其利"。对于如何克服唐朝均田法的这 5 个方面不足，吴铤语焉不详。他对清代现实中的田制问题，提出"限民田"的主张，"限民田无得过五十亩"，边疆限田三百亩；对"士、工、商尤必重督之"，使之不得逾五十亩的限额①。他还主张在西北地区开沟洫，扩大耕地面积，缓和"田不足以给民"的问题。总之，让较多的人有田可耕，发展农业生产。

三、户籍思想

清朝对户口实行户籍管理："正天下之户籍，凡各省诸色人户，有司察其数而岁报于部，曰烟户。凡户之别，有民户，有军户，有匠户，有灶户，有渔户，有回户，有番户，有羌户，有苗户，有瑶户，有黎户，有夷户。凡民，男曰丁，女曰口，未成丁，亦曰口。丁口系于户，凡腹民计以丁口，边民计以户……凡民之著于籍，其别有四：一曰民籍，二曰军籍，三曰商籍，四曰灶籍。察其祖寄，辨其宗系，区其良贱。冒籍者，跨籍者，越边侨籍者，皆禁之。"② 在清代，"满洲、蒙古、汉军丁档，则户部八旗俸饷处专司之，外藩札萨克所属编审丁档，则掌于理藩院"。各省诸色人户，"由各省亲辖府、直隶厅、直隶州厅州县，分管民户之州县佐贰官、营官、卫所、盐提举司盐课司"。由此可见，清代满洲、蒙古、汉军军户由中央户部八旗俸饷处直接管理，而地方各省则管

---

① 《清经世文续编》卷 35，吴铤《因时论十·均田、限田》。
② 《大清会典》卷 17《正天下户籍》，新文丰出版公司，1976 年。本目引文未注出处者，均见于此。

理所属府厅州县，州县佐贰官、营官、卫所、盐提举司盐课司等分别管理民户、军户、灶户等。

清代的所谓民户，主要指"土著者，流寓入籍者，八旗消除旗档者，汉军出旗者，所在安置为民者，皆为民户"。所谓军户，主要指"原编屯卫或归并厅州县，或仍隶卫所官。其屯丁皆为军户。凡充发为军者，其随配之子孙及到配所生之子孙，亦为军户"。可见，清代的军队将士编为军户，并且是子孙世代皆为军户。所谓匠户，主要指"原编丁册，各省皆有匠户，轮班供役。嗣改为按户征银解京代班，曰匠班银。后各省渐次摊入地丁征收，惟于《赋役全书》仍存其目"。清代的手工业匠另编为匠户，起初是轮班到官府服匠役，后改为按户征收匠班银来代替服匠役。雍正年间行摊丁入地后，匠班银也摊入地丁银征收。所谓灶户，主要指"各盐场、井灶丁，是为灶户"。由于各盐场、盐井必须用灶煮盐，所以生产盐者称为灶户。所谓渔户，主要指"原编渔户，皆隶河泊所，后渐次归并入州县"。可见，清代打鱼为生的民户另编为渔户，起初隶属于河泊所管理，后来逐渐归并到各州县管理。所谓回户，主要指"各省散处之回民，皆列为民户。惟甘肃撒拉尔等回户，仍设土司管辖"。由此可见，清代对回民的管理采取两种政策，如是散居全国各地的回民，则列入民户，作为一般民众管理；唯在甘肃撒拉尔集中居住生活的回民，则另设回户，设土司专门管理。所谓番户，主要指"甘肃循化、庄浪、贵德、洮州，四川懋功、打箭炉，云南维西、中甸等处同知，通判所属，为番户"。所谓羌户，主要指"甘肃阶州，四川茂州所属有羌户"。所谓苗户，主要指"湖南乾州、凤凰、永绥、城步、绥宁，四川酉阳、秀山，广西龙胜、怀远、庆远、泗城，贵州都匀、兴义、黎平、松桃等处所属有苗户"。所谓瑶户，主要指"湖南、广东理瑶同知等所属为瑶户"。所谓黎户，主要指"广东琼州所属有黎户"。所谓夷户，主要指"云南云龙、腾越、顺宁、普洱等处所属有夷户"。

清代的"籍"没有"户"分得那么细，只分为4种：所谓民籍，主要指"诸色人户，非系军、商、灶籍者，皆为民籍"。所谓军籍，主要指

"军户即为军籍，亦有注称卫籍者"。所谓商籍，主要指"商人子弟，准附于行商省分，是为商籍"。所谓灶籍，主要指"灶户，即为灶籍"。

从以上"户""籍"的分类可以看出，其依据主要是两个方面：一是以职业来分类，如"户"中的军户、匠户、灶户、渔户，"籍"中的军籍、商籍、灶籍等，而且"户"与"籍"中职业分类有的还有对应关系，如军户对应军籍、灶户对应灶籍。民户与民籍大致说来也有对应关系，即指一些特殊职业以外，所有其他职业人的总称。唯有商籍比较特殊，在"户"中则没有把商户独立出来。二是以民族分类，这是专门就"户"的分类来说，"籍"中没有按民族来分类。如"户"分类中的回户、番户、羌户、苗户、瑶户、黎户、夷户等。

清代的"户"主要是用来统计人口的，这就是上引所谓的"丁口系于户"。但是"户"用于统计人口有内地与边地的区别。所谓"腹民计以丁口"是指"直省民数，督抚饬所属按保甲门牌册实在民数，岁以十月同谷数造册送部。户部于年终汇缮黄册具题，每年开除滋生多寡不齐"。也就是说，各省统计人口，由总督、巡抚负责，命令所属府州县按照保甲门牌册进行统计登记，每年十月将人口数与谷子数目编造簿册上报户部。户部再于年终汇总编成黄册上奏朝廷，以此让朝廷知悉各省人口与谷子数量的增减情况。所谓"边民计以户"是指"番、回、黎、苗、瑶、夷人等，久经向化者，皆按丁口编入民数……至土司所属番夷人等，但报明寨数、族数，不计户者，及外藩人丁编审，隶理藩院者，不与其数"。可见，即使是边疆少数民族统计人口，也是针对不同情况，采取不同方式。如是"久经向化者"，即与内地民众没有多大区别的少数民族，在统计人口时也按内地做法，按丁口进行统计；如是未"久经向化者"，即还保留较多少数民族特征的，即按户进行统计；如是隶属于土司管辖的少数民族，则按寨数、族数进行统计；如是外藩少数民族，隶属于理藩院管理的，则不进行人口统计。

清代"籍"的作用主要有3个方面：一是"察其祖寄"，即确认、记载人户的籍贯："人户于寄居地方，置有坟庐，已逾二十年者，准其入籍。出仕令声明祖籍回避，文员罢职不准寄居别省。如本身已故，子孙于他省有田土、丁粮，愿附入籍者，听。军、流人等子孙，随配入籍者，准其考试。十年限满后，由配所督、抚报部查核。奉天地方贸易商人，不准于该处入籍。江苏省安插安南夷人，拨给入官田亩，听其与民人婚嫁入籍。四川、梁黄等八寨番夷，准其入茂州民籍当差。"由此可见，确认、记载人户籍贯的目的是如出仕当官，必须回避祖籍；文职官员罢职，必须回祖籍居住，如官员本身已故，子孙在其他省有田土、丁粮的，才可批准子孙附入其他省籍。籍贯还关系到科举考试，一般士人必须在祖籍地参加科举考试，如是军人、流犯子孙，随配加入其他省籍的，才准予在其他省籍参加科举考试。二是"辨其宗系"，即分辨明确人户宗族承继关系："民人无子，许立同宗昭穆相当之侄为嗣。先尽同父周亲，次及五服之内。如俱无，准择立远户，或择立贤能及所亲爱者。于昭穆伦序不失，不许宗族指以次序争告。如非同姓者，及尊卑失序者，独子出继者，本生父母有子所后之亲无子而舍去者，皆论如律。惟嫡妇无子，虽独子亦准出继，无子而女婿、义男为所亲爱者，听其相依。准酌给财产，仍立同宗应继之人承祀。乞养异姓义子愿归宗者，听，不得以所得财产携回本族。收养三岁以下小儿，即从其姓，准酌给财产，不得遂以为嗣。"由此可见，分辨明确人户宗族承继关系的目的主要有三：一是明确宗族之中的昭穆辈分关系，维护宗族祭祀等封建礼教；二是维护同宗的经济利益，特别是防止异姓人因出继进入本宗族而获得该宗族的财产。三是"区其良贱"，即通过"籍"来区别各种职业人的社会地位。"四民为良，奴仆及倡优、隶卒为贱。其山西、陕西之乐户，江南之丐户，浙江之惰民，皆于雍正元年、七年、八年先后豁除贱籍。如报官改业后已越四世，亲支无习贱业者，即准其应考出仕。其广东之蜑户，浙江之九姓渔户，皆照此例。凡衙门应役之人，除库丁、斗级、民壮，仍列于齐民，其皂隶、马快、步快、小马、禁卒、门子、弓兵、仵作、粮差及巡捕、营番役，皆为贱役，长随亦与奴仆同。其奴仆经本主放出为民者，令报明地方官咨部复准入籍。其入籍后所生之子孙，准与平民应考出仕，

京官不得至京堂，外官不得至三品"。从上引"四民为良"来看，清代已将士农工商同等对待，已没有贱商的规定。清代所遭受歧视的贱籍，主要是奴仆、倡优、隶卒等，其最主要的歧视体现在贱籍子孙不能参加科举考试而做官。即使这些贱籍子孙批准进入良民四籍（即民籍、军籍、商籍、灶籍），被准予参加科举考试而出仕，但做官级别也受到限制，"京官不得至京堂，外官不得至三品"。

由于"籍"关系到一个人的籍贯、宗族承继关系、社会地位和待遇，因此，清政府禁止民众冒籍、跨籍、越边侨籍等。清廷规定："奉天地方，非贸易营运人，不准前往，准往者仍不得冒滥入籍。吉林、伯都讷地方，除新集流民业已开垦地亩、安分守业者，准其纳丁入册，不准再有流民踵至私垦。阿尔楚、喀拉林二处种地闲散满洲，不准私招民人伐种。山西归化城、大青山种地民户，该管官查察，毋许私添。直隶平泉、建昌、朝阳、赤峰四州县，盛京昌图府，吉林长春府等处租种蒙古地亩之民人，除现在开垦各户，准其入于民册安插外，不准多垦一亩，增居一户。令各关口、海口地方官，严密稽查。"

四、保甲制对户口的管理思想

清代保甲制对户口的管理范围十分广泛，涉及"绅衿之家""旗民杂处村庄""边外蒙古地方种地民人""在内地开张贸易或置有产业"的"客民"、盐场工人、矿厂工人、棚民、寮民、"沿海等省商渔船只"的"船主、舵工、水手""内河一切船只""渔船网户""苗疆寄籍内地久经编入民甲者""云南省有夷人与民人错处者""外省入川民人""寺观僧道"等等。在编查户口、维持地方基层治安方面发挥了旁者不可替代的作用，其体现的对户口管理控制思想相当严密、广泛。

乾隆二十二年（1757），清廷规定："顺天府五城所属村庄暨直省各州县城市、乡村，每户由该地方岁给门牌，书家长姓名、生业，附注丁男名数。出注所往，入稽所来。有不遵照编挂者，治罪。十户为牌，立

牌长；十牌为甲，立甲长；十甲为保，立保长。限年更代，以均劳逸。士民公举诚实、识字及有身家者，报官点充。地方官不得派办别差，以专责成。凡甲内有……面生可疑、形迹诡秘之徒，责令专司查报。户口迁移登记，并责随时报明，于门牌内改填换给。牌、甲、保各长果能稽查详慎，首报得实，酌量奖赏。傥应查不查，应报不报，按律分别治罪。"① 这是清代保甲制对户口管理的最基本情况，其中有以下 3 个方面值得注意：一是保甲制对户口的管理遍及清代各省州县的城市与乡村，政府通过 10 户为牌，设 1 牌长（又称牌头），10 牌为甲，设 1 甲长，10 甲为保，设 1 保长（又称保正），逐级对地方基层户口进行管理控制。二是地方官员和牌长、甲长、保长通过门牌制度，对辖区内户口进行登记、稽查。政府规定，门牌必须书写每户家长姓名，所从事的职业，并附注家中丁男名数。如家中有人外出，必须及时注明家人外出的地方；如家中有客人来，必须查明其来自何方。如有某个家庭迁移，必须及时登记，随时予以上报，并把原门牌改填调换。牌长、甲长、保正有责任对辖区内陌生人、形迹可疑之人进行稽查、上报。三是清政府重视对牌长、甲长、保长的选任和奖惩。为了让保甲制度能得到切实地贯彻和实行，清政府重视选任"诚实、识字及有身家者"充任牌长、甲长和保长。"诚实"能避免他们营私舞弊、鱼肉百姓；"识字"能保证他们有一定的办事能力，如填写门牌、统计登记户籍等；"有身家者"即有一定的家产，防止他们犯罪后易于潜逃。担任牌长、甲长、保长没有俸禄，所以"限年更代"，轮流担任。如任职期间，尽职尽责，"稽查详慎，首报得实"，政府则"酌量奖赏"；如果渎职失责，"应查不查，应报不报"，则按法律规定予以惩罚。

清代规定，全国民众不管贵贱富贫、从事何种职业、城乡都市僻壤、境内各种民族，一般都要通过保甲制度进行管理控制，从而确保朝廷对

---

① 《大清会典事例》卷 158《户口·保甲》。本目以下引文未注出处者，均见于此。

全国各地的统治。如清廷规定："绅衿之家，与齐民一体编列，听保甲长稽查。违者，照脱户律治罪。地方官徇庇，照本例议处。凡金充保甲长，并轮直支更、看栅等役，绅衿免充。""旗民杂处村庄，一体编次，将旗分户口并所隶领催屯目，注明牌册，旗民有犯，许互相举首。地方官会同理事同知办理，至各省驻防营内居住之商民，以及官员雇用之人役，均令另编牌册，由同知查核。"在清代，绅衿与八旗均是社会的上层，但不能例外，均要接受保长、甲长按门牌制度进行管理。

清廷规定："蒙古地方种地民人，设立牌头、总甲，及十家长等，凡系窃匪逃人，责令查报，通同徇隐，一并治罪。""苗瑶寄籍内地，久经编入民甲者，照民人一例编查。其余各处苗瑶，责令千百户及头人峒长，稽查约束。傥有生事犯法，不行举报，分别定罪。""云南省夷人与民错处者，一体编入保甲。其依山傍水，自成村落及悬崖密箐内，搭寮居处者，责令管事头目，造册稽查。如有窝藏汉奸，即时禀报。扶同徇隐，查出究革。""甘肃省番地民户，责成土司稽查，系地方官管辖者，令该管头目编查。地方官给牌，另册造报。其四川省改土改流各番寨，责成乡约甲长稽查，仍均听抚夷掌堡管束。"从以上所引可知，清朝政府对边地的少数民族也采取保甲制度进行户口管理，有的由地方州县官负责，有的则由少数民族土司、管事头目等负责。

清廷还特别重视对一些特殊职业、潜在威胁清王朝统治的人群加强保甲制度的管理与控制。如清廷规定："客民在地方开张贸易、置有产业者，与土著一例顺编，至往来无定商贾，责令客长查察。凡客商投宿旅店、船埠、寺庙，该店主、埠头、住持询问来历，并将骑驮伙伴数目及去来日期，逐一注明送官。若有疏纵，各治以罪。""盐场井灶，另编牌甲，所雇工人，随灶户填注，即令约束，责成场员督查。如容留匪类，灶户照牌头例治罪，场员参处。矿厂丁户，责成厂员，督率厂商课长、峒长、炉头等编查。各处煤窑，责令雇主将佣工人等，册报地方官查核。如有藏匿奸匪，分别查参究处。""各省山居棚民，按户编册，责成地主并保长结报。广东省寮民，每寮给牌，互相结报，责令寮长钤束。傥窝

藏奸宄，容隐不报，查出治罪。其业主招佃，及寮丁垦种官山，俱赴官报明查验，方可搭寮耕种。违者，招佃之山主，照违令律治罪；垦种寮丁，照盗耕田亩律治罪；文武员弁参处。""沿海等省商渔船只，取具澳长、族邻保结报官准造。完日，由官验明结照，系商船，于照内注明船主姓名、年貌、籍贯，兼注舵工、水手名数，仍于出洋时取具各船互结，由汛口验照放行。系渔船，将船甲字号，于大小桅篷及船旁大书深刻，照内止填注船主年貌、籍贯，其舵工、水手名数，由汛口官随时查注放行。地方员弁滥给匪人执照，及照内查填不实者，分别参处。"清代，客民、盐场工人、矿厂工人、棚民、寮民，商渔船只的船主、舵工、水手等职业人群有其特殊性，如流动性大，群居沿海、深山的偏远地区，其人群中单身男性多，易于藏匿不法分子等，因此针对其不同情况，采取不同的保甲制度进行管理控制。如客民经商贸易，流动性大，不易采用通常城乡的保甲制度，清政府就对"往来无定商贾"，"责令客长查察"，并责令他们投宿的旅店店主、船埠埠头、寺庙住持等负责查核登记，并及时报送官府。商渔船只流动性也大，清政府首先对他们造船予以严格审批，并要求澳长、族邻予以保结。其次，对于出海商渔船"验明给照"，并于照内注明船主姓名、年貌、籍贯及随船舵工、水手名数，还要求各船之间互相保结，最后经汛口官员查验放行。清政府特别强调不得让不法分子、"匪人"混迹其中，图谋不轨。清代的盐场工人、矿厂工人、棚民、寮民等群居沿海、深山的偏远地区，其人群中单身男性多，易于藏匿不法分子，是清政府特别予以提防、管控的不稳定因素。对于这些特殊人群，朝廷把保甲制度与其生产组织结合起来，责令负责组织管理、生产的灶户、场员、厂员、课长、峒长、炉头、雇主、地主、寮长、山主等编查、钤束盐场井灶工人、矿厂丁户、煤窑工人、棚民、寮民等，并且三申五令这些特殊人群中不得"容留匪类""藏匿奸匪""窝藏奸宄"，如有发现，必须随时举报，否则，炉户、场员、厂员、课长、峒长、炉头、雇主、地主、寮长、山主等必须受到法律惩罚。

清廷对于一些游离于主流社会边缘的人也不放松户口管理。如清廷

规定:"寺观僧道,责令僧纲道纪按季册报。凡有游方僧道,形迹可疑及为匪不法者,禀官查逐。若混留滋事,住持治罪,僧道官革究。其各省回民,责令礼拜寺掌教,稽查约束。有出外为匪者,将掌教之人,一并治罪。""外来流丐,保正督率丐头稽查。少壮者询明籍贯,禀官递回原籍安插,其余归入栖流所管束,不许散处滋事。"

总之,清朝保甲制度对户口的管理,其主要目的是要达到"各州县乡镇村庄,设立门牌保甲,俾其互相认识稽察,原所以诘奸究而弭盗贼"。

五、田地种类与鼓励开垦思想

清代,田地的种类较多。据《大清会典》卷 17《度天下之土田》记载,"凡地之垦者曰田,田亦曰地。凡田地之别,有民田,有更名地,有屯田,有灶地,有旗地,有庄田,有恩赏地,有牧地,有监地,有公田,有学田,有赈田,有芦田。皆丈而实其顷亩之数,以书于册……其封禁者,畸零者,免科者,免丈者,采捕者,游牧者,不与焉"①。其中民田,即为"民间恒产,听其买卖者"。所谓更名地,为"前明分给各藩之地,国朝编入所在州县,与民田一体给民为业"。所谓屯田,主要指"卫所军田,钱粮有由卫所官经征者,有改归州县官经征者,皆曰屯田。其屯田有续垦者,亦曰赡军地。新疆科布多等处,有绿营兵及遣犯所种屯田;懋功厅,有番民所种屯田"。所谓灶地,主要指"长芦、山东、两淮、浙江、福建、广东灶丁之地"。所谓旗地,主要是"盛京十四城旗人所种之地,及近京圈地征收旗租者,皆曰旗地。奉天、山西有先系旗地后给民垦种者,曰退圈地"。所谓庄田,主要指"内务府征粮之地为庄田,近京州县及盛京各城有之"。所谓恩赏地,主要指"国初于近京州县分给八旗马厂之地,后因坐落较远,弃置不用,历次清丈给民垦种,改名恩赏

① 《大清会典》卷 17《度天下之土田》。本目以下引文未注出处者,均见于此。

地"。所谓牧地，主要指"直隶、山西边外牧厂余地召种升科者，及各驻防马厂召种征租者，皆曰牧地"。所谓监地，主要指"国初沿明制，于甘肃设苑马七监，后经停止，以其地给民垦种，曰监地"。所谓公田，主要指"各省有目为基地、园地、养廉地者，又吉林、黑龙江给壮丁所种之地，亦曰公田"。所谓学田，主要指"各省皆设有学田，以为学中公费。直隶、山东、江苏、安徽、江西、福建、浙江、湖北、湖南、四川、云南所设学田，即在民田数内。其山西、河南、陕西、甘肃、广东、广西、贵州则于民田之外另设学田，免其民田科则"。所谓赈田，顾名思义当用于赈济，"贵州有之"。所谓芦田，则指"江苏、安徽、江西、湖北、湖南滨江随坍涨之地"。清代的田地种类，反映了清政府大力发展农业生产的基本国策，其主要通过两种途径：一是政府陆续将国家控制的田地分给农民耕种，从而征收地租。如前明分给各个藩王的田地，政府将其编入所在州县，与民田一起分给农民耕种。奉天、山西的旗地，有一部分分给一般百姓垦种，称退圈地。二是将一些原先牧养马匹、牲畜的土地分给农民耕种。如清初北京附近州县原为八旗养马的牧场，后来逐渐清丈后分给农民垦种，称为恩赏地。直隶、山西边外牧场周边的空余地，朝廷招募民众前往垦种，征收一定的租税，称为牧地。还有甘肃原为苑马七监的牧场，后来全部分给农民开垦耕田，称为监地。除此之外，清廷还保留一些特殊的田地，用于专款专项开支。如庄田由内务府专门征粮，用于皇室开支。屯田一般用于军队粮饷开支，学田收入则用于各省办学教育经费的支出。

清代，朝廷对一些土地还采取特殊的政策。如所谓封禁者，主要指"江西广信府属铜塘山中零星地亩，浙江象山县之大小南田、樊岙、鹁鸪头、大佛头、大月岙、箬鱼山等处荒田，永远封禁"。所谓畸零者，主要指"零星土地，听民开垦。直隶、江西不及二亩为断；福建及江苏之苏州等属，不及一亩；浙江及江苏之江宁等属，不及三亩；陕西不及五亩；安徽、湖南、湖北、贵州，水田不及一亩，阜田不及二亩为断；河南上地不及一亩，中地不及五亩；山东中则以上地不及一亩，山西下地不及

十亩；广西中则以上水田不及一亩，旱田不及三亩；下则水田不及五亩，旱田不及十亩；四川上田、中田不及五分，下田上地、中地不及一亩者，永免升科。若河南之下地，山东之中则以下地，四川之下地，云南之山头、地角、水滨、河尾，广东之畸零沙地，高州、雷州、廉州三府之山场荒地，俱不论顷亩，概免升科。奉天十亩以下尚宜禾稼者，减半征租，山冈、土阜、傍河、滨海、霪下之处，仅宜杂植不成段者，永免升科"。所谓免科者，主要指"各省社稷、山川、学校、先圣贤庙、墓祭田并一切祠墓、厉坛、寺观等地不科赋者"。所谓免丈者，主要指"甘肃、四川番户，云南夷户，除垦耕官屯、民田仍按亩起科外，其所种番夷地，皆计户纳粮，免其查丈"。所谓采捕者，主要指"木兰围场，盛京英额边围场，盛京、吉林等处采获山场，并布特哈、宁古塔、三姓等处鄂伦春、毕拉尔、奇雅喀尔、赫哲、费雅喀、奇勒尔等捕貂处所，为开垦所不及"之地。所谓游牧者，主要指"平泉州、建昌县、赤峰县、朝阳县、多伦诺尔厅、昌图府、长春府民人租种蒙古之地"，以及内外蒙古、札萨克等隶属于理藩院的游牧民族牧场，"皆仅分别界址，不计顷亩"。在此，我们可以知道，清廷对于全国一些零星田地、边地偏远地区少数民族的田地，为了充分利用土地资源，鼓励民众开垦耕种，免于征收租税。对于一些用于社稷、山川、先圣贤庙墓祭祀的田地，厉坛、寺观的田地等，朝廷为表示尊崇、供奉，也免于征收租税。清朝是满洲贵族建立的政权，对满族皇室、贵族以及蒙古贵族占有的采捕和放牧用地，皆"开垦所不及"或"仅分别界址，不计顷亩"，即免于征收租税。

满洲贵族入主中原，建立清朝后，即采取了鼓励民众开垦荒地、积极发展农业生产的措施。"顺治元年（1644）议准，州县卫所荒地无主者，分给流民及官兵屯种，有主者令原主开垦，无力者官给牛具籽种。六年定，州县以劝垦之多寡为优劣，道府以督催之勤惰为殿最，每岁终载之考成。又定地方官招徕流民，不论原籍、别籍，编入保甲开荒无主

荒田，给以印信执照，永准为业。"① "康熙元年（1662）题准，各省荒地，道府一年内开垦千顷以上者，纪录一次；三千顷以上者，加一级；四千顷以上者，加一级，纪录一次；六千顷以上者，加二级。州县官开垦百顷以上者，纪录一次；三百顷以上者，加一级；四百顷以上者，加一次，纪录一次；六百顷以上者，加二级。俟起科时，该督抚取具甘结，具题之日，分别纪叙。如有未经开垦捏报者，督抚、布政使降二级，罚俸一年；道府降四级调用，州县官革职。如垦地后有复荒者，道府州县官将开垦之加级纪录削去，督抚、布政使罚俸一年，道府降一级住俸，州县官降三级住俸，皆勒限一年，督令开垦。如依限一年内有垦完者，准其开复。如限内不垦完者，督抚、布政使降一级，再罚俸一年；道府降二级（今改为降一级）调用；州县官降三级调用。如前官垦过熟地，后任官复荒者，督抚、布政使、道府州县官，照经管开垦官复荒治罪。倘有隐匿熟地，称为垦田者，道府州县官皆照未经开垦捏报例议处。如督抚、布政使未经查出，亦照捏报例议处。"② 道光四年（1824）议准，"原报难垦及未经勘文荒地七万六千余顷，勒限一年招佃试垦。州县官能于一年限内全行办竣，数在百顷以内者，随带加一级；一千顷以内，垦至七成以上者，随带加二级；一万顷以内，垦至六成以上者，并一万顷以外，垦至五成以上者，随带加三级；二万顷以外，垦至四成以上者，准该督出具考语，送部引见。道员、知府直隶州知州，果难实力督催，统计所属州县一年限内，数在百顷以内，全行勘文招佃试垦，并数在百顷以内，全行勘文招佃试垦；并数在千顷以内，垦至七成以上者，俱加一级；万顷以内垦至六成以上，万顷以外垦至五成以上者，俱加一级，纪录二次；二万顷以外，垦至四成以上者，俱加二级。如有将开垦之地，熟后复荒者，将该州县道府等议叙之案注销"③。

从以上记载我们可以了解到，从清初至中期，清廷为了发展农业生

---

① 《大清会典事例》卷 166《田赋·开垦一》。

② 《大清会典事例》卷 99《吏部·开垦荒地》。

③ 《大清会典事例》卷 166《吏部·开垦荒地》。

产，采取了一系列措施，鼓励民众开垦土地，努力耕作。其一，将无主荒地分给流民和官兵屯种，如是有主荒地，则令原主人开垦耕种。耕垦者如缺少生产资料，官府则提供耕牛、农具和种子。其二，朝廷责令地方官积极招徕流民垦荒耕种，并给予流民所开垦的荒地印信执照，承认流民把这些荒地作为自己永远持有的产业。其三，把地方督抚、布政使、道府州县官在其辖区内鼓励民众开垦荒地的面积大小作为考核他们政绩的重要依据，并给予相应的奖励。如在开垦荒地中弄虚作假，或开垦后又荒废不耕种者，则也要受到一定的处罚。总之，清政府通过奖励与惩罚相结合的政策措施，鼓励、督促民众和地方官员努力垦荒耕作，充分利用土地资源，使农业生产得到恢复和发展。

清政府不仅通过垦荒扩大耕地面积来发展农业生产，而且也重视通过提高农业生产技术来增加亩产量，从而充分发挥土地潜力来发展农业生产。如雍正二年（1724）议准："安西屯垦应募之兵未习土色地气，应就沿边郡邑雇觅农人，每兵三名，给帮夫一名，自开垦至秋获，皆令指引。俟屯垦既娴，将雇觅之帮夫裁退。又复准，直隶滦、蓟、天津、文安、霸、任邱、新城、雄等八州县，设立营田，令江浙二省督抚召募老农，各送三十人，每月酌给工食，令其课导耕种。俟本地之民耕种得法，令其回籍，所需农具、水车等项，亦令江浙二省各送匠人五名，将式样及造作之法，教导本地匠人，一例给发工食。如耕种之小民，力不能办，官给正项钱粮，代为经理，岁收十分之一补项"①。雍正三年（1725）复准，"四川地方劝谕开垦，民苗愚钝，不知开垦之法。有湖广、江西在蜀之老农，给以衣食，令其教垦。俟有成效，督抚题给顶戴，送归原籍。不愿回籍者，听其自便。"乾隆七年（1742）题准，凡承垦浙省新涨沙涂，"各垦户将原承号数，自立界石于地头，每十号为一甲，承及十号，印官亲诣点验稽查。十甲之中，选择老农一人，责令专司教导。六年之

---

① 《大清会典事例》卷166《田赋·开垦》。本自然段引文未注出处者，均见于此。

内，果能化斥卤为膏腴，将原立老农，从优嘉奖，给以花红，免其杂派差徭"。由此可见，安西军屯，由于士兵不熟悉耕作技术，政府就在沿边郡邑就近寻找雇佣懂得农业生产技术的农民，每三名士兵配备一个农民。从开始开垦到秋天收获，全过程进行指导，直至士兵都熟练掌握了农业生产技术后，再将雇佣指导的农民辞退。由于江浙二省在清代是农业生产发达区域，当地农民具有较高的农业生产技术和较先进的农业生产工具。清政府就从江浙两省招募老农到直隶、滦、蓟、天津等北方农业生产较落后的地区，每月给予他们工食，让他们指导当地农业生产。政府还招募江浙两省工匠到直隶、滦、蓟、天津等地，每月也照例给予工食，指导当地工匠制造先进的农具、水车等。总之，从农业生产发达地区向北方农业生产较落后地区输入先进生产技术和先进生产工具，从而带动落后地区农业生产的发展。清政府还十分重视懂得先进农业生产技术老农的传授、指导作用，不仅给予这些老农较优厚的物质待遇，还给予他们较高的荣誉和社会地位。如雍正二年（1724），清政府在四川招募湖广、江西籍的老农指导当地苗族农民开垦耕作，不仅给以老农衣食，并在取得成效后，还赏给老农"顶戴"①，并送归原籍。乾隆七年（1742）规定，将承垦浙省沿海新涨沙涂农户按甲编制，每 10 甲中选一老农专门负责农业技术指导。如在六年内能将沙涂斥卤之地改造为膏腴农田，负责农业技术指导的老农将得到朝廷嘉奖，并赏给"花红"②，"免其杂派差徭"。

六、田制思想

田制问题一直是中国古代政治家和思想家较为重视和关注的问题，历代都有人对此进行探讨，提出自己的主张，清代也不例外。从总的来

---

① "顶戴"为清朝时用以区别官员品级的帽饰。

② "花红"为政府发给老农的奖金。

看，无论是黄宗羲的授田养民论、陆世仪的复井田、方田思想，还是颜元的均田、限田论、王源的有田必自耕的疆田论、吴铤的均田论都是主张耕田者必须拥有归于自己的田地，反对土地兼并，唯有王夫之独树一帜，反对授田、限田、均田主张，主张土地民有。此外，黄中坚也反对当时的限田论，主张通过轻徭薄赋、与民休息来缓解当时的贫富悬殊、土地兼并问题。兹分别简要缕述如下：

（一）黄宗羲的授田养民思想

黄宗羲的授田养民主张，是想通过恢复井田制来实现的，而他的复井田，则又是依托于明代原有的屯田制来实施。他指出："余盖于卫所之屯田，而知所以复井田者亦不外于是矣。世儒于屯田则言可行，于井田则言不可行，是不知二五之为十也。"① 他之所以认为"复井田之可行"，是因为：第一，可利用卫所屯田为国有土地，对无地农民办理授田。他反对侵犯"富民"即地主的土地私有制，指出授田不可"夺富民之地"，不可"为困苦富民之事"。他把夺富民之田当作"不义"，坚决不允许为授田于无地农民而侵犯地主土地所有制。他反对汉代师丹、孔光的夺富人田以进行限田的做法："令民名田无过三十顷，期尽三年，而犯者没入之，其意甚善。然古之圣君方授田以养民，今民所自有之田，乃复以法夺之，授田之政未成，而夺田之事先见，所谓行一不义而不可为也。"第二，授田可按"夫"平均授予，即对每一无地农民授田 50 亩。他就当时全国耕地面积和户口总数作了计算：万历六年（1578）实有田土 701397628 亩，人户 10621436 户，如按每户授田 50 亩计算，共授田 531071800 亩，那尚有余田 170325828 亩，仍然可以听任"富民之所占"。黄宗羲通过这样准确的估算，认为通过国有的屯田土地，"井田可复"："天下之田，自无不足，又何必限田、均田之纷纷，而徒为困苦富民之事乎！故吾之屯田可行，而知井田之必可复也。"

黄宗羲之所以主张复井田而不实行卫所屯田，其理由是明代卫所屯

---

① 《明夷待访录·田制二》。本目以下引文未注出处者，均见于此。

田的劳动生产率过低，其原因有三：一是屯田的生产者是士兵而不是土著农民，"屯田非土著之民"，容易产生"乡土之思"，不安心生产。二是屯种士兵"任之老弱"，劳动力不强，收获不多，而且士兵有粮饷，"不屯者未尝不得食"，屯田卒"亦何为而任其劳苦乎"。三是屯田产量低，"亩之入不过一石"，但上缴多，"每亩二斗四升"，再加上武人负责征收，刻剥且无所不为，屯田耕种者所剩无几。

总之，黄宗羲的"授田以养民"论，其核心思想是将国有土地分给无地农民，从而有利于农民生产积极性的提高和农业生产的发展，并解决当时流民的耕地问题。

（二）陆世仪的复井田和方田思想

中国古代不少思想家认为，先秦井田制是理想的土地制度，都力图予以恢复。但是，历史事实证明，恢复井田制的思想最终在实践中都失败了，其最根本的原因是历史是不断变化发展的，先秦的客观条件与秦汉至明清的客观条件已大不相同。陆世仪看到了这一点，具体阐述了从秦汉至明清由于诸多历史客观条件的变化，使恢复井田制难以成功："井田之法，行之春秋战国，而寻其遗迹也易，行之后代而更新开拓也难；行之于创造而产无专主也易，行之于承平，而夺民定产也难；行之封建，而诸侯各视为己业也易，行之郡县，而守令迁转如传舍也难；行之边鄙，而开荒集众也易，行之内地，而欲夺民之世产也难。""三代而上，天下非天子所得私也，秦废封建而始以天下奉一人；三代而上，田产非庶人所得私也，秦废井田而始以田产予百姓。"在此之后，"欲行井田，必先封建。古之有国者，授其民以百亩之田，壮而界，老而归。不过如后世大富之家，以其祖父所世有之田，授之佃户，程其勤惰，以为予夺；校其丰凶，以为收贷。其阡陌之利病，皆其少壮之所习闻，无俟乎多核，而奸弊自无所容也。今不行封建，而区区争井田之可行，何哉？"[①]

陆世仪在此列举了许多历史客观条件的变化，使先秦的井田制在秦

---

① 《思辨录辑要》卷 19《治平类》。

汉至明清无法得到恢复和实施，其核心是国家是否掌握着足够的土地用以分配给农民。如他认为先秦国家控制着许多无主荒地，足以分配给农民，而后世国家要夺取富民的土地分配给无地农民，这就很难办到了。国家要在边疆地广人稀的地方分配给农民土地，令其开垦耕种就容易做到，而要在内地人多地少的地方夺取富民土地分配给无地农民就很难做到了。先秦实行分封制，土地实行国有制。国家将土地按每户100亩分配给农民耕种，待农户老了无法耕种时再收回，重新分配给其他成年的农民。而秦汉之后，实行土地私有制，国家缺少用于分配给农民的国有土地，因此井田制难以恢复实施。

鉴于这一理由，陆世仪认为，只有在天下大乱之后，人口大量逃亡或死亡之后，国家重新掌握了大量的无主荒地，就可划地授田，恢复井田制：

> 今时欲行井田，须乘大乱之后，设处田皆入官，定都图，修水利。然后将田分作分数，上田四十亩，中田六十亩，下田八十亩，逐都逐图，编成字号，募人佃种。力能胜一分者一分，不能胜者半分。虽富有力者，不得佃一分之外，老则授之子，无子而不能胜者，以田归官，听人另佃。其佃田逾一分之外，及无子而授他姓不以田归官者，罪之。①

陆世仪在此所要恢复的井田制与先秦的井田制也有不同之处：一是他要恢复的井田制不像先秦井田制的阡陌沟浍纵横、一夫百亩那么严格，而只是在大乱后把无主荒地划分为小块出租给无地农民的国有土地租佃制。二是无地农民租佃国有土地面积大小既有限制又有一定的灵活性。即任何人不得租佃超过一分，如违反规定超过一分，就要受到法律的惩罚。如农民劳动力不够，可以只佃半分。三是农民租佃国有土地之后，其实就拥有了世代使用权，即农民老了无力耕种时，可传给儿子耕种。但农民如果无子，则应归还给国家，不能擅自将租佃的土地转让给其他

---

① 《思辨录辑要》卷19《治平类》。

人。归还给国家的土地由国家再分配给其他农民租佃。如农民违反这一规定，擅自转给其他人耕种，就要受到法律的惩罚。陆世仪的这种所谓井田制，在大乱后对恢复农业生产、发展社会经济还是有积极作用的。

清朝初期，政府对全国土地实行清丈，以此对全国土地实行核查统计。陆世仪反对当时的清丈田亩，认为其存在着诸多的弊端，而主张以方田代替之。其理由有二：第一，清丈田亩有四大弊端："一是县官无才，一则吏胥作弊，一则豪强横肆，一则小民奸欺。人人可以上下其手，故为人上者，虽极精明，安能分身遍察，所以自古迄今，一闻清丈，则小民如畏兵火，诚难之也。"① 第二，如行方田，可以杜绝清丈田亩中吏民朋比为奸的问题："清丈田亩，莫如行方田……苟得其法，则县官不必履亩而勘，而吏民自不能欺。吏民即欲朋比为奸，而其势自不能混。其法：每千步为大方，方立大标竿；百步为小方，方立小标竿。大标竿以石为之，如今之华表；小标竿以木为之，如今之旗竿。下立两石足，夹而立之。大标竿常立而不仆，小标竿或立或仆，皆不妨，以下有石足可验也……标竿既立，则标竿四至之中，其田地自有定数。如大标竿之中，千步为一方，在今法当田四十一顷六十六亩一百六十步，在古法当田万亩。小标竿之中，百步为一方，在今法当田四十一亩一十六步，在古法当田百亩。不用量算，已有定额。其间使有山林川泽、不毛硗确、凹凸不平之处，则令本方业户里老，自行公同量算，画为方帐，更不许出一方之外。每小方为一小图，大方为一大图，图各以名号列之。一郡一县，又为一总图。自此以至天下，皆可攒集凑泊，总为一大图。不惟田亩里数，可以无差，而地形之方圆曲直，亦可分毫不爽。此古今以来至妙之法也。如吏胥作弊，乃从来通病，独此法不畏吏胥。盖吏胥之所以作弊者，以打量田地时，田各有业主。主有贫有富，有强有弱，吏胥俱有利害存焉。故虽以严刑禁之，而不能必其无弊。今则吏胥惟令竖立标竿，

---

① 《清经世文编》卷 31，陆世仪《论清丈田亩》。本目以下引文未注出处者，均见于此。

标竿无分尔我，民无所用其贿，吏胥何所行其弊。又打量之后，吏胥有弊，官府复勘，无从指实，必更用打量，其法繁杂。又欺官府多不知算法，故敢于作弊。今则官府复勘，不勘田数，止勘标竿之准与不准，一望了然，凡有目者皆能辨。至如每方中田亩细数，则不用吏胥打量，即于本方之中，择年老公正者为方长，而令各田业户，自请善量算者，各算本田步口，各书四至，如鱼鳞册法。画图贴户，攒出步亩总数，献于官府。其有不合，或相欺隐者，官府为直之。盖量田不用吏胥，则吏胥无所用其奸；各任业主，则业主各有四至，不肯受其欺隐。其有通同作弊者，官府不难复勘。此法最简最明，即中才之县官，不难从事。而古今以来，从未有知此法者，无怪乎一闻丈量，则举天下皆为惊扰也。"在此，陆世仪认为方田有三大长处能克服清丈田亩的弊端：一是方田丈量土地较为精确，可以达到"不惟田亩里数，可以无差，而地形之方圆曲直，亦可分毫不爽"。而且丈量后均用标竿标出，使官府易于复勘，丈量的吏胥不敢作弊。二是更重要的是方田只丈量土地面积，不具体丈量各家各户田地面积。因此，丈量的吏胥不与各田地业主打交道，这就杜绝了吏胥受贿、与业主通同作弊现象的发生。三是具体对各家各户田地的丈量，是在方田树立各方标竿之后，由各方推举本方之中年老公正者为方长，由本方中各田业主自请善于丈量计算的人前来丈量、确定各家各户田地四至，画出田地形状，标出面积大小，然后报告于官府。官府只负责处理丈量中的纠纷或互相欺骗、隐瞒的事情。这样由本方中各田业主自己丈量、确定的田地四至，就比较容易客观公正，这就避免了胥吏参与其中，上下其手。

（三）颜元、李塨的井田、均田、限田思想

李塨（1659—1733），字刚主，号恕谷。19 岁时应岁，进县学为生员。康熙二十九年（1690）赴京乡试，中举人，但未入仕。晚年曾任通州学正。李塨 21 岁时拜颜元为师，成为颜元掌门大弟子。他非常赞赏颜元的理论主张，一生殚精竭虑于传播和实践颜元的思想。正由于如此，颜元和李塨的思想相当吻合，自成体系，被后世称为颜李学派。

李塨著有《〈平书〉订》，为评订、商榷其同门王源的《平书》而作。书中大部分文字为《平书》原文，李塨写了书中的大部分评语。《〈平书〉订》是研究李塨思想的重要文献。除此之外，李塨还著有《瘳忘篇》《阅史郄视》《拟太平策》等文章，提出了自己的政治、经济主张。

首先，颜元反对土地兼并，对当时土地兼并现象进行了批判："一人而数十百顷，或数十百人而不一顷，为父母者，使一子富而诸子贫，可乎？"这就是土地兼并导致少数人拥有大量土地，而大多数人只拥有少量土地，或者根本没有土地，很不合理，是统治者的失职。他认为土地兼并严重的一个重要原因是富人的贪得无厌："若顺彼富民之心，即尽万人之产而给一人，所不厌也"①。因此，他建议，统治者必须遏制富人的贪婪，而不能投其所好。

其次，在此基础上，颜元、李塨一致认为，要改变当时土地兼并严重的现象，必须实行"均田"。他们这里所说的"均田"，不是北魏至唐曾实行的均田制，而是指平均土地。颜元提出，"天地间田宜天地间人共享之"，因此，均田是管理国家之第一要务："使予得君，第一义在均田，田不均则教养诸政，俱无措施处。"② 李塨也认为均田为管理国家"第一仁政"，通过均田使百姓"人人有恒产"，而无"贫富不均"③。他们认为，平均土地可使得到田地的农民更关心生产力的提高、亩产量的增加，即"上粪倍精"④，从而使"地辟田治，收获自加倍蓰"⑤。

最后，颜元提出要实现耕者有田，上策是井田，中策是均田，下策是限田。他认为，要实现"天地间田宜天地间人共享之"，最理想就是实行古已有之的"井田制"。他指出，当时的社会环境要实行井田制难度甚大，但也并非绝对不可行，如能克服困难实行，则是一劳永逸的事。"彭

---

① 颜元：《存治编·井田》，载《习斋四存编》，上海古籍出版社，2000 年。

② 《存治编·井田》。

③ 李塨：《拟太平策》卷 2，光绪五年刻本。

④ 《存治编·井田》。

⑤ 李塨：《〈平书〉订》卷 7，丛书集成初编，商务印书馆，1937 年。

永年言井田法易扰民生乱，不如安常省事。先生（即颜元）曰：'古先王之井田浚沟，岂天造地设，不劳民力乎？又如大禹掘江淮河汉，岂果神怪效灵，一呼而就乎？盖古人务其费力而永安；后人幸其苟安而省力，而卒之民生不遂，外患迭乘，未有能苟安者也，故君子贵怀永图'"①。他认为井田制能否实行的关键在于用人得当与否："吾欲一月不刑一人，而均一邑之田亩，何道而可？……亦任人耳。八家为井，立井长；十井为通，立通长；十通为成，有成长。随量随授之产，不逾月可毕矣。"②颜元深受古代儒家思想的影响，认为实现井田制是最理想的："孟子所谓百姓亲睦，咸于此征焉。游顽有归，而士爱心臧。不安本分者无之，为盗贼者无之，为乞丐者无之，以富凌贫者无之。学校未兴，已养而兼教矣。"③但是，颜元同时又指出，如受条限所限，无法实现井田制，也可退而求其次，实行均田制。他说："所虑者沟洫之制，经界之法，不获尽传。北地土散，恒恐损沟。高低坟邑，不便均画。然因时而措，触类而通，在乎人耳。沟无定而主乎水，可沟则沟，不可则否；井无定而主乎地，可井则井，不可则均。"④设若井田、均田皆行不通，则取其最下策，即限田。据李塨《拟太平策》卷2称："颜先生（即颜元）有佃户分种之说，今思之甚妙。如一富家有田十顷，为之留一顷，而令九家佃种九顷。耕牛籽种，佃户自备，无者领于官，秋收还。秋熟以田四十亩粮交地主，而以十亩代地主纳官，纳官者即古什一之征也……而佃户自收五十亩，过三十年为一世，地主之享地利，终其身亦可已矣，则地全归佃户，若三十年以前，地主、佃户情愿买卖者，听之。若地主子弟情愿力农者，三顷、两顷可以自种，但不得多雇佣以占地利。"颜元的这一限田主张，与历史上的限田相比，有其独特的思路，故李塨称赞"思之甚妙"。他提出如富家有田10顷，政府规定让其自留1顷，其余9顷让9家佃户各耕

---

①《颜习斋先生言行录·三代第九》。

②《颜习斋先生言行录·三代第九》。

③《存治编·井田》。

④《存治编·井田》。

种 1 顷。耕牛种子，由佃户自备，如佃户没有耕牛种子，那由政府提供，秋收归还。佃户耕种 1 顷，其中 40 亩的收获上缴地主，10 亩的收获代地主上缴政府，剩余 50 亩的收获归佃户所有。如此经过 30 年，则地主这 1 顷地就归佃户了。如不满 30 年，地主、佃户之间是自愿买卖的，则听任之。如地主子弟情愿从事农业劳动，可放宽占田超过 1 顷，允许其占田 3 顷，2 顷自己耕种，但不得多雇佣佃户为其多占有的土地耕种。颜元的限田，"思之甚妙"之处在于传统的限田只是单纯的限制地主占有田地的数量，而颜元的限田不仅限制地主占有田地的数量，而且限制佃户在租种地主田地 30 年之内，其租种的田地由地主所有变为佃户所有。这样地主（或其子弟）将由拥有 10 顷土地的大地主在 30 年之后成为只拥有 1 顷地的小地主，而佃农则亦变成拥有 1 顷田地的自耕农。颜元、李塨的土地改革思想其目标是达到耕者有田，但顾虑"今世夺富与贫，殊为艰难"[①]，因而设计出通过佃户租种地主田地 30 年之后使地主田地减少而佃户成为自耕农。这种过渡方式可缓和社会矛盾，对地主来说，可保证他们终身还是地主，"享其利，终其身"。而对于佃户来说，他们在 30 年之后则可成为自耕农。

（四）王源的疆田制思想

王源属于颜李学派，其有关疆田制的论述，是颜李学派中阐述较系统、完整的。疆田制是先秦井田制和唐朝均田制两者糅合的产物。其脱胎于井田制是疆田制以"疆"为单位，与井田制一样，将田地分为公田和私田，公田居中，周围为私田，私田各户同耕公田。而其在具体受田、还田以及租、调和力役上的规定，则参照唐均田制的做法。疆田制是土地国有制，与井田制、均田制土地国有制是一样的。王源疆田制的具体做法是：

> 六百亩为一疆，长六十亩，广十亩……中百亩为公田，上下五百亩为私田，十家受之，各五十亩。地分上、中、下，户亦分上、

---

① 《拟太平策》卷 2。

中、下，受各以其等，年六十则还田……取之用助法，编之用保甲……凡私田俱无租，但户纳绢三尺，绵一两，或布六尺，麻二两。每丁岁役之三日，如唐租庸调制。①

具体而言，王源的所谓疆田制，就是以"疆"为单位，每疆600亩，其中间100亩为公田，周边500亩为私田，分别授予10户农民，每户农民分得50亩。分配时土地和农户均分成上、中、下三等，按农户等级分别授以相应等级的土地。户主年满60岁时土地归还国家。公田100亩由10户共同耕作，收成归国家；各户所耕的50亩私田，收成归各户，国家不收地租。但各户需向国家缴纳绢3尺、绵1两或布6尺、麻2两。每丁每年须为国家服徭役3天。

王源设计的疆田制，其理论依据主要有3个方面：其一，"制民恒产"是"王政之本"，其前提是必须实行土地国有制。王源推崇孟子的"制民恒产"思想，认为这是"王政之本"，是政府的一项基本职责。如政府不重视制民恒产，就是无本之政："孟子以制民恒产为王政之本。然则民产不制，纵有善治，皆无本之政也。"王源进一步指出，制民恒产的必要前提是土地国有制，如果国家不能掌握全国的大部分土地，就无法把土地分配给农民，制民恒产就无法实现。他认为，自秦以来的多数朝代，政府之所以不能实现制民恒产的目标，关键原因就在于土地国有制遭到破坏，土地私有制盛行。"三代以下，百姓未尝无治安之时，乃多不过数十年，少则数年，即不得其所者，本不立也。然自秦开阡陌，尽天下皆私田，人君何由制民之产，以立王政之本哉。汉限田矣，限之一时，不能限百年也；魏均田矣，均之一时，不能均之后世也。"

其二，实行六条"收田之策"，将私有土地转化为国有土地。王源反对采用强制的手段剥夺土地所有者私有土地，将其转化为国家所有。他认为，如采用强制手段，与其所欲实现的制民恒产目标是背道而驰的。"尤不可者，夺民田以入官。本欲养之，乃先夺其所以自养。凡有田者，

---

① 《〈平书〉订》卷7。本目以下引文未注出处者，均见于此。

能不怨咨骇扰，致离叛之忧乎？"基于这个理由，他提出 6 条"收田之策"，将私有土地转化为国有土地：第一条是"清官地，如卫田学田之原在官者，清之使无隐"，即将军队卫所之田、官府学田等清理出来。第二条是"辟旷土，凡地之在官而污莱者开之，不弃之无用"，即开垦国有荒地，把这些荒地都利用起来。第三条是"收闲田，兵燹之余，民户流亡，而田无主者收之。有归者，分田与之，不必没其全业"，将战争后那些无主的闲置田地收归国有。第四条是"没贼产，凡贼臣豪右，田连阡陌者，没之入官"，即将贼臣豪右非法占有的大片土地没收，作为国有土地。第五条是"天下之不为农而有田者，愿献于官，则报以爵禄"，这就是不是农民则拥有田地者，可将田地献给国家，国家则用赏官赐禄作为回报。第六条是"天下之不为农而有田者……愿卖于官，酬以资"，这就是不是农民则拥有田地者，可将田地卖给国家，国家出资收购。王源估计，国家如果通过清官地、辟旷土、收闲田、没贼产，可将全国土地的十分之二三收归国有，如再加上"献田""买田"，那国家可将全国土地的十分之九收归国有，就具备了实行疆田制的条件了。王源之所以采取比较温和的六条"收田之策"，是因为他认识到，从土地私有制向土地国有制的转化并非易事，不可强制实行，也不可短时间内速成。必须采用温和的手段，用诱导的方式循序渐进。"诱之以术，不劫之以威；需之以久，不求之以速"。

其三，疆田制能消灭土地兼并，从而实现"惟农为有田"和"有田者必自耕"，制民恒产，使国家富强繁荣。王源指出："民之不得其养者，以无立锥之地。所以无立锥之地者，以豪强兼并。今之之法，有田者必自耕。"王源的"惟农为有田"和"有田者必自耕"明确反对非农职业的士、商、工和官僚占有田地："士，士矣；商，商矣；工，工矣，不为农。不为农则无田。士、商、工且无田，况官乎？官无大小，皆不可以有田，惟农为有田耳。"这体现了他反土地兼并的思想。在封建时代，官僚是最强最主要的兼并势力。他们不仅可以买田甚至以权势夺田，而且封建政权常常以禄田、赐田的方式，直接给予官僚大片的土地。此外，商人地主也是土地兼并的一支重要势力。他们将巨额的商业利润用于购买田地，从而大量兼并土地。王源公然提出官、商、士、工非农职业不应有田，实际上是把封建社会土地兼并的途径否定了。王源的"惟农为有田"和"有田者必自耕"，就是要把全国的地主及无地、少地的佃农、半佃农都变成自耕农。这与他之前的限田、均田或复井田的思想相比，具有明显的超越。过去的限田、均田或复井田的思想，多是以不触动或尽量少触动大地主已兼并的土地为前提，而王源的"有田者必自耕"思想则企图从根本上消灭土地兼并制度。为了稳定社会秩序，避免社会矛盾激化，王源主张对这些不应占有土地的社会阶层目前已拥有的土地，应通过上述六条"收田之策"中的献田、买田，将其转化为国有土地，然后再以疆田制分配给无地、少地的农户。

王源对自己设计的疆田制充满自信，认为该田制如果实施，定能实现"制民恒产"这一"王政之本"，使社会经济发展，文化繁荣，国家走向富强。"噫！以二千年不可复之法，一旦而复之。使民之恒产立而王政有其本。于是通商贾以资之，修武备以强之，兴礼乐以化之。丰亨豫大，天地位而万物育焉"。

王源的疆田制和"惟农为有田""有田者必自耕"思想不仅有反封建土地兼并思想，还具有反工商资本流入封建地产的进步意义。他提出非农的工、商业者不得拥有田地，这就使中国古代封建社会的"以末致财、用本守之"的经济经营模式受到破坏，会在一定程度上阻止工商业资本向封建地产倒流，从而有利于清代资本主义萌芽时期工商业资本的积累。

（五）王夫之的土地民有论

中国古代自秦汉以后的思想家在谈论土地制度时，大都极力推崇先秦的以土地国有制为基础的井田制，并认为如井田制无法得到恢复，就以限田或均田代替之。正如颜元所指出的："可井则井，难则均田，又难则限田"；"可井则井，不可井则均"[①]。但王夫之则不然，一反历史上的

---

① 《存治编·井田》。

主流观点，主张土地民有，把财富兼并、贫富分化看作是一种必然、不可改变的趋势，否定授田制，反对限田和均田。

王夫之认为，土地民有是历史演变的结果，中国古代土地制度的变化经历了 3 个演变阶段：第一阶段是三代以前，"民皆择地而治，唯力是营；其耕其芜，任其去就，田无定主，而国无恒赋"。这就是说在夏商周三代之前，地广人稀，只要人们有能力垦种，土地随时可以获得，田地没有固定的主人，耕种者也不必向国家长期缴纳赋税。第二阶段是夏商周三代时期，"画井分疆，定取民之则……民不自为经界，而上代为之"。这就是三代夏、商、周国家是在民众各自占垦田地的基础上，为他们划分一下各自的田界，以便征收赋税。画井分疆，并不是以国有土地进行授田，也不是依照划定的疆界要求耕者定期还田。第三阶段是秦、汉以后，"民自有其经界，而无烦上之区分"，这就是秦汉以后，土地私有权已确定，国家只是加以承认并征收赋税而已①。从历史上土地制度演变的这三个阶段，王夫之认为土地自古就是民有、民用的："人各自治其田而自收之，此自有粒食以来，上通千古，下通万年。"② 换言之，土地国有制过去没有，将来也不会有。

在此基础上，王夫之进一步指出，所谓土地国有，其实是君主私有，君主私有是违反土地"本性"的。这是因为土地是天地间固有的，不因历史上朝代的更迭而改变。不管朝代如何更迭，民众将永远占有土地，谁有气力就由谁耕垦，不需要由最高统治者授予。土地上生长百谷、卉木、金石以供养人，这是天经地义的，最高统治者不得擅自占有。君主应与臣下、民众共同享用天地万物，君主只能对人征税，而不能对土地征税。这是王夫之土地民有论的核心思想，对此，他反复进行阐述：

> 天下受治于王者，故王者臣天下之人而效职焉。若土则非王者之所得私也。天地之间有土而人生其上，因资以养焉，有其力者治

① 王夫之：《宋论》卷 2，中华书局，1964 年。
② 王夫之：《四书稗疏·〈论语〉下篇·彻》，岳麓书社，2011 年。

其地。故改姓受命而民自有其恒畴，不待王者之授之。①

王者能臣天下之人，不能擅天下之土……若夫土，则天地之固有矣。王者代兴代废，而山川原隰不改其旧，其生百谷卉木金石以养人，王者亦待养焉，无所待于王者也，而王者固不得而擅之。故井田之法，私家八而公一，君与卿大夫士共食之，而君不敢私，唯役民以助耕，而民所治之地，君弗得而侵焉。民之力，上所得而用，民之田，非上所得而有也。②

田则自有五谷以来民所服之先畴，王者恶得有之而抑恶得税之。地之不可擅为一人有，犹天也，天无可分，地无可割，王者虽为天之子，天地岂得而私之，而敢贪天地固然之博厚以割裂为己土乎？③

明代中后期，土地兼并日趋严重，造成贫富分化悬殊，社会矛盾尖锐。对此，王夫之有较清醒的认识。他在总结历代王朝兴亡治乱的历史时指出，由于土地的"大聚"，从而造成社会分配的不公平，影响生产者的积极性。这就是"兼并兴，耕者获十而敛五，民乃心移于忧，而不善其事"④。而且，他还认为，这种由土地兼并而引起的贫富分化是很难改变的："处三代以下，欲抑强豪富贾也难，而限田又不可猝行"⑤；土地兼并"积习已久……而弱者亦且安之矣"⑥。甚至他还认为贫富分化是一种必然的历史现象，贫富替代是不断变化的，"贫富之代谢不常"⑦，因此，不必通过夺取豪强的土地分给贫民来解决贫富分化问题。而且富人的存在有其普遍性和合理性，即使再贫瘠的地方，也有富人的存在，正由于有富人的存在，一般民众和国家才有了依靠。"千户之邑，极其瘠薄，亦

① 王夫之：《噩梦》，中华书局，1982 年。
② 王夫之：《读通鉴论》卷 14，中华书局，2013 年。
③ 《读通鉴论》卷 14。
④ 王夫之：《诗广传》卷 4，中华书局，1964 年。
⑤ 《读通鉴论》卷 2。
⑥ 《读通鉴论》卷 5。
⑦ 《宋论》卷 12。

莫不有素封巨族冠其乡焉"①；"国无富人，民不足以殖"②，"大贾富民者，民之司命也"③。有鉴于此，王夫之呼吁："纾富民，而后国可得而息也。"④

总之，王夫之把土地兼并、贫富分化看作是一种历史的必然，不主张通过政治的强制力量来抑制土地兼并和贫富分化，相反，富人是一般民众和国家的依靠，统治者应给予富人宽松的环境，发挥富人的作用，使国家减轻负担。

王夫之基于反对通过政治力量强行抑制土地兼并和贫富分化，因此他否定授田制，反对限田和均田、经界法等。他指出，孟子讲的"一夫百亩"的井田制并不是什么"授田制"，而只是一种赋税制度。"孟子言井田之略，皆取民之制，非授民也"⑤；"归田授田，千古必无其事。其言一夫五十亩者，五十亩而一夫也；一夫七十亩者，七十亩而一夫也；一夫百亩者，百亩而一夫也。此言取民之制，而非言授民之制也"⑥。王夫之认为，人口的不断增加和土地存量的有限使授田制不可能长期存在。"授田之说曰：三十授田，六十归田，承平既久，生齿日繁。即谓生死盈缩固有恒数，抑必参差不齐。向令一井之中，八家各生四子，则归者百亩，而授者四百亩，抑或邻居井里皆无绝亡，乃十井之中，三十年后丁夫将盈数百，岂夺邻井之地，递相推移，以及于远？"如果"老不逮六十而田未归，少已逾三十而田应授"，而此时"邻井他乡"又"卒无可授"，难道这些候授的丁夫就该"袖手枵腹以候邻叟之老死与？"总之，"以理推之，归田授田，千古必无之事"⑦。

对于限田，王夫之也持反对的态度。他认为，西汉武帝时实行限田，

① 王夫之：《黄书·大正》，中华书局，1982年。
② 《读通鉴论》卷2。
③ 《黄书·大正》。
④ 《黄书·大正》。
⑤ 《噩论》。
⑥ 《四书稗疏·〈孟子〉上篇》。
⑦ 《四书稗疏·〈孟子〉上篇》。

"尚可行也，而不可久"。这是因为"武帝之世可行者，去三代未远……且豪强之兼并者犹未盛，而盘据之情尚浅"。但是到了西汉末年，土地兼并"积习已久，强者怙之，而弱者亦且安之矣，必欲限之，徒以扰之而已矣"。因此"师丹乃欲试之哀帝垂亡之日"，"卒以成王莽之妖妄，而终不可行"①。王夫之反对限田的另一重要理由是，帝王天子都无"大公之德"，自己占有大片的土地，怎么可能做到以"仁义中正"的名义，限制普通百姓占有土地。"天子无大公之德以立于人上，独灭裂小民而使之公，是仁义中正为帝王桎梏天下之具，而躬行藏恕为迂远之过计矣"②。在王夫之看来，无论是限田，还是后来的均田、行经界法，都不过是"欲夺人之田以与人"③，是无异于"割肥人之肉置瘠人之身，瘠者不能受之以肥，而肥者毙矣"④，其结果必然造成贫人、富人"相倾相怨以成乎大乱"⑤ 的局面。

（六）黄中坚的反对限田思想

黄中坚（1649—1719），字震生，号蓄斋，江苏人。顺治年间贡生，著有《蓄斋集》附词一卷。

黄中坚反对限田，其理论依据与王夫之的相似。他认为，天下之人有智强愚弱之别，"智者强者常有余，愚者弱者常不足，亦其势然也。夫既已不能无有余不足之分，则智者不必其欺愚，而愚者自为智所役；强者不必其凌弱，而弱者自不得不折而入于强。此虽圣人复起，岂能使之均平若一哉？故但使人之智者强者皆兢兢不敢自恣，而愚者亦安为之愚，弱者亦安为之弱，而天下固可以长治"⑥。由此可见，黄中坚的观点是：天下不可能"均平若一"的，智强者有余，愚弱者不足，智者役使愚者，

① 《读通鉴论》卷5。
② 《读通鉴论》卷5。
③ 《读通鉴论》卷19。
④ 《宋论》卷12。
⑤ 《读通鉴论》卷19。
⑥ 《清经世文编》卷31，黄中坚《限田论》。本目以下引文均见于此。

弱者依附于强者是天经地义的,只要智强者不恣意妄为,愚弱者安于本分,天下就可以长治久安。

在此基础上,黄中坚进一步指出,社会上贫富不均、土地兼并的状况自古以来就是如此,是很难改变的。虽然北魏时实行均田制,但那是在北方长期战乱之后地广人稀的情况下才有可能。由于人口的不断增加和土地资源的有限,均田制实行久了就显出弊端。如要在南方人多地少的地方实行均田制,夺富人之田给予贫民,那是不行的。他说:"贫富之不齐,固自古而已然矣,况积渐以至今日,而安得不富者连阡陌,贫者无立锥也哉?凡事处积重难返之势,而一旦欲力矫其弊,未有不至于扰民者。彼口分世业之法,吾谓独元魏之世可行之耳,盖北方本土广人稀,而魏又承十六国纵横之后,人民死亡略尽,其新附之众,土田皆非其所固有,而户口复可得而数,是以其法可行。要之田无盈缩,而人有众寡,则更一再传,而其法当亦不能无弊也。若夫大江以南,则更有不可行者,非特夺富民之田以予贫民,而以为不可也。夫悯民之贫无立锥也,而欲夺富民之田以予之,则必人有以予之而后可也。"

黄中坚认为,当时限田不可行,有 6 个方面的原因:其一,田少人多,不足计口授田:"今之大县,户不下数万,苟欲计口而授田,则田少而不足以给,其不可一也。"其二,如分配数亩地给贫民,贫民就必须负担赋税徭役,不安心耕种。"今之承事于官者,率富民也,征发之令,不及于小民,彼小民竭终岁之力,不过能耕十亩,盖有见徒隶则必惕息者矣。设与以数亩之田,而责以赋役之事,彼将为赋役所困,而并不得安其耕,其不可二也"。其三,如在短期内夺田授田,土地交割难以办好,国家赋税徭役将无人承担。"量人量地,斟酌损益,虽得良有司竭力奉行,而亦非期月所可办到。其间夺者已夺,受者未受,国家之财赋力役,将责之何人?其不可三也"。其四,限田实行之后,难以防范吏胥在受田、还田时营私舞弊。"至于既行之后,又当勾考其受田、还田,吏胥上下其手,弊孔必且百出,其不可四也"。其五,限田使民间田地买卖暗中交易,民户占有田地数目不实。"且缓急人所时有,今既官为之限,则卖

买之际，必多窒阂而难通。其弊也，势必富者有多田之实而无其名，贫者有受田之名而无其实，而民之困乃愈甚，其不可五也"。其六，限田数额难以确定，使富者、贫者都有怨言。"故欲以多限之，如绥和之名田，无过三十顷，则虽稍可裁抑豪右，而实无补于小民也；欲以少限之，如太和之人受露田四十亩、桑田二十亩，则富者必见怨，而贫者不必见德，不适足以扰民哉。"鉴于上述理由，黄中坚主张："夫以限田为良法而欲行之者，皆不审于时势之说也。吾谓后之君子，留心田制，亦务时其消长，正其版籍，禁其侵欺，而且轻徭薄赋，以与民休息，使富民皆得推恩于贫民，而贫民亦群知自好耻犯法，则物各得其所，而天下治矣。"在此他认为，当时如实行限田，是不切实际、不审时度势的做法。务实的做法是随着时间的推移，使田地、户口登记编造簿册制度规范化，严禁营私舞弊、欺骗隐瞒，而且实行轻徭薄赋、与民休息的政策，使富民给点实惠于贫民，贫民也要好自为之不犯法，富民、贫民各得其所，那么天下就长治久安了。

第二节　赋税、徭役与财政管理思想

一、赋税管理思想

（一）田赋管理思想

清朝建立之初，在赋税征收方面，废除了明末的各种苛捐杂税，"明季一切累民之政，既尽予黜革。征之有则，取之有经，不惟蠲缓之诏，史不绝书"[①]。至顺治十三年（1656），"各州县开征（地丁钱粮），预颁由

---

①《清经世文编》卷29，朱云锦《田赋税》。

单，定于十一月初一日颁发"①。

至康熙年间，丁银征收的混乱与弊端，促使朝廷不得不进行改革与整顿。康熙五十一年（1712）二月，朝廷宣布滋生人丁永不加赋的重大决定："今海宇承平日久，户口日繁，若按见在人丁加增钱粮，实有不可。人丁虽增，地亩并未加广。"所以"应令直省督抚，将现今钱粮册内，有名丁数勿增勿减，永为定额，其自后所生人丁，不必征收钱粮，编审时止将增出实数察明，另造清册题报"。② 这一决定以豁免新增人丁丁银的方式，避免进一步激化丁银征收中的矛盾，并为其后摊丁入地的实施创造了条件。它以法律的形式宣告滋生人丁永不加赋，在中国古代赋役制度史中，具有重要意义。

雍正即位后，摊丁入地被正式提上议事日程。雍正二年（1724），直隶省开始实行摊丁入地（康熙晚期广东、四川两省的大部分地区已经实行），其他各省也纷纷效法。"雍正四年（1726）奉旨，以各色丁粮，均派入各邑地粮之内，无论绅衿富户，不分等则，一例输将，以昭画一，以垂永久"③。雍正末年，除个别省份外，赋役制度中的这一重大变革，已经在全国范围内基本完成。摊丁入地使中国古代延续了两千多年的人头税被取消，赋役内容大为简化，以地为标准征收赋税派发徭役，减轻了无地少地贫农的赋税徭役负担，使财税征收制度更加合理。

但是，雍正年间行摊丁入地后，"匠价亦向系另征。乾隆三年（1738）奉旨，均摊入本邑地粮之内，无论绅衿富户，不分等则，一例输将。由是地丁匠银，统归一则，真所谓一条鞭矣"④。至此，清代的赋税制度改革基本完成。

从总的说来，清代的赋税征收中以田赋最为重要。"摊丁入地"后，地赋与丁银合一，故又称地丁银，是为正赋。地丁银按亩征收。由于各

---

① 《大清会典事例》卷 107《吏部·处分例》。
② 《清圣祖实录》卷 249，康熙五十一年二月壬午。
③ 《清经世文编》卷 29，朱云锦《田赋税》。
④ 《清经世文编》卷 29，朱云锦《田赋税》。

地田土肥沃贫瘠不一，所以在征收时，先得区别田地山荡，然后再分等则，即通常所说的三等九则，也叫金银铜铁锡的。同样是上则田，此地和彼地的征收额也不尽相同。另外，不同的田土类别，如官田、民田，科则也相差较大。田赋有征银和征实物两种，实物包括征收米、麦、豆、草之类。江苏、安徽、浙江、江西、湖北、湖南以及山东、河南等省份，在正赋之外，还要征收米、麦、豆等漕粮。关于地丁银粮的征收情况，黄六鸿的《福惠全书》有一较简要、全面的记载：

> 田之所税为粮，人之所供为丁，统正赋之名曰地丁。然南北繁简之不同，各处款项之不一，如直隶、山东止一条编，总归地丁；江南、浙江财赋甲天下，银则有地亩，有漕项、耗增，有渔、芦等课，牙、杂等税银。米则有漕粮，有耗增，有白粮、白耗、南粮、南耗等米。至于定额之外，或又有本年开垦之新增，有闰年之加闰，有淹荒、豁除、奉赦、奉蠲等银米，则本年征收之额，《赋役全书》、"易知由单"尤必预为改刊。今"由单"停刊，惟"全书"与司核会计册，东南必不可少，州县实征，里书遵照攒造。其攒造之法，本县一年银米，某项某项若干，共该若干；都图里甲共若干，该银米若干，各里甲花户银米若干，共该若干，要必各甲花户之银米，与甲总合各甲之银米，与图总合各图之银米，与县总合所谓一县之总撒相符，然后照此册征收，庶无增多减少之弊。

除此之外，州县经征钱粮，在时间上每年分为上忙、下忙两季。上忙定2月至5月、下忙定8月至11月征收，这是根据农业中夏秋两收而规定的。由于我国幅员辽阔，各地气候差别大，所以各省征收时间又有所不同。如福建下忙开征于7月，山东、河南及安徽庐州、凤阳两府并颍、泗等州则开征于6月。甚至同一个省份，各州县开征的时间也不尽相同。如浙江省规定，宁、绍、台、金、衢、严、温、处8府并富阳、昌化、嘉善、平湖、安吉、孝丰6州县为2月开征，6月停征，8月接征；余下17县为2月开征，清明后停征，6月补征，7月停征，8月接征。

从以上我们对"摊丁入地"征收地丁银的总体情况可以看出，"摊丁

入地"虽然大大简化了田赋征收的手续，但在实际操作中仍然还是颇为复杂的。其一，由于田地肥沃贫瘠不一，征收前首先要把田地分为三等九则，然后再按不同的等级征收不同数额的田赋。但是按田地肥沃贫瘠也只是一个主要的标准，田地的不同位置、田地的不同类别，如官田、民田，都会使征收的田赋数额不同，甚至还相差甚远。因此，确定不同田地的科则是一件相当复杂困难的事情。其二，田赋征收的东西、名目也较繁杂。田赋有征银、征实物两种，其中征银较简单，但名目还较多，如江南征银有地亩、漕项、耗增，渔、芦等课，牙、杂等税银；如征实物，主要有征收米、麦、豆、草之类，名目也较多，如漕粮、耗增、白粮、白耗、南粮、南耗等米。其三，在每年开征之前，必须预先编制、刊定《赋役全书》、"易知由单"① 作为征收数额的依据。尤其是《赋役全书》必须详细记载某县一年该征收的银米数额，各都图里甲一年该征收的银米数额，各甲花户该征收的银米数额。然后在征收时，有关人员按《赋役全书》，"易知由单"中的规定数额进行征收，从而避免多征或少征的弊端。其四，各个地方开征、停征、接征、补征等时间不尽相同，如碰到闰月，有时开征时间还要进行调整。

清代田赋征收完毕，必须逐级自下而上起解。一般是州县起解至府，府起解至省布政使司。"顺治十年（1653）复准，起运钱粮，布政使司先发给府州县空白批文百张，批文内编定号数，府州县起解时，填领解姓名，钤印投司。司验批到先后，以杜侵冒"。"直省钱粮，州县签批解府，府但挂号，不必转批。州县印封钱粮到府，府但汇解，不必拆封，上加府印钤盖"。"起解钱粮，布政使司立验批簿，州县于起解之先，预期申报司库，填入验批簿内，一面起批限期解交该衙门，该衙门仍将批发回，

---

① 《赋役全书》是清全国赋役总册，总载地丁原额，次列土地荒芜、人口逃亡，再次列征税数量及起运地点、存留细数。"易知由单"是清代征收钱粮通知单，单内填注纳户姓名及应交钱粮之数，以杜滥派。由单之式，各州县开列土地上、中、下三等，正杂本折钱粮，及米、豆、麦、荞、麻等诸项，最后编成总数，刊成定式，每年开征前一月发给纳户。

不得踟蹰寝批之咎。州县将领过批回实收，具文申报，登簿存验"。"州县解司钱粮批回，三注日期：一注到司日，一注兑银日，一注发批日"。"康熙二年（1663）复准，州县起解钱粮，以批回为据。令设连环批，其式用纸一张，联书字号，截为二批，预申巡抚，亲判银数，限日发回。州县临起解时，将发回连环批，一申巡抚存案，一发解役赴该衙门交纳，注收银数目，原批发回。州县即送巡抚封批查验，以杜侵冒迟延之弊"。

从以上记载我们可以了解到，地方各级官府在起解征收到田赋时，批文和批回在明确责任人、防止侵冒和迟延中发挥了重要的作用。府州县在起解时，必须在布政使司发给的空白批文中填写领解姓名，从而明确此次起解的责任人。省级官府收到州县起解的钱粮后，必须在规定的期限内给予州县起解人批回（即回执），一般是巡抚亲自验收州县起解的银两数，在批回中注明所收到的银数目，然后发回给州县。批回还必须注明钱粮起解到布政使司的时间、兑现银两的时间以及发回批回的时间。批回"注收银数目"，是为防止有关官吏侵冒；"三注日期"，是为防止有关官吏迟延。

清代，田赋地丁银的征收是国家重要的财政收入，朝廷对此高度重视，历朝都采取奖惩相结合的办法，督促地方官员尽职尽责地按时按量完成地丁银钱征收工作。如：

顺治十三年（1656）题准：各州县开征，预颁由单，定于十一月初一日颁发，至报部之期，直隶限十二月内到部，山东、山西、河南限正月内到部，江南、浙江限二月半到部，江西、湖广、陕西限二月内到部，福建、广东限三月半到部，四川、广西限三月内到部。如州县官申报迟一月者，罚俸三月；两月者，罚俸六月；三月者，罚俸一年；四五月者，降一级；六七月者，降二级；八月以上者，降三级，皆调用。司道府等官申报迟一月者，罚俸一月；两月者，罚俸两月；三月者，罚俸三月；四五月者，罚俸六月；六七月

者，降俸一级，戴罪督催；迟八月以上者，降一级调用。①

康熙二年（1663）题准：地丁银钱粮初参，经征州县官，欠不及一分者，降职一级；二分者，降职二级；三分者，降职三级；四分者，降职四级，皆令戴罪催征。欠五分以上者，革职。布政使、知府、经管钱粮道员、直隶州知州，欠不及一分者，停其升转，罚俸半年；欠一分者，罚俸一年；二分者，降职一级；三分者，降职二级；四分者，降职三级；五分者，降职四级，皆令戴罪督催。欠六分以上者，革职。巡抚，欠不及一分者，停其升转，罚俸三月；欠一分者，罚俸一年；二分者，降俸二级；三分者，降职一级；四分者，降职二级；五分者，降职三级；六分者，降职四级，皆令戴罪督催。欠七分以上者，革职。又题准：地丁钱粮被参后，催征时州县官限一年，布政使、道府直隶州知州限一年半，巡抚限二年，其年限内不完，不复作分数，照原参分数处分。州县官原欠不及一分，年限不全完者，降一级留任，再限一年催征；如又不能完，即照所降一级调用。原欠一分，年限内不全完者，降三级调用。如果能催征完至八九厘者，降三级留任，再限一年催完；如仍不全完，降三级调用。原欠二分，限内不全完者，降四级调用；原欠三分，限内不全完者，降五级调用；原欠四分以上，限内不全完者，革职。

（康熙四年）又题准：州县官经征一应起运本年钱粮，五万两以下，一年内全完者，纪录一次；五万两以上十万两以下，一年内全完者，纪录二次；十万两以上，一年内全完者，纪录三次。督催知府、直隶州知州及经管钱粮道员，十万两以下，一年内全完者，纪录一次；十万两以上二十万两以下，一年内全完者，纪录二次；二十万两以上，一年内全完者，纪录三次。督催布政使，五十万两以下，一年内全完者，纪录一次；五十万两以上一百万两以下，一年

---

① 《大清会典事例》卷107《处分例·征收地丁钱粮》。以下两个自然段引文，均见于此。

内全完者，纪录二次；一百万两以上，一年内全完者，加职一级。其监屯同知通判，督催卫所屯粮全完，照督催知府例议叙；经历经征卫所屯粮全完，照经征州县官例议叙。

嘉庆十二年（1807），谕各省丁赋，关系度支经费，国家生齿日繁，费用倍增。我朝取民有制，从无加赋之事，惟借此每岁正供，量入为出，岂容稍有亏欠。乃江南等省，自嘉庆元年（1796）以来，至十一年止，尚有据报未完银八百八十六万余两……即间有拖欠，亦何至多至数百万两。总由地方官任意因循，征催怠惰，甚或有侵挪亏蚀情弊，皆未可知，而上司护惜属员，往往曲为地步。凡涉参限将满，俾接征之员，另行开限。州县恃有此规避之法，又复何所儆畏，无怪乎各省积欠如此之多也。嗣后州县遇有钱粮处分，参限将满，户部随时知照吏部，不准调署他处。如该上司违例调署者，将该上司一并参处，督抚等务当督饬所属，各行激发天良，于应征款项，按限催征，不得任意因循，罔顾国计。①

（咸丰）九年（1859）谕，户部奏各省征收上、下忙钱粮，请饬按限造报一折，国家经费，以地丁为大宗，乃各省于上、下忙钱粮，竟有因一二州县未能征收，遂将全省钱粮数目，概不报部。更有于所属州县二参届限时，调署离任，巧为规避，延不开参，以为见好属员之计，殊属瞻玩。著各督抚严饬该藩司，将历年未经造报者，统限于明年二月以前，详细造册，送部核办。其明岁上、下忙钱粮，除云南、贵州二省，向系征收全完后报部外，其余各省著于截止后，上忙限十一月底，下忙限次年五月底，分析成数报部。傥该州县依限全完，准其援照成案，量予议叙。如有不肖州县，借词延宕，即从严参劾。傥敢瞻徇隐庇，即著该部将该藩司及经征不力州县指名严参，以惩玩泄。②

---

① 《大清会典事例》卷172《户部·田赋》。
② 《大清会典事例》卷107《吏部·处分例》。

从以上所引，我们可以大致了解到，清政府对田赋地丁钱粮征收的一些指导思想：其一，充分认识到田赋地丁钱粮征收工作的重要性，"国家经费，以地丁为大宗"，"各省丁赋，关系度支经费"，总之，这是国家财政收入的重要项目，因此，清代历朝均予以高度重视，不断颁布诏令，用奖惩相结合的方式督促各级地方官员按时按量征收。以上所引 5 例只是其中较有代表性者，有关类似诏令可谓史不绝书。其二，在地方田赋地丁钱粮征收中，清政府主要关注两个方面：一是必须按时，即要在规定的期限内征收完毕，并上报中央户部；二是必须按量，即按规定的数量征收到官。如地方各级官员不能按时按量征收，就必须依据程度的不同受到处罚。相反，如能按时按量征收到官，则要受到奖励。其三，清政府对地方各级官员的奖惩主要采用以下几种方式：如不能按时按量完成征收地丁钱粮任务的，可按程度不同予以罚俸、降俸、降级、降职、降级留任、降级调用、革职等处罚。值得注意的是，清政府对官员的处罚主要目的还是起警戒的作用，因此在处罚的同时，往往允许受罚官员"戴罪督催"，并依据地方各级官员职务的大小，可延长期限至一年、一年半、两年。如地方各级官员能按时按量完成征收工作，则依据程度不同予以记录、加级的奖励。按清代议叙法规定，凡官员考核成绩优秀，或有功绩者，均交部议叙，以资奖励。议叙之法分纪录、加级两种，其中纪录又分一次、二次、三次三等，纪录三次之上为加一级。加级亦有加级一次、二次、三次之别，凡加级有指明随带者（军功之级）、食俸者（照所加之级支俸）、予衔者（照所加之衔换给顶戴）三种。纪录、加级两者合之，共有十二等。清政府对按时的计算标准主要是以月为单位。按量的计算标准主要有两种：一是以十分为率来计算未征收到的地丁钱粮占总数的十分之几，如占 2/10，即二分，占 5/10，即五分；二是直接以银两为单位来计算地丁钱粮数额，如五万两、十万两、五十万两、一百万两等。其四，清代，地方官员往往利用新旧官员交接时弄虚作假，来规避因未完成地丁钱粮征收而本该受到的惩罚。对此，朝廷一再重申，地方官员在离任时，必须向户部申报清楚任内地丁钱粮征收情况，只有

当该官员完成地丁钱粮征收时，户部才知照吏部予以办理离任事宜。如地方官员不按此规定擅自离任者，有关官员将受到惩罚。

此外，清政府为保证地丁钱粮如数征收到官，对抗交田赋民众予以惩治。如顺治十六年（1659）规定："民抗田赋，逃窜隔属，许本管官申请府道，径行票据。如有阻挠，督抚究治。"① 有些地方绅士、进士、举人等利用自身的社会地位，拖欠地丁钱粮，对此，清政府也颁布诏令，予以禁止："文武乡绅进士、举人、贡监生员及衙役，有拖欠钱粮者，各按分数多寡，分别治罪。如州县官徇庇，督抚题参；督抚容隐，科道纠劾。"②

另一方面，清政府为了避免因征收地丁钱粮而导致社会矛盾激化，禁止官吏科敛百姓、中饱私囊。如"顺治元年（1644）题准：官吏征收钱粮，私加火耗者，以犯赃论"③。顺治十二年（1655），又重申："各地方钱粮，凡横敛私征，暗加火耗……严行禁革，违者究治。"康熙十七年（1678）复准："州县官克取火耗，加派私征，及司道府徇隐不报者，皆革职提问，徇纵不参之督抚，革职。"清政府不仅禁止官吏私派加征，而且甚至禁止提早预先征收。如顺治九年（1652）复准："直省钱粮，应按期征解。有预征滋扰者，督抚指参。"康熙十七年（1678）复准："州县官隔年预征钱粮，照私征例治罪。司道府明知不报，或已申报，督抚不题参者，皆照例议处。"清代征收地丁钱粮的弊端，有些是由于有关官员将征收工作外包给其他人或让下属代办，这些经办人乘机营私舞弊、盘剥百姓。对此，清政府亦屡次予以禁止。如顺治十二年（1655）复准："江南财赋繁多，经收诸役，包揽侵渔，保长歇家，朋比剥民，令严行查访，勒石永禁。"康熙五年（1666）复准："征收钱粮，原系州县印官专责，不得滥委府佐及州县丞倅协征滋扰。如道府私委，督抚指参；督抚滥委，科道纠劾。"雍正五年（1727）议准："贡监生员，非本身钱粮，

---

① 《大清会典事例》卷172《户部·田赋》。
② 《大清会典事例》卷172《户部·田赋》。
③ 《大清会典事例》卷172《户部·田赋》。此自然段引文均见于此。

包揽代纳入已，以致拖欠者，不论分数，均黜革治罪。若包揽拖欠至八十两者，计赃以枉法论；其包揽虽无拖欠，亦即黜革，再照所纳之数，追罚一半入官。至愚民希图照定例，令纳户包封自投入柜，不许收书一涉其手。如有奸胥违例留包偷取情弊，该管府州即揭报题。"

对于清代征收地丁钱粮中的弊端，当时一些有识之士也有清醒的认识，纷纷提出自己的改进主张，兹举较有代表性的孙嘉淦的《办理耗羡疏》和赵廷臣的《请定催征之法疏》略加介绍。

孙嘉淦（1688—1753），字锡公，号懿斋，又号静轩。康熙进士，历官刑部、吏部尚书，直隶、湖广总督，协办大学士。著有《近思录辑要》《春秋义》等。

乾隆七年（1742），他上《办理耗羡疏》，指出当时"正供而输耗羡，不得不需耗羡也。然皆阴有其实，而不欲居其名，故未尝明定其加耗之数，与夫支用之章程，以致不肖有司，得任意私征，而为上司者，转因以为利，苟且公行，而廉隅不饬，征收无定，而腺削日深。一有地方公事，其已饱囊橐者，不肯捐出，则又派之民间，因公科敛之举，借端百出，而不可究诘。盖自定赋输银以来，其弊相沿而未有止也"①。孙嘉淦认为，由于朝廷没有明确规定在征收赋税之外要加征多少耗羡，并制定支用耗羡的章程，因此导致地方不法官员任意私征，科敛百姓，并将私征到的耗羡用于向上司送礼，中饱私囊，使官场腐败。针对这种弊端，他主张："与其暗取而多征，不若明定其数；与其营私而中饱，不若责其办公。故就各省情形，酌定一分数厘之额，提其所入于藩库中，以大半给官为养廉，而留其余以办地方之公务。嗣是以来，征收有定，官吏不敢多取，计其已定之数，较之未定以前之数，尚不及其少半，则是迹近加赋，而实减之。且养廉已足，上司不得需索属员，办公有资，州县亦不敢苛求百姓，馈送谢绝，而摊派无由……是则耗羡归公，既无害于民生，复有补于吏治。"这就是朝廷应明确规定各省所征耗羡之数量，征收

---

① 《清经世文编》卷27《户部二》，孙嘉淦《办理耗羡疏》。

到官后全部存入省城藩库之中。这样征收耗羡有明确的额定数量，官吏就不敢多征收了，其实际上比未规定征收数量前减少了很多，从而减轻了百姓的负担。而且耗羡征收到官后，一大半用于官吏养廉，一小半用于地方办理公务费用。这就使上司不敢向下属索取，地方办公费用也有着落，也不敢向百姓摊派。总之，这对于民生、吏治，都是有好处的。

赵廷臣（？—1679），字君邻，顺治二年（1645）自贡生授江苏山阳知县，累迁江宁同知、江宁副使、湖南道副使、贵州巡抚、云贵总督加兵部尚书衔、闽浙总督加太子少保。为官清正，提倡农耕，与民生息。著有《赵清献奏议》。

赵廷臣曾上《请定催征之法疏》，指出当时"催科无法，其弊有八：恶劳喜逸，不亲簿书，一也；假手户书，任其作奸，二也；止核里欠，不稽户欠，临比不清，移甲为乙，三也；里立图差，责比催办，入乡叱哮，坐索酒食，欠者贡金，完者代比，四也；一月六卯，限勒期迫，四乡之民，仆仆道路，公私咸误，五也；见征带征，并日而比，民无适从，而皆拖欠，六也；军需不可缓也，而开征则数溢于军需，协饷不可缓也，而追比则过倍于协饷，起存宜有后先之分也，而催征则无分于起存，七也。棰楚列于堂下，拶夹并于一刻，小民畏一时之刑，有重利称贷，减价变产而不顾者，虽明知剜肉医疮，且救目前，不复计死，八也。八弊之外，又有坐管经承之费，有坐差摘追之费，有奔走赴比之费，有守候应比之费，有转限宽比之费，有倩人代比之费。小民止有此膏血，多一分之旁费，必致少一分之正供，坐此积弊，粮终不完，而民日以困，不特民困，官亦受累，然则催科非能病民，而以催科病民者，不得其人与法也。"[1] 赵廷臣在此深刻地指出，催科的弊端其具体表现在 8 个方面，但其实质上都可归结为朝廷任人不当和没有制定适当的法规和制度。

针对这些弊端，赵廷臣提出了改进措施。其一，他针对负责催科官

---

① 《清经世文编》卷 29《户政四》，赵廷臣《请定催征之法疏》，下一自然段引文均见于此。

吏懒于政务，不亲自编制、管理有关簿书，主张："偷惰当戒，戴星而作，秉烛而息，事事精察，户户详细，此以勤补拙之法可行也。坐簿必剔，流水红簿，必出亲手。"其二，他针对催科官吏把具体催科事务交给户书办理，听任其营私舞弊，主张："甲欠乙欠，完多完少，毫忽经心，此不假手，混征之法可行也。"这就是说催征官吏如对催征中各家各户欠交多少、已交了多少，都了如指掌，不交给户书办理，那户书就无法作弊。其三，他指出催科中官吏只核查整甲的欠交数目，而不核查每户的欠交数目，因此使欠交农户乘机想蒙混过关。对此，他建议："里有总数之欠，户有散数之欠，若止稽里欠，不稽顽户，则雇比代完者身任其事，而拖延不交者，转属局外矣。临比分别，洞若观火，此澄清完欠之法可行也。"他认为，只有清查到那些拖延不交的顽户，让他们交清，才能完成征收地丁钱粮的工作。其四，他指出，在征科中，里中图差负责催办，入乡呵斥咆哮，向百姓索取酒食，欠交者必须向他们行贿。对此，他建议："官之精神有限，役之机变无穷，临比之时，按簿而稽，如图差催，欠多者赴比，必无受贿之私，欠少者应卯，必有卖放之弊，此绝禁大户躲避之法可行也。"他认为，如催科时，官吏能按簿籍所载交纳，欠交多的人，直接赴官核查清楚，就可避免图差索贿，也可使大户难以逃避交纳。其五，他认为，以往农户交纳租税次数太多，甚至一个月六次，使农民天天奔波在交纳地丁钱粮的道路上，这对国家、农民都没好处。因此，他主张："民无多力，比数太多，则一时交纳不起，比限太勤，则日日奔驰不遑。宁减卯而宽比，勿滥比而增卯，此留余力与民之法可行也。"他认为，交纳次数少，一次交得太多，农民一时交纳不起，但如果交纳次数太多，农民则日日奔波在交税的路上。因此，宁可让农民交纳的次数少些，留些余力给农民。其六，他认为农民积蓄十分有限，不能见征、带征同时交纳，如要农民同时交纳，那一定就会出现拖欠。对此，他主张："民无多积，今日完见征，必不能完带征，今日完带征，必不能又完见征，分限而比，先比见征，后比带征，此用一缓二之法可行也。"只有让农民先交完见征，然后再交纳带征，才能让农民有一喘息的时间。

其七，他指出，军需、协饷不可缓，但催征时不分缓急，耽误了军需、协饷的供给。对此，他主张："本省军需要紧，邻省协饷要紧，解院项下要紧，约数先征，俸薪可缓且缓，工食可缓且缓，大凡存留可缓且缓，先其急而后其缓，此分别先后之法可行也。"这就是军需、协饷、解院比较要紧，就应先征、而俸薪、工食、存留可暂缓，那就后征。其八，他指出，在催科中，官吏只知道用鞭打、夹指的刑罚逼迫百姓交纳，百姓畏惧刑罚，有借高利贷或贱价变卖家产交纳的，这犹如剜肉补疮，只能救燃眉之急，最终只能是死路一条。对此，他指出："急公好义，人情大抵皆然，谁肯甘心逋粮，忍辱受比。为有司者，止以棰楚为能干，而棰楚之外，一无别法；止以拶比夹比为长才，而拶夹之外，毫无鼓舞，民安得不重利借债、减价卖产者乎？钱粮固完，而地方则坏矣。闻廉有司禁革火耗，月吉之日，集士民而约之曰，但能交完正赋，切勿再添耗羡，天平不敢欺天，法马不敢违法，人未有不争先交纳者矣。又闻良有司比粮禁绝差扰，城有歇保则禁之，乡有坐催则禁之，定限征比，去其差扰。凡一酒一饭，无不为闾阎节省，人未有不交纳，恐后者矣。又闻贤有司比粮，不动声色，遇良里殷户，依期交纳，以花红鼓乐，送出县堂，人皆欢悦，惟恐输将不及矣。遇绅士大户，方开比期，尽数先交，或给匾额，或予以奖励，相率而传，惟恐趋纳不勇矣。遇穷民小户，有谷帛而无售主，有鸡豚而待市贩，或代为设法，或曲示变交，田父村叟，感而流涕，因之相劝全完矣。此又催科而兼抚字之法可行也。"赵廷臣在此提出了一个十分可贵的政府管理理念：政府对于催科征粮，不能采用鞭打、夹指等刑罚逼迫百姓交纳，应该针对不同的催科对象，分别采用约定、爱护、鼓励、帮助的方式，这样才能把催科与爱民、化民、助民很好地结合起来。如在征粮之前，就应该预先与百姓约定，百姓在交完该交完的赋税，没有再额外添加耗羡等。这样，就会使百姓放心，及时交纳税粮。在催科征粮时，禁止有关官吏骚扰百姓，向百姓索取酒食等。这样，百姓就会自觉交纳税粮。对于富裕农户交纳税粮，如他们按时交纳，就用花红鼓乐将交纳者送出县堂，如是绅士大户按时尽数交纳，就送给他

们匾额，这样，就会使富户、绅士大户争先恐后前来交纳。如对于贫穷小户，政府则要帮助他们出售谷帛、鸡豚，或采用通融的办法，使他们因感戴政府的帮助而完成交纳税粮。

总之，赵廷臣认为："夫征粮之能存乎其人不在乎法，然而不得其人而循法行之，亦得半之道也。今日之为有司者，诚能酌此法行之，又益之以精勤，兼之以明敏，实征册籍，俱立实在户名，以杜诡计、推卸之弊。流水红簿，俱送本府印发，以杜私换侵蚀之弊；易知由单，必遍散穷山深谷，以杜横索之弊。如是，虽有顽户奸书，无所用其蠹伪。上裨国计，下苏民困，岂非吏治第一要务哉？虽臣于浙属见在立法通行，而催征得法之吏，若不稍示劝勉，则钱粮全完，地方受福，与钱粮虽完，而地方暗坏之有司，又何所分别？伏恳敕部酌议，如有催科与抚字兼用，百姓无追呼之扰者，许督抚查明，据实题请，以凭奖励。如是则督课催征之群吏，敢不留心民瘼。"在此，赵廷臣指出，催科征收税粮，朝廷既要任人得当，又要制定适当的法规制度，如任人不当，而单有法规制度，那也只有一半的效果。各级地方政府如能依照法规制度行事，再加上官吏精勤、明敏，按册籍如实征收，州县流水红簿，都报送府级政府印发，将征收通知书"易知由单"发放到穷山深谷每家每户，就能杜绝官吏营私舞弊、失职勒索等弊端。尤其是在催科征粮中，任人当否会产生两种结果：如任人恰当，地方钱粮既征收完毕，百姓又受到政府爱护、帮助；如用人不当，地方钱粮虽征收完毕，但百姓将受到政府的伤害。因此，他建议地方督抚应留意各级官吏的催科征粮工作，对在催科征粮中能使用约定、爱护、鼓励、帮助方式的官吏，给予奖励，这样就会使从事催科征粮的官吏，在工作中留心民生疾苦。

（二）商税管理思想

清代的关税即商税，所谓"商贾有货，则设关以稽之，立税以敛之"①。清政府在全国各地设关口，"凡陆路往来及海洋进口商货，均分地

———

① 《清经世文编》卷28《户政三》，许承宣《赋差关税四弊疏》。

道，按斤、匹、件、副、箱、篓、包、担科税，有论车驮者，各因其物，照部颁现行条例征收"①。所谓"各因其物"，就是依照各种货物的不同形态，采取不同的计算方式，如按斤、按匹、按件、按副、按箱、按篓、按包、按担等征收商税。如嘉庆十九年（1814）奏准："崇文门税课，嗣后宁绸每匹改征银九分，宫绸每匹改征银五分四厘，烧酒每十斤改征银一分八厘，南酒每小坛改征银一分九厘，白机布每百匹改征银九钱，色蓝平机布每百匹改征银一两二钱。此外，货物纷繁，如经奏准比照者，照旧办理，其余例无明条，又未经奏定比照者，概不准援引征收。"道光二年（1822）奏准："易州、昌平州烟包，每包仍照定章作为三百二十斤，每包连平余共征银一两九钱二分；烧酒每车作为六千斤，连平余征银十四两四钱；黑糖按照白糖之例，每百斤征银二钱四厘，白糖按照糖霜之例，每百斤征银二钱四分；绍兴酒大坛按照麻姑酒之例，征银四分八厘。"② 清代对于船运物货，则化繁为简，按船只的载重量进行征税。如乾隆十三年（1748）规定："凡满二百石以至千石之外，应报纳整单者，照例量明梁头尺寸。每尺科以船契银二钱五分；分单，每尺科船钞银三钱三分。照各船实在梁头椎数，概以九折，折准尺寸，一律科算征收。其未满二百石，仅有二三十石及一百八九十石者，准照渡船并小契半钞、大契半钞之例，数满二十石为渡二，征钞银二钱；三十石为渡三，征银三钱；四十石为渡四，征银四钱；五十石为渡五，征银五钱；六十石至九十石为渡六，皆征银六钱。如满百石，除征钞银六钱外，再报小契一张，纳银六钱；如百有十石至百五十石，除纳小契外，纳钞银八钱；如百六十石至百九十石，契银按梁头二钱五分一尺科征外，纳钞银一两。至自上而下之船，有由淮关分口之长山、白洋、新河、后湖四处例，先征收北钞钱粮。今大关虽改收契钞，并非重复，其庙湾口例征梁头银，仍照旧征收。"③

---

① 《大清会典事例》卷 234《户部·关税》。
② 《大清会典事例》卷 238《户部·关税·考核二》。
③ 《大清会典事例》卷 237《户部·关税·考核一》。

由于所税商品、货物的种类极其繁杂、琐碎，税务机关和官吏无法对商品、货物逐一进行盘查、清点，只能采取抽查的办法。如雍正二年（1724）议准："崇文门查验缎纱等物，令该商将各物丈尺报明，随手抽一二匹验看，若以多报少，将该商照例治罪。"①

清政府为了确保商税能如实征收到官，对纳税者偷税、漏税和抗税行为严行禁止，如有查获，则予以惩处。咸丰二年（1852）谕："崇文门征收货税，向以茶酒烟布为大宗。近来酒税日见亏短，总因奸商雇觅贫民私运私背，囤积隐卖，漏税日多，则正税日少。著步军统领衙门、顺天府将贩运私酒各匪犯，随时一体查拿，奏明惩办。至崇文门征税口岸，向例在芦沟桥、东坝、板桥、海淀设役巡查。道光十三年（1833）并二十三年（1843），复于密云县之穆家峪石匣，顺义县之半壁店各地方，添设税局，派员稽查。既有定例口岸，该商等自不容绕道巧避，差役人等，亦不得越境私拿，致滋流弊。著崇文门监督，遵照定例，实力整顿，随时稽查。"② 由此可见，清政府对于偷税、漏税的治理主要通过派军队巡查、在一些关口、交通要道增设税局进行稽查等办法加以禁止。清政府还规定，对于一些重大的偷税、漏税案件，还要追究有关官员的责任。如咸丰九年（1859）谕："鹤昶奏，拿获漏税洋药请旨惩办一折：据称二月十九日，有草船夹带洋药过关，起获三千八百余斤，按每百斤征税三十两，核计该银一千一百余两等语。洋药甫经定章征税，该商贩等即敢公然偷漏，若不严行究治，无以儆奸商而重国课。所有拿获之戚开、杨维忠二名，著何桂清等饬令淮安府知府严行讯究，查明各商贩按名拿办。所获洋药，暂存淮安关库。此项洋药，系由苏州贩运而来，其经过浒墅、由牐、扬州等关，何以该监督毫无觉察，任令偷漏，难保无丁役得贿私纵情弊。著该督抚查明参奏。"③ 如是发生公开抗税事件，则属于性质严重的案件，清政府明令予以严惩。同治九年（1870）谕："丁日昌奏，本

---

① 《大清会典事例》卷 239 《户部·关税·禁令一》。
② 《大清会典事例》卷 240 《户部·关税·禁令二》。
③ 《大清会典事例》卷 240 《户部·关税·禁令二》。

年夏秋间，江苏各属应试诸生，多有包带私货，联樯闯关，请旨严禁等语。私货本干例禁，闯关抗税，尤为法所必惩。且三载宾兴，抡才大典，该士子身列胶庠，即备他日贤良之选，宜如何束身自爱，整饬廉隅。若如所奏，勾串牙商，包揽客货，恃众抗税，惟利是图，非特税课有亏，实为士林之玷。著该督抚剀切晓谕，严行禁止。嗣后乡会试文武举贡生监人等，赴京赴省应试，概不准包揽客货私盐等项，倘仍敢故违例禁，闯关抗税，即著严密查拿。先将士子扣考，船户严惩，照例分别究办，以端士习而重国课。该督抚即将此谕勒石河干，永为定例。"①

另一方面，清政府在确保商税如数征收到官的情况下，也禁止有关官吏滥征商税、勒索商人、讹诈、受贿卖放等违法乱纪行为的发生。如康熙三十二年（1693）复准："设关原以通商便民，近多违例滥征，甚至小河小港以及近关之地，旱路均行拦截，担负之民，尽行检索。嗣后令各该督抚不时访参。如别经发觉，将该督抚一并处分。"② 雍正二年（1724）谕："国家之设关税，所以通商而非累商，所以便民而非病民也。朕抚御寰区，加惠黎庶，惟恐民隐不能上达。近闻榷关者，往往寄耳目于胥役，不实验客货之多寡，而止凭胥役之报单。胥役于中未免高下其手，任意勒索，饱其欲者，虽货多税重，而蒙蔽不报者有之，或从轻报者有之；不遂其欲，虽货少税轻，而停滞关口，至数日不得过。是以国家之额税，听猾吏之侵渔，以小民之脂膏，饱奸胥之溪壑，司其事者，竟若罔闻。又闻放关，或有一日止一次者，江涛险急，河路窄隘，停舟候关，于商民亦甚不便。嗣后榷关者，务须秉公除弊，过关之船，随到随验，应报税者，纳税即放，不得任胥役作奸勒索阻滞，以副朕通商便民之意。至于崇文门收税，及分委各口收税之人，亦有多方勒索分外苛求之弊。京师为四方辐辏之地，行李络绎，岂宜苛刻滋扰，监收者尤当不时稽察，杜绝弊端。各省关差，若不遵谕旨，经朕访闻，定从重治

---

① 《大清会典事例》卷 240《户部·关税·禁令二》。
② 《大清会典事例》卷 239《户部·关税·禁令一》。

罪。"① 道光十年（1830）谕："御史寅德奏，崇文门税务，请仿照仓库等例，特派御史专司查察一折。崇文门设立税局，原以稽察行商，盘诘奸宄，应税货物，固不容稍有偷漏，而往来行旅，尤不可任令胥吏等恣意婪索。若如该御史所奏，近来税局巡役过多，该役等所有亲戚及熟识闲杂人等，每向该管委员请讨谕帖，因此借端影射，辄用白役多人，需索讹诈，以致往来官民人等，视为畏途。且闻各门税局，遇有装载行李车辆到门，每一衣箱，索取银四两至八两、十两不等；其奸商私贩违禁等物，夹带进城，胥吏等转得受钱文，私行卖放。京师为万方辐辏之区，似此滋扰舞弊，不可不严行查禁。嗣后著都察院堂官，拣选满汉御史，拟定正陪带领引见，候旨派往该处专司查察。其更换之期，以一年为满。如胥役人等，于不应盘查之人，故事勒掯迟留，而于例应访拿违禁货物，辄行受贿卖放，该御史等一经查出，即行指名参奏惩办。所有该处税务，不准该御史等干预，傥该御史等有心揽越，或受人请托，有授意免税，及纵容家丁需索滋扰情事，即著该管大臣等据实参奏。务须各循职守，互相稽核，于国课民生两有裨益，不可日久视为具文。"②

从上引三例我们可以看出，清政府对负责税务官吏的监督是十分重视的，这项工作由地方最高长官督抚及御史负责。其对税务官吏的监督主要通过"不时访参""稽察"等方式进行，如"一经查出，即行指名参奏惩办"。朝廷为了使御史等能够秉公监察税务官吏，规定御史等不得干预税务工作，不得受人请托，为人免税及纵容家丁向人索取等。

清政府为了防止税务官吏在征收商税中营私舞弊、勒索商民，实行税务公开透明制度，即向商民公布征税货物种类、税率等详细规定，从而杜绝不法官吏上下其手，从中进行操纵，乘机向商民勒索、敲诈。如不法官吏利用征税之时以权谋私，商民可依法向朝廷控告。如雍正二年（1724）谕："凡商贾贸易之人，往来关津，宜加恩恤，故将关差归之巡

---

① 《大清会典事例》卷239《户部·关税·禁令一》。
② 《大清会典事例》卷240《户部·关税·禁令二》。

抚，以巡抚为封疆大吏，必能仰承德意，加惠商旅也。但各关皆有远处口岸，所委看管之家人，贤愚不一，难免额外苛求，及索取饭钱等弊，稍不如意，则缚送有司。有司碍巡抚之面，徇情枉法，则商民无所控诉矣。嗣后著将应上税课之货物，遵照条例，逐件刊刻详单，印刷多张，各货店均给一纸，使众人知悉。其关上所有刊刻条例之木榜，务令竖立街市，使众人人共见，不得隐匿屋内，或用他纸掩盖，以便高下其手，任意苛索。立法如此，自能剔除弊端，各省兼管关税之巡抚，受朕委任之重，尤当仰体朕心，遴选诚实可信之人，以任稽察之责，必期商民有益，方为称职。"① 雍正十年（1732）议准："征收商税条例，令管关者刊刻散给，未免隐匿由己。应行令各督抚转饬附近关口之地方官，将题定现行条例，刊刷小本，颁发各行户散卖，每本定价银二分，以为刊刷之资。仍委官不时访察，如各关木榜，有黏贴掩盖，及书役苛索等弊，即详报上司题参。至地方官刊发条例，有不详晰校定，遗漏错误或扶同徇隐者，一并参处。"② 嘉庆十九年（1814）谕："关市之设，所以通商便民，成法极为详备。近日该管官奉行不实，日渐废弛。各关口应立之税课木榜、并详单小本，均不竖立刊刻，商贾不知税例多寡，任听家人吏役额外抑派，多收少报，亏课病商，丛滋弊窦。至各省牙行，亦不按年清查，率多顶冒朋充，甚或假托官差，多方苛索，俱应随时查禁。著通饬管理税务衙门，及直省地方官，申明例禁，实力奉行，毋任奸胥市侩勾串欺蒙，以除积蠹。"③ 在当时的科技条件下，清政府充分利用当时的传播手段，通过刊印小册子，在街头闹市、交通要道竖立木榜等，尽量使征税货物种类、税率等人人知晓，使不法官吏无法暗箱操作，勒索、额外抑派商人，从而保护了商民的经商消费权益。清政府将征税货物种类、税率以商税条例的形式颁布，从而将保护商民经商、消费权益上升到法规的高度。清政府还明令地方最高长官督抚负责商税征收，稽察、

① 《大清会典事例》卷 239《户部·关税·禁令一》。
② 《大清会典事例》卷 239《户部·关税·禁令一》。
③ 《大清会典事例》卷 240《户部·关税·禁令二》。

查禁税务官吏的违法乱纪行为，以保障商民经商、消费权益免受不法官吏的侵害。所有这些都说明清政府对征收商税工作、保护商民经商、消费权益的重视。

清政府在以重农抑商、民以食为天思想的指导下，屡次明令米豆等粮食买卖不收税，从而鼓励粮食的生产和流通，降低价格，以保障民生。乾隆七年（1742）谕："国家设关榷税，定其则例，详其考核。凡以崇本抑末，载诸会典，著为常经，由来已久。其米豆各项，向因商人贩贱鬻贵，是以照例征输。第思小民朝饔夕飧，惟谷是赖，非他货物可比。关口征纳米税，虽每石所收无几，商人借口额课，势必高抬价值，是取之商者，仍出之民也。朕御极以来，直省关税，屡次加恩减免，又恐榷吏额外浮收，刊立科条，多方训饬。每遇地方歉收，天津、临清、浒墅、芜湖等关口商贩米船，概给票放行，免其上课，皆以为民食计也。但系特恩，间一举行，未能普遍。夫以养民之物而榷之税，转以病民，非朕已溺已饥之怀也。今特降谕旨，将直省各关口所有经过米豆应输额税，悉行宽免，永著为例。俾米谷流通，民食充裕，懋迁有无者，不得借以居奇，小民升斗之给，不致有食贵之虞，以昭朕惠养黎元之至意。至各关口征收则例不一，有征商税者，有征船料者，有商税、船料并征者，今既蠲免米税，其船料一项，若不分析明确，著为规条，恐致混淆滋弊，应如何办理之处，著该部详查妥议具奏。"①

清政府除对米豆等粮食免交商税外，还对一些价值微小、百姓日常生活用品等琐细货物免税。如康熙二十八年（1689）谕："采捕鱼虾船及民间日用之物，并糊口贸易，悉免其收税。"② 嘉庆十九年（1814）奏准："簏箕、竹帚、竹筛、布鞋、布袜、皮靴、大屉、香草各项到务纳课，为数甚微，嗣后，崇文门均免其纳税。"③ 咸丰十年（1860）谕："杭州北新关为商贾往来要道，税课有常，岂容胥役家丁，恣意讹诈，著该关监督

---

① 《大清会典事例》卷 237《户部·关税·考核一》。

② 《大清会典事例》卷 239《户部·关税·禁令一》。

③ 《大清会典事例》卷 238《户部·关税·考核二》。

严密稽查，将过关五日、十日之限，一概删除，其零星货物，仍照定例，不过三分者，概予免税，以便商民。经此次明定章程之后，如再有重征并计借端讹索等弊，除书役家人从重治罪外，朕必将该监督严加惩处。"①

由于商税是清政府财政收入的一项重要来源，为保证其正常收入，朝廷对各省各关税收制定有额数，称为正额，这就是必须完成的征收任务。除此之外，还有各省各关额外征收的税收，这就是所谓的"赢余"。"赢余"就没有像正额一样，有一个必须完成的额数。乾隆六年（1741）谕："各省关税，定有正额，而尽收尽解，自有赢余，此不过杜司榷者侵蚀之弊，并无有累于商民也。但各省年岁之丰歉不同，货物之多寡亦异，其赢余原不能每年画一。近见各关报满之时，如赢余浮于上年，则部中不复置议，如减于上年之数，即行驳核。司榷者惟恐部驳，必致逐岁加增，年复一年，将何所底止？苦累商民，事有必然之势。朕思关税赢缩，相去本不致悬殊，若乙年所报赢余之数，稍不及甲年，原可不必驳核，若过于短少，亦必有情由。惟应令督抚稽查，则地方实在情形，自难逃于公论。总之，查核过严，则额数日增，其害在于众庶；查核稍宽，则司榷侵蚀，其损在于国帑。此中轻重，固有权衡，况清廉之吏，断不肯侵帑肥家，而不顾行止者，终必败露，亦断无安享无事之理。其如何定例之处，著大学士会同该部详议具奏。"嗣后，朝廷议定："各关赢余银，如与上年数目相仿者，户部即考核具题；如本年所报赢余，与上年数目悬殊，令各该督抚就地方情形，详细查核，如无侵隐等弊，即据实声明复奏。倘该督抚复奏不实及扶同徇隐，别经发觉，一并交部议处。"② 可见，由于各省各关的商税每年都会有变化，因此，赢余就成为正额的调节闸，无法有一个固定的额数，而必须依据每一年的具体情况上下浮动。只要各省各关商税征收真实无误，没有被侵吞、隐匿，赢余数额的增加或减少，是被朝廷允许的。

---

① 《大清会典事例》卷 240《户部·关税·禁令二》。
② 《大清会典事例》卷 237《户部·关税·考核一》。

但是，到了乾隆四十一年（1776），朝廷对于商税赢余政策有了改变："前因各关赢余参差不齐，恐每年逐渐加增，无所底止，曾经降旨以雍正十三年（1735）成数为准，示以折衷之制，俾不致多寡悬殊，其法最为妥善。乃行之未久，部臣复因各关奏报盈余，大概较多于前，谓仍以上届数目为比较，遂无成式可循，以致递行短少，此部臣办理之未善也。嗣后各关考核，务照雍正十三年之数比较。"但是，到了乾隆四十二年（1777），朝廷又下谕："部臣因各关奏报赢余，较雍正十三年有赢者居多，若置上届于不问，恐监督以比旧已多，即可从中侵隐，易滋流弊。请仍与上届相比较，又复通行日久，昨岁考核淮关、凤阳关，较上届屡形短绌，因令复照雍正十三年比较，则所短之数更多，自系办理不善……盖税课盈缩，率由于年岁丰歉，固难免参差不齐，而通计三年，即可得其大概。若多寡不甚悬殊，原可毋庸过于拘泥，此法最为平允。嗣后各关征收盈余数目，较上届短少者，俱著与再上两年复行比较。如能较前无缺，即可核准；若比上三年均有短少，再责令管关之员赔补，彼亦无辞。"① 清政府在对关税赢余的实践中认识到，由于年岁丰歉变化较大，导致关税每年征收数额也变化无常，有时差别还较悬殊。因此以雍正十三年之数为参照基础和与上一年征收数相比较，这两种方法都不够客观合理，最后朝廷决定采取比较近三年的平均数，相对说来较前两种方法客观合理。这就是关税虽然"难免参差不齐，而通计三年，即可得其大概"。

由于商税征收事关国家财政收入，因此，清政府也采取奖惩的办法督促有关官吏及时、如数把商税征收到官。康熙八年（1669）题准："关税欠不及半分者，罚俸一年；半分至一分以上者，降一级；二分以上者，降二级；三分以上者，降三级；四分以上者，降四级，皆调用。五分以上者，革职。缺额钱粮，免其追赔；溢额，不准议叙。如有事故，以离任日为止，作分数考核。至商税不令亲填簿册及不给红单者，罚俸一年。

---

① 《大清会典事例》卷 237 《户部·关税·考核一》。

如将部颁税簿，用关差印填送，或将税簿红单不按季报部者，罚俸半年。"① 康熙十六年（1677）题准："各关额税银二万两以上者，仍照前例议叙；万两以上者，额税全完，纪录一次；溢额半分以上，加一级；一分以上，加二级；一分半以上，加三级；二分以上，加四级；三分以上，以应升先用；数多者，递准加级。"从以上所引我们可以看出，康熙八年时主要通过惩罚来督促税务官吏做好关税征收工作，即如没完成关税征收，按其未完成的数额大小处予不同的罚俸、降级、革职处分；如税务官吏在征收关税中失职，没有亲自填写簿册，不发给征税对象红单，不及时将税簿、红单报送户部，都要受到罚俸的处罚。值得注意的是康熙八年（1669）时，朝廷不鼓励对超额完成关税征收官员的奖励，因此，明文规定，即使超额完成关税征收，也不予以记录、加级等议叙奖励。到了康熙十四年（1675），朝廷才明文规定："全完者纪录一次；溢额每千两者，加一级；至五千两以上者，以应升先用。"至康熙十六年，才对"额税全完""溢额"者的奖励做了系统规定。

二、徭役管理思想

（一）储方庆的田役思想

储方庆（1633—1683），字广期，号遁庵，宜兴人，清诗文家。康熙五年（1666）乡试第一，六年成进士，授清源知县。一生作各体诗千首，皆散佚，文二百篇，刊为《遁庵文集》。

储方庆田役思想最有价值的是"以役限田"，"限役之法即所以限田也"，即按田之多少，规定服役的多少，田多者多服役，田少者少服役，这样就会使田多者因承担太多的徭役而自动放弃其占有的田地，从而达

---

① 《大清会典事例》卷237《户部·关税·考核一》。本自然段引文均见于此。文中"红单"亦称循环簿，一式两份，为查核关税所行之两联单据。由输税商民亲填，一给完税商民，作为交税回执，一存关署，作为收税票据。年终送部，备部员考核。

到限田的目的。他指出:"今日限役之法,即所以限田也。何则,昔人以田限田,田多者既不能骤减,而欲分富民之田,以与贫民,则又拂于人情而不可行。若今日以役限田耳,以役限田,固不禁民之有田也。而田多者,苦于奔命之不暇,势不能以多占,而兼并之弊自绝,岂非不言限田,而限田之法,莫善于此哉。"① 但是,这种做法也有一定的弊端:"凡今之所以限役者,以其有一定之田也。有一定之田,则田之任役者,既不可逾限而多,亦不可不及限而少。逾限而多者,必以法裁之,而使一人任数役;不及限而少者,亦必以法合之,而使一役有数人。夫一人任数役,人不胜役之烦也;一役有数人,役亦不胜人之累也。人不胜役之烦,而豪强隐占之弊绝;役不胜人之累,而朋党牵累之患生。牵累始于一人之身,而均摊遍于里甲之内,方今立法之始,流弊已至此,又安能保数十年之后乎?"这就是"以役限田"虽然能抑制豪强地主的兼并土地,但也使一些贫民因几户联合承担徭役而受到牵累。因此,储方庆提出:"愚以为限役之利,利在分富民之田,而限役之弊,弊在合贫民之田……故夫利在分者,法以分治之;弊在合者,法亦以分治之,合其户而分其田,田之外不以同户累也。分其田而仍合其户,户之制不以多寡乱也。多寡定于画一之令,而富民不得施盈缩之才,同户判于催科之日,而贫民不至陷于赔累之辜。如此,则田不必限而已收限田之实,役未尝不限,而又有不限者存乎其中,将所谓限田之说,莫善于此。"由此可见,储方庆主张"分其(贫民)田而仍合其户",即不将贫民之田合在一起数户共同承担赋税,而仍将数户合在一起共同承担徭役,这样,既可通过"以役限田",限制豪强地主兼并,广占田地,又可避免贫民因田地合在一起有时会无辜受到牵累,而数户联合又能减轻徭役负担。这是两全其美的田役制度。

(二)章九仪的均役思想

清人章九仪的均役思想核心是主张田役、里役并行,就能达到均役。

---

① 《清经世文编》卷 33,储方庆《田役》。本自然段引文均见于此。

田役、里役两者不可偏废，缺一都会导致徭役不均。他指出："田有田役，里有里役，如经催粮长等项，所谓田役也；如支应大兵经过，承值各项衙门及稽察奸宄、堤防火盗，所谓里役也。田役应从田起，里役应从户起。"① 在此，他首先指出田役、里役的区别主要有两个方面：一是所承担的徭役事项不同，田役主要承担"经催粮长"等项，即地丁税粮的征收与运送；里役主要承担军队经过时的供给，负责各级官府的杂务，稽察社会治安，防水灾、火灾和盗窃等。二是所谓田役，顾名思义按田地多少征发；所谓里役，按户丁多少征发。章九仪认为，田役、里役两者并行，就能达到均役，如偏废其一，就会使徭役不均。他尤其反对当时将里役合并于田役，如果将里役合并于田役，将导致田多者一人而承担数人之役，民众不敢买田，使城乡居民承担的徭役混淆不清，使民众放弃农业而争着从事商业。他说："向以田役尽归之于户，而役不均；今则欲矫其弊，因以里役尽归之于田，而役亦不均必也。两得其平，而民始不至大困，则莫如分而二之，经催粮长诸役，从田起；见年、总甲诸役，从户起。从田起者，计田之多寡，以为役之差等，此易行者也；从户起者，应循编审之旧例，十年大更，五年小更，衰耗者减之，贫乏不能自振者去之，逃亡废绝者汰之，择里中殷厚有力之家，必周咨耆老，询谋佥同，即榜示其姓氏而登之于册，不许营脱。凡为守令者，毋徇情面，毋受财贿，归于至公而后已。如是则贫富均，贫富均，则役不均而自均矣。若计田受役，田多之人，每以一人而兼数人之役，一丁而征数丁之银，其不便一也。小民之受田者，其冠婚丧祭、疾病讼狱，力不能胜，则举田而售于富室，固有无相通之道也。今买田即以买役，人而畏役即畏田而不敢售，其不便二也。至昔之见年、总甲，率多土著附近之民，其盗贼奸宄，易为耳目。若论田不论户，则有身在乡而其役在城者，身在城而其役在乡者，居址窎远，即有地方之事，无由而知，其不便者三也。昔晁错论贵粟，意在崇本抑末。今有田之家，赋役鳞集，而富商

① 《清经世文编》卷33，章九仪《均役议》，本自然段引文均见于此。

大贾，土著于兹者，列廛盈肆，操其奇赢，收倍称之息，吏卒不一至其门，是教天下之民，皆将弃本业而趋负贩也，岂国家重农之至意乎？"鉴于这些理由，他建议："如以田役归之于田，里役归之于户，俾有田者，得尽力于输将，而土著者，亦使知有地方之责于以清逋赋而遏盗源，莫善于此。晋督所称粮因地出、徭按丁差，诚不易之论也。"

（三）陶正靖的均役思想

陶正靖（1682—1745），字筠中，号晚闻、贞一弟，雍正八年（1730）进士。撰《常熟县志》，著《晚闻存稿》。

陶正靖的均役思想与章九仪的不同。首先，他认为，当时徭役不均是造成贫富分化日益严重的重要原因，因此，他主张必须以占有田地多少来摊派徭役，田多者多摊派，田少者少摊派，无田者不必承担。他指出："徭役困苦，莫甚今日豪强兼并之家，膏腴满野，力能花诡避役，以致富者益富，贫弱无告之民，役累随身，每至逋负流离，将见贫者益贫，是皆有司不念民瘼，编审无法，任凭胥蠹作奸，流弊莫可究诘。近奉旨均编，当亟遵条例，通计合邑田亩，按图衰益，品搭停匀，凡图外官庠自兑附户花诡等项，尽行裁派，一惟论田起役，俾户无无田之役，田无不役之人，庶几积弊顿除，穷檐苏息。"①

陶正靖主张田多者多摊派徭役，并非要求田多者本人去服徭役，而是要求田多者交纳免役钱，然后以免役钱雇人服役。他提出："凡业田之家，田多者或一家而占数甲，田少者或数家而占一甲。其户名曰排年，有事则里役督之，排年任之，此法之定于官者也。排年之田不必同阡陌，居不必接里闬，役有远近，不必偕作息，力有赢绌，不能通有无。临期鸠集，不免误事，于是预储以待，亩率银一分有奇，畀诸役代任其事，而排年遂若无与，方之古法。排年则出免役钱者也，里役则任雇役之事者也，变而通之，有利无害。其或有大役，则另议科率，然以通县数十万户之所同也，虽黠猾亦不能上下其手，厚有侵渔。而其役于官府，则

---

① 《清经世文编》卷33，陶正靖《徭役考》，本目引文均见于此。

排年必不能如里役之练习，故民相与安之，此法之便于私者也。"

陶正靖认为，征派徭役"不如论田起役之为均也。田有东西，役分远近，且如田在东而役兴于西，则西逸而东劳；田在西而役兴于东，则东逸而西劳。且临期调发，转滋隐漏，吏胥必缘以为奸，不如归之图甲易核，属之里役不为扰也。立法之初，实为尽善，设有变更，则宿弊立见矣"。

陶正靖还对古代三种役法做了批评，认为"差役之弊，差役不公，渔取无艺；雇役之弊，庸钱白输，苦役如故；义役之弊，豪强专制，寡弱受凌"。因此，他觉得"均田均役之法，为不可易也"，换言之，均役是历史上自古以来最完善的役法。

（四）张杰的均徭减差思想

清代，对徭役议论最多的是徭役不均问题。对此，张杰有比较深刻的了解，并对当时徭役不均现象做了比较全面的揭露："州县行之不公，以致力役之征，竟成虐民之政。有按门户者，不论贫富，按户出夫，折钱入官。一户有地十余顷，出钱若是；一户地无升合，亦出钱若是，公乎，不公乎？有按牌甲者，按段落出钱。如东段数十户，有地数十顷，出钱若是；西段止数户，地止数顷，亦出钱若是，公乎，不公乎？有按村庄者，按村出钱。有一村数百户，地数百顷，出钱若是；有一村止十余户，地十余顷，亦出钱若是，公乎，不公乎？有按牛驴者，按牲畜出钱。富者贿通乡长，往往以多报少；贫者照数实出，较比富者浮多，公乎，不公乎？间亦有按地亩者，而富者地多可以隐匿，惟贫者分厘必科，亦不能画一。种种弊端，不可枚举。所尤甚者，则莫如绅民两歧，有绅办三而民办七者，有绅不办而民独办者。夫绅与民，虽贵贱之不同，而其为朝廷赤子，则一也。且既名为绅，则必世受国恩，簪缨罔替，否则家给丰足，坐享厚赏。今遇有大差，是宜急公报效，十倍于小民，而反侥幸优免，使邻里乡党之贫穷，独任其累。况富绅中之强梁者，不但优免己田，且并其亲友而包揽之，日复一日。不办差之户愈多，办差之户愈少，而差钱则有增无减也。昔者十人而举千钧，今且一人而任之矣。

嗟此小民，其何以堪？而州县之安于不公者，其故何也，公则无以遂其浮派之私耳。"① 张杰认为，徭役摊派按门户出钱、按牌甲段落出钱、按村出钱、按牲畜出钱，都不公正公平，而且绅士与一般民众承担不同的徭役也不公正公平，绅士承担 3/10，甚至都不承担，而民众承担 7/10，甚至全部承担。正是这种徭役制度的不公正公平，使不承担徭役的人户越来越多，而承担徭役的人户越来越少；另一方面，承担徭役的费用有增无减，州县地方官乘机进行浮派，中饱私囊。总之，当时徭役不均所产生的弊端，使一般民众已无法忍受了。

针对以上弊端，张杰提出"均徭""明白晓谕"和"减差"的主张。其一，所谓"均徭"，张杰认为"若遵照摊丁于地之例，无论绅民，地多则多摊，地少则少摊，其法为至公也"。按田地多少摊派徭役，还可以防止官吏营私舞弊，使征发徭役较为公平、公正："州县之安于不公者，其故何也，公则无以遂其浮派之私耳。彼以为按地均摊，则地亩额数，载在《赋役全书》，难以高下其手，不如门户、牌甲、牛驴、村庄，参差不齐，使上司无从考查之为得也。又以为绅民同办，则耳目甚周，差费浮加，难以强令输纳，不如乡曲小民无知无识，即使不甘而势孤力薄，不能上控之为得也。于是胥吏得以分肥，豪强得以包揽，使自食其力之小民，仰不足以事父母，俯不足以畜妻子，沾体涂足，终岁勤动，而摒挡差钱，有拆房荡产者，有因此卖妻鬻子者，有因此弃家逃亡者。困苦流离，死而无告，因而盗贼窃发，民不聊生，此关心民瘼者，所为痛哭流涕长太息者也。"而且，"绅民每亩每年止出一分，较之从前每亩数百文，所省实多，是徭既均矣"。"酌定一分，从此州县不许再出一票，百姓不复再办一差，法未有善于此者也"②。总之，他认为如徭役按田地多少摊派，不仅比较公平、公正，而且每家每户田地大小均记载在《赋役全书》，使官吏难以弄虚作假、营私舞弊。特别是绅士与一般民众一视同仁

---

① 《清经世文编》卷 33，张杰《均徭文》。本目以下引文未注出处者，均见于此。

② 《清经世文编》卷 33，张杰《均役辩》。

按田地多少征派，不仅体现了公平公正，而且使不法官吏不敢利用权力借征派徭役中饱私囊，豪强地主也不敢通过包揽侵害一般民众，因为绅士有知识和社会地位，对官吏和豪强地主的不法行为可以上诉，因此，绅士与一般民众共同承担徭役，可使一般民众得到一定的保护，使其免遭不法官吏和豪强地主的侵害而倾家荡产、流离失所。绅民共同承担徭役，使徭役负担减轻，每亩每年止出役钱一分即可，不再承担其他额外徭役。正如张杰所总结的："按地均派，则地亩载在《赋役全书》，易于稽考，而向日杂乱无章之弊，可除矣；绅民同办，则无分贫富，众擎易举，而向日豪强包揽之弊可除矣；定以一分，则明立限制，不能逾越，而向日官吏浮派之弊可除矣。"①

其二，均徭应公开透明，向官民明白晓谕，就可防止官吏浮派，刁绅恶役包揽。张杰指出："倘能明定章程，使旗汉绅民，按地均匀办差，则民困可以立苏。诚如是，由司道先将差次一切动用，无论车马、桥道、支应工程，概行折算，共需银若干两，再查通省粮租，各地无论旗汉绅民，共有地若干亩，约计每亩应派差钱几文，详请总督明出告示，即将每亩派钱几文，填注示内，钤用印信，颁发各州县实贴城乡。该州县遵照派敛，将钱易银解省，再行给发丞倅佐贰，及候补牧令，分别承领办理。如此，按地均派，明白晓谕，通省皆知，则州县官吏，无从浮派，刁绅恶役，无从包揽，而地少穷民，亦不致独任其累，如出水火而登衽席。"② 张杰在此建议，各级地方政府在征派徭役之前，应对当地当年有多少差役进行估算，共需花费多少银两，然后依据该地区绅民共有多少田地，再计算出每亩应该承担多少文役钱。地方政府再将计算结果请示总督，由其出面向全体民众告示每亩将派役钱多少，再由州县遵照告示向民众征收，并将征收到的役钱换成银两解送到省城，由省城再发回到各州县相关官吏办理各种差役。如各地征派徭役能做到如此公开透明，

① 《清经世文编》卷 33，张杰《均役辩》。

② 《清经世文编》卷 33，张杰《论差徭书》。

使人人知晓，那不法官吏就无从浮派，刁绅恶役也无从包揽，贫穷百姓就不会深受其害了。

其三，所谓"减差"，就是要减轻民众差役负担。张杰认为，民众差役重的第一个原因是当时应差服役的人越来越少，而需要交纳的差钱日见增加，因此，必须实行"均徭"，让原优免差役的人也要承担差钱，并使每亩所摊派的差役钱有一定的限制，就能真正做到"减差"。他指出："查直隶差徭，今惟大差、杂差两项，因未明定章程，故派之于民，各处情形不同……其出之于民，亦各处情形不同，有城居优免者，有绅士优免者，有在官人役优免者，偏枯不公，使小民独任其费……以应差日形其少之民户，而承办日见其增之差钱，年复一年，伊于胡底，计今十亩以下之户，其一年所出差钱，每亩有二三百文者，有五六百文者，甚至有一千余文者，较之所完正赋，加十倍。直隶地亩既多荒硗，又鲜水利，纵有收获，用以完正赋、交差钱，所余仰事俯畜之资，寥寥无几。盖藏既少，偶值水旱荒歉，困苦流离之状，实有不忍言者。"针对这种弊端，张杰主张："欲民困立苏，必先减差；欲差之实减，必先均徭；欲徭之实均，必先明立限制。不使逾越，又必核计其大差之所必需与夫大小衙门之津贴，俾州县有以办公而无所借口，通盘筹算，酌定一分，从此州县不许再出一票，百姓不复再办一差，法未有善于此者也。"①

张杰认为，地方州县政府办公费用无着落，因此使地方州县通过浮派来解决地方办公费用，这是民众差役重的第二个原因。他指出："夫州县上承院司道府以办公，而下以牧养斯民，任其借差肥己固不可，令其无以办公亦不可。计自耗羡改归正款以后，院司道府一切缮书口食、囚粮囚衣、刊刻书籍等项，费无所出，不能不摊之州县，而州县所得养廉，悉被摊捐扣去，其延请幕宾等费，已属无米之炊，况地当首善，差务殷繁，一切车马工料，止准报销例价，较之实用，须赔十倍。各牧令既有摊捐之累，又需办公之用，无术点金，从何赔垫，势不能不派之民里也。

---

① 《清经世文编》卷 33，张杰《均役辩》。

从此而大差之外销差费,与州县之各项杂差,于是乎起。然皆阴有其实,而不欲显居其名,既无派办之定额,又无支销之准数,以致官吏从而浮派,豪强从而包揽,使薄产小民,独当其苦,是岂差徭之未可派欤,抑派差而未明定章程之过欤?"针对这种弊端,张杰主张院司道府不能再向州县摊捐,增加州县负担,同时还应酌量给予州县津贴,作为州县的办公费用,这样使民众承担每亩一分的差钱之外,没有其他额外的征派了。他说:"院司道府即不复以摊捐再累州县,而又复酌量州县之冲僻、事务之繁简,分别给予津贴,则州县办公有资,即不复再出一票,百姓交纳有数,即不复再办一差,此诚减差均徭实惠及民之善政也。"①

张杰还特别强调,当时民众差役重的第三个原因是杂差繁多,而且往往由贫穷百姓独自承担,致使民不聊生,因此,对于这些杂差,张杰主张坚决予以革除。他指出:"至于杂差累民尤甚,如米车、如煤车、如酒车、如委员过境、如草、如料……种种名目,离奇古怪,悉难枚举。俗云衙门一点朱,民间一片血,良不诬也。即以米车而论,从前不过派车运米,需车尚属无多,近则所派者车,而所折者价。既可折价,则前之一辆,今且十辆八辆矣。他项亦复类是。盖所谓衙门一点朱者,月月点之,日日点之,时时点之。所谓民间一片血者,村村出之,户户出之,人人出之。此等杂差,既无一定额数,又无一准时期,可少可多,无早无暮,票甫出而钱即至,止在州县一举手之劳,而盈千累百,呜呼!小民之脂膏几何,而能任此无厌之诛求乎?其承办大差,尚间有旗户、绅户之分辨,而杂差则无论省北、省南,概系地少穷民独力承当,是诚可痛也。从前陋规未准明取,州县犹得借口,今则明奉谕旨,凡钱粮之平余,杂税之存剩,行户之津贴,盐当之规礼,悉准取用,是尽足办公,尚何所借口乎?且恐州县借有明取陋规之旨,将杂差影射,混作陋规,势必明目张胆,愈肆诛求,而愚民无知,孰能辨白,何者为杂差,何者为陋规,予取予求,莫敢谁何,而穷民益不聊生矣。是州县派取民间各

---

① 《清经世文编》卷33,张杰《均役辩》。

项杂差，于此时尤当革除净尽，不可稍留萌芽者也。"①

三、理财思想

（一）财权集中中央思想

清朝统治者在政治上实行专制主义中央集权制度，与之相对应，在经济上实行财权集中中央，每年的赋税收入，除按规定数额存留地方或协济邻省外，其余均得上缴户部。正如康熙帝所言："一丝一粒，无不陆续解送京师"，以致省府州县"无纤毫余剩可以动支"②。至于地方从省到州县，虽各设有库储，但主要是供额内所需，即使有剩余需作额外开销，则必先请旨，待批准后才可经领（也可从其他地方拨支）。

清政府的财权集中中央，主要是通过建立一套完整的奏销制度来实现的。地方各级政府奏销钱粮时最主要的工作就是"全凭册结磨对"，即对账复核。康熙十一年（1672）题准："奏销册，直省布政司总数，府州县细数，皆载旧管、新收、开除、实在四柱，以凭稽核。"③ 岁终奏销时，督抚将通省钱粮完欠、支解、存留之款，汇造清册，岁终报户部核销。

为了严密防范官吏在奏销造册时弄虚作假，各朝还不断完善造册规定。雍正十一年（1733）议准："各省粮驿二道库存钱粮，向于奏销时，责成藩司盘察出结保送，未将出入数目，随时移会藩司核对。嗣后，凡有收支款项数目，均令随时知会藩司存案。每年奏销时，仍将本年出入款项支存各数及各年各款支存银数，备细造册移司，该布政使逐款核对，出具盘查清楚印结，送部查核。其每年奏销，奉部题复之后，该督抚仍行知该布政使司，存案核对。"④ 由此可见，雍正时不仅收存支放数目要详细开送，而且各省粮驿二道要随时把收支款项数目知会藩司存案，年

---

① 《清经世文编》卷 33，张杰《论差徭文》。
② 《清圣祖实录》卷 240。
③ 《大清会典事例》卷 177《户部·田赋》。
④ 《大清会典事例》卷 183《户部·库藏》。

终奏销时，再与存案核对。这样可以防止不法官吏在年终奏销时篡改账目。嘉庆二十四年（1819）谕："御史邱家炜奏请除藩库积弊一折。藩司为钱粮总汇，勾稽出纳，款目繁多，于各州县支销抵拨等款，察核未周，易启书吏蒙混之弊。该御史所奏，于藩库实收实支簿册外，添设各州县支解册，以凭磨对，于防弊较为周密。著各该督抚饬知藩司，嗣后每年皆令造各州县应支应解清册二份。一存藩署，遇有收支各款，随时填注；一发州县，于年终将已未支解数目，分款登载钤印，送司磨对。如有不符，立即究办，以杜侵欺而慎库贮。"① 添设了各州县支解册，使藩库奏销时，可上下账目互相磨对，有助于防止一方作弊，达到上下互相监督。

逐级奏销一般是各省攒造奏销册籍，于例限之前，令所属州县先造草册一本，申布政使司核对无讹，发回照造。各州县呈送布政使磨对的是日收钱粮流水簿和奏销文册，如款项舛错，数目不符，即于草册内分析指出，计路途远近，定限发回，别缮补送。布政使复造总册后，申呈该督抚细加考核。该省有总督者，令总督监同巡抚，亲身盘查；无总督者，责成巡抚亲身盘查。钱粮无缺，出具印结，于奏销本内，一并保题，送户部复查；如有亏空，该督抚即行题参。奏销时，如造册舛错遗漏，或册结迟延不送，均要受到罚俸、降职等处分。

古代由于交通工具的限制，清政府还根据各省离京师的远近，具体规定了呈送奏销册的期限。道光二十七年（1847）奏准："各直省奏销钱粮，直隶、山东、山西、河南、陕西、甘肃，限次年四月；奉天、安徽、浙江、江西、湖北、湖南、江南之苏州藩司，限次年五月；福建、四川、广东、广西、云南、贵州、江南之江宁藩司，限次年六月；山西之大同、朔平二府属，与年底另册奏销。凡奏销限期，该督抚照依例定月份，于是月底具题，出文册结随本送部。若因公不能依限，奏明加展，无故逾限者议处。司道府州县卫所官，先已违限，即令查明，据实开报吏部，

---

① 《大清会典事例》卷183《户部·库藏》。

分别照例议处。"①

清政府还规定,地方各级政府于每年奏销时还要进行钱粮盘查。盘查是自上而下进行。州县钱粮,责成该知府、直隶州盘查;各府钱粮,责成该道盘查;直隶州钱粮,责成分巡道盘查;粮驿道钱粮,责成布政使盘查;藩库钱粮,该省有总督者,督抚会同盘查,无总督者,巡抚盘查。盘查时各级地方政府中有关钱粮事项均在审核之列。康熙二十八年(1689),清廷规定每年清查库存银两的制度,以免积久生弊。康熙三十九年(1700)复准:"州县府道收存钱粮,于地丁正项及常平仓谷外,一切杂项钱粮,该管上司一并照例盘查。"② 盘查的重点是查明各级政府经管钱粮是否有侵挪亏空。如乾隆二十六年(1761)复准:"直省粮驿道库,令各督抚于每年奏销时,亲往盘查。每岁支存款目,有无亏缺挪移,仍责令藩司核明,于督抚未经盘查之先,出具保结,详送督抚。盘查之后,如有亏挪等弊,将藩司照例革职分赔。"③

清代,地方各省钱粮申报户部奏销后,还要报送都察院下户科进行审计监督。"直省钱粮,每岁终该抚造具奏销册,开载田赋款项数目,并造具考成册,开列已未完数目,送户科察核"④。清代地方各省的钱粮奏销,只有经过户科的查核审计后,才算最终完成。清代的奏销制度,固然失之过于琐细,而且在当时的官僚制度下,无法避免贪赃冒滥之弊,但从制度所体现的财政管理监督思想,对于保障财权集中中央,还是发挥了一定的作用。

(二)易学实的去害财者即丰财思想

易学实,生卒年均不详,号犀崖,雩都人。约清世祖顺治十一年(1654)前后在世。幼颖悟好学,明崇祯十二年(1639)举人。后奉母入山,杜门三十年,卒。著有《犀崖文集》《云湖诗集》,并传于世。

---

① 《大清会典事例》卷 177《户部·田赋》。
② 《大清会典事例》卷 101《吏部·处分例》。
③ 《大清会典事例》卷 101《吏部·处分例》。
④ 《大清会典事例》卷 1015《都察院·六科》。

易学实继承了宋代苏辙"所谓丰财者，非求财而益之也，去事之所以害财者而已"的思想，提出当时"以害财者日多而日工，故生财者日劳而日拙；以生财者日劳而日拙，当此害财者日多而日工，吾恐虽欲生之而生之不暇矣，亦将欲取之而取之不给矣，民生安得不促，国用安得不匮哉"①。他指出，当时必须除去的害财之事有以下 6 项：

其一，"征敛之不时也"。"夫天之生财有时，人之迸力有候，春事二十五日之内耳，乃土膏未释，追呼在门。前代之法，夏税必于八月，秋粮必于十二月，兹顾新蚕未吐，新畲未播之时，催科何太急，刻限何太促，而剜补何所措耶。"易学实指出，农业生产是有严格的时间季节的，因此，前代征收税粮必于夏季八月秋季十月收成之后，而现在春耕之时收税官吏就已登门追征。

其二，"奸胥之中饱也"。"有一图必有一图之簿承，有一户必有一户之勾管。公赋未入，私觌先之，正供未半，旁费过之。问何以逋者终逋抵欺有人也，问何以逋者非逋推移有术也，甚或放赦虽出于朝廷，恩膏尽肥其私囊，官如虎而吏如鬼，虎可搏而鬼之魑魅可影测耳。"易学实认为在征税中不法官吏营私舞弊，敲诈勒索，中饱私囊。公赋还未征收，必须先贿赂征税官吏，正供还未征收一半，其他杂费也要求缴纳。即使朝廷赦免一些税收，但少征的税收也尽入官吏私囊。

其三，"杂派之横流也"。"夫京运存留，条鞭具在，增之不得，损之不得，然无如军兴旁午，使客往来，陆需夫役，水索舢舻，虽糇粮刍秣，动曰开销，而不知朝廷虽悉为销算，郡县仍派于民间。至若供帐厨传，与凡衙前官物之类，又其科派之小者也。是朝廷虽曰禁私派，而私派已公行矣；大吏虽曰禁杂科，而杂科且益甚矣。轺车入境，旌旆在郊，官吏笑而一路哭。三空四尽之时，其何以堪此乎？"易学实指出，当时政府杂派很多，在战争时军队供给，使客往来，都需要摊派百姓承担陆路夫役，水路船只运送，小至供给帐棚、食物，以及衙前官物之类，也要百

---

① 《清经世文编》卷 26，易学实《理财》，本目以下引文均见于此。

姓承办。朝廷虽然明令禁止私派、杂科，但私派已大行其道，杂科日益增加，使民不聊生。

其四，"功令之繁琐也"。"夫保甲者，古今之良法，奈何保甲之令一行，乡亭之悉索尽矣。以兴水利为爱民，而簿尉之溪壑，即在陂塘；以散官盐为普利，而户口之苦海，深于醝政。故兴一利，不如除一害；多一令，不如省一事，小民乃得享治生之暇日也。"易学实认为，朝廷治国，多一事不如少一事，与民休养生息。如兴修水利看似爱民，为民兴利，但县里簿尉等官吏，趁修建陂塘等水利工程，乘机盘剥、勒索百姓。散发官盐给百姓，看似对百姓都有利，但因户口管理给百姓带来的苦处，大于百姓得到盐的好处。

其五，"贪吏之酷烈也"。"贪酷之吏，在所宜惩。盖近日认贪为干济，执酷为风采，人人自喜，在在成风，是以奸胥之中饱，贪酷之分甘也。"易学实认为，当时朝廷把贪官当作有才干的人，把执政苛酷的人当作有原则的人，因此造成官场上贪官污吏共同分赃，中饱私囊。他主张，对于这些贪官酷吏，朝廷应予以严惩。

其六，"本源不清也"。"盖近日……杂派之横流，贪酷之渔猎也；功令之繁琐，贪酷之奇货也。且小臣以茧丝之能否为殿最，大臣又以苞苴之厚薄为幽明，黜陟无凭，赏罚不当。本源之地，僭差若是，又安望守令之能休息元元，乐田里而勤树畜，以成国家之大储哉？"易学实指出，当时贪酷官吏把杂派、功令作为自己以权谋利的途径。朝廷以明哲保身作为考核小官的标准，以送礼之厚薄作为考核大官的标准，官场上官员升降没有正确的标准，因此导致赏罚不当，是非颠倒。管理国家没有正确考核激励机制，又怎么可能使地方守令能让百姓休养生息，乐于耕种，勤于种树饲养牲畜，为国家创造财富呢？

易学实最后总结说："呜呼！六害不除，而丰财是亟，虽有善者，如之何哉？"这就是说，以上6项害财之事如果没有除去，而急着让国家增加财政收入，即使再能干的人，也是无可奈何，做不到的。

（三）程含章的节财思想

程含章（？—1832），字月川，云南景东人，清朝大臣。乾隆五十七年（1792）举人。曾历任知县、知州、按察使、布政使，官至山东巡抚。为官期间，重视兴修水利。著作有《岭南集》《山左集》等。

在清代理财思想中，程含章的节财思想较有特色。他不是就节财而谈节财，而是跳出节财，从更高的一个层面来探讨当时朝廷应如何节财。他能从纷繁复杂的各种节财措施中找出最关键的问题，即当时清政府最大的财政开支是军需和河工，而军需中最大的支出就是"禁教匪"（镇压义和团运动），河工中最大的支出就是治理黄河。更为难能可贵的是，他指出："禁教匪"不是一味地派军队武力镇压，而是应该任用好地方省道府州县各级官吏，使地方省道府州县得到很好的治理，"禁教匪"自然就成功，就不必花费巨大的军事开支派军队镇压，从而得到"用人与理财相为表里"的精辟论断。他对治理黄河也有独到的见解，认为清以前治理黄河由于违背水往低处流的水性，使之花费巨大而效果欠佳，因此他提出治理黄河应顺应水往低处流的水性，就能收到花费少而治理效果好的结果，从而节省巨额的治河开支，故"欲理财者，当自河始"[①]。以下对其这一思想做简要分析介绍：

首先程含章指出，要解决当时国家财政入不敷出的危机，关键在于节流，而不是开源，而节流的重点在军需、河工，因为这两方面的开支在整个国家财政支出中是最大的。他说："帝王生财之道不外乎开财之源与节财之流。今之财源无可议开也，亦在乎节流而已矣。今之财流，别无可议节也，亦节乎军需、河工而已矣。国家出入有经，用度有制，自灾伤赈恤而外，无虚糜也，惟军需、河工，动辄费数百千万，不此之节，将安用节。前者皇上因用度不足，询问内外大臣，有能为裕国之策者，条具以闻。窃验之往言，按之当今之务，舍军需、河工，而别言生财者，皆苟且目前之计也。"

---

① 《清经世文编》卷26，程含章《论理财书》。本目以下引文均见于此。

其次，程含章指出：当时，所谓军需主要是用于"禁教匪"，因为国家"内无思乱之民，外无边疆之扰，所谓军需，不过教匪，能禁教匪，则兵革不试，而财用足矣"。他认为，"欲禁教匪，在乎择贤能之吏，而使州县皆得其人。州县者，亲民之官也，风俗之醇漓，宜所深知，民气之静躁，宜所素讲。吏果贤也能也，则防维之道、教化之方，皆可随地见效。彼教匪者，何自而起，即有一二倡乱之徒，亦无难立就诛灭，而军需可以不作矣。然而道府者，州县之领也，督抚、藩臬者，又道府州县之纲也，领不振则衣不申，纲不举则目不张，但令道府不旷其官，则州县之贤否了然也；督抚、藩臬不尸其位，则道府州县之贤否亦了然也。先儒有言，一家哭何如一路哭，诚有味乎言之也。为大吏者，严以率属，毋稍姑息，取贪劣阘冗无能者，一切罢之，则贤能者出，而事治矣。一县得其人，则一县治；一省皆得其人，则一省治；天下皆得其人，则天下治，安有教匪哉？安有军需哉？故曰用人与理财相为表里也"。

再次，程含章指出，当时河工中，治理黄河花费最大，"国家岁费数百万以防之，及其决也，又费数百万以塞之"。而且由于治河不顺应水性，效果不好，屡治屡决。因此，他认为，治理黄河效果最好、最省财力、物力、人力的做法是黄河决口之后，不必强行堵塞使复故道，而是顺其水性别行新道，黄河之水自然就数百年安澜无灾。他指出："塞乎上必决乎下，塞乎东必决乎西，何则，水性就下必强之使上，以就吾道，势不行也，则故道之不可复用，亦已明矣……欲求黄河数百年之安，必参古今之变，酌地利之宜，顺水之性，舍故道而别行新道，然后可。其舍故道而别行新道，奈何，河决之后，如得其道不必堵塞，因而成之，则水得其就下之性，自安靖矣。"

最后，在此基础上，程含章进一步推断，如黄河以最小的代价得到治理，那将为国家节省了巨额的财政开支，不言而喻，朝廷"用度不足"的问题就能得到解决。这就是"河道既治，则运道自治。国家岁防之费，塞河之费、赈溺之费，一切可省。省数年，而财之积，当以数百万计；省数十年，当以数千万计；省数百年，当以数万万计。所谓捐小费节大

费，不聚财而用无不足者也，故曰：欲理财者，当自河始"。

第三节　商业贸易管理思想

一、国内商业贸易管理思想

（一）商品买卖管理思想

清代，对商品贸易的管理，其最基本的是对商品价格与质量的管理。清政府规定，凡商品贸易，其价格的制定必须公平合理。如商人操纵物价，故意抬高或降低物价，必须受到法律的惩罚。朝廷规定："凡诸物，行人评估物价，或以贵为贱、或以贱为贵，令价不平者，计所增减之价，坐赃论（一两以下笞三十，罪止杖一百、徒二年），入己者准窃盗论（查律坐罪），免刺。"[①] 商人操纵物价处以同"坐赃""窃盗"罪一样的处罚，可见对其惩处是相当重的。清政府除规定商品的价格要公平合理外，还规定商品的质量要符合要求："凡民间造器用之物，不牢固正实，及绢布之属，纰薄短狭而卖者，各笞五十。"可见，如出售的商品质量不符合要求，如"不牢固正实""纰薄短狭"，那要受各"笞五十"的惩罚。

清政府为了保障粮食等关系国计民生的商品供给，禁止商人倒卖官米，或囤积居奇各种米麦杂粮等。朝廷规定："五城平粜米石时，如有贩卖收买官米十石以下者，将贩卖之人，在于该厂地方枷号一月，杖一百；收买铺户，照不应重律，杖八十；米石仍交该厂另行粜卖。至十石以上者，贩卖之人，枷号两月，杖一百，铺户杖九十。如所得余利，计赃重

---

① 《大清会典事例》卷765《刑部·户律市廛》。本目引文未注出处者，均见于此。

于本罪者，计赃治罪。各铺户所存米麦杂粮等项，每种不得过一百六十石，逾数囤积居奇者，照违制律治罪（若非囤积居奇，系流通粜卖者，无论米石多寡，俱听其自便，不在定限一百六十石之例）。"

清政府还严厉禁止各级官府和权贵等欺行霸市，强行低价收买商品，严厉禁止在商品买卖中坑蒙拐骗等，以保证商品贸易的正常进行。如"顺治元年（1644）定，凡占据市行与民争利，亏损税额者，定置重典"。顺治十七年（1660）议准："凡豪强满洲，霸占市井贸易，及满洲家人强买市物者，该城御史查参重处。"康熙六年（1667）议准："凡在外王公、将军、文武官员家人，有霸占要地关津，用强贸易，欺压诈害商民者，事发，在原犯之处枷号三月；系民，责四十板；系旗下，鞭一百；其主系王，罚银一万两；系公，罚银五千两；管理家务官，俱革职；系将军、都统、护军、统领、副都统及督抚、提镇文武官员，俱革职；其该汛文武各官不行查获者，各降一级调用。如兵民商人，据称王公文武官员之名，强行欺压者，为首之人，照光棍例治罪，货物入官。此等事发，委官稽查，徇庇不据实回报者，俱革职"。康熙十八年（1679）议准："凡内务府佐领以及内外王、贝勒、贝子、公、大臣官员家人，有领本霸占要地关津，不令商民贸易、倚势欺凌者，事发，在原犯处立斩。若系内务府佐领下人，将该管官革职，系宗室王以下、公以上家人，亲王罚银一万两，郡王罚银五千两，贝勒罚银二千五百两，贝子罚银一千三百两，公罚银七百两，仍交与宗人府从重议处，其管理家务官俱革职。若系在外王等家人，亲王罚银一万两，降为郡王，贝勒、贝子请旨定夺；郡王、贝勒、贝子罚银五千两，降为公，管理家务官俱革职；若系大臣官员家人，伊主俱革职。其霸占欺民之人，汛地文武各官不查拿者，俱革职。至于王以下大臣各官，将资本借贷民人，指称贸易，霸占要地关津，倚势贻累地方者，亦照此例治罪。"从以上所引我们可以看出，清廷严禁皇族、权贵、大臣官员纵容家人欺行霸市，强买强卖，欺压、诈害商民。如有发生此类事情，当事的家人要处以在原犯处立斩、枷号、杖刑、笞刑等刑罚，而与此相牵连的皇族、权贵、大臣官员则要处以罚银、革职、

降级、降低爵位等惩罚。即使是政府购买，如不按市场价格购买，有关官员也要受到处罚。嘉庆八年（1803）谕："各衙门需用铺户货物，自应各照市价平买，安得辄立官价名目，向铺户等纷纷科取物件，倚势病民。嗣后著将官价之名，永远禁革，违者照例惩处不贷。"①

清政府对于民间把持行市、坑蒙拐骗等不法行为也予以惩处："凡买卖诸物，两不和同，而把持行市，专取其利，及贩鬻之徒，通同牙行，共为奸计，卖己之物以贱为贵，买人之物以贵为贱者，杖八十。若见人有所买卖，在旁混以己物，高下比价，以相惑乱而取利者，笞四十；若已得利物，计赃重者，准窃盗论，免刺。"雍正十三年（1735）复准："民间开设铺面，听民间便益，不得私分地界，不令旁人附近开张，更不得以本身无力开设，将地价议价若干，然后允其所顶。至酒坊卖酒，应听雇车载运，毋许车户设立车牌，开写姓名，认定一店，不令别人揽运。"②

（二）统一度量衡思想

由于度量衡关系到商品贸易和国家赋税的征收，因此中国古代历代王朝建立之初，都重视对度量衡的统一，清朝也不例外。"顺治五年（1648）定，户部较准斛式，照式造成，发坐粮厅收粮。又定工部铸铁斛二张，一存户部，一发仓场侍郎，再造木斛十二张，颁发各省"③。"顺治十一年（1654）谕：征收钱粮，各省督抚严饬有司，务遵部颁较定法马，有私自增加者，不时稽查"。"顺治十五年（1658）题准，各关量船秤货，务使秤尺准足，不得任意轻重长短"。"康熙元年（1662）题准，直省尺斗戥秤，均照部颁前式，画一遵行，违制者究处"。"雍正五年（1727）奉旨，福建总督奏称，布政使司库，止有部颁法马一副，弹兑纷繁，将铜日久消磨，分数渐轻，以致各属收解钱粮轻重不等。请将部法一样颁给二副，一副存库，一副应用，循环缴换。朕思部中所颁法马，乃轻重

---

① 《大清会典事例》卷 106《吏部·处分例》。
② 《大清会典事例》卷 106《吏部·处分例》。
③ 《大清会典事例》卷 180《户部·权量》。本自然段引文均见于此。

合宜之式样，与颁发铁斛事同一例。各省布政使司领到，自然照式较准，不失毫厘，制成法马。日日弹用，并令各属地方画一遵守。其或有出纳之际，加重减轻者，皆当严察参处，此乃经常之道，岂有钱粮总汇之布政使司，出入繁多，专以部法一副，日日弹用，以致铜质消磨、轻重失实之理。且部中循环更换，亦有不胜其烦，著通行各省，倘有如闽省常用，将铜磨轻，与原颁分两不符者，即行咨部更换。十一年（1733）议准，法马由部审定轻重，工部铸造，各布政使司遣官赴领，户部司官与工部司官面加详较，将正副法马封交赴领官赍回。各布政使将部颁副法马收存，行用正法马。如正法马年久，与副法马轻重不符，即用副法马弹兑，以正法马送部换铸，虚捏不符者，交部议处"。从以上记载我们可以了解到，清朝在入主中原之初，即在顺治年间，就先后对升斗斛、法马、尺秤做了统一规定，并颁发全国各地严格实行，不得任意改变。如有违反者，必须受到追究处罚。尤其是其中的权重法码，由于频繁使用容易磨损，使重量变轻，朝廷还颁发给各省正、副两副，日常使用正法马，以副法马作为较定之用。如正法马因年久磨损变轻，与副法马不符，即将正法马送户部换铸。由此可见，清政府对度量衡在全国的统一和实行是如此的重视和严格。同时，我们必须看到，清政府对度量衡在全国的统一和实行除了上引征收和发放钱粮的需要外，还有一重要目的是为了规范、方便全国的商业贸易。如：康熙四十三年（1704）谕："朕见直隶各省民间所用戥秤，虽轻重稍殊，尚不甚相悬绝，惟斗斛大小迥然各别，不独各省不同，即一县之内，市城乡村，亦不相等，此皆牙侩评价之人，希图牟利之所致也。又升斗面宽底窄，若稍尖量，即致浮多；若稍平量，即致亏损，弊端易生，职此之故，于民间甚属不便。嗣后，直省斗斛大小作何画一，其升斗式样，底面一律平准，以杜弊端。至盛京金石金斗关东斗，亦应一并画一。""乾隆五十七年（1792）议准：小贩赴河东买盐，与坐商自相交易，毫无凭准，易起争端。应令仿照旧式，由河东道印烙，另制官秤三杆，给发中、东、西三场斗级收执。凡商贩交易，以此秤为准，原秤存库备较"。

清政府为了保证度量衡的统一与标准，禁止民间私造度量衡并在市场上流通使用。同时禁止在官府制造的度量衡上营私作弊，如有关官吏在度量衡上失于较定，或度量衡虽然符合标准，但没有经过有关政府机构较定并烙上印记而使用的，均要受到不同程度的处罚。如朝廷规定："凡私造斛斗秤尺不平，在市行使，及将官降斛斗秤尺作弊增减者，杖六十，工匠同罪。若官降不如法者，杖七十；提调官失于较勘者，减一等；知情与同罪。其在市行使斛斗秤尺虽平，而不经官司较勘印烙者，笞四十。若仓库官吏私自增减官降斛斗秤尺，收支官物而不平者，杖一百；以所增减物计赃重者，坐赃论；因而得物入己者，以监守自盗论；工匠杖八十；监临官知而不举者，与犯人同罪，失觉察减三等，罪止杖一百。"①

（三）管理牙行思想

牙行作为古代商业贸易的中介机构，其作用是一支双刃剑。一方面，它能够促进买卖双方成交，并在赊欠贸易中充当担保人，从这方面看，牙行对商业贸易的健康发展有积极作用。但另一方面，牙行作为贸易中介机构，有的会伙同买卖中的一方，欺诈、坑骗另一方，从而大大影响了商业贸易的正常开展。鉴于牙行在商业贸易中的这一特点，历代王朝都重视对牙行的严格管理，使其在商业贸易中发挥积极作用。清朝也不例外，颁布了一系列的法规对牙行进行管理。兹主要据《大清会典事例》卷106《吏部·处分例》"清查牙行"② 条的记载，对管理牙行思想做一分析。

> 康熙二十五年（1686）议准：各处牙行领帖开张，照五年编审例，清查换照。若有光棍顶冒朋充，巧立名色，霸开总行，逼勒商人不许别投，拖欠客本，久占累商者，该地方官不时严行查拿，照律治罪。如地方官有意徇纵者，降二级调用；如有受财故纵者，计赃以枉法论。又议准：牙行经纪除税课内应立牙行者，准设立外，

① 《大清会典事例》卷 765《刑部·户律市廛》。

② 本目引文未注出处者，均见于此。

其奸宄之辈，捏称牙行，于良民买卖滥行索诈者，在外责成州县官，在京责成顺天府尹、通判，大宛二县，五城兵马司不时严行查拿，照例治罪。如该管地方官不行严拿，仍留积年奸匪，以致累民，将失于觉察之人，罚俸一年；有意徇纵者，降二级调用；受财故纵者，计赃以枉法论。

雍正十二年（1734）议准：各省牙帖，悉由藩司钤盖印信颁发，不许州县滥给滋弊。倘各省州县仍有私行滥给牙帖者，该督抚题参，照地方官妄用印信例，降一级调用。

乾隆二年（1737）复准：大小衙门，凡公私所需货物，务照市价公平交易，不得充用牙行，纵役私取，即办官差，必须秉公提取，毋许借端需索，作践良知。如有不肖官役，阳奉阴违，或被地方告发，或被上司查出参劾，该管官如系纵役私取，将该管官照纵役犯赃例，革职；如系失于觉察，照失察衙役犯赃例，分别议处……三十年（1765）奏准：各省牙帖，悉由布政使钤盖印信颁发。地方官务将为人诚实、家有产业者，取其保邻甘结，方准给帖承充，其素行无赖、毫无产业者，不许滥给，仍将承充牙行经纪姓名，按季造册，申送布政使存案。地方官查察不实，滥给牙帖以致吞骗客本，降一级调用。如不用布政使颁发牙帖，自己用印私给者，照地方官妄用印信例，降一级调用。该管上司不将私给牙帖查参者，知府罚俸一年，布政使、道员罚俸六月。

从以上记载可以看出，清代对牙行的管理主要有以下 3 个方面：

其一，民间设立牙行必须经过政府的审查批准。牙行作为中介机构，诚信十分重要，因此开办者必须"为人诚实"，还必须"家有产业者""保邻甘结"等作担保。经政府审查符合条件者，才准予开设牙行。牙行必须取得牙帖（即类似经营执照）后才能开始营业，而且牙帖必须由省级布政使盖上印信后颁发，如各州县政府私自发给牙帖，未经省布政使盖上印信颁发的，牙行就不能营业，私自发给牙帖的州县官吏还必须受到督抚的题参，降一级调用。那些申请开办牙行者如平时属于市井无赖，

家中没有产业者，是不准经营牙行的。如地方官对这些人审查不严，致使这些人开办牙行欺骗侵吞客商资本的，有关责任人必须降一级调用。牙行经营的执照牙帖，必须五年重新审查一次，然后换给新的牙帖。经营牙行，还必须"每年纳有牙税"，才能营业。

其二，经营牙行之人，不能欺行霸市，不能逼勒商人只能与自己牙行贸易；牙行不得拖欠客商资本，不得向买卖双方额外索取、敲诈、勒索，不得伙同买卖中的一方欺诈另一方。如牙行有发生违法乱纪行为，有关官吏予以包庇、纵容，必须受到降二级调用的处罚；如有关官吏有接受牙行贿赂而予以包庇、纵容的，那必须按贪赃枉法罪予以惩罚。如清政府规定："牙行侵欠控追之案，审系设计、诓骗，侵吞之己者，照诓骗本律计赃治罪：一百二十两以上，问拟满流，追赃给主；若系分散客店，牙行并无中饱者，一千两以下，照例勒追，一年不完，依负欠私债律治罪；一千两以上，监禁严追，一年不完，于负欠私债律上加三等，杖九十，所欠之银，仍追给主。承追之员，按月册报巡道稽查，逾限不给者，巡道按册提比。如怠忽从事，拖延累商者，该巡道据实揭参，照事件迟延例议处；有意徇纵者，照徇情例降二级调用；如有受财故纵者，计赃从重以枉法论。"[1]

其三，清政府规定，各级政府不得纵容服役之人经营牙行，以低于市场价格，购买公私所需货物。如有在官府服役之人，阳奉阴违，私自经营牙行，与此有关官吏，如系纵容服役之人经营牙行，那就照纵容服役之人犯赃罪例，予以革职处罚；如系失于觉察者，则照失于觉察服役之人犯赃罪例处罚。

二、盐务思想

在中国古代，大部分王朝实行盐专卖制度，清代也不例外。由于到

---

[1] 《大清会典事例》卷 765《刑部·户律市廛》。

了封建社会末期，许多封建制度愈益显出它的落后性和腐朽性，专卖制度就是其中之一。在清代，盐政是清廷管理国家的三大难题之一，即当时所谓的河工、漕运、盐政是"老、大、难"的问题。因此，朝野上下纷纷对盐政提出自己的见解和主张。有关盐政的文献在清代是比较丰富的，兹据笔者所见，择其要者做一简要介绍。

（一）实行盐引制度

清代在盐专卖中继承了宋以来的盐引制度，即盐商在贩运、销卖盐的整个过程中必须持有政府发放的盐引，这就是所谓的盐、引相随。否则，那就是私盐，被查获者必须受到处罚。为了防止盐商重复使用盐引，清政府还规定，盐商售卖完盐后，必须在 10 日之内将盐引交还给政府，如重复使用，其罪等同于贩卖私盐。清政府还严厉禁止伪造盐引，如有人胆敢伪造盐引，将被处以极刑。同治十二年（1873）规定："凡客商卖盐，每引行盐若干斤为一引，给半印引目，每引完纳引价，随即给引支盐。""凡客商兴贩盐货，不许盐引相离，违者同私盐追断。如卖盐毕，十日内不缴退引者，笞四十；将旧引影射盐货，同私盐论罪。伪造盐引者，处斩。"①

清政府为了促进盐引快速流通，使盐贩运、销售正常进行，还禁止盐商将盐引增价转卖："凡客商赴官中买盐引勘合，不亲赴场支盐，中途增价转卖，以致转卖日多，中买日少，且诡冒易滋，因而阻坏盐法者，买主、卖主各杖八十，牙保减一等。买主转支之盐货，卖主转卖之价钱，并入官。"②

因为盐引是政府实行盐专卖的关键管理环节，因此，朝廷对此高度重视，视盐引的重要性等同于纸币，由发行钱币的机构宝泉局负责印制，由户部具体管理。清朝贵族入主中原后，就在盐专卖中实行盐引制度。"顺治元年（1644）定：宝泉局刊铸造铜版，刷印盐引，每引纳纸朱银三

---

① 《大清会典事例》卷 231《户部·盐法》。
② 《大清会典事例》卷 763《刑部·户部课程》。

厘，附同正课交都转盐运使司，按年解部，以供刷印"①。盐引印制好后，还要加盖户部印章，才能流通使用。顺治六年（1649），"铸户部盐引印，以钤盐引"。"康熙十一年（1672），铸户部盐、茶银印二颗，钤盐、茶各引"。

在清代，各地区盐政各不相同，而且政府禁止不同盐政地区的食盐互相流通。这种地区分割有助于政府攫取巨额的垄断盐利，但不利于食盐在民间的平衡流通，甚至让一些民众因地区限制而舍近求远购买食盐。对此，朱轼提出应扩大盐引的流通地区，以利于食盐在民间的平衡流通，使民众能就近购买食盐。他说："各州县销引，宜通同计算也。查商人行盐各有地方，州县销引原有定额，是以旧例不许越界买卖。但犬牙相错之地，有此县庄村，插入彼县地界者，就近买食官盐，即为犯禁，查拿拘系，往往不免。而本县所设盐店，或远在数十里之外，小民食盐无几，欲其舍邻近易买之盐，而远求于数十里之外，此必不可得之数也。况水陆之装载有难易，盐斤之积贮有盈缩，而价之高下因之，若必拘定所属地界，甚为不便，而愚民之易至于犯禁令也必矣。夫额定之引目，原量烟户之多寡，此县之民买食彼县之盐，则彼县之引必不足，而此县之引自有余，何不即以有余之引，补充不足之数，合总计算，自必有盈无亏。臣请敕下各处督抚、盐政诸臣，酌量地界相连之处，或一府或数州县合为一局，将所领盐引，通融行销，不拘商贾分地，无论州邑界限，听商民就便交易，庶引课民食，两有裨益。"②

清代在盐专卖中，也出现盐引发行过多、滞销的问题。对此，汪姓提出计算户口之数而适量发行盐引和严查私盐使官盐增加销售的办法来解决盐引发行过多、滞销的问题。他指出："盐之为物，民生日用之需，少则淡食，多则必壅，故立法之始，必先计户口之数，而后定盐斤之数；定盐斤之数，而后定额引之数。引无溢额，盐不停留，商恃民以销盐，

---

① 《大清会典事例》卷231《户部·盐法》。本自然段引文均见于此。

② 《清经世文编》卷50，朱轼《请定盐法疏》。

国恃商以办课，呼吸相通，首尾相应，一兴利而利无不兴……而其为害，私盐夹带为尤甚。盖私盐多一引，则官盐壅一引，夹带多一斤，则正盐壅一斤，故立法之详，内而产盐地方自场至所，节节盘查，以防私贩，仪所摆马，宗宗称掣，以防夹带；外而行盐地方，所在有司，处处申饬，以捕奸犯。凡此者，所以保此额盐不使之多，正保此额地之民，尽归而食额引之盐，民与盐符，运销自速，盐疏课裕，理固然也。"①

（二）盐价制定

在清代，盐的专卖虽然是垄断性的，但政府也必须制定适宜的价格。当时盐价的制定主要关系到 3 个方面的问题：一是如盐价制定太高，会影响民众的购买与食用；二是如官盐价格太高，会导致盐走私更加猖獗，民众舍高价官盐而食用低价私盐；三是平衡官盐的地区差价。以下对这三方面问题略做缕析：

其一，增加食盐供应和节省成本以降低盐价。雍正年间，"浙江滨海地皆斥卤，向来盐价甚贱，居民称便。余年来盐价增长，近则加至二三倍不等，夫以小民日用必需之物，而昂贵若此"②，致使许多穷苦百姓终年食淡。针对这种情况，乾隆元年（1736）谕："朕屡次切谕该督令其悉心经理，乃数月以来，虽据奏报盐价渐平，然较之十数年前，仍属昂贵，朕再四思维，并留心咨访，盐价之贵，固在于场盐少产，亦由于商本艰难，惟有使商人盐斤充裕，则盐价自然平减。今酌定增斤改引之法，将杭、嘉、绍三所引盐循照两淮旧额，每引加增五十斤，连包索共重三百二十五斤。至松江一所，原属滨海产盐之区，向因额设季引九万有余，分别上中下三则，征收正课公费银五万四千余两，遂使近场州县，多有盐贵之苦。今循照淮、海、温、台等处之例，改行票引九万余，每引给盐四百斤，令商本充裕，转输便易，商人不受减价之累，百姓多受减价之益。该督再为多方调剂，加意体恤，庶可复还十数年前之原价，以便

① 《清经世文编》卷 50，汪牲《盐法刍言》。

② 《大清会典事例》卷 225《户部·盐法》。本自然段引文均见于此。

民用。著该部行文该督遵照谕旨办理。"在此，朝廷采用"增斤改引之法"，增加食盐供给，即在杭、嘉、绍地区，每引加盐 50 斤，而在松江一带，改征收盐课为"行票引"，共发票引 90000 余，每引给盐 400 斤，从而增加了杭、嘉、绍、松地区盐的供给，使一度上涨的盐价回落，百姓从盐价降低中得到益处。

清政府还通过节省食盐运输费用和禁止滥行开销、摊派来减轻成本，从而降低食盐价格。咸丰三年（1853）"议准：四川总督委员运赴巫山交楚，以济民食，楚员接运一切脚费，亦不得滥行开销。总之，节费以轻本，减价以敌私……又议准：川粤盐斤入楚，无论商人，均许自行贩鬻，不必由官借运。此次盐斤，既不在本省引地销售，应令减半完交正课，其商支外款，不得丝毫摊派，以轻成本。又谕：前因湖北省淮盐阻滞，准其借销川盐、潞盐，以资接济。兹据张亮基奏，川盐转运既易，成本亦轻，较之潞盐更为便利。自系实在情形，著四川总督，即饬盐茶道借拨川盐二千引，迅速解赴湖北，以济急需。俟江路廓清，淮盐通畅，仍照旧章办理"[①]。咸丰三年，朝廷之所以如此三申五令，允许商民自行贩鬻官盐，借拨转运成本较低的川盐接济湖北急需食盐，禁止运盐途中的滥行开销和摊派，其目的在于减轻食盐成本，从而降低食盐价格，以济民众食用。

其二，通过降低官盐价格来达到禁私盐。当时，民间之所以走私食盐盛行，其最主要的原因是官盐比私盐价格高得多，因此导致民众冒禁违法贩卖私盐和食用私盐，贩卖私盐者能获取高额的利润，而食用私盐能节省较大的开销。在这种情况下，当时一些有识之士提出降低官盐价格，诱导民众食用官盐，从而使私盐无销路，贩卖私盐无利可图，那么私盐不禁而自消亡。如卢询指出："讲求盐政者，莫不以禁私为首务，乃法令愈密，缉捕愈严，而私盐终不可禁，以致商民交困，课额屡亏。若无良法以善其后者，此皆不治其源而徒治其流，不求其本而惟求其末也。

---

① 《大清会典事例》卷 228《户部·盐法》。

盐之行与不行，其本源总在于盐价之贵贱。私盐之所以易行者，由于价贱，而民食之者众也；官盐之所以难行者，由于价贵，而民食之者少也。然私贩原以图利，必不肯折本，而又犯重罪，而价竟贱者，以不必贵也，价贱而利已多耳。官盐亦以图利，亦必不肯折本，而再亏课额，而价终贵者，以不能贱也，价贵而尚恐无利耳。夫官商之盐，固用资本买于盐场灶户，私收之盐，亦用资本买于盐场，官盐行卖，固费人工脚载，私盐行卖，亦必费人工脚载，乃为官盐则贵，为私盐则贱，私盐虽贱，价亦有利，官盐虽贵，价亦无利者，其故何欤？盖私盐自资本、人工、脚载而外，每斤多卖一厘，则此一厘即属余利，则其价安得不贱，而其利安得不多？官盐自资本、脚载、人工而外，其为费方将数倍于此，每斤必照私盐多卖数倍，方有余利，则其价安得不贵，而其利安得不难？……是以欲使商盐之行，惟在价贱，使私盐无利，则私盐将不禁自止。欲使商盐之价贱，惟绝额规，使可贱价以出卖，则商盐自通行而无滞矣。臣愚以为，莫若加引而不加额，大减其价。如向行一万引，须二万引，方足敷用，即将一引分作二引；须三万引，方足敷用者，即以一引分作三引，而课银则仍只完原额之数目，正课丝毫不必增加总尽其所卖皆成官盐，则地方官无所挟制。盐贱多卖，则自有利，盐价既贱，则私盐更何所利，而犯重罪以耗己资乎？百姓亦何所利，而冒法禁以食私盐乎？此实正本澄源为盐政之术也。"[①] 在此，卢询认为，讲求盐政的人，都以查禁、缉捕私盐为首要的工作，但私盐终究禁绝不了，因为这只是治标不治本的方法。私盐之所以盛行，是因为私盐成本低，价格便宜，而官盐成本高，价格昂贵，因此，百姓宁可选择冒法禁而购买食用私盐，走私者也宁可冒着犯重罪的风险而贩卖私盐获取高额商业利润。因此，他建议，禁私盐的最好治本方法是政府抛售官盐，让原一引分作二引三引支取官盐，而不增加原定的课银，使盐商减少官盐成本而降低价格销售，让百姓选择购买、食用官盐，这样使贩卖私盐的人无利可图，私盐将不

---

① 《清经世文编》卷 49，卢询《商盐加引减价疏》。

禁而自止。在此，卢询认识到私盐不能靠强制性的行政手段加以禁绝，而必须依靠市场性的价格手段，通过降低官盐价格把私盐挤出竞争市场，从而达到禁绝私盐的目的。

时人朱轼也提出，应将官盐价格降到与私盐价格相等，那民众就不会选择冒禁而购买食用私盐，从而私盐不禁而自绝。他指出："食盐之家，每冒禁而买私盐者，不过以其价贱于官盐耳。与其严拿而滋扰，不若平价以杜绝。凡附近出盐地方，百里之内将官盐价值减与私盐之价相等，则民间皆食官盐，私盐不禁而自绝矣。在商人于出盐近地，既少搬运盘驳之费，盐价自应酌减，况食盐地方辽阔，此附近百里之内，不过千百分之一，何必定要昂价。彼奸徒贩私，原图厚利，即照彼减价，亦可偿本，完课有余，何惮而不为耶？"① 朱轼在提出官盐价格应降到与私盐价格相等以使私盐不禁而自绝的同时，还提出盐价的制定要公平，即一方面不能使盐价太低，这样商人无利可图，将不从事食盐买卖；另一方面如盐价太高，则会使私盐盛行，或偏僻乡村因逐层递运加价，使盐价过于昂贵影响乡村百姓购买食用官盐。他指出："盐价宜公平酌量，使商、民两无亏累也。凡商贾贸易，贱买贵卖，无过盐斤，总缘装运远涉，既多使费，而盐商糜费花销，又复不资，皆取给于盐，此盐价之所以日益增贵也。每见封疆大吏及巡盐御史，有庇护盐商者，任其高抬，从不过问；而操守廉洁之员，不收馈遗，又或刻意核减，至于已甚。商人见定价太贱，因而匿盐闭市，反致滋扰。臣以为应随时酌定中平价值，使买卖两无亏累，自然相安无事。又商人行盐，多存贮省会，其各处行销，系本地小商，领单转贩，运往城郭市镇会总之处，开铺发行，其各乡村小店，又从城市贩往，层层递运，费亦递增，而经过地方，盘验挂号，使用尤多。是以远乡盐价，较之发盐之地，往往加倍。臣请敕下督抚，严行禁革，如有借端需索，许贩盐之人，据实控告，再盐从省会递运，断无夹带私盐之事，并饬免其盘验，以省守候之苦，庶乡村小贩，得沾

① 《清经世文编》卷50，朱轼《请定盐法疏》。本自然段引文均见于此。

微息，而盐价亦不致太贵矣。"

其三，盐价地区差价太大应予以平衡。清代，由于交通工具的限制及地区盐政的不同，使盐价地区差价有的悬殊太大，这导致价格贵的地区，穷困民众因买不起盐而淡食，或冒禁从邻省偷偷购买，食用价格较便宜的私盐。正如沈起元所指出的："天下盐课莫重于两淮，每引正课六钱七分五厘，各省所同，而淮商杂派钱粮，重以归公之项，至今日而每引二两有余矣，加以锅价、场本、水脚、关税、引费等项，约每引六两有余，视他省二三倍。成本既重，盐价不得不昂，是以北接长芦口岸，则为长芦所侵；南接粤盐口岸，则为粤盐所侵；其与浙盐闽盐口岸接壤，亦复如是。况浙盐近奉恩旨加斤，闽盐盐本从无杂费，尤为本轻。轻重悬殊，民情难禁，必然之势也……至江西三面受私，势不能过昂，而私盐又不能清，扬商于是畏运，江西常额，年年不足。夫既为扬商认销之地，既不容邻境侵越，又岂容以无利，遂置而不顾，责之以按额运赴，理所宜尔，乃在扬商运江之盐，方称利薄，而在江西百姓，犹以食官为贵，彼以同为朝廷赤子，四封之外，尽食贱盐，而我独贵，偷食邻私则罹法网，岂能无憾于中，纵之则官盐壅滞，严之则情有可悯，是江西盐务，必得大人别酌办理之法，使之成本稍轻，盐斤充裕，则尤为根本之计也。"① 至于如何使江西官盐"成本稍轻，盐斤充裕"，沈起元也提出了具体的解决措施：一是通过行政命令，要求扬商按照朝廷规定的额数，足额运淮盐到江西以保障供给。他指出："查江西盐政，年来惟恐商人贪运楚省，而运江颇少，每不足二十五万六千有奇之岁额。本年春夏，遂有缺盐之患，盖扬商向来有江广融销之例，故得任其择利而趋，不思民食所关。该商既认销口岸，岂容置而不顾，入秋以来，颇能接运，地方已免淡食之虞，将来惟祈宪台严饬扬商，务必按额发运，使官运接济。"② 二是通过减轻淮盐成本而降低盐价。他指出："淮盐之贵，则以成本之独

---

① 《清经世文编》卷50，沈起元《上督院论江西盐务书》。
② 《清经世文编》卷50，沈起元《上督院赵公论淮盐疏》。本自然段引文均见于此。

重于各场，亦非该商故为高之过。如正课之外，有织造银两，有铜斤银两，有开河银两，有义仓银两，屡屡加派，日重日深，然此犹曰公事公捐，取之有名。至如近来因清查之故，各衙门陋规使费，本属向来积弊，当年查出，自宜汰革，而仍按数归公，既大失政体。且昔年之可以九折八折，市绝馈送，而犹有或收或不收者，今转为足平纹色矣。且在大员必无私行再取之理，而此下厅佐等员，岂能别无交际，其为病商孰甚，即如本道衙门引费一项，乃当年墨吏之私赃，今为解部之正项。本道每当兑收之际，不胜为之叹息。所以盐本日重，盐价日昂，而食私者，如蝇之附膻而不可禁也。"对于这些苛捐杂税使盐成本日益加重盐价日益提高的弊端，沈起元主张应予以废除："宜将种种归公之项，尽请蠲除……本既轻，盐价自贱，于民间日用亦大有关系矣。"

（三）查禁私盐

在中国古代实行盐专卖中，毫无例外都要查禁私盐，从而才能保障政府在盐专卖中垄断巨额商业利润。清代查禁私盐，首先从盐的生产源头抓起，即禁止百姓"私晒"。如道光十二年（1832），谕："长龄奏查明蒲滩盐地情形详晰筹议一折，山西省蒲滩产盐处所，民晒官销，挪引分办，不特防范难周，更恐易滋流弊。自上年查禁私晒，盐引形成畅销。现据该商人等呈请捐输永远代赋津贴。是以商力之有余，济小民之生计，著照所议，准其将代赋银五百四十三两零、津贴银九千一百五十两零，由该商人等按年照数呈交道库，转发永济县按户分给。仍责令蒲州府永济县实力稽查，俟将来收获有成，再行前项银两，按亩划除。庶民力不致竭蹶，而私晒亦可杜绝，洵于裕商便民，两有裨益。"① 在此，清朝廷认为，民晒盐官销售容易使官盐、私盐混淆不清，政府难以防范查禁私盐，因此，恢复了原来的盐引制度，从道光十一年（1831）开始查禁私晒，使官盐畅销。为了让那些晒盐户维持生计，政府将商人的代赋银、津贴银按户发给他们。清政府为了防止灶户将生产的盐私自藏匿，卖给

---

① 《大清会典事例》卷 224《户部·盐法》。

走私者，规定在盐场设立"公垣"，灶户必须把生产的盐堆放在垣中，等待商人持引赴盐场领盐，经盐官验明后放行。如顺治十七年（1660）题准："盐场设立公垣，场官专司启闭。凡灶户煎盐，均令堆储垣中，与商交易。如藏私室及垣外者，即以私盐论。商人领引赴场，亦在垣中买筑，场官验明放行。傥有私贩夹带等弊，该场官役一并重处。"①

其次，从盐的流通环节禁止私盐。清政府一再颁布禁令，禁止夹带、贩运私盐。如顺治十六年（1659）题准："商人载盐，不论大小船，均用火烙印记，船头不许滥行封捉。"② 雍正六年（1728）议准："江南苏、松、常、镇四府属县，为浙引疏销之区，京口地方，为两浙行盐门户，壤接淮界，而淮北私盐透越蔓延。嗣后镇江牐口盘查私盐，责成江常镇道督同镇江府海防同知，并京口将军标下副将及镇江城守参将，就近分班轮流盘验，无论粮船、兵船、大小差船，皆亲查验。如有夹带整包私盐，印行拿究，照兴贩律治罪。如有疏纵失察，照例参处。"③ 道光十一年（1831）谕："陶澍奏酌定楚西等省盐船到岸限期并委员巡缉，以杜夹带盗卖一折。楚省商运江船行走限期，旧例已为周密，惟运盐至江西省，向来未定有限期。据该督查明程途，比较楚省限期酌定，著照所议，小船定限二十日，中船定限三十日，大船定限五十日。责成淮南监掣同知，于商人雇船运盐前赴楚西，视引数之多寡，定雇船之大小，以装满九分为率不许留有空舱，致多夹带。至安徽、河南各口岸盐船，既分江湖两运，兼有换船起剥之处，其船并无大小。著以淮安城北乌沙河开运之日起，定限每日行三十里，将盈补绌，按程途之远近，扣日期之多寡，责成淮北盐掣，查验开行，均不得留舱夹带。仍将开行及到岸限期，并吃水尺寸，另给催趱限单，抵岸报验，由各该盐道认真查对，傥有中途风水阻滞，照楚省旧例，准其据实呈报。如逾限不到，即行查办。至夹带卖私之弊，楚西一路为尤甚，往往盐已卖尽，即捏报淹消。从前曾委武

---

① 《大清会典事例》卷 231《户部·盐法》。
② 《大清会典事例》卷 231《户部·盐法》。
③ 《大清会典事例》卷 225《户部·盐法》。

职员弁巡缉，嗣经裁撤。著仍复旧规，每年酌委参游守备，或文职二员，自仪征大江溯流巡缉，至湖口分路，一往江西，一往汉口，仍由原路查回仪征，换员前往接巡。责令访查夹带、卖私、捏报、淹消等弊，并令沿途催趱行运，毋任稍有逗留。其所委之员，该督仍随时查察勤惰，分别劝惩，总须认真办理，杜绝诸弊。俾盐引畅销，鹾务日有起色，不可虚行故事，日久仍视为具文。"①

从以上所引我们大致可以了解到，清政府在流通环节查禁私盐主要采取了 4 个方面的措施：一是禁止夹带私盐。清代夹带私盐最严重的是船只夹带，因此，从顺治年间开始，政府就采取各种措施。如船只装好官盐后，即时封闭货舱，并用火烙印记，以防不法之徒擅自开启，夹带私盐。清政府还规定运盐船只应装满整个船舱的 9/10，不许留有空舱，使船只不留有夹带私盐的空间。二是规定运盐船只在路途上航运时间，使船只没有时间在沿途装卸私盐进行走私。政府依据船只每天行走的里程，以及路程的远近，计算出船只需要的航运时间。三是委派有关官员沿途进行巡视盘查，缉拿夹带、卖私、捏报、淹消等不法之徒。四是在一些交通要道、口岸等船只必经之路、关卡，派官员前往盘查，缉捕走私者，并予以惩处。

再次，对涉及私盐各个环节的责任人均要予以不同程度的处罚，以此铲除食盐走私链。清政府在查处私盐时，尤其是查处大宗食盐走私案中，特别注意查明各个走私环节的责任人，并予以不同程度的处罚，如食盐走私中的买方、卖方、经纪人、窝藏之家、脚夫、水手、灶丁以及失职的官吏管盐司道、管场员等。如顺治十七年（1660）题准："凡获大伙私盐，必究讯窝家、经纪，所过地方有无徇纵，管盐司道扶同不举，一并参究。"② 雍正六年（1728）议准："拿获私贩，本犯脱逃者，即将装带私盐之脚夫、水手拘获到案，详究本犯踪迹，勒限务获，照例于私贩

---

① 《大清会典事例》卷 231《户部·盐法》。

② 《大清会典事例》卷 231《户部·盐法》。本自然段引文均见于此。

上加治逃罪，售与之人，亦照私贩例治罪。其脚夫、水手，分别惩治。若大伙兴贩，照强盗例勒限严缉，地方文武官弁，照溺职例议处。"嘉庆二十三年（1818）议准："凡拿获私盐，数在三百斤以上者，将买自何人何地及窝顿之人，讯明确据，关提审究，按律惩治。若审出买自场灶，将该管场员并沿途失察各官，一并题参；灶丁按私贩例治罪，承审官率混详结者，并予参处。"清代食盐走私，尤其是大规模的食盐走私，往往形成一个有组织的走私链，不仅有买卖双方，而且有中间充当搭桥牵线的经纪人，藏匿私盐的窝顿之家，以及负责运输的脚夫、水手等，如私盐买自场灶，还会涉及管场员、灶丁等，有的甚至连沿途负责稽查的官吏也被走私食盐团伙收买。因此，清政府通过彻查走私食盐大案，惩处有关环节的涉案人员，对于铲除食盐走私链，禁止私盐，是大有裨益的。

最后，清政府为督促有关官吏认真负责稽查私盐，颁布了奖惩条例，不能觉察私盐者必须受到处罚，能缉拿私盐者则受到奖赏。如"康熙十五年（1676）题准：官员该管界内，有本官衙役私行煎贩，或私卖者，本官不能觉察，别经发觉者，革职。其军民人等，在伊界内私行煎盐，或私卖者，不能觉察，别经发觉，降三级，调用；兼辖官降一级，罚俸一年；如该管官自行拿获者，免议。又题准：凡旗人兵民，聚众十人以上，带有军器，兴贩私盐，失于觉察者，将失事地方专管官革职，兼辖官降二级，皆留任，限一年缉拿；获一半以上者，复还官；若不获者，照此例革职降级。该督抚、盐政御史，如有失察官员，徇庇不行题参，照徇庇例议处。专管官一年内拿获十人以上，带有军器大伙私贩一次者，纪录一次；二次者，纪录二次；三次者，加一级；四次者，加二级；五次者，不论俸即升。兼辖官一年内拿获三次者，纪录一次；六次者，纪录二次；九次者，加一级；拿获次数多者，均照次数纪录加级"①。

（四）徐文弼缉私盐思想

徐文弼，字勷右，号莀山，又号鸣峰、超庐居士。清代江西丰城人，

---

① 《大清会典事例》卷105《吏部·处分例》。

生卒不详，约生活于清康熙至乾隆年间。徐氏自幼业儒，乾隆六年（1741）中举人，历任江西鄱阳教谕、四川永川知县、河南伊阳知县。其一生涉猎甚广，长于诗文，著作颇丰，曾著有《汇纂诗法度针》《新编吏治悬镜》《萍游近草》等书。

徐文弼缉私盐思想最大的特征是依据南方、北方食盐走私的不同特点，分别提出有针对性的缉私盐措施。他在《缉私盐》一文中，首先对当时全国南北食盐走私猖獗的现象进行揭露：

> 夫盐徒贩私，皆奸民与场丁交通，奸民利得贱盐，场丁利其售货。其私贩所至之地，又必有窝家，而乡村小民食私较食官颇贱，故群相争买，而贩私者亦因其易售而视为恒业，于是私盐盛行而官盐日壅。然更有大伙盐徒，南方撑驾大船，北地多驴驮负，弓刀炮火，白昼公行，庄村任其经过，捕壮不敢稽拦。其尤可怪者，官商纳课领引到场买盐者也，如直隶、山东等之商，所认各州县额引在场盐运行，州县例有销引考成，不得不督责民间买食。其如本乡贪图多卖，反暗买私盐，而充官盐，以致盐多难消。又借口民多食私，而令官壅，此北地奸商借官行私之弊也。如江淮、两浙之商，例有管理上场下河等伙计，其不肖之徒，纠合无赖，连档运载，明插旗号，执持官引，以为影射。江河四达，莫敢伊何。又间有大胆豪商，贿通官长，捆载多斤，公然行掣，径同额盐，一体装往地头发卖。或别售他乡，以取倍称之息。此南方奸商借引行私之弊也。①

徐文弼针对北商"借官行私之弊"，即暗买私盐，而充官盐销售的弊端，提出州县应在引盐将运到之时，告示城乡民众在限定的短时间内速来买盐，并在引盐一销售完后随即销引。倘若尔后还有人再出售盐，那就是在卖私盐，州县必须予以查禁，并依法进行惩处。这样，就能杜绝北商"借官行私之弊"。他说："北地之商，买私暗充官盐，由于引盐到境，官不为稽考也。夫本州县额引若干，每引额盐若干，本商每年或一

---

① 《清经世文编》卷50，徐文弼《缉私盐》。本目引文均见于此。

次二次运行，先将运到引盐若干斤，呈报到官，本官即出示张挂本店门首，将运到引盐若干斤，谕城乡约地庄头，照烟户于某日为始，速赴本商店内，照时价公平买卖，本商不得故昂其值。酌定引期于某月日买完，本商每月将民间买过引盐若干，呈报州县，俟定期引完之日，将本商卖盐底簿吊查。如尚未卖完，再行出示，催令民间速买，以便销引而副考成。如已照数买完，即令本商将运过引目送验，具文连引，填明批解月日缴销。引盐卖完之后，本店又复开张，或潜行私卖，即系买私网利，或傍人首告，或本州县查出，定行申报按律究拟。历来地方官，每于岁终将销引文书，径交本商自投运道，而引未尝寓目，保无匿引影射私盐者乎？惟引盐按额完销，运引即行验解，商无暗卖之私，民息多卖之累，此借官行私之弊可以杜绝矣。"

徐文弼针对南方"借引行私之弊"，提出由于清政府很难在河江沿途稽查私盐，因此稽查私盐关键应放在盐场售盐给商人环节。政府严格规定盐场灶丁依据盐引所载数额销盐，不得多售余盐。为防止不法商人重复使用旧引贩盐，规定灶丁卖盐给商人后，即将盐引截角，商人卖完盐后，及时按期限上缴盐引。商人领盐出盐场时，必须严格稽查，防止其夹带私盐。如发现商人在卖完引盐后贩卖私盐，以及在出盐场时夹带私盐，必须严惩有关责任人。这样，就可杜绝南方"借引行私之弊"。他说："南方之商，运行各省，定由长江大河而去，非沿途州县之可稽查也。其弭私之责，殆在巡缉使者之与运道乎。商人领引赴场买盐，灶丁只照引目听买，不许将私煎夹带，查出本商余盐，并究所卖灶丁。若批验所掣挈之后，将引即行截角，于择吉开行之后，仍有驾船插旗，江河行走者，即为查拿解究，务尽根株。每年行销旧引，克期报缴，不得留藏本商，以滋影射。灶丁不卖余盐，掣所严查夹带，则私盐不得出场，引目照例截缴，私盐尽法穷究，则商人无所容奸，此借引行私之弊，可以立清矣。"

（五）官盐生产运销

清政府为了严防私盐，重视从生产源头抓起，通过严密控制查核生

产盐的工具和按日登记盐的产量使灶户无法私下多产、藏匿余盐。如乾隆四十三年（1778）复准："淮南各场煎盐盘锹，淮北各场晒盐砖池，饬分司场员查勘册报，由运司给发循环印簿，令场员将煎晒盐数，按日登记，分别半月一月查核一次。余盐尽归商贾，如有伏火逾时，私添盘锹及展宽地面偷挖土池等弊，即将灶户照贩私例治罪，漏报之分司大使等，分别参处。"①

朱轼在《请定盐法疏》一文中也指出，要杜绝私盐，必须禁止场灶出私盐。灶户之所以卖私盐，根本原因是灶户受商人控制，因为灶户贫穷，必须向商人借贷生产资本。因此，政府必须采取行政强制手段，命令商人必须向灶户提供生产资本，如出现灶户卖私盐，商人也必须承担罪责，受到处罚，从而从生产源头杜绝私盐。他主张："灶户煎盐，宜令商人助其资本，并酌定卖私治罪之例也。查定例灶丁人等夹带余盐出场，及私煎货卖者，同私盐法。乃近来拿获私贩，止据现获之人问理，并不根究灶户，不知私盐皆灶户所鬻。若使场灶间无私出之盐，奸徒何从兴贩。故欲杜绝私枭，必先清查场灶，而欲绝场灶之私出，又必先体恤其苦情。凡灶户资本，多称贷于商人，至买盐给价，则权衡子母，加倍扣除。又勒令短价，灶户获利无多，盐复有余，且恃私盐事发，罪亦不及。是以敢于售私，实由盐商驱之，而该管官纵之也。臣以为宜令商人认定灶户，酌给资本，使得及时煎晒，虽遇阴雨连绵，盐斤不致缺少，于商人亦大有益。其价值于掣盐时，该管公同酌定，宁有余，毋不足，务使灶丁得沾利益，庶日用有资，而工本无缺，然后严绝私售之弊，而治之以法。"②

清代，由于受交通工具的限制，在运输官盐中，因交通事故而导致官盐受到损失。特别是水路运输，因大风洪水，使运盐船只沉没。对此，清政府如查明属实，允许事故者装盐复运。但有些不法官吏和商人，借

① 《大清会典事例》卷230《户部·盐法》。

② 《清经世文编》卷50，朱轼《请定盐法疏》。

故弄虚作假，营私舞弊，如不法官吏借查办沉船事件时向商人勒索，或商人假报船只沉没，骗取官府补偿。对此，清政府命令盐道官会同地方官查明，并以出卖私盐律治罪。雍正十年（1732）奏准："两淮盐运至江西、湖广，均由大江，遇有失风失水，该地方官及营弁查明属实，出具印结，仍许其装盐复运。但其中或有实因失风失水，而不肖地方官、营弁勒索馈礼出结者，亦有不肖商人捏报失风失水、厚馈地方官、营弁出结者。嗣后如有盐船在大江失风失水报到，督抚即飞檄该省盐道，别委廉干之员，会同该地方官、营弁确查明晰，即照例会同出结，准其装盐复运。有假捏情弊，亦即据实详报该督抚，将商人以贩卖私盐律治罪。如该委员与地方官、营弁，有盐船实在失风失水，勒索商人馈礼，及通同受馈，假捏出结者，即指名题参，分别究治。其内河小港，止失数引、数十引者，仍照旧例具详盐政运使，地方官核实出结，准其补给。"①

清代，官盐在运输中还会经常因不法之徒偷窃、作弊而发生短斤少两问题。对此，清政府严令沿途官吏加强稽查，一旦发现斤两不足，即予以追究查办。雍正十一年（1733）复准："淮盐至楚，令盐道于到岸未发之先抽秤，不足，即将淮商究治。如转发水商，查出斤两不足，即将水商究处。再盐船至楚，向无数目知会，无可稽查。嗣后定为十日一咨，凡盐船开行装载引目，商人船户姓名，逐一报明盐政，移会行销省分督抚，互相稽查。"②

清代官盐在运销过程中出现斤两不足问题，一个很常见的原因是不法官吏、商人、盐场在秤上作弊。对此，清政府采取了一些措施，加强对盐秤的管理。

其一，盐秤由政府有关部门按照朝廷规定制作验烙，禁止盐场、商人私制。道光十年（1830）议定："两淮收盐桶秤，由运司衙门遵照定制验烙颁发，不准场商私制。其提泰坝批验所各盐秤，亦一律烙发，认真

---

① 《大清会典事例》卷 223《户部·盐法》。
② 《大清会典事例》卷 223《户部·盐法》。

秤验，并于运河要道之北桥处所，运司亲莅抽秤。如有格外重斤，即将秤验各官参撤示惩。"①

其二，凡商贩贸易官盐，必须使用政府制作的官秤，并有一杆秤存库，以备随时校验。乾隆五十七年（1792）议准："小贩赴河东买盐，与坐商自相交易，毫无凭准，易起争端。应令仿照旧式，由河东道印烙，另制官秤三杆，给发中、东、西三场斗级收执。凡有商贩贸易，以此秤为准，原秤存库备较。"②

其三，凡官盐出盐场，必须使用户部所颁砝码校验的官秤，并于公所另存一杆，以备随时校验。嘉庆二十四年（1819）复准："载盐出场，每引分为两袋，遇冬月加耗五斤（每贷加二斤半），由河东道按照部颁法马、各给官秤一杆，另设一杆存于公所，不时核对，毋许畸轻畸重。"③

清代，由于交通工具的限制，许多荒僻乡村的穷苦乡民很难买到官盐，往往淡食，甚至煎熬咸土充食，以致得病。对此，朱轼建议，荒僻乡村挑选一位谨厚良民，给予小票，让其向村民零售官盐。他说："荒僻乡村，宜择良民领盐零卖，以便民食也。查穷乡僻壤，难于消盐之处，从无开设盐店，穷苦小民，经年食淡，或煎熬咸土充食，以致生病，老人尤不能堪。闻有家道充足之人，从城市多买数斤携归，途遇巡兵，盘诘讹诈，往往不免。请令有司于荒僻村庄，择一谨厚良民，给以小票，令其领盐零卖，卖完缴价，又复发给。如此则衰老穷民，得以就近零星买食，而于盐斤之行销，亦不无少补矣。"④

（六）盐课考成

由于盐课是清政府的重要财政收入，因此，满洲贵族从入主中原开始，就十分重视通过奖惩的办法督促官吏认真负责做好盐课缴纳工作。"顺治八年（1651）复准：盐课欠不及一分者，巡盐御史（寻改为盐政）

① 《大清会典事例》卷 223《户部·盐法》。
② 《大清会典事例》卷 224《户部·盐法》。
③ 《大清会典事例》卷 224《户部·盐法》。
④ 《清经世文编》卷 50，朱轼《请定盐法疏》。

罚俸一年；欠一分以上者，降俸二级；欠二分以上者，降职一级；欠三分以上者，降职二级；皆留任。欠四分以上者，降三级；欠五分以上者，降四级；欠六分以上者，降五级；皆调用。欠七分以上者，革职"①。"康熙三年（1664）题准：巡抚管理通省粮饷，其盐课考成，欠一分者，罚俸三月；欠二分者，罚俸六月；欠三分者，罚俸九月；欠四分者，罚俸一年；欠五分者，降俸一级；欠六分者，降俸二级；欠七分者，降职一级；欠八分者，降职二级；欠九分者，降职三级；欠十分者，降职四级；皆令戴罪督催，停其升转。运司、提举司、分司大使等官，系专管盐课之官，欠不及一分者，停其升转，罚俸六月；欠一分者，罚俸一年；欠二分者，降职一级；欠三分者，降职二级；欠四分者，降职三级；欠五分者，降职四级；皆令戴罪督催。欠六分以上者，皆革职。兼管盐务之知县、知州、知府、布政使、各道，欠不及一分者，停其升转；欠一分以上者，降俸一级；欠二分三分者，降职一级；欠四分五分者，降职三级；欠六分七分者，降职四级；皆令戴罪督催，停其升转，完日开复。欠八分以上者，革职。署运司、提举司、分司大使等官，欠不及一分者，罚俸三月；欠一分者，罚俸六月；欠二分者，罚俸九月；欠三分者，罚俸一年；欠四五分者，降一级，调用；欠六分七分者，降二级，调用；欠八分以上者，革职；署印不及一月者，免议。署司道府州县事兼理官员，欠一分二分者，罚俸三月，欠三分四分者，罚俸六月；欠五分六分者，罚俸九月；欠七分八分者，罚俸一年；欠九分十分者，降一级调用；署印不及一月者，免议。"雍正七年（1729）议准："各运使带征拖欠正杂盐课，完至五万两以上者，纪录一次；十万（两）以上者，纪录二次；十五万（两）以上者，加一级；二十万（两）以上者，加一级，纪录一次；二十五万（两）以上者，不论俸满，即升"。

从以上所引我们可以看出，清代对与盐课缴纳有关官员的奖惩有如下4个方面值得注意：其一，清政府对盐课完成情况的衡量仍然采取唐

---

① 《大清会典事例》卷105《吏部·处分例》。本自然段以下引文，均见于此。

宋以来的十分为率方法，即完成数额占总数额的十分之几。其二，依据未完成的不同数额，分别采用罚俸、降俸、停其升转、降职、革职等处分。在一般情况下，接受处分后的官员还要留任，"戴罪催完"，如在规定的期限时间内再完不成盐课缴纳任务，才降级调用。如康熙三年（1664）题准："盐课被参后，州县、大使等官，限一年全完，其年限内不完，不复作分数，照原参分数处分。州县官欠不及一分，一内年不全完者，降一级留任，再限一年，戴罪催完，如再不完，照依所降一级调用。"① 这种降级留任，"戴罪催完"一般是针对拖欠盐课不严重的官员，如拖欠严重，就直接降职调用，甚至革职。其三，清政府主要还是用惩罚的办法督促官吏按时按量完成盐课缴纳任务，对于奖励的办法，主要用于"带征拖欠正杂盐课"，其奖励就直接以征到的盐课数额给予纪录、加级。其四，清政府对于完不成盐课征收任务的官吏的惩罚除按数额外，还按官吏的不同级别以及对盐课征收的负责程度。一般说来，官大处罚较轻，官小处罚较重。如巡抚盐课考成，欠一分者，罚俸三月，欠二分者，罚俸六月。而知县、知州欠一分以上者，降俸一级，欠二分三分者，降职一级。显然，欠额所占总额权重相同，但小官所受到的处罚远重于大官。另一种不同是对盐课所担责任大的官吏其处罚大于对盐课所担责任小的官吏。运司、提举司、分司大使如系专管盐课之官，欠一分者，罚俸一年，欠二分者，降职一级。而署运司、提举司、分司大使如不是专管盐课之官，欠一分者，仅罚俸六月，欠二分者，仅罚俸九月。

三、对外贸易思想

（一）政府的对外贸易思想

从总的来看，清朝长期实行闭关锁国政策，不重视对外贸易，但是有限制的对外贸易依然存在，主要有 3 种形式。

---

① 《大清会典事例》卷 105《吏部·处分例》。

一是朝贡贸易。清朝规定："凡外国人朝贡到京，会同馆开市五日，各铺行人等，将不系应禁之物入馆，两平交易，染作布绢等项，立限交还。如赊买及故意拖延骗勒远人，至起程日不能清还者，照诓骗律治罪，仍于馆门首枷号一月。若不依期日及诱引远人潜入人家，私相交易者，私货各入官，铺行人等以违制论，照前枷号。"① 从这条记载我们可以看出，清代朝贡贸易有时间、地点、货物的限制。外国人朝贡到北京，只限制"开市五日"，即贸易五天；其地点限制在会同馆，不得"诱引远人潜入人家，私相贸易"，即外国人不能到中国人家中，私自进行贸易；所交易的货物，应是"不系应禁之物"，即应属于不是政府禁止的货物。清朝廷强调在朝贡贸易中应坚持"两平交易"，特别禁止国人通过赊买、拖延时间等来欺骗远道而来的外国人。

二是与西北番夷的贸易。雍正三年（1725）奏准："甘肃、西宁等处，遇有番夷到来，本都司委官关防督查，听军民人等两平交易。若势豪之家，主使弟男子侄、家人头目人等，将远人好马奇货包收，逼令减价，以贱易贵，致将粗重货物并瘦损头畜拘收，取觅用钱，方许买卖者，听主使之人，问（发）附近卫分充军，干碍势豪及委官知而不举，通同分利者，参问治罪。"② 从这条规定我们可以看出，清朝民间与西北番夷的贸易，必须在有关官吏的监督与稽查之下才能进行。在民间与西北番夷的交易中，清政府也强调必须"两平交易"，而且特别强调那些权势、豪强之家不得指使家里弟男子侄、家人头目等包收番夷的好马奇货，然后强迫其减价卖给自己，以很低的价格购买其贵重的物货，或将番夷粗重货物、瘦损牲畜等扣押，向其勒索钱财后，才允许他们出售。如果有发生上述情况，当事人必须发配到附近卫所充军，势豪及有关官吏知而不举，通同分得好处者，必须被参问治罪。

三是海上贸易。清初，为封锁郑成功领导的海上反清力量，曾实行

---

① 《大清会典事例》卷 765《刑部·户律市廛》。
② 《大清会典事例》卷 765《刑部·户律市廛》。

海禁政策，不许片帆下海，甚至还实行大规模的迁徙沿海居民的政策，史称"迁海"。自康熙年间，清朝统一台湾后，海上贸易才逐渐放开。康熙二十三年（1684）复准："福建、广东两省，许用载五百石以下船出海贸易。地方官登记人数，船头烙号，给发印票，令防守海口官弁验票放行，拨船巡哨。如有双桅八桨、载五百石以上大船，出洋夹带禁物，及文武官弁借端需索者，皆从重治罪。其进海口内、桥津地方贸易舟车等物，停止征税。"①（康熙）二十三年（1684）题准："山东、江南、浙江、广东各海口，除夹带违禁货物，仍照例治罪外，商民人等，有欲出洋贸易者，呈明地方官，登记姓名，取其保结，给发执照，将船身烙号刊名，令守口官弁查验，准其出入贸易"②。由此可见，康熙二十三年（1684）的开海禁，虽然允许民间开始从事海外贸易，但其限制还是严格的，如只允许载重500石以下的船出海贸易。商民要出海贸易，必须向地方官提出申请，出具担保，经过地方官登记，发给通行印票和执照，将船头烙印号码，刊刻船名，然后由防守海口的官兵查验无误后，才准予出海贸易。如果船只载重量超过500石，系双桅杆八桨的大船，或出海贸易时带有禁止贸易的货物，那就要受到从重惩处。

清代的海外贸易是有选择，很有针对性地考虑到本国的需求。如东南沿海人多地少，粮食供给不足，清政府就鼓励通过海外贸易，从东南亚等国输入大米。道光四年（1824）谕："阮元等奏请定洋米易货之例一折。广东粤海关向准洋米进口粜卖，免输船钞，粜竣回国，不准装载货物。近年以来，该夷等因回空时无货压舱，难御风涛，且无多利可图，是以米船来粤者少。自应将成例量为变通，著照所请，嗣后各国夷船来粤，如有专运米石，并无夹带别项货物者，进口时照旧免其丈输船钞，所运米谷，由洋商报明起储粜卖。粜竣，准其原船装载货物出口，与别项夷船一体征收税课，汇册报部以示体恤。"③ 由于进口洋米能解决东南

---

① 《大清会典事例》卷239《户部·关税》。
② 《大清会典事例》卷120《吏部·处分例》。
③ 《大清会典事例》卷240《户部·关税》。

沿海粮食供给不足问题，因此清政府给予洋米进口免输船钞的优惠，并且特准其回国时装载中国货物，使外国米商往返都有利润可赚，从而鼓励更多的外国商船运米到中国东南沿海销售。又如当时国内官银紧张，清政府就规定在海外贸易中，除以货易货外，可用番银交易，但不许用官银交易，从而避免大量官银外流。道光九年（1829）议准："夷商与内地行商交易，除以货抵货外，价银不敷，彼此均以番银找给。嗣后行商找与夷人货价，有搀用官银者，除充公外，仍照私运例治罪。各口员弁丁役人等，查获船载赴洋官银，先交地方官讯明，在何处起获，即将该船经过上游各口员弁丁役，照扶同隐漏例，严行究治。"①

在海外贸易中，清政府通过"抽分"来征收关税，以增加财政收入。如泛海客商通过藏匿货物来避税漏税，将要受到法律惩处。清政府还鼓励知情人告发，给予告发者奖赏。朝廷规定："凡泛海客商舶船到岸，即将货物尽实报官抽分。若停藏沿港土商、牙侩之家不报者，杖一百；虽供报不尽实，罪亦如之，货物并入官；停藏之人同罪。告获者，官给赏银二十两。"②

（二）慕天颜的开海禁思想

慕天颜，字拱极，甘肃静宁人。顺治年间中进士，曾任钱塘知县。康熙年间，官至江苏巡抚。其任地方官注意兴修水利，发展江南农业生产。其著作主要有《慕天颜奏疏》。

清康熙年间早期，朝廷由于大规模的战争，使国家财政出现危机，"资饷甚殷，所在告急"③。在这种情况下，当时朝廷"议节省则事款通裁，几于节无可节矣；议捐输，则事例多案，几于捐无可捐矣"。在朝野上下一筹莫展之时，慕天颜上《请开海禁疏》，提出解决当时财政危机唯一可在短期内见效的是开海禁："军马之供亿，每患不敷，度支之经营，尚苦莫措者，良由讲求之术，徒循其末，而未深探其本也……于此思穷

① 《大清会典事例》卷 240《户部·关税》。
② 《大清会典事例》卷 763《刑部·户部课程》。
③ 《清经世文编》卷 26，慕天颜《请开海禁疏》。本目引文均见于此。

变通久之道，不必求之天降地出，惟一破目前之成例，曰开海禁而已矣。"

慕天颜认为，开海禁，即开放海外贸易，可从两个方面解决当前财政危机。一是他指出，理财主要就是增加"金钱"，即货币："国用之征求，惟以金钱为急，上下相寻，惟乏金钱之是患也久矣"。而当时，生银之途绝，"止有现在之银两"，且"消耗者去其一，湮没者去其一，埋藏制造者又去其一，银日用而日亏，别无补益之路"，所以才导致财用匮乏。他认为，当时国家要增加银两的途径有两条："银两之所由生，其途二焉，一则矿砾之银也，一则番舶之银也"。其中"矿砾之开，事繁而难成，工费而不可必，所取有限，所伤必多，其事未可骤论也。惟番舶之往来，以吾岁出之货，而易其岁入之财，岁有所出，则于我毫无所损，而殖产交易，愈足以鼓艺业之勤……银两既以充溢"。在此，他认为开银矿是一项十分繁杂困难的大工程，花费了很多钱还可能挖不到银矿，因此非一日之功可成，难以立即解决清政府面临的财政危机，唯有通过海外贸易，以中国的货物换取海外的银钱，是可以马上见效的，使国库银两充溢，财政危机就可得到克服。二是他认为，开海禁进行海外贸易，可以促进社会经济的发展，从而增加财政收入。他指出："殖产交易，愈足以鼓艺业之勤，岁有所入，则在我日见其赢，而货贿会通，立可以祛贫寡之患。银两既以充溢，课饷赖为转输，数年之间，富强可以坐致。"而且海禁一开，使原来因迁海政策而被迫迁徙的沿海民众回到故乡，从事农业生产，交纳赋税，这也可增加财政收入。"今若开禁，并可勒令复归故土，垦种补课，又系生财之一端"。

另一方面，慕天颜也对一些对外海上贸易招致外患的论调进行驳斥。当时有人认为朝廷之所以实行海禁，是因为"海氛未靖，方事剿除，若一通洋，势多扦格"。对此，慕天颜以明清两朝的海疆史，说明开海禁与海疆安全并没有必然的联系，换言之，开海禁并不会导致海疆安全受到威胁，而只会在经济上为国家带来好处。他指出："更请衡今昔事势而言之，按故明海岛诸国，并许朝贡，惟以倭夷犷悍，绝不使通，然而市舶

之往来，于彼不废，故有舶商匿货之禁，原以专计泛海之船，行之累朝，深得其利。其后虽有倭患，原非兆于商舶也。再以本朝而言，闽海之余孽未殄，而荷兰、琉球等国之贡仍至也，粤地之风帆接闽，而暹罗、红毛等国之贡自若也。贡船本外夷所来，犹且无碍，商舶由内地所出，翻谓可虞，又事理之必不然者矣。犹记顺治六七年间，彼时禁令未设，见市井贸易，或有外国货物，民间行使，多以外国银钱，因而各省流行，所在皆有。自一禁海之后，而此等银钱，绝迹不见一文，即此而言，是塞财源之明验也。可知未禁之日，岁进若干之银，既禁之后，岁减若干之利，揆此二十年来，所坐弃之金钱，不可以亿万计，真重可惜也。"

鉴于以上这些认识，慕天颜主张朝廷应开海禁，其具体做法是："今则盛京、直隶、山东之海船，固听其行矣，海洲、云台之弃地，亦许复业矣；香山、澳门之陆路，再准贸贩矣。凡此，庙谟之筹略，岂非见于海利之原可通融，而故弛其禁邪。今所请之开禁，亦即此意扩推之而已。惟是出海之途，各省有一定之口，税赋之人，各口有一定之规，诚画一其口岸之处，籍算其人船之数，严稽其违禁之货，察惩其犯令之奸，而督率巡防，并资文武，统之以兼辖，责之以专汛，弹压之以道官，总理之以郡佐，一切给票稽查，抽分报纳诸例，皆俟定议之日，可逐一妥酌举行也。"慕天颜认为，所谓开海禁，就是将现有的盛京、直隶、山东、海洲、云台、香山、澳门等地的海外贸易加以推广，并根据各省出海口岸的不同情况，制定不一样的制度规定。但其共同点是在对海外贸易的管理中，必须严格登记其人员、船只数量，稽查其是否夹带违禁之货物，缉拿惩处不法之徒，商船出海必须持有通行印票，到岸必须将货物如实报官抽分。

（三）海禁思想

清初，明延平郡王郑成功在福建厦门一带坚持抗清。顺治十三年（1656），清廷断绝沿海居民对海上抗清力量的接济，首颁海禁令，严禁商民船只私自出海。十八年（1661），郑成功率部驱逐荷兰人，收复台湾，清廷再颁海禁令，并在广东、福建、浙江、江南、山东沿海五省将

沿海居民内迁15—25公里，尽烧民居及船只，不准片板入海。康熙十七年（1678）清廷再严申禁令。二十二年（1683）统一台湾后，清廷才开海禁。据《大清会典》卷49载，清代海禁有岛屿之禁、船桅之禁、商渔之禁、器物之禁，除此之外，还有人员之禁等，朝廷并对在海禁中尽职或不尽职的官吏实行奖惩。

所谓岛屿之禁，就是"海滨居民不得潜往岛屿，招聚耕垦，致藏奸匪，其零星渔户搭寮暂住者，听。仍令沿海及巡洋员弁严加稽察，年终将有无增添专折奏闻"①。显而易见，岛屿之禁就是清廷禁止沿海居民长期居住岛屿并耕田种地，以防止沿海居民与海上抗清力量联络，将岛屿作为抗清据点。"康熙十七年题准：凡官员兵民私自出海贸易，及迁移海岛，盖房居住，耕种田地者，皆拿问治罪。该管州县知情同谋故纵者，革职治罪；如不知情，革职，永不叙用。"②

所谓船桅之禁，就是"出海商渔各船，均由地方官查取船户族里保结，许其制造，完日验明结照。商船许用双桅，梁头不得过一丈八尺，如所报梁头一丈八尺，而连两舷水沟，统算有三丈宽者，许用舵水八十人；梁头一丈六七尺，而连两舷水沟，统算有二丈七、八尺者，许用舵水七十人；梁头一丈四五尺，而连两舷水沟，统算有二丈五六尺者，许用舵水六十人。福建渔船之桅，听其用双用单。各省渔船，止许单桅，梁头均不得过一丈，舵水不得过二十人。广东渔船梁头不得过五尺，水手不得过五人。帆樯编号，依船照原编字号书写，帆上大书某省某府州县某字号、某船户姓名，用黑白颜色饰以桐油，并大书深刻于船樯两舷。沿海各色小船，均报明地方官取其保结，烙号给照，沿海渡船亦如之。私造者禁。有底无盖拨船，一体报官，烙号给照。奉天各属海岸船只，以三丈二尺为限，止准安用单桅，不盖蒙板，仍照例烙号。不遵定式者，照违制例治罪"。由此可见，船桅之禁就是规定出海船只的大小规格、使

---

①　《大清会典》卷49。本目引文未注出处者，均见于此。
②　《大清会典事例》卷120《吏部·处分例》。

用双桅或单桅以及船上水手的数量，因为船的大小、双桅单桅关系到船只出海的远近及航行速度。除此之外，为了便于船只管理、稽查，清廷规定出海船只必须在帆樯上用大字书写船隶属于某省某府州县的编号、船户姓名，还要将船的编号、船户姓名深刻于船樯两舨。所有船只必须申报官府批准，出具邻里族人保结，方可制造，禁止私人擅自造船。康熙四十二年（1703）复准：“商贾船许用双桅，其梁头不得过一丈八尺，舵水人等不得过二十八名；其一丈六七尺梁头者，不得过二十四名；一丈四五尺梁头者，不得过十六名；一丈二三尺梁头者，不得过十四名。未造船时，亦具呈该州县，取供严查，确系殷实良民，亲身出洋，船户取具澳甲里族各长并邻右当堂画押保结，然后准其成造。造完，该州县亲验烙号刊名，然后给照。照内将在船之人，详开年貌、履历、籍贯，以备汛口查验。其有梁头过限并多带人数，诡名顶替，以及汛口盘查不实卖放者，罪名处分，皆照渔船加一等。惟夹带违禁接济物件，其罪名处分，与渔船一例。其有谋利之富民，自造商船，租与他人，及寒薄无赖之人租船者，失察之州县官，罚俸一年；明知造船受租，而容其造者，降二级调用”①。康熙四十二年（1703）除规定船只大小，准许商船使用双桅、各船依据大小所配备水手数量外，在造船条件方面规定更为严格，除必须申报州县批准，出具里族各长及邻右保结，方许制造外，还规定造船者必须亲身出洋，如富民所造船只租与他人谋利，尤其是租给寒薄无赖之人，那就必须受到处罚，连失察之州县官，也要受到处罚。还有商船出海贸易，必须详细开具船上所有人员的年龄、体貌、履历、籍贯等，以备各口岸查验。

所谓商渔之禁，就是“直隶、山东、江南、浙江、福建、广东等省民人，许令海上贸易；江南、浙江、福建、广东商民，许往东洋、南洋贸易。各于沿海州县，领给照票，填明籍贯、年貌，系住何处，于出口、入口时，呈守口官查验。福建、广东商船出洋，均令营员押送。俟其放

---

① 《大清会典事例》卷120《吏部·处分例》。

洋，方许回汛。渔船不许出本省界内，欲出洋者，取其十船连环保结。出口时，将该船前往何处，及舵水人数，填照登号，准其出入。商船换其渔照者，取具保结互结，准其出海捕鱼。遇期不归，查讯治罪。沿海小船，赴就近汛口挂号，进口愆期者，取结存案。江南小洋山无照民人，海口员弁严行查禁。奉天洋面商船，令赴旅顺口水师营挂号，粘贴印花，无者不准入口。外省民人往奉天贸易，及由奉天往别省者，船只出入均由坐卡官验票放行。佣工人等，亦给有印票，方准航海"。由此可见，商渔之禁就是清廷规定沿海州县商船在海上贸易，必须向政府领取照票，在其上面填写清楚船上人员籍贯、年龄、体貌，往何处贸易，于出、入口岸时，呈守卫口岸军官查验。福建、广东商船出洋，还要命令军队人员押送，等到商船出洋后，才允许回来。渔船只允许在本省洋面内捕鱼，欲出洋者，要 10 艘渔船连环担保。出口岸时，要将渔船往何处及水手人数填写在照票上，才准其出洋。商船要出海捕鱼，必须换取渔船照票，并且出具保结互相担保，才准其出海捕鱼。如到了规定期限还未归来，就必须查究治罪。沿海小船，在附近洋面捕鱼，也要到口岸挂号，归来过了期限的，也要收取保结存案。奉天省洋面的商船，令赴旅顺口水师营挂号，粘贴印花，如没有挂号、贴印花，不准进入口岸。外省商船来奉天贸易，或奉天商船往别省贸易，船只出入均要经过坐卡官查验照票后才能放行，即使是船上佣工等，也要发给印票，才准予出海。

所谓"器物之禁"，就是"内洋商船及渔樵船只，概不许配带炮械，出贩东洋、南洋大船，准其酌带军器。每船炮不得过二位，鸟枪不得过八杆，腰刀不得过十把，弓箭不得过十副，火药不得过三十斤。广东广州、廉州、肇庆三府饷渡船只，照出洋商船之例，酌给鸟枪四杆，每次酌给火药三斤。凡枪炮，俱报官给票，赴官局制造。完日，由地方官亲验，凿名编号。腰刀、弓箭、火药等项，同牙行制造，完日，报官查点。俱由执照内注明，回日依数点验。有沉失者，于所在地方官报明，取同船人结状，呈缴备案。有将外夷钢炮带回者，地方官给予时价收买，以充鼓铸。硝、硫磺、钢铁、头蚕、湖丝，毋许私载出洋货卖，铁锅除每

日煮饭之锅外，亦严禁出洋；食米计人定数，多带及带麦豆杂粮者并禁；钉、油灰、麻等物，酌量携带，足备船用而止。均于照内注明，以备查核。其内地商民领照往暹逻等国，运回米石者，按数议叙。各省洋船有将硫磺运回者，准其压带呈缴，随时收买。"这里的器物之禁有 3 种情况：一是有限制地允许到东洋、南洋的商船携带枪炮、刀箭、火药等军器，作为防范海盗之用。这些枪炮等军器必须报官申请，经过批准后给票，然后到官局制造。制造好后，还要由地方官亲自查验，凿上使用者姓名，并予以编号，才能正式使用。其他腰刀、弓箭、火药等由同牙行制造，制造好后，报官查点。这些军器在船只出洋时于执照内注明，回来时要依数点验，如有沉失者，于所在地方官府申报说明，并出具同船人员担保结状，一并呈缴备案。由此可见，清政府对民间军器控制之严。二是禁止硝、硫磺、铜、铁、钉、油灰、麻等军用物资及麦豆杂粮等出海，以杜绝内地民众接济海上抗清力量。三是鼓励商船从海外购入外夷钢炮、硫磺军用物资和大米等粮食，政府将予以收买。如康熙四十二年（1703）复准："出洋海船……内有夹带焰硝、硫磺、钉铁、樟板等物接济奸匪者，其取结之州县官、汛口盘查之文武官弁，皆革职；如系卖放者，革职，杖一百，流二千里。"① 雍正九年（1731）谕："据广东布政使奏称，铁器一项，所关綦重，不许出境货卖，律有明禁。乃粤东地方，出产铁锅，凡洋船货买，向未禁止，乃任后检查案册，见雍正七、八、九年造报夷船出口册内，每船所买铁锅，少者自一百连至二三百连不等，多者买至五百连，并有至千连者。按铁锅一连，大者二个，小者四五六个，每连约重二十斤不等，百连约重二千余斤。如一船带至五百连，约重万斤；带至千连，约重二万斤。计算每年出洋之铁，为数甚多，诚有关系。请嗣后此项铁锅，应照废铁之例，一并严禁。毋论汉夷船，概不许货卖出洋，违者该商船户人等，即照捆载废铁出洋之例治罪，官役通

---

① 《大清会典事例》卷 120《吏部·处分例》本自然段以下引文未注出处者，均见于此。

同徇纵，亦照徇纵废铁例议处。凡遇洋船出口，仍交与海关监督，一并稽查。"乾隆十三年（1748）复准："杂粮麦豆，偷运出洋，接济奸匪者，其文武官弁，失察故纵处分，皆照偷运米谷出洋定例处分。"乾隆三十年（1765）奏准："各省滨海地方，每船准带丝斤，俱照各该督抚奏定额数，无论官商客商，俱不准逾额多带，棉绢，亦照定额。止许奏准之官商，每船照数携带。仍令各该关口文武各官，逐层查验，如有私贩绸缎棉绢，并于成额之外，多带丝斤，及官商逾额多带丝斤绸缎棉绢者，每百斤以上，照米一百石以上出洋之例，将失察之汛口文武各官，降一级留任；不及百斤者，罚俸一年；不及十斤者，罚俸六月。"从以上所引，我们可以看出，康熙、雍正、乾隆三朝的"器物之禁"，主要是禁止内陆民间"接济奸匪"，即接济海上的抗清力量，因此所禁的器物主要是军用物资和粮食、丝棉等生活必需品。到了清代末期，随着西方殖民者的入侵，"器物之禁"转而禁鸦片和官银，以防止鸦片毒害国人和官银的大量外流。道光九年（1829）奏准："凡夷船来粤贸易，停泊黄浦，即令夷商写立并无夹带鸦片字据，交洋行保商加结，复由洋商轮查无异，方准开舱起货。如夹带鸦片，即将该夷船驱逐出口，永远不准来粤贸易。傥有任令夷人夹带鸦片入口，即将该洋商等照例治罪，并严饬巡洋舟师及地方文武派拨巡船，于夷船来粤湾泊之时，严密巡查。如有民船拢近夷船，立即拿办，以防代运鸦片及违禁货物。至夷船进口，仍饬守口员弁逐一严查，傥有鸦片等物，即时飞票查办。如有隐匿，从重惩处。"同年又议准："澳门地方，向许内地民人在彼与夷商交易，责成澳门同知就近稽查。凡民人向夷人买物，不许使用官银，亦不许将官银换给夷人。如有前项情弊，拘拿治罪。该同知漫无查案，别经发觉，将该同知严参。"①

清代海禁除《大清会典》卷49所载岛屿之禁、船桅之禁、商渔之禁、器物之禁外，还有人员之禁。如康熙二十三年（1684）题准："山东、江南、浙江、广东各海口，除夹带违禁货物，仍照例治罪外，商民

---

① 《大清会典事例》卷240《户部·关税》。

人等，有欲出洋贸易者，呈明地方官，登记姓名，取具保结，给发执照，将船身烙号刊名，令守口官弁查验，准其出入贸易。"① 康熙四十二年（1703）复准："出洋海船……其照内仍将船户、舵水年貌、籍贯开列，以便汛口地方官弁查验。如有违例，将给照之州县，降二级调用。船户、舵水人等，如有越数多带，或诡名顶替者，汛口文武官员，盘查不实，亦降二级调用。"清政府不仅对国内民众出海做严格限制、管理，同时，也禁止外国人未经批准、检查擅自进入国内。康熙三十三年（1694）议准："内地商人往外国贸易……如坐去船不曾损坏，竟造船带来，或暗带外国之人，偷买违禁之物者，海关监督并防守海口地方官，不行查出，皆降一级调用。"

清政府在海禁中，也用奖惩的手段督促有关官员必须认真负责，严格管理稽查。如雍正十二年（1734）复准："海洋重地，非内地可比，该汛地方文武官弁，拿获偷渡外番十名以上者，专管官纪录一次，兼辖官毋庸议叙；二十名以上者，专管官纪录二次，兼转官纪录一次；三十名以上者，专管官加一级，兼辖官纪录二次；四十名以上者，专管官加二级，兼辖官纪录三次；五十名以上者，专管官以应升之官即用，兼辖官加一级。傥不实力稽查，以致疏纵十名以上者，专管官罚俸一年，兼辖官免议；二十名以上者，专管官降一级留任，兼辖官罚俸六月；三十名以上者，专管官降二级留任，兼辖官罚俸一年；四十名以上者，专管官降三级留任，兼辖官降一级留任；五十名以上者，专管官降一级调用；兼辖官降二级留任……其各官弁有降级留任之案，傥能别案拿获，按其拿获名数抵销。如三年内并无过犯，稽查严密，本汛内果能肃清，令该督抚、提镇查明保题，准其开复。若有偷渡人犯，希冀开复，捏饬讳隐，一经发觉，题参交部议处。该督抚、提镇不行详查，混行保题者，亦交部议处。"② 从上引规定可以看出，清政府在奖惩中，首先注意区分直接

① 《大清会典事例》卷120《吏部·处分例》。本自然段引文均见于此。
② 《大清会典事例》卷120《吏部·处分例》。

责任人与间接责任人所负责任大小的不同，其奖惩的力度也不同。如同是拿获偷渡外番 20 名以上者，专管官（直接责任人）纪录 2 次，而兼管官（间接责任人）则只纪录 1 次；如同是疏纵偷渡外番 40 名以上者，专管官降 3 级留任，而兼辖官只降 1 级留任。其次清政府在奖励与惩罚的应用中，似乎更注重通过后者来督促有关官吏尽职尽责。如拿获偷渡外番 40 名以上者，专管官加 2 级，兼辖官纪录 3 次，而如果疏纵偷渡外番 40 名以上者，专管官则要降 3 级留任，兼辖官降 1 级留任，显然，惩罚重于奖励。再次，清政府注重给予失职者补救的机会，即如是处以降级留任的官吏，倘能在别案中拿获偷渡外番者，可用此来抵销先前疏纵偷渡外番者的惩罚，或者在尔后 3 年内稽查严密，没有再发生疏纵偷渡外番者，也可由督抚、提镇查明保题，撤销原来的降级留任。最后，清政府重视海疆安全，认为"海洋重地，非内地可比"，因此，规定地方最高行政长官督抚对稽查偷渡外番者负有监督责任，如督抚对有关官吏失职、弄虚作假之事"不行详查，混行保题者"，那必须提交吏部处分。

（四）禁洋货思想

1. 管同禁用洋货思想。

管同（1780—1831），字异之，江苏上元（今南京）人。道光举人，但一生没任过官职，靠做幕僚和教书维持生活。管同是著名的桐城派古文家之一，兼治经学，负经世之志，所发议论皆切中时弊。其著作有《因寄轩文集》《七经纪闻》等。

管同写有《禁洋货议》一文，主张要彻底禁绝洋货，认为清王朝实行严厉的封关禁海政策还不够，应该"令有司严加厉禁，洋与吾商贾皆不可复通；其货之在中国者，一切皆焚毁不用，违者罪之"[①]。由此可见，他的主张比清政府的封关禁海政策更加极端。管同之所以提出如此极端的主张，其理由有如下 4 个方面，代表了清代朝野上下一批保守排外人

---

① 管同：《因寄轩文集》初集卷 2《禁洋货议》，《续修四库全书》，上海古籍出版社，2002 年。本目引文均见于此。

士的思想。

其一，管同认为当时中国开展对外贸易，会使国家贫困，因为在当时对外贸易中，外国以奇巧无用的昂贵时尚奢侈品倾销中国，赚取了大量的中国外汇，使国家日益贫困。他指出："天下之财统此数，今上不在国，下不在民，此县贫而彼州不闻其富，若是者何与？曰：生齿日繁，淫侈愈甚，积于官吏，而兼并于大商，此国与民所以并困也。虽然，是固然矣，而犹有未尽……凡洋货之至于中国者，皆所谓奇巧而无用者也，而数十年来天下靡靡然争言洋货，虽至贫者亦竭蹶而从时尚。夫洋之货，胡为而至于吾哉？洋之货十分而入于吾者一，而吾之财十分而入洋者三矣。"

其二，外国同中国的贸易，不仅使中国贫困，而且更严重的是要侵略、颠覆中国，必须引起国人的警惕。管同指出："夫欲谋人之国必先取无用之物以匮其有用之财，故表饵交关互市之事，古之人常致意焉。洋之乐与吾货，其深情殆未可知；就令不然，而中国之困穷固由于此，则安可不为之深虑也哉！"

其三，洋货进口会败坏中国人心和社会风气。管同认为："昔者圣王之世，服饰有定制，而作奇技淫巧者有诛。夫使中国之人，被服纨绮，玩弄金玉，其财固流通于中国之中，而圣王必加之厉禁者，为其坏人心而财势偏积也。今中国之人，弃其土宜，不以为贵，而靡靡然争求洋货，是洋之人作奇技淫巧，以坏我人心。"管同尊崇封建正统的"黜奢崇俭"思想，把西方的新技术、新产品不加区别地同奢侈品当作奇技淫巧，认为它们会败坏中国人心，使社会风气奢靡，因此主张予以禁绝。

其四，洋货对于中国无用，所以也没必要与外国贸易，进口洋货。管同认为："天下之物取其适用而已矣。洋有羽毛之属，而中国未尝无以为衣也；洋有刀镜之属，而中国未尝无以为器也。仪器、钟、表彼所制诚精于吾，而为揆日观星之所必取矣，然而舜有璇玑，周有土圭之法，彼其时安得是物而用之？然则吾于洋货何所赖而不可绝焉？"管同在此虽然承认外国仪器、钟、表等制造先进于中国，但他认为中国早就有璇玑、

土圭、衣、刀、钟等可以取代这些洋货,天下之物只要够用就可以了。

总之,管同在鸦片战争前把当时外国来华贸易看作使中国民贫、国贫的重要原因,并清醒地意识到外国侵略者披着对华贸易的外衣包藏着侵略、颠覆中国的狼子野心,这是有一定的预见性的。但是他因对外国殖民者怀有戒心,因此主张禁绝对外贸易,排斥禁用一切洋货,实行比当时清廷闭关自守更极端的对外封闭政策,这只能是因噎废食,自己锢闭自己。而且他虽然承认西方的天文观测仪器"诚精于吾",但又故步自封,自甘落后,盲目排外,宁可使用中国数千年前的璇玑、土圭等落后工具和方法。这种思想,阻碍了中国近代政治经济制度和科学技术的进步。

2. 程含章的禁鸦片思想。

程含章写有《论洋害》一文,也提出洋货都不是中国所必需的,不言而喻,不必与外国贸易洋货。更有甚者,他认为当时危害最大的洋货是鸦片,不仅使国人身体受到致命的伤害,而且也使中国白银大量外流,几近枯竭。他指出:"天下之大利在洋,而大害亦在洋。诸番所产之货,皆非中国所必需,若大呢、羽毛、哔吱、铜锡、绵(棉)花、苏木、药材等类,每岁约值千万金,犹是以货换货,不必以实银交易,于中国尚无所妨,惟鸦片一物,彼以至毒之药,并不自食,而乃卖与中国,伤吾民命,耗吾财源,约计每岁所卖,不下数百万金,皆潜以银交易,有去无来。中国土地所产,岁有几何,一岁破耗数百万,十岁破耗数千万,不过二三十年,中国之白金竭矣。近来白金日渐昂贵,未始不由于此,实堪隐忧。"①

当时鸦片危害如此之大,必须对此严加禁止,这是朝野上下一致的看法,但是具体采取什么措施进行严禁,却存在着许多不同的看法。如有人提出"严海口,谨关津",不让鸦片进入国内。但是"沿海数千万里,处处皆可登岸,虽有十万兵,不能守也。利之所在,不胫而走,不

① 《清经世文编》卷 26,程含章《论洋害》。本目引文均见于此。

羽而飞，岂必定由关津？"又有人提出通过"禁兵役之包蔽，拿烟馆之售卖，有犯者重治其罪"进行禁鸦片，但程含章认为，这些"皆系皮毛之治，无益于事"。又有人认为"必欲正本清源，惟有绝其人，不与交通贸易，而后可"。但是程含章又担心，不与这些外国人交往贸易，必然会使这些外国人联合起来，挑动对中国的侵略战争，严重威胁清王朝的统治。他很有预见性地指出："然试思其人之能绝焉？否耶！彼诸番之与中国交易，已数百年矣，一旦绝之，则必同心合力，与我为难，兵连祸结，非数十年不定。而沿海奸民，素食其利，且将阴为彼用。海滨僻静，不可胜防，且胜负兵家之常，但令中国小有挫败，则谣诼纷乘，群起而攻之矣。天下事自我发之，须自我收之，岂可以兵为戏，而浪开边衅哉？"

基于这些考虑，程含章提出了禁鸦片必须多管齐下，系统管理："为今之计，止可严谕各国，不许夹带鸦片，某船有犯者，即封其舱，不许贸易。而于沿海口岸，及城市镇集，严密察访。有屯卖大贩，即置于法，没其财产入官，妻孥配边。其关津口岸之查禁，自不待言，又广为教戒，使民回心向道。或者其稍止乎事，有明知其害而不能即去，必姑俟之异日，以待其几之可乘者，此类是也。"由此可见，程含章认为，当时应采取3个方面的措施禁止鸦片：一是继续保持与外国商人贸易，但应明确告诉他们不许夹带鸦片，如一旦发现谁夹带鸦片，就封闭其船舱，不许其进行贸易。二是在沿海口岸、城市集镇严密察访，一旦发现有不法之徒囤积贩卖鸦片，就立即予以严惩，没收其所有财产，妻子和儿女发配边疆。三是广泛宣传教育，使民众醒悟走正道，不吸食鸦片。程含章清醒地认识到，当时要完全禁止鸦片是很难的，必须要有个过程，等待时机成熟，但他所提出的3条措施只能起到控制吸食鸦片在中国蔓延的作用。

四、钱法思想

（一）铸造钱币思想

清廷重视钱币的铸造与发行，在入主中原之后，即着手钱币的铸造

与发行。"顺治元年（1644），置户部宝泉局，设炉五十座，铸'顺治通宝'钱，一面铸'宝泉'二字，用清文，一面铸年号，用汉文，颁行天下。每文重一钱，以红铜七成，白铅三成，搭配鼓铸。每铜百斤，准耗十二斤，支给匠工物料等项，钱二千六百九十五文。京局每年额铸钱三十卯（以万二千八百八十串为一卯），遇闰加铸三卯。"① 由此可见，清廷入主中原之初，钱币铸造与发行已初具规模。在中央户部之下专门设有负责钱币铸造与发行的机构宝泉局，其铸造钱币数量也相当可观，设炉50座，每年铸钱达30卯，共有386400串386400000枚。所铸铜钱规格与前朝大致相同，即采用汉族王朝传统的年号钱，每文重一钱左右，其成分是铜、铅合金。所不同的是钱币另一面铸"宝泉"二字，采用清朝满文，但"顺治通宝"仍用汉文。

尔后，随着清王朝政权的巩固，铸钱制度进一步完善、规范。清廷在中央户部、工部以及地方多数省份均设有铸钱机构，负责铸钱。"凡钱法，置部、省之局。户部曰宝泉局，工部曰宝源局，直隶曰宝直局，山西曰宝晋局，江苏曰宝苏局，江西曰宝昌局，福建曰宝福局，浙江曰宝浙局，湖北曰宝武局，湖南曰宝南局，陕西曰宝陕局，四川曰宝川局，广东曰宝广局，广西曰宝桂局，云南曰宝云局，贵州曰宝黔局，西藏曰宝藏局"②。其铸钱的产量均按炉、卯为标准来制定，即"各按其炉与卯之数以出钱焉"。清廷对于钱的规格要求更为规范、具体、细致："凡钱，围经十分寸之八，周廓而方其内，面文曰'通宝'，冠以年号，幂文著其局之名（面文汉字，幂文清字。宝藏局钱面文，于年号通宝外，并添铸造钱年分。幂文'宝藏'二字，上亦冠以年号，用唐古特字。准噶尔回城廓尔喀等处，为高宗纯皇帝所平定，旧设宝伊阿克苏宝藏局，每岁十成内仍铸二成乾隆通宝，永为定制）。"由此可见，清朝除规定全国通用的钱币正面为汉文刻以年号、通宝，反面为满文，刻以铸钱局名外，还

---

① 《大清会典事例》卷214《户部·钱法》。一串为1000钱，即下引"凡制钱千曰串"。

② 《大清会典》卷21。本自然段引文未注出处者，均见于此。

有由宝藏局铸造的在西藏地区流通的用唐古特文字刻写"年份""宝藏"二字的钱币。

清代的钱币还分为在内廷流通的样钱和在社会上流通的制钱，其铸造的重量、成分有所不同。除此之外，还有纯铜铸的普尔钱、银铸的藏钱，其计量单位也不相同。《大清会典》卷 21 载："凡供内廷曰样钱，行于天下曰制钱。样钱百，其重一斤，制钱得样钱四之三。普尔钱亦如之。藏钱大小权以行，大钱十，其重一两，小钱半之（西藏钱，大者重一钱，小者重五分）。凡铸钱，十分其剂，铜六铅四，以铸样钱（样钱，每铜六斤合白铅四斤）；百分其剂，铜五十有四，铅四十有六，以铸制钱。纯铜以铸普尔钱，惟藏钱铸以银焉。凡制钱，千曰串；普尔钱，百曰滕格。串一，滕格一，藏大钱九，小钱十有八，以当银得一两。"

由于铜是比较贵重的金属，因此，清代铸钱注意核算炉耗与盈亏。"凡炉耗，有内耗、有外耗，其率以百九（宝泉、宝源、宝直、宝晋、宝苏、宝昌、宝福、宝浙、宝川、宝云、宝黔局，每铸铜铅一百斤，收钱九十一斤，以九斤为耗，是为内耗。宝武、宝南、宝广、宝桂局，每铸铜铅一百九斤，收钱一百斤，以九斤为耗，是为外耗）。耗净，则核钱之数以其重（除耗净，铜铅七十五斤，例铸钱十串）。准其本与其直，以均盈朒焉（钱本有四：一、铜斤价脚，一、铅斤价脚，一、炉火工料，一、局费）。以所出之钱销钱本，有余为息钱，不足为不敷成本钱，准销正项。"[①] 这里，所谓炉耗分内耗、外耗两种：内耗就是规定用铜铅 100 斤原料，应铸出 91 斤的钱币成品；外耗就是用铜铅 109 斤原料，应铸出 100 斤的钱币成品。两者都允许损耗 9 斤，所以内耗、外耗，"其率以百九"。所谓"盈朒"即盈亏，铸钱的成本主要有 4 项，铜本身价值和运输费、铅本身价值和运输费、炉火工料、铸钱局管理费用。如铸造出的钱币所出售的收入超出成本，即是"盈"；如铸造出的钱币所出售的收入不及成本，即是"朒"。

---

① 《大清会典》卷 21。

清朝还通过提高铸钱质量，使民众易于辨别质量低劣的民间私铸钱币，从而从技术手段上能更有效地制止私铸。咸丰四年（1854）谕："大钱制造之初，民间极知宝贵，嗣因私铸充斥，真伪难分，以致商民猜疑，钱法不免壅滞。兹已降旨停铸当千当五百大钱，但铸当百以下各项大钱，与制钱相辅而行，轻重相权，均匀搭配，便民利用，必可畅行。惟官局制造，若不精良，仍恐私铸得以淆混。著该管钱法各堂官，严饬监督司员等督率工匠，所铸当百以下大钱，务须加工磨铲，色泽光润，俾私铸不能相混，而市侩奸商亦无所借口。倘查有偷减工料，及搀杂破碎者，即行严参惩处。"①

清代，铸钱的主要原料铜供给不足，政府为了解决铜原料紧张问题，通过3个途径来保证铜原料的供给。一是向民间收买旧器废铜。如康熙五十五年（1716）复准："令内务府商人，每年办旧器废铜一百三十三万斤。每斤给价银一钱，水脚银五分，由部核给。一面交买，一面纳钱局，仍将所办旧器废铜，以铜六铅四计算所用铜价水脚银。由办铜之江苏省照数扣除减办，其减办铜价水脚银，汇齐解部。"② 二是招商出洋采买铜，官为收买，用予铸钱。如"乾隆元年（1736）奏准：……各省采买洋铜，出口收口均由海关查验收税，为办铜扼要之地，将江浙海关监督官衔内，加监督某处海关兼办铜务字样。江南铜，令监督江南海关道员招商承办，浙闽两省铜，令监督浙江海关道员招商承办。将有倭照各商内，确查身家殷实并无挂欠者，调验倭照，取具连名互结，册报该抚查核承办"。又奏准："令江浙督抚招商办铜。如有情愿自捐资本出洋买铜者，许其呈明该管官，听其出洋采买。俟各商回日，官为收买，以供鼓铸。"③ 三是采买国内铜矿所炼原铜。如乾隆二十九年（1764）议准："江西省鼓铸，每年需洋铜二十万一千六百斤，商人不能按额解交。查云南大兴厂铜，可

① 《大清会典事例》卷 757《刑部·户律仓库》。

② 《大清会典事例》卷 214《户部·钱法》。

③ 《大清会典事例》卷 215《户部·钱法》。

抵洋铜配铸，每百斤，需脚价银十四两六钱有奇。核之洋铜价值，较为减省。将江西每年所需洋铜，于云南大兴厂采买一半。每年以十万斤为率，间年委员赴云南采买。"①

清政府为了使铜原料用于铸钱，禁止民间铸造重 5 斤以上铜器，如已造成者，限令一年内交官收买，如是京城大小官员，家里有 3 斤以上铜器，均要无偿上缴宝泉、宝源二局，用于铸钱。咸丰二年（1852）议准："五斤以上铜器，均不准制造，其已制造者，限令一年售出。如欲交官收买者，照例每斤给价银一钱一分九毫三丝。如一年后尚有五斤以上铜器，一经查出，即行入官，并治以应得之罪。"② 咸丰三年（1853）又议准："京城大小官员家，无论候补、现任，如有铜器在三斤以上者，均令自行运赴宝泉、宝源二局呈缴，毋庸给价。至祖父曾经为官者，虽本身并无官职，身列齐民，而情殷报效，自行呈缴者，亦准赴局交纳，毋庸给价，俱不得令胥役往查滋扰。"咸丰朝还规定，刑部在办案中查获赃物如系铜铁铅锡或铜器，均直接转交户部用于铸钱。咸丰十年（1860）奏准："刑部起获赃物内，凡铜铁铅锡并一切铜器有关鼓铸者，均毋庸变价，开单注明件数斤两，知照户部，由五城司坊解部交纳，以备鼓铸。"

清政府在筹措铸钱的铜原料时，注意发挥商人的积极性，交由商人承办，从而降低铜原料成本。康熙五十二年（1713）复准："将江苏、安徽、江西、湖北、湖南等处所办之铜，交与内务府商人等承办，每年节省银五万两。"③ 雍正二年（1724）复准："商人自备资本收买废铜交纳，其自外省收买运送至局者，每斤给银一钱五分；在本京地方收买者，照新定价值给予。如有红铜，每一斤给银一钱七分五厘。"从上引史料可知，乾隆年间，洋铜也是朝廷令地方督抚招商自捐资本出洋采买，然后再由官收买，以供铸钱之需。

清政府在收买铜原料时，还十分注意铜原料的成色和质量，因为这

① 《大清会典事例》卷 218《户部·钱法》。
② 《大清会典事例》卷 215《户部·钱法》。本自然段引文均见于此。
③ 《大清会典事例》卷 214《户部·钱法》。本自然段引文均见于此。

关系到铸钱的质量与数量。对此，清政府规定，收买铜原料时按铜的不同成色制定不同收买价格，并设立铜色封牌制度，铜色八成以下不收买，八成以上分八成、八成五、九成、九成五、十成5个等级，收买时按5个等级成色分别定价，所买铜料与5种铜色封牌较对后定出等级，然后定价销算。雍正六年（1728）复准："各省采买铜，并未分别成色，嗣后除净铜，仍按定价一钱四分五厘，如有块铜及广条、蟹壳等项不足成数者，到部即令钱局监督同解官估定成色，弹兑交收，行文解铜本省。照依核定成数，减价报销。"① 雍正九年（1731）奏准："各省办解宝泉局铜，皆有高低，嗣后收铜，设立铜色对牌，以八成、八五、九成、九五、十成分设五牌。铜到局，令解官监督，从公较对，除八成以下者不收外，八成以上者，均照成色秤收，定价销算。估定八成以上者，准作八五；八五以上者，准作九成；九成以上者，准作九五；九五以上者，准作十成。其包裹铅渣及黑暗灰色等项，令承办官家人，公同解官，镕化净铜，照斤数作十成秤收，亏折者补解。"由于铜色对牌制度在鉴定铜成色时难以准确操作，容易引起官吏营私舞弊，因此，到了乾隆朝，取消铜色对牌制度，一律要求地方各省选足色净铜上交户部，用于铸钱。如发现有掺杂低潮不堪铸钱的铜原料，就由宝泉、宝源二局抽验熔化。如果低潮，将承办官参处。其不足数之铜，仍令补足。"乾隆元年（1736）奏准：停止原设铜牌，令办铜各省巡抚，严饬办铜官，务选足色净铜交部，以供鼓铸。仍令宝泉、宝源二局监收之官，照依未设铜牌以前，秉公秤收。傥有搀杂低潮，不堪鼓铸者，令该堂官委官会同两局监督解官，抽验镕化。如果低潮，即将承办之官，严加参处。其亏折之铜，仍令补解，至炉头秤手，不得任意低昂，如违究治。"

为了保证各省上解铜的成色质量，如有质量问题宜于追究责任，清政府规定在铜面上必须凿上生产厂分、炉户姓名，以明确责任。乾隆四十九年（1784）奏准："铜斤领运时，于铜面上鋈凿厂分、炉户姓名，遇

---

① 《大清会典事例》卷216《户部·钱法》。本自然段引文均见于此。

有挑退低铜，饬令改煎补运，仍将炉户责惩。傥搀铁砂充额，即将厂店各员，参奏治罪。"①

在清代，由于交通工具等限制，长途运输也是一项不好解决的难题。如最常见的是沿途被偷盗，更严重的是为不让偷盗罪行败露，故意将船沉溺，以掩其迹。史载："船户偷盗铜斤，每迁延停泊于无人之处，偷抛水中，扬帆而去，别遣小船潜捞。起卖过多，恐致败露，故将船板凿破，作为沉溺以掩其迹。此等情弊在所不免，船户沿途盗卖，必有该处牙行铺户，串通购买，始得速售。"② 针对这种情况，清政府采取了一些防范措施，主要有3个方面：一是铜在起运前，将零碎铜打包好，并用木牌登记清楚块数斤数，以便沿途盘验。乾隆二十七年（1762）奏准："凡铜斤整圆碎小之块，各令分包，整圆者不拘百斤定数，碎小者务足百斤，然后封包。其块数、斤数，用木牌开明，沿途盘验时，连包秤兑。止照木牌核对，不许逐处拆动，以杜偷盗而防遗失。"③ 二是根据路途远近，规定运输期限，加强沿途管理监督，以防止不法之徒沿途逗留盗卖。乾隆十四年（1749）奏准："云南省解运京铜，自永宁到汉口，定限四月；汉口抵通，限五月；汉口、仪征换船换篓，汉口定限四十日，仪征定限二十日；通计永宁抵通定限十一月。如逾一月，照例题参，领解官革职戴罪，管解、委解各上司降三级留任。如遇守冻，地方官查明咨部，仍照例扣除。至守风守水日期，均不准扣算。再每运铜，均有正协、领运二人，沿途或有沉溺、打捞、患病事故，即令一人先运。如有借词停留，亦不准扣算。其铜到处，令地方官弁按站催行，将出境入境日期，报部查核。傥无故逗留盗卖，地方官不实力催行，徇隐不报，照徇庇例，降三级调用，督抚一并议处。至加运铜，向系佐、杂二人管解，未免官卑任重。嗣后加运铜，委府佐、州县一人为正运，佐杂一人为协运，该督

① 《大清会典事例》卷215《户部·钱法》。
② 《大清会典事例》卷217《户部·钱法》。
③ 《大清会典事例》卷215《户部·钱法》。

抚务选干员管解。"① 三是如遇运铜船只沉溺事件，必须严密查验。如系故意沉溺，必须严惩；如系因自然原因沉溺，限一年打捞，如打捞铜不足数，由运官赔补。乾隆五十四年（1789）谕："运京铜斤，事关鼓铸，沿途自应小心运送，不应全行沉没，多至数万。此必系运员亏缺铜斤，捏称遭风沉溺，或系船户、水手偷卖，故称船底凿漏，沉溺铜斤，临时即可得捞摸之费，而事后又可潜取偷卖。著传谕沿途各督抚，严饬所属，遇有铜铅运员，申报沉溺者，务须严密查验，毋任稍有捏饰。如查系委员、船户装点舞弊，即据实参奏严办，以示惩儆。"乾隆十五年（1750）奏准："云南、贵州两省，沉失铜铅，定限一年捞获。如捞不足数，著落运官赔补。"

由于铜原料关系到国家铸钱币的大事，清政府对此十分重视，对于那些在规定的期限内不能完成办铜任务的官吏，进行惩罚，以此来督促有关官吏必须在规定的期限内，尽职尽责完成办铜任务。如康熙十八年（1679）题准："各关解铜，自到任后起限，至八月完解一半，不完者降一级留任。自差满后起限，至四月完解一半，不完者降二级留任。限一年全完开复，再不完，革职，变产追完。"②

（二）控制钱币发行量，促进流通思想

1. 桂芳通过重农抑末、提倡勤俭来解决货币贬值思想。

桂芳（　？—1814）爱新觉罗氏，字香东，隶镶蓝旗，清朝大臣。嘉庆四年（1799）进士，选庶吉士，授检讨，累擢内阁学士。

清人桂芳在《御制致变之源说恭跋》中谈了一些自己对钱币发行量的理解，在当时颇具有代表性。他指出，物资的供给多寡可从钱币的价值表现出来，这就是"天下物之轻重，皆权于币，币重则有余，币轻则不足"③，如果钱币价值高，说明物资供给多，有剩余；如果钱币价值低，

---

① 《大清会典事例》卷 217《户部·钱法》。本自然段以下引文均见于此。

② 《大清会典事例》卷 217《户部·钱法》。

③ 《清经世文编》卷 9，桂芳《御制致变之源说恭跋》。以下所引桂芳言论均见于此。

说明物资供给少,有不足。他认为古人调节钱币轻重的方法都有其缺陷:"盖古有以币轻而更之者,龟贝鹿皮,大钱五十当百之属是也。古有以币不足于用而益之者,钞是也。然而数更币则民不信,不信则不行;骤益币则百物腾贵,而币愈不重。"他觉得古人在钱币太轻时就以龟贝鹿皮等当钱币使用,或铸大钱以 50 当 100 使用;在钱币不足时就发行纸钞当钱币使用。这种频繁更换货币的做法会使民众对政府失去信任,如民众对政府失去信任,那政府发行的货币就很难流通。而且如果短时间内突然发行大量货币,会使物价飞快上涨,货币越来越不值钱。

桂芳看到,嘉庆年间的货币比起康熙至乾隆年间已贬值了很多,大约只有原先的 1/3,这对国家和民众都带来了不利的影响:"臣伏观康熙、雍正以及乾隆之初,民间百物之估,按之于今,大率一益而三,是今之币轻已甚矣。而官之俸、兵之饷,所得者币耳,民间如富商巨贾,皆操币以逐利者也,绅士、吏胥、僧道、役夫、奴仆,皆以币为衣食者也。惟百工与农,需币者少,而亦不能以阙。币轻则用繁,天下无三倍于昔之币,而有三倍于昔之用。官吏庶民俱汲汲以患不足者,直是故耳。而取民之制,如赋税之入,不能以其币轻而益之,至于国帑岁下,虽循常则,而有司竭蹶,则必他有侵冒以为取偿,而如河工料价、军需口粮之属,已多溢于例矣。然则币轻而不足于用,其病于国,又必然之势也。"由此可见,嘉庆年间比康乾年间由于货币贬值,物价上涨了大约 3 倍。这对于官吏、军士以货币作为俸饷的人以及绅士、吏胥、僧道、役夫、奴仆等以货币为主要收入的群体来说,影响最严重,使生活水平降低。而对于国家来说,以货币作为主要赋税收入形式,货币贬值使国家财政收入减少,而治河用的人工费、原料、军需口粮费用开支增大。针对这种情况,桂芳认为既然古人调节钱币轻重的方法都有缺陷,因此他就另辟蹊径,企图通过重农抑末,增加社会产品,尤其是农产品,提倡勤俭,反对奢侈游惰来解决当时的货币贬值、物价上涨问题。他提出:"然则欲其币重而足于用,是当求诸民矣。盖民多务本,则币日重,民多逐末,则币日轻,此自然之势也。夫粟菽布帛者,齐民衣食之所资也,民贫而

至于冻馁，皆贫于粟菽布帛，而不贫于他，然而贱粟菽而贵珍错（馐），贱布帛而贵文绣，于是百人致之，以给一人之食，百人作之，以供一人之衣，而此百人者，即其舍本而逐末者也。故奢俭者，贫富之大源也，诚使工无作淫巧，商无致罕异，驱游惰之民，而返之南亩，令粟菽布帛之积，所在充轫，如是久之，则百物之估，当无不平者，而币重矣。"

2. 储麟趾的促进钱币流通思想。

储麟趾，字履醇，江南荆溪人，清朝官吏。乾隆四年（1739）进士，改庶吉士，授编修。乾隆十四年（1749），考选贵州道监察御史。累迁太仆寺卿，移宗人府府丞。为人优直。

储麟趾认为，治国者在管理天下之财时，均衡钱币价值，即不至于使其贬值太多又不至于使其升值太大是很重要急迫的一项措施，其关系到"足国用而便民生"。他指出："王者理天下之财，所以足国用而便民生者，莫急于平钱价。"① 他认为当时的主要问题是钱币升值太大，原因有两方面：一是新铸的钱币还未在全国流通，二是外省的富户储藏了大量的钱币。总之，无论是新币未流通，还是旧币被大量储藏，其结果是一样的，即流通领域的钱币数量不足，导致钱币升值太大，从而影响国计民生。对此，他做了较具体详细的分析：

> 钱价之浮重如故，揆厥由然，一在新铸之钱流布未广，一在外省富户藏钱者众也。往者宝泉局炉百座，宝源局炉五十座，以天下之广，仰给于百五十炉之钱，宜其不足，而远资滇省之鼓铸矣。然而万里远输，当舟车交换之时，往往发至岸上，逐匣开验，验毕仍复装载，以至耽延时日，多费脚价，而部发之与民兑，钱价不能差减者，或由于此。且滇钱总运至京，俟开兑通行，流布各省，近者年余，远者二三年，山陬海徼，如得广行新钱，恐属迟滞……至于民间富户藏钱之弊，更甚于销钱。盖缘富户入多出少，易致赢余，

---

① 《清经世文编》卷53，储麟趾《敬陈泉布源流得失疏》。以下所引储麟趾言论均见于此。

又因钱文镇重难移，可备盗窃，以为太平之时，藏金玉不如藏银，藏银又不如藏钱。是以岁计所入租课，易而为钱，月计所入典当利息，易而为钱，所出者不过什之二三，多至五六而已。且钱价愈贵，则富户愈藏；富户愈藏，则钱价愈贵。夫钱者，泉也，流通则多，藏匿则少，势所必至。

储麟趾在此指出，新铸钱币之所以在全国流通不广，其原因是中央户部所辖宝泉局和工部所辖宝源局所铸新币数量有限，因此朝廷只能依靠遥远的盛产铜矿的云南省铸造新币。但新币由万里之遥的云南运输到京城，再由户部开兑通行，流布各省，近者需一年，远者需两三年时间，如果是僻远的山区海边，那更要花费时日了。至于民间富户储藏钱币引起流通领域钱币不足，比起当时销毁钱币铸铜器影响更为严重。当时富户对钱币是收入多支出少，其每年租课收入，兑换成钱币，每月典当利息收入，也兑换成钱币，其收入钱币中只有十分之二三，最多十分之五六，用于支出费用，其余均储藏起来，退出流通领域。这就形成恶性循环，钱价愈贵，富户就愈储藏钱币作为财富；富户愈储藏钱币，钱币在流通领域愈少就愈升值。针对这两个问题，储麟趾提出了解决的两点措施：

今或于湖广、江西、江南等省，预设留钱开兑之局，兼为搭放兵饷、代米赈荒之用，较之自京再行各省，稍为迅速，如此则流布应广，钱价应平。若陕省、宁夏等处钱价，较京师差贱，盖由前此数年，兵饷充斥所致，自可无烦筹画……唐元和十二年（817），凡官民私贮现钱，不得过五十贯，犯者论刑。可见历代原有此弊，请嗣后务令蓄积多者，或以钱纳粮，或多开钱铺。傥执迷不悟，则酌量议罪。庶富民畏法之心，甚于保富之心，而钱可流通不滞矣。

储麟趾的第一点措施是湖广、江西、江南等离云南较近，可将云南所铸之钱不经过京城开兑直接运到这些省份，即予以开兑发行，并通过发放军饷、赈荒等将新铸钱币发放，促进其广泛流通，这样使流通领域钱币数量增多，从而使钱币价值降到比较平稳的状态。而陕省、宁夏等

地方，由于这几年所发放的兵饷钱币较多，钱币价值处于一个较低的水平，因此不必再予以调整平衡。至于富户储藏大量钱币使流通领域钱币太少而币值不断升高的问题，储麟趾认为可参考唐代的做法，限制富户储藏钱币的数量，并鼓励富户以钱币代替交纳税粮，或多开设钱铺，促进钱币大量投入流通领域。

3. 禁私销、私铸思想。

古代在发行钱币中，私销（即将钱币熔化制成铜器）、私铸（即私铸钱币）屡见不鲜，历朝一般都主张采取严厉惩罚的办法予以禁止。但这种办法的效果并不见得很好，巨大的利润往往使一些不法之徒仍然铤而走险。清政府在禁私销、私铸中仍然沿袭前代严惩的做法。如顺治十八年（1661）议准："私铸为首及匠人，斩决，家产入官；为从及知情、买使者，绞决；总甲、十家长知情不举者，照为从例治罪；不知情者，枷一月，杖一百；捕审官实给赏银五十两；该管地方官知情，任其私铸者，斩监候；不知，失察者，降三级调用；如经纪、铺户贩卖掺和私铸者，枷一月，流徙尚阳堡。在内五城坊官，在外州县官，失察一起降二级，二起降四级，皆调用，三起革职；掌印兵马司、知府、直隶州、知州，失察一起降一级，二起降二级，三起降三级，皆调用，四起革职；司道，失察二起降一级，三起降二级，四起降三级，皆调用，五起革职；府州县捕盗佐贰、盐场武职各官，各按职掌照新例处分；五城御史、该抚不参究者，以疏忽治罪。"[①] 康熙十二年（1673）复准："销毁制钱者，犯人与失察官皆照私铸造例治罪。"由此可见，清朝对私铸、私销罪的处罚之严厉和牵连范围之广与前代相比，都有过之而无不及。

但是，与此同时，清代一些有识之士认识到，单靠严刑峻法来禁止私销、私铸是不够的，更重要的是应从源头上来制止私销私铸。民间之所以在严刑峻法之下仍有不法之徒冒杀身之祸私销私铸，其根本原因就是其有巨大的利润，因此，其治本的办法就是铲除其私销私铸获取巨额

---

① 《大清会典事例》卷 220 《户部·钱法》。本自然段引文均见于此。

利润的根源。对此，时人陈宏谋一针见血指出："历代钱文轻重本无一定，而过重则防销毁，过轻则防私铸，因时救弊，历代不同。"① 意思是，如果铸造的钱币所含铜的重量过重，人们将这种钱币熔化后铸铜器，比买铜原料铸铜器大大节省成本，人们就会冒法大量销毁这种钱币以谋求更大利润，因此，政府就必须禁止人们销毁这种钱币；如果铸造的钱币所含铜的重量过轻，人们私铸这种钱币大量投入流通将获取巨大的利润，人们就会冒法大量私铸，因此，政府就必须禁止人们私铸这种钱币。换言之，如果政府能依据当时的铜价铸造出轻重适宜的钱币，使私销私铸都无利可图，那么私销私铸就不禁而自然消失了。

清朝人认为，当时私销比私铸严重。如陈宏谋指出："本朝钱文改铸轻重之原，委惟在防销毁兼防私铸也。今销毁之弊甚于私铸，其官法难查亦甚于私铸，惟有将钱文铢两斟酌变通，使销毁者无利而自止。"② 葛祖亮也指出："从来钱法有二患：曰盗铸，曰私销。盗铸之在今日，民无力以办，可不必言，所重患惟私销耳。"③

乔光烈认为，当时私销比私铸更难发现禁止，因为私铸要建炉子，请工匠，容易被发现查禁，而私销可随时随地地进行，不易被发现查禁。他指出："近年以来，钱未见足，价值不平，盖奸黠之徒，罔利私销，致妨民用，亟宜立法严诘，以杜其弊。然禁私销之法，更难于私铸。私铸者虽藏匿僻地，必须设以炉座，加以匠工，为时既久，尚易败露；惟私销者，可以熔化无迹，随时随地，最易藏奸。是以法禁虽严，终于百无一获也。"④ 因此，要禁私销，有效的办法是从根源上加以禁止，即铸造轻重适宜的钱币，使私销者无利可图，私销就可不禁而自除。他说："夫欲绝其弊，必先清其源，防其弊于已然，不如杜其弊于未然。小民趋利若鹜，大抵钱质重则盗销者多，钱质轻则盗销者寡，此自然之理也……

① 《清经世文编》卷53，陈宏谋《申铜禁酌鼓铸疏》。
② 《清经世文编》卷53，陈宏谋《申铜禁酌鼓铸疏》。
③ 《清经世文编》卷53，葛祖亮《钱法议》。
④ 《清经世文编》卷53，乔光烈《禁私销议》。本自然段引文均见于此。

历考成书，征诸时事，唯钱质止重一钱者，可以行之久远而无弊耳。今应请仿照康熙二十三年（1684）之例，将现在鼓铸钱文，每钱一文，题请改铸一钱，每钱千文共重六斤四两，较现行制钱，每千重七斤八两，计减用铜、铅一斤四两。选匠精造，务使轮廓周正，字迹显明，既于国体毫无关碍，而盗销者照现行制钱价，每银一两二钱五分，易钱一千文，止得黄铜六斤四两，即改造器皿，所得价值不过在一两以内，奸徒无利可图，销毁之弊似可不禁而自除矣。"但是，乔光烈同时指出，当时一些不法之徒如销毁钱币铸造一些碎小铜器皿，还是有利可图的。因此，他建议朝廷除了铸造轻重适宜的钱币之外，还要将每州县铜匠严加管理监督，核查铜匠人数、炉座若干，每月收买铜数量、来自何处，并由邻居、甲人担保，这样，就能更彻底地禁止民间销币铸铜器。他指出："如铜镜、乐器以及箱柜事件等碎小器皿，均可私销改造，而碎小器皿，加以手工，往往不计分两，取值每易，子倍于母，是以铜少之区，虽钱质甚轻，而仍不免有私销之弊。夫铜镜等物，为民间日用所必需，若因私销，而复严禁铜之例，又属繁重难行。唯一州一县之中，铜匠不过数户，尚易稽考，应饬地方官稽考铜匠，共有炉座若干，每月收买铜斤，系何来历，务须确有根据，并令邻甲人等具结保任，仍不许纵役需索。如此立禁严密，民知畏惧，似亦杜绝私销之一法也。"

葛祖亮在《钱法议》一文指出，当时销毁钱币铸铜器现象十分严重，致使流通领域钱币不足。他说："今试问顺治、康熙之钱，其存于民间者有几也，不但顺治、康熙之钱仅有，即雍正之钱，其存于民间者有几也，则私销之为弊也，彰彰矣。"[①] 他分析造成这一现象的原因，认为当时虽然有禁止销钱制造铜器的禁令，但禁令只限制铸造大的铜器，其实销钱铸造小铜器，虽然小，但数量很多，积少成多，其总量比大铜器还多得多。而且，销钱铸造小铜器很难查禁。他指出："往者禁铜之令是矣，而

---

① 《清经世文编》卷53，葛祖亮《钱法议》。以下两自然段葛祖亮言论引文均见于此。

徒禁于其大，不禁于其小，以为销毁者在大而不在小也，不知大物之销毁有限，而小物之销毁无穷。大贾所鬻之器，非富贵之家不能有，小物则无人不可用，无地不可行，视之不啻分厘，而合计则至于百千万亿而不可穷。且大物之销毁，为钱必多，其销之也有器，而人之伺之也亦易。业此者其本或万或千，少亦不下数百金，苟非贪惑之极，亦不肯舍己所有而以身试法。惟小物之需钱无多，可以随用随销，销之器不必钳炉，且一镕即化，无迹可执，虽有明知之者，而无可如何。始起于一二奸民，今乃蔓延至于无可纪极。"除此之外，葛祖亮还指出，当时销钱卖铜也是钱币不足的一个原因："近又销钱不以铸器，而以卖铜，计一千之钱，易若干之银，今卖铜浮于易钱之银，遂销钱卖铜以为市，此奸民之尤黠者。"

针对这种现象，葛祖亮认为要禁止销钱制造铜器、销钱卖铜，比较有效的办法就是"禁铜"，不仅要禁大铜器，而且要禁数量众多的小铜器，才能制止销钱制造铜器、销钱卖铜的现象。他指出："小物销毁与销钱卖铜之深弊，隐人于不觉，而为害最巨者，其奸断不可容。今欲治之无他法，惟有禁铜而已矣。禁铜不惟严于大，而更严于其小。民间已有之铜器，不必令其交官以滋扰，惟市肆之间，大小铜器，俱使不得鬻，毋为姑息之令，而限以岁年，令出三月之后，俱不许有铜器在市。或有恶铜货之弃于家，而愿交官者，听，量其值厚偿之，勿使亏折，严官吏抑勒之令。将市无铜器可鬻，民虽欲销毁，无所用之，而销钱卖铜之弊，不禁而自除。"葛祖亮的这种禁销钱思想，一言以蔽之，就是没有买卖、使用铜器，就没有销钱之弊，那么，流通领域钱币不足的问题基本上就能得到解决。另外，葛祖亮为克服流通领域钱币不足的问题，还提出一个辅助的办法，即建议大额交易使用银而不用钱币，就可大大缓解钱币不足的问题。他主张："夫自制币以来，金银以济谷帛之不及，而钱则因日用零杂，不可以银行者，乃以钱便其流通，而岂多多者之犹需钱为直乎？顷者皇上深烛其情，令多者之直，以银而勿复以钱，诚为至当不易之理。"

清人郭起元在《广铸钱》一文中则讨论了禁私铸的问题。他分别对当时的两种私铸原因提出了两种不同的管理措施。其一，私铸的出现是因为当时钱币价值轻、粗制滥造，而政府依靠行政权力，强制当作大面值钱币使用，就会导致私铸劣币有利可图。这就是"行质轻直重之钱，是以威力劫持，固无可久之理，而靳工费、贪赢羡，则钱粗恶而私铸起"①。针对这种情况，郭起元认为，康熙、雍正、乾隆三朝所铸造的钱币铜质精良、分量重，使私铸者无利可图，因此私铸就不禁而自除。他指出："本朝立法，大公至正，宝源、宝泉二局，不惜工本，铜质精良，方员肉好。康熙、雍正、乾隆钱，胥重一钱四分，可谓损上益下之至矣。每钱八十，准银一钱，法令画一，无往代纷更之弊，宜乎民间乐生安业，欣欣然于泉布流通之日。"其二，由于流通领域钱币不足，不法之徒就铸造质量差、分量轻的钱币，鱼目混珠供百姓使用。郭起元指出，由于当时质好量重的制钱在流通领域太少，因此，"奸人黠匠，私铸铅锡钱贩与市侩，杂用罔利，制钱七八，杂以私铸二三，向时犹检择相争，今则竟自持去，可见官钱日少，民共谅其不可多得也"。对此，郭起元建议朝廷可大量铸造分量稍轻一点的钱币，投入市场流通，使私铸劣币失去生存空间，私铸也因此不禁而自除。"为今计者，亦曰广铸而已矣……今诚于制钱之外，另铸轻文重一钱，与制钱相辅而行，制钱六七，轻钱三四，物价可平，银本不耗，而私铸无所容其奸，有合于以子权母，亦因时制宜之义也"。

（四）发行纸币思想

1. 王鎏的发行纸币思想。

王鎏（1786—1843），原名仲鎏，字子兼、亮生，晚年号荷盘山人，江苏人。他是一位屡应乡试而不第的秀才，一生从事教书或为人幕僚。著有《乡党正义》《四书地理考》《鳌舟园文稿》《钱币刍言》（原名《钞币刍言》）等，其中《钱币刍言》在当时影响最大，阐述了他大量发行

---

① 《清经世文编》卷53，郭起元《广铸钱》。本自然段引文均见于此。

纸币及铸造大钱以充实国库的思想。

王鎏的大量发行纸币以充实国库的主张，有他一套较系统的理论体系。其理论基础有 3 个方面：其一，他提出，发行纸币以"足君尤先"，即发行纸币首先是为了解决财政困难。他说："三代以上，君民相通，但有足民之事，更无足君之事，必民足而后君足，犹子孙富而父母未有贫焉。此有子所言，天下所共知也。三代以下，君民相隔，既有足君之事，又有足民之事，且必君足而后民足，犹父母富而子孙亦免于贫焉。此昔人所未及言，而天下或未知也。夫欲足民，莫如重农务穑，欲足君莫如操钱币之权。苟不能操钱币之权，则欲减赋而绌于用，欲开垦而无其资，何以劝民之重农务穑哉？故足君尤先。"[1] 在此，王鎏的逻辑思路是：夏商周三代以上，国君与民众相通，因此只有足民之事，没有足君之事，所以就有了孔子弟子有若"百姓足君孰与不足"的名言，民众富足了国君也就富足了，就像家族中子孙富足了父母就不会贫穷了。夏商周三代以下，国君与民众不相通了，所以既要有足君之事，又要有足民之事，而且一定要国君富足了，然后才能有百姓的富足。因为百姓的富足靠的是农业，而国君的富足靠的是掌握发行货币的权力。如果国君没有富足，不掌握发行货币的权力，怎么可能对百姓减赋税，资助百姓开垦耕地，发展农业呢？中国古代发行货币有两种目的：一是国家为了社会商品流通的需要，二是为了国家财政的需要。从王鎏的发行纸币以"足君尤先"来看，其主要目的当是为了国家财政的需要。

其二，王鎏认为政府如能掌握了发行纸币的权力，就控制了源源不断的财源。他指出："凡以他物为币皆有尽，惟钞无尽，造百万即百万，造千万即千万，则操不涸之财源。"[2] 因为如铸造不足值的大钱，实行铸币贬值，虽然也可以"足君"，但作用有限。由于铸币总要有一定金属，而这些金属是很有限的，尤其是铜，所以铸造钱币的数量是有限的。但

　① 王鎏：《钱币刍言·钱钞议一》，艺海堂藏本。该书包括《钱币刍言》《钱币刍言续刻》《再续》三部分。
　② 《钱币刍言·钱钞议一》。

是发行纸币的材料是纸，纸则相当丰富，而且印造多少面额的纸币，就可创造多少价值。因此，国君掌握了印造、发行纸币的权力，就可"操不涸之财源"，不仅可以"足君"，还可以"足民"。但是，王鎏同时指出，虽然"惟钞无尽"，但也不能漫无限制地印造、发行大量的纸币，印造、发行纸币应以"足用而止"，即满足国家财政的需要即可。他说："钞虽取之不尽，而国家制钞，但求足用而止，自可为之限量。"① 在此基础上，王鎏进一步提出了"足用而止"的 3 条具体界限：一是发行纸币的数量可达到能把民间所有银尽数收入国库，即"尽易天下百姓家之银而止"②。二是发行纸币的数量不仅可达到民间流通中的银的数量的一倍或更多，而且不至于出现纸币贬值。这就是"以天下论，银之行用本虑其少，则以银易钞，适如其数，虽倍加之，尚未至于多而轻也"③。三是发行纸币的数量可达到 30 年国家财政支出的总和，即"若论国用，则当如《王制》'以三十年之通制国用'，使国家常有三十年之蓄可也"④。

其三，王鎏提出银、钞无别论。他认为："至谓钞虚而银实，则甚不然。言乎银有形质，则钞亦有形质；言乎其饥不可食，寒不可衣，则银、钞皆同。"⑤ 王鎏一反传统的"钞虚银实"观点，以银、钞皆有形质，皆不可食、衣（穿），借此推断两者是相同的。这从银、钞同作为货币的价值符号来说是相同的，但是如从银、钞本身的使用价值来说，银作为贵金属，其使用价值大大高于纸张。

王鎏在发行钱币以"足君尤先"满足国家财政需要的基础上，拟定了许多具体发行纸币、铸大钱的措施。其一，规定了纸钞面额、制作规格、收藏及流通。他主张钞分大、中、小共七等。大钞为五百贯、千贯，中钞为五十贯、百贯，小钞为一贯、三贯、五贯。最大钞一尺高，二三

① 《钱币刍言续刻·与包慎伯明府论钞币书》。
② 《钱币刍言续刻·与包慎伯明府论钞币书》。
③ 《钱币刍言·钞币答问三十》。
④ 《钱币刍言续刻·与包慎伯明府论钞币书》。
⑤ 《钱币刍言续刻·与包慎伯明府论钞币书》。

丈阔、成手卷形；最小钞一尺见方，糊裱行用。造钞必选质量好的纸张。钞面上还需书写格言。钞以匣收藏，依贫富不等的经济条件，或用黄金，或用木、石，或用皮、绢素等为匣。行销分省流通，他省之钞，需验明后准其换本省钞行用。国家税收一律收钞，一贯以下征钱。其二，规定了铸钱的面值、材质、工本费和机构。他主张铸钱为当百、当十、当一大、中、小三等。铸当百的大钱须用白铜，当十、当一的中、小钱则用黄铜、红铜。当百大钱约费工本九十余文，当十中钱约费工本九文，当一小钱适与工本相当。大钱由京师监铸，中、小钱京师监颁以定式，外省亦可铸造。其三，禁止民间打造、买卖铜器，由政府设立的收铜局，用钞倍价收买民间铜器铸钱，由官铜铺打造乐器、锁等铜器出售。其四，禁止钱庄再私出会票、钱票，以钞与大钱发与钱庄，令钱庄凭钞缴银，以一分之利给钱庄。百姓在一年之内交银易钞者给予一分之利，二年之内交银易钞者给予五厘之利，二年之外者，则照时价不给利。百姓用钞纳税的，每钞一贯可作一贯一百文使用。五年或十年后钞法盛行，则禁银为币，但可当作商品买卖。十年或二十年之后，银既毕收于官，则许商人以钞易银，或打造银器，只能值一半价钱，不准为币。民间残留的银，或作器皿，或以一半的价钱换取钞。其五，对外贸易只许以货易货，或以钞购货，不许用银。如外国带银来贸易，令其先以银易钞，再用钞买货。其六，行钞之初，内外官俸各加一倍。原俸暂仍发银，加俸则悉发钞。待钞法通行后，官俸各加数倍，一律发钞。

王瓒的行用钞、大钱的措施，如规定钞七等、钱三等各不相同的面额，说明他较清晰地认识到利用货币的价值符号。而且为了使这些改革措施不引起社会的动荡，他主张采取诱导性的渐进方式。如在以钞代银的转化中，他提出百姓在一年之内交银易钞者给以一分之利，二年之内交银易钞者给以五厘之利，二年之外者，即照时价不再给利。这样，以鼓励的方式，诱导百姓尽快以银易钞，缩短以钞代银的转化期。同时，他还给出一个较长的转化期，让民众逐渐过渡适应，即五年或十年后钞法盛行后，才禁银为币。为了稳定行钞制度，他主张国家在赋税和其他

官项上必须接受钞币，不能自己拒收钞币，失信于民；必须允许民众用旧钞向国家换取新钞，不应收取贴水；行钞办法必须明确稳定，不得含混和随意更改等。但是，另一方面，我们更必须看到，他的行钞措施，有许多是根本无法实行的，甚至是违背货币常识的，显得荒唐可笑。如王鎏在行钞措施中主张将纸币制作成精美的书法、篆刻艺术品，特选优质纸张，装裱精美，制成手卷，用黄金、木、石、皮、绢等为匣收藏，大钞还要精选天下善书法者，书写历朝名人语录、格言，小钞则用铜版镂刻精书小楷《程子四箴》《朱子家训》之类，并在钞面盖上金、玉、水晶、银、铜镌刻的印章。王鎏的这种主张其实是把纸币价值和艺术品价值混为一谈。因为如纸币作为一种货币，我们关注的只是其所代表的价值符号，对其精工制造也只是为了维护其所代表的价值符号，即防止伪币。如在纸币中注入艺术价值，意味着同一面值的纸币，因其书法、篆刻水平的不同，就会有不同的售价，这将引起货币流通的巨大混乱，不符合货币的最基本特征，即在流通中的统一标准性。如像王鎏所言，纸币如成为艺术品收藏，"千百年后奉为墨宝"，那么怎么是不断流通的货币？又如王鎏主张发行纸币以解决国家财政困难，因此他所定的三条"足用而止"的界限，尤其是第三条可达到三十年国家财政支出总和的界限，已达到不折不扣的滥发程度，这必然会引起纸币迅速贬值，通货快速膨胀，从而给社会经济带来巨大的灾难。

王鎏自信地认为，他的行钞主张能使鸦片走私不禁自绝，并改变当时中国在对外贸易中白银大量外流的局面，使白银内流。他天真地以为："今若欲使外洋之人，无所取利，则惟有行钞耳。行钞则民间之银皆以易钞，外洋虽载烟来，易我钞去，而不为彼国所用，则彼将不禁而自止……此行钞又为去鸦片烟之第一妙法也。"[①]"外洋欲市中国之货，必先以银易钞，彼之银有尽，而吾之钞无穷，则外洋之银且入于中国，而中

----

① 《钱币刍言·除鸦片烟议寄张亨甫》。

国之钞，且行于外洋矣，岂虑银之入外洋哉！"① 简言之，王瑬在此的逻辑推理是，当时西方殖民者贩卖鸦片到中国的目的是赚取白银，如中国禁止使用白银而使用纸钞，西方殖民者贩卖鸦片来中国就无利可图，鸦片不就不禁而自止了吗？西方殖民者来中国贸易也是为了赚取白银，如中国使用纸币，西方殖民者来中国贸易首先必须以白银换取中国的纸钞，那么外国的白银不就大量流入中国了。显而易见，这是一种想当然的简单的逻辑推理。当然，西方殖民者贩卖鸦片到中国以及与中国开展贸易，其目的主要是赚取巨额的商业利润。即使中国如王瑬所云禁止使用白银而使用纸钞，也不妨碍西方殖民者的赢利。西方殖民者可采取以货易货的贸易方式，也可先换取中国的纸钞，然后用纸钞购买他们所需要的货物回国。因此，以白银作为货币还是以纸钞作为货币并不影响西方殖民者通过贩卖鸦片到中国或与中国贸易所赚取到的巨额商业利润。从当时的历史背景看，西方殖民者贩运鸦片到中国以及与中国的贸易已不是正当和平等的商业贸易，而是属于经济上的侵略与掠夺。如真的像王瑬所言，使用纸钞能使鸦片走私不禁而止，并使外国白银流入中国，那么其结果与当时林则徐禁烟一样，西方殖民者就用炮舰打开中国闭关锁国的大门，发动对华的侵略战争。

2. 包世臣、魏源的发行纸币思想。

王瑬曾送给包世臣《钱币刍言》，希望自己的主张得到包世臣的支持，但是包世臣在读了《钱币刍言》后，在写给王瑬的《再答王亮生书》中，表达了自己"未敢附和"的态度，并对王瑬的观点提出了不同的看法。

其一，包世臣反对行钞废银。他提出："盖缓急之时，钞或不行，而银则未有不行者也。轻重相权不相废，为古今之至言。行钞则以虚实相权者也，银钱实而钞虚。"② "足下欲于行钞之后，即下废银之令，仍恐怀

① 《钱币刍言·附钞币问答三十》。
② 《安吴四种》卷26《再答王亮生书》。本目包世臣言论引文均见于此。

银者失业，斟酌许其为器，取今值之一半。足下假藏镪十万，不数年即折阅其半，谅亦未甘从令也。且行钞而废银，是为造虚而废实，其可行乎哉？"包世臣坚持传统的银钱实而钞虚的理论，不同意王鎏的银、钞无别和"造虚而废实"的理论。正由于银钱实而钞虚，所以历史上只有钞或无法推行，没有银无法推行的情况。如像王鎏所言废银行钞，以银易钞时银只按一半价值计算，而换来的钞在几年之内就贬值一半，试想谁愿意这么做呢？即使王鎏自己也不会心甘情愿服从政府以银易钞的命令。他认为王鎏的行钞之法，违背了"古今之至言"，是行不通的。

其二，包世臣反对超量发钞。他批评王鎏说："钞宜始于一贯"，"终于五十贯"，"如尊说至千贯以便藏者，原行钞之意，以代钱利转移耳，非以教藏富也"。"尊议云：'造百万即百万，造千万即千万，是操不涸之财源'云云，从来钞法难行而易败，正坐此耳"。由此可见，包世臣反对发行面额太大的钞，更反对随心所欲滥发纸币，并一针见血地指出，历史上钞法难以推行且容易失败，其主要原因正是超量发行导致纸币大幅度贬值而最终成为废纸。他还驳斥王鎏发行大面额纸钞是为了储藏的观点，指出发行纸币的目的是代替银钱进行流通，而不是为了储藏。这准确把握了货币的最主要职能就是流通职能。

其三，包世臣委婉地批判了王鎏的发钞动机"足君尤先"是益上损下。他指出："凡善谋国者，夺奸民之利权，以其七归之良民，而以其三归之公上，事乃易行而可"。"大要总在损上以益下"，"损上益多，则下行愈速，下行既速，次年上即可不损"，"然益上之指，总在利民，乃可久而无弊。若一存自利之见，则有良法而无美意，民若受损亦未见其必能益上也"。包世臣坚持传统儒家的"损上益下"思想，认为管理国家者如能自觉损上益下，使民众得到好处，其政策措施就能得到民众拥护，很快得到贯彻执行，并且能够长久而不产生弊端。如果治国者心存自利，使老百姓受到损害，那其政策措施再好，也不会得到民众拥护，是很难贯彻执行和长久的。显而易见，王鎏的发钞动机"足君尤先"，是一种益上损下的措施，甚至是一种损下而不益上的措施，是很难贯彻执行的。

其四，包世臣认为发钞不仅不能禁鸦片，还会加剧白银流往外国。他指出，王鎏主张的行钞可获"断盗源、烟土之二大利，益非事实"，"中土既禁用银，只许为器得半价，是正可用以买土，岂不驱银尽入外夷乎？"他的理由是既然中国禁止用银作货币，如打成银器也只能算一半价钱，那么不就是逼着民众更拿银子去买鸦片，使银子更都流向外国了。

其五，包世臣指出，王鎏将纸钞设计为书法艺术精品、"格言寓教"，违背了纸钞最根本的货币属性，不符合绝大多数拥有纸钞者的初衷。他认为："至于钞纸上写格言，选书手之说，以为富而寓教，则尤为隔膜。教亦多术矣，古书具在，何必此？若谓珍藏佳书，试问藏钞者，为藏钱耶？为藏书耶？唐之'开通'，宋之'大观'，皆精书，世固有一二人宝玩之者，岂可通之齐民乎？"世人拥有纸钞，绝大多数人是把它用于购买流通，或作为财富储藏，只有极少数人将名家书写的"开元通宝""大观通宝"作为古玩、艺术品收藏，因此，王鎏对纸币津津乐道的"精工华美"，将其作为书法艺术精品、"格言寓教"，是不切实际的。

晚清思想家魏源对王鎏所主张的货币改革也给予直接、鲜明的批判。他认为货币改革应该是"一意便民而不在网利"①，显然，他反对王鎏的货币改革以"足君尤先"。他还认为货币本身应是"五行百产之精华""天地自然之珍"，即货币本身是具有很高价值的。因此，坚决反对发行不兑换纸币的做法，对其"罔民"的本质予以一针见血的揭露，并断言这种"罔民"的行钞改革初行就会百弊丛生，时间久了必定失败，即使是以行政权力强制推行，最终也不为民众所接受。他说："以百十钱之楮，而易人千万钱之物，而后利归于上。利归于上者，害必归下。犹无田宅之契，无主之券，无盐之引，无钱之票，初行则奸伪朋生，久行则不堪覆瓿，故不旋踵而废"，因此，"虽以帝王之力，终不能强人情之不愿"。

---

① 《圣武记·军储篇三》。本自然段引文均见于此。

3. 许楣、许槤的发行纸币思想。

许楣（1797—1870），字金门，号辛木，浙江省海宁县（今海宁市）人。道光癸巳（1833）进士，曾任户部贵州司主事，3 年后因病告归，以教书为业，殚心著述。著有《真意斋文集》《真意斋随笔》《真意斋诗集》以及《钞币论》等。

许槤（1787—1862），初名映涟，字叔夏，号栅林，许楣的胞兄，也是道光癸巳（1833）进士。历任山东平度州知州，江苏徐州、镇江知府，道台等官，仕宦垂 30 年。通文字学和中医学，著有《洗冤录详义》《刑部比照加减成案》《古均阁遗著》等。

许楣的《钞币论》，是专为批判王鎏的《钱币刍言》而作。该书刊行时，其兄许槤为其写序，并在多处加了按语，好友陈其泰也为该书作跋，都各自发表了自己的观点。

其一，主张"以纸取钱"，反对"以纸代钱"。许楣坚持纸虚银实的传统观点，主张发行纸币应"以纸取钱"，即发行可兑现的钞币，反对"以纸代钱"，即发行不兑现的钞币。他认为银贵纸贱是众人皆知的常识，因此要以价值贵数量多的银换取价值贱数量少的纸，这是违背人之常情，万万不可能的。他还进一步指出，流通中的货币，本身必须是有价值的东西，而且是十足的价值，即使是白银，也要有足量的价值，才能购买到价值相等的东西。他举例说，如以"一星之银"，而要买到"千万之纸"，也是不可能的。他说："夫自用银以来，虽三尺童子，莫不知银之为贵矣"。"夫纸之与银，其贵贱之相去也远矣。人之爱银与其爱纸，其相去也又远矣。千万之纸而易以一星之银，则笑而不与，千万之银而易以一束之纸，则欣然与人，岂其明于爱纸而昧于爱银耶？不知爱银之甚于爱纸，而欲以其所甚贱，易其所甚贵，且欲以其贱而少者，易其贵而多者，乃曰：如是则天下皆争以银来易钞，呜呼，吾不知其何以来易也！"[①]

---

① 许楣：《钞币论·通论一》，古均阁刊本。

许氏兄弟都认为"以纸代钱"会引起货币的贬值。许楣认为："天下之物，惟有尽故贵，无尽故贱。淘沙以取金，金有尽而沙无尽也，凿石以出银，银有尽而石无尽也。天下之至无尽者莫如土，烧土以为甓，范其文曰一两，人必不以当金当银。"① 在此，许楣是从数量方面来说明纸币发行越多就越贱，因此，如像王鎏那样主张大量发行不兑换的纸币，只会导致货币的贬值。许楫则进一步从金银与纸币本身价值的不同，来说明纸币发行过多会引起贬值，而金银数量多不会引起贬值。他指出："多出数百千万之钞于天下，则天下轻之，多散数百千万之金银于天下，天下必不轻也。亦可见物之贵贱，皆其所自定，非人之能颠倒也矣。"② "（金银）锱铢则以为少，百千万不以为多。至于钞，骤增百万即贱，骤增千万则愈贱矣。"③ 金银作为贵金属，本身有价值，因此其作为货币，发行量多，并不会引起贬值。纸币是价值符号，其价值全由发行数量决定，因此发行过多，就会引起贬值。许楫已初步认识到了这一点。

在此认识的基础上，许楣反对以纸代钱，指出以纸代钱已被历史证明是弊端，但王鎏却将其当作好制度，其本质上是因为他想通过以纸代钱来欺骗、掠夺民众的财富。他说："钞者，纸而已矣，以纸取钱，非以纸代钱也。以纸代钱，此宋、金、元沿流之弊。""今有创议者焉，取其弊法，奉为良法"④。"以纸代钱，而至欲尽易天下百姓之财"⑤。因此，许楣主张"以纸取钱"，"纳钱于此"，换取一纸票据，然后凭这票据，"取钱于彼"⑥，"千金之票，欲金而得金"⑦。由于信用卓著，这种"千金之票"虽然也不过是"一星之纸"，但由于可以兑换，所以与"以纸代钱"是完全不同的。其实，严格地说，许楣所说的"以纸取钱"的纸币，

① 《钞币论·钞利条论一》。
② 许楫按语，见《钞币论》第25页。
③ 许楫按语，见《钞币论》第12页。
④ 《钞币论·通论一》。
⑤ 许楫：《钞币论序》，见《钞币论》。
⑥ 《钞币论·通论二》。
⑦ 《钞币论·造钞条论三》。

已不是货币，而已是凭信用流通的银行券。

总之，"以纸代钱"和"以纸取钱"虽仅一字之差，但成为许氏兄弟与王鎏在发行纸币思想上区别的关键点。许楣就明显指出："钞以代钱之用，此著书者（指王鎏）之症结"①，"不以取钱而以代钱，其欺民也久"，是"罔民之政"②。许梿则认为："自宋行交子，世以为神仙点金之术无以逾此。然近或数年，远或二三十年，悉化为石矣。""近世金多出洋，议者求所以点金之术而不得，遂注意于前人已弃之石。而洞庭王氏鎏《钱币刍言》，立说尤辩"③。由此可见，许氏兄弟将王鎏的"以纸代钱"论斥为"点石为金"的欺骗民众之政，是不可能得逞的。

其二，对王鎏行钞"大利"的批判。王鎏在《钱币刍言》中列举出行钞的"二十二"大利及其他不可胜数的好处。对此，许氏兄弟则针锋相对地予以批判，兹将主要者缕述如下：

许氏兄弟批判了王鎏"惟钞无尽"，"则操不涸之财源"，"则尊国家之体统"的所谓"大利"。许氏兄弟指出：钞法之弊，"正以钞无尽之故"④。从中国古代历朝发行纸钞失败的原因看，的确，超量发行纸钞是其最主要的共同原因。因此，许氏兄弟一针见血地指出，这不是发钞的"大利"，而是钞法的弊端。他们认为王鎏的行钞改革所谓"操不涸之财源"是想当然的，是不可能实现的。"造纸以为钞，印其文曰一贯，独可以当钱乎？"况且，在短时间里突然增发大量纸钞，"钞必愈贱"，"果能救财源之涸否？"许氏兄弟对王鎏发钞"则尊国家之体统"的说法，则更是义正词严地提出质问："绝天下之利源，而垄断于上，何体统之有？"

许氏兄弟对王鎏"洋钱不禁自废"，"则除鸦片之贻祸"的所谓"大利"进行批判，指出："用钞而废银，则银为中国无用之物，载鸦片以易

---

① 《钞币论·造钞条论一》。
② 《钞币论·通论三》。
③ 《钞币论序》，见《钞币论》。
④ 以下6个自然段许氏兄弟对王鎏"二十二"大利的批判，见《钞币论》"钞利条论一"至"钞利条论十八"。

中国无用之物，中国之民，有不推以与之者乎？""此所谓驱银出洋矣"。如果照王鎏行钞废银的主张，那白银在中国就成为无用之物，这不是促使中国民众拿白银无用之物去跟西方殖民者换取鸦片吗？这只能使中国的更多白银外流海外。

许氏兄弟批判王鎏所鼓吹的"行钞则绝钱庄之亏空"，及"百姓苦用银之重滞，故乐于用票，易之以钞，则顺民心之所欲"等所谓"大利"。许楣指出，行钞非但不会制止钱庄亏空，相反还会加快钱庄亏空。这是因为民众如知道政府要实施王鎏的行钞改革，唯恐自己的钱票成为废纸，一定会争先恐后地到钱庄兑换钱，不出 10 天，钱庄就会被挤兑亏空。他说："民间闻钞法将行，惟恐钱票化为废纸，必争就钱庄取钱，旬日之间，远近麇至"，钱庄"不亏空何待？""迫钱庄之亏空者，钞也"。许楎在按语中也指出："钱庄之失业，犹可言也，贫民抱空票而妇子愁叹，不可言矣。"显然，许楎认为行钞不仅会使钱庄失业，而且更严重的是会影响一般民众的生计，使他们陷入贫困。对于王鎏行钞是顺民心的言论，许楣驳斥说："今以无银之钞，而易有银之票，百姓之不乐甚矣，民心之不顺甚矣。"道理很简单，当今王鎏主张以不能兑换银子的纸钞换取百姓手中能兑换银子的票，老百姓肯定是很不愿意的，民心肯定是很不顺应的。

许氏兄弟批判王鎏所谓"富家间以土窖藏银，历久不用，一闻变法，悉出易钞，则去壅滞之恶习"，"货物壅滞之处，以钞收之，物价必平，则致百物之流通"的"大利"。许楣认为，当时中国银子，已有一半流向海外，民间如有窖藏银子，都是很久没有使用的，怎么可能现在拿出来换取纸钞？他指出："天下之银，半已出洋，西北窖银吾不知，东南则无矣。设果有之，则历久不用之银，彼方以不用为用，又何为而易钞？"许楎在按语中进一步指出，不但原来窖藏的银子不会拿出来兑换纸钞，甚至连原来没有窖藏的银子也要被窖藏起来。这就是"非特不易而已，又将并其不窖者窖之"。因为拥有银子的人用银存入银庄是为了赚取利息，但担心被钱庄骗走银子，所以换成"空票"；用银以"居货"，又担心官府"强以钞市"，强迫你兑换成纸钞。因此，在左右为难之中，只好将原

来没有窖藏的银子也窖藏起来了。至于王鎏的所谓行钞可"价平物通"，许氏兄弟认为这更是无稽之谈，因为历史上发行纸钞的朝代，其结果都是物价上涨、纸钞贬值，只见到纸钞无法流通，没见到物资流通受阻的。

许楣对王鎏所谓"大小钞皆书印格言"，"则寓教民之微意"等大利进行批判。他用自己在京师的所见所闻，说明对一般民众来说，大小钞上所书写、印刷的格言、名人语录，根本起不到寓教民众的作用。他指出："吾游京师，见钱票多有取《陋室铭》《朱柏庐家训》作细楷，刻印其上者。尝试举以问车夫，则皆瞪目不知何语。"

许楣认为王鎏的一些大言不惭的吹嘘不值得一驳。如王鎏自吹，行钞有"除万事之积弊"，"行千载之仁政"等不胜待言的"大利"。许楣针锋相对指出："吾方论钞法之必不可行，则此皆不足论，故存其目而以不论论之。"

其三，揭露王鎏行钞方案对社会经济和国家财政的危害。许氏兄弟指出，王鎏主张凭借国家权力"造百万""造千万"，"操不涸之财源"，肆意规定纸钞的面额而滥发纸币，这必然会引起物价腾贵，严重危害民众的生活。而且从国家财政上来说，也只会是饮鸩止渴，贻害无穷。许楣认为："宋、金、元之钞，未尝不欲足用而止也，而卒至增造无艺者，能足天下之用，而不能足国家之用故也。"为了"足君""足国用"，"势不得不于常赋之外，诛求于民，而行钞之世，则诛求之外，惟以增钞为事，然不增则国用不足，增之则天下之钞，固已足用，而多出则钞轻，而国用仍不足。宋、金、元之末流，弊皆坐此"[1]。这就是说，宋、金、元朝代发行纸钞，其初衷也是为足够流通领域使用，达到目的后就停止发行。后来因为国家财政困难，为了克服财政危机，就不得不在常赋之外，增加苛捐杂税，并且大量增加发行纸钞。但是最终增发纸钞只会引起货币贬值，仍然解决不了国家财政危机。宋、金、元发行纸钞的失败，原因都在于滥发纸钞。总之，滥发纸钞不仅危害民生，而且将使国家在

---

① 《钞币论·造钞条论七》。

财政上自食其果。

第四节 劝农与兴学思想

一、劝课农桑思想

（一）政府督课、奖励农桑

清朝满族在入主中原之前，虽然处于农牧混合的经济，但是入主中原之后，相当重视发展农耕生产。顺治年间，连续颁布了一系列诏令，劝课、保护农桑："国初定：低田种稻、黍、秫、苘麻，高阜种粟、谷。又定纵马食人田禾者，牧长、牧副等各鞭责，照所践谷数追赔。顺治八年（1651）题准：农民力耕，甚赖牛力，有屠宰耕牛者，照律治罪。十二年（1655）复准：民间植树以补耕获，地方官加意劝课，如私伐他人树株者，按律治罪。十五年（1658）复准：桑柘榆柳，令民随地种植，以资财用。"① 由此可见，清朝入主中原之初，就采取恢复和发展农业生产的措施，规定农民广种稻、黍、秫、粟、谷等粮食作物，种苘麻、桑树等，以保证百姓有基本的衣食来源。清政府还鼓励百姓随地种植柘、榆、柳等树木，作为烧柴火、盖房子之用，并颁布法令，禁止纵马食人田禾，禁止屠宰耕牛，禁止私伐他人所种树木。尔后，康熙、雍正年间，朝廷继续颁布了劝课农桑的诏令。"康熙十年（1671）复准：民间农桑，令督抚严饬有司，加意督课，毋误农时，毋废桑麻"。"雍正元年（1723）恩诏：直省府州县卫所农民，果有勤于耕种，务本力作者，令该地方官不时加奖，以示鼓励。二年（1724）谕：国家休养生息，数十年来，户

---

① 《大清会典事例》卷168《户部·田赋》。本自然段引文，均见于此。

口日繁，而土地止有此数，非率天下农民竭力耕耘，兼收倍获，欲家室盈宁，必不可得。《周官》所载巡稼之官，不一而足，又有保介、田畯，日在田间，皆为课农设也。今课农虽无专官，然自督抚以下，孰不兼此任，其各督率有司悉心相劝，并不时咨访疾苦，有丝毫妨于农业者，必为除去。仍于每乡中择一二老农之勤劳作苦者，优其奖赏，以示鼓励。再舍旁田畔，以及荒山不可耕种之处，度量土宜，种植树木，桑柘可以饲蚕，枣栗可以佐食，柏桐可以资用，即榛楛杂木，亦足以供炊爨。其令有司课令种植，仍严禁非时之斧斤，牛羊之践踏，奸徒之盗窃。至孳养牲畜，如北方之羊，南方之彘，牧养如法。乳字以时，于生计不无裨益。所赖亲民之官，委曲周详，多方劝导，庶踊跃争先，人力无遗，而地利可尽。不惟民生可厚，风俗亦可还淳。该督抚等各体朕倦倦爱民之意，实力奉行。又谕：农民勤劳作苦，手胼足胝，以供租赋，养父母，育妻子，虽荣宠非其所慕，而奖赏要当有加。其令州县有司，择老农之勤劳俭朴，身无过犯者，岁举一人，给以八品顶戴荣身。又议准：督抚率府州县官举行劝农，春至劝耕，秋至劝敛。如有轻视民隐，不实力奉行者，照例议处。四年（1726）议准：直省设立先农坛籍田，每岁仲春亥日，督抚及府州县卫所等官，率所属耆老农夫，恭祭先农之神，其耕籍照九卿行九推之礼。"由此可见，雍正朝更加强了劝课农桑的力度。雍正皇帝即位后，就连续颁布了数道诏令，把劝课农桑从各方面落实到了实处。其一，对勤于耕种，及时、足额缴纳租赋者予以奖励，并命令地方州县每年推举一位勤劳俭朴老农，授以八品顶戴。农民勤劳耕作能得到官品，这在封建社会是极高的荣耀，由此可见清政府对劝课农桑的高度重视，并以此来激励广大农民的生产积极性。其二，朝廷明确规定地方最高长官总督、巡抚以及知府、知州、知县等各级地方长官对所辖各地区的劝课农桑负总的责任。每岁仲春，督抚及府州县卫所长官，亲自率领所辖地区耆老农夫举行劝农籍田之礼，平时再加意督课，使农民毋误农时，毋废桑麻，并负责选拔勤于耕作农民，予以奖励。其三，在发展农业经济中注意多种经营。朝廷不仅鼓励农民多种粮食作物，而且引

导、鼓励农民栽种各种树木,如栽种桑柘养蚕,发展丝织业;栽种枣栗,可供食用;栽种柏、桐,可作建筑用材、生产桐油;即使栽种榛楛,也可作为柴火。朝廷还鼓励农民饲养牲畜,如北方饲养羊,南方饲养猪,可以补贴生计。其四,朝廷命令地方官员必须为农民创造发展农业生产的良好条件。如地方各级官员必须不时咨访农民的疾苦,及时去除妨碍农业生产的弊端,如严禁非时砍伐树木,禁止牛羊践踏庄稼,严防不法之徒盗窃农民财物等。

(二) 开垦荒地思想

清代,人口增长迅速,在过亿大关后还在不断呈几何级数上升。人口的增长,使人口对土地的压力日益加大,尤其是东南人众地狭,这种人地矛盾更加突出。一些少地、无地的农民无法维持生计,给社会安定带来很大的威胁。对此,一些有识之士纷纷提出政府应鼓励民众垦荒,尤其是鼓励、支持无地、少地的农民垦荒,从而使他们获得一定数量的耕地,解决生计问题。如广东总督鄂弥达指出,当时广东"肇庆府大官田地方,新设鹤山一县,及附近恩平、开平等县,现有荒地数万亩,以之开垦耕种,安插贫民,最为相宜"[①]。但是,由于"该处地广人稀,虽有藩库垦荒银两,莫肯赴领承垦",因此,鄂弥达主张应发挥商人的作用,出资给予贫民住房、口粮、工本等,政府承认所垦荒地归垦荒者所有,从而使惠州、潮州贫民纷纷前往垦荒,既使荒地得到了利用,也使无地贫民获得耕地,解决了生计问题,消除了社会不安定因素。他说:"谕令有力商民,招集惠、潮等处贫民,给以庐舍、口粮、工本,每安插五家,编甲入籍,即给地百亩。复念各佃远来托居,虽有可耕之业,仍恐日后予夺凭由业户,不能相安,应为从长计议。凡业户领田百亩外,并令各佃俱带领地五亩,一例纳粮,永为该佃世业,田主不得过问。庶佃户稍有余资,无偏枯之叹,亦可无逋租之虞。今惠、潮二府贫民,就居鹤山耕种,入籍者已有三百余户,现在陆续依栖,日益增聚,兼闻先

---

① 《清经世文编》卷34,鄂弥达《开垦荒地疏》。本自然段引文,均见于此。

到之人，安顿得所，无不踊跃趋赴，其各属未报贫民，亦必陆续报出。其高、雷、廉等各府州县可垦荒地，容俟一并丈出，设法安插。使穷民皆有恒产，足以资生，不数年间，野无旷土，地无遗利，全粤深山穷谷，无复有失业游手之民，风俗淳美，夜户不闭。"

我国东南沿海地区，"山多田少，地接海洋，其为山占者，十之三；其为水占者，又不啻十之四。可耕之土，本属无几，而民居繁庶，商贾充盈。就广州一府而论，需米之多，又数倍于他郡。偶遇粤西谷船稀到，粮价即不免骤昂"①。面对这种情况，广东巡抚孙士毅主张："若将此种沿海无碍沙坦照旧给民承垦升科，即以千顷为计，每岁约可添谷十万余石，即毋庸全仗粤西谷船之接济，裨益民食，正复不少。再滨海荒地，若严禁开垦，则生计寥落，盗匪易于出没。沙坦一开，悉成沃壤膏腴之地，无业穷民，俱得搭盖寮舍，尽力南亩，既可潜消其为匪之心，地方亦可宁谧矣。"孙士毅认为，广东地区山占3/10，水占4/10，耕地不到3/10，而广州一府人口众多，周边乡村生产粮食根本不足供给，其粮食主要靠粤西船运供给。如粤西运粮船只少来，广州粮价就立即上涨。因此，他建议将沿海千顷沙坦之地分给民众开垦，每年可收获谷子10万余担，那广州粮食供给就不必全依靠粤西船运供给，沿海荒地即变成膏腴之地，农民在此安居乐业，也可消除当地匪患，社会趋于安定。

清政府还根据全国各地区的不同情况，因地制宜，制定各种不同的优惠政策，鼓励民众积极垦荒。如畿辅地区有荒地千百顷，朝廷屡次下令招民垦荒，但却很少人愿意前去开垦。原因是这里土地瘠薄，稍有水旱之灾就无收成，而政府却又规定开垦六年之后就要征收赋税，因此开垦者平常收成已少，遇到灾荒，还要赔本缴纳赋税。正如陆陇其所指出的："畿辅各州县，荒田累千百顷，朝廷屡下劝垦之令，而报垦者寥寥，非民之不愿垦也。北方地土瘠薄，又荒熟不常，近山之地，砂土参半，

---

① 《清经世文编》卷34，孙士毅《请开垦沿海沙坦疏》。本自然段引文，均见于此。

遇雨方可耕种，稍旱即成赤土。近水之区，水去则略有田形，水至则一片汪洋。一报开垦，转盼六年起科，所垦之地，已枯为石田，荡为波涛，而所报之粮，一定而不可动。始而包赔，继而逃亡，累有司之参罚，责里长之摊赔，所以小民视开垦为畏途，听其荒芜而莫之顾也。且报垦之时，册籍有费，驳查有费，牛种工本之外，复括据以应诛求，非中等以上之家，不能开垦，何怪报垦之寥寥哉。"①针对这种情况，陆陇其建议，政府应给垦荒者更优惠的条件，至少让垦荒者觉得有利可图，不至于赔本，如新垦田地复荒，政府应以其他新垦之地补偿；如遇灾荒，赋税予以免除；新垦荒地改 6 年起科为 10 年后起科。这样，民众就会踊跃前来垦荒。他说："职窃谓此等荒地，原与额内地土不同，与其稽查太严，使民畏而不敢耕，何若稍假有司以便宜，使得以熟补荒，如有额外新垦之地复荒者，听有司查他处新垦地以补之，其荒粮即与除免，不必如额内地土。必达部奉旨，始准豁除。无赔累之苦，无驳查之烦，民不畏垦之累，自无不踊跃于垦矣。其已垦成熟者，或更请宽至十年起科，使得偿其牛种、工本之费，然后责其上供，亦所以劝垦也。"

在清代，边疆地区仍有许多荒地无人耕垦。张宸指出，当时边疆荒地，政府招募贫民前往耕垦，但贫民缺耕牛、粮种，无力进行耕垦，如由政府帮他们解决耕牛、粮种，由于数量庞大，政府也无法通过财政筹办。如由满族兵士或汉族兵士屯田，但满族兵士皆精锐部队，负责保卫朝廷，汉族兵士人数少，负责守卫地方尚且不够，因此，满、汉兵士也无法通过屯田耕垦。唯一可行的就是仿效明代的开中法，令盐商到边地招募游民开垦，政府转让部分盐利给盐商作为报酬。他说："今天下之计，莫大乎开垦荒田，而开垦荒田，则必使富人为之，何以言之？国家亦尝设官置吏，议屯田矣，然民屯则恒产殷足之人，必不赴令，而其应募者，必贫民、浮户，欲自备牛种，则无其力，欲官为之备，则无此财。

---

① 《清经世文编》卷 28，陆陇其《论直隶兴除事宜书》。本自然段引文，均见于此。

且朝令而夕课效，田未就垦，而考成已迫，于是董其事者，必于邻近熟田，指为隐占、为漏税，强取籽粒以塞期会。由是荒者未熟，而熟者先累，国未利而民已困，屯之无效，盖以此也。言兵屯，则今之满兵，皆禁旅也，势无久暴原野，胼手胝足之理。而汉兵则汰之又汰，方隅未靖，以之守汛了望，尚且不给，而又课之耕屯，无牛种之备，有籽粒之迫，与其勤苦力作，贻后日之追呼，何如坐食县官，享目前之宴安乎。即使复卫所屯操之设，而现在屯粮，尚烦敲扑，又何力以办此乎？故议屯于今日兵与民，俱有所不可，而莫善于使富民为之。夫所谓富民者，制田里，供赋税，给徭役者也。使其舍现有之业，耘不耕之田，谁则为之？……其最善者，莫如明初开中之制。明永乐时，下盐商输粟于边之令，每纳米二斗五升，给盐一引，小米每引四斗。复令近边荒闲田地，得自开垦，使为永业。商人惮转粟之劳，无不自出财力，招致游民，以事耕作。既有田产之利，遂为家室之谋，由是守望相助，墩台保伍，不令而具。田日就熟，年谷屡登。至天顺、成化间，甘肃、宁夏粟石直银二钱，军国大裕。盖其时国家之府库、仓廪，仅以给都中，而其余尽委之商人。无修边之资，无远输之劳，国富而强，职此故也……愚故曰：欲省漕富民，莫大乎复开中之制，而开垦荒地，必使富人为之也。"[①] 由此我们可以看出，张宸看到清代商人在财力和经营管理方面的潜力。朝廷通过转让部分盐利给商人，发挥商人的潜力，将边疆荒地耕垦交由商人经营，既节省了政府大量的军事开支，减免了民众运输粮食到边疆以给军需的劳苦，又使商人有利可图，这可谓是三全其美的开垦边疆荒地之策。

清代在垦荒中，已较重视通过调查研究，把荒地分成不同类型，因地制宜，对各种荒地采取不同的开垦措施。如乾隆五年（1740），河南巡抚雅尔图在《勘报开垦虚实疏》中就将荒地分为 4 种，并针对不同的荒地提出相应的措施。其中一曰"河滩地亩，此项原议，滩涨靡定，止酌

---

① 《清经世文编》卷 34，张宸《商屯议》。

分籽粒充公，免其升科"①。这就是那些河滩田地，水涨高了被淹后就成荒地，水涨低时被人开垦就成田地，而且水涨高低变化无常，因此政府只能根据水涨情况，酌情收取一些粮食充公，而免除征收固定的赋税。二曰"盐碱荒地……难以垦治……必俟四五年后勘明地气，果否尽转，另议升科"。盐碱地在当时的科技条件下，是很难开垦种植的，因此雅尔图认为，必须让农民试种四五年后，再看其收成情况，确定征收赋税的多少。三曰"夹荒地……系零星垦辟，荒熟相杂者。夫小民既知此地可耕，岂有垦治一段，抛荒一段，错综间杂之理。盖缘豫省地土，有一种沃野之地，年年可耕，即《禹贡》所谓厥土惟壤也；又有一种硗瘠之地，树艺一两年，则其土无力，不能生发，必另耕一处，将此处培壅一两年，然后复种。如此更番迭换，始得收获，即《禹贡》所谓下土坟垆也。前人立法，不分高下等则，一体纳粮，止于弓丈之间，准其独大，以恤民力。《赋役全书》开载弓数，班班可考，俗所谓大弓地是也。乃王士俊即指此项为夹荒地，勒令普例耕治，捏指为新垦。是以此项地亩，多至七千余顷，已经升科纳粮在案。臣查此项果若大为民累，欣逢尧舜在上，臣亦何敢因循不请减豁"。雅尔图指出，所谓"夹荒地"不是荒地，而是一些土地瘠薄地方的休耕地。但是，有人别有用心地说这是荒地，令人耕种，向上谎报说是新开垦的荒地。雅尔图还指出，这种轮耕地，应按照政府《赋役全书》规定缴纳赋税。四曰"老荒地……多系村头沟尾，道左坟旁，沙冈水滨，庙墓屋角，或砂砾之区，或确磔之处，皆非人力所能施者。开垦本属虚名，荒芜不知凡几，臣若因循玩视，现在尚未征粮，犹属纸上空谈。将来一成额赋，便属闾阎永累矣……容臣将此项老荒地亩，设法清厘，一面令民自首，一面委员抽查，不使有丝毫滋扰。其实在垦熟者，即按年报升，果系虚捏，则请旨豁免。嗣后永定章程，不必再言升科，亦不得复言减豁，庶民心安而元气复"。雅尔图认为，所

---

① 《清经世文编》卷34，雅尔图《勘报开垦虚实疏》。本自然段引文，均见于此。

谓"老荒地"情况复杂，多是村头沟尾、道左坟旁沙冈水滨、庙墓屋角等贫瘠之地，如一旦征收赋税，将成为农民的负担。他主张对"老荒地"要想办法清厘，一方面令农民自己申报，另一方派人抽查。具体问题具体分析，按不同情况分别处理。如现在已是熟地，就按年征收赋税；如是徒有虚名的耕地，则请旨后予以豁免赋税，然后制定管理章程，不得再随意征收或豁免赋税。

黄六鸿在《养民四政》中将荒地分为"老荒"和"新荒"。所谓"老荒"，就是战争后抛荒很久的田地。对于这类土地，他主张由原土地主人的子孙亲友领种，5年后缴纳赋税，或原田主无子孙，可由其他人领种，经过政府批准后即可耕垦。所谓"新荒"，就是灾荒时农民逃离后抛荒的土地。对于这类土地，他主张政府贴出告示，招徕原田主复业，如告示2年后没人复业，即由他人领种，3年后开始征收赋税。当农作物成熟之后，原田户不得再来争夺。他说："盖荒田有老荒，又有新荒。老荒乃兵燹之后，人亡地弃，久成榛莽；新荒乃偶值岁凶，人民流散，渐致抛废。有司宜亲为相度，老荒之内，尚有可耕者，其原主若有子孙亲友，情愿领种者，准其开垦，照五年之例承粮。若无子孙，听人具呈领种，批准给票令垦。其新荒，或原主流寓他处，安土重迁，宜出示晓谕，招徕复业。如示后二年不归，即为无主，听人具呈领种，亦照三年之例起科。成熟之后，原主不得争竞。"[1]

（三）兴水利思想

黄六鸿提出，我国南北地势不同，地方官员应深入所辖地区农村，进行调查分析，向农民讲清兴修水利的好处，并根据不同情况进行水利兴修。如南方之地一般比较低洼，多湖泊陂池，因此要多筑堤堰，建斗门，以蓄水泄洪；北方地势较高，则可开河渠、沟洫，干旱时引水灌溉，洪涝时排水。对于山垄之田，筑坝拦水，并通过水车，将水汲往高处灌溉。对于河边低洼的田地，必须在四周筑起防水护田的土堤，层层阻挡

---

① 《清经世文编》卷28，黄六鸿《养民四政》。

河水使田不被淹没，通过涵洞排水，以防止洪灾。他指出："南北地势，有高卑之不同，故水旱有蓄泄之或异。南方地低洼，多湖荡陂池，北方地仰亢，多平原旷野；卑洼者利于疏泄，仰亢者利于潴蓄，此其大较也。然而南方亦有山田陇地，未尝不畏旱；北方亦有滨河近淀，未尝不畏水。夫农民往往坐视其为旱为水，而不知救，何哉？贫富之力有不齐，愚庸之智有不逮，而遂因循苟且，付之无可如何也。有司诚能爱民，视四境之土田，如己之庄产，四境之农夫，如己之佣佃，于农功既毕之后，单骑裹粮，亲为相其地势，谕以虽勉一时之劳，终享百世之利。其卑洼者，为之筑堤堰、建斗门，旱则闭而蓄之，涝则启而泄之；其仰亢者，为之引河渠、通沟洫，旱则灌溉有资，涝则流行无碍，则南北之地势，均可无虞矣。若夫山垄之田，于下流筑大坝，寸寸而壅之，引以牵车，使不伤于大旱。河淀之田，于四隅亘长圩，层层而遏之，疏以涵洞，使不伤于大水，是依山傍水之地，又可无忧矣。"①

陈宏谋根据陕西省干旱缺水的自然条件，提出通过开渠筑坝，引水灌溉，建造水车，汲水浇田，以及凿井灌田等综合治理，来解决农业的用水问题。他主张："近河之处，有可以开渠筑坝，引水灌田，而苦于心力不齐者，报官查勘，设法兴修。或用车斟水，车有龙首，车有磨盘，车或用人足，或借水溜，均可将河水吸取而上。陕民未识用车之法，如有工匠能造此等水车者，地方官捐造一二辆，试行水岸。令民学习仿造，以广其利。至于凿井灌地，初凿虽费物力，成则久享其利。除山高土厚，不能及泉者，不必勉强外，如有平地，可以凿井者，勉力开凿，或通力合作，或渐次成功，凿成一井，其水可灌田数十亩。现在凿成之井，旱年获利甚多，是其明验。有能开渠、造车、凿井者，地方官分别奖励，但不可加以督责，反滋纷扰。"②

（四）不违农时、精耕细作、因地制宜思想

清代，由于人口的增加，人口对土地的压力日益增大，因此更注意

---

① 《清经世文编》卷28，黄六鸿《养民四政》。

② 《清经世文编》卷28，陈宏谋《巡历乡村兴除事宜檄》。

通过不违农时、精耕细作、因地制宜来提高粮食产量，从而缓解人口对土地的压力。尹会一在《敬陈农桑四务疏》中就提出，各种农作物的生长，有严格的季节限制，因此，农业生产必须遵循农时，才能取得好收成。他反对广种薄收，主张精耕细作，充分利用地力。他说："凡物之生长，必有其候，故农时以勿违为先，而力田以早种为主。盖早种则先得土气，根株深固，发生必盛，收成必倍。今豫省百姓，罔知节候，往往有时宜播种而未举耜者，有时宜耘耔而始播种者。既失天时，遂违物性。臣查播麦之期，务在白露，如天气尚暖，当于白露十日后种之；种高粱，当临清明节；种早谷，当临谷雨节；种棉花，当在春末夏初；豆子、晚谷，则于五月刈麦之后，在麦地播种；荞麦于中伏以内，芝麻多种于棉花地旁。即有气候不同，寒暄各异之处，要必按时下种，不可迟缓。应令地方官刊刻告示，遍户晓谕，并责令老农，督率劝勉。仍钦遵圣谕，州县官不拘时日，轻骑减从，亲往各乡查勘。如逾时而未耕未种者，即询明缘由，面加训饬。傥有工本不足者，许老农开具名结，借以仓谷，秋后照例还仓。则天时无失，而耕种得宜，庶百谷繁昌，收获自丰矣。"[①]
在此，尹会一不仅强调农业生产要不违农时，具体向农民晓谕什么作物应在什么节气种植，而且更难能可贵的是他主张地方州县官应负起督促所辖地区农民按农时耕种的职责，如农民因缺乏种子而不能及时播种的，地方州县有责任向农民借贷谷子，待秋收后再归还。

尹会一还主张通过精耕细作来提高粮食产量。他认为南方人多地狭，农民精耕细作，所以粮食产量很高，而北方人少地广，农民广种薄收，所以粮食产量低。他主张应推广精耕细作，来缓解因人口日益增加给土地带来的压力。所谓精耕细作主要包括耘耔时除草、培土要厚、犁田三覆、施肥适量、锄田四次等。他提出："南方种田一亩，所获以石计，北方种地一亩，所获以斗记，非尽南智而北拙，南勤而北惰，南沃而北瘠

---

① 《清经世文编》卷 36，尹会一《敬陈农桑四务疏》。以下两自然段引文均见于此。

也。盖南方地窄人稠，一夫所耕，不过十亩，多则二十亩，力聚而功专，故所获甚厚；北方地土辽阔，农民惟图广种，一夫所耕，自七八十亩以至百亩不等，意以多种则多收，不知地多则粪土不能厚壅，而地力薄矣，工作不能遍及，而人事疏矣。是以小户自耕己地，种少而常得丰收，佃户受地承耕，种多而收成较薄。应令地方官劝谕田主，多招佃户，量力授田，每佃所种，不得过三十亩。至耘耔之法，又须去草务尽，培壅甚厚，犁则以三覆为率，粪则以加倍为准，锄则以四次为常，棉花又不厌多锄，则地少力专，佃户既获丰收，田主自享其利。且分多种之田，以给无田之人，则游民亦少。仍饬地方官，善于奉行，不得强抑勒派，以滋扰累。"如同尹会一强调农业生产不违农时一样，在耕精细作方面，他也主张要发挥地方官的作用，即地方官应向田主讲明，精耕细作虽然田种得少但收获超过广种薄收的农户。因此，田主应多招佃户，每户佃农所种田地不得超过 30 亩，这样不仅使佃户精耕细作，获得好收成，田主田租增加，而且使原来无田可耕之人、游民也能有田可耕。

　　清代在继承前代的基础上，对各种自然条件下各种类型的田制认识更加清晰，并能因地制宜，根据各种不同的自然条件采取不同的田制，充分发挥土地的潜力，增加农作物的产量。杨芳在《田制说》中胪列了区田、围田、柜田、沙田、涂田、架田、梯田、圃田等各种田制，比较集中地说明了我们应该根据各地区不同的自然条件，因地制宜，采取不同的田制的思想。其一，区田法。区田法在清代之前已广泛流行于全国各地。其最早载于汉成帝时的《氾胜之书》，特点是在小面积土地上集中使用人力、物力，精耕细作，采取开沟点播和坑穴点播，所开的沟和坑就称为"区"。这种点播方法有利于防风防旱、保墒保肥和作物根系的发育。区田法还注重点播密植、中耕除草和灌溉。这样一种园田化的集约耕作方法，大大提高粮食的亩产量，适用于北方旱作地区。杨芳指出：清康熙年间，"桂林朱公龙耀为蒲令，取区田法试之，后为太原司马，在平定亦然。收每区四五升，亩可三十石，爰为图说刊布之。近衢州詹公文焕监督大通，试之于官舍隙地，一亩之收，五倍常田。又聊城邓公锺

音，于雍正末亦曾行此，一亩多收二十斛"①。总之，区田法高产，在清代是得到证实的。

其二，围田，又称圩田。"四围筑长堤而护之，内外不相通，江以南地卑多水，田皆筑土为岸，环而不断，随地形势，四面各筑大岸以障水，中间又有小岸。或外水高而内水不得出，则车而泄之，以是常稔不荒。今北方地坦平无岸，潦不能御水，旱不能蓄水，焉能不荒？须令有力之家，度视地形，各为长堤大岸，以成大围，岸下须有沟泄水，则外水可护，而内悉为腴地，何虑水旱也"。江南滨湖、河边低洼地带，用土堤包围田地，防止外边河湖的水侵入。如干旱时，放外边的水流入堤内灌溉，洪涝时用水车把堤内的水汲到外边。因此，这种围田成为旱涝保收的良田。杨芳建议北方平坦的田地也可模仿江南的围田，筑长堤大岸把田围起来，并开沟渠，干旱时引水灌溉，洪涝时长堤能抵御洪水。这样，堤内田地悉变成肥沃良田。

其三，柜田。"其法筑土护田，俱置瀽穴，顺置田段，便于耕莳。若遇水荒，田制差小，坚筑高峻，外水难入。内水则车之易涸，浅没处宜种黄穋稻，此稻自种至收，不过六十日，能避水溢之患。如水过，泽草自生，穇稗可收。高涸处亦宜陆种诸物。此救水荒之上法，因坝水溉田，亦曰坝田"。柜田与围田相似，也是筑堤坝护田，防止洪水淹没。其不同的是其面积小于围田，并且挖有排水的瀽穴，并分置田段，便于耕作移植。柜田面积小，如积水容易用水车汲干，水浅的地方宜于种黄穋稻。此稻从种植到收成，只要 60 天，所以能避开洪水季节。洪水过后，泽草自生，农民又可收获穇稗。柜田中地势高且干燥的地方，可适宜种植耐旱的作物。柜田适宜于抗御水灾。

其四，沙田。沙田顾名思义就是"沙淤之田也，今通州等处皆有之。此田迎水，地常润泽，四围宜种芦苇，内则普为塍岸，可种稻秫，稍高者可种棉花、桑麻。旱则便溉，或旁绕大港，潦则泄水，所以无水旱之

---

① 《清经世文编》卷 36，杨芳《田制说》。

虞。但沙涨无时，未可以为常也。"沙田就是泥沙淤积的田地，这种田渗水性强，比较湿润，四周适宜种芦苇，里面则常用土埂子分割，可种稻秫，地势稍高的田可种棉花、桑麻等。沙田干旱时便于灌溉，洪涝时又易于泄水，所以没有水旱之虞。但缺点是沙的淤积变化无常。

其五，涂田。涂田是"濒海之地，潮水往来，淤泥常积，土有咸草丛生。此须挑沟筑岸，或树立桩橛以抵潮汛。其田形，中间高，两边下，不及数十丈，即为一小沟，数百丈，即为一中沟，数千丈，即为一大沟，以注雨潦，谓之甜水沟。初种水稗，斥卤既尽，可种梁稻。此因潮涨而成，与沙田无异者也"。沙田是因江河泥沙淤积而成，而涂田则是因海潮泥沙淤积而成。因此涂田也要筑堤或树立桩橛抵挡潮汛，另外也要开沟以储蓄或排泄雨水。所不同的是涂田由于是海潮泥沙淤积而成，有盐分，因此要先种水稗，待田地盐分消失后，再种梁、稻。

其六，架田。"架犹筏也。《农书》云：若深水薮泽，则有葑田，以木缚为田丘，浮系水面，以葑泥附木架上而种蓺之。其木架田丘，随水上下浮泛，自不淹没。自初种以至收蓺，不过六七十日。水乡无地者，宜效之。以上皆近水而为之制者也"。架田就是在木筏上铺上泥土，浮于水面，然后在上面种庄稼。由于木筏会随着水位的高低而上下浮泛，因此不会被水淹没。架田一般种植生长周期短的作物，从播种到收成一般需要六七十天。架田是水乡缺乏耕地，向水要田，自己制造耕地的一种田制。

其七，梯田。梯田"成于山多地少之处，除峭壁不可种，其余有土之山，裁作重磴，皆可蓺种。如土石相半，则须垒石相次，包土成田。若山势峻极，人须伛偻蚁沿而上，耨土而种，自下登陟，俱若梯磴，故名梯田。如上有水源，则可种旱稻、杭稻，如止陆种，亦宜粟麦。盖田尽而地，地尽而山。山乡细民，求食若此之艰也"。所谓梯田，就是山多地少的地方，农民沿着山势，层层开山为田，用土、石垒起一块块田地。如是山势险峻，农民登山耕种，就像爬梯磴，所以称为梯田。梯田上面如有山泉，则可以种旱稻、杭稻，如没有山泉，则也可以种耐旱的粟麦。

其八，圃田。"自围田以至梯田，俱可植谷，至种蔬果之田，谓之圃

田。其田绕以垣墙，或限以篱堑，负郭之间，但得十亩，足赡数口。若稍远城市，可倍添田数，至一顷而止。结庐于上，外周以桑，课之蚕利，内皆种蔬，惟务取粪壤，以为膏腴。临水为上，否则量地掘井，以备灌溉。地若稍广，可兼种麻苎果物。比之常田，其利数倍。此园夫之业，可以代耕"。所谓圃田，有别于上述围田至梯田七种类型的田，是专门种植蔬菜、水果的。圃田在城市附近，或田地绕着城墙，或以篱笆、沟堑分割。这种田经济效益高，只要有十亩就可养活一家数口人。如离城市稍远些的，可拥有数十亩，但最多一顷也就够了。住房盖在田地上，田地外围四周栽桑养蚕，田内种植蔬菜。圃田如靠水最好，不然就要掘井用于灌溉。圃田土地如较大，还可以种植麻苎、水果等。圃田的经济效益，往往高于一般田地数倍。

从杨芳《田制说》所介绍的 8 种田制可以看出，除区田法是通过集约耕作方法，提高北方旱作地区的粮食亩产量，圃田是城市周边田地，专门用于种植蔬菜、水果，以供城市居民食用外，其余 6 种田地均是向水向山要田，以缓解因清代人口的大量增加而对土地形成的巨大压力。围田、柜田是把低洼的土地用堤围起来，以防止该低洼地被水淹没，从而将低洼地改造成良田。沙田则是将江河边被泥沙淤积的荒地改造成耕地，涂田则是将海边被泥沙淤积的盐碱地改造成耕地。架田更新奇大胆，将飘浮在水面上的木筏覆盖上土壤，用于种植农作物。总之，上述围田、柜田、沙田、涂田、架田都是人们向水要田。梯田则是人们向山要田，在地少人多的山区，人们将山地开凿成层层梯田，用于种植农作物。

（五）劝种甘薯，禁种烟叶、罂粟

甘薯自明代引入中国后，人们认识到甘薯易种易生，产量高，能很大程度上解决民众粮食供给不足的问题，因此，有识之士纷纷主张多种甘薯，以佐食用。如陈宏谋就提出"劝种甘薯"："陕省高地多而水田少，民食多资杂粮，每虞岁歉。惟甘薯一种，易种易生，水旱冰雹，均不能伤，以充民食，与米麦同，功非寻常果品可比。陕西高地沙土，最属相宜，而向来未见此种。本都院敬采钦定《授时通考》所载，并访种薯诸

法，刊刻分布，广行劝种。夫事每难于图始，易于观成，苟能觅得此种，如法栽植，一经发生，转相传习，到处延蔓，人人争种，以佐民食，讵不美欤！特用刷印二千张，饬发该司，可酌量分发通省府厅州县，并佐杂等官及士民人等，其中必有留心利济，觅种试栽，以为民倡者，是亦尽地利以广资生之端也。"① 明代甘薯传入中国后，首先是在福建沿海栽种。清代，陈宏谋敏锐地觉察到"陕西高地沙土"，最适宜于种甘薯，能很好地解决"民食多资杂粮，每虞岁歉"的难题。由于陕西民众对甘薯不了解，从来没人种过，因此陈宏谋建议采用广为宣传的办法，刊刻种薯诸法，广为"分发通省府厅州县，并佐杂等官及士民人等"，劝种甘薯。他相信，只要有人开始试种，民众一旦见到好处，就会"人人争种，以佐民食"，从而提高了土地的利用率，解决了陕西民众粮食供给不足的问题。

与提倡种甘薯相反，清政府明令禁止民间栽种烟叶、罂粟，其理由是栽种烟叶、罂粟占用大量农田，影响粮食生产，尤其是罂粟，还严重损害人们的身体健康。如乾隆八年（1743）议准："民间种烟一事，废可耕之地，营无益以妨农功，向来原有例禁。且种烟之地，多系肥饶，自应通行禁止。惟城堡以内闲隙之地，可以听其种植，城外则近城奇零菜圃，愿分种烟者，亦可不必示禁。其野外山隰土田阡陌相连，宜于蔬谷之处，一概不许种烟。凡向来种烟之地，应令改种蔬谷。"② 同治四年（1865）谕："沈桂芬奏请严禁种植罂粟等语，三农畎亩服劳以生九谷，自宜专务稼穑，借为仰事俯育之资。乃近年以来，山西人民多以种植罂粟为业，始而山坡地角，偶尔试栽，继且沃壤腴田，种植殆遍，遂致产米愈少，粮价增昂。设遇收成歉薄之年，民间储蓄毫无，奚由得食？著沈桂芬即行刊刻告示，将种植罂粟严行禁止，并著各直省督抚通饬所属，一律严禁。俾小民服田力穑，共庆有秋。庶丰年有仓箱之积，歉岁无匮乏之虞，于国计民生，均有裨益。"

---

① 《清经世文编》卷 28，陈宏谋《巡历乡村兴除事宜檄》。
② 《大清会典事例》卷 168《户部·田赋》。本自然段引文，均见于此。

（六）广种树木

清代，人们对种植树木的好处有更系统全面的认识。如俞森在《种树说》一文中提到种树有八利："一亩之地，树谷得二石足矣，一亩之地，而树木所入，不数十石乎？其利一。岁有水旱，菽麦易伤，榛柿栗枣，不俱残也。年丰贩易，岁凶疗饥，其利二。贫人无薪，至拾马粪，掘草根，种树则落其实，而取其材，何忧无樵苏之具，其利三。造屋无木，工垩覆草，久雨屋颓，率多露处，种树则上可建楼居，下不同土隅，其利四。树少则生无以为器具，死无以为棺椁，种树则材木不可胜用，其利五。豫土不坚，濒河善溃，若栽柳列树，根枝纠结，护堤牢固，何处可冲，其利六。五亩之宅，树之以桑，宅之不毛者有里布，今汴州四野之桑，高大沃若，若比户皆桑，大讲蚕务，其利七。五行之用，不克不生，今树木稀少，木不克土，土性轻扬，人物粗猛。若树木繁多，则土不飞腾，人还秀饬，其利八。"[①] 这八利如加以归纳，大致可概括成两个方面：一是种树有很好的经济效益。如同样是一亩地，种谷物只有"二石"的收获，但如种树，可能有"数十石"的收入；树木比菽麦等粮食作物有更强的抗灾能力，如遇水旱之灾，菽麦可能歉收严重，但果树可能影响不大，栗枣收成后可以用于渡过饥荒，如遇丰收年份，可以当水果卖；穷苦的人可拣树叶、树枝作为烧火煮饭的柴火；木材可以用于造房屋，木结构房屋比土墙草屋坚固，不易倒塌；木材还可以作家具、棺椁等；种植桑树可养蚕织丝布。二是可保护自然环境。如河南省土质疏松，在堤上种柳树等，可固堤防洪；北方地区如多种树，可防止大风来时沙土飞扬；种树可使气候湿润，人就长得秀气润泽。

由于人们认识到了栽种树木的诸多好处，因此，纷纷提倡广种各种树木。如陈宏谋看到"陕省为自古蚕桑之地，今日久废弛，绸帛资于江浙，花布来自楚豫，小民食本不足，而更卖粮食以制衣具，宜其家鲜盖

---

① 《清经世文编》卷 37，俞森《种树说》。

藏也"①。对此，他主张，陕省"现今各地方可以种桑者甚多，并有大株野桑之处，其非不宜蚕桑甚明，正宜加意兴起。今各处地方官，多有能种觅桑秧，兼于城内买桑养蚕者。凡小民摘取桑叶，或卖于官，或卖给就近养蚕之家，均可得钱。士民虽一时不谙养蚕之法，凡有旧桑，正宜保护培植，其屋旁隙地，更可赴官领取桑秧，种植一二年后，自己便可养蚕。即不能养蚕，亦可摘卖桑叶。若养蚕之家，不能自织，亦可卖丝。向后日久，其利愈广，比之别项营生，甚有便益，切不可惑于地土不宜种桑之说，坐失美利……如有倡种桑棉者，地方官量予奖励"。

除种桑养蚕外，陈宏谋还主张陕省各地还可广种各种树木，如有的树木果实可以食用，有的可作为药材，有的树木可以建房屋，如自己食用不完，均可卖钱。他提出："我皇上于劝农教稼之处，更敕令地方有司，时劝树植，广收地利，以益民生。陕省山木丛杂之地，砍伐出卖，每难远运，似属无用。第此崇山峻岭，树木繁茂，其中如药材、竹笋、木耳、蘑菇、香蕈、核桃、栗子、棕树、构穰、桐漆、葛根之类，亦自不少，但可食用，即可卖钱。小民生长山中，田地窄狭，衣食艰难，即此便是恒产，其无木之地，全在转相学习，以广生计。延榆一带，木植艰贵，民居土窑，现在山麓水涯，可以种树之地最多，正可种植树木。十年之后，即可造屋，亦可卖钱，岂不善欤。"

黄六鸿在《养民四政》中，有两政是关于种树的，可见他对种树的高度重视。他在第三政中主张"植果木"，在村庄空隙地均可种植各种果木，认为种果木比起种粮食作物，有不要纳税粮、不要耕作、不担心水旱灾害又能坐收厚利的好处。他说："夫民之当种者，岂独五谷哉？即果木之树，亦宜广为栽畜也……财不患多，以有余而后丰；土不患生，以遍植而愈足。为民司牧者，于方春之时，宜晓谕四方居民，择其土地所宜果木，及实繁而易成者，无论池傍隙畔，悉行栽植，不使地有空闲寸

---

① 《清经世文编》卷28，陈宏谋《巡历乡村兴除事宜檄》。以下两个自然段引文，均见于此。

土。较之田亩所种，不纳税粮，不烦耕耨，不忧水旱，因其地力而坐收厚利者也。如此而蚩蚩愚民，又何惮而不广栽植乎？须令村长、庄头等，严饬所在居民，及时栽种。如官长单骑亲勘，仍有寸土荒闲者，本主重惩，村长、庄头并责，庶有所责成，而懒民不致自失其资矣。"①

黄六鸿在养民第四政中主张种桑榆柳槐松等树木，认为桑可供养蚕，其余榆、柳、槐、松可作为柴火、制作器用，也可种于道路旁荫庇行路之人。他指出："桑榆则以供饲蚕之用，且以给炊爨之需，况乎制器用，荫行路，皆吾民之取益乎……为司牧者，宜出示晓谕，墙间隙壤，广种柔桑以供蚕事，于女红衣服不为无助。其郭外以及庄村，由川涂以及孔道，约通车马者，中留二丈许，通负贩者，中留丈许，左右两畔，悉栽榆柳槐松之属。每树相间五尺，不成者去之。其茂盛者，枝干挺舒，阴繁而荫远。时当炎暑，无风自凉，行者坐憩其下，不忍遽去，其益多矣。"

黄六鸿广植树木的主张有3个方面的特色：一是主张利用城乡的空隙地种树，即所谓"池傍隙畔，悉行栽植"，"墙间隙壤，广种柔桑"，川涂孔道"左右两畔，悉栽榆柳槐松之属"。二是对民众晓谕种树好处，引导他们广为种植。如种果木，可以"不纳税粮，不烦耕耨，不忧水旱，因其地力而坐收厚利"。栽种桑榆柳槐松"则以供饲蚕之用，且以给炊爨之需，况乎制器用，荫行路"。"如此，而蚩蚩愚民，又何惮而不广栽植乎？"三是适当采用行政的强制手段，督促"懒民"种树。"令村长、庄头等，严饬所在居民，及时栽种。如官长单骑亲勘，仍有寸土荒闲者，本主重惩，村长、庄头并责，庶有所责成，而懒民不致自失其资矣"。

二、兴学思想

（一）兴办各级学校思想

清代的学校制度，基本上沿袭明代，并在此基础上增加满族的色彩。

---

① 《清经世文编》卷28，黄六鸿《养民四政》。以下3个自然段引文，均见于此。

朝廷于京师设国子监（又称国学、太学），为全国最高学府，地方则设府、州、县儒学。为优待八旗和满洲宗亲子弟，又特设有八旗官学、宗学、觉罗学、景山官学和咸安宫官学等。它们的规制与国学大体相仿，而隶属关系不同。除此之外，在省会或不少州县还有书院，镇集、乡村则有社学、义学；在八旗及礼部义学、健锐营、火器营、圆明园、护军营等特设学校，学习满、蒙语言文字。上述各类学校中，书院有"导进人才""兴贤育才"之意，社学和义学更多的是偏向于教育乡民，其余均系官办，且与进举入仕有密切的关系。

清代国子监，设"管理监事大臣一人；祭酒，满洲一人，汉一人；司业，满洲一人，蒙古一人，汉一人。掌国学之政令，凡贡生、监生、学生，及举人之入监者，皆教焉……祭酒二人，与于进讲，司业而下，率诸生圜桥而观听焉，驾出入则迎送，乃颂御论于天下。凡贡生之别六：曰恩贡生，曰拔贡生，曰副贡生，曰岁贡生，曰优贡生，曰例贡生。监生之别四：曰恩监生，曰荫监生，曰优监生，曰例监生，惟举监不在此例。学生之别二：曰八旗官学生，曰算学生。贡生、监生教于堂，学生教于学。凡入贡入监非以俊秀者，曰正途。凡教，有月课，有季考，皆第其优劣，岁终则甄别。期满，各视学之成否而咨焉，察其经明事治者以闻而备用。绳愆厅，监丞，满洲一人，汉一人，掌颁肄业之规制而稽其勤惰，有过则书之，考职汇送于吏部，书教习之勤过。凡释奠、释菜，则辨其执事。博士厅，博士，满洲一人，汉一人，掌教经义，立肄业生之课程而考其业，凡圣制、御制之颁发者，皆缮于册而敬储。典簿厅，典簿，满洲一人，汉一人，掌章奏文移之事，治其吏役。凡隶监之算学官学，钤监印以行事，入监皆给以印照。贡生、监生之录科者，示以期而录之，按其文结与其照而查核焉。凡礼器，皆稽其数，将祭而陈之，既事而藏于神库。典籍厅，典籍，汉一人，掌守书籍、碑板之藏。

六堂：率性堂，助教，汉一人；学正，汉一人。修道堂，助教，汉一人；学正，汉一人；诚心堂，助教，汉一人，学正，汉一人。正义堂，助教，汉一人；学正，汉一人。崇志堂，助教，汉一人；学录，汉一人。

广业堂，助教，汉一人；学录，汉一人。掌分教肄业之士，凡肄业，按其内外班之额而发拨焉。各率以班长，南学则董以学官，率以斋长，皆月课，讲贯其义。

八旗：镶黄旗官学，助教，满洲二人，蒙古一人；教习，满洲一人，蒙古二人，汉四人，额外汉二人。正黄旗官学，助教，满洲二人，蒙古一人；教习，满洲一人，蒙古二人，汉四人，额外汉二人。正白旗官学，助教，满洲二人，蒙古一人；教习，满洲一人，蒙古二人，汉四人，额外汉二人。正红旗官学，助教，满洲二人，蒙古一人；教习，满洲一人，蒙古二人，汉四人，额外汉二人。镶白旗官学，助教，满洲二人，蒙古一人；教习，满洲一人，蒙古二人，汉四人，额外汉二人。镶红旗官学，助教，满洲二人，蒙古一人；教习，满洲一人，蒙古二人，汉四人，额外汉二人。正蓝旗官学，助教，满洲二人，蒙古一人；教习，满洲一人，蒙古二人，汉四人，额外汉二人。镶蓝旗官学，助教，满洲二人，蒙古一人；教习，满洲一人，蒙古二人，汉四人，额外汉二人。掌分教学生。凡学生，各定以额，清汉分其业焉，以时令其习射。

档子房，掌清字奏折文移。钱粮处，掌关领支销之事。凡膏火、奖赏、周助，皆注于册以入奏。笔帖式，满洲四人，蒙古二人，汉军二人，掌翻译。

算学，管理大臣，满洲一人；助教，汉一人；教习，汉二人。掌教算法。"[1]

从以上《大清会典》记载，我们再结合其他一些文献记载，可以了解到，清代国子监在继承明代的基础上，增添了满族统治的色彩。其最高长官为"管理监事大臣"，从大学士或尚书侍郎中特简；其下设祭酒满、汉各一人，掌国学之政令，并管祭孔典礼等事宜；司业满、蒙、汉各一人，负责组织观听皇帝的御讲。国子监的六堂为率性堂、修道堂、诚心堂、正义堂、崇志堂、广业堂，为国子监贡生、监生学习场所，前

---

[1] 《大清会典》卷76。

四堂每堂设助教、学正各一人，后两堂每堂设助教、学录各一人，负责教授贡生、监生。八旗官学每旗官学则设助教3人（满洲2人、蒙古1人）、教习9人（满洲1人、蒙古2人、汉4人、额外汉2人）负责教授学生。国子监中的算学另设管理大臣1人、助教1人、教习2人，教授算法。

国子监的学生有3种类型：一是贡生，从府、州、县学生员（秀才）中通过科举选拔学行兼优者，贡入京师，入国子监读书者称贡生。贡生又分遇恩诏出贡的恩贡生、逢酉年各省学政选拔的拔贡生、各省乡试中式副榜的副贡生、各学廪生资深者挨次出贡的岁贡生、每三岁各省学政选学中优行者贡之的优贡生以及廪增、附的例贡生等6种。二是监生，为国子监肄业者。监生又分为由皇帝恩赐国子监生资格者称恩监生；官员子弟不经考试，凭借祖父余荫取得监生资格的荫监生；由附生或武生举报入监者的优监生和廪、增、附生及俊秀援例捐纳取得监生资格的例监生等4种。三是学生，分为八旗学生和算学生2种。

清代国子监之下设有一些机构，负责管理教学等工作，其中主要者有：一是绳愆厅，负责颁发国子监肄业之规制，考核师生之勤惰，并办理释奠、释菜事务。二是博士厅，掌教经义，立贡监生肄业之课程并考核其学业。凡颁发的御制文字，均录册存储。三是典籍厅，掌收发章奏文移及收储祭祀礼器、管理吏役等事。四是典籍厅，掌收藏图书典籍碑板等。五是档子房，专门掌管满文奏折文移档案。六是钱粮处，负责支领钱粮报销，凡发给学生的津贴费用、奖赏、接济救助等开支，均登记入册上奏。七是笔帖式，负责翻译满、汉章奏文书、汉文书籍等事宜。

清初沿明制，各省设督学道，并规定凡由翰林科道出身任用者为学院，由部属等官任用者为学道。雍正四年（1726），各省督学俱改为学院，称提督某省学政，简称学政。学政掌一省之学校、教习及教育行政、考试诸事，3年任满更代。

清朝廷重视地方教育，因此尤其注重对关乎各省教育的地方最高教育长官学政的任用。清康熙十八年（1679），朝廷就地方提学的"积习十

弊"展开整顿："一、童生未经府考，册内无名，钻求学政，径取入学，巧图捷便。一、考试各府州县卫所童生，额外溢取，拨发别学，明收冒籍，以占本学正额。一、弥封编号印簿，及场内坐号红簿，不发该府州县封存，乃收存学道署内，私查某卷某号系某人，对号贿卖。一、考完一府，不将红案速行发学，任意迟延，徇私通贿，更改等第，拔下作上。一、每考一处，令书办、承差、快手人等，出入过付，暗访生员稍有家资者，先开六等考单，吓诈保等，有银送入，准放三等。一、文童额少，武童额多，将文童充为武童，入学之后，夤缘改文。娼优隶卒，滥行收取，善骑射者，摈而不录。一、各府地方，设有考棚，惮于亲往，将生童远调考试，各州县告病生员，扛抬验病，困苦难堪。一、纵容无赖教官，包揽生童，私通线索，效劳分润，名为作兴，大坏风教。一、曲徇上司、同僚情面，并京师乡宦私书及亲属朋友，随往地方，讨情抽丰，将孤寒之士，弃而不录。一、报部学册，将额外溢取入学之童生，未经科岁考试，豫附三等。其姓名不入新案，造入事故衣顶项下。以赵甲顶钱乙，混作实在之数，咨报礼部。嗣后考核学政之时，均注剔除。此十弊。若不能剔除此十弊者，该督抚指参；有贪赃之弊者，照贪赃例，革职提问。如无贪赃之处，照才力不及例，降二级调用。其考核疏内，不注剔除此十弊字样，并未有剔除而注写剔除者，由部查出，或科道纠参果实，将该督抚照不报劣员例，降三级调用。至督抚有需索陋规者，被科道纠参果实，将该督抚亦照贪赃例处分。至上司、同僚、京官、乡宦私书，及亲族朋友，随往地方，讨情抽丰，府州县官传递私书，乡绅投刺请席者，督抚科道题参，有官者革职，无官者交刑部治罪。"[1] 从以上康熙十八年整顿提学"积习十弊"的内容可以知道，其整顿的主要问题是地方童试中考试、录取所出现的弊端。童试是儒童入学考试，又称童生试、小考、小试，是科举考试制度之一。清代规定，通过考试取得生员资格以前，不论年龄大小，皆称童生，别称文童或儒童。童试包括县

---

① 《大清会典事例》卷 116《吏部·处分例》。

试、府（或直隶州、厅）试和院试3个阶段，3年内举行2次。童试合格的方能入官学读书，取得生员资格。由于在童试中，录取名额十分有限，因此，各种营私舞弊现象就不可避免地出现：有些人通过贿赂学政，未经府考就直接入官学读书；有的省份则超出朝廷规定的名额录取；有的考试官员则接受贿赂，在批改试卷时弄虚作假，私自更改成绩等级，或向富家考生敲诈勒索；有的省份因文童名额不够，武童名额有余，将文童先按武童名额招收，入学之后，再将其改为文童；朝廷禁止录取娼优隶卒子弟，有的省份就违反规定录取，而把善于骑射的武童摈弃而不录取；主持考试的官员，害怕远途奔波辛苦，将应试生童从远处调来考试，使生病应试者，困苦难堪；有的地方学政纵容教官，包揽生童考试，私下瓜分生童给予的好处费，使考试风气败坏；在录取生童时接受上司、同僚、同乡官员及亲属朋友的请托，录取那些托关系肯贿赂的生童，使那些没关系、贫寒人家的子弟不被录取；各省向中央礼部上报学册时，将额外滥取入学的童生，未经考试录取的童生，通过冒名顶替的办法，向礼部上报。对于各省提学的"积习十弊"，朝廷要求在考核学政时，必须注明该学政已剔除这十弊。如该学政不能剔除这十弊，该督抚必须对此指参；如该学政有贪赃行为，必须依照贪赃例予以革职提问；如无贪赃行为，那就依照才力不及例予以降二级调用；如在考核中，不注明剔除此十弊，或还没剔除这十弊而作假注明已剔除这十弊，由礼部查出，或科道官纠参属实，则将该督抚照不报劣员例，降三级调用；如督抚有向学政需索钱物的，被科道纠参属实，则将该督抚照贪赃例处分。至于那些请托的上司、同僚、京官、同乡官员、亲族朋友以及府州县帮助投递私书请托的官员、乡绅等，如有官职的将遭到革职的处罚，无官职的将交予刑部治罪。

乾隆年间，朝廷又重申督抚对各省学政负有监督之责。如所辖学政有考试不公、贿卖生童等不法行为，督抚必须据实闻奏，否则，一旦被科道官参劾，该督抚必须受到徇隐之罪的处分。如乾隆五十九年（1794）谕："前因学政考试生童，于衡文取士，未必悉能公当，是以降旨令各省

督抚，将该学政在任有无劣迹之处，于年终陈奏一次，原以重防闲而严查核，乃近年以来，各督抚于学政考试，多以并无劣迹，一奏了事，竟若具文。若果如所奏，则从前如谢塘、吴玉纶、潘曾起、徐立纲之声名平常，致滋物议者，又独非该督抚具奏无劣迹之学政乎。是各省学政中，清慎自矢、甄拔得当者，固不乏人，而关防不密、约束不严，甚或有败检营私之事者，恐亦在所不免。各督抚近在同省，无难访察得实。于年终陈奏时，自应就见闻所及，据实直陈，方为核实之道。若不问其平日声名若何，率以并无劣迹具奏，竟成印板文章，又安用该督抚查奏为耶？今各该督抚相沿故套，率以虚词敷衍塞责，朕亦姑置不论。设将来学政中有营私舞弊之事，或经朕访闻，或被科道参劾，一经发觉，惟该督抚是问，不仅治以徇隐之罪也。"①

清代"凡学皆设学官以课士，州曰学正，县曰教谕"②。朝廷重视地方教育，通过对地方学官的考核来加强对地方官学的管理。如康熙四十三年（1704）议准："教职部选后，由抚臣考核。一二三等者，给凭赴任，四五等者，解任学习，三年再行考试，六等者革职。"③ 朝廷还规定教职每六年任满时，必须由该省督抚、学政共同考核，以决定是否继续留任。乾隆十八年（1753）谕："向例各省教职，六年俸满，该督抚、学政公同甄别，堪膺荐举者保题送部引见。其年力衰迈者，咨部休致。但督抚陋习，既不肯轻保举，亦不肯多咨革，是以保题者固属寥寥，而休致者亦不多见，惟使龙钟衰老之辈，滥竽恋栈，无所区分。盖视教官为无足轻重，初不计及为造士之根本也。前以选拔贡生为教职之阶，曾降旨训谕各督抚学政，令其加意慎重。嗣后教职除有劣迹者，随时参劾外，至六年俸满，堪膺民社者保题，其年尚强壮、精力未衰、可以留任者，出具考语送部引见。若准留任，俟六年再满，仍如是甄别。如年老人员，即著咨部休致。有愿来京引见者，照大计之例，该督抚声明给咨引见。至训导一官，例止得升县佐，

① 《大清会典事例》卷116《吏部·处分例》。
② 《大清会典》卷31。
③ 《大清会典事例》卷116《吏部·处分例》，本自然段以下引文，均见于此。

该上司尤多忽略。嗣后，甄别之例，与教职同，著为令。"

清朝规定，各级教官对其所属生员的学业、日常行为负责，如教官对生员失于管教，生员耽误学业或出现不端违法行为等，教官必须负责，也要受到处罚。如雍正十二年（1734）覆准："各学教官按月月课、四季季考，除实在丁忧、患病、游学有事故外，其余生员照定例严加考试。如有托故三次不到者，该教官即行严传戒饬；其有并无事故，终年不到者，详请褫革。如教官内不力行课试，经上司查出，揭报咨参，计其月课、季考废弛次数，每一次罚俸三月，二次罚俸六月，三次罚俸九月，四次罚俸一年。若视为具文，将月课、季考竟不举行者，革职。"① 雍正十三年（1735）覆准："文武生员，如有犯聚赌、诱赌等事，该管教官，自行查出详报者，免其议处。其失于稽察者，罚俸一年。若明知赌博，不行查报，别经发觉者，将该教官革职留任。至教官失察，士子造卖赌具，即照溺职例，革职。"乾隆五十八年（1793）奏准："文武生员，有犯奸及酗酒、斗殴致酿人命者，失察之教官，降一级调用；无关人命者，降一级留任。如有代作枪手、顶名冒考等弊，系在本地方考试，教官当时举发者，免其议处；知情故纵者，革职；失于查察者，降一级调用。有在别处枪、冒犯案者，原籍教官，罚俸一年。"清朝为了明确府、州、县学和各级教官对生员的责任，道光三年（1823）规定："直省拨入府学文武生员，除由附郭州县拨者，概归府学管束外，其余各州县拨府生员，无论距府远近，即令本州县学严加管束，该府学一体稽查。如该生犯法滋事，将州县学教官议处，傥有徇纵情弊，将府学教官一并查参。"

清代书院的设置，其定位是弥补官学的不足。正如乾隆元年（1736）朝廷所指出的："书院之制，所以导进人材，广学校所不及。我世宗宪皇帝命设之省会，发帑金以资膏火，恩意至渥也。古者乡学之秀，始升于国，然其时诸侯之国，皆有学。今府州县学并建，而无递升之法，国子监虽设于京师，而道里辽远，四方之士不能胥会，则书院即古侯国之学

---

① 《大清会典事例》卷116《吏部·处分例》，本自然段以下引文，均见于此。

也。居讲席者，固宜老成宿望，而从游之士，亦必立品勤学，事自濯磨，俾相观而善，庶人材成就，足备朝廷任使，不负教育之意。若仅攻举业，已为儒者末务，况借为声气之资，游扬之具，内无益于身心，外无裨于民物，即降而求文章成名，足希古之立言者，亦不多得，宁养士之初旨耶。"① 由此可见，清代的书院多为官办，其主要目的不是为了科举而设，而是以导进人才，补学校之所不及。京师国子监路途遥远，招收生员名额有限，因此在地方设书院，以培养地方各省人才。

清代官办书院，在管理上有 3 个特点值得注意：一是书院由地方督抚创办，主要经费由官府负责。如雍正十一年（1733）谕："近见各省大吏，渐知崇尚实政，不事沽名邀誉之为，而读书应举之人，亦颇能屏去浮嚣奔竞之习，则建立书院，择其省文行兼优之士，读书其中，使之朝夕讲诵，整躬励行，有所成就。俾远近士子，观感奋发，亦兴贤育才之一道也。督抚驻扎之所，为省会之地，著该督抚商酌举行，各赐帑金一千两，将来士子群聚读书，豫为筹画，资其膏火，以垂永远。其不足者，在于存公银内支用。封疆大臣等，并有化导士子之职，各宜殚心奉行，黜浮崇实，以储国家菁莪棫朴之选。如此则书院之设，有裨益于士习民风而无流弊。"二是书院教师由督抚、学政等严格选任。乾隆元年（1736）议覆："嗣后书院讲席，令督抚、学臣悉心采访，不拘本省、邻省，亦不论已仕、未仕，但择品行方正、学问博通、素为士林推重者，以礼相延，厚给廪饩，俾得安心训导，仍令于生徒学业，时加考核，并宽其程期，以俟优游之化。如果六年著有成效，该督抚、学臣酌量题请议叙，毋得视为具文，亦不准滥行题请。"三是注意选拔品学兼优人才进入书院学习。"（乾隆）九年（1744）议覆：'通行各省督抚会同学政，将现在书院生徒，细加甄别，务使肄业者皆有学有品之人，不得莠良混杂，即令驻省道员专司稽查。'又议覆：'嗣后各省书院肄业之人，令各州县秉公选择报送，各布政司会同专司稽查之道员，再加考验，其果才堪造

① 《大清会典事例》卷 395《礼部·学校》，以下两自然段引文，均见于此。

就者，方准留院肄业，毋得滥行收送。'"

清代义学是最基层的官办学校，京师及各省、府、州、县都设有义学，实行免费教育。清入主中原后，就重视基层教育，择文行优者充社师，免其差徭，量给廪饩。教育生童读书习礼，以广文教。如顺治九年（1652）题准："每乡置社学一区，择其文义通晓、行谊谨厚者，补充社师，免其差役，量给廪饩养赡。提学案临日，造姓名册申报查考。"① 古代由于交通的限制，清廷特别注意在僻远农村及苗、彝、黎、瑶等少数民族聚居地办义学，以普及基础教育。如雍正元年（1723）议准："州县设学，多在城市，乡民居住辽远，不能到学。照顺治九年（1652）例，州县于大乡巨堡，各置社学，择生员学优行端者，补充社师，免其差役，量给廪饩。凡近乡子弟，年十二以上、二十以内，有志学文者，俱令入学肄业，仍造名册，于学臣案临之日，申报查考。如社学中有能文进学者，将社师从优奖赏；如怠于教习，钻营充补，查出褫革，并该管官严加议处。"清廷不仅在汉族偏远农村兴办义学，也屡次下诏在苗、彝、黎、瑶等西南少数民族乡村兴办义学。如雍正三年（1725）议准："云南威远地方，设立义学，令彝人子弟有志读书者，入塾诵习。"又议准："贵州省各府州县设立义学，嗣后苗人秀良子弟，情愿读书者，许各赴该管府州县报名，送入义学，令教官严加督察。""（雍正）十三年（1735）议准：广东省凡有黎、瑶之州县，悉照连州之例，多设官学，饬令管理厅员督同州县，于内地生员内，选择品行端方、通晓言语者为师，给以廪饩，听黎、瑶子弟之俊秀者，入学读书，训以官音，教以礼义，学为文字。每逢朔望，该学师生率其徒众，亲诣附近约所，恭听宣讲《圣谕广训》，申明律例，务令通晓，转相传诵。俟其观摩日久，渐通文字，该督抚另行酌量题请设学，以示鼓励。"

（二）制定教学内容思想

清政府在兴学中，非常重视制定教学内容。其在入主中原之初，就

---

① 《大清会典事例》卷 396《礼部·学校》，本自然段引文，均见于此。

开始制定各级学校的教学内容。如"顺治九年（1652）题准：今后直省学政，将《四子书》《五经》《性理大全》《资治通鉴纲目》《大学衍义》《历代名臣奏议》《文章正宗》等书，责成提调教官，课令生儒诵习讲解，务俾淹贯三场，通晓古今，适于世用。坊间书贾，止许刊行理学政治，有益文业诸书，其他琐语淫辞，通行严禁"①。"康熙四十五年（1706）谕：朕制《古文渊鉴》《资治通鉴纲目》等书，皆已刷印，颁赐大臣。此等书籍，特为士子学习有益而制，可速颁行直省，凡坊间书贾，有情愿刊刻售卖者，听其传布。"

据《大清会典》卷32记载，清廷颁布的各级学校的教学内容相当广泛，兹限于篇幅，不能原文照录。总而言之，大致有以下2个方面特征：其一，以先秦儒家经典和宋代理学作为最主要的教学内容，如《十三经》《朱子全书》等。除此之外，再涉及一些正史、典章制度及唐宋诗文等，如《二十四史》《三通》《大清会典则例》《唐宋诗醇》《唐宋文醇》等。值得注意的是清廷所开列的教学内容几乎未涉及子书，如先秦的墨家、道家、法家等著作。总之，独尊儒术的色彩十分明显。正如嘉庆七年（1802）谕："经史为学问根柢，自应悉心研讨，至诸子百家，不过供文词涉猎，已属艺余。"其二，清代最高统治者十分重视各级学校教学内容的制定，几乎所有书籍都冠以"钦定""御制""御定""御纂"等。如《钦定孝经衍义》《御制律书渊源》《御定全唐诗》《御纂周易述义》《御选古文渊鉴》等。还有的甚至是清代当朝皇帝亲自主持编纂的书籍，如《圣谕广训》《御纂性理精义》《钦定大清通礼》等。

（三）诸生考课思想

清朝，为了保证各级学校教学质量，朝廷重视对各级学校中生员的考试。清初，随着各级学校的建立，朝廷也相应颁布了考试制度。如"顺治九年（1652）题准：府州县提调官员，宜严束生徒，按季考校"②。

---

① 《大清会典事例》卷388《礼部·学校》，以下两个自然段引文，均见于此。

② 《大清会典事例》卷382《礼部·学校》。本目引文未注出处者，均见于此。

顺治十二年（1655）谕：“各学生员，令提学御史、提学道严饬府州县各学教官，月加课程，不得旷废。”其考试主要是考作文和策、论。如雍正六年（1728）议准：“嗣后各该学政严饬教官季考月课时，于书文一篇外，或试以策，或试以论，务期切近时务，通达政治，严立课程，分别优劣，以示劝惩。”而且各学校的教官在生员考试后，必须将考试日期及优等试卷定期申报学政查核。如乾隆九年（1744）议准：“嗣后各学校教官，训迪士子，每月照例面课，《四书》文外，即于赴课时，将士子专经令其分册诵习，《纲目》必分年详解，面加谆劝，务期实力讲贯。或间月，或每季，试以本经疑义及吏策，并二场表判。仍将课期及取列优等试卷，按月按季报解学政查核。”

清朝各级学校在对生员进行考查时，不仅考查文化课，还注意考查生员的道德品质。如雍正元年（1723）覆准：“嗣后各省学政转饬教官，实心访查，有居家孝友、品行端方者，列为上等，至若武断把持、过恶彰闻者，列为下等，造具实行清册，于学臣案临未经考试之前，申送查核。学政衡文时，阅其文理优长而品行端方者，拔置上等，给以奖赏；至册开下等生员，廉访得实，即行褫革。报满之日，将任内举黜之数，别造清册，与考册一同报部查核。”① 乾隆十三年（1748）谕：“士人以品行为先，学问以经义为重，故士之自立也，先道德而后文章，国家之取士也，黜浮华而崇实学。我朝养士百年，渐摩化导，培护甄陶，所以期望而优异之者，无所不至。为士者当思国家待士之重，务为端人正士，以树齐民之坊表，至于学问，必有根柢，方为实学。治一经必深通一经之蕴，以此发为文辞，自然醇正典雅。”② 当时，对优秀生员的奖赏往往是将其推荐到中央国子监学习。如雍正元年覆准：“饬令各省学政，务细加查核，生员有品行端方、行谊表著，即奖赏列荐，送入国学。”③ 清朝对于各级学校生员考核后的奖惩有的是通过钱粮予以奖励，如考核列为

① 《大清会典事例》卷383《礼部·学校》。
② 《大清会典事例》卷388《礼部·学校》。
③ 《大清会典事例》卷383《礼部·学校》。

一等、二等、三等，政府给予钱粮以供其继续学习；如列为四等，政府不提供钱粮；如其不愿再参加考试，即将生员除名。雍正二年（1724）覆准："八旗生员，特恩给予钱粮，赡养读书。各该旗都统于岁考前，将领钱粮生员，备造清册咨部，转交学政严加校阅。考居前等者，照常领给，居四等以下者，停其给发。遇下次考居一等、二等、三等，照汉廪生开复例，仍给原领钱粮，如四等不愿再考，即将学册除名，听其复归护军骁骑当差。"

清代对各级学校生员的考试相当严格，如有生员因故缺考，必须予以补考。如乾隆四年（1739）议准："欠考各生，各学政务令按次补考，即于汇报岁科学册内，分别注明，以凭查核。如有欠考数次，只补一次，及径附正考等第者，照徇情蒙混例议处。"

清政府之所以对各级学校生员考试如此重视，是因为通过考试，能端正学风，从而影响民风，并能从考试中真正选拔出德才兼备的人才。乾隆七年（1742）议准："学政案临时，务令密察各生素行，举优斥劣，寓励行之意于衡文之中，并谕所属教官，时时奖劝诱掖，务期敦崇实学，勉为醇儒。"[1] 雍正四年（1726）谕："为士者乃四民之首，一方之望，凡属编氓，皆尊之奉之，以为读圣贤之书，列胶庠之选，其所言所行，俱可以为乡人法则也。故必敦品励学，谨言慎行，不愧端人正士，然后以圣贤诗书之道，开示愚民，则民必听从其言，服习其教，相率而归于谨厚。"正由于学风推而广之影响到民风，因此雍正七年（1729）又谕曰："士子者，百姓之观瞻，士习不端，民风何由得厚，是以考课士子，设为举优黜劣之典，以为移风易俗之道，所关亦綦重矣。而无如教官学政，往往视为具文，奉行不力。每当按试之时，教官则以无优无劣具文申详，如此则善者何由而劝，不善者何由而惩？"

（四）对生员的训诫和优恤思想

清朝采取训诫与优恤相结合的方式对生员进行严格管理。清朝对生

---

① 《大清会典事例》卷 383《礼部·学校》。本自然段引文，均见于此。

员的训诫在古代史上是十分突出的，其中最有名的就是所谓"卧碑"。史载："顺治九年（1652）题准，刊立卧碑置于明伦堂之左，晓示生员，朝廷建立学校，选取生员，免其丁粮，厚以廪膳，设学院学道学官以教之，各衙门官以礼相待，全要养成贤才，以供朝廷之用。诸生皆当上报国恩，下立人品，所有教条开列于后：一、生员之家，父母贤智者，子当受教；父母愚鲁，或有非为者，子既读书明理，当再三恳告，使父母不陷于危亡。一、生员立志，当学为忠臣清官，书史所载，忠清事迹，务须互相讲究，凡利国爱民之事，更宜留心。一、生员居心忠厚正直，读书方有实用，出仕必作良吏。若心术邪刻，读书必无成就，为官必取祸患，行害人之事者，往往自杀其身，常宜思省。一、生员不可干求官长，结交势要，希图进身。若果心善德全，上天知之，必加以福。一、生员当爱身忍性。凡有司官衙门，不可轻入，即有切己之事，止许家人代告，不许干与他人词讼，他人亦不许牵连生员作证。一、为学当尊敬先生，若讲说皆须诚心听受。如有未明，从容再问，毋妄行辨难；为师者亦当尽心教训，毋致怠惰。一、军民一切利病，不许生员上书陈言，如有一言建白，以违制论，黜革治罪。一、生员不许纠党多人，立盟结社，把持官府，武断乡曲。所作文字，不许妄行刊刻，违者听提调官治罪。"[①] 卧碑八条规定，如加归纳，大致对生员有 3 个方面要求：一是要求生员要忠君清廉；如父母有非为之举，生员必须恳告劝阻；对老师必须尊敬，诚心向老师学习。这就是儒家所宣扬的"天地君亲师"。二是要求生员修身，从各方面严格要求自己，如必须忠厚正直，专心读圣贤之书；应当爱身忍性，不许为自家或他人打官司；不许干求官长、交结势要，以求当官，应当心善德全，自然会有福报。三是清朝鉴于明代生员的结党干预朝政，严厉禁止生员过问政治，上书陈言朝政得失；严禁生员纠党结社，把持地方官府；严禁生员私自刊刻、传播各种言论。

[①] 《大清会典事例》卷 389《礼部·学校》。以下两自然段引文未注出处者，均见于此。

　　顺治之后，清代历朝皇帝都十分重视卧碑的宣传和贯彻。如雍正七年（1729）议准："令直省各督抚转饬地方官，将钦定卧碑、御制训饬士子文，敬谨刊刻，装潢成帙，奉藏各学尊经阁内，遇督抚等到任，及学臣到任案临，于祇谒先师之日，该教官率生员贡监等诣明伦堂，行三跪九叩礼毕，教官恭捧宣读，令其拱听。如有无故规避者，行学戒饬。其有居址遥远者，令其轮班入城，恭听宣读。至生员贡监内，有唆讼抗粮，缘事曾经戒饬者，令其阶下跪听，以示惩戒。倘该教官不实力奉行，或借端需索，奉行不善者，许该管上司题参议处。"乾隆四年（1739）又议准："顺天府儒学，一例刊立卧碑于明伦堂，以垂永久，俾诸生咸知恪遵。"对于违背卧碑规定的生员，历朝也一再重申必须予以惩罚。如康熙九年（1670）题准："嗣后生员如果犯事情重，地方官先报学政，俟黜革后治以应得之罪。"① 乾隆元年（1736）又议准："生员有应戒饬者，地方官会同教官将事由具详学政，酌断批准，然后照例在明伦堂扑责。"②

　　清政府除对生员予以严格训诫之外，还采取优恤的方式，鼓励生员努力专心学习，将来成为国家有用之才。其优恤措施主要有两个方面：其一，优免生员丁粮，资助贫困生员。顺治十三年（1656）谕："各省提学，将各学廪增附名数，细查在学若干，黜退若干，照数册报，出示各该府州县卫张挂，俾通知的确姓名，然后优免丁粮。"③ 康熙二十二年（1683）覆准："各省学租，有发给贫生将所余以充兵饷者，有竟不给发者，嗣后令各直省督抚给发廪生贫生，以助膏火之费。"为了使资助贫困生员的钱粮如实发放到他们手中，防止教官、学霸、豪强私占，清政府规定，每年必须将学田租赋发放账目申报朝廷查核。康熙二十七年（1688）议准："嗣后学田租赋，除通稽各学田原额若干，每年租额若干，先造清册报部外，每年终将用过某费若干项，赡过贫生某某若干名，详开旧管、新收、开除、实在造册报部。如册报隐漏迟延，赈贫虚名无实，

----

① 《大清会典事例》卷 392《礼部·学校》。
② 《大清会典事例》卷 392《礼部·学校》。
③ 《大清会典事例》卷 392《礼部·学校》。本自然段引文，均见于此。

及教官、学霸、豪强之家私据侵占者，查出按法追究。"为了使朝廷钱粮能真正发放到需要资助的贫困生员手中，清廷还规定必须当着全体生员的面公开向贫困生员发放，以便于互相监督，防止弄虚作假、冒领混开等。乾隆十年（1745）谕："江苏各属，向有学租一项，以供给发廪生并赈恤贫生之用，此固国家体恤士子之恩也。但闻向来学臣赈贫，每于考试事竣，始据各学册报给发，其中弊端种种，不一而足。朕思与其散赈于考试将竣之日，何如散给于士子云集之时，则耳目众多，贫者不致遗漏，而不贫者亦难以冒支。嗣后著该学政转饬各学教官，确查极贫、次贫，造具花名细册，于案临之日，投递该学政核实，即于三日内逐名面赈，则贫生均沾实惠，该教官等如有混开等弊，亦易查出参处。"其二，优免生员杂色差徭。乾隆元年（1736）谕："作士作贡，国有常经，无论士民，均应输纳。至于杂色差徭，则绅衿例应优免，乃各省竟有令生员充当总甲图差之类者，殊非国家优恤士子之意。嗣后举贡生员等，著概免杂差，俾得专心肄业。傥于本户外别将族人借名滥充，仍将本生按律治罪。"

第五节　社会基层管理思想

一、保甲制度思想

　　保甲制是清代以保警为主的社会基层治安组织，在维护清朝基层统治中发挥了旁者不可替代的作用。保甲组织在地方州县的控制下，直接对广大民众进行统治，使清王朝各项法令得以贯彻执行，地方基层封建秩序得以维护与巩固。由于保甲组织给予清王朝社会基层统治提供可靠、有力的保证，因而从清王朝建立之初就受到朝廷高度重视，顺治元年

（1644）起就开始在直隶、山西、山东三省推行，尔后经过康熙、雍正朝的发展，至乾隆年间基本走向成熟完善。

顺治元年八月，摄政王多尔衮下令："各府州县卫所属乡村，十家置一甲长，百家置一总甲，凡遇盗贼逃人、奸宄窃发事故，邻佑即报知甲长，甲长报之总甲，总甲报之府州县卫，府州县卫核实，申解兵部。若一家隐匿，其邻佑九家、甲长、总甲不行首告，俱治以重罪，不贷。"① 这时的保甲制度只是在乡村中推行，将全体村民编入保甲组织中，10 家为一甲，设一甲长，10 甲设一总甲。如该地方发生"盗贼逃人、奸宄窃发事故"，邻居必须把这一情况报告甲长，甲长报告总甲、总甲再上报府州县卫，府州县卫核实后上报兵部。邻居如隐瞒不报，或甲长、总甲不逐级向上报告，必须受到连坐法的严厉处罚。

顺治二年（1645）二月，"直隶巡抚王文奎疏言，畿南各卫所地亩钱粮，宜令州县就便征收，屯丁兼听管辖。凡属军宅屯庄，不拘乡村城市，概入保甲，一人为盗，九家连坐"② 。这表明，仅在半年时间里，清政府就将保甲制度迅速从乡村推广到城市，已在全国铺开，并且重新强调保甲制度中的连坐法，突出了保甲制中的保警职能。

顺治六年（1649）四月，清廷下令："自兵兴以来，地多荒芜，民多逃亡，流离无告，深可悯恻。著户部、都察院，传谕各抚按，转行道府州县有司，凡各处逃亡民人，不论原籍别籍，必广加招徕，编入保甲，俾之安居乐业。察本地方无主荒田，州县官给以印信、执照，开垦耕种，永准为业。俟耕至六年之后……方议征收钱粮。其六年以前，不许开征，不许分毫金派差徭……务使逃民复业，田地垦辟渐多。"③ 在此，清廷将保甲制作为安置、管理大量逃亡人口的重要手段，使逃亡人口定居在某地，然后组织他们开垦荒地，发展农业生产，从而稳定社会秩序，为国家提供赋役，巩固清王朝统治。

---

① 《清世祖实录》卷 7。

② 《清世祖实录》卷 14。

③ 《清世祖实录》卷 43。

康熙四十七年（1708），清王朝对保甲制度做了重大改进："先是，顺治元年即议力行保甲，至是以有司奉行不力，言者请加申饬。部臣议奏，弭盗良法，无如保甲，宜仿古法，而用以变通。一州一县城关若干户，四乡村落若干户，户给印信纸牌一张，书写姓名、丁男口数于上，出则注明所往，入则稽其所来，面生可疑之人，非盘诘的确，不许容留。十户立一牌头，十牌立一甲头，十甲立一保长。若村庄人少，户不及数，即就其少数编之。无事递相稽查，有事互相救应，保长、牌头不得借端鱼肉众户。客店立簿稽查，寺庙亦给纸牌，月底令保长出具无事甘结，报官备查，违者罪之。"① 这次改进主要有2个方面：一是将原来保甲制中甲、总甲二级制增为牌、甲、保三级制，每一保甲管辖人户达1000户。二是将户籍制与保甲制结合起来，通过对户口的登记、稽查来维护地方治安，保甲长的职责明显加重，州县对保甲的控制程序也有所增强。这表明清廷利用保甲制对地方的统治有所加强，密切了州县与保甲的关系。

雍正四年（1726）四月朝廷指出："弭盗之法，莫良于保甲，朕自御极以来，屡颁谕旨，必期实力奉行。乃地方官惮其繁难，视为故套，奉行不实，稽查不严。又有借称村落畸零，难编排甲；至各边省，更借称土苗杂处，不便比照内地者。此甚不然……苟有实心，自有实效。嗣后督抚及州县以上各官，不实力奉行者，作何严加处分；保正、甲长及同甲之人，能据实举首者，作何奖赏；隐匿者，作何分别治罪……著九卿详议具奏。"② 同年七月，"吏部遵旨议覆，保甲之法，十户立一牌头，十牌立一甲长，十甲立一保正，其村落畸零及熟苗熟僮，亦一律编排。地方官不实力奉行者，专管、兼辖、统辖各官，分别议处。再，立民间劝惩之法，以示鼓励，有据实首告者，按名奖赏，隐匿者，加以杖责"③。吏部"又奏准，直省督抚，转饬府州县等官，将绅衿之家，一例编次保

① 《清朝文献通考》卷22《职役二》。
② 《清世宗实录》卷43。
③ 《清世宗实录》卷46。

甲，听保甲长稽查，如有不入编次者，该地方官详报题参，比照脱户律治罪，地方官瞻徇情面，不据实详报者，照徇庇例议处"①。由此可见，保甲制在雍正朝又有了进一步的补充和发展。其一，由于清廷认识到保甲制在维护地方治安方面的重要作用，因此，对于尽力奉行保甲制的督抚、州县官，甚至保正、甲长及同甲之人予以奖赏；反之，对于不尽力奉行者予以惩罚。其二，保甲的范围进一步扩大，一些人口稀少的偏僻乡村，边疆苗族、僮族居住地，都推行保甲制。其后，又相继推行于棚民、寮民、蜑户等人户及甘肃回民，并在苏州踹坊设立坊总、甲长。三是清廷将"绅衿之家"也一律编入保甲，即通过加强对地方绅权的控制，从而更强化对地方基层的统治。

据《大清会典事例》卷 158《户部·户口》和《清朝文献通考》卷 19《户口一》的记载，乾隆年间，清廷对保甲制度进行了一次大规模的整顿与提高，其主要内容有以下 3 个方面：其一，编列保甲或加强保甲制度的范围空前广泛。如乾隆二十二年（1757），重申了必须将"绅衿之家"与一般民众一样编入保甲管理："绅衿之家，与齐民一体编列，听保甲长稽查。违者照脱户律治罪，地方官徇庇，照本例议处。"② 清朝是由游牧民族建立的政权，对八旗、蒙古族等赋予特权。但是到了乾隆二十二年（1757），朝廷明确规定"旗民杂处村庄""蒙古地方种地民人"必须实行保甲制管理。"旗民杂处村庄，一体编次，将旗分户口并所隶领催屯目，注明牌册，旗民有犯，许互相举首，地方官会同理事同知办理。至各省驻防营内居住之商民，以及官员雇用之人役，均令另编牌册，由同知查核。又议准，蒙古地方种地民人，设立牌头、总甲及十家长等，凡系窃匪、逃人，责令查报，通同徇隐，一并治罪。"在清代，流动的客商，沿海盐场井灶的灶户、工人，崇山峻岭之中矿厂工人、棚民、寮民、苗瑶少数民族、云南夷人、外省入川民人、甘肃省番地民户，沿海等省商渔

---

① 《大清会典事例》卷 127《吏部》。

② 《大清会典事例》卷 158《户部·户口》。本自然段引文未注出处者，均见于此。

船只的船主、舵工、水手，内河一切船只、渔船网户等，以及寺观僧道、流丐等，由于流动性大，或居住偏远海滨、孤岛、崇山峻岭之中，使朝廷对这些特殊群体的管理控制不到位，影响到社会稳定，因此，朝廷必须对此实行保甲制，加强管理控制。如山居棚民、寮民易"窝藏奸宄，容隐不报"，因此，必须"按户编册，责成地主并保长结报。广东省寮民，每寮给牌，互相结报，责令寮长钤束"。又如"游方僧道，形迹可疑及为匪不法者"屡屡有之，因此，朝廷议准："寺观僧道，责令僧纲道纪，按季册报……禀官查逐。若混留滋事，住持治罪，僧道官革究。"二是确立选任保长、甲长标准，必须是诚实、识字，并且拥有一定家产的人担任："士民公举诚实、识字及有身家者，报官点充，地方官不得派办别差，以专责成。"为了"以均劳逸"，保长、甲长"限年更代"，实行轮流担任制度："甲长三年更代"，"保长一年更代"①。三是保甲长"专司查报"甲内的盗窃、邪教、赌博、窝逃、奸拐、私铸、私销、私盐、踩曲、贩卖硝磺并私立名色敛财聚会，以及"面生可疑、形迹诡秘之徒"。"户口迁移登耗，责令随时报明，于门牌内改换填给"等等②。

通过乾隆年间保甲制度的整顿和提高，清朝的保甲制度基本固定下来，无大改变。保甲的职能主要有两个方面：一是编查户口。如乾隆二年（1737），内阁学士凌如焕所指出的："直隶各省，现在举行保甲，每十户联为一甲，将某里某甲某人，姓名生业，悉记册籍，悬挂门牌，为州县者，按甲稽察，即可知一邑之中，读书者若干人，力田者若干人，为工商者若干人，其不列四民之内，而习游惰若干人，初无难查核也。"③二是维持地方基层之治安。"保甲之法……赌博、盗贼之有无，五家之中，无不周知也。友朋亲戚之往来，十家之中，无不共见也。一有可疑，则得以察之，察之得实，则告之官，赌可惩也，贼可擒也。知而不举，

① 《清朝文献通考》卷19《户口一》。
② 《清朝文献通考》卷19《户口一》。
③ 《清经世文编》卷23，凌如焕《敬陈风化之要疏》。

则五家连坐，彼四家者，岂肯以其身家，为他人受累哉？"①

清代的保甲制，除去编查户口、维持地方基层治安职能外，还包括调解户婚土田纠纷，申报命案斗殴事件，参加赈灾，宣讲"圣谕"、法令，对乡民进行教化等诸多内容。当地丁合一导致里甲组织衰亡后，里甲征收赋税、派发徭役的职能也转由保甲负担。事实上，从雍正至道光末年，保甲在州县的控制下，包揽了地方基层各个方面的事宜。地方基层的事权统一于保长、甲长，自然有若干便利之处，但基层事务纷繁复杂，平时尚可处理，一旦地方治安出现问题，必将顾此失彼，难以应付。

清代保甲组织的人员除去保长、甲长、牌头外，还设有乡约，掌"教化"民众之事，至于维持地方基层治安的事宜，仍然主要由保长、甲长负责。"保甲与乡约相为表里者也，乡约之设，远或数十里，近或数里，凡赌博、贼盗之潜匿者，约长多不及周知。而乡里所推为约长者，非鄙俗之富民，即年迈之乡老，彼其心岂知有公事哉？无事则酒食以为尊，有事则以道远为辞，年老为解，此人所以视乡约为具文，而莫之举也。若保甲之法则不然……赌博、贼盗之有无，五家之中，无不周知也，友朋亲戚之往来，十家之中，无不共见也。一有可疑，则得以察之，察之得实，则告之官，赌可惩也，贼可擒也"②。

清代地方州县直接管辖保甲组织，保长必须"报官点充"，"身充甲保，即属官役，一切事件，地方官悉惟该役是问"。保甲长身后有官府为后盾，其本人也须听命于地方州县及胥吏，督抚则每年派员编查保甲。如直隶省"查州县保甲，原有底簿，向来直隶系按各府州属，遴派能事佐贰教职数员，会同各该州县，以次编查"③。地方各级官员对保甲组织的严密管理控制，既是清王朝十分重视地方基层组织的具体反映，也是清代保甲制度的一个特点④。

---

① 《清经世文编》卷 23，任启运《与胡邑侯书》。

② 《清经世文编》卷 23，任启运《与胡邑侯书》。

③ 《清高宗实录》卷 549。

④ 《中国政治制度通史》（第 10 卷），第 224 页。

二、提倡良风美俗思想

清廷在对社会基层管理中，十分重视在民众中提倡良风美俗，从而达到社会和谐有序，长治久安。这就是"至治之世，不专以法令为事，而以教化为先，其时人心醇良，风俗朴实，刑措不用，比屋可封，长治久安，懋登上理。盖法令禁于一时，而教化维于可久。若徒事法令，而教化不先，是舍本而务末也"①。基于这种认识，清廷自入主中原之后，就开始在民众中提倡良风美俗。"顺治九年（1652），钦定六谕卧碑文，颁行八旗直隶各省。六谕文曰：孝顺父母，恭敬长上；和睦乡里，教训子孙；各安生理，无作非为"。同时，在民众中选任德高望重之人为正副乡约，在社会基层宣传六谕。顺治十六年（1659）议准："设立乡约，申明诫谕，原以开导愚氓，从前屡行申饬，恐有司视为故事。应严行各直省地方牧民之官，与父老子弟，实行讲究。钦颁六谕原文，本明白易晓，仍据旧本讲解。其乡约正副，不应以土豪、仆隶、奸胥、蠹役充数，应会合乡人，公举六十以上业经告给衣顶行履无过、德业素著之生员统摄。若无生员，即以素有德望六七十岁以上之平民统摄，每遇朔望，申明诫谕，并旌别善恶实行，登记簿册，使之共相鼓舞。"

清康熙年间，曾以封建伦理道德为要旨，颁发上谕十六条，传布民间。雍正帝即位后，对康熙帝上谕十六条详加阐述，即成《圣谕广训》。主要内容是宣传封建法制、人伦、礼俗，自纲常名教、忠孝节义，到耕桑作息、日用饮食，无不具备。《圣谕广训》在清代为历朝皇帝所重视，在民间广为宣传，妇孺皆知，对清代良风美俗的形成影响广泛深入，兹略为阐述：

其一，圣谕十六条，首以孝悌开其端。"夫孝者，天之经，地之义，民之行也。人不知孝父母，独不思父母爱子之心乎。方其未离怀抱，饥

---

① 《大清会典事例》卷 397《礼部·风教》。本目引文未注出处者，均见于此。

不能自哺，寒不能自衣。为父母者，审声音，察形色，笑则为之喜，啼则为之忧，行动则跬步不离，疾痛则寝食俱废，以养以教，至于成人，复为授家室，谋生理，百计经营，心力俱瘁。父母之德，实同昊天罔极，人子欲报亲恩于万一，自当内尽其心，外竭其力，谨身节用，以勤服劳，以隆孝养……至若父有冢子，称曰家督，弟有伯兄，尊曰家长。凡日用出入，事无大小，众子弟皆当咨禀焉。饮食必让，语言必顺，步趋必徐行，坐立必居下，凡以明悌道也。夫十年以长，则兄事之，五年以长，则肩随之，况同气之人乎。故不孝与不悌相因，事亲与事长并重。能为孝子，然后能为悌弟"。清廷之所以将孝悌作为端正民风、管理国家之先，是因为认为："能为孝子悌弟，然后在田野为循良之民，在行间为忠勇之士。尔兵民亦知为子当孝，为弟当悌，所患习焉不察，致自离于人伦之外，若能痛自愧悔，出于心之至诚，竭其力之当尽，由一念孝悌，积而至于念念皆然……圣人之德，本于人伦，尧舜之道，不外孝悌。孟子曰：人人亲其亲，长其长，而天下平。"一个人如能孝悌，推而广之，就能在社会上成为"循良之民""忠勇之士"，推己及人，就能相亲相爱，长幼有序，天下就能和谐太平。

其二，笃宗族以昭雍睦。清廷认为，若要将孝悌推而广之，首先就是使宗族和睦融洽，"敦孝悌重人伦，即继之曰笃宗族以昭雍睦"。"一家一姓，当念乃祖乃宗，宁厚毋薄，宁亲勿疏，长幼必以序相洽，尊卑必以分相联。喜则相庆，以结其绸缪；戚则相怜，以通其缓急；立家庙以荐烝尝，设家塾以课子弟；置义田以赡贫乏，修族谱以联疏远。即单姓寒门，或有未逮，亦各随其力所能为，以自笃其亲属，诚使一姓之中，秩然蔼然。父与父言慈，子与子言孝，兄与兄言友，弟与弟言恭。雍睦昭而孝悌之行愈敦，有司表为仁里，君子称为义门，天下推为望族，岂不美哉！若以小故而隳宗支，以微嫌而伤亲爱，以侮慢而违逊让之风，以偷薄而亏敦睦之谊，古道之不存，即为国典所不恕。尔兵民其交相劝励，共体祖宗慈爱之心，常切水木本源之念，将见亲睦之俗，成于一乡一邑。雍和之气，达于薄海内外，诸福咸臻，太平有象，胥在是矣，可

不勖欤!"笃宗族以昭雍睦就是要让同祖同宗之人相亲相爱,长幼尊卑有序融洽,喜庆分享,忧戚互帮,共祭祖宗,同教子弟,设置义田救助贫困,修撰族谱联络宗亲。同宗之人都能做到父慈子孝兄友弟恭,那宗族就和睦融洽,这就是所谓的仁里、义门、望族。如果每个宗族都和睦融洽,那么在每个乡村、每个城市间就能形成和睦融洽的风尚,天下就和谐太平了。

其三,和乡党以息争讼。清廷认为,如能做到宗族和睦融洽,再推而广之,就能使邻里同乡和谐,不会发生争讼。这就是"尚亲睦之淳风,孝悌因此而益敦,宗族因此而益笃,里仁为美,比户可封,讼息人安,延及世世"。"人有亲疏,概接之以温厚,事无大小,皆处之以谦冲,毋恃富以侮贫,毋挟贵以凌贱,毋饰智以欺愚,毋倚强以凌弱。谈言可以解纷,施德不必望报,人有不及,当以情恕,非意相干,当以理遣,此既有包容之度,彼必生愧悔之心。一朝能忍,乡里称为善良;小忿不争,闾党推其长厚,乡党之和,其益大矣。古云:非宅是卜,惟邻是卜,缓急可恃者,莫如乡党。务使一乡之中,父老子弟,联为一体,安乐忧患,视同一家。农商相资,工贾相让,则民与民和。训练相习,汛守相助,则兵与兵和。兵出力以卫民,民务养其力;民出财以赡兵,兵务恤其财。则兵与民交相和,由是而箪食豆羹,争端不起。鼠牙雀角,速讼无因,岂至结怨耗财;废时失业,甚且破产流离,以身殉法而不悟哉。若夫巨室耆年,乡党之望,胶庠髦士,乡党之英,宜以和辑之风,为一方表率。而奸顽好事之徒,或诡计挑唆,或横行吓诈,或貌为洽比以煽诱,或假托公言而把持,有一于此,里闬靡宁,乡论不容,国法具在,尔兵民所当谨凛者也"。清廷主张,人与人之间虽然有亲疏不同,但如都能温厚、谦和相待,不要以富侮贫、以贵凌贱、饰智欺愚、倚强凌弱,能互相理解包容忍让,那乡村、邻里就能和睦,并大有益处。古人云:居住不必选择住宅,但要选择邻居,因为在遇到困难时,没有比同乡、邻居更值得依靠的。治国就要使一乡中父老子弟如同一家人,民与民之间、兵与兵之间、兵与民之间和谐,就不会出现争端诉讼,更不会因争端诉讼而

影响生产，甚至导致破产、以身殉法。如地方大族老人、学校年轻生员能做一方和睦相处表率，那地方诡计挑唆、横行吓诈、煽诱把持等违法乱纪之事就不会为乡间舆论、国家法律所容忍。

其四，重农桑以足衣食。清廷指出："夫衣食之道，生于地，长于时，而聚于力，本务所在，稍不自力，坐受其困，故勤则男有余粟，女有余帛，不勤则仰不足事父母，俯不足畜妻子，其理然也……愿吾民尽力农桑，勿好逸恶劳，勿始勤终惰，勿因天时偶歉，而轻弃田园，勿慕奇赢倍利，而辄改故业。苟能重本务，虽一岁所入，公私输用而外，羡余无几，而日积月累，以至（致）身家饶裕，子孙世守，则利赖无穷，不然而舍本逐末，岂能若是之绵远乎……若地方文武官僚，俱有劝课之责，勿夺民时，勿妨民事，浮惰者惩之，勤苦者劳之，务使野无旷土，邑无游民，农无舍其耒耜，妇无休其蚕织，即至山泽园圃之利，鸡豚狗彘之畜，亦皆养之有道，取之有时，以佐农桑之不逮，庶无克勤本业，而衣食之源溥矣。所虑年谷丰登，或忽于储蓄，布帛充赡，或侈于费用，不俭之弊，与不勤等，甚且贵金玉而忽菽粟，工文绣而废蚕桑，相率为纷华靡丽之习，尤尔兵民所当深戒者也。自古盛王之世，老者衣帛食肉，黎民不饥不寒，享庶富之盛，而致教化之兴，其道胥由乎此。"清廷认为，农桑是民众衣食的来源，如不尽力耕织，民众生活就会困乏，如勤劳尽力耕织，日积月累，家业就会富饶宽裕，子子孙孙世代相守。因此民众应尽力农桑，不要好逸恶劳，不要放弃农业从事商业。地方文武官员应不夺农时，鼓励、引导民众男耕女织，教导他们要勤于农业生产，并栽种树木、蔬菜、水果，养鱼，饲养鸡、猪、狗等家禽牲畜，使衣食之源广阔丰富。同时教导民众重视节俭，要有储蓄，以备不时之需。这样，就能达到生活富庶、文化兴盛的盛世。

其五，尚节俭以惜财用。清廷认为，节俭很重要："生人不能一日而无用，即不可一日而无财，然必留有余之财，而后可供不时之用，故节俭尚焉。夫财犹水也，节俭犹水之蓄也。水之流不蓄，则一泄无余，而水立涸矣。财之流不节，则用之无度，而财立匮矣。"如果民众不知节

俭，平时奢侈浪费，没有积蓄，那么一旦遇到灾荒，民众就要遭受饥寒，甚至大批饿死冻死，或抢劫偷盗、杀人放火，引起社会动荡不安。这就是"自古民风皆贵乎勤俭，然勤而不俭，则十夫之力，不足供一夫之用，积岁所藏，不足供一日之需，其害为更甚也。夫兵丁钱粮，有一定之数，乃不知搏节，衣好鲜丽，食求甘美。一月费数月之粮，甚至称贷以遂其欲，子母相权，日复一日，债深累重，饥寒不免。农民当丰收之年，仓箱充实，本可积蓄，乃酬酢往来，率多浮费，遂至空虚。夫丰年尚至空虚，荒歉必至穷困，亦其势然也。似此之人，国家未尝减其一日之粮，天地未尝不与以自然之利，究至啼饥号寒、困苦无告者，皆不节俭所致。更或祖宗勤苦俭约，日积月累，以致充裕，子孙承其遗业，不知物力艰难，任意奢侈，夸耀里党。稍不如人，即以为耻，曾不转盼，遗产立尽，无以自存。求如贫者之子孙，并不可得，于是寡廉鲜耻，靡所不至，弱者饿殍沟壑，强者作慝犯刑。不俭之害，一至于此。"针对这种情况，清廷主张："为民者知丰歉无常，与其但顾朝夕，致贫窭之可忧，孰若留贮将来，为水旱之有备。大抵俭为美德，宁以固陋贻讥，礼贵得中，勿以骄盈致败，衣服不可过华，饮食不可无节，冠婚丧祭，各安本分，房屋器具，务取素朴，即岁时伏腊，斗酒娱宾，从俗从宜，归于约省。为天地惜物力，为朝廷惜恩膏，为祖宗惜往日之勤劳，为子孙惜后来之福泽。自此，富者不至于贫，贫者可至于富，安居乐业，含哺鼓腹，以副朕阜俗诫民之至意。"在此，清廷劝导民众平时必须节俭，应有一定储蓄，以备水旱之灾时需要。民俗应以节俭为美德，穿衣不要过于华丽，饮食不可没有节制；冠婚丧祭开支，应量力而行；房屋器具，务要朴素；岁时节日，应简约节省。节俭是为天地爱惜物力，为朝廷珍惜恩泽，为祖宗珍惜他们过去的勤劳，为子孙爱惜他们未来的福泽。如果能做到这些，富者不至于变贫困，而贫者则可以致富。老百姓安居乐业，丰衣足食。

其六，隆学校以端士习。清廷认为国家创办各级学校，不仅可以培养人才，而且可以使风俗醇厚。"古者家有塾，党有庠，州有序，国有学，固无人不在所教之中。专其督率之地，董以师儒之官，所以成人材

而厚风俗，合秀顽强懦，使之归于一致也……学校之隆，固在司教者有整齐严肃之规，尤在为士者有爱惜身名之意。士品果端，而后发为文章，非空虚之论，见之施为，非浮薄之行，在野不愧名儒者，在国即为良臣，所系顾不重哉。至于尔兵民恐不知学校之为重，且以为与尔等无与，不思身虽不列于庠序，性岂自外于伦常。孟子曰：谨庠序之教，申之以孝悌之义。又曰：人伦明于上，小民亲于下。则学校不独所以教士，兼所以教民。若黉宫之中，文武并列，虽经义韬略，所习者不同，而入孝出悌，人人所当共由也。士农不异业，力田者悉能敦本务实，则农亦士也。兵民无异学，即戎者皆知敬长爱亲，则兵亦士也。然则庠序者，非尔兵民所当隆重者乎？端人正士者，非尔兵民所当则效者乎？孰不有君臣父子之伦，孰不有仁义礼智之性？勿谓学校之设，止以为士。各宜以善相劝，以过相规，向风慕义，勉为良善。则氓之蚩蚩，亦可以礼义为耕耘，赳赳武夫，亦可以诗书为甲胄，一道同风之盛，将复见于今日矣。"学校之所以不仅可以培养人才，也能使风俗醇厚，其主要原因是学校的教学内容为孝悌之义、敦本务实、敬长爱亲、君臣父子之伦以及仁义礼智等，这些思想和品德不仅是名儒、良臣、士所应具备的，对于一般农民、兵士等民众也必须具备。

其七，黜异端以崇正学。清廷认为，要使风俗醇厚，必须先正人心，要使人心正，必须先端正学术。在清朝，只有儒家是正统，其余佛教、道教、白莲教、闻香教、天主教均为异端。这些异端不仅造谣惑众，败坏风俗，其甚者违法乱纪，甚至企图颠覆清政权统治。因此清廷要求民众必须崇奉儒学，仁义孝忠，和顺敦本，就可遇难成祥，得到神灵保佑。"欲厚风俗，先正人心；欲正人心，先端学术。夫人受天地之中以生，惟此伦常日用之道，为智愚所共由。索隐行怪，圣贤不取……至于非圣之书，不经之典，惊世骇俗，纷纷藉藉，起而为民物之蠹者，皆为异端，所宜屏绝。凡尔兵民，愿谨淳朴者固多。间或迷于他歧，以无知而罹罪戾，朕深悯之。自古三教流传，儒宗而外，厥有仙释。朱子曰：释氏之教，都不管天地四方，只是理会一个心。老氏之教，只是要存得一个神

气。此朱子持平之言，可知释道之本指矣。自游食无藉之辈，阴穷其名，以坏其术，大率假灾祥祸福之事，以售其诞幻无稽之谈。始则诱取资财，以图肥己，渐至男女混淆，聚处为烧香之会，农工废业，相逢多语怪之人。又其甚者，奸回邪慝，窜伏其中，树党结盟，夜聚晓散，干名犯义，惑世诬民。及一旦发觉，征捕株连，身陷囹圄，累及妻子。教主已为罪魁，福缘且为祸本。如白莲、闻香等教，皆前车之鉴也。又如西洋教宗天主，亦属不经，因其人通晓历数，故国家用之，尔等不可不知也。夫左道惑众，律所不宥，师巫邪术，邦有常刑。朝廷立法之意，无非禁民为非，导民为善，黜邪崇正，去危就安……摈斥异端，直如盗贼水火，且水火盗贼，害止及身，异端之害，害及人心。心之本体，有正无邪，苟有主持，自然不惑，将见品行端方，诸邪不能胜正，家庭和顺，遇难可以成祥。事亲孝、事君忠、尽人事者即足以集天休，不求非分，不作非为，敦本业者即可以迓神庆。尔服尔耕，尔讲尔武，安布帛菽粟之常，遵荡平正直之化，则异端不待驱而自息矣。"

其八，讲法律以儆愚顽。清廷认识到，法律用于惩罚犯罪之人，是国家不得已而为之。法律更重要的是用于儆惕那些可能犯罪之人，使他们不敢以身试法，从而达到社会安定，以刑法来制止刑罚。清廷指出："法律者，帝王不得已而用之也。法有深意，律本人情，明其意，达其情，则囹圄可空，讼狱可息，故惩创于已然，不若儆惕于未然之为得也……今国家酌定律例，委曲详明，昭示兵民，俾各凛成宪，免于罪戾……因之特申训诫，儆醒顽愚，尔等幸际升平，休养生息，均宜循分守礼，以优游于化日舒长之世。平居将颁行法律，条分缕析，讲明意义，见法知惧，观律怀刑。如知不孝不悌之律，自不敢为蔑伦乱纪之行；知斗殴攘夺之律，自不敢逞嚣凌强暴之气；知奸淫盗窃之律，自有以遏其邪僻之心；知越诉诬告之律，自有以革其健讼之习。盖法律千条万绪，不过准情度理，天理人情，心所同具。心存于情理之中，身必不陷于法律之内。且尔兵民性纵愚顽，或不能通晓理义，未必不爱惜身家。试思一蹈法网，百苦备尝，与其宛转呼号，思避罪于棰楚之下，何如洗心涤

虑，早悔过于清夜之间；与其倾资荡产求减毫末，而国法究不能逃，何如改恶迁善，不犯科条，而身家可以长保。倘不自儆省，偶罹于法，上辱父母，下累妻孥，乡党不我容，宗族不我齿，即或邀恩幸免，而身败行亏，已不足比于人数，追悔前非，岂不晚哉！朕闻居家之道，为善最乐，保身之策，安分为先，勿以恶小可为，有一恶即有一法以相治，勿以罪轻可玩，有一罪即有一律以相惩。惟时时以三尺自懔，人人以五刑相规，惧法自不犯法。畏刑自可免刑，匪僻潜消，争竞不作。愚者尽化为智，顽者悉变为良。民乐田畴，兵安营伍，用臻刑措之治不难矣。"

其九，明礼让以厚风俗。清廷认为，礼能使人们孝养父母，恭顺长上，夫妇倡随，兄弟友爱，朋友有信义，亲族间融洽，乡党间和睦。总之，礼能使人与人之间和谐、敬让，是风俗的本原。如全民都践行礼，就能在社会形成淳厚的风俗。"盖礼为天地之经，万物之序，其体至大，其用至广。道德仁义，非礼不成；尊卑贵贱，非礼不定；冠婚丧祭，非礼不备；郊庙燕飨，非礼不行。是知礼也者，风俗之原也。然礼之用贵于和，而礼之实存乎让……即如事父母则当孝养，事长上则当恭顺，夫妇之有倡随，兄弟之有友爱，朋友之有信义，亲族之有款洽。此即尔心自有之礼让，不待外求而得者也。诚能和以处众，卑以自牧，在家庭而父子兄弟底于肃雍，在乡党而长幼老弱归于亲睦。毋犯嚣凌之戒，毋蹈纵恣之愆，毋肆一念之贪，遂成攘夺，毋逞一时之忿，致启纷争，毋因贫富异形，有蔑视之意，毋见强弱异势，起迫胁之心。各戒浇漓，共归长厚，则循于礼者无悖行，敦于让者无竞心。蔼然有恩，秩然有义，党庠术序，相率为俊良，农工商贾，不失为醇朴，即韬钤介胄之士，亦被服乎礼乐诗书，以潜消其剽悍桀骜，岂非太和之气、大顺之征乎？……尔能和其心以待人，则不和者自化；尔能平其情以接物，则不平者亦孚。一人倡之，众人从之；一家行之，一里效之，由近以及于远，由勉以至于安，渐仁摩义，俗厚风淳，庶不负谆谆诰诫之意哉"。

其十，务本业以定民志。清廷指出，每个人虽然智愚强弱不同，但都必须从事一项职业以谋生存。如士谨身修行，学习诗书，敦崇礼让，

成为有用之才；农民春耕秋敛，不失农时，以备水旱之灾，向国家交纳税粮；手工业者利用各种材料，制造器具，供人使用；商业进行贸易，互通有无；士兵练习弓马骑射，屯田守边，保家卫国。如各行各业都能安于本业，勤劳尽职，那么国家就富庶太平。"上天生民，必各付一业，使为立身之本，故人之生虽智愚不同，强弱异等，莫不择一业以自处。居此业者，皆有本分当为之事，借以有利于身，借以有用于世，幼而习焉，长而安焉，不见异物而迁焉……为士者谨身修行，矻矻穷年，服习诗书，敦崇礼让，退为有本之学，进为有用之才。为农者，春耕秋敛，不失其时；撙节爱养，不恣于度；先事以备水旱，如期而输税粮；使地无余利，人无余力。工则审四时，饬六材，日省而月试，居肆而事成。商则通有无，权贵贱，交易而退，各得其所，务体公平，勿蹈欺诈。若夫身列行阵，行阵即其业也，弓马骑射，操练之必精，步伐止齐，演习之必熟；屯田则事垦辟，守汛则严刁斗，备边则险要之宜知，防海则风涛之宜悉，庶几无负本业矣。夫天下无易成之业，而亦无不可成之业。各守乃业，则业无不成；各安其志，则志无旁骛。毋相侵扰，毋敢怠荒，宁习于勤劬，勿贪夫逸乐，宁安于朴守，勿事乎纷华。熙熙然士食旧德，农服先畴，工利器用，商通货财，兵资捍卫，各尽乃职，各世其业。上以继祖宗之传，下以绵子孙之绪，富庶丰亨，游于光天化日之下"。

其十一，训子弟以禁非为。清廷认识到20岁以下的青少年人生还未成型，正是学习的时候，父亲兄长必须重视对他们的教育约束。平时对他们应重身教，耳提面命，使他们孝悌力田，知晓礼义廉耻。这样不仅每个家族能世代兴旺发达、欢乐吉祥，而且国家也太平兴盛。"人生，十年曰幼学，二十曰弱冠，血气未定，知识渐开，训导惩戒之方，莫切于此。太凡子弟之率不谨，皆由父兄之教不先，所恃为父兄者，启其德性，遏其邪心，广其器识，谨其嗜好。至于爱亲敬长之念，人所固有，尔父兄诚能明示其训，俾知父子有亲，君臣有义，夫妇有别，长幼有序，朋友有信，以端其本，则大伦明，而干纪犯分之咎自鲜矣……盖行莫重于孝悌力田，心必存于礼义廉耻，可模可范，以身教之，耳提面命，以言

教之，使子弟见闻日熟，循蹈规矩之中。久之心地淳良，行止端重，可以寡过而保家，即可以进德而成材也。且庭训素娴，子弟克肖，则国家宾兴令典，自致显扬，既光大尔门闾，又垂裕尔后昆，父兄俱与有荣焉。即使愚鲁不敏，而服教安化，刑辱不及于厥躬，乡党咸称为良愿。一家之休祥，孰大于是，况今日之子弟，又为将来之父兄，积善相承，诲迪不倦，将见户兴礼让，人敦孝义，自通都大邑以至穷乡僻壤，太平之象，与国俱长"。

其十二，息诬告以全善良。清廷指出，国家立法原是为惩罚、警戒为恶之人，但是，有些奸民却利用法律进行诬告，陷害善良之人，使善良人家蒙受不白之冤，荡产破家，这是令人痛恨的。国家要平息消除诬告，保护善良之人，除了颁布诬告反坐法律条文外，还必须感化教育诬告者。官府通过乡邻彻底掌握诬告真相，对无心者予以教育，对于有意陷害者予以严厉训诫，保护善良人家，通过舆论使奸民不敢诬告，悔过自新。这样，就使兵士之间、民众之间、兵民之间不发生诬告，社会形成正义之风。"国家之立法，所以惩不善而儆无良，岂反为奸民开讦告之路，而令善良受倾陷之害哉？夫人必有切肤之冤，非可以理遣情恕者，于是鸣于官以求申理，此告之所由来也……诬告有反坐之条，令甲煌煌，乃敢作奸犯科而不畏者，利欲熏心，诡薄成性。方且恣其含沙之毒，侥幸于法网之宽，殊不知无情之辞，一经审察，莫可逃避，造衅以倾人，究之布阱以自陷，亦何利之有……与其治之以法，不如感之使自化也。盖官吏之见闻或疏，疏则犹烦揣测；乡邻之耳目最近，近则素所稔知，为之抉其根株，穷其党类。出于无心者，缓语以晓之；成于有意者，危言以诫之。彼善良之家，素行足以质之里闬而无愧，而诬告之人，言辞既非情实，迫于公论，则不敢诬。揆诸本心，亦不忍诬。凡此前之阴谋秘计，一旦悚然改悔，如冰消雾释。兵不诬兵，而兵之善良者全；民不诬民，而民之善良者全；兵民不相为诬，而兵民举全。不至赴官终讼，两造俱伤，庶几从风慕义，胥天下而归于无讼，岂不休哉！"

其十三，诫匿逃以免株连。清初规定，八旗人员已服从命令驻守京

师或各省，如违反命令潜逃，逃亡者和窝藏者将受到严厉处罚。顺治五年（1648）规定，潜逃者与窝藏者均要处斩，并籍其家，邻居10家均要迁徙边远地区。康熙十五年（1676）减轻惩罚，规定潜逃者与窝藏者处流徙尚阳堡，邻居10家处以杖刑或徒刑。雍正年间主张，民众应奉公守法，不与游手无籍之徒交往，不要贪图小利，就能不被潜逃者牵连，远离是非，四邻平安，社会稳定，风俗淳厚。"国初定制，八旗人员，在内则拱卫京师，在外则驻防各省，如有不奉使令，潜往他乡者，即为逃人，例有严禁。逃人所至之地，兵民人等不行觉察，擅自容留者，罪并及之……顺治五年（1648）之例，窝逃者问拟大辟，并籍其家；邻佑十家等皆徙边远。康熙十五年（1676）定例，凡窝逃之正犯，流徙尚阳堡，两邻十家长，罪止杖徒……尔兵民等其仰体圣祖诰诫之慈怀，与朕谆谕之至意，谨身率教，循理奉公，不交游手无籍之徒，不为行险侥幸之事，毋徇私情而干国宪，毋贪微利而忘身家。如此则井里晏然，四邻安堵，胥吏不扰，鸡犬无惊，而国家刑期无刑之化，亦可以观厥成矣……奸猾浮荡之流，皆足为善良之累，朕愿尔等父诫其子，兄诫其弟，队长诫其行伍，乡约诫其比闾，祗奉训词，各远非义，则地方宁谧，俗厚风淳，又何患株连之偶及哉？"

其十四，完钱粮以省催科。清廷指出，官吏治理百姓，将士捍卫国家人民，国家建立仓库以备灾荒，都需要从民众缴纳的赋税中开支费用，这就是所谓取于民用于民。因此，民众向国家缴纳赋税是天经地义的事，是国家法律规定所应负的义务。如果民众有意违抗不交，或任意迟交缓交，那国家就被迫严厉追缴，甚至动用刑法强迫民众缴纳。民众与其被官吏严厉追缴，遭到侵渔勒索，或遭受刑法之苦，不如设身处地替国家着想，做守法之良民，自觉按国家规定缴纳赋税。这既有利于国家，也使自家免受官吏侵扰，然后以缴纳赋税之后所余养家糊口，何乐而不为。"自昔画野分州，任土作贡，而赋税以兴，凡国之五礼百度输用出入皆赖焉。此君所必需于民，下所宜供于上，古今通义，未之或改。且以制官禄，所以治我民；以给兵饷，所以卫我民；以备荒歉，所以养我民。取

诸天下，还为天下用之……依限而纳，毋待追呼，然后以其所余，养父兄，毕婚嫁，给朝夕，供伏腊。县庭有卧治之官，村巷无夜呼之吏，俯仰无累，妻孥晏然，其为安乐莫逾于此。傥不知国课之当重，国法之难宽，或有意抗违，或任情迟缓，有司迫奏销之限，不得不严追比；胥役受鞭挞之苦，不得不肆诛求。剥啄叩门，多方需索，无名之费，或反浮于应纳之数。而究竟所未完者，仍不能为尔宽贷，不知何乐而为此。夫供胥役之侵渔，曷若输朝廷之正供。为抗粮之顽户，曷若为守法之良民，人虽至愚，亦必知之……但愿尔兵民上念军国，下念身家，外有效忠之名，内受安享之实，官不烦而吏不扰，何乐如之"。

其十五，联保甲以弭盗贼。清廷指出，自古安民在于消除盗贼，而消除盗贼最好的方法在于实行保甲制。在城市乡村实行保甲制，可分保互防，里正、保正可纠察检举保甲内违法乱纪、形迹可疑之人；可以巡逻、盘查保甲内出入行人，维持治安，使盗贼无藏身之地。可在乡村建一楼，楼上设一鼓，如哪一家遭遇盗贼，可击鼓为号，众人集合起来共御盗贼。沿海船只，可烙号联艐，互相稽查，也可使盗匪难以藏匿。总之，如能切实奉行保甲制，就可以消除盗贼，使民众安居乐业。"从来安民在于弭盗，摘发守御之法，必当先事而为之备，故缉捕有赏，疏纵有罚，讳盗有禁，违限有条，而最善者，莫如保甲……城市乡村，严行保甲，每处各自分保，每保各统一甲。城以坊分，乡以图别，排邻比户，互相防闲。一甲之中，巨室大户，僮佃多至数百。此内良否，本户自有责任。若一廛一舍之散布村落者，有业无业，或良或否，里正、保正得以微窥于平素，一出一入，得以隐察其行踪。遇有不务恒业、群饮聚博、斗鸡走狗、夜集晓散以及履历不明、踪迹可疑者，皆立为纠举，不许暂容甲内。其荒原古庙、闹肆丛祠，尤易藏奸，更宜加紧防察。至汛地兵丁，务必昼夜巡逻，一体查诘，毋借端生事，毋挟仇陷害，毋受贿赂而徇纵，毋惜情面而姑容。协力同心，轮流分派，则盗贼无容身之地，军民享安静之乐矣。查昔人御盗之法，村置一楼，楼设一鼓，一家有失，击鼓为号，群起而守其要害，盗贼将安所逃，所谓寓兵法于保甲中也。

若夫江海出没之区，有未可以保甲行者，舟楫往来，烙号联艐，彼此互相稽查，匪类亦难藏匿。皆在实心奉行，先事而为之备。若视为具文，怠忽从事，至于被盗者失财，连坐者受累，不惟负朕息盗安民之至意，亦甚非尔等保身保家之良策也"。

其十六，解仇忿以重身命。清廷指出，人生莫大于守住身体生命，民众只有有了身体生命，才能种田赡养父母、妻子、儿女；士兵有了身体生命，才能练习武艺，捍卫国家。因此，人人必须自爱身体生命，不要意气用事，互相仇杀，以致两败俱伤。尤其要避免酒后失去理性，发生命案，酿成家破人亡，株连邻里同乡，后悔莫及。各家子弟应听从父兄训诲和亲友调解，不要喝酒，要互相容忍，心平气和，就能化解仇忿，和谐相处，风俗淳厚。"人道莫大于守身，民之有身，所以务本力田，养父母而畜妻子。兵之有身，所以娴习技勇，资捍卫以报朝廷。身为有用之身，则皆当自爱，乃生人气质之偏，不能变化，往往血气用事，至一发而不可遏，激怒崇朝，竟成莫解，互相报复，两败俱伤。其起甚微，而为害甚大，不念爱书抵罪一定之律，虽国家法网甚宽，亦不能为杀人者施法外之仁……而兵民所易犯者，尤多于纵酒。盖酒之为物，能乱人心志，使失其故常。或宾主酬酢，始以合欢，而俱入醉乡，则一言不合，至操刀而相向。或睚眦之怨，本可冰释，及酒酣耳热，则一发难忍。若不共之深仇，每见刑曹命案，相伤于酒后者，十有五六……夫身命攸关，则从父兄训诲，听亲友调和，无不可情恕理遣。至酒之为害，尤宜深戒……忍之斯须，乃全尔躯，故解去仇忿，则全生保家之道，胥在于此。养其和平，消其亢厉，不待排难解纷，而陵竞之习，自然息化，何其风之醇也"。

上谕十六条和《圣谕广训》制定后，清代历朝皇帝采取各种措施对其广为宣传，使之家喻户晓，深入人心。如雍正七年（1729）奏准："直省各州县大乡大村人居稠密之处，俱设立讲约之所，于举贡生员内，拣选老成者一人以为约正，再选朴实谨守者三四人，以为直月，每月朔望，斋集乡之耆老里长及读书之人，宣读《圣谕广训》，详示开导，务使乡曲愚民，共知鼓舞向善。至约正、直月，果能化导督率，行至三年，著有成效，督抚会同学臣，择其学行最优者，具题送部引见。其诚实无过者，量加旌异，以示鼓励；其不能董率、怠惰废弛者，即加黜罚。如地方官不实力奉行者，该督抚据实参处。"可见，雍正朝为宣传《圣谕广训》，在直省各州县乡村设讲约所，并从举贡生员中挑选老成者为约正，朴实谨守者为直月，每一讲约所配备约正1人，直月3—4人，负责在每月初一、十五向村民宣讲《圣谕广训》。3年后，如成效显著，地方督抚会同学政，选拔其中学行最优秀者，推荐到礼部；其诚实没有过错者，予以奖励；其没有成效、懒惰不负责者，必须受到罢免的惩罚。乾隆皇帝即位初，重申了这一做法。"乾隆元年（1736）覆准：直省督抚，应严饬各地方官于各乡里民中，择其素行醇谨、通晓文义者，举为约正，不拘名教，令各就所近村镇，恭将《圣谕广训》勤为宣讲，诚心开导，并摘所犯律条，刊布晓谕，仍严饬地方官及教官，不时巡行讲约之所，实力劝导，使人人共知伦常大义。如有虚立约所，视为具文者，该督抚即以怠玩废弛题参，照例议处"①。

随着时间的推移，这种宣讲逐渐流于形式，没有起到实际的效果。至道光年间，朝廷对此进行整顿，以学校为据点，派教官赴城乡宣讲《圣谕广训》，将这种宣讲进一步落实。"道光十五年（1835）谕：学校为培养人材之地，士品克端，斯民风日茂，亦惟训迪有术，斯士习益淳。定例：每于朔望敬谨宣讲《圣谕广训》，并分派教官，亲赴四乡宣讲，俾城乡士民，共知遵守。乃近来奉行日久，视若具文，教官懈于训诲，士民习于浮奢，允宜亟加整顿，振起人材。著直省各督抚严饬地方官，遵照成例，敬谨宣讲《圣谕广训》，务须实力奉行，不得日久生懈，以期士习民风，蒸蒸日上"。

清廷为使《圣谕广训》广为流布，还将其刊刻印刷，发放到各地学校，令生童诵习，并将其中一些条文，改写成韵文，经皇帝钦定后，由

---

① 《大清会典事例》卷398《礼部·风教》。以下两自然段引文，均见于此。

各省学政抄写，颁发乡村私塾，令儿童诵习。总之，将《圣谕广训》作为地方学校、乡村私塾教材，对学生起潜移默化的作用。道光十九年（1839）谕："向例各直省地方官，于朔望宣讲《圣谕广训》，俾乡曲愚民皆知向善良法美意，允宜永远遵行。惟州县地方辽阔，宣讲仍虑未周，嗣后各省学政到任，即恭书《圣谕广训》，刊刻刷印，颁行各学，遍给生童，令人人得以诵习。并著翰林院敬谨推阐圣谕内黜异端以崇正学一条，撰拟有韵之文，进呈候朕钦定，颁发各省，饬令各该学政，一并恭书，遍颁乡塾。俾民间童年诵习，潜移默化，以敦风俗而正人心。"

清代，朝廷除广泛宣传《圣谕广训》外，还采取其他一些措施，在社会上提倡、树立良风美俗。其中主要有以下 3 个方面的措施：

其一，修建申明亭，悬挂晓民条约木榜，供百姓观看传诵，并将当地不孝不悌及为恶之人姓名书于亭，待其改过自新后将姓名去掉。乾隆九年（1744）覆准："现在所有申明亭，俱行修整，应将所奉教民敕谕，缮写刊刻，敬谨悬挂，并将旧有一切晓民条约，悉行刊刻木榜，俾郡邑士民，瞻仰传诵，共遵圣化，永沐皇恩。其旧有申明亭，而现为胥役民人侵占者，查出悉行交官修葺。至原无申明亭之处，及倾圮仅存基址者，毋庸糜费重建，令各该督抚于该地城市通衢可安置木榜之所，酌量办理所属修理工料及添设木榜等费，不得任听该地方官借端科派。应令各该督抚照例报明户部、工部，核议饬遵。再查申明亭旧制，凡不孝不悌及一应为恶之人，书其姓名于亭，能改过自新者，则去之，仍照旧制遵行。"清廷还特别制定有关法律条文，对申明亭进行保护："凡拆毁申明亭房屋及毁（亭中）板榜者，杖一百，流三千里。"[①] 其处罚是相当重的，因为清廷认为，申明亭"为申明教化之所，刊置教民榜文于内，凡有不孝不悌与一应为恶之人，书姓名于亭，能改过自新者即去之，既彰罚恶之条，复予自新之路，法至善也。律载拆毁申明亭房屋及毁板榜者，杖

---

① 《大清会典事例》卷 826《刑部·刑律杂犯》。

一百，流三千里，诚以风教所关，非同浅鲜"①。

其二，旌表乐善好施。清廷为了在社会上树立乐善好施的好民风，对于百姓中乐善好施的人，根据其贡献、影响的大小，朝廷或各级地方政府予以旌表。清廷规定："凡士民人等，或养恤孤寡，或捐资赡族，助赈荒歉，或捐修公所及桥梁道路，或收瘗尸骨，实与地方有裨益者。八旗由该都统具奏，直省由该督抚具题，均造册送部。其捐银至千两以上，或田粟准值银千两以上者，均请旨建坊。遵照钦定'乐善好施'字样，由地方官给银三十两，听本家自行建坊。若所捐不及千两者，请旨交地方官给匾旌赏，仍给予'乐善好施'字样。如有应行旌表而情愿议叙者，由吏部给予顶戴，礼部无庸题请。"② 由此可见，清朝的旌表主要采取给予乐善好施人荣誉上的奖励，即由朝廷或地方官府赠送"乐善好施"匾额，让其荣耀乡里，或由吏部授予荣誉性的官阶品级。除授予旌表对象"乐善好施"匾额外，清廷还根据乐善好施的不同内容，授予更具体贴切的匾额或给予金钱奖励。如"雍正二年（1724）谕：闻广渠门内有育婴堂一区，凡孩稚之不能养育者，收留于此，数十年来，成立者颇众。夫养少存孤，载于月令，与扶衰恤老，同一善举，为世俗之所难。朕心嘉悦，特赐御书'功深保赤'匾额，并白金千两"。③

清廷在旌表乐善好施中，对中国古代津津乐道的割肝救父母、寡妇以死殉夫等非理性的陋俗加以反对。如雍正六年（1728）谕："福建巡抚常赍奏称，罗源孝子李盛山割肝救其母病。母病愈后，李盛山伤重身故，请加旌表。部议以割肝乃小民轻生愚孝，向无旌表之例，应不准行……今乃有以此要誉者，是先儒论此者屡矣。本朝顺治年间定例，割股或致伤生，卧冰或致冻死，恐民仿效，不准旌表……圣人觉世之至道，视人命为至重，不可以愚昧而误戕，念孝道为至宏，不可以毁伤为正理，立

---

① 《大清会典事例》卷 826《刑部·刑律杂犯》。
② 《大清会典事例》卷 403《礼部·风教》。
③ 《大清会典事例》卷 406《礼部·风教》。

法垂训，实有深意存焉……而其间节妇、烈妇亦有不同者。烈妇以死殉夫，慷慨相从于地下，固为人所难能，然烈妇难而节妇尤难。盖从死者取决于一时，而守贞者必阅夫永久；从死者致命而遂已，而守贞者备尝其艰难。且烈妇之殉节捐躯，其间情事亦有不同者，或迫于贫窭，而寡自全之计，或出于情激，而不暇为日后之思。不知夫亡之后，妇职之当尽者更多，上有翁姑，则当奉养以代为子之道，下有后嗣，则当教育以代为父之道，他如修治蘋蘩，经理家业，其事难以悉数，安得以一死毕其责乎？是以节妇之旌表，载在典章，而烈妇不在定例之内者，诚以烈妇捐生，与割肝刲股之愚孝，其事相类，假若仿效者多，则戕生者众，为上者之所不忍也。向来未曾通行晓谕，朕今特颁谕旨，著地方有司，广为宣布，务期偏壤荒村，家喻户晓，俾愚民咸知，孝子节妇之自有常道可行，而保全生命之为正理，则伦常之地，皆合中庸，不负国家教养矜全之德矣。倘训谕之后，仍有不爱躯命蹈于危亡者，朕亦不概加旌表，以成闾阎激烈之风，长愚民轻生之习。"①

其三，举行乡饮酒礼，以敦崇礼教。清廷规定，乡饮酒礼，"率由旧章，敦崇礼教，举行乡饮，非为饮食。凡我长幼，各相劝勉。为臣尽忠，为子尽孝。长幼有序，兄友弟恭，内睦宗族，外和乡党。无或废坠，以忝所生"②。在此，清廷明确指出，乡饮酒礼虽然是召集全乡老小一起宴饮喝酒，但其目的是通过集体宴饮喝酒，以教育民众尽忠尽孝，尊卑长幼有序，兄长爱护弟弟，弟弟尊重兄长，宗族和睦，同乡邻里和谐相处。因此，从清朝初年开始，清廷就规定在举行乡饮酒礼时，必须宣读有关律令来训导民众。顺治二年（1645）定："乡饮酒，读律令曰：律令，凡乡饮酒，序长幼，论贤良，高年有德者居上，其次序齿列坐，有过犯者不得干与，违者罪以违制，失仪，则扬觯者以礼责之。"由此可见，清朝自开始举行乡饮酒礼，就表明了朝廷维护尊卑长幼礼教的治国理念，通

---

① 《大清会典事例》卷 403《礼部·风教》。
② 《大清会典事例》卷 406《礼部·风教》。本自然段引文，均见于此。

过在乡饮酒礼中的座位排序以年龄的大小、品德高尚的程度为依据而体现出来。乾隆年间，朝廷又重申了乡饮酒礼中座位排序这一依据的重要性，并规定在地方举行乡饮酒礼中，必须讲读有关律令、督抚派官员前去监礼，由此可见朝廷的重视程度。乾隆朝还特别强调选任主持乡饮酒礼宾僎的重要性。乾隆二年（1737）议准："嗣后乡饮酒礼，坐次悉依定序，并先刊刻仪节，分给宾僎执事人等。遵照行礼，应读律令，即开载于仪节之后，令读者照例讲读。其在省会，令督抚派委大员监礼，各府州县，亦令该地方官实力奉行。有违条越礼者，依律惩治。又乡饮之典，重在宾僎得人，方可以示观感而兴教化。若该地方官徇情滥举，固属不职，乃亦有实系齿德兼优之人。而一种不肖之徒，于未举之先，设计需索，及行举之后，又复索瘢求疵，声言冒滥，希图讹诈，以致地方官亦多瞻顾，每不举行，致旷大典，其于敦劝孝悌、整齐风俗之处，大有关系。嗣后令该督抚通行严饬，所举宾僎，务择齿德兼优、允协乡评之人。如地方官滥举，题参议处，傥所举得人，而不法之徒，或有借端阻挠者，严行究治。"

三、禁止邪风恶俗思想

1. 禁赌博。清廷认为，赌博最能使人品败坏，在民间诸多恶习中影响最广、最为严重，因此，必须予以严禁。雍正四年（1726）谕："赌博最坏人之品行，若下等之人习此，必致聚集匪类，作奸犯科，放辟邪侈之事，多由此而起。若读书居官之人习此，必致废时误事，志气昏浊，何能立品上进。乃向来屡申禁饬，而此风尚未止息，深可痛恨。若不严禁赌具，究不能除赌博之源。京城内外及各省地方官，将纸牌、骰子悉行严禁，不许再卖，违者重治其罪。常有窝赌之家，诱人入门，以取其利。嗣后准输钱之人，自行出首，免其赌博之罪，仍追还所输之银钱还

与之，庶使赌博之人，有害而无利，则其风可以止息。"① 雍正十三年
（1735）又谕："民间恶习，无过于博戏，有或陷溺于其中，则子弟欺其
父兄，奴仆背其家主，逃亡盗贼之源，鲜不由此。又有市井奸凶，十五
为群，聚党斗狠，为患于乡闾，或强争市肆，或凌挟富人，朝罹官法，
夕复逞凶，其恶不减于劫盗……是以皇考莅政之初，即用为大禁，严饬
百吏，访缉奸凶，造赌具者有禁，屠耕牛者有罚，执法不移，由是斗狠
酗博之莠民，屏息而不敢出。"② 咸丰八年（1858）谕："翁同书奏访闻徽
宁等府愚民，传习花会，请饬严禁一折。据称徽宁等府，近来传习花会，
棚厂林立，刀矛杂陈，局赌输赢，土豪恶棍，因而渔利，猾吏奸胥，为
之隐庇，愚民堕其术中，败产倾家，甚至酿成命案，大为风俗人心之害。
业经该抚严饬查拿，出示禁止，惟皖南地方，距省较远，该抚稽查难周，
并恐浙江壤地毗连，不免沾染恶习。著张芾、胡兴仁通饬各府县一体严
禁，实力访拿，并责令地保举报。如有劣绅包庇，恶棍把持，及地保等
通同容隐，一并从重治罪。该地方官，如敢视为具文，别经发觉，即著
从严参劾，以挽浇风。"③

由于清廷意识到赌博恶习为害之广之大，因此制定了一系列的法律
条文予以惩治。早在清朝入主中原之初，就开始着手制定惩治赌博的法
律。"顺治初年定，凡犯赌博者，枷号鞭责，被获财物，一分给首告人充
赏，二分入官。"④ 尔后制定了一系列较为完备的法律，通过惩治赌博者、
开赌场者、出租房屋作赌场者、制造赌具者、容留制造赌具之房主、有
关官员对赌博失觉察者、官员本身参与赌博等，来达到禁绝赌博之风。

清代法律规定："凡赌博不分兵民，俱枷号两月；开场窝赌及抽头之
人，各枷号三月，并杖一百；官员有犯，革职。枷责不准折赎，在场财
物入官。奴仆犯者，家主系官交与该部；系平人，责十板。该管各官不

---

① 《大清会典事例》卷 827《刑部·刑律杂犯》。
② 《大清会典事例》卷 399《礼部·风教》。
③ 《大清会典事例》卷 400《礼部·风教》。
④ 《大清会典事例》卷 827《刑部·刑律杂犯》。

行严查缉拿，别经发觉者，交该部议处，总甲笞五十。若旁人出首，或赌博中人出首者，自首人免罪，仍将在场财物一半给首人充赏，一半入官。"① 从此条禁赌律文可以看出，清廷为了禁止赌博恶习，对开场窝赌及抽头之人的处罚重于具体参加赌博的人。还有，为了让赌博恶习难以在社会存在，清朝对赌博的惩罚也实行一定程度的连坐。如奴仆赌博，其主人为官员，必须交该部议处；如主人是平民，必须责打 10 板。该管辖地区的官员如疏于严查缉拿赌博者，而被别人告发，该官员必须交部议处，该地区总甲必须受笞 50 下的刑罚。同时，清廷通过奖励告发者使赌博恶习难以存在。如旁人或参与赌博之人告发赌博之事，政府则将赌博现场财物一半赏给告发人，另一半没收入官。

　　清廷认为，要禁止赌博恶习，一个很重要的手段是严禁民间制造赌具，如禁止制造赌具，就是从源头上禁止赌博。雍正七年（1729）谕："数年以来，屡次降旨严禁（赌博），而此风尚未止息者，则以尚有制造赌具之人，而有司之禁约未曾尽力也。百工技艺之事，可以获利营生者，何事不可为，而乃违禁犯法，制此坏风俗惑人心之具，其罪尚可言乎？尝思赌博之风所以盛行者，父兄为之，子弟在旁见而效之，家主为之，奴仆在旁见而效之，甚至妇人女子，亦沉溺其中而不以为怪。总因习此者多，故从风而靡者众也。假若严行禁止，使人不敢再犯，则日积月累，后生子弟无从而见，即无从而学，此风自然止息，无俟条教号令之烦也。凡地方大吏有司，均有化民成俗之责，而乃悠悠忽忽，视为泛常，安辞溺职之咎。今特定本地官员劝惩之法，以清其源。嗣后拿获赌博之人，必穷究赌具之所由来，其制造赌具之家，果审明确有证据，出于某县，将该县知县照溺职例革职，知府革职留任，督抚、司道等官各降一级留任。如本地有私造赌具之家，而该县能缉拿惩治者，知县著加二级，知府著加一级，督抚、司道等官著纪录二次。将此劝惩之法，永著为例，

----

① 《大清会典事例》卷 826《刑部·刑律杂犯》。本目以下引文未注出处者，均见于此。

于雍正庚戌年为始，著该督抚通行晓谕，使城邑乡村及远陬僻壤，咸各闻知。"① 清朝除通过劝惩的办法来督促有关官员缉拿惩治制造赌具之人外，还对制造赌具之人、贩卖赌具之人、藏匿赌具之人进行惩罚，以此作为禁绝赌博之风的一个重要手段。清律规定："凡民人造卖纸牌、骰子，为首者发边卫永远充军，为从及贩卖为首者，杖一百，流二千里；为从贩卖者，杖一百，徒三年。如藏匿赌具器物不行销毁者，照造卖为首例治罪。"甚至连租房子与人制造赌具者，也要受到严厉的处罚："凡容留制造赌具之房主，除讯不知情，仍照不应重律治罪外，如审系贪得重租，知情包庇，但在一年以外者，将房主与造卖赌具为首之犯，一例问拟，发边远充军；即在一年以内，亦将房主照制造为从及贩卖为首例，杖一百，流二千里；若在半年以内，将房主照贩卖为从例，杖一百，徒三年。"

2. 禁邪教。清代，民间一些不法之徒利用邪教或民间信仰、巫术等敛财骗钱、聚众生事，甚至造谣惑众、图谋不轨，企图推翻清王朝统治。对此，清廷高度重视对邪教的禁止，将儒、释、道三教作为合法的宗教，其余均视为不合法的邪教，予以禁止。清廷在禁邪教中，采取引导与重惩相结合的办法。顺治十三年（1656）谕："朕惟治天下必先正人心，正人心必先黜邪术。儒、释、道三教并垂，皆使人为善去恶，反邪归正，遵王法而免祸患。此外乃有左道惑众，如无为、白莲、闻香等教名色，邀集结党，夜聚晓散，小者贪图财利，恣为奸淫，大者招纳亡命，阴谋不轨，无知小民被其引诱，迷罔颠狂，至死不悟。历考往代，覆辙昭然，深可痛恨，向来屡行禁饬，不意余风未殄，堕其邪术者，实繁有徒。京师辇毂重地，借口进香，张帜鸣锣，男女杂遝，喧填衢巷，公然肆行无忌。若不立法严禁，必为治道大蠹，虽倡首奸民，罪皆自取，而愚蒙陷网罹辟，不无可悯。尔部大揭榜示，今后再有踵行邪教，仍前聚会烧香，敛钱号佛等事，在京著五城御史及地方官，在外著督抚按道有司等官，

---

① 《大清会典事例》卷 827《刑部·刑律杂犯》。

设法缉拿，穷究奸状，于定律外加等治罪。如或徇纵养乱，尔部即指参处治。"①

清廷认识到，一般民众之所以迷信邪教，其原因主要是受人诱惑，企图通过谄媚鬼神，以达到祈福禳灾。如当时民众有不远二三千里，越省进香，既遭人蒙骗，耗费钱财，又扰乱社会治安，耽误农时。因此，朝廷反复开导民众，迷信邪教是不会避灾获福的，只有多做善事才能带来吉祥，如多做恶事就会遭殃。即使要信奉神佛，也只要在本地祠庙礼拜，不要聚众长途跋涉，越省进香。如乾隆四年（1739）谕："天道福善祸淫，《书》曰'作善降之百祥，作不善降之百殃'，此乃万古不易之理，从未有谄媚鬼神，而即可以避灾获福者。无如小民知识短浅，往往惑于鬼神之说，祈求祷祀，为费不赀。虽仰事俯育之谋，皆所不计，而其中最为耗蠹者，则莫如越省进香之事。其程途则有千余里以及二三千里之遥，其时日则有一月以及二三月之久，初春前往，春暮方归。以乡农有限之盖藏，坐耗于酬神结会之举；以三春最要之时日，消磨于风尘奔走之中。朕闻直隶、山东、山西、陕西等处，风俗大率如此，而河南为尤甚。自正月至二月，每日千百为群，先至省会城隍庙，申疏焚香，名曰挂号，然后分途四出，成行结队，填塞街衢，树帜扬幡，鸣金击鼓，黄冠缁衣，前后导引，男女杂遝，奸良莫辨，斗殴拐窃，暗滋事端。此等劣习，在目前则耗费钱财，而将来即恐流于邪教，惟是相沿已久，若骤然加以惩治，未免又多扰累。著各省督抚，访察所属，有越省进香者，善为晓谕化导，徐徐转移，俾知惠迪吉从逆凶之正道，时生善心，勉行善事，必蒙神祇默佑。况神灵随处降格，不必远求，即欲奉佛酬愿，亦止于本境祠庙，虔诚行之，毋得呼朋聚众，跋履山川，以致误农耗财，成人心风俗之害。该部可即行文各省督抚知之。"②

---

① 《大清会典事例》卷1038《都察院·五城》。

② 《大清会典事例》卷399《礼部·风教》。本目以下引文未注出处者，均见于此。

　　清廷自入主中原，就以儒家理学作为治国主导思想。朝廷在禁邪教中，提倡以儒家三纲五常思想教导民众，使他们从内心深处不相信邪教，而以儒家思想作为日常生活的准则。嘉庆十七年（1812）谕："民间邪教，最干法纪，每因传播日久，奸宄丛生，请饬令各督抚、臬司出示晓谕……自古圣贤立教，惇叙彝伦，惟君臣父子之经，仁义礼智之性，为万世不易之道。朝廷之所修明，师儒之所讲习，必以此为正轨，他如二氏之学，虽儒者弗尚，以其法归于劝善惩恶，亦犹《虞书》迪吉逆凶之义。故神佛祠宇，列入祀典，瞻礼祈祷，亦律所弗禁。至若创立教名，私相授受，行踪诡秘，惟恐人知，斯则始于一二奸民，倡为邪说，其意专在传徒敛钱，而愚民无知，惑于祸福之说，辗转传习，迷不知返。其初不惜捐资破产，饱首恶之囊橐，迨经官府查办，则为从徒党，亦与为首之犯同罹法纲，贻害多人，深堪悯恻。如近日直隶、江西、福建、广东、广西、贵州等省，每有奏办邪教及会匪等案，其案由虽各不侔，而蚩愚被诱，其情节大率相类。此等顽民，既经破案，不能不严行惩创。若先时化导，或可冀其觉悟改悔，陷法者少。著该督抚各就该省情形，叙次简明告示，通行晓谕，使乡曲小民，群知三纲五常之外，别无所谓教，天理王法之外，他无可求福。从正则吉，从邪则凶。即间有一二莠民，设法煽诱，而附和无人，奇邪自以渐灭熄，风俗人心，庶可日臻淳朴。"

　　清廷基于这种认识，于道光年间进一步具体提出，各级地方政府应以《御纂性理精义》《圣谕广训》化导民众，使儒家孝悌忠信、礼义廉耻的思想家喻户晓、深入人心，这样就能使邪教不禁而自化。道光三十年（1850）十二月谕："近来邪教流传，蔓延各省，始不过烧香敛钱，煽惑愚民，渐至聚众滋事，总因地方官平日化导无方，民间父兄师长，又不能随时训迪，俾颛蒙服教畏刑，不致为邪说所惑。我皇考曾命儒臣，恭阐《圣谕广训》黜异端以崇正学一条，编撰四言韵文，颁行各省，启发愚氓。朕思性理诸书，均为导民正轨，著各直省督抚，会同各该学政，转饬地方官及各学教官，于书院家塾教授生徒，均令以《御纂性理精义》

《圣谕广训》，为课读讲习之要，使之家谕户晓，礼义廉耻油然自生，斯邪教不禁而自化，经正民兴，庶收实效。各该督抚等务当实力奉行，毋得视为迂阔具文，日久生懈，则风俗人心，蒸蒸日上，朕实有厚望焉。"①另一方面，清廷也认识到，由于邪教蛊惑人心，败坏风俗，甚至有些不法之徒借邪教欺骗钱财、盗窃，甚至企图颠覆清政权，因此，清廷对于邪教予以严厉惩罚。如地方官姑息养奸，必须受到处罚。如乾隆三十三年（1768）谕："昨因直隶省查出保安州逆犯孙显富等妄布逆词，希图复兴邪教一案，审拟时究出该犯于乾隆十五六年间，即有入教之事。该知州仅取改过甘结，从轻完案，实属姑息养奸，因交该督查参。今据杨廷璋将前任保安州知州乔淳参奏，已交部查议矣。邪教煽惑愚民，最为人心风俗之害，久经严禁，地方遇有此事，州县官一经访闻，即应禀明该上司彻底查办。该督抚等亦即当据实具奏，按律重惩，庶可尽绝根株，共知儆畏。若仅从轻完结，奸徒毫无顾忌，怙恶不悛，日久必复相煽诱，借邪教以图敛钱财，深为闾阎扰累。而无识愚民，亦以获罪甚轻，仍易被其簧鼓。如保安州一案，即有司轻纵酿成之明验也。嗣后著各督抚通饬所属州县，如有潜倡邪教之案，立即查拿，报明上司，据实具奏，严行按法惩治，以靖奸匪而安善良。若州县讳饰不报，私自完结，即著该督抚查明参处；督抚等若存化有事为无事之见，匿不上闻，或徇庇劣员，不行纠劾，将来别经发觉，惟该督抚是问。"②又如咸丰二年（1852）谕："御史伦惠奏，京西妙峰山庙宇，每于夏秋二季，烧香人众，有无赖之徒，装演杂剧，名曰走会，请饬严禁等语。乡民春秋报赛，诣庙烧香，原为例所不禁。若如所奏，匪徒以走会为名，装演杂剧，以致男女混淆，于风化殊有关系。著步军统领衙门，顺天府及西北城各御史，先期出示晓谕，如有前项匪徒，即行拿究惩办。"③

清廷还提出，禁邪教必须查禁于其萌芽状态，如地方官玩忽职守，

---

① 《大清会典事例》卷 400《礼部·风教》。
② 《大清会典事例》卷 132《吏部·处分例》。
③ 《大清会典事例》卷 400《礼部·风教》。

不将地方邪教活动上报，化有为无，化大为小，一经查实，该地方官将受到严厉惩罚。嘉庆十七年（1812）谕："各省邪教之起，其始止于烧香拜会，聚众敛钱，或由数人至数十人，多亦不过百余人，地方官一经访闻，随时拿获，按律惩办，邪说自可渐熄。无如州县因循怠玩，于所属村镇，匪徒夜聚昼散，传教授徒等事，俱视为故常，不加究诘。久之奸民徒党众多，潜怀悖乱，养痈滋蔓，贻害至不可胜言。前特降旨宽免地方官失察处分，以除讳匿之弊，仍恐伊等存畏事之见，不认真查办，著再通行申谕，嗣后各直省州县官到任后，先周历村庄，稽查保甲，将境内有无邪教，申报该管上司。如访有萌蘖，立即查拿究办，毋稍玩泄。傥饰有为无、化大为小，经上司访闻，将该州县从重参处。若州县详报，而上司讳匿消弭，准该州县直揭部科，代为陈奏，将该管上司严惩不贷。"为督促地方官重视查禁邪教，清廷规定，如地方有邪教活动，有关官吏不予及时查拿禁止，将受到不同程度的处罚。如"康熙十四年（1675）奏准：官员该管地方，有愚民自称为神为佛，不能查缉者，降二级调用；或不能禁止邪教，以致聚众张旗鸣锣者，降一级调用；如给予此辈执照告示者，革职；该管上司，降一级调用，督抚罚俸一年。如愚民创建淫祠，不能查禁，反给告示者，罚俸一年"①。

3. 禁械斗。清代，械斗是基层社会中一个严重的问题，给日常民众生活、生产带来巨大的破坏。清代的械斗，以南方的福建、广东最为典型。正如时人汪志伊在《敬陈治化漳泉风俗疏》中所指出的："查闽省械斗之风，漳泉尤甚。缘民俗犷悍，生齿日繁，仇怨甚深。且聚族而居，大者千余户，小者亦百数十户，大户欺凌小户，小户忿不能平，亦即纠合亲党，抵敌大户。每遇雀角微嫌，动辄鸣锣号召，千百成群，列械互斗，其凶横若此。且各立宗祠，元旦拜祖后，即作阄书，写多名，以为殴毙抵偿之名次。拈得者，颇以为荣，族人代为立后，并设位于祠，其愚若此。间有稍知礼法，退避不前者，即怀恨逞凶，毁其器而焚其房，

---

① 《大清会典事例》卷132《吏部·处分例》。

挟以必从之势。其胁良从暴，又若此。是以彼此报复，乘机掳掠，仇杀相寻，将两造被杀人数，互算互抵，有余则以拈阄之姓名，依次认抵，到案茹刑，总不翻供，其甘心自残又如此。方其初斗也，地方官当场劝谕，则云抵命有人，何预公事，若立时严拿，则操戈相向，其顽梗又若此。迨酿成命案，稍稍畏法，或动祠租，或鸠家资，打点文武衙门，兵役为之庇护。否则，尽室窜逃，甚至将杀毙尸身，移藏灭迹，无可相验。更有本身躲匿，串令亲属捏控被杀，并将素有嫌隙之人，并殷实之人，指为正凶，混行呈告，其刁诈又若此。地方官因无实据，往往迁延时日，不能详办，即有时侦知凶犯下落，移营会拿，而逞凶拒捕，伤差者有之。此械斗实在情形也。"① 针对械斗这些弊端，当时不少人提出应对措施，以下简要介绍数种有代表性的主张。

时人郑振图指出，当时通过劝说或保甲的方法治理械斗，没有收到预期的效果："有为劝谕之谋者，责成绅衿，俾其化导，绅衿则俯首而已。责成家长，令其首告，家长则引咎而已。文告之词，几于汗牛充栋，舌敝唇焦，则置若罔闻而已。有为保甲之说者，计家为保，则阖保皆然；编里为甲，则遍甲同病，譬诸屑薪以制火，引水以制河，益其深且热也。用武则激变，以文则迂缓，治莠民难于治剧寇。"②

针对这种情况，郑振国提出新的禁止械斗措施："大抵治漳泉之员，先须征选极有声名之良吏，使未到官之先，赫然有神明之誉，已足以摄服群心。到官之初，不宜骤有作为，以养其气，举前吏一切虚文故套，概予铲除，以示别有作为之局。嗣是临民听讼，凡有户婚田土细事，一一虚衷剖析，至当至公，先使附近之人，翕然称服。然后召集父老子弟，与之讲明文理，蔼然如家人骨肉之欢，斯时观听所孚，渐有遍及各乡之势，因而慨然太息，即询所以处置械斗之法，而后可以从事也。用兵之法，伐谋为上，伐交次之，凡斗必有端倪，必先订期，是即谋也。不知

① 《清经世文编》卷23，汪志伊《敬陈治化漳泉风俗疏》。
② 《清经世文编》卷23，郑振图《治械斗议》。以下一自然段引文，亦见于此。

其谋，则失之蔽，谋而不伐，则失之需。伐谋之人，初亦不外于绅衿家长，从前官无实学，绅耆不愿为之用，即用亦无济于成，兹得贤员循声鼓舞，绅衿得有所借手，愚顽之辈，初亦不知此长令，如何为神圣，为鬼蜮，相视色沮，绅耆遍宣意旨，未几而此乡缴器械矣，又未几，彼乡讲和好矣。少有成效，尤当益敦吾诚，于其息事者，为之勤拊摩焉，为之剖曲直焉，俾人人餍所欲而后已。于斯时也，乐斗者少，不乐斗者多，间有怙终之徒，观望迟疑，未几闻某乡某人，有为绅耆缚献矣，又闻有铤走旁邑者矣，互相传述，情孤意怯，将百年积弊，以一文弱书生处之，而旦夕霍然，如沉疴之去体，岂不茂哉！虽然，此非易言也，智取术驭，可得之一时，不能得之于持久，久而溃决，防壅愈难。且息事之后，课农桑，训诲子弟，使永永有安居之乐，尤非浅薄之衷，所能办也。且与械斗相表里，亦非一端，劫掠之徒，则公行城市矣；盐枭之横，则结队联艑矣；宝场花会之广，则布满乡邑矣。方斗则聚而相戕，罢斗则散而为匪，权其事势，赌党易散，盐枭、劫掠次之，得要领以治劫掠，则赌博、盐枭亦迎刃以解。譬之于木，枝枝节节，共一根柢，械斗可治，则无弗可治矣。"郑振图禁械斗的措施大致可分为以下 4 个步骤：第一步是朝廷应选拔一位有好名声的优秀官吏前往漳、泉担任地方长官，这样才能使民心臣服。第二步是官员上任漳、泉后，先革除前任弊政，对于民众因户婚田土而发生诉讼的，应公正判决，使民众心服口服。第三步是在取得当地民众信行之后，再依靠当地有威望的乡绅、乡老们，向民众宣传械斗的危害，然后逐渐收缴乡村的械斗器械，逐渐调解敌对的宗族、乡村矛盾，使他们和好。这样就使好械斗的人越来越少，不想械斗的人越来越多，最终孤立、消除那些顽固不化好械斗的人，使械斗现象绝迹。第四步是引导民众勤于农桑，享受安居乐业的生活。械斗是该地区劫掠、盐枭、赌博的根源，这些不法之徒，当发生械斗时，就参加残杀，当械斗结束时，就从事劫掠、贩卖私盐、赌博。因此，如将械斗治理好了，劫掠、贩卖私盐、赌博等也将得到治理。

时人程含章则认为，当时朝廷和各级地方政府虽然采取了多种措施

禁止械斗，但由于都只是治标不治本，因此效果不好，始终未能使械斗之弊端彻底铲除。他指出："自有械斗以来，各前院司道府牧令，或究主谋，或办顶凶，或封祠堂，或搜鸟枪，或责成族长、地保飞报，非不认真整顿，而卒不能挽回者，治其末，塞其流，未有以正本清源之法行之耳。"① 程含章在总结以往治理械斗效果不好的基础上，提出治理械斗最主要的措施是地方官必须"勤政亲民以通上下之情"，必须深入了解民生疾苦，帮助农民解决农田、水利等生产问题，设立乡规、族长、党正、义学，教育、引导民众和睦相处，调解民众之间的纷争、仇怨。另一方面，对于少数顽固不化的械斗首恶，则予以严厉惩罚，以儆效尤。如能这样，粤东械斗之风是不难禁止的。他说："正本清源之法，伊何？亦曰：勤政亲民以通上下之情而已……官斯土者，初则当用牧人之术，先其所易，后其所难。随带彼所素信之三两人，直至其乡，存问耆老，但得三五人出见，与之道家常，谈风俗，问疾苦。将伊村数十年来，上苦官兵，下苦强邻，妻子流离，家室破败，男不得耕，女不得织之故，痛切言之，虽使彼人诉冤，不能如是之沉痛悲惨，该耆老必潸然泣下，妇女闻之，必出而哭诉。吾但抚慰一番而去，不言斗事。已而，再至其乡，或至邻乡，仍用此法，再加深切，听者渐多，乃为之谋生计，课农田，讲水利，教树蓄，仍不言斗事而去。已而三至四至，仍用此法，听者愈多，乃为之剖曲直，解纷争，释仇怨，立乡规，设族长，置党正，立义学，作人材，教孝悌，训睦恤。所作之事，无不青天白日，躬先倡率，而身任其劳，虽使其父为子谋、兄为弟谋，尚不能如是之周至。民非木石，能不知感。若乃顽梗之乡，蛮悍之族，非德化所能转移者，必放出巨手，痛加翦除，乃克有济。此时人心已归，线路已熟，乃用猎人之法，出其不意，擒其最恶，有敢执械抗拒伤人者，格杀毋论。如是严办三五乡，而余乡有不畏威怀德，令行禁止者乎？"

时人姚莹则认为地方械斗有复杂的原因，必须通过综合治理才能解

---

① 《清经世文编》卷 23，程含章《论息斗疏》。本自然段引文，均见于此。

决械斗问题。其提出的措施主要有 3 个方面：其一，"和乡情以息械斗。夫械斗之缘有数端，或宿仇不解而斗，或讼狱不平而斗，或大小相凌而斗，或睚眦仓卒而斗，其要皆由负气而好胜，一夫修怨，千百为难。为地方官者，苟不究其缘，而冒昧轻进，或不顾事后，而取快一时，又或畏怯不前，而因循示弱，若此者罔不酿成巨患。故有兵已临而斗不休，兵已退而斗如故者，此皆乡情未和之故也。盖其肇衅之始，不过悍族村愚，及至斗势已成，遂乃无分良莠，执法以往，既已不可胜诛。抑且互斗正凶，死者不能起辨，与其滥杀无罪，莫如善处为良。故宜震之以威而不用，示之以恩而不怵，顺其情而平其怨，惩其强而抚其弱，执法而稍通变之，则民和悦而斗可息矣"①。

其二，"崇文教以明礼让。夫争斗不息，由礼让之不行；礼让不行，由文学之失教……必慎选名师，品望素重者，为之模楷，严立规条，厚给廪膳，俾掌教者，时以孝悌忠信礼义之事，相为讲习，更不时亲临接见诸生，从容与之言论，使其知敦品立行之可贵。察其尤者，特加奖异之，以励其余，而后文学可兴，礼让之事可渐明矣"。

其三，"严刑罚以免姑息……盖漳民所以敢为械斗不法者，恃其族大丁多，所居皆坚城筑堡、枪牌火药，器具悉备，兵役往捕，势众则空室而逃，势寡则闭门拒捕。夫民苟良善，则一差役可捕，何事用兵捕犯，而至用兵，甚且当官械斗，此与乱民何异？则即破其巢穴，焚其居舍，亦无可姑息者，第恐不肖之员，挟此妄及无辜耳。苟当其罪，即焚之而民不怨，如故方伯李公之焚归德堡是也。夫边鄙之地，尤重国威，今使官势重，而民势轻，犹可以资弹压。苟为姑息之政，使民愈轻官，必且有尾大不掉之虞。"

清廷认识到，当时闽、广等地之所以械斗之风禁而不绝，一个很重要的原因是一些大宗巨族拥有大片祠田，田租收入丰厚。这些宗族以此

---

① 《清经世文编》卷 23，姚莹《复方本府求言札子》。以下两自然段引文，亦见于此。

作为强大的经济后盾，纠合族众械斗，如在械斗中出现命案，就用族产买凶顶替。这使族人在械斗中有恃无恐，真凶逍遥法外。对此，清廷规定，如发现宗族以田产纠合族众械斗，并买凶顶凶，政府就将该宗族田产分割散发给族人，铲除其械斗的经济基础，从而达到禁绝械斗的目的。乾隆三十一年（1766）谕："若倚恃族蕃资厚，欺压乡民，甚至聚众械斗，牟利顶凶，染成恶习，其渐自不可长。此等刁风，闽、广两省为尤甚，迩年来遇械斗伤人之案，皆究明凶手，尽数抵偿，入于情实，不与寻常斗殴同科。至买凶、顶凶之犯，亦令部臣严定条例，尽法惩治，虽较前稍知敛戢，而浇悍之俗，尚未能尽除。嗣后令该督抚严饬地方官，实力查察。如有此等自恃祠产丰厚，以致纠合族众，械斗毙命，及给产顶凶之事，除将本犯按律严惩外，照该抚所请，将祠内所有之田产查明，分给一族之人，俾凶徒知所儆惧，而守分之善良，仍得保有世业，以赡族人，于风俗人心，较有裨益，不动声色，为之以徐，著将此通晓各省督抚，饬属一体留心妥办。"①

4. 戒侈靡。戒侈崇俭是中国古代的优良传统，清代也不例外。乾隆元年（1736）谕："厚生之道，在于务本而节用；节用之道，在于崇实而去华。朕闻晋、豫民俗，多从俭朴，而户有盖藏；惟江苏、两浙之地，俗多侈靡，往往家无斗储，而被服必期华鲜，饮食靡甘淡泊，兼之井里之间，茶坊酒肆，星列棋置，少年无知，游荡失业，彼处地狭民稠，方以衣食难充为虑，何堪习俗如此，民生安得不愈艰难。朕轸念黎元，期其富庶，已将历年各项积欠，尽数蠲除，小民乘此手足宽然之时，正当各勤职业，尚朴去奢，以防匮乏，岂可习于侈靡，转相仿效，日甚一日，积为风俗之忧也。地方大吏及守令有临民之责者，皆当遍行化导，宣朕德音；搢绅之家，宜躬行节俭，以率先之。布帛可安，不必文绮也；粗粝可食，不必珍羞也。物力可惜，毋滋滥费；终身宜计，毋快目前。以

---

① 《大清会典事例》卷399《礼部·风教》。

俭素相先，以撙节相尚，必能渐返淳朴，改去积习，庶几唐魏之风焉。"①清代至乾隆年间，人口不断增加，但生产力没有什么发展。在此情况下，提倡民风俭朴就具有更重要的意义，是保障民众基本生活条件的重要措施。朝廷要求地方各级官员必须广泛宣传戒侈崇俭思想，化导民间习俗尚朴去奢；官员、乡绅必须躬行节俭，为民做出表率。如社会民众都争先恐后提倡俭素、崇尚节约，那么民俗就逐渐回归淳朴，生活也无匮乏之忧。

清朝之所以提出戒侈靡，而不是禁侈靡，是因为最高统治者认识到侈靡之风只能通过化导的办法加以逐渐扭转，而不能通过刑罚的手段予以强行禁止。如乾隆四十六年（1781）谕："国家承平百余年，生齿日繁，京师为万方辐辏之地，各省省治，与夫苏杭、汉口、香山大马头之类，百姓耳濡目染，非乡隅偏僻可比，由俭入奢，势使然也。若如所言，即京城言之，朕何难饬令步军统领衙门及巡城御史，转饬司坊各官将茶坊、酒肆一切花费钱财之地，尽行封闭饬禁，其有僭越定制、妄事侈靡者，访拿究处，即外省大市镇各处，亦可俾各督抚实力查禁。当此政治严肃之时，何虑不令行禁止。然朕既不能道德齐礼，以成丕变之休，即不得已而齐以政刑，亦当务其大者，傥以闾阎浮费之故，辄绳以国法，轻则不足示惩，不过阳奉阴违，重则未免已甚，朕不为已甚也。是使民未蒙崇俭之益，而先受滋扰之纷，亦岂政体所宜。况每岁秋审，谋故杀人之犯，已不胜诛，岂能将侈肆越礼之人，复一一绳以三尺乎？此时朕非不能办，实不忍办，亦不必办也，且其事亦多有不便于民者。即以官员服色而论，从前康熙、雍正及乾隆初年间，屡经臣工条奏，然行之究无实济。即如绣蟒一项，若概不许服用，势必将旧有者藏之箧笥，而令其另置织蟒服用，争购居奇，转滋耗费，自不若任其穿用之为便也。夫淳朴难复，古道不行……朕宵旰勤求，未尝不欲民风敦朴，户有盖藏，而习俗日趋于华靡，殆非条教号令所能饬禁。譬如江河之向东，谁能障

① 《大清会典事例》卷399《礼部·风教》。本目引文未注出处者，均见于此。

之使西流耶？亦惟崇俭尚朴，愿内外大小臣工，不可不存此心，以期渐就返古还淳，俾四民知所则效。此则我君臣所当知愧知凛而已。"

清朝有些皇帝在戒侈靡中还亲自做出表率，如嘉庆、道光皇帝都是在戒侈靡、崇尚俭朴中以身作则。如嘉庆六年（1801）谕："朕素喜节俭，一切起居服御，从不肯稍事纷靡，自亲政之初，即降旨停止贡献，禁绝苞苴，以期转移风气，日就敦庞……至于躬行俭德，为天下先，俾海宇渐还淳朴，此尤永矢弗渝之素志。方今生齿日繁，即果能相率以俭，犹恐日用不足，第由奢返俭，其事不易，亦惟有默化潜移。"

如前所述，清廷对于戒侈靡，基本上是采用化导的方式，但对戏园、戏庄演戏等侈靡风俗，则采取强制的禁止手段。咸丰二年（1852）谕："京师五城向有戏园、戏庄，歌舞升平，岁时燕集，原为例所不禁。惟相沿日久，竞尚奢华，或添夜唱，或列女座，燕会饮馔，日侈一日，殊非崇俭黜奢之道。至所演各剧，原为劝善惩恶，俾知观感，若靡曼之音，斗狠之技，长奸诲盗，流弊滋多，于风俗人心，更有关系。著步军统领衙门，五城御史先期刊示晓谕，届时认真查办，如仍蹈前项弊端，即将开设园庄之人，严拿惩办。"①

5.戒游惰。清廷认识到，社会上如有太多的游手好闲之人，不仅影响生产，而且会使社会秩序增加不稳定因素，甚至危及清政权的统治。因此，清廷针对不同类型的游手好闲之人，采取了各种不同的治理措施，强制这些游手好闲之人自食其力，以消除社会的不稳定因素。如康熙年间规定，对于一般的游手好闲之人，地方政府应将其遣送原籍，如这些游手好闲之人舞枪弄棍、行骗赌博、在街道打鼓踢毽等，还必须先受到处罚，然后再遣送回原籍。如地方官、地保等在治理游手好闲之人中失职，必须受到处罚。"康熙五年（1666）复准：五城司坊官及巡捕三营官，查各该管地方，有无业游手、来历不明之人，即送该城递回原籍，仍查明犯事离籍情由拟罪。如该管官不行拿送，别经查出者，议处，总

---

① 《大清会典事例》卷 1039《都察院·五城》。

甲等并容留居住之房主,皆责三十板。十年(1671)覆准:凡无业之人,在街道打手鼓、踢石毽者,系旗人,鞭五十;系民人,责二十板。又定:凡游手好闲之人,轮叉舞棍,演弄拳棒,遍游街市,射利惑民,打降赌博,五城等官拿获,将本犯照违制律,治罪,仍枷一月,即行发落,递回原籍。坊店寺院房主,容留不报,地保人等,不行查拿,皆照不应重律治罪。地方文武官失察,照例议处。又定:凡唱秧歌妇女及惰民婆,令五城司坊等官,尽行驱逐回籍,毋令潜住京城。若有无籍之徒,容隐在家,因与饮酒者,职官,照挟妓饮酒例,治罪;其失察地方官,照例议处"①。

康熙、雍正年间,随着社会商品经济的发展,京师无业、流动人口大大增加。这些无业、流动人口中,许多人从事行骗欺诈、造谣惑众、开设赌场等不法活动,是京师社会治安的潜在威胁。对此,清廷抓住问题的关键,重点稽查无业、流动人口居住的客店、寺庙或租赁的房屋,将这些人驱逐出京师,遣送回原籍。如有人包庇、容留这些无业、流动人口,必须一并受到处罚。官吏失觉察者,也要受到失职的处分。"雍正五年(1727)谕:京师为辇毂之地,理宜肃清,但五方杂处,品类混淆,往往有各省游手奸伪之徒,潜来居住,招摇生事,或呼朋引类,讹诈钱财,或捕风捉影,指称牵路,或打探消息,嘱托衙门,或捏造浮言,煽惑众听,以至开场局赌,诱人为非者,难以悉数。朕思京城内外,远人聚集者虽多,皆有容留居住之处,或在客店寺庙,或倚亲友居停,或租赁房屋,但就其住处稽察,自可得其踪迹。如候补候选之人,必有仕籍可稽,至于读书之人,或应试到监,或处馆作幕,贸易生理之人,或行商坐贾,或工匠手艺,以及医卜梨园,肩挑负贩,皆必实有本业营生,方可听其在京居住,若闲散游荡,出入诡秘,托名糊口四方,而实无恒业,即系奸伪之徒,立宜摈逐。嗣后令步军统领、巡城御史、顺天府督率属员,于九门五城地方严加察访,并出示晓谕京城内外客店寺庙,以

---

① 《大清会典事例》卷 1038 《都察院·五城》。

及官民人等，凡有容留居住栖止之人，果知其行踪来历，可以深信，方许容留栖止。傥系面生可疑，踪迹莫定，或人虽熟识而生事妄行者，概不许容留居住。若徇情受贿，一时姑容，经该管官访出，或本人日后事迹败露，必将容留居住之人，连坐治罪。其作何察访取具保结之道，不使贤愚混杂，并令奉行得宜，不致滋扰……饬令五城司坊、大宛二县，凡客店、庵院不时稽察，取具并无容留来历不明、生事妄行之人甘结，以凭各衙门查阅，其通衢僻巷赁房居住者，令房主询明保人来历，并著两邻稽察。傥有此等游棍，该邻佑房主，协同斥逐，毋得徇情。若有徇情受贿容留者，本犯照律治罪，递回原籍外，将客店庵院住持房主，一并惩治。该管官不行查出，照失察例议处。至编户居民，住有常业，及候补候选读书贸易诸色人等，确有凭据者，毋庸驱逐"①。

乾隆年间，为督促地方官员查禁游手好闲、滋事不法之徒，朝廷加强了对失于查察官员的惩处。"（乾隆）三十年（1765）奏准：凡地方官员所辖民人，弃耕聚众，习为不善之艺，地方官不能查缉，降二级调用。游手好闲之人，遍游街市，射利惑人，打降赌博，无所不至。该地方官不能查拿，照失于查察例，罚俸一年。又奏准：地方官员所辖民人，有卦子等类，不务正业，聚众习为不善之艺，扰害良民，带领妻子、马骡游走于外，滋事不法者，将专泛地方官，照不能查缉奸民例，降二级调用；兼辖官系同城，各降一级调用；不同城，各降一级留任，统辖官亦各降一级留任；经过地方官，不行查拿，照盗贼经过伊汛不行穷追，降一级留任；上司各罚俸一年。如在别府州县地方，经年累月潜住，而该管地方各官，并不查拿，将专管官、兼辖官，亦照原籍地方官员议处。"②

6. 禁邪书。清廷在社会基层管理中，注意防止淫秽暴力、盗贼之书对民心民风的不良影响。清廷以传统儒家思想作为其治国的指导思想。儒家思想主张男女授受不亲，万恶淫为首，主张和谐，反对暴力，主张

①　《大清会典事例》卷 1038《都察院·五城》。
②　《大清会典事例》卷 132《吏部·处分例》。

尊卑等级的礼治，反对犯上作乱，偷窃抢劫。因此，清政府主张从经史中学习儒家的道德伦理思想，用于规范人们的日常行为，禁止那些宣传淫秽、暴力、盗贼的小说、诗词传播。其措施主要是禁止书坊、书肆编写、刊刻、售卖这种书籍，禁止民间家庭或书坊、书肆收藏这种书籍，如以前有私藏，必须予以全部烧毁。嘉庆七年（1802）谕："满洲习俗纯朴，自我朝一统以来，始学汉文，曾将《五经》《四子》《通鉴》等书，翻译刊行。近有不肖之徒，不翻译正传，反将《水浒》《西厢记》等小说翻译，使人阅看，诱以为恶……经史为学问根柢，自应悉心研讨，至诸子百家，不过供文人涉猎，已属艺余。乃乡曲小民，不但经史不能领悟，即子集亦束置不观，惟喜古词俗剧，及一切鄙俚之词，更有编造广为传播，大率不外乎草窃奸宄之事。而愚民之好勇斗狠者，溺于邪慝，转相慕效，纠伙结盟，肆行淫暴，概由看此等书词所致，于世道人心，大有关系，不可不重申严禁。但此时若纷纷查办，未便假手吏胥，转滋扰累。著在京之步军统领、顺天府五城各衙门及外省各督抚，通饬地方官，出示劝谕，将各坊肆及家藏不经小说，现已刊播者，令其自行烧毁，不得仍留原板，此后并不准再行编造、刊刻，以端风化而息诐词。"①

但是由于这些宣扬好勇斗狠、淫秽的小说很有市场，商人为牟利，不断违禁刊印销售。加上各级官吏查禁不力，使禁邪书效果不好。嘉庆十五年（1810），朝廷再次谕令："坊本小说，无非好勇斗狠、秽亵不端之事。在稍知自爱者，尚不为其所惑，而无知之徒，一经入目，往往被其牵诱，于风俗人心，殊有关系，本干例禁。但日久奉行不力，而市贾又以此刊刻取利，其名目尚不止如该御史所奏数种。著五城御史出示晓谕禁止，如有此等刻本，即行销毁。"

7. 禁鸦片。清代，民间吸食鸦片成风，对民众健康和社会生活造成严重的危害。对此，清廷予以严厉禁止。雍正年间，吸食鸦片的危害已为朝廷所注意，清廷颁布了禁止鸦片买卖、禁开鸦片烟馆、禁食鸦片的

① 《大清会典事例》卷 399《礼部·风教》。下一自然段引文，均见于此。

命令。雍正九年（1731）规定："凡兴贩鸦片烟，照收买违禁货物例，枷号一月发近边充军。如私开鸦片烟馆，引诱良家子弟者，照邪教惑众律，拟绞监候，为从杖一百流三千里。船户、地保、邻佑人等，俱杖一百，徒三年。如兵役人等借端需索，计赃照枉法律，治罪。失察之汛口地方文武各官，并不行监察之海关监督，均交部严加议处。"① 由此可见，雍正年间禁烟还主要从4个方面入手：一是惩罚贩卖鸦片之人；二是严惩开设鸦片烟馆之人；三是涉事的船户、地保、邻里都要受到连坐；四是失察的地方文武官员、海关监督等也要受到处罚。

嘉庆、道光年间，随着鸦片贩卖、吸食日益猖獗，清廷加重了惩罚，并扩大了惩罚的对象，对吸食鸦片者、种植罂粟者、制造鸦片者、贩卖鸦片者、制造贩卖鸦片烟器具者，动辄处以极刑，甚至连吸食者的家长、其田地租人种植罂粟的田主、房屋借人开鸦片馆的房主、受雇贩运鸦片的船户等也要受到处罚。如嘉庆十八年（1813）规定："官员及兵丁吸食洋药，俱拟绞监候；系旗人，销除本身旗档，失察之该管官均交部议处。""内地奸民人等，有栽种罂粟等花收浆，制造鸦片烟土，或熬膏售卖及兴贩鸦片、烟膏、烟土发卖图利者，首从各犯均拟绞监候；兵役受贿包庇，一体科罪，赃重者，计赃以枉法从重论；其知情租给田地、房屋之业主，及知情受雇工船户，在一年以外者，发边远充军，一年以内，杖一百流二千里，半年以内，杖一百徒三年，田地、船只、房屋一律入官。"道光十一年（1831）规定："制造及贩卖鸦片烟器具者，均照卖赌具例，分别首从治罪；失察之该管官，交部议处。""官员及兵丁买食洋药，家长不能禁约，照不能禁约子弟为窃例治罪"。

清代在禁鸦片中，其工作重点是稽查贩卖鸦片。如在稽查中贩鸦片者拒捕，则格杀勿论；对于查获的鸦片，一律严加销毁；对沿海进出的洋船，严格稽查，如官员失察或知情纵放，必须受到惩罚；如查获贩卖

---

① 《大清会典事例》卷828《刑部·刑律杂犯》。以下两自然段引文未注出处者，均见于此。

鸦片案件，必须查清烟贩购自何处，何人包庇护送，凡与案件有关人员，都必须受到不同程度的处罚。道光十九年（1839）复准："一、官兵查拿鸦片烟，遇有大伙拒捕者，准放鸟枪，格杀勿论。一、销毁烟土，令督抚亲验真伪，以防偷换。一、沿海各省洋船进口，督抚派公正大员，实力按查。一、各省海关监督，于洋船带烟进口，知情纵放者，革职，失察者分别议处。一、各省拿获烟犯，将由何处购买，何人包庇护送，及经过地方，逐一根究，分别惩办。该管官受贿故纵者，革职治罪；知情者，革职；失察者分别议处。"

8. 禁溺女婴。所谓溺女婴，指产家生育女婴，不加哺养，予以毙杀。其毙杀手段极其残忍，主要采取浸溺于马桶、水盆、粪坑或河中，所以称作溺婴。清代溺婴恶俗在全国不少地区都有，尤以福建、广东地区最为严重。如侯官县"乡愚多溺女，岁以千计"①。

溺婴之俗，残忍甚于禽兽，令人不寒而栗，毛骨悚然，但其竟在民间流行，其原因主要有两个方面：一是人口的压力，尤其是贫寒之家，如生子女多，无法养活，只能被迫予以溺杀。二是重男轻女思想，故溺婴绝大多数是溺杀女婴。正如潘拱辰在《生生所记》中指出的："俗尚寡恩，凡贫民生子弗能畜者，多溺不举，而女尤甚。"②

溺弃女婴，贻害万端，是对人性的严重亵渎，使社会心理极度扭曲，人性中的恻隐之心彻底泯灭，并使男女比例严重失调，从而产生严重的社会危害。对此，一些有识之士撰文抨击，苦口婆心劝谕，从思想上来扭转这一恶俗。陈锳在《谕士民戒溺女文》中认为："此风成之既久，更之骤难"。溺女"事在闺房，出没变迁，为觉察所难周，又未可全以法制。惟赖士类读书明理，鉴兹婆心，既不忍躬自蹈之，且为解说其义，以感发其至性而曲导之。不可，则公同指禀，为按律治罪，并究明下手之人，以重惩之。庶可挽其颓风，禁兹恶习"③。他认为溺女婴之事发生

---

① 道光《重纂福建通志》卷 55《风俗》，广陵书社，2018 年。
② 道光《重纂福建通志》卷 57《风俗》。
③ 道光《重纂福建通志》卷 57《风俗》。

在家族卧房深处，较难被人觉察，因此难以禁绝。较好的办法是依靠读书人知书明理，广为宣传，以感发民众的人性。如不行，则对溺婴者公同指责，并报告官府，按照法律治罪，尤其对下手溺婴之人，予以严惩。这样，才可以禁绝溺婴恶习。漳浦县令陈汝咸鉴于"浦俗溺女之风较之他邑尤甚"，撰《严禁溺女谕》，对此恶俗口诛笔伐，痛加鞭挞，晓之以理："毒如狼虎，犹不食子，岂以人而杀其子，反狼虎之更甚乎？……岂有十月怀胎，一朝离腹，并无罪孽，并无过愆，甫兆生机，辄罹死法，如溺女之惨毒者乎！女非自生，乃尔父母生之，尔即不能生男，于女乎何尤？且有男则必有女，此天地生育之恩；有女方能有男，亦阴阳互根之义。若生女而溺，不特上干天和，负其生育之恩。试思身从何来，岂能无母？子从何出，岂可无妻？如此一想，道理即在眼前，何至自戕骨肉也！"① 任启运也指出，溺女使人丧失了最起码的仁爱之心，无异于骨肉相残，使天地之间的和谐受到严重破坏。他说："有溺女一事焉，父子至爱也，杀之至惨也，呱呱何罪，甫见天日，而使之毕命盆水之中，则以衣食之不周，而忍而为之也，习以成风，而家饱暖者，亦踵而为之矣。夫人之所以为人者，仁心耳，父子之爱，而忍以相残，则何事不可忍者，其背生人之理，而干天地之和，不亦甚哉！"②

清廷对于当时极其残忍的溺女婴恶习，一方面制定法律，予以严惩，另一方面则多方筹办育婴堂等，予以收养。如同治五年（1866）谕："民间溺女，乾隆年间，部议照故杀子孙律治罪，例禁綦严。乃据该御史奏，近来广东、福建、浙江、山西等省，仍有溺女之风，恐他省亦所不免，实属伤天地之和，若不严行禁止，何以挽全民命？著各直省督抚，董饬所属地方官出示严禁，并责令各州县劝谕富绅，广设育婴处所，妥为收养。俾无力贫民，不至因生计艰难，再蹈恶习。傥仍不知悛改，即治以应得之罪，毋稍姑贷。"③ 清代，"按律，父母有故杀子孙之条，而稳婆为

---

① 道光《重纂福建通志》卷56《风俗》。
② 《清经世文编》卷23，任启运《与胡邑侯书》。
③ 《大清会典事例》卷400《礼部·风教》。

人溺女，实可比照下手杀人之律……必不可轻纵，宜以长枷游示四门街巷，游毕按律以治。如此虽未能尽绝根株，当亦不无少补"①。"有溺女者，许邻佑、亲族人等首报，将溺女之人照故杀子孙律治罪……如系稳婆致死者，即照谋杀人为从律拟绞。其邻佑、亲族人等，知情不首报者，照知情谋害他人不即阻挡首告律治罪"②。另一方面，对溺婴进行劝谕，对弃婴进行收养。如道光年间，陈盛韶任诏安知县，撰写《寄乳法劝捐小引》，对溺女恶习进行劝诫，又制定《众母寄乳法章程》，实行"众母寄乳法"以收养被遗弃的女婴③。

清代的育婴堂根据各地区的不同情况而采取不同的管理方式：一是建造房屋，收养弃婴，统一管理。如道光《厦门志》卷2《分域略》载："厦防同知李暲以学舍数间改造，名注生祠，为育婴之所。雇乳妇数人，月给衣食。"二是将弃婴分寄各家，育婴堂定时发给养育费。如厦门普济堂有一段时间，"堂内房屋不敷居住，将女孩分寄贫妇家哺养，比在堂承哺者口粮银减半，名曰兼哺。婴孩至二十五月已能谷食者，为乾孩，月给口粮银六钱六分，仍归所哺之妇抚养"④。三是极贫之家无力育婴者，由育婴堂定时提供补助。如同安"马巷溺女之风甚炽"，但是，"地方蕞尔偏隅，筹费不易，是以不能雇倩乳媪在堂育养，仍令本生之母自乳，按月给发保婴钱文"⑤。还有如"贫苦之家产后妇故，初生婴孩乏人乳哺，亦许央同保人到堂报查，每月准给钱四百文，听其自觅亲邻乳哺。所给保婴钱文即所以帮贴寄养之人"⑥。

育婴堂收养的女婴，一般哺育数月至一两年之后由需要养女或童养媳之家领养。如同安马巷"每婴每月给钱四百文，四个月限满将牌追销，

---

① 道光《重纂福建通志》卷55《风俗》。

② 《福建省例》卷17《恤赏例·严禁溺女》，台湾大通书局，1987年。

③ 陈盛韶：《问俗录》卷4《诏安县·苗媳》，书目文献出版社，1983年。

④ 道光《厦门志》卷2《分域略》，鹭江出版社，1996年。

⑤ 光绪《马巷厅志》附录下《马巷育婴堂碑记》，光绪十九年刻本。

⑥ 光绪《马巷厅志》附录下《马巷育婴堂碑记》。

停止给发。非谓四月婴孩可以不乳而活，惟巷辖习俗抱媳居多，是保婴四月以后，有人抱作养媳，亦因俗成风、随地制宜之一法也"①。厦门普济堂"婴孩至二十五月已能谷食者，为乾孩，月给口粮银六钱六分，仍归所哺之妇抚养，听良家具领"。为了防止不法之徒以领养为名将女婴养大后转卖为婢或娼，该堂还规定：领养之家只能将女婴"或为女或为苗媳，毋许为婢转卖，取具保邻甘结"。

清代育婴堂经费有多种渠道，其中主要有 3 种：一是官绅民的捐助。如厦门普济堂"嘉庆二十四年（1819）署同知咸成捐银四百五十两零。道光六年（1826）署同知张仪盛捐修屋宇。道光八年（1828）署同知黄宅中捐银一百五十九两六钱。现存典银二千八百七十四两四钱，每年二分行息；又存库银九百三十三两二钱四分，发典具领生息。现共存银三千八百零八两六钱"②。又如台湾彰化县育婴堂，道光年间由知县高鸿飞倡设，官民合捐共建，后因资金不足而中止。光绪七年（1881），知县朱干隆捐资，诸生吴德功与鹿港绅商各捐出金钱及大小租业（田租）若干，并利用被官方所没收的房子（籍没抄封家屋）等项，因得修建堂舍，重整其业③。二是以地方某种专项收入作为经费。如福建同安马巷育婴堂"育婴经费并无置有业产，亦无捐集巨款发商生息，仅借巷辖妇女机杼余厘"④。又如台湾育婴堂咸丰四年（1854）由富户石时荣倡建。石氏自捐家屋充作育婴堂，并捐出五千圆生利息作为经费。同时劝绅商集款数千圆，及禀官批准安平出入商船抽税作为补充费用。后来再经巡道黎绍棠发动劝导绅士办理，并以鸦片厘金提拨充用。至光绪八年（1882），分巡台湾道刘璈，则废前例而以司库平时所剩余及盐课余款千余圆拨为经费，

① 光绪《马巷厅志》附录下《马巷育婴堂碑记》。本自然段引文均见于此。

② 道光《厦门志》卷 2《分域略》。

③ 《重修台湾省通志》卷 7《政治志·社会篇》，台湾省文献委员会 1989 年印行，第 267 页。

④ 光绪《马巷厅志》附录下《马巷育婴堂碑记》。

才奠定基础①。三是育婴堂通过接受捐赠，置办产业生息作为经费，如厦门普济堂最初"经费由兴、泉、永各属捐银五千圆，除用及续捐，共存典生息三千六百四十八两，年得息银七百两零。遴选本地公正绅士董其事"②。又如台湾枋桥保婴局，同治五年（1866）正月，由枋桥富绅林维源倡办，自捐五千圆，又募捐富户二千圆，置田生息，以为经费③。

由于清代育婴堂通过多渠道集资，大部分有经费保证，因此，多数能较长久存在，发挥着一定的作用。道光《厦门志》卷 15《俗尚》载："自育婴堂设，溺女之风稍杀。"同安马巷育婴堂"保全婴命以千万计"④。台湾彰化县育婴堂"从光绪八年（1882）起，至二十一年（1895）止，合计收养四千五百余婴儿"⑤。

9. 禁闹丧和停柩不葬。清代民间丧葬中大讲排场，丧事喜办，奏乐歌唱，竟至演戏，完全丧失了办丧事哀悼送终的固有内涵。如厦门"丧葬尤多非礼。罔极之丧……竟至演戏，俗呼杂出，以目连救母为题，杂以猪、猴、神鬼诸出，甚至削发之僧亦有逐队扮演，丑态秽语，百端呈露。男女聚观，毫无顾忌。丧家以为体面，亲友反加称羡"⑥。这种陋俗，与正统的儒家丧礼背道而驰，完全背离了孝道的初衷：丧葬"以鼓乐喧阗闾里，生者滋扰，死者不宁，是何礼哉！"⑦ 因此，清代一些有识之士对此进行批判与禁止。如时人吴增痛斥丧戏："流俗是非太倒置，作大功果竟演戏。大小班，无不备，男女眷，无不至。嬉谑笑语，嫌疑巨避。毫无哀痛心，大有欢乐意。破费计百又计千，乡人称其孝，戚友称其贤，

---

① 《重修台湾省通志》卷 7《政治志·社会篇》，第 269 页。
② 道光《厦门志》卷 2《分域略》。
③ 《重修台湾省通志》卷 7《政治志·社会篇》，第 268 页。
④ 光绪《马巷厅志》附录下《马巷育婴堂碑记》。
⑤ 《重修台湾省通志》卷 7《政治志·社会篇》，第 267 页。
⑥ 道光《厦门志》卷 15《风俗记·俗尚》。
⑦ 王瑛曾：《重修凤山县志》卷 3《风土志·风俗》，《台湾文献丛刊》本，第 58 页。

乌呼其然岂其然。"① 唐赞衮在《台阳见闻录》卷下《风俗》中云："（台南）民间出殡，亦丧礼也；正丧主哀痛迫切之时，而亲友辄有招妓为之送殡者。种种冶容诲淫，败坏风俗。余莅府任后，即出示严禁。如有妓女胆敢装扮游街者，或经访闻，或各段签首指名禀送，立准将该妓女拿办；其妓馆查封，招妓之家并分别提究。此风渐息。"②

对丧事奏乐歌唱演戏之闹丧陋俗，清廷也下令予以禁止。嘉庆二十五年（1820）谕："外省百姓，有生计稍裕之家，每遇丧葬之事，多务虚文，侈靡过费，其甚者至招集亲朋，开筵剧饮，谓之闹丧。且有于停丧处所，连日演戏；举殡之时，又复在途扮演杂剧者。从来事亲之道，生事死祭，皆必以礼，得为而不为，与不得为而为之者，均为非孝。况当哀痛迫切之时，而顾聚众亲朋，饮酒演剧，相习成风，恬不知怪，非惟于礼不合，抑亦于情何忍，甚有关于风俗人心，不可不严行禁止。"③

清代，不少地区还流行停枢不葬的习俗。停枢不葬又称停枢待葬、停丧不葬、久丧不葬、停灵暂厝、寄厝等，就是人死装殓后不马上埋葬，而把棺枢停放家中、寄存寺院或厝于野外，等待几月几年，甚至数十年、上百年然后埋葬。如浦城"重堪舆家言，停枢或数十年不葬"④。龙岩"俗葬亲多信堪舆家言，停棺择地，久而不决，甚有延至数十年，子孙俱逝，棺厝倒塌，行路每为伤心"⑤。

停枢不葬，其最主要的原因是民间信风水之说，即上引"信堪舆家言""重堪舆家言"，丧家若未得吉地吉时，则久停不葬。所谓堪舆之术，以"天地人"三元相地，江西人尤精。"闽省逼近江西，妄听堪舆之说，相习成风"⑥。其次，一些丧家因财力不足而久停不葬。清代，厚葬之风

① 《泉俗激刺篇·丧戏》。
② 唐赞衮：《台阳见闻录》卷下风俗，《台湾文献丛刊》本，第145页。
③ 《大清会典事例》卷399《礼部·风教》。
④ 光绪《浦城县志》卷6《风俗》，光绪二十六年刊本。
⑤ 道光《龙岩州志》卷7《民俗志》，光绪十六年重刊本。
⑥ 道光《重纂福建通志》卷55《风俗》。

在民间盛行，"坟茔用砖砌，家饶者以三和土筑之，造作华美，费逾千金，虽下贫之家，营圹亦必数十百金，往往有历数世而不能葬者"①。还有民间"居丧作佛事，所费不赀，停枢或十数年不葬"②。

停枢不葬的主要目的是寻求一块风水宝地，以期以先人的尸骨作诱饵钓出自己的远大前程，为子孙求富求贵求福。这是一种极端功利性、不劳而获的社会扭曲心理，遭到有识之士的抨击和批评。如蔡世远在《丧葬解惑》中就一针见血地指出："乃有惑于其说，不修人事，专恃吉地以为获福之资。"③ 叶学海也有过类似的议论："不求尽于人事，惟日以先人之体魄为求福之具。"④ 停枢不葬也是对"入土为安"传统观念的严重冲击，是对封建正统以孝治天下的极大挑战。"养生丧死，王道所先；仁人孝子，不忍暴露其亲，使骨肉复归于土。所以死者获体魂之安，生者尽送终之礼"⑤。然而停枢不葬则使"亲死不葬，停枢在家……岁月因循，竟有逾数十年，父子祖孙累然并列一堂者。苟非居停易主，从不能以廓清。其或因事他徙，弃置山坳田垅间，蔽以箬篷稻秆，雨淋日炙，白骨骸然"⑥。

停枢不葬中唯利是图、唯福是求、唯吉壤好穴为务的心态使人们为了选择、等待、谋夺吉壤好穴，常常不择手段，诸如阴谋劫取、纠纷争斗等无所不用其极，从而造成社会秩序的严重混乱。正如钱琦在《风水示诫》中所指出的："有觊觎他人吉壤，倚仗势利用强侵占者；有无力制人，私将祖骸盗葬他人界内者；有己地希图凑锦成局，硬将邻界赖为己业者；有冒认别家旧坟，为祖先无耻占葬者；有豫先偷埋碑记、设立假坟，以图争占者；有以废契旧谱为据，影射蒙混者；有以坟外官山霸为己产，不许他人葬埋者；有邻地筑坟恐碍己地风水，硬向阻挠者；有不

①　乾隆《福州府志》卷24《民俗》，乾隆二十一年刊本。
②　李葆贞：《浦城旧志》，中国书店，2002年。
③　光绪《漳州府志》卷38《民风》，中华书局，2011年。
④　孟超然：《诚是录》，载《亦园亭全集·孟氏八录》，嘉庆二十年刻本。
⑤　道光《重纂福建通志》卷55《风俗》。
⑥　道光《重纂福建通志》卷55《风俗》。

许他人在界外筑寮开沟，阻止械斗者；有见他人坟树茂盛，强占强争者……种种狡黠强梁，不堪枚举，迫人不能甘，则各逞刀笔，互相告讦，希图抵制；或理不能胜，则聚众行强，毁人成工，挖人棺椁，甚至纠约械斗，酿成人命，首从则斩、绞、军、流，余党则配徒枷杖。"①

由于停柩不葬对社会造成的诸多危害，因此，清廷亦采取多种措施予以治理。其一，广为宣传，使民速葬亲柩。同治五年（1866）谕："子孙久淹亲柩不葬，本干禁例。近来习俗相沿，或因拘泥风水，或因贫窭乏资，遂将亲柩停留，久不安葬，问心其何以安。著各该省督抚，饬令所属各州县，广为劝谕，务使士民咸知速葬之义，不得藉故淹留，致干罪戾。"② 其二，政府采取限期勒令掩埋、官方出资抬埋、鼓励民间捐资、设立义冢等措施，治理停柩不葬。乾隆三十年（1765），"福州府督同闽、侯二县清查所辖城厢内外，统计停柩三千零，酌筹官地清理。有力之家勒限抬葬，无力之家及无主孤榇，暴露骸罐，官为出资抬理。又经本司颜希深捐发银两，饬府督同闽、侯二县买置义冢，资助劝葬。据府县禀报，共葬棺柩八百一十八口，骸罐一千三百六十四个。会城内外久停之棺已少"③。

第六节　公共事业思想

一、水利工程思想

（一）重视水利工程思想

清朝十分重视水利工程，认为这是关系国计民生的大事。如陈宏谋

---

① 道光《重纂福建通志》卷 55《风俗》。
② 《大清会典事例》卷 400《礼部·风教》。
③ 《诚是录》，载《亦园亭全集·孟氏八录》。

指出：乾隆皇帝即位之初，就"上谕敕行兴修水利，以为民生养命之源"①。安徽布政使晏斯盛也提出："民生以农事为本，农事以水利为先。"②

1. 沈梦兰的兴修水利十五利三便思想。

沈梦兰，字古春，乾隆四十八年（1783）举人，官湖北宜都县知县。他博通诸经，实事求是，尤邃于《周官》，成《周礼学》一书。

沈梦兰在《五省沟洫图则四说》中也提出西北地区兴修沟洫有十五利三便："沟洫之设，旱涝有备，利一。淤泥肥田，硗确悉成膏腴，利二。沟涂纵横，戎马不能逾越，足资阻固，利三。商贾贸迁，舟载通行，车脚费省，物价可平，利四。蝗蝻间作，沟深易于捕治，不致越境，利五。东南耕田，人不过十余亩，西北人力无所施用，俗语所谓望天收。沟洫既开，缦田悉作畖田，利六。西北地广人稀，而岁入无多，家无盖藏，惟水利兴，将饶沃无异东南，利七。东南民奢而勤，西北民俭而惰，以西北之俭，师东南之勤，民食自裕，利八。邪教之起，由多游民，百姓皆从事于陇亩，风俗自靖，利九。东南转输一石，费至数石，故昔人谓西北有一石之收，则东南省数石之赋，利十。河流涨发，时忧冲决，使五省开沟洫，计可容涨流二万余千丈，利十一。涨流既有所容，河堤抢筑，岁费渐次可裁，利十二。军政莫善于屯田，沟洫通利，荒土开垦，悉可耕种，因此召募开屯，不费饷而兵额充足，利十三。经画一定，丘段分明，民间无争占之端，里胥无分洒之弊，利十四。每地方二十里，同沟共井，相救相助，联保甲，兴社仓，诸事便易，利十五也。又似不便而实极便者三：每亩须折地四步，一不便，然无沟洫，车行皆在田间，蹂躏无算。今折地亩六十分之一，而禾稼无践踏之患，实一便也。每岁须挑淤三五十尺，二不便，然河淤足以肥田，故并河淹地，年来多得丰收，今东南种地，冬春必罱河泥两次，以粪田亩，以闲时三五日之功，

---

① 《清经世文编》卷106，陈宏谋《请通查兴修水利状》。
② 《清经世文编》卷106，晏斯盛《复制府议农田水利书》。

而获终岁数倍之入，实二便也。沟洫既开，道塗或至迁远，三不便，然无沟洫，积潦不能宣泄，行旅困滞，有守至十数日者，有舍车复登舟者，有翻车被压损者，今迁远不过十余里，而道路无泥泞之患，实三便也。"①概括沈梦兰的西北兴修沟洫十五利三便，大致有以下6个方面：

其一，西北兴修沟洫水利，可防止干旱水涝，沟洫中的淤泥，还可以给田地施肥，从而使西北田地变为旱涝保收的高产良田，其饶沃程度不亚于东南，民众自当丰衣足食。其二，西北田地变为良田，使民众安心于农业生产，游民和邪教不禁而自灭；沟洫使各人所占田地界限分明，消除了民间为田地而引起的争端，也使里胥无法多征赋税。这样，就会使社会安定。其三，田间沟洫、道路纵横。虽占用了一些田地，但却有利于舟车交通、商贸便利，物价平稳，并防止车马践踏庄稼。沟洫纵横，还有利于捕捉蝗虫，并阻止蝗灾蔓延。其四，田间沟洫纵横，有利于阻挡游牧民族骑兵长驱直入，同时有利于军队屯田，使国家不费军饷而兵源充足，有利于巩固边防。其五，西北田地变为良田，使当地粮食能够自给自足，免于千里迢迢从东南运粮到西北，减轻了东南民众的负担。其六，沟洫按每方圆二十里为单位纵横交叉，使每方圆二十里内的民众组织成保甲，建立社仓，相互救助。

总的说来，沈梦兰的兴修水利有十五利三便还是比较中肯切合实践的，但也有个别地方是牵强附会的。如沟洫纵横能阻止蝗灾蔓延，则有主观上夸大沟洫作用之嫌。

2. 黄与坚的建闸五利思想。

黄与坚，字庭表，号忍庵。顺治十六年（1659）中进士。授知县。康熙十八年（1679），荐应博学鸿词科，授翰林院编修，与修《明史》及《一统志》。奉命典贵州乡试，迁左赞善。后辞官归，寓居陋巷，一心著述。

黄与坚在《刘河建大闸说》中提出，在刘河距海十一里处建闸，有

---

① 《清经世文编》卷106，沈梦兰《五省沟洫图则四说》。

五利："潮上则闭，潮下则启，杨泾以南，得以乘水势，涤浮沙，一利也。浊泥不淀于闸内，使漕漕至盐铁，永无壅塞患，二利也。旱涝有所待，三利也。闸与海近，即有淤淀易淘浚，四利也。海闸无民船往来，不烦启放，并筑月河于其旁，五利也。从此以往，严职守，时启闭，岁功以成，民获宁息。"① 由此可见，黄与坚认为，在刘河出海处建大闸，其一可以控制潮水，利用水势冲刷河道淤积泥沙，保持河道畅通。即使河道有泥沙淤积，也便于疏浚。其二建闸能防止旱灾、水灾，即旱灾发生时，可以关闸蓄水，用于灌溉航运；水灾时可以开闸排涝，防止洪水泛滥。其三建闸后海闸附近没有民船往来，就无须频繁开闸关闸，并在闸旁可开通一条月河。

（二）修建水利工程思想

1. 勘度、设计、规划水利工程。

水利工程在动工兴修之前，必须经过科学、周密的勘度、设计和规划。有关这种思想，清代晏斯盛在《饬查江北水利檄》一文中提出了较系统的阐述。他指出：其一，在动工兴建沟洫之前，应先勘明这一地区的山脉、河流的地理环境，这样才能因地制宜："一州县地方先观其山川大势，东西南北四面，来去何处，高低何向，各应蓄应泄，及其地之宜何若。"② 其二，在宽阔平坦地区，察看其是否适宜实行沟田法。如有坟墓，不必强令其迁改，可因其地形长短广狭，进行变通，不必强求每一块沟田面积、形状一致："境内宽平之区，先观其可否如沟田法行以沟田，次观其长短广狭，并有无坟墓，毋强令迁改。因其形便，作何变通，不必拘十亩二十晦，横斜曲直，可成沟洫若干。"其三，河渠港涧溪沟，一定要查清源头，流量多少，流经哪些乡村及其距离，终点在何处，灌溉多少田地，是否要修建原先荒废的陂堰堤闸，或增加新的陂堰堤闸："河渠港涧溪沟，必观其有无来源，源来何处，经何乡，计若干里，归何

<hr>

① 《清经世文编》卷113，黄与坚《刘河建大闸记》。

② 《清经世文编》卷106，晏斯盛《饬查江北水利檄》。以下本自然段引文，均见于此。

处，可否沟行，灌溉若干亩，应否陂堰堤闸，有无湮废应修，并此外有无增置。"其四，湖塘泉潭沛荡，一定要察看其水源，看其属于何乡，深度广度以及一年四季有无泛滥或干涸，可灌溉田地多少亩，有无淤塞荒废需要疏浚，不要拘泥于其原来形状，强令挖掘填埋："湖塘泉潭沛荡，必观其有无本源，属何乡里，深广若干，四时有无盈涸，溉田可若干亩，有无湮废应浚，及有无新垦田地在内，毋拘泥旧形，强令挖填，并此外有无增置。"其五，察看陂堰坝闸堤埂，是否修建在控制水流的关键地方，在蓄水、泄水中发挥应有的作用，是否需要修建原来荒废的或建新的陂堰坝闸："陂堰坝闸堤埂，必观其是否扼水之要，得蓄泄之利，有无废圮应修，并此外有无增置。"其六，要统筹安排应兴建的水利工程，根据其发挥作用的大小，所需经费的多少，将其分为最要、次要、又次要三个等级，然后依轻重缓急安排动工的先后及经费的筹集："会计新旧各工，约费可若干，分别最要、次要、又次要三等，何缓何急，孰后孰先，仿古沟洫法，不限方圆，不拘多寡，不拘曲直横斜，随地势之高下曲折，而周通之。总以水之蓄泄为度，如所勘各州县三等工程，有益田畴者，一律修治。其次又二等，工在稍缓，虽难以一时并举，然因所利而利，择可劳而劳，将册存次。又二等，交各府州县，分年督率，劝令民间自行修治，计其功效之多寡，报明查核，设法旌奖。如遇各府州县内，偶有偏灾，即将此等工程，归入寓赈于工条内，动用赈银办理。至于最要工程，利大而费多，为民力所不能举者，均请旨动项兴修，以惠民生，再工费浩大，急公有人，如愿出力助工者，不拘本地官民，听其助修。"

2. 水利工程计算土方。

在修建水利工程中，计算土方是工程管理的一个重要项目。如计算土方不准确，甚至作弊，就会增加国家的经费开支。正如陆世仪所指出的："算土之弊在欺隐丈尺，假如河一千丈，彼则伪云一千二百丈，将此虚河卖与业户，名为开河而实不开。若十丈为簹。两簹一桩，处处可覆，

则虚河之弊绝。"①

清朝还在水利工程建设中依据土方的远近、干湿、软硬等，制定挖运土方的报酬。如雍正十一年（1733）议准："豫省上南河、下南河、上北河、下北河、黄河、归河、沁河等七厅，东省黄河、运河、捕河、迦河、上河、下河、海赣等七厅需用土方，无论水旱，每方价银自八分一厘至二钱一分六厘。运河土方附近取土者，每方价银九分六厘，隔河取土者，每方价银一钱二分，隔河用船装运者，每方价银一钱二分，水内捞土者，每方价银二钱四分。"② 乾隆十九年（1754）议准："江南省挑河土方价值，先经核定成规，旱土每方银八分，水土每方银九分五厘。今据该督等将淤土各项，分为六则，淤土每方定价银一钱三分六厘；稀淤土、小砂礓土、瓦砾土，每方定价银一钱五分；大砂礓土，每方给银二钱；罱捞土，每方给银一钱七分五厘。"

3. 水利工程经费管理思想。

水利工程兴建，往往需要巨额经费，筹集工程经费是一项重要的工作。清朝的水利经费筹集，有多种途径，其中主要的途径有以下 3 种：其一，政府向民间征收。如清朝入主中原之初，就向民间征收"河银"作为专项治河经费。"顺治初年定，经征河银三百两以上，岁内全完者，纪录一次。"③ 由于额外向民间征收"河银"不易，因此朝廷规定，有关官吏能在一年之内完成征收 300 两银子的任务，就能得到"纪录一次"的嘉奖。其二，将政府借贷息银和捐监银等用于水利建设。如"（道光）十七年（1837）奏准：浙江省海盐县塘工险要，岁修不敷，循照旧章，在藩库收存新工项下，提借银五万两发交盐商，按月一分生息，每年得息银六千两，以五千两添作岁修经费，以一千两提归原款。（道光）十九年（1839）奏准：浙江省东塘各工，日月一日，照前支银五万两，断不

① 《清经世文编》卷 106，陆世仪《论开河》。
② 《大清会典事例》卷 907《工部·河工》。本自然段引文，均见于此。
③ 《大清会典事例》卷 904《工部·河工》。

敷用。自本年为始，在该省捐监项下，每年提银五万两，添备岁修。"①
其三，民间自费兴建水利工程。朝廷对于一些规模较小、经费开支不大
的水利工程，往往主张由民间自行筹资修建。如道光十三年（1833），御
史帅方蔚奏称："直隶各州县，每当夏秋之间，大雨时行，田亩多被淹
浸，道路亦且淤阻，或遇雨泽偶愆，又复难资灌溉，皆由沟渠不立所致。
今南方民田陂塘渠堰，多系民修，直隶水利事宜，亦可令民间自行修建，
势不能尽仰官办。现在停赈之后，应令民间次第修举，其赴工就役，各
视地亩多少为差，大小沟渠，相度地势，随宜疏浚，务令水有所归，不
使漫溢为害。"②

由于修建水利工程往往经费支出浩大，清政府为加强对经费的管理
和监督，规定水利工程经费支出前必须经过预算审核，支出消费后必须
及时销账，如支出前没有予以预算审核，那消费后是不予销账的。"雍正
二年（1724）议准：嗣后岁修工程，于本年十月内题估，次年四月内题
销，逾限不销者，令授受各官赔偿工费。"③ 同治十年（1871）则议准：
"海塘办理岁修工程，均先行题估，后再题销。如未经题估者，不准径行
题销。"④

清代，在水利工程开工前经费预算审核时，许多负责官员往往予以
多预算，为日后销账时就能有节省工程经费开支的政绩。对此，清政府
明令河道总督必须亲自前往勘察预算和销账。康熙四十年（1701）谕：
"河工动用钱粮，辄以数万数十万计，河官当估计之时，先故浮估，以为
日后节省之地，此皆河工积弊。嗣后，凡有修理工程，河道总督务亲诣
察勘，确估具奏，不可一任河官浮冒估计。"⑤ 康熙五十二年（1713）覆

① 《大清会典事例》卷 922《工部·海塘》。
② 《大清会典事例》卷 925《工部·水利》。
③ 《大清会典事例》卷 904《工部·河工》。
④ 《大清会典事例》卷 922《工部·海塘》。
⑤ 《大清会典事例》卷 904《工部·河工》。

准："嗣后一应岁修、抢修工程，均令河道总督亲勘，以杜冒销之弊。"①

由于有的水灾情况危急，如河堤被洪水冲垮，洪水四处泛滥，严重威胁人民生命和财产安全。当这种情况突发时，清政府就打破常规，允许负责官员不必进行经费的预算审核，可先投入财力、人力抢修，等抢险工程完工之后，再造册销账；或一面组织财力、人力抢修，一面对经费进行预算审核，上报批准。如嘉庆八年（1803）谕："工部奏河道抢险工程，请饬河臣于奏报情形折内，确计丈尺银两，以昭核实，系为慎重钱粮起见。但黄、运两河，遇有险要工程，临时急须抢护，多系刻不容缓，是以向来各该河臣奏报情形，均即一面兴修，迨各处工竣，分案造册题估。今若令其于估计后始行抢修，转致于河工有误，殊有关系。惟是各该河督奏报折内，凡遇抢险处所，往往用一半（带）、等处字样，并不确指起止地名，恐启厅汛各员影射浮开，及事后增添情弊，亦不可不防。嗣后凡有添筑埽坝等工，如勘明实系紧要处所，万难稍缓者，仍著各河臣一面上紧抢护，一面于兴工后，即将新工地名段落，确实声明，并各工长宽高厚丈尺若干，约需银数若干，逐一分开，详细具奏，以便交部查核，不得仍称一半（带）、等处，语涉含混。其寻常各工，仍俟估报后再行兴修，庶于国帑工程，均归核实而杜浮冒。"②

清代的水利工程建筑经费，在会计上采用四柱法进行管理，从而对经费的多少有一个动态的了解。如乾隆二十九年（1764）规定："湖北省金沙州堤工，发商生息银三万两，以一分五厘生息，为岁修之资，每年造具四柱清册，报部查核。"③

4. 水利工程材料管理。

清代在水利工程材料管理中，最重要的工作是对大批材料的采购。不法官吏在采购材料时，往往在估价时会高抬购买价格，然后以低于估

---

① 《大清会典事例》卷 904《工部·河工》。
② 《大清会典事例》卷 908《工部·河工》。
③ 《大清会典事例》卷 931《工部·水利》。

价的实际价格购买，从中赚取差价，中饱私囊。对此，清政府详细具体地规定了各种水利工程建筑材料的基本规格。如清廷规定："河砖宽五寸、厚三寸、长一尺二寸，各厅一例定价，每砖银一分二厘，永为定例"，"杉木桩料围圆一尺一寸至三尺，每根价银自一钱七分至七钱，永为定例"，"石料，计丈给银，双料面丁石，每丈自九钱至一两九钱；双料里石，每丈自四钱至九钱；单料面丁石，每丈自三钱六分至九钱五分，各有差；单料里石，各厅均照双料里石折半给银。石灰，每百斤价银自七分二厘至一钱四分四厘；汁米，每石价银一两二钱；熟铁，每斤价银四分；生铁，一分五厘；铁索、铁钉，每斤价银三分。自雍正十年（1732）为始，凡岁修等工，均照此例估销"①。但是，由于建筑材料的价格因市场各种因素的影响，涨落不一，因此在实际采购时，清政府必须根据市场情况，做出调整。如嘉庆六年（1801）谕："永定河采办料物……至所称需用料物，因附近地方多被淹浸，百物昂贵，例价不敷，恳请照市价购办一节。本年永定河决口漫溢，所需料物，较之往年多至数倍，而直隶州县多半被灾，秫秸等项，不无短少，兼之道路泥泞，远处一时不能运到，市价昂贵，自属实在情形。所有此次永定河工需用物料等项，著加恩准其照依市价购办，以济急需。但市价涨落不一，此时虽属昂贵，转瞬水退道干，价值自必渐减，当随时确查料物贵贱情形，饬令承办之员据实报销，不得以目前最昂之价为准，借口浮冒。"② 尤其是时间紧迫的抢修工程，因急需建筑材料施工，其购买材料的价格肯定比平时按计划施工的工程材料的价格要高。因此，清政府在规定建筑材料价格时，还分别制定岁修价和抢修价两种。如乾隆二年（1737）谕："豫、东二省，河工所用岁修、抢修之柴，皆州县领银采办，交工应用。每斤价值，抢修给银九毫，岁修给银六毫，此十余年之例。昨据钦差条奏，豫省岁修六毫之价，不敷采办，请概给九毫，以裕民力。朕已允行，

---

① 《大清会典事例》卷907《工部·河工》。
② 《大清会典事例》卷908《工部·河工》。

但思东省与豫省，河道毗连，壤地相接，所需物料价值，大率相同。豫省既已加增，则东省岁修之价，亦应照豫省之例，给予九毫，俾运工车价敷足，小民益可踊跃趋事。"①

由于市场价格变化不常，即使清政府不断调整购买价格，但还是难以杜绝官吏的虚估浮冒弊端。对此，清政府屡下谕令，予以禁止。如嘉庆十一年（1806）谕："河工应用夫土木石等项，向来因价值加增，承办厅员详请加价，该河督即照时价批准，复恐不能按例报销，遂任承办之员虚估工段，宽报丈尺，以符部价。是该河督明知所报不实，据册咨部，部中亦即照所开工段核销，竟系相率为伪。且厅员等以报部工程，俱系通融开报，势必借称例价不敷，任意浮冒，其弊将何所不至，上下相蒙，不成政体。著照戴均元所奏，准其将应用物料，按照时价实用实报，不得稍有虚假。仍著将各项物料价值，由地方官详报督抚，按月咨部存查。至物价随时涨落，原无一定，近日物料昂贵，人所共知，傥嗣后物价已就平减，而报部之数仍按价贵时报销，则系承办之员蒙混侵蚀，必当严参惩办。设将来物价较此时复有加增，亦准其据实咨报。该河督等惟应督饬在工大小官员，各矢天良，确估核销，毋任丝毫浮冒。"②

清代，对于水利工程建筑材料的保管，也采取四柱法进行记录、监督、管理，以便于有关负责官吏能准确掌握材料的数量。如乾隆十六年（1751）奏准："江南省木龙工程，累年新木、旧木，并淤损之木，详细分别，按年确核，以上年存工存厂之木为旧管，以本年增购及别工拨用之木为新收，以折损沙淤及移拨别工者为开除，以现在存工木龙并存厂木植为实在，造具四柱清册，送部查核。"③

5. 水利工程质量管理。

清代汪志伊认为，影响水利工程质量最主要的原因是水利工程施工时施工人员的偷工减料。要保证水利工程质量，一项重要的措施就是在

---

① 《大清会典事例》卷907《工部·河工》。

② 《大清会典事例》卷908《工部·河工》。

③ 《大清会典事例》卷907《工部·河工》。

水利工程完工后对其进行严格的验收。要做好验收工作，必须制定严密的验收制度，有关验收官员必须亲身到现场察看，才能查出弊端根源，予以整改。他指出："今天下论筑堤疏河之弊者，莫不曰虚报丈尺，偷减工夫，而所以稽查虚报偷减之弊，往往临事茫然者，无他：不察舞弊之原，则失之浮；不立厘弊之法，则易于混；且不亲身周历，逐段勘丈，则亦不能使承办之员无所欺饰于其间。"① 具体而言，验收堤坝等水利工程，必须察看堤坝是否按规定的高度、宽度和坚实度兴建，验收疏浚河道，必须察看疏浚河道的宽度、深度，其主要有以下 3 个方面：

其一，察看堤坝的高度、宽度，并使堤基宽于堤身、堤顶，使完工后的堤坝符合原先的设计标准。"凡于验收堤工时，必先派役执画有丈尺之二杆，立于堤基之内外，将杆头长绳横牵平正以量之，则堤之身高、面宽、基宽各若干，是否与估册相符，立时俱见。至堤身陡削，易致冲刷，必以二五收分为准，复将绳自依堤直垂以量之，则躺腰之弊亦见。又将绳自堤面横牵至两边以量之，则洼顶之弊亦见。甚至堤身之高，不及原估尺寸，转将堤旁挖深，以冒为高者，然距堤脚十数丈外，尚有未挖之处，形迹可验，一与新挖之坎较量高低，则挖深冒高之弊亦见。"

其二，察看堤坝的坚实度。"筑堤向例以土一尺为一层，必得层土夯硪，连环叠筑，始能融结坚实。而欲验其结实，则以锥试不漏为度，今用长铁锥于堤顶、堤腰锥试拔出，即以壶水灌之，土松者水即不能久注，则杂用沙土，及不加夯硪之弊亦见。"

其三，察看疏浚河道的宽度、深度。"至于收验挑挖淤河之工，必查其原估面宽若干丈，底宽若干丈。以一长绳按其丈数，上系红线数条，下临于河面河底，用两役执绳于两岸分行，则面底宽窄之弊，不能混也。甚至河底河面，如式开挖，而河岸半腰，形如鼓腹，一经水刷，必卸成淤。饬役即于鼓腹处，抽挖三四寸宽小沟一道，俾与上下相平，然后量

---

① 《清经世文编》卷 106，汪志伊《疏河筑堤工程记》。本目以下三个自然段引文，未注出处者，均见于此。

计，即知其少挖若干方，则两岸鼓腹之弊，不能混也……又或于工头工尾，如式开挖，其中间段落，有渐高渐低，巧为偷减者，饬令先行放水铺塘，以数寸为度，不得过尺。俟水面一平，而底之高者立见，则间段偷减之弊，不能混也。"

清廷为了使负责水利工程建设的官吏尽职尽责，确保水利建设工程的质量，规定了水利工程的"保固限期"，特别是一些较大规模的重要工程，关系到民众生命财产安全，无论是官修、民修，都规定有保固限期。如乾隆五十三年（1788）谕："如系紧要处所，工程在五百两以上者，俱著一体报部查核，予以保固限期。兴修后，再行酌令百姓出资归款。各工既有查核，承修各员自必有所顾忌，不敢任意侵克。且有保固限期，亦不敢草率办理，庶工程可期久固，而闾阎不致受苦，此正系朕为保护民生、节省民费起见"。"第不肖官吏，于官工尚思侵肥，矧此项工程，例归民修，并无保固，官员等不特借端洒派，入其囊橐，而且草率从事，偷减侵渔，均属事所必有。其该管上司，又因系民修之工，遂尔漫无查察，殊非慎重堤防，保护民命之道。自应立定章程，并定以保固年限，庶工程可期永固，而官员亦不致有侵蚀情事，方为妥善"①。

清代水利工程保固期限因工程的不同情况而有所不同，一般在1—3年之间。如雍正四年（1726）议准："直隶省子牙河、南运河新修工程，均照运河例，保固三年；北运河工程，较永定河稍平易，较南运河则为险要，立限保固二年。限内冲决，照例赔修。"② 雍正十一年（1733）覆准："永定河贴砌片石等工，仍保固一年，别项加修新工，保固三年。漳河、滹沱河并太行堤工，照黄河例，保固一年。其余平易工程，照运河例，保固三年。"一般说来，新建的工程保固期较长，而旧工程予以加固的保固期短。如工程建在较为平缓的地段，不易被冲垮，保固期长，而建在地势险要的地段，容易被冲垮，保固期短。

---

① 《大清会典事例》卷 931《工部·水利》。

② 《大清会典事例》卷 917《工部·河工》。以下两自然段引文，均见于此。

清政府还进一步规定，如水利工程在保固期内被毁坏，则由负责水利工程建筑的官员赔修，如在保固期之外被毁坏，则由管理水利工程的官员负责赔修。康熙三十三年（1694）议定："嗣后堤岸冲决河流迁徙者，照定例处分。若堤岸漫决河流不移者，免其革职，责令赔修。年限内漫决者，经修官赔修，年限外漫决者，防守官赔修。"水利工程如发生赔修，清政府则根据有关官吏所负责任的不同，令其承担不同的赔修责任。如康熙三十九年（1700）覆准："嗣后堤岸冲决河流不移者，管河各官皆革职，戴罪勒限半年赔修，分司道员各降四级督赔，工完开复。如限内不完，承修官革职，分司道员降四级调用，总河降一级留任，未完工程，仍令赔修。其应赔工程，已经奏明动帑者，仍将应赔银，亦照赔修例勒限处分。如限内不完，分司道员不揭报，总河不题参者，皆照徇庇例议处。"雍正二年（1724）议准："嗣后给发钱粮，交与谙练河务之人修筑。如修筑不坚，致有冲决者，委官督令赔修，不能赔修者，题参革职。别委贤员，给发钱粮修筑。将所用钱粮，勒限一年赔完，准其开复。逾限不完，交刑部治罪，仍著落家属赔完。如力不能完，著落发钱粮之上司赔补全完。"

（三）管理水利工程思想

1. 漕运河道、水闸管理。

清代漕运河道，在水多季节，一般允许漕船、商船自由通行，而在水少季节，漕运河道载运量有限，为确保关乎粮食供给的国计民生，则规定漕船优先，其次才是商船、官船。雍正二年（1724）谕："运河之设，未尝禁商船之往来，但水少时则加意管束，水大时，听商船行走。京师百货，取给于东南之商贾，今若严禁，则各种载船，必一概阻滞，商贾安能流通，于民生日用，均属未便……令总河、总督，直隶、山东、河南各督抚，檄饬沿河地方官弁，遇有商贾客船，许于漕船先后乘隙而行，毋许漕船拦阻，亦毋许商船拥挤。"[①]

---

① 《大清会典事例》卷 918《工部·河工》。

清代漕运用水经常与农田灌溉用水发生矛盾，即农田灌溉用水使漕运河道水位降低，影响漕船航行。对此，清政府规定，当二者发生矛盾时，首先应该保证漕运用水需要，其次才满足农田灌溉用水。乾隆五十年（1785）奏准："江南省运河，分段设立志桩，以水深四尺为度。如水深四尺以外，任凭两岸农民戽水灌田；如止消存四尺，毋致车戽，致碍漕运。"① 为了确保漕运用水，清廷甚至禁止民众私自在漕运河道开凿渠口，引河水灌溉。康熙七年（1668）议准："畿辅堤岸，关系紧要，禁止附近庄佃私开渠口。"②

在漕运河道的管理中，河道闸门的开启和关闭关系到水位的高低，直接影响到漕船的航行，因此，对闸门的管理是一项重要的工作。顺治二年（1645）定："旗下军船，不许零星过闸，非时启闭，致妨漕运。"③ 因为如频繁启闭闸，就会使拦蓄在河道里的水迅速流失，致使水位降低，使漕船搁浅。基于这一原因，顺治十三年（1656）覆令："令河臣申明各闸启闭禁令，先放粮船，次放官船，又次放商民船。如有启闭不时泄水误漕者，指名题参。"康熙四年（1665），朝廷对河闸启闭又做了更合理的规定："如粮船、商船齐到闸，粮船先过，商船继过；如粮船未到，商船先到，闸官勿得指称粮船将到，强行拦阻，仍著放过，违者从重治罪。其一应往来官船，立有钦差牌匾，著永行禁止。如此等官船借名紧急，擅行启闭，于粮船之前争先者，著该督抚指名题参。"这就是粮船、商船同时到闸，应先让粮船通过；如粮船未到，商船先到闸，就应让商船先通过。这样既不影响后到粮船通过，也可保持河道畅通，不妨碍商船行程。官船则不得以任何借口，擅自开启河闸，抢在粮船之先通过河闸。如有发生这种情况，由总督、巡抚上奏弹劾。

由于水闸关系到漕运和农业灌溉，对于调节水位发挥着重要的作用，因此，清政府往往派专人予以管理，并定有管理规章制度。如黎世序撰

---

① 《大清会典事例》卷 919《工部·河工》。
② 《大清会典事例》卷 918《工部·河工》。
③ 《大清会典事例》卷 918《工部·河工》。本自然段引文，均见于此。

有《练湖善后章程启》一文①，记录了练湖四闸的管理，兹简要缕述如下：

其一，派专职人员对练湖四座水闸开启关闭进行管理。"练湖既修闸座，涵洞启闭之法，宜委员照管，以专责成也……以便蓄泄湖水，救田济运。其每年春夏桃伏两汛，时雨连绵，各处山水汇注，应令专管委员沿堤察看，如水势过盛，欲漫堤埂，即勘明启板，酌量泄水，以免漫溢之患。一交秋后，农田无须放水之时，即将闸座涵洞，严行封闭，以备冬春粮船来往，放水济运。如遇亢旱之年，仅存湖心底水，不能由闸放出，即从较低之头二两涵，引水由支河王公闸、新河闸放出以达运河。"

其二，在湖中设立水位标志，以随时监控水位高低，防止私自开闸放水，蓄水以供漕运、灌溉之需。"湖水应立志桩，以杜偷放也。查练湖四闸，原备宣泄济运，涵洞为农民引水灌溉田禾，旧设涵长十三人，系民间自行选举。如遇农田需水之时，自应尽其启涵灌溉，惟秋成以后，即无须沾用水利，便应潴蓄充盈，以备济运。但湖中鱼草出息，向系征之渔户，而渔户利于水浅，以便捕捞，即不无偷放湖水之弊。卑府现于湖心亭之旁，竖立石柱，刊刻尺寸，以为志桩。农事毕后，管湖官量验水深尺寸申报，即取涵长、渔户不敢偷放切结备案，庶湖中积水尺寸，了若指掌，兼杜偷盗湖水之弊。"

其三，加筑上湖堤埂，并禁止下湖因蓄水稍多，为防漫溢偷放湖水。"上湖堤埂，宜一体加筑，并严禁盗放湖水也。查下湖周围堤岸，已由湖民照依旧制加培，其相连上湖之堤埂，凡过水处所，设堵御弗慎，不加筑堤岸，恐下湖蓄水稍多，必致漫淹上湖田亩。是上湖与下湖接连处所，并沟浍经由之处，均宜一体加筑堤岸，以免湖水上漫。卑府现已出示一体加修，现在业已逐渐加补，第恐上湖居民，懒费人工或见下湖蓄水稍多，恐致上溢，竟有黑夜盗放者，亦不可不防其渐。应责成地保、涵长、闸夫人等不时巡防，方为切近，每年山水初发之后，由地保随时查报。

---

① 《清经世文编》卷104，黎世序《练湖善后章程启》。

如需加土堵御，即便督率附近湖民，各照坐落田畴，按段培土坚厚，以防漫溢。"

其四，练湖水闸管理中闸夫报酬、闸板绳索损耗、闸夫住房等经费开支管理。"下练湖鱼草出息，岁收银六十五两零，系留抵修闸公用之款……此项银两可以就款开支，现拟四闸设夫六名，每名岁给工食银八两，共银四十八两，即在湖息项下动支，其余仍留抵闸座并闸板等项，岁修经费贴补之需。如有不敷，该县又有普生庄租息一款，在内添补支销，似以公济公，均无窒碍"。"查闸板常年堵截湖水，而绳索日夜暴露，风雨摧残，并易损坏，必须按年修换，所有更换木料、夫工、绳索并闸夫住房，日后修补，亦请于余存湖息及普生庄租息项下动用，据实造册报销。"由此可见，练湖水闸管理中的经费开支原则是以湖养湖，即主要从练湖鱼草出息款项中支出，如有不足，再于该县普生庄租息中支用。

2. 护堤坝。

堤坝是防止洪水泛滥的重要水利工程，清政府重视对其进行维护。佚名的《湖南水利论》载有护堤条议4点：其一，设堤夫、堤甲、堤长、堤老、垸长、垸夫分段守护河堤："每千丈金一堤老，每五百丈金一堤长，每百丈金一堤甲，凡堤夫十人，一应堤防事宜，官守之。而有垸处所，亦设有垸长、垸夫，其法与堤甲同，仍不论军屯、官庄，凡受利者，各自分堤若干丈。"其二，免其堤甲、堤长、堤老、垸长、垸夫等徭役，使他们专职守护河堤："凡堤老、堤长、堤甲及垸长、垸甲人役，各复其身，每遇编审，即与豁除别差，则彼得一意于堤防。"其三，在河堤上建铺舍，供守堤人住宿，使他们日夜防护："查照漕河事例，于堤上创置铺舍三间，令堤长人役守之，则往来栖止，不患无所，而防护事务，亦庶几不至妨误矣。"其四，对盗决、故决河堤之人予以严惩："凡有奸徒盗决、故决江汉堤防者，即照依河南、山东事例发遣，揭示通衢，以警偷俗。"[①]

---

① 《清经世文编》卷117《湖南水利论》。

　　如是在汛期，清政府则责令护堤士兵和堤夫、堡夫等严加防护，严防洪水决堤泛滥。顺治初年，定"分汛防守之法……其防守之法，则统于桃、伏、秋三汛。自清明节起阅后二十日为桃汛，自桃汛后至立秋前为伏汛，自立秋至霜降节为秋汛。汛临之时，该管官弁，责令河兵、堡夫加谨分防，每里设立窝铺，铺各标旗，编书字号，夜则悬镫鸣金以备抢护，昼则督率兵夫，卷土牛小埽听用。遇有刷损，随刷随补，毋使坍卸。至夜分巡守，易于旷废，应设立五更牌面，分发南北两岸，照更次挨发各铺递传。如天字铺发一更牌，至二更时前牌未到日字铺，查明何铺稽迟，即时拿究。再汛发之时，多有大风猛浪，堤岸难免冲激，应督令堤夫多扎埽料，用绳桩悬系附堤水面，纵有风浪，随起随落，足资防护。又凡骤雨淋漓，易致横决，应置备蓑笠，令兵夫冒雨巡守。此外非时客汛及十月后槽汛，十一月十二月蹙凌汛，非三汛可比，止令兵夫照常巡守。凡黄运河工，一例遵行。"① 由此可见，清初在汛期对河堤的防护主要是靠派河兵、堡夫、堤夫等日夜在堤上巡视，尤其在狂风暴雨时，更要派兵夫冒雨巡守。如遇有堤岸被河水冲刷损毁，应随时加以抢修补牢，毋使堤坝垮塌。如遇大风猛浪之时，堤夫就用绳桩悬系埽料飘浮于堤坝附近水面，随风浪起落，使风浪不易直接冲击堤岸，造成堤岸受损。

　　清代在堤上栽种榆柳以固堤防。"顺治十三年（1656）定，滨河州县新旧堤岸，皆种榆柳，严禁放牧。各官栽柳，自万株至三万株以上者，分别叙录，不及三千株，并不栽种者，分别参处。康熙九年（1670）奏准：于沿河州县择闲散人，授以委官名色，专管栽柳。三年分别劝惩。十五年（1676）议准：河官种柳不及数者，免其处分。成活万株以上者，纪录一次；二万株以上者，纪录二次；三万株以上者，纪录三次；四万株以上者，加一级；多者照数议叙，分司道员，各计所属官员内，有一半议叙者，纪录一次；全议叙者，加一级，均令年终题报。"② 由此可见，

---

① 《大清会典事例》卷 913 《工部·河工》。
② 《大清会典事例》卷 918 《工部·河工》。

清朝入主中原之初，就重视栽柳护堤，对于栽柳成活数高的官吏，朝廷给予记功、晋级的奖励。

3.《水利条规十则》。

清代庄有恭写有《水利条规十则》一文①，比较系统地阐述了对水利工程兴建的管理。兹缕述如下：

其一，疏浚河道前，应通过钉桩、牵绳等预估土方，并通过灰印标记，以防施工时偷工减料。"应浚工段，宜先钉桩牵绳量定也。查此番开浚河道，原期河道深通，畅流无阻，但恐偷减工程，办理草率，应令地方官，将估计应开各段，务必两岸钉桩，在于老土为准，牵绳坠下，定至水面若干尺，水面至河底若干尺，应挑土若干深，登记册内，并于两岸钉立信桩，灰印标记。嗣后收工，看明原钉各桩，灰印有无更动，再照前法，将绳对岸牵平中间吊绳坠下，除去原空水面尺寸，则挑深若干，显然易见，而偷减土方之弊可杜矣。"

其二，准确估算、征募役夫，并设夫头对役夫进行管理，妥善安置役夫住宿。"募夫应照业食佃力之意，酌雇应役也。某县工段若干，需夫若干，核计土方之后，即有定数，地方官必将实征堂簿，吊齐内署，查明通邑田亩顷数，计亩计夫，核有定则，并谕令各业户，将圩号各佃姓名，据实开呈。按其佃田之多寡，核其应役之夫数，斟酌公平，均匀雇募。定额之后，即将通邑需用人夫数目，按照都图，明白出示晓谕，庶胥役无苛索折乾之弊，而业佃无偏枯派扰之累矣。所有应设夫头，即于所雇夫内，二十名设一夫头，散夫责成夫头管领，夫头着落圩甲保领。如有诓银逃逸，均可着落根追。其各夫夜间歇宿之处，或庙或船或厂，均于工所附近，设法安置，即于估工时，先为勘定，以免临时周章。"

其三，选派廉洁自好、精通业务人员专门监督工程质量，对工程中偷工减料、营私舞弊者从重惩罚，对按照设计要求保质保量完成工程的人员予以奖励。"督工应责成委员，以防偷减也。贴坡垫崖、肥腮鼓腹诸

---

① 《清经世文编》卷106，庄有恭《水利条规十则》。本目以下引文，均见于此。

弊，有一于此，不惟丈尺短少，水流不畅，而所贴所垫之土，一经雨淋，仍复坍卸河内。然此等诸弊，苟非书役圩保，欲图敛派银钱，串通夫头，主持卖工，互相包容，愚民亦断不敢为此。是惟在督工之员，清洁自好，明白劝谕，悉心查察。如有前弊查确，知会地方官，将该犯等分别枷号工所，候通工完日，从重发落。设委员不能禁除，经上司查出，或于收工之日，丈尺未足，验有贴坡等弊，除将该委员轻则记过，重则参革外，仍拿原办人夫著办，并将原办书役等，照前议枷号发落。若委员布置得宜，俾书差等不敢舞弊，照依估定丈尺，如式完竣者，随时先请记功，以示鼓励。"

其四，地方官负责水利工程施工人员报酬的发放，必须公开透明，防止当事人从中克扣。当地方官领到施工报酬银两时，必须公布各工段土方银、车水银、打坝银各若干，并召集董事、夫头当众亲自分发，并使董事、人夫等都知晓每人应领银钱数，并不时了解人夫银钱数是否被克扣。如有发现克扣现象，必须予以追究惩罚；如董事尽职办理，使工程早日竣工，地方官将颁布匾额嘉奖。"散给夫银，应责成地方官并须明白晓谕，以免扣短也。某县工段若干，应领帑若干，行知该地方官，赴司领回，即传集董事、夫头，当堂亲自分发，不得假手书役。仍须将逐段估定土方，自某处起至某处止，长若干丈尺，共估土方若干，每方工银若干，共估土方银若干，车水银若干，打坝银若干，每银一两，折钱若干，明白晓谕，俾使董事、人夫，共知应领之数。其董事、夫头有无扣克，仍不时亲问各夫，如有扣短，立即究追枷示。该董事如果实力办理，依限早竣，地方官给匾嘉奖，以励勤劳。"

其五，将疏浚河道分为数小段，每段分派 20 名挑河泥人夫，设 1 名夫头管理，计算每小段河泥土方，分摊给每位挑土人夫，以考核其勤惰和工程进度。每 50 名挑土人夫设 1 位圩长，以监督每小段挑河泥人夫出勤和劳动情况。"挑河人夫应按段分工，以专责成，以分勤惰也。人夫众多，勤惰搀杂，若不分定小段，难以按名考核，滥竽多而勤者亦惰矣。应于每段之内，将前议二十名，设一夫头，划为一小段，用小号橛，签

钉段首，上写夫头某人，领夫二十名，每名分土方若干，长阔深几丈几尺，限几日完工，先完者先归字样。另每夫五十名，签一圩长，专司督领，则人有专责，勤惰易明，此段人夫，断不肯为彼段挑土。而委员查工点夫，只须于河边往来，查看夫头某人段内，现在挑土者几人，抬土几人，一目了然，不必停工而后点夫，即圩甲雇夫数目，按段核计，亦难偷减也。"

其六，将挖挑的河工应堆贮在离堤岸十丈以外的堤外，按规定的地点、形状堆贮，并低于堤坝，以防止挖挑的河土在雨天之后重新滚落、流入河道内，使挑挖河土工程前功尽弃。"挑起之土应堆贮新岸十丈之外，以防淤积也。查挑夫贮土，乐近惮远，即工员亦但期副限，利于贮土近便，则往来较速。不知贮土近便，则雨水淋泻，人畜践踏，不久仍滚落河中，渐归淤积，而原挑丈尺之工半废矣。且向因田与岸平，致田主年年培筑田边，占出河面，今应除挑宽河面之外，再留十丈，将挑起之土，堆贮于此十丈之外。先画双条灰线，贮土于灰线之中，务要缕齐，一带如堤，不得任听乱倾，高低凹凸，应责成工员，勤为照看指示，令其如式倾贮。如离河太近，及不如式，责令该工员另办，所有堆土之堤，及堤外之路，如原系侵占者勿论。有粮者查明豁除，其堤应永留，不许铲除，务使堤高于田，将来脚割，只许帮堤使高，不许弃于堤外。则积土既免滚落河中，且可以杜侵占，亦可以防水患，于低田尤宜。一举而数善皆备，勿视为烦苛细故也。"

其七，工程竣工后，必须派官员协同地方官丈量核实施工土方及所费银两的准确数目，并造册通报。"估计造册应檄委专员协同地方官核实办理也。各河港应开宽深之处，固已勘定，其宽深丈尺，亦经委员牵量册报，但土方确数，必须委员协同地方官覆勘，核实确估，且其中不无因地就势，酌量通变之处，应先委谙练佐贰四员，赴各县协同覆加勘丈，核实估计土方银两确数，连衔造册通报，庶工归实用，帑不虚糜。"

二、修建城墙、道路、仓廒等公共工程思想

（一）修建城墙

在古代，城墙作为一种重要的防御性工程，关系到民众生命和财产安全，因此，在修建城墙中都高度重视城墙的质量。如清代陈大受就指出，城墙是民生的保障，在修建城墙时，最重要的是城墙的坚固性，应将其建成历经千百年都不倒的建筑工程。因此，对修建城墙的经费，应当予以充分保证，不能因担心被人贪污而任意减少。他认为："各项工程，委员估计，每多浮冒，若不严加核实，必致虚耗帑金，然或意在节省，而不计工料之是否敷足，则工程究多苟且，难于经久，二者均非持平之道。愚以为浮冒侵蚀之弊，若委任得人，稽察严密，自可杜绝，傥用匪其人，漫无查察，即大为核减，而经手之员，复肆侵渔，则工程万不能坚固。现在虽有节省之名，而未久坍废，前功尽弃，其虚耗帑金，殆有甚焉。伏思城垣一项，内地则为民生保障，沿边沿海则为疆圉重务，应修应建，必期为千百年之计，而不可为目前苟且之图。所有工程应节省者，固不可不详为综核，而实需之费，亦当妥协勘估，勿令简率。但使地方大吏，留心稽察，遴干员而任之，其有不肖之员，偷减侵冒者，立予参劾，则工程自有实济，而巩固可期也。"①

为保证城墙质量，清廷规定城墙兴建完工后，必须进行验收，如有不合质量要求的地方，必须进行补建。"乾隆三十九年（1774）议准：城垣修竣后，藩司道府各予限一月，勘验报销。如所修工程，间有增改之处，即照增改之工，酌量展限，于报销案内，分析声叙，不得牵扯通工，另为展限。"② 城墙修建完工验收后，还规定有保固期，如在保固期内坍塌损坏，有关官员必须受到处罚，并予以赔修。"康熙元年（1662）题

---

① 《清经世文编》卷26，陈大受《复部议禁米囤核城工疏》。
② 《大清会典事例》卷862《工部·城垣》。

准：损修城垣，务照旧式坚筑，取结报部。如不合旧式，并三年内塌坏者，将管工官指名参处。三年（1664）定，凡捐修城垣谯楼、雉堞、房屋等项，督抚亲验保题，若三年内损坏者，监工官及该督抚皆降级赔修。"① 在修建城墙时，如遇到旧官员离任、新官员上任，必须将所兴建的城墙有无坍塌损坏等情况交接清楚，如交接不清，而有坍塌损坏的，必须由旧官员负责修补。雍正七年（1729）定："外省新修城垣，地方官遇有升转离任，将有无坍塌之处，交代与接任官。交代不明，致有坍坏，仍著前任官修补"。

清代兴建城墙，其经费必须经过估算和审批，而且按其经费数额的大小，大致分为两个等级。乾隆二十七年（1662）议准："凡有应修城工，需费在三百两以内者，概令地方官设法办理，不得率行请帑。其需费在千金上下者，恐力不能办，先令地方官据实详报，由布政司亲往勘估兴修，开工之后，责成道府往来查察，工竣由督抚验收。"② 即使是由各官捐修的城垣，也要经过经费估算，申报批准，才准其兴建，以防止借口经费不足科敛百姓。"（顺治）十五年（1658）复准：各官捐修城垣，务将丈尺及用过工料，逐一详勘，方准具题。如借端科敛累民，即行指参。"

清政府在修建城墙中，也注意到以工代赈，即利用灾荒之年动工兴建，让那些无以为生的灾民参与城墙兴建，既使灾民通过兴建城墙自食其力，度过灾荒，又使国家节省赈灾经费，并利用灾民劳动力兴建公共工程。乾隆二年（1737）谕："今年春夏之交，直隶、山东雨泽愆期，二麦歉收，虽屡降谕旨，蠲赈平粜，恐闾阎尚有艰食之虞。著巡抚悉心计议开渠、筑堤、修茸城垣等事，酌量举行。使贫民、佣工就食，兼赡家口，庶免流离。再年岁丰歉难定，而工程之修理者，必先有成局，然后可以随时兴举。一省之中，工程之最大者，莫如城郭，而地方以何处为

① 《大清会典事例》卷867《工部·城垣》。本自然段以下引文，均见于此。
② 《大清会典事例》卷867《工部·城垣》。本自然段引文，均见于此。

最要，又以何处为当先，应令各省督抚确查，分别缓急，预为估计，造册送部，将来如有水旱，欲以工代赈，即可按籍速为办理，于民生殊有裨益。"①

城墙作为古代城市重要的防御工程，统治者都重视对其的保护，清代也不例外，对此颁布了一些"城垣禁令"②，以下缕述数条有代表性的规定：其一，城墙作为军事重地，禁止闲杂人登上城墙："顺治二年（1645）定：内外城楼及城上堆拨，不许闲人登视，违者交部治罪。"其二，如有城墙坍塌，应及时修补，如一时难以修筑，应禁止民众抄近路逾越："乾隆元年（1736）谕：各省城垣，自应加谨防范，以资保障。其残缺处所，修理虽有缓急，若地方官果能随时补葺，自不至介然成路，岂可纵容民人登陟，不为查禁整理。朕从前经过地方，现有残缺之处，听民人逾越渐成路径者，令各省督抚董率有司，留心整饬，毋得仍前玩视。"其三，如有城墙坍塌，应妥善保管那些砖石，以备日后修建时再用。如乾隆十三年（1748）议准："陕西边墙……一切砖石，自不应听其倒塌，为闲人取去。若河西之墙，则尤不可使之渐坏。令陕西督抚将现在边墙，饬令该管官弁，加意保护，其有坍塌砖石，收储备用，毋许听人窃取，如漫不经心，即将该管官弁照例指参，凡有边墙各省，均照此例办理。"其四，禁止在城墙五丈内的地方挑取土方，以破坏墙基；禁止在城垣上缒物，以免缒绳磨损城垣。如嘉庆十三年（1808）奉旨："城垣切近地面，挑取土方，自应定以限制。著即照所议定例，以距城五丈为限，五丈以内不准取土。所有崇文门外，现在挑挖土坑，在五丈以内者，即令承修之员，勒限填筑完固，并补还低洼处所，以免积水。此次因向无成例，承修官免其议处。若定例以后，再有于近城五丈限内，取土修工者，即著该管官查禁参奏。"嘉庆十六年（1811）谕："前派兵、工二部堂官前往各城，周历四面城垣，详查有无缒物绳痕。兹据复奏，各城

① 《大清会典事例》卷867《工部·城垣》。

② 《大清会典事例》卷868《工部·城垣》。本自然段引文，均见于此。

垣上绳痕，共有一千余道，其中有因兴举城工，缒取料物者，有因芟除城墙草木，系绳缒下者，并有堆拨官兵，乘便取用什物，以致日久牵曳绳迹滋多等语。京师重地，周围城垣，自应一律整齐，每遇兴举大工，例有架木天桥，可以转运，本不应于城上缒取。即寻常工程，或就近缒取料物，及芟除草木，所有牵曳绳迹，事竣后著随时责令立加修整。至堆拨官兵，应用什物，各城均有马道可行，何得于城上乘便取物，毫无忌惮，实属藐玩。除旧有绳迹，著工部堂官等勘明修葺外，此后附近堆拨地方城垣，如再有缒物绳迹，即将该处堆拨官兵，治以应得之罪。其应如何酌定罪名，著刑部另议专条具奏。"

（二）修建维护桥梁道路

清政府重视对桥梁道路的修建和维护，以保持桥梁、道路的畅通无阻。清廷一入主中原，就颁发了有关诏令。"顺治元年（1644）定：凡直省桥梁、道路，令地方各官以时修理。若桥梁不坚完，道路不平坦，及水陆津要之处，应置桥梁而不置者，皆交部分别议处。"[1] 对于一些重要的道路，清政府还特别重视，明确规定用石头铺砌，并定有保固期。如"雍正六年（1728）奏准：京仓运道，一概修整石路，工竣令保固三年。又奏准：查勘石路，自广宁门外至小井村，土道自右安门外至草桥南，并夹石路之护土木钉荆笆，悉令平坦坚固，工竣，保固三年"。

为了庇荫行人，巩固路基，清政府还重视在道路两旁种树，并令有关部门予以巡护，以防止树木遭到损伤，影响成活率。乾隆二十九年（1764）复准："自新庄至土城、德胜门至清河一带，新开大道，行旅辐辏，道旁柳株务令成活。大兴、宛平二县，将栽种数目报部，都察院、步军统领饬五城三营巡查看守，毋令损伤。又复准：德胜门外新开土道，所栽柳株，顺天府饬所属专差管理。又复准：阜成门外新开大道，自慈惠寺前起至两家店一带，大兴县所种柳株，交都察院饬该城看守，不时巡查，毋致损伤"。

---

① 《大清会典事例》卷 932《工部·桥道》。本目引文，均见于此。

任何道路桥梁在发挥交通作用的同时，损坏也是不可避免的。因此，清廷还重视派官吏负责道路的维护工作，对损坏道路、桥梁者予以惩处。顺治元年（1644）议准："京师街道，差本部汉司官一人专管，仍令五城司坊官分理。凡在京内外街道，若有作践掘成坑坎，盖房侵占，或傍城使车，撒放牲畜，损坏城脚，及大清门前御道正阳桥及各门月城等处作践损坏者，交刑部治罪。"同时，对损坏的道路予以维修，对死亡的树木予以补种。雍正十一年（1733）谕："由京师至江南道路，往来行旅繁多，朕于雍正七年（1729），特遣大臣官员前往，督率地方官修理平治，不惜帑金，成功迅速。又令道旁种树，以为行人憩息之所。比时河东总督，董率河南官种树茂密，较胜他省，经过之人，皆共见之。凡此道路树木，皆朕降旨交与地方官随时留心保护者。近闻官吏怠忽，日渐废弛，低洼之处，第多积水，桥梁亦渐拆陷，车辆难行，道旁所种柳株，残缺未补，且有附近兵民砍伐为薪者，此皆有司漫不经心，而大吏又不稽察训戒之故。著传谕该督抚等，转饬有司照旧修理，务令平坦整齐。或遇雨水泥潦，随损随修，不得迟缓。其应补柳株之处，按时补种，并令文武官弁禁约兵民，不得任意戕害。傥有不遵，将官弁题参议处，兵民从重治罪。"

（三）修建维护仓廒

中国古代历朝都重视储积粮食以备荒年之需，这是关系到国计民生的大事。而要储积粮食，就必须修建大量仓廒，以存放粮食，并防止粮食因风吹雨淋而霉变朽烂。清政府对此有充分的认识。如康熙"二十五年（1686）谕：闻得仓廒年久渗漏，米粮浥烂深厚，仓粮军民所需，关系綦重，毁坏漏雨，应修廒房，仓场侍郎亲身逐一细查具题，钦此。遵旨议定：动通济库银，交各监督修理。嗣后仓廒倒坏，即照此例修理，造入年终册内题销"①。"雍正四年（1726）谕：凡仓谷霉烂，皆由于仓廒不修之故。平日地方官所司何事，以致倒塌渗漏，亏折米粮，愈当加惩

---

① 《大清会典事例》卷871《工部·仓廒》。本目引文，均见于此。

者。今若宽其处分，则有司于仓厫，平日必不加意修理，以便措辞，著九卿议奏，钦此。遵旨议定：凡该地方仓厫无多，将仓粮寄存僧道寺院者，或有露囤者，该地方官即行具详，该督抚确勘具题。倘州县官因循怠玩，不将仓厫茸补修治，又不详请建造，以致米谷霉烂，应照溺职例革职。仓厫既经修理，犹有托名霉烂亏空者，照侵蚀例治罪。"

正由于清政府对仓厫储积粮食的重要性有充分的认识，因此早在清朝入主中原之初，就建立了仓厫定期修建维护制度。"顺治初年定，（仓厫）三年一小修，五年一大修。工价属户部，办料属工部，自钱粮归并户部，所需料价银，并咨户部给发。"为了保证所兴建的仓厫坚固，清政府也制定了仓厫保固期和赔修制度。顺治十六年（1659）议准："修造仓厫三年内损坏者，令原修官役赔修；一年内坍塌者，除原修官役赔修外，仍照例治罪。"为了鼓励地方官吏在其任期内维护仓厫的完固，清政府委任都统或御史对仓厫的损坏、被盗窃等弊端予以稽察监督，及时予以补修和处置，如都统和御史失职迟延，则要与仓场监督等共同承担责任，予以分赔。雍正五年（1727）谕："京通仓厫，多有屋瓦渗漏，墙垣损坏者，在京各仓，每仓或都统或副都统各一人，御史中不论满、汉，每仓各委一人，专任稽察之责。其支放奏销等事，不必经管，惟仓房渗漏，墙垣损坏，与仓内铺垫，及匪类偷窃各弊，查出即行文仓场侍郎知之。若仓场侍郎迟延，不及时办理妥协，即据实奏闻。傥不能查出弊端，以致亏损仓粮，着落稽察之都统、副都统、御史与仓场监督等分赔。其通州三仓，即照此例，交与通永道通州副将稽查，其失察分赔之例，亦与京仓同。"

为确保仓厫能得到及时的维修，使仓厫储粮能妥善保存，清政府重视维修仓厫经费的落实。同时，为了使维修仓厫经费不被不法分子侵吞贪污，维修仓厫经费在工程竣工后，必须造册题销。如是经费达到百两银子以上的仓厫维修，还要事前进行工程预算，获得批准后才能动工。康熙三十八年（1699）复准："嗣后各仓厫及号房围墙，或有倒塌，仓场侍郎亲身验明，即令该监督等估计，动用通济库银，呈报户部，速行修

理。工完，将用过银数奏销。"乾隆三年（1738）复准："通州西、中、南三仓放空之廒，有应修者，所需工料银，照在京之例，预行估计报部。如百两以上者，题请动项，工竣造册题销。如不及百两者，就近在于通济库轻赍银内动支兴修，工竣据实造册，报部查核，仍于岁终将准销银数汇册具题。至扣存公费银，俟动用完工，将逐项准销细数，开单咨部。"

三、漕运、海运思想

（一）漕运管理思想

1. 重视漕运安全。

清廷十分重视漕船的建造质量，这是保障漕运安全的最基础的工作。乾隆四十一年（1776），朝廷制定了检查"成造漕船"质量的"查验九法"①，严格对建造完工的漕船进行质量检验，以使每艘漕船都能达到所规定的质量标准。"查验九法"规定："一验木。毋杂恶质，毋间旧料。"这就是造船首先要对木料严格把关，要选优质的木料，不能夹杂恶质木料或旧料。"二验板。庴板厚五寸，搪浪底板厚二寸，拖泥脚栈栈板厚一寸七分，下墨时查验锯路，解板下锯，如比较分寸不合程式，即行究换。"这就是造船必须讲究船体各个部位木板的厚度，以抵御外部力量的撞击，如礁石、风浪等对船体的撞击。"三验底。浅船底长不过五丈二尺、中间阔不过九尺五寸，铺底验量尺寸少差，即勒令改造。"第三是查验船只底部，丈量船只底部长度和中间宽度是否符合原设计规定。如有短少尺寸的船只，必须勒令制造者重新按照规定尺寸建造。"四验梁。浅船龙口梁阔不过九尺，高不过一丈四寸，使风梁阔不过一丈四尺，断水梁阔不过九尺，高不过五尺。一不合式，即勒减削。"第四是查验船梁，清政府对建造各种船只的船梁有严格的尺寸规定，其宽度、高度不能随意增加。如一发现不符合规定的，就要勒令予

---

① 《大清会典事例》卷 202 《户部·漕运》。本自然段引文，均见于此。

以减削。"五验栈。浅船栈长七丈一寸，深三尺六寸。"第五查验船只栅栏是否按规定尺寸建造。"六验钉。用钉之法，一尺四钉，逐眼稽查，内外审视，如有匿钉不用，及虚派钉眼而眼内无钉者，立即究治。"对于木结构船只来说，钉是固定船体的重要部件。因此，检验船上钉子的使用是查验船只质量的重要工作，如查验钉子是否按一尺钉四个钉的规定操作，是否有不按规定如该用钉的地方而没用钉的。如有发现不按规定用钉的，立即追究予以惩治。"七验缝。合板时，查验板边俱净，缝口细合，不得稍有隙漏。"为了严防船只漏水，船板之间的合缝必须严密不留空隙，因此，查验船板合缝也是一项十分重要细致的工作。"八验舱。法以斧入凿，以凿入麻，缝满然后固以油灰。如有麻少缝阔，不能受灰，及油少灰生，旋上旋落者，立即究处。"船板合缝后，如中间尚有一些空隙，必须填满麻和油灰，使缝隙消除，确保不会漏水。如缝隙中麻填得不够多，油灰就不能牢固黏合在缝隙中，很容易掉落。如有发生这种情况，必须立即追究惩处。"九验头梢。铁叶扒锯攀护头梢者，不许短少，铺头铺梢里料，不许滥恶充数，监造各官，均照成法详加审验。"船只重要附件不能短少，铺头铺梢里面用料，不许用质量差的材料充数。监督造船各官，必须按照建造船只规定详细查验。

清政府为了保证漕船的安全，还强调漕船在航运中必须注意防止火灾烧毁船只，防止风灾使船只倾覆飘没，并且防范不法之徒沿途盗卖漕船粮食。《大清会典》卷 22 就规定，漕船在航运中必须"慎其风火"，"诘其奸慝"。如发生风火、飘没或盗卖现象，有关官员必须及时救助、查办。"河运漕船遇有风火事故，押运官即速报明沿河地方各官协同救护。船米全行损坏者，即令修固原船运通，尚无负重之虞。即将捞戽湿米，分洒通帮各船，易换食米，并将抢获干米，均匀洒带。如核计米数，恐致自重，即另行雇船载运。凡船在险要处所，遭风漂没，准由地方官将失事情节，查实结报。如系应行豁免者，该督抚先行奏明，一面确勘会题请豁。海运漕船遭风损坏，改派别船揽装，或分别加装别船，以符起运全数，于给发联单内逐一注明，分别办理。"① 乾隆二十三年（1758）议准："粮船被窃，旗丁呈报本帮员弁，移知地方官，缉贼追赃。被窃之船，即随帮前行，不必守候，至强劫重案，必须待验，应令该领运官具报会勘后，州县立给印票，催趱前进，并将盗劫守候缘由，报明漕督及巡漕御史查核。"②

为了督促有关官员小心谨慎，防止漕船失于风火或盗窃，清廷制定了一些惩罚措施，对因失职导致漕船失于风火或盗窃的官员进行惩处。如"康熙二十一年（1682）题准：押运官弁巡查不谨，以致失火烧毁漕船者，降一级留任，地方官不行协救，延烧别船者，罚俸一年。又题准：漂没船粮沿途催趱各官，及汛地文武官，亲临确勘是实，各出保结，取具运官结状。该督抚确查具题到日，照例豁免。如运粮官丁，未经漂没船粮，捏报漂没，并故将船放失漂没，及虽系漂没，损失不多，乘机侵盗者，照例治罪。米数照赔补，其沿途催趱各官，及汛地文武各官，不亲临确勘的实，遽出保结者，皆革职。如该督抚不缉查确实，遽行题豁，后致诈冒事露，将具题督抚，降二级调用"③。"康熙四十三年（1704）议准：重运入境，责令该管道府州县，往来巡查。如失察盗卖一起者，州县官罚俸六月，道府罚俸三月；二起者，州县官罚俸一年，道府罚俸六月；三起者，州县官降一级留任，道府罚俸一年；四五起以上者，州县官降一级调用，道府降一级留任。"

清政府为了防范漕粮被盗，确保漕粮在运输途中的安全，委派通判专职对漕运进行押运。"顺治十六年（1659）覆准：粮道在南董理运务，不能分身抵通。除山东、河南路近，照旧遵行。其浙江各省粮道，止令督押到淮，盘验后即回本省。令总漕会同该巡抚，于管粮通判内，每省遴委一人，专司督押，管束运军，严加防范，以杜沿途侵盗搀和等弊。"④

---

① 《大清会典》卷 22。
② 《大清会典事例》卷 103《吏部·处分例》。
③ 《大清会典事例》卷 103《吏部·处分例》。本自然段引文，均见于此。
④ 《大清会典事例》卷 204《户部·漕运》。

康熙年间，因一些押运官官职低权力小，不能有效弹压漕运中违法乱纪事件，曾改派官职较高官员担任押运官。康熙三十四年（1695），"以通判官官微职小，不能弹压，复令粮道押运"。

漕船经过的地方，有些属于穷乡僻壤、人口稀少、有不法之徒出没之地，漕粮时而遭到抢劫。对此，清廷特别加派兵役，对这些易发生盗窃的地区加强护卫。"嘉庆五年（1800）谕：漕船经过地方，向有无赖棍徒，勾串漕船水手，沿途滋事。著沿途文武地方官，于漕船经过时，多派兵役，认真查拿，务令棍徒知所畏惧，预为敛迹。傥以后仍行疏纵，致棍徒、水手再有勾串滋事之处，著漕运总督即将该处文武地方官，严参治罪。"①

清代漕运路途遥远艰险，漕运人员长途跋涉，历尽艰辛。为了鼓励民众参与漕运，清政府也出台了优惠漕运人员的政策，其中最重要的一条就是允许漕船沿途携带一些土特产，并免除关税。但是，漕船所携带的土特产必须严格限制在规定的数量内，其携带的土特产种类也有严格的限制，一些违禁商品是不准携带的。《大清会典》卷22规定："凡漕船经过各关，其例带土宜，得免税焉。"其在此条规定注中，清廷做了具体详细的规定："河运粮船，准带土宜二成，免其纳税。所带货物，应以装米轻重价值科算。如装米三百石，准带二成土宜六十石。其货物价值，不过银一百二十两，回空之船，准带成本银五百两之货。由粮道饬委查明，按船填给护照，俾于过关时呈验放行。如回空船货查有例外多带，照章输税，毋许巡役人等故意留难。江浙海运商船，准令八成载米，二成载货，按米石斤数计算，以一百二十斤为一石。如装米一千石，准带土宜二百石。由上海道填给免税执照。各关验明放行，如有二成以外之货，仍令输税。"由此可见，无论是河运粮船还是海运粮船，清政府允许其携带占粮食总重量20％的土特产货物，其货物价值不得超过120两白银。如果是回空之船，可允许带价值在500两白银以内的货物。如所带

---

① 《大清会典事例》卷208《户部·漕运》。

土特产货物重量或价值超过规定的限制，那么超过规定的部分就必须向政府交纳税收。

清政府在优待漕船海船携带 20％土特产的同时，严厉禁止运粮船只携带一些违禁商品。如清代实行盐专卖政策，因此，政府禁止运粮船只携带盐。又如硝磺是制造火药的重要材料，清政府也禁止运粮船只携带。违者必须受到惩处，有关官吏失于觉察，也必须受到处罚。如"康熙三十七年（1698）题准：江广粮船回空之时，总督差委官弁，在扬州仪征会同盐政委员查验私盐。如有夹带，即将押运官弁并失察各官，一并题参"①。"雍正元年（1723）奏准：空船过天津关，长芦巡盐御史会同天津镇总兵官，亲往验放。至山东、河南交界地方，总漕、巡抚、镇将，差委知府、游击等官按检，如有夹带私盐，尽抛入河，失察各官照例议处。"雍正十年（1732）奏准："回空粮船过山东时，该抚预于晋省私矿入境之处，令地方官弁分路巡查，本省焰硝，亦实力稽查，毋许囤户偷贩河干，暗送入船。并令按检私盐之文武官带检硝磺，如查出私带硝磺，亦照私盐例究明参处。押运官弁失察，照粮船夹带私盐例议处"。另一方面，押运官在监督运粮船只的过程中，如能使运粮船只不夹带私盐，或能拿获夹带私盐者，政府则予以奖励。雍正三年（1725）题准："押运官弁，一年之内，该管帮船，并无私盐事故，纪录一次；随帮能拿获首明私盐三次，及该帮三次回空并无私盐事故者，该管上司出具印结咨部，以千总推用。"

清代，漕运是关乎国计民生的大事，清政府高度重视。为保证漕运海运的正常运转，一项根本的措施就是要确保粮食的供给以及要保证有足够的财力维护漕运和海运。对此，清政府十分重视对漕粮的征收。如"顺治十三年（1656）题准：各省漕粮，经征州县卫所各官，初参未完不及一分者免议，一分以上罚俸六月，二分以上住俸，三分以上降二级，

---

① 《大清会典事例》卷 208《户部·漕运》。本自然段引文，均见于此。

四分以上降三级，五分六分以上革职，并戴罪督催，完日开复。"① 康熙二年（1663）题准："各省随漕轻赍等项钱粮，经征州县卫所各官，初参未完不及一分者，停其升转，罚俸一年；一分降职一级，二分降职二级，三分降职三级，四分降职四级，皆戴罪征收；五分以上革职。督催粮道，知府各官，初参未完，不及一分者，停其升转，罚俸六月；一分罚俸一年，二分降职一级，三分降职二级，四分降职三级，五分降职四级，皆戴罪督催；六分以上革职。"由此可见，清廷主要采取惩罚的手段来督促有关官吏按时足额完成征收漕粮的任务。

漕粮征收到官后，为防止漕粮及有关经费被挪用、贪污，清政府还规定这些漕粮、银钱等必须专款专用，不得挪用，并定期进行盘查，以防因挪用、贪污等发生亏空。"康熙六年（1667）题准：漕项钱粮乃挽运急需，司府州县等官，如将征完之银挪动给发别项支用者，粮道详报总漕题参。二十八年（1689）题准：各省粮道存储钱粮，于年终及离任之日，责成藩司亲身盘查出结。如有亏空，立即揭报该抚题参"。②

据《大清会典事例》卷 1015《都察院·六科》载，六科之下的户科负责漕粮的审核稽查，以防止漕粮被不法分子贪污、侵盗。如户科负责漕粮奏销："凡漕粮兑定，该管粮道将开帮日期呈报，随造具各帮兑交粮米数目清册，呈送漕运总督。该总督具题，以册送户科，由科同全单磨对。"负责漕粮全单："凡起运漕粮白粮数目，由漕运总督办给全单，付于运官。该运官抵通，按单交卸，坐粮厅出具收完呈文。该运官将全单呈文，并送户科呈验，由科核对数目相符，钤印给发。"负责缴粮斛册："凡京通各仓监督，每岁收放米豆数目，造具旧管、新收、开除、实在四柱清册，呈送总督仓场侍郎具题，以册送户科磨对。"负责奏缴漕白粮册："凡坐粮厅监督，每岁抵通漕粮白粮数目，造具清册，呈送总督仓场侍郎具题，以册送户科磨对。"从《都察院·六科》的记载可以看出，对

---

① 《大清会典事例》卷 209《户部·漕运》。以下两自然段引文，均见于此。

② 《大清会典事例》卷 209《户部·漕运》。

漕粮的兑定，从出发地起运，再到通州仓廒交卸、存储，最后到京通各仓廒的每年收储与发放，其整个过程的每个环节，有关部门都必须逐级呈报会计账册、凭证等到户科，由户科审核稽查。

由于京仓、通仓平时收储、发放漕粮次数频繁，数额巨大，容易为不法之徒贪污、侵盗，对此，清政府严格制定了一套京仓、通仓漕粮收储、发放管理、监督制度。"每年粮米到通，坐粮厅将正兑、改兑、正耗米，及拨运、筹备各米数，造册送仓场核明报部。各仓进米，由仓场指廒饬收。俟收竣，会同御史亲丈核足封固，注册报部。仓监督于每月放米全完，各将原存新收、放过实在何项、何色各细数，并零廒、空廒字号，分析造具印册，呈报仓场汇总送部，以凭稽核。凡查仓御史一年期满，将所查之仓并无少收多放之处，奏明交部存案。仓储米石，如届盘查之年，务使验明盘放之陈米，颗粒不存，然后派进新粮。如某仓查有亏短，未经奏结，即毋庸再进米石，以杜掩挪。仍由仓场查明所存米数，据实报部"①。清代，每年漕运粮米到达通州时，坐粮厅将其中运往京仓的正兑米、运往通仓的改兑米、漕粮转输蓟、易二州之米、漕运中加征的损耗米等各具体数目，造册送仓场核对清楚后再申报户部。漕粮由仓场指定仓廒收储，收储完成后，仓场会同御史亲自核对储存粮食数量，再封存妥善保管，并注明会计账册报告户部。仓场监督官吏于每月发放完粮米后，将原收到米、发放米共有多少项目，是何等级米等具体数目，以及零廒、空廒字号等，分别造册，呈报仓场汇总后呈送户部，供上级稽查审核。负责稽查仓廒的御史一年任期满时，将所负责稽查的仓廒并无少收多放的情况，上奏并交户部备案。如遇到盘查之年，有关官吏务必查验明确，使仓廒颗粒不存陈米，然后才能收进新米储存。这是防止有些仓廒储存的陈米有所亏空短少，借存进新米以掩饰侵挪亏空。因此，如某仓廒有亏空短少，应由仓场查明情况，据实报告户部，必须奏明结账，才能再存进新米。总之，漕运粮米从运送到通州登记造册，到进仓

---

① 《大清会典》卷22。

封存收储，再到每月开仓发放，再至年终盘点陈米派进新粮，每一个环节都必须审核，并编制会计账册，逐级上报至户部稽核存案，从而进行严密的管理和监督，以此确保漕粮不被不法之徒贪污侵盗。

清政府为了督促负责运粮官员尽职尽责完成漕运、海运任务，制定了一些奖惩规定，对运粮有功者实行奖励，对运粮有过者实行惩罚。如清廷规定："江南、江西、浙江、湖广粮多路远，运官限内抵通全完者，一运加衔一等，二运加衔二等；三运议叙即升，不复加衔；至三运后，仍按运数加衔。山东、河南粮少路近，运官限内抵通全完者，一运纪录二次，二运加衔一等，三运纪录二次；四运加衔一等，五运纪录二次；六运议叙即升，不复加衔；至六运后，仍按运数相间纪录加衔。其重运效力武举，系领运江南、江西、浙江、湖广远省者，每运全完，于补官日纪录二次；领运山东、河南近省者，每运全完，于补官日纪录一次；三运既满，咨部注册推用。"[1] 在此，清廷按照运粮的多少、路途远近以及次数的不同，对尽职完成任务或超额完成任务的官员进行奖励。奖励的方式一是纪录，纪录分一次、二次、三次三等，纪录三次之上加一级。加衔是封给官员高于本秩的官衔，无职掌，无员限，无专授，实为虚衔，主要是荣誉上的奖励。

清廷对于负责运粮官员更侧重于通过对失职者惩罚的手段，来督促他们必须尽职尽责完成漕运、海运任务。如清廷规定运粮官员不在规定的期限内完成漕运、海运任务，必须按延期时间的长短予以不同程度的处罚。处罚的方式主要是罚俸，严重者降级留任。"各省漕粮，山东、河南限三月初一日抵通，江北限四月初一日抵通，江南限五月初一日抵通，江西、浙江、湖北、湖南限六月初一日抵通，均于三月内完粮。限内完粮者，准其议叙。若山东、河南、江北完粮在三月之外，江南、江西、浙江、湖北、湖南完粮逾九月初十日者，均以违限题参。违限不及一月

---

① 《大清会典事例》卷 621《兵部·绿营处分例》。以下 4 个自然段引文，均见于此。

者，罚俸三月；一月以上者，罚俸六月；二月以上者，罚俸一年；三月
以上者，降一级留任。内有因过淮违限已经议处者，将抵通完粮各日期
扣除，免其议处。领运白粮官，亦照此例。"

清廷还规定，如果负责运粮的官员漕运粮食没完成规定的数量，有
所挂欠，那就必须按挂欠的数量多少，处以不同程度的处罚。其处罚重
于不按限期漕运粮食的处罚，方式主要是责打和革职。"漕船抵通运官以
通帮之粮计算，如有挂欠不及一分者，责二十，革职发南限一年追完，
免罪复职，不完革职。挂欠一分者，责三十；挂欠二分者，责四十；挂
欠三分者，责六十；皆革职，各按挂欠分数，发南限一年追完，免议，
不完交刑部治罪。挂欠四分者，责四十；挂欠五分者，责一百；皆革职，
各按挂欠分数，发南限一年追完，仍听刑部议结。挂欠六分以上者，即
交刑部治罪。旗丁管驾一船，即以一船之粮计算，如有挂欠，各按其分
数，发南限一年追完，不完，交刑部治罪。"

清廷为了督促官员在漕运中尽职尽责确保漕船安全，防止因风因冰
凌等使船沉溺，因火烧毁船只，使国家财产粮食遭受损失，规定了有关
惩处条文。如清廷规定："漕船……在内河失风，及冰凌擦漏沉溺，运官
失于防范者，罚俸一年。若遇汛水涨发，猝不及防失事之船，果能戽救
修舱，抵通全完，并无亏折，运官免议，仍照完粮例议叙；沿途催趱之
汛官，亦免议处。傥船非满号，米有挂欠，虽买补全完，仍照例议处。
沿途催趱之汛官，不能协同护救，以致漂没者，照失于防范例，罚俸一
年。"康熙二十六年（1687）题准："运官巡察不勤，以致失火烧毁漕船
者，降一级调用。该管专汛官，不实力扑救，以致延烧别船者，罚俸
一年。"

2. 改革漕运弊政思想。

理漕与治河相表里。清代，黄河频繁泛滥成灾，严重影响了漕运的
畅通。因此，任源祥指出，要治理漕运，首先必须治理黄河，黄河治理
好了，不泛滥成灾，漕运自然就畅通无阻了。"黄河迁徙倏忽，未有十年
无变者。隆庆四年（1570），损船至八百，溺人至千余，失米至二十二万

六千，则黄河之险，去海运之险几希矣。是故理漕与治河尝相表里，黄河之决，自古而有，至南徙而决益数……至明而堤其北，以全河赴淮，淮不足以当全河之怒，则溃决益多。故黄河以利漕，即以蚀漕，故曰：黄河者，运河之贼也。治黄河者，非不知支分派析，上疏下瀹，而此工甫毕，彼患方兴，糜金钱于无用，委民力于洪涛，良可浩叹。盖河性北，必强而尽南之，宜其屡决而不可治也。自今以往，河惟无决则已，河而有决，向之决而南者，未必不决而北，向之决而东南，决而正南者，未必不决而东北。若因其决而顺其性，导之东北，俾由汉王景所治德棣故道入海，则河性既顺，而河可无患。河可无患，则漕亦可无患矣。"①在此，任源祥主张治理黄河必须"顺其性"，即必须因势利导，如不"顺其性"，即使花费大量钱财，动用大量民力，也还是达不到治理黄河的效果，不言而喻，漕运也就受到黄河泛滥的影响，无法畅通。

陆陇其则认为，黄河影响漕运，主要是黄河易于溃决泛滥成灾，因此，如通过疏导的办法分流黄河之水，黄河水势减弱，自然就不易溃决而影响漕运。他指出："河之害漕者，在牵漕河诸水尽泻入海也。故河决之世，陆则病水，水则病涸；发则病水，去则病涸；齐鲁病水，漕河病涸。治之之法，以漕避河，不若以河避漕。夫河之势，合则易溃，分则自杀，诚于河之南北，相其地势，析其支流，条分而派别之，大者为川浍，小者为沟洫，则势分而河安，河安而漕安，此皆就漕论漕，今日之良策也。"②

清代吏治腐败，漕政尤甚。正如包世臣所言："漕为天下之大政，又为官吏之利薮，贪吏之诛求良民，奸民之挟制贪吏，始而交征，继必交恶，关系政体者甚巨。"③包世臣认为，要改革漕运弊端，首先必须通过清理屯田来保证漕运经费开支。他指出："合计各卫所，其无屯田者，不及十分之一，多者至每船千亩，少亦数百亩，田随船转，至三年小修，

---

①《清经世文编》卷46，任源祥《漕运议》。
②《清经世文编》卷46，陆陇其《漕运》。
③《清经世文编》卷46，包世臣《剔漕弊》。本自然段引文，均见于此。

五年大修，十年拆造，所领例价，虽不敷用，然逐年撙节屯田租入，则津贴裕如已。头舵、水手有工食，家口有月粮，又有轻赍月赠席篢银。"因此，他主张："善治漕者，先清屯田，责成卫所，督课耕耘，量其所入，以一半给家计，一半备公需。"其次，包世臣认为，漕政冗员冗费太多，不仅增加财政支出，而且造成吏治腐败，因此，必须予以裁减。他指出："无如十羊九牧，为人择官，多方以耗剥之。各卫有本帮千总领运足矣，而漕臣每岁另委押运，帮官又分为一人押重，一人押空；每省有粮道督押足矣，又别委同通为总运；沿途有地方文武催趱足矣，又有漕委督抚、委河委自瓜洲，以抵淀津，不下数百员。各上司明知此等差委，无济公事，然不得不借帮丁之脂膏，以酬属员之奔竞，且为保举私人之地。淮安盘粮，漕臣亲查米数，而委之弁兵，通州上仓，仓臣亲验米色，而听之花户。两处所费，数皆不赀。一总运所费，二三万金；一重运，所费二三千金；一空运，一催趱，所费皆浮于千金；又沿途过闸，闸夫需索，每一船一闸，不下千文。是故帮丁专言，运粮其费取给于官而有余，合计陋规贿赂，虽力索州县之兑费，而尚不足也。"针对冗员冗费弊端，包世臣提出裁减冗员冗费的主张："停委重空，责成本帮；裁派总运，责成粮道；尽撤催趱、委员，责成沿途文武；裁汰闸夫，责成闸官、看守。缴关闸板，每一帮船抵闸，听其通力合作提溜更速。水次则严禁嫖赌，及随帮收账者，盘粮厅专责漕臣，而使督臣稽察之。通州专责仓臣，督同坐粮厅，革退花户之为积蠹者，则帮丁之办运从容，无须州县津贴，而州县无所借口，以诛求于小民，奸民不能激众，以凌辱其长吏，藏富于民，以培元气，以尊体统。否则，浮收勒折，日增一日，竭民财以积众怒，东南之患终必在斯矣。"在此，包世臣认为，漕政增设总运、押重、押空、催趱、闸夫、弁兵、花户等官吏、兵士，多则花费"二三万金"，少则亦花费"二三千金""浮于千金"，"数皆不赀"，而且这些官吏又利用手中职权勒索民众，收受贿赂，这不仅大大增加国家的财政负担，而且使民众财力困竭，甚至激起民众的怨恨和反抗。因此，他主张要裁减总运、押重、押空、催趱、闸夫、花户等官吏，以减轻国家财政

负担，并避免贪官污吏向民众勒索，藏富于民，缓和社会矛盾。

对于清代的漕政弊端，康熙十九年（1680），给事中徐旭龄则从另一个角度进行分析，认为清代漕政主要有以下几个方面弊端，必须予以改革。其一，"赠耗之苦。百万漕粞，悉系小民之膏血，漕粮贴截，五米十银，向有定例。近今每粮百石，江南私截至百余两，浙江至三十余两。部议以此项若加剥减，恐盗卖正米。"① 但是，徐旭龄认为，"多贴止以饱官，非以资运"。他举例说："浙江粮道刘朝俊，六年漕贴内，婪赃一万二千余两，即每百石所贴三十七两之银也。夫以扣克如此之多，而本年漕粮全完，并未有盗正米者。"因此，建议"贴截银米之宜减甚明"。其二，"转廒之苦。漕粮冬兑冬开，立有准限。转廒者，船未到次，印官逼令百姓交兑。姑且以廒易廒，以完考成也。各处漕船，俱于本地成造，惟直隶、山东、凤阳，以其地不产木，故于淮安设厂，而江宁各帮，共船一千二百有零，亦于淮安成造。实则木植油麻，俱产于上江，从长江而下，遇门不入，至于仪真，逆流抵淮，四百余里，沿途动用民夫，昼夜挽拽。及船成之后，复渡大江，道经千里，到次迟延。县官急于考成，旗丁利于索诈，于是船未到而交兑，名曰转廒。粮户既受一番赠耗，使费之累矣，及转廒之后，仍令粮户管廒，船到复兑，又受一番赔补苛索。以致民间卖男鬻女，无可告诉。推所由来，总因造船在于淮安，船远故到迟，到迟故转廒，转廒故病民。"因此，徐旭龄认为，"转廒故病民"的根本原因是"造船在于淮安"，要改革"转廒故病民"的弊端，就必须改变"造船在于淮安"的状况："今淮厂漕造，已归地方官管理，莫如江宁水次之船，归于江宁，苏松水次之船，归于苏松，木料油麻，既就近而易办，船成交兑，又无迟到转廒之弊。此漕船之宜归各地方成造，又甚明。"其三，"冒破之苦。如江南漕粮之外，名为漕项，一曰兵粮，一曰局粮，一曰南粮，一曰军储，此皆本地支销，无庸有赠耗者。今赠耗反多于正粮正兑，又立有对支印票，分拨自支，经承往往侵蚀，每至重

① 《清经世文编》卷46，徐旭龄《厘剔漕弊疏》。本自然段引文，均见于此。

复科征，纳而又纳，一年之内，血杖死者，盈万盈千。此漕项之不当照漕兑加赠，且不得借对支重征，又甚明矣。"其四，"兵粮之苦。兵漕宜分晰，不宜混乱，漕粮除解京外，则有兵粮，为本地营镇支销，其派支多有逆行倒置者。如镇江府有大兵驻扎，原截留本地之米，今改令江西之米，运至镇江，而反将镇江之米，运至通州。其意以江西路遥，恐帮船押尾，贻累在漕各官参罚。不知两处之粮，左出右入，在民既不免勒赠之苦，在官又增转输之费。"对此，徐旭龄主张："兵粮当于驻防之处，尽数截留，不宜将本地之米解出，反将别地之米解进，往返劳费。其有不敷者，方准拨支近县，然亦必营官与县官交割，不许兵丁与粮户自相对支。此兵粮之支给，亟当厘定，又甚明。"总之，徐旭龄认为，"东南民力，最困者莫甚于漕。近见各省粮道，因漕务而婪赃者，至数十万。夫官贪由于法弊，必法有弊窦，而后官缘为利孔。官贪则宜易其官，法弊则宜更其法。""夫输挽者，天下之大命也。东南漕粮之苦如此，天下可以类推。只缘贪官污吏，利于侵蚀，积弊相沿……伏乞敕下，将漕法之不便于民者，逐一更正，务使法严而官不敢贪，亦法简而官不能贪，漕规整肃，无弊不除，其于培民命而厚国储，非小补也。"

康熙二年（1663），漕运总督林起龙上《请宽粮船盘诘疏》，指出不法官吏以权谋私、假公济私，利用漕船运输为自己谋取私利，其表现有 4 个方面。同时，他针对这 4 种弊端提出了治理措施。其一为"水次附载之弊。军船一到水次，即当星夜兑粮。乃有一种积年牙侩，专为漕船关说，引装客货，只图牙用，不畏法度。以后当于交兑之初，专责粮道，大张告示，晓谕牙侩，禁约旗丁，不许夹带私货。漕粮兑毕，随于未开之先，专责监兑推官，逐船搜检。如有犯者，即将商、丁并牙侩拿解，粮道呈报臣（漕运总督）衙门，飞章题参，按以大法。事毕，粮道仍取推官甘结，分送臣衙门、总河、仓场三处，以备稽考。后经盘诘衙门查

出私货，粮道推官一并参论，治以禁约不严，搜查不力之罪"①。在此，林起龙主张，要禁止漕船夹带私货，首先要大力宣传，使牙侩、旗丁等知晓，不许夹带私货。其次，派遣监兑推官等逐船稽查，将违禁夹带商人、旗丁以及牙侩者捉拿，并严厉惩处。最后，如在监兑推官稽查后发现漕船夹带私货，那相关粮道推官必须负"禁约不严、搜查不力"的责任，受到处罚。其二为"沿途包买之弊。水次既经禁载，无所容其奸巧，沿途不无包揽兜买。凡于城市镇店，货物辐辏之所，希图逗留揽载买货，以后专责押运通判，极力催趱，不许停泊，疾速长行。通帮前后，不时稽察，如有犯者，立刻申报题参。如稽察不严，催趱不力，任其逍遥市镇者，通判参论，治以纵容徇隐之罪。"林起龙认为，要使漕船沿途不包揽兜买，比较有效的办法是派通判押运，当漕船经过城镇时，通判督促漕船不许停泊，尽快驶过。如有人违反这一规定，停泊包揽兜买，通判必须立即申报题参。如通判失职，任凭漕船停泊包买，必须受到纵容徇隐罪的处罚。其三，"运官通同之弊。各军包揽客货，希图谋利，未有不禀知运官帮官，即敢载货上船者，皆因运官利其馈献，以致旗丁无所顾忌。以后专责运官帮官，严加钤束，遇有奸顽旗丁，不服管辖，敢揽客货者，许于随在司漕衙门，据实出首，免其罪过。如隐匿不报，实系受赃卖法，一经查出，革职加倍究拟，仍照新例治罪。"漕船包揽客货，一个重要原因是运官接受贿赂，允许手下旗丁载货上船。因此，林起龙主张，运官首先自己必须洁身自好，然后对手下旗丁严加约束。如旗丁不服管辖，包揽客货，运官必须向司漕衙门举报，就可免受处罚；如隐瞒不报，并接受贿赂违法，一经查出，运官就要被革职查办，依法惩处。其四，"奸商搭船之弊。为民纳粮，为商纳税，千古通义，乃有一等奸商，专思免课，视朝廷粮船，为藏奸罔利之薮。旗丁水手，小人无知，只顾目前，不思利害，入其笼络，固为可恨。独为商者，拥厚资，权大

---

① 《清经世文编》卷46，林起龙《请宽粮船盘诘疏》。本自然段引文，均见于此。

利，不交关课，敢上粮船，希图诡脱，为下供上之谓何？以后奸商窜入粮船，漏脱国课者，拿获定行正法，家产全行入官。大法一施，奸人知警，不敢复上粮船，旗军即欲夹带，无可夹带矣。"林起龙认为，商人拥有雄厚资产，牟取巨额利润，如通过贿赂漕船水手，搭乘漕船偷漏商税，其性质恶劣。因此，如商人搭乘漕船，偷税漏税，必须处以死刑并没收所有家产的严厉惩罚。只有实施这种严厉的惩罚，才能使奸商有所畏惧而不敢搭乘漕船。

3. 漕运方式改革和海运思想。

清代的漕运是特指漕粮经由大运河运往京师与通州这种运粮方式。时人谓"有患莫大于漕"，漕运成为清廷之下积弊最多的"大政"之一。由于清政府官僚机构的腐败与无能，漕河的淤积与阻塞一直未得到妥善有效的解决，漕运的运费很高，耗损很大。加之征集与运送过程中官吏、兵丁等人从中贪污、勒索，致使漕运成本大大提高，给广大民众带来沉重的负担。在此情况下，清朝一些有识之士从改革漕运方式入手，改长运为短运、转运，改漕运为海运、漕海并运，来克服漕运的弊端。

顺治十一年（1654），漕运总督蔡士英指出，传统的由大运河直达京师与通州的长运有三大弊端。其一，长运长途跋涉，使运丁辛劳；造船给运丁带来沉重的负担，沿途贪官污吏盘剥、勒索，对运丁造成损害。"今日之运丁，愈非昔比，其世业半侵于豪强，久不可问矣。夫以身无寸土立锥之人，驱之领运，蹈江涉河，经寒历暑，终年不得休息，已属堪悯。至于造船，尤为苦累。每见遇一签报，避之不啻汤火，及拘拿承受，而所给官银，又不足打船之费，不得不先为重利借债，惟计领粮以抵偿之。是未兑之日，而即为盗卖折乾之计矣。未已也，起浅盘剥，种种勒掯，迨至抵通，复苦积棍蠹役，需索百端，穷丁岂有点金之术，莫不取足于粮米，额粮安得而不挂欠，此长途之一大害也。"[①] 其二，长运使运

---

① 《清经世文编》卷47，蔡士英《请罢长运复转运疏》。以下三自然段引文，均见于此。

丁逃亡，剩余不法军弁乘机靠长运损公肥私，使长运制度受到破坏。"先时运弁，皆土著世官与旗军素相熟习。凡选旗造船，其间孰为堪运，孰为不堪运，得以预知去取。今则部推守备、千总领运矣，平时漫无所知，止凭积蠹书识，上下其手，富者索其重贿，贫者困以力役。迩年以来，卫丁富者益贫，而贫者日逃，职此之故，止余奸军劣弁，钻运代领，以恣侵肥之计，漕事安得不至于坏。此长运之又一大害也。"其三，长运中风涛使船漂溺，水浅、冰冻延误时间。"前时依期开兑，米一征齐，即催船先集，故冬兑春开，运重回空，得无阻滞。近来米已登廒，片帆不至，比及到次，正当水涨之时，江河疾流，风涛迅怒，重运多漂溺。其间过淮过洪，盘查放闸，耽延时日，未及抵通，而早已霜降冰合矣。阻冻阻浅，势所必至，更何术使其飞渡乎？此又长运之一大害也。"

与此同时，蔡士英认为转运则有三大好处：其一，转运路途短，也避免风涛、淤塞、冰冻而延期之患。"今一易为转运，仿唐时刘晏之遗意，江船不逾淮，淮船不逾济，济船不逾渭，渭船直抵于京通，远者不过千余里，近者止六七百里，月月经行之地，程途皆所谙习。自江发者识险阻，自河行者避淤塞，而遭风阻浅之患，可无虑也。为程既近，递为催挽，弥月之间，足以竣事，水脉未达，不先时而与之争，百川灌河，不后时而待其涸，敲冰守冻之苦，可无虑也。此固不期速而自速，是则转运之一大利也。"其二，长途分段转运，沿途设催押官吏监督催促，可防范漕船停泊盗卖漕粮；分段转运要交接盘点，可防止漕粮挂欠。"运次既分，时日有限，沿途催押者，迫不容其停泊，盗卖何自而滋奸乎？况未及数旬，又复交盘验数，使有升合不足，彼接运者，断不肯代人赔偿，挂欠更何自而积弊乎？若此之程程有稽考，节节有防闲，固不杜欠而自无欠，是则转运之又一大利也。"其三，转运路程近，一年可往返数次，而且还有数月余闲，可作为修理船只、休整之用。"凡淮以南，各水次江运之船，每岁以三四运为率，冬底受兑，便可开帮，不致苦于冻浅。计正月内外，头运即能到淮。由是而再运，三四运，不过六七月，而岁运可毕矣。淮以北，接兑短运之船，二月河开以后，舟楫可通，内河可用

牵挽，每岁以四运为率，计两月一往还，亦不过九月十月，而额粮可尽抵于通矣。一岁之间，尚有数月余闲，以为修船休暇之地，法似无善于此者。此法行则漕运速，而仓督不必有疾声之呼，天庾充而残丁可免勾追之厄，转运足以通行为永利者此也。"

鉴于长运有三大弊端转运有三大好处，蔡士英主张"罢长运复转运"，并且具体提出了实施转运的措施。其一，在转运码头建仓厂，存储转运漕粮。"臣今为酌其途次远近适中之处，分建淮、济、德三处仓厂，转贮递漕，尽去长运之卫弁卫丁，一归之于官交官运。"其二，根据每段路途的远近，规定一年往返的次数。"令江西、浙江之米，途次甚远，岁限三番运淮；江南之安、池、苏、松四府，途次较稍远，岁限四番运淮。由淮仓用淮船，短运至济，由济而德而抵通，皆可岁限四番也。其江南、江宁、广德等处，九府一州之米，途次稍近，令岁限三番运济，而其中凤、淮、扬三府，途次又稍近，令岁限四番运济，用济船短运至德抵通，亦皆可四番递运也。"其三，将漕船按纪、纲、总组织编制，漕运中互助互保，循环往返，不断运送粮食。"前者催发，后者踵至，兑毕即开，交毕即回，如环无端。十舟为纪，十纪为纲，十纲为总，若珠之相贯，若雁之相序，遇浅则合一纪之力助之，遇闸则合一纲之力挽之，遇警则合一总之力御之，断无阻险之虞，并前后失帮之弊矣。"其四，在利用原有漕船的基础上，改造一些浅底轻便船只用于短运。"其应用船只也，各水次受兑江运之船，仍用原卫所漕艘，择其中坚大者以充用。彼浅底轻便者，分泊内河，如式改造，以充短运。或有未敷，将现在各厂卫给发轻赍打造者，补凑而分派之，自无不足也。"其五，官府负责雇募舵工、水手，将裁减屯丁、长运漕船的经费用于短运。"其舵工、水手则官为雇募，给以工食，就中用费，亦于诸卫所减去不运之屯丁，取其行月二粮，以抵给之，而更加通融衰益可矣。盖短运行，则旧时长运额船，可各减去三分之二。船减而运丁亦减，丁减而行月二粮亦减，挹彼注兹，固皆

可取之以资短运，更不必作无船无饷之虑也。"其六，设官吏对转运进行
监督、押运。如官吏监督押运漕粮周全，依据其次数多少予以不同奖励。
如有失职，则要受到处罚。"监运督押，仍令各郡管粮同知主之，而以佐
贰中之正途出身者领之，俸禄可不必别凑矣。岁运周则纪录，再周则荐
奖，三周则优擢，不职者参处革究，庶几赏罚明而事功劝。"其七，严格
规定建造的漕船载重量与要求运送的粮食数量相符，这样既方便查验漕
粮是否有短少，又防止漕船夹带包揽其他货物，还可以避免漕船因超载
搁浅而遭到盘剥。"其造船之式，每舟载不得过四百石，一舟分为十舱，
每舱较定石数，不使有余不足。兑讫，即令监兑官印缄，押运官扃锁，
仍不时启封验印，颗粒岂得有渗漏乎？舟制定则所载，仅足容其所兑，
夹带包揽之弊，可以尽革。而受载必轻，载轻而蚀水必浅，凡搁浅盘剥
之费，又皆可免也。"

　　清代，由于漕运的种种弊端以及河道淤塞阻滞等，一些人则提出海
运或海、河并运来解决运送漕粮问题。但是，海运遭到一些思想保守人
的反对，认为：海运易使运粮船只遭狂风海浪而沉溺；运粮船只在茫茫
人海航行，政府难以控制、监督；运粮船只容易遭受海盗抢劫；海上运
输漕粮易霉变。对此，主张海运的有识之士纷纷撰文予以反驳，并提出
海运漕粮的好处。

　　谢占壬在《海运提要序》一文中指出，海运如能掌握气候变化规律，
其实是很安全的："夏至后南风司令，海船自南赴北，鲜有疏失。立秋后
北风初起，自北旋南，亦鲜疏虞……如运漕粮，则不在狂风险阻之时，
只须夏季运装，可保万全。"[①] 谢占壬认为海运雇佣安分守己的船户、舵
工水手，实行互保制度，并在沿海口岸加强管理稽查，实行赔偿制度，
是可以保证漕粮安全运输的。他说："浙江海船水手均安本分，非同游
手，每船约二十人，各有专司，规矩整肃……又皆船户选用可信之人，

────────

　　① 《清经世文编》卷48，谢占壬《海运提要序》。本自然段引文，均见于此。

有家有室，来历分明。假使伤损一船，商货价值五六千金，船价亦值五六千金，无不协力同心，互相保重。不知者或恐货被盗卖，伪为人船尽失，夫货或盗卖，船可藏匿，船册上有名姓、年貌、箕斗之舵水人等二十名，终不能永匿而不出。或恐捏报船货失于内洋，人自海边登岸，既可登岸，则可就近报明营汛保甲，查验损船形迹。或恐捏报船搁浅沙，将货抛卸海中，以保人船，此惟冬季朔风紧急，偶或有之，亦必有前后众船消息可稽。若运漕粮，不在冬季狂风险逆之时，万无此事。总之，船户各保身家，舵水人等亦各有家眷保人，递相牵制，倘有情弊，一船二十人之口角行踪，万无不露之理。是以商贾货物，从无用人押运，惟以揽载票据为凭，定明上漏下湿，缺数潮霉，船户照数赔偿。惟风波不测，则船户商家各无赔抵。"对于海运漕粮易遭海盗抢劫之虑，谢占壬从国家海防部署、地理形势及押运制度等方面考察，认为可以有效予以防范。他指出："国家战舰、商船，便捷如飞，利钝悬殊，防御尤易。至其分驾散船，在闽广浅洋，犹可齐驱并驾，若至北海大洋，断难鱼贯而行，即如江南商船，同日扬帆出海，虽有百号之多，次日一至大洋，前后左右，四散开行，影踪莫指，直至朝见登州山岛，方能进岛会齐。而巡缉营船，星罗棋布，常在岛外巡查，不容匪船混迹，此海面之辽阔，捍卫之森严，可想而知矣。如运漕粮必欲筹及万全，只须江南战舰在浙江交界之尽山防护。南海悬山，至此而尽，故名尽山，中抱内港，或恐匪类潜藏。此外直至天津，并无悬海山岛，可以潜匿者，即登州紧对之大钦、小钦、大黑、小黑、大竹、小竹等山，皆系海面孤山，并无环抱内港，四面受风，不能停泊。且登州近在咫尺，登镇哨船巡查最密，或谓粮运大事，虽北洋无须为护送之计。而国家体制，亦宜有官兵押运，为稽查船户之需，似只须粮道大员，运粮千总以及各省水师千把百员，各省水师壮兵千名，分船押运，足资弹压。"至于海运易于霉变之说，谢占壬认为不会发生，理由是海船顺风北运，费时不多，加上采取安插气筒透气，

能确保漕粮运到京城而不变质。他指出："海船顺风运北，为日无多，既无耗散，亦不蒸霉，且可安插气筒，露风透气，各令包封样米，可期一色无差。"总之，谢占壬认为，如海运制度制定完善，船户、富商等必定积极参与运送漕粮，不仅能保证漕粮如期运到北方，并能促进南北货物交流，如北方发生灾荒，还可迅速运送南方粮食赈济。"果能立法之初，官事民情，妥为参议，予以平允，则船户莫不踊跃趋从，始终遵奉，且殷商富户，将必有添造海船以觅利者，虽全漕亦可装运。如现在商船，暂时赶运全漕，则须春夏两次装运，方资应用。至于东、直两省，所需南省货物，内河减运之后，海船装带南货，趋利如飞，更必易于充裕。即逢北地歉收，南省丰稔之时，更可额外添运川、广、台湾米石，源源接济，尤为迅速。"

道光五年（1825），协办大学士、户部尚书英和认为海运有四善。其一，政府可利用上海富民所造大小船只海运漕粮，因有会馆保载牙行担保，安全可靠。"闻上海沙船有三千余号，大船可载三千石，小船可载千五百石，多系通州海门土著富民所造，立有会馆保载牙行，运货往来，并不押载，从无欺骗等情。关东一岁数至，沙线风信，是所熟悉，不致歧误。"① 其二，政府雇民船海运，可节省造船经费，并可用短运开支支付海运费用。"雇船海运，无须制船之费。若令分载米石，应给脚价，仍可即于短运帮船之内，划出给与，不需多费。"其三，上海船商北上往往装不满南货，正好可以七分装粮，三分带货，政府可付一些运费给船商并免征货税，就能使船商积极参与北运漕粮。"上海船商以北行为放空，以南行为正载，海船装带南货，不能满载，往往取草泥、石块压船。今令赴津之船，每船酌准七分装粮、三分带货，给与脚价，免征货税，自必踊跃从事。"其四，北方洋面安定，加上海运采取担保制度，海上运输

---

① 《清经世文编》卷48，英和《筹漕运变通全局疏》。本自然段引文，均见于此。

粮食安全有保障。"闽粤南洋，或有海氛，而由吴淞口迤北，北洋沙礁水浅，南洋鸟船断不能入，从无他虑，且该商等所得运费，与贸易之利相等，又经官取保结，必无意外之失。"正由于海运有四善，因此，英和主张"明年（道光六年）请暂停河运，将本年新征漕粮，酌分海运"。

道光年间，魏源也提出，海运"优于河运者有四利：利国、利民、利官、利商。盖河运有剥浅费、过闸费、过淮费、屯官费、催趱费、通仓费，故上既出百余万漕项以治其公，下复出百余万帮费以治其私。兹则不由内地，不经层饱，故运米百六十余万而费止百四十万金。用公则私可大裁，用私则公可全省，实用实销，三省其二，而河运所未有也"①。

魏源在《复魏制府询海运书》中不仅提出海运漕粮有三利三不利，而且对三不利之人反对海运的说法——予以驳斥，最后提出当时海运漕粮是势在必行的结论。其一，他提出海运有三利三不利，从而说明海运漕粮的必要性。"海运之事，其所利者有三：国计也，民生也，海商也；所不利之人有三：海关税伛也，天津仓胥也，屯弁运丁也。"② 不言而喻，海运漕粮对国计、民生、海商有利，而对海关税伛、天津仓胥、屯弁运丁不利，因为海运能为国家节省财政支出，减轻民众负担，促进南北商业贸易，相反，改漕运为海运，使海关税伛、天津仓胥、屯弁运丁失去了借漕运敲诈勒索受贿、谋求私利的财路。其二，正由于如此，三不利之人提出反对海运："此三者之人，所挟海为难，使人不敢行者亦有三：曰风涛也，盗贼也，霉湿也；所离海为难，使人不能行者亦有三：曰商船雇价也，仓胥勒索也，漕丁安置也。"对此，魏源——予以驳斥：一是"谓其不可行，则曰风涛。不知大洋风飓，率在秋冬，若春夏东南风，有顺利无暴险，商贾以财为命，既不难蹈不测，出万全，岂有海若效灵，

<hr />

① 《清经世文编》卷48，魏源《道光丙戌海运记》。

② 《清经世文编》卷48，魏源《复魏制府询海运书》。本自然段引文，均见于此。

独厚于商船而险于粮舶。且遭风搁浅，斫桅松舱，即秋冬亦仅千百之一二，何况春夏，其无可疑"。二是"谓其不可行者，则曰盗贼。不知海盗皆闽浙南洋，水深多岛，易以出没，船锐底深，谓之鸟船。北洋水浅多礁，非船平底熟沙线者不能行，故南洋之盗，不敢越吴淞而北。今南洋尚无盗贼，何况北洋，此无可疑"。三是"谓其不可行者，则曰霉湿。夫运河经数月抵通，积久蒸热，米或黯坏，而沙船抵津，则不过旬日。若谓盐风易霉变，盐水易潮湿，则最畏盐风，宜莫如茉莉、珠兰柔脆之花，见水立胀者，宜莫如豆麦，皆岁由沙船载之而北，运之而南。盐风盐水不坏花豆，而独坏米，庸有是理？盖北洋风寒，非似南洋风暖，而海船舱底有夹板，舷旁有水槽，其下有水孔，水从槽入，即从孔出，舱中无从潮湿，此无可疑"。四是对于"商船雇价""仓胥勒索""漕丁安置"这三个问题，魏源提出关键解决措施是上海关、天津仓必须选任适当的人来负责，漕丁可通过漕项银米来安置。"上海、天津两地得其人，则能行；不得其人，则不能行。海船南载于吴淞，而北卸于天津，两地为出口入口之总汇，实海运成始成终之枢要。苟上海关不得其人，则船数可以多报少，商情可使乐转畏，雇值可使省反昂。天津收兑不得其人，则米之干净者可潮湿，石之赢余者可不足，船之回空者可延滞。盖上海牙行以货税为庄佃，天津仓胥以运丁为奇货，海运行则关必免税、丁不交米，两处之利薮皆空，其肯甘心。故创议之始，出全力以显难之者，必上海关之人；既行之后，阴挠之使弃前功，畏再试者，必天津通仓之人也。此外尚有屯弁运军，亦以行海废漕为不利。然此时弁丁即欲运而不能，将来河道通行，即漕运复旧，而暂停一年，尚有漕项银米，可以安置，不致十分为难。"其三，魏源认为海运漕粮在当时已是势在必行。这是因为：一是运河淤塞，无法通行，只能转为海运。"然使运道畅通，粮艘无阻，固可不行。今则运河淤塞日深，清口倒灌已甚，河身淤垫已高，舍海由河，万难飞渡，此不可不行者也。"二是京城粮食借给紧张，必须

依赖南方粮食海运到京城。"然使太仓充裕，陈陈相因，尚可不行，今则辇毂仰食孔亟，天庾正供有常，一岁停运，势所难支，此不可不行者也。"三是海运是运送南方粮食供给京师的唯一选择，别无他策。"然使别有他策，舍水可陆，亦可不行。今则漕运之弊，公私骚然，国病于费帑，漕病于耗粮，官病于督催，丁病于易舟卸载，民病于派车派船，舍逸即劳，利害相万，此不可不行者也"。

清代，也有一些人提出"海、河并运"、河运、海运相兼的北运粮食之策，对保障京城粮食供给更为稳妥。如道光五年（1825），江苏巡抚陶澍就提出："大抵专办海运，则恐商船之不足，专办河运，又恐清水之难恃，惟有两者相辅而行，可期无误全漕。且米运既分，则运道舒而治河亦易，于天储仍可扩充，揆之有备无患之道，更属相宜。"① 因此，他主张："来岁（道光六年）当以海、河并运为宜，广招商船，分作两次装载，计可运米百五六十万石，其余仍由运河而行，秋冬之间，即由河臣派员将运河挑挖深通，俾资顺利，计来春湖水益增，自可引导济运，不至如借黄之累矣。"

蓝鼎元则看到当时漕运"甚劳而为费甚巨"，海运则"最为便捷，节劳省费"，因此主张"漕粮兼资海运"②。他指出："京师民食专资漕运，每岁转运东南漕米数百万，由江淮运河以达通州，百官禄廪，满汉军民之饔飧，无不仰给充裕，储积饶富，美矣盛矣。顾臣观山东、北直，运河水小，输挽维艰，有剥浅之费，有挨次之守，军夫尽日牵挽，行不上数十里，其为力甚劳，而为费甚巨。大抵一石至京，縻十石之价不止。臣思民食关系重大，千万苍黎家室之所资，仅恃运河二三尺之水，似宜多方筹画，广其途以致之，欲求节劳省费之策，以为国家宏远之图，莫

① 《清经世文编》卷48，陶澍《复奏海河并运疏》。本自然段引文，均见于此。

② 《清经世文编》卷48，蓝鼎元《漕粮兼资海运疏》。以下两自然段引文，均见于此。

如兼资海运之法……伏思海运最为便捷，节劳省费，而向来无有筹及者。"海运虽然节劳省费，但当时反对者认为海运不可行，理由有三："一则由不知海道，一则畏风涛漂溺，一则虑在洋盗劫。"对此，蓝鼎元一一予以驳斥：其一，"海道已为坦途，闽广商民皆知之。臣生长海滨，习见海船之便利。商贾造舟置货，由福建厦门开船，顺风十余日，即至天津，上而关东，下而胶州、上海、乍浦、宁波，皆闽广商船贸易之地，来往岁以为常。天津现有闽船可问……其运船以闽广赶缯为主，缯尖底之船，由崇明、三沙放洋，东行尽山、花岛，在五沙头直放黑水大洋，取成山转西，经刘公岛、登州沙门岛、莱州大洋，入界河，以至天津，顺风不过八九日。若用江南沙船，则由崇明溯淮、胶，皆在内洋行走。内洋多沙洲浅角，惟平底沙船可行。"由此可见，当时运粮船只有两条海道，一为外洋航线，适合吃水深的尖底船，二为内洋航线，适合于吃水浅的平底船。其二，建造缯舢板头等船，可抗海上风涛。"台湾舢板头船，于此处最为相宜。其船式短阔，止载六七百石，入水不深，轻快稳便，不论内洋外洋，不论风涛顺逆，俱可无虑。欲运漕粮数多，此船似不可少，宜于江南开厂，分造赶缯舢板头等船，募闽广舵工、水手，给以军粮，令其驾运。"其三，海船配备各种武器，以防海盗抢劫。"每船安置大炮、子母炮数位，鸟枪、火药、搭钩、牌刀足用，若遇贼船，便可顺手擒获。臣深知海洋宵小，伎俩情形，断断不能为患害也。"

蓝鼎元的"漕粮兼资海运"是以因地制宜为原则的。沿海江苏、浙江地区的粮食可采取海运的方式，而内地河南、湖广、江西、安徽可采用河运。"臣以为海运之法，在今日确乎可行。请先拨苏松漕粮十万石试之，遣实心任事之臣一员，雇募闽广商船，由苏松运到天津，复用小船剥载通州，视其运费多寡，与河漕相去几何。若试之而果可行，请将江南、浙江沿海漕粮改归海运，河南、湖广、江西、安徽仍旧河运。"